普通高等教育"十一五"国家级规划教材
浙江省普通本科高校"十四五"重点立项建设教材
辽宁省"十二五"普通高等教育本科省级规划教材
普通高等教育国际经济与贸易专业系列教材

国际市场营销学

第4版

主　编　逯宇铎　陈　阵　潘祖凡
副主编　胡文萍　徐丹凤　谢培莲　陈怀芳
参　编　石淑翠　王佳璇　李学强　吴子平

机械工业出版社

本书共 15 章，系统论述了国际市场营销的基本理论、方法和技术，旨在帮助读者全面掌握国际市场营销的理论体系，深入了解国际市场营销环境，包括国际政治环境、国际法律环境、国际经济环境、国际文化环境，以及国际科技、自然和人口环境等；了解国际市场的基本格局，掌握分析国际市场的基本方法；掌握国际市场营销的战略，懂得如何开展市场调研、预测和评估，如何制定国际市场细分和定位策略、采取正确的方法进入国际市场、实施国际市场的业务战略和竞争战略；掌握国际市场营销的策略，正确使用国际产品策略、国际定价策略、国际营销渠道策略和国际促销策略等，实现国际市场营销目标。全书脉络清晰，思维缜密。

本书可作为市场营销、国际商务、国际经济与贸易等专业的教材，也可供各类企业培训使用。

图书在版编目（CIP）数据

国际市场营销学 / 逯宇铎，陈阵，潘祖凡主编. 4 版. -- 北京：机械工业出版社，2025. 5. --（普通高等教育"十一五"国家级规划教材）（浙江省普通本科高校"十四五"重点立项建设教材）（辽宁省"十二五"普通高等教育本科省级规划教材）等. -- ISBN 978-7-111-78104-2

Ⅰ. F740. 2

中国国家版本馆 CIP 数据核字第 2025W3Z438 号

机械工业出版社（北京市百万庄大街 22 号　邮政编码 100037）
策划编辑：常爱艳　　　　　责任编辑：常爱艳　马新娟
责任校对：王荣庆　张　薇　　封面设计：鞠　杨
责任印制：单爱军
唐山三艺印务有限公司印刷
2025 年 6 月第 4 版第 1 次印刷
184mm×260mm・26.75 印张・630 千字
标准书号：ISBN 978-7-111-78104-2
定价：79.80 元

电话服务　　　　　　　　　　网络服务
客服电话：010-88361066　　　机 工 官 网：www.cmpbook.com
　　　　　010-88379833　　　机 工 官 博：weibo.com/cmp1952
　　　　　010-68326294　　　金　书　网：www.golden-book.com
封底无防伪标均为盗版　　机工教育服务网：www.cmpedu.com

前言
Preface

习近平总书记在党的二十大报告中指出，"中国坚持对外开放的基本国策"，"中国坚持经济全球化正确方向，推动贸易和投资自由化便利化"，"共同营造有利于发展的国际环境"，"推进高水平对外开放，增强国内国际两个市场两种资源联动效应，提升贸易投资合作质量和水平"，"推动货物贸易优化升级，创新服务贸易发展机制，发展数字贸易，加快建设贸易强国"。本书强化社会主义核心价值观的引领作用。强调思政元素进教材、进课堂、进头脑；夯实理论基础，强调实践操作。

本书自2004年第1版出版以来，至今已20余年，深受广大读者喜爱。本书荣获了大连市政府科学著作奖二等奖、大连理工大学优秀教材奖二等奖等奖项，获批普通高等教育"十一五"国家级规划教材、浙江省普通本科高校"十四五"重点建设教材、辽宁省"十二五"普通高等教育本科省级规划教材。

在本书撰写过程中，始终奉行"思想上全球化，行动上本土化"这一国际营销的核心指导理念。在知识结构上遵循"由浅入深，由宏观到微观"的原则来进行安排，使学生能根据国际环境逐步深入到营销战略，再到营销策略，最后到营销管理。从长期教学效果看，这种安排符合学生的知识接收能力，是较为合理的知识模块安排，符合认知规律，富有启发性，便于学习，有利于激发学生的学习兴趣，培养学生的创新能力。

本书由15章组成。绪论部分介绍基本概念、研究学习国际营销理论的意义等。环境篇共设4章，分别涉及国际营销的政治环境、法律环境、经济环境、文化环境、科技环境和自然环境等方面。战略篇共设4章，分别介绍国际营销中的几个重要战略：①国际市场竞争战略，主要介绍公司所在行业分析、竞争优势分析、竞争战略定位及实施、国际竞争职能的资源配置等。②国际市场战略业务决策，主要介绍建立战略业务单位、战略业务单位的环境分析与业务组合，以及战略业务单位的业务成长模式。③国际市场目标营销战略，主要介绍国际市场细分、国际目标市场选择和国际市场定位。④国际市场进入战略，主要介绍进入国际市场的障碍、进入国际市场的方式、影响国际市场进入方式选择的因素。策略篇共设4章，应用市场营销因素组合原理，结合国际营销的实际与特点，分别对国际市场产品策略、国际市场定价策略、国际市场营销渠道策略、国际市场促销策略做全面、详细的阐述。管理篇共设2章，运用管理学的基本原理，从管理职能的角度，结合国际营销的实际，就国际营销管理中的市场调研、营销信息系统、营销组织与控制等内容进行阐述。

本书的主要特色表现在以下四个方面：

（1）范围"宽"。它涵盖了国际市场营销学的全部内容，使学生在掌握国际市场营销基本理论的同时能够了解系统的实务知识，掌握实务知识的同时又能站在较高的理论起点上。

（2）观点"新"。本书不仅系统地阐述了国际市场营销的新知识，还比较全面地介绍了国际市场营销方法在我国的运作现状，能使学生比较全面地了解现代国际市场营销运作方法的最新进展。

（3）内容"实"。本书以国际市场营销理论为指针，以企业的国际市场营销基本程序为主线，突出国际市场营销中的规则、惯例的实际运作。通过学习本书，学生可以达到"学以致用"的目的。

（4）案例"全"。所选案例从不同侧面反映了国际市场营销学体系中各个部分的重点理念和方法。所有案例综合起来进行学习，就可以使学生比较系统地掌握国际市场营销决策体系。

每章都配有本章要点、关键词、思考题、案例题等内容。本书在结构和内容安排上坚持以把握理论、注重实践为主线；有利于教师教学，有利于学生学习；帮助学生了解学习目标，把握学习重点，掌握关键内容，实施开放训练；引导教学过程由浅入深、循序渐进，启发思维，激励创新。

本次修订工作由陈阵、潘祖凡、胡文萍、徐丹凤、谢培莲、陈怀芳、石淑翠、吴子平、李学强、王佳璇、逯宇铎等共同完成。

本书参阅了大量国内外国际市场营销学领域经典专著及教材，主要参考书目一一列明，特向相关作者致谢。

我们为选择本书作为授课教材的教师免费提供配套电子课件、课后习题答案及教学大纲等，请登录机工教育服务网（www.cmpedu.com）索取。

由于水平有限，书中难免有不当或错误之处，敬请同仁及读者批评指正，深表谢意。

逯宇铎

目录

前　言

第 1 章　绪论

本章要点 … 1
关键词 … 1
1.1　国际营销的基本概念 … 1
1.2　企业营销活动的国际化 … 4
1.3　国际营销的理论基础及其发展 … 11
1.4　国际营销学的研究对象、基本任务和研究方法 … 14
1.5　中国企业国际化经营的必要性和研究学习国际营销理论的意义 … 17
思考题 … 19
案例题 … 20

国际营销环境篇

第 2 章　国际营销的政治环境

本章要点 … 24
关键词 … 24
2.1　东道国的政治架构 … 24
2.2　国际政治关系 … 33
2.3　国际经营的政治风险 … 41
思考题 … 49
案例题 … 49

第 3 章　国际营销的法律环境

本章要点 ·· 52
关键词 ·· 52
3.1　东道国的法律环境 ·· 53
3.2　国际法与国际营销 ·· 68
3.3　国际商务争议的解决 ··· 72
思考题 ·· 77
案例题 ·· 77

第 4 章　国际营销的经济环境

本章要点 ·· 81
关键词 ·· 81
4.1　东道国的经济制度和贸易政策 ··· 82
4.2　东道国的经济状况 ·· 87
4.3　经济全球化 ··· 100
4.4　国际经济组织 ·· 104
4.5　外汇和汇率 ··· 110
思考题 ·· 115
案例题 ·· 115

第 5 章　国际营销的其他环境：文化、科技、自然和人口

本章要点 ·· 119
关键词 ·· 119
5.1　东道国的文化环境 ·· 120
5.2　东道国的科技环境 ·· 129
5.3　东道国的自然环境 ·· 132
5.4　东道国的人口环境 ·· 134
思考题 ·· 135
案例题 ·· 136

国际营销战略篇

第 6 章　国际市场竞争战略

本章要点 142
关键词 142
6.1　公司所在行业分析 142
6.2　竞争优势分析 145
6.3　竞争战略定位及实施 150
6.4　国际竞争职能的资源配置——建立国际战略联盟 163
思考题 166
案例题 166

第 7 章　国际市场战略业务决策

本章要点 175
关键词 175
7.1　建立战略业务单位 175
7.2　战略业务单位的环境分析与业务组合 181
7.3　战略业务单位的业务成长模式 191
思考题 196
案例题 196

第 8 章　国际市场目标营销战略

本章要点 198
关键词 198
8.1　国际市场细分 198
8.2　国际目标市场选择 205
8.3　国际市场定位 210
思考题 214
案例题 214

第 9 章 国际市场进入战略

本章要点 · · · · · · 218
关键词 · · · · · · 218
9.1 进入国际市场的障碍 · · · · · · 218
9.2 进入国际市场的方式 · · · · · · 219
9.3 影响国际市场进入方式选择的因素 · · · · · · 227
思考题 · · · · · · 228
案例题 · · · · · · 228

国际营销策略篇

第 10 章 国际市场产品策略

本章要点 · · · · · · 236
关键词 · · · · · · 236
10.1 国际产品与整体产品概念 · · · · · · 236
10.2 产品生命周期与国际产品技术生命周期 · · · · · · 241
10.3 国际产品的标准化与差异化 · · · · · · 244
10.4 国际市场产品品牌策略、商标策略与包装策略 · · · · · · 255
思考题 · · · · · · 264
案例题 · · · · · · 265

第 11 章 国际市场定价策略

本章要点 · · · · · · 266
关键词 · · · · · · 266
11.1 国际市场价格的形成 · · · · · · 266
11.2 国际市场产品价格的影响因素 · · · · · · 268
11.3 国际营销中的基本定价方法 · · · · · · 275
11.4 国际市场的定价策略 · · · · · · 283
11.5 国际市场定价应注意的问题 · · · · · · 290
思考题 · · · · · · 295
案例题 · · · · · · 295

第12章 国际市场营销渠道策略

- 本章要点 ········· 301
- 关键词 ········· 301
- 12.1 国际市场营销渠道 ········· 301
- 12.2 国际市场营销渠道成员 ········· 305
- 12.3 国际市场营销渠道决策 ········· 312
- 12.4 国际营销渠道管理 ········· 320
- 思考题 ········· 327
- 案例题 ········· 328

第13章 国际市场促销策略

- 本章要点 ········· 330
- 关键词 ········· 330
- 13.1 国际市场促销策略概述 ········· 330
- 13.2 国际市场促销的方法 ········· 333
- 13.3 促销组合策略 ········· 357
- 思考题 ········· 359
- 案例题 ········· 359

国际营销管理篇

第14章 国际营销调研与信息系统

- 本章要点 ········· 362
- 关键词 ········· 362
- 14.1 国际营销调研的基本概念 ········· 363
- 14.2 国际营销调研的范围 ········· 365
- 14.3 国际营销调研的程序 ········· 369
- 14.4 国际营销调研的基本方法 ········· 372
- 14.5 国际营销调研的组织 ········· 377
- 14.6 国际市场预测 ········· 379
- 14.7 国际营销信息系统 ········· 383
- 思考题 ········· 389
- 案例题 ········· 389

第15章 国际营销组织与控制

本章要点 ·· 392
关键词 ·· 392
15.1 国际营销组织策略 ·· 393
15.2 国际营销的组织结构类型和选择 ·· 394
15.3 国际营销计划 ··· 402
15.4 国际营销控制及其效果评价 ·· 408
思考题 ·· 414
案例题 ·· 415

参考文献

国际市场营销学 第4版

第 1 章 绪 论

本章要点

随着全球经济一体化的加速发展和跨国公司在世界经济舞台上的日益活跃,无论是发达国家还是发展中国家,都十分重视进出口、对外直接投资、承包工程、劳务合作、境外加工贸易等活动,企业经济活动的国际化——"走出去"在广阔的世界市场寻求新的营销机会和生存环境,已成为一个世界潮流。我国企业界与世界各国之间经济和文化往来也日益增强,越来越多的企业走出国门,到国际市场上寻找机会,开辟新的发展空间。如何有效地开拓国际市场,如何在环境多变、风险莫测的国际市场上做好经营与销售,如何在激烈的国际市场竞争中站稳脚跟,竞争制胜,已成为国内企业普遍关注的问题,也正是本书的研究中心。

本章首先介绍国际营销的含义,讨论国际营销与其他相关概念之间的联系与区别;然后介绍企业国际营销活动发展过程及其动因、国际营销的理论基础;最后讨论国际营销学的研究对象、基本任务、研究方法,以及我国企业国际化经营的必要性和营销理论研究学习的意义。

关键词

市场营销　国际营销　营销观念　营销可控因素　国际营销学　国际化经营

1.1 国际营销的基本概念

1.1.1 国际营销

"市场(Market)"一词来源于拉丁文"Mercari",其意就是"购买或交易(to buy

or trade)"。而"Mercari"一词又来源于"Merx"一词，其意为"商品"。所谓市场，就是出售或交易商品或服务的场所。现代社会中，市场的范围极为广泛，从一块互换农产品的露天场地，到一个完整的经济体（如欧洲市场）或一种仅仅模糊的商业功能（如股票市场），都称为市场。经济学中的"市场"泛指一特定产品或某类产品进行交易的卖主和买主的集合，而在营销者看来，卖方构成行业，买方则构成市场。

市场营销（Marketing）是指在不断变化的市场环境中，以发现消费者需要为起点，以满足消费者需要为目标，以系统的产品销售或劳务提供为手段，实现企业目标的一系列企业整体活动。它立足全方位的思考，以系统的方法和策略达成销售，把销售纳入一个更完整、更大的行动体系来加以俯瞰。1985年美国市场营销协会对市场营销下的定义是："市场营销是为创造交易和满足个人与组织目的而对主意、产品和服务的创意、定价、促销和分销进行计划和实施的过程。"

国际市场营销（International Marketing）简称国际营销，是指识别和确定国外消费者和用户的需要，并使提供的商品和劳务能满足这些需要的一切活动，是企业为了向国外市场推销商品及劳务而组织的整体营销活动。美国国际营销学者菲利普·R.卡特奥拉（Philip R. Cateora）在《国际市场营销学》一书中指出："国际市场营销是指在一国以上把企业生产的商品或劳务引导到消费者或用户的经营活动。"另一位知名学者迈克尔·R.钦科陶（Michael R. Czinkota）将国际营销解释为："国际营销是有关策划及执行通过国界的交易，目的是满足个人或机构的需要。"

国际市场营销学是研究以国外顾客需求为中心，从事国际市场营销活动的国际企业经营销售管理的科学。具体地说，它是研究企业如何从国际市场顾客需求出发，依据国内外不可控制的环境因素（政治、法律、经济、社会文化、科技、人口、自然及竞争环境等），运用企业可控制因素（即产品、定价、分销及促销），制订、执行及控制国际营销计划，实现企业营销目标。"物有本末，事有始终"，国际市场营销学从理论建设和实践总结上，力求廓清国际营销的基本概念，阐述国际营销的基本原理、理论和方法，探索国际营销活动的科学规律。

1.1.2 国际营销与国内营销的异同

国际营销和国内营销都属于市场营销。市场营销最先研究的是国内问题，随着企业的经营越过了国界，市场营销也就成为国际营销。二者都是以消费者为中心，研究消费者未满足的需求，分析他们所处的市场环境，寻求进入市场的机会，进而选择目标市场并做出相应的营销组合决策。因此，二者在基本原理、主要原则、营销基本步骤和方法方面是相同的。

由于国际营销是跨越国界在更大范围内开展营销活动，因此国际营销和国内营销在一些具体的问题上存有区别。

1. 二者面临的营销环境因素不同

国际营销面临的国际环境表现为不同的经济发展水平、不同的语言和价值体系、不同的政治和法律制度等。国际营销管理是一种对"交叉文化（或跨文化）的管理"

(Cross Cultural Management)，各国的文化背景不同，风俗习惯、教育水平、语言文字、宗教信仰、价值观念、审美观念差异很大，不同国家的人们对同一产品会抱有不同的态度，这将直接影响国际营销产品的设计、产品的被接受程度、信息传递的方法、分销和推广的措施等营销决策。而这些在国内营销中是不可能遇到的。

2. 营销的可控因素不同

所谓可控因素（Controllable Factor），主要是指企业可以施加控制的营销组合因素，包括产品、定价、营销渠道和促销等。由于面临的营销环境不同，企业可控营销组合因素的内涵也就存在较大的差异。根据不同国家、不同民族、不同目标市场的营销环境，企业在各个国外市场上提供的产品和产品线、成本结构和价格构成以及促销方式等都可能存在差别。国际营销中的产品标准化和差异化的问题、国际市场价格和汇率对定价的影响等，是国内营销所没有的。

3. 国际营销需要进行多国协调和控制

当企业在许多国家有营销业务时，母公司与子公司或分支机构为实现公司全球范围战略目标，不能只局限于把在每个国家的营销活动管理好，还需要对其在各国的营销活动进行统一规划、控制和协调，使母公司和分散在各国的子公司的营销活动成为一个灵活运行的整体。国内营销则不需要这些多国协调和控制。

实际上，国际营销就是企业超越本国国境进行的市场营销活动，是国内营销的跨国延伸，二者在本质上并无区别，但是不能就此简单地等同起来。国际营销的"跨国"性质，大大增加了其复杂性、多变性和不确定性。

1.1.3 国际营销与国际贸易的异同

国际营销和国际贸易都是以营利为目的而进行的超越国界的经济活动，但二者存在较大的区别。

（1）主体不同。国际贸易是各国相互之间的商品和劳务的交换，其主体是国家。国际贸易由世界各国的对外贸易构成，每一个国家的对外贸易又有进口和出口之分，因此国际贸易包括购进和售出两个主要方面。而国际营销虽然也涉及购进，但主要是售出方面，其主体是企业。国际营销中产品和劳务的卖主是企业（或其海外子公司），买主则可能是国家，也可能是这个国家的企业或个人，还可能是本企业的海外子公司或附属机构。换言之，国际营销活动一般是由企业组织的。当然，国家的经济状况、政府体制、法律制度等，对国际营销也有着不可忽视的重要影响。

（2）职能不同。国际贸易活动主要是商品买卖，其中包括部分营销活动，即使有些贸易活动涉及不同的中间商，也往往不是在统一的营销计划指导下进行的。国际营销则要涉及整个营销过程与企业发展战略问题，它从市场分析与市场机会的寻求、市场营销目标的确定到市场营销计划的制订、执行和控制等，都有一套行之有效的战略、战术、措施和方法。所有相关的市场营销手段（如产品的战略、决策与管理，定价的战略、决策与管理，渠道的战略、决策与管理，促销的战略、决策与管理等），都要根据营销观念和营销目标加以整合运用。

（3）国际贸易中，商品和劳务的交换必须跨越国界。国际营销是指活动的跨国界，不见得一定有产品和劳务从一国跨向另一国，有些营销活动如组装业务、合同制造、许可证贸易、海外设厂生产等都没有产品和劳务从一国到另一国的转移。这时，尽管产品并未发生跨越国界的交换，但营销活动却是跨越国界的。企业需要对国外生产业务进行整体规划和协调，制定各自的发展战略和经营战略。

（4）原动力不同。国际贸易的原动力是比较利益，而国际营销的原动力则是企业决策（通常是以追求利润为动机的决策）。

（5）所依赖的信息来源不同。国际贸易所依赖的信息主要源于国际收支状况，而国际营销所依赖的信息来源则主要是企业市场营销记录。

从国际贸易与国际营销的上述差异来看，作为企业产品或劳务不断适应国际市场需求的一个动态过程，国际营销要比国际贸易更具优势。

1.2　企业营销活动的国际化

1.2.1　企业走向国际市场的动因

企业进入国际化经营是由企业的内部因素或外部因素推动的。内部动因可能是管理者发现且理解国际市场的价值并决定追逐国际市场的机遇，或者是企业内部发生的事件推动企业走出国门。外部因素主要是指海外对产品的需求、其他企业向国外拓展市场、商会活动强化了企业国际营销意识等。商品进出口代理行业的发展及政策支持也是企业国际化的一个动因。

1. 企业国际营销活动的主要动机

（1）主动型动机因素。主动型动机因素有利润优势、独家产品、技术优势、独占信息、经营性动力、税收优惠和规模经济等。

（2）被动型动机因素。被动型动机因素有竞争压力、过度生产、国内销售下降、生产能力过剩、饱和的国内市场、接近消费者和港口等。"凡事预则立"，一些企业在内外交困时才试图借国际市场实现重组或突围，属于典型的被动行为。

2. 企业从事国际营销的原因

随着世界经济的发展，各国间的经济联系和相互依赖程度不断加强，国际营销已经成为企业的自身要求。具体地说，企业从事国际营销出于如下原因：

（1）延长产品生命周期（Life Cycle）的需要。发达国家的企业往往把本国已处于衰退期的产品出口到发展中国家。例如，20世纪70年代末，黑白电视机在日本已经进入衰退期，在中国则处于成长期。这时正值中国政府刚刚放松对家电产品的进口限制之际，日本厂商将黑白电视机出口到中国市场上，使黑白电视机的产品生命周期延长了多年。

（2）获得更高利润和更多盈利机会的需要。企业从事国际营销，即使利润率不提高，也有可能增加总销售额和总利润额。

（3）扩大销售量，实现规模经济的需要。销售量的增加，可以使企业单位产品成本下降，研究与开发（R&D）费用在更大的营业额基础上被分摊。

（4）追求企业经营的地区多样化。地区多样化往往比产品系列多样化更优越。典型的例子是美国的箭牌公司（Wrigley）只有口香糖一个产品系列（也即产品线，Product Line），但地区多样化政策使该公司的生产和营销业务遍布世界各地，该公司一直保持在美国《财富》杂志的"500强"之列。

（5）开拓市场，甚至占领国外市场，提高企业市场占有率的需要。国际市场潜量巨大，越来越多的各国企业把希望和未来寄托在国际市场上。

（6）发展中国家的企业从事国际营销活动可以应对国内市场的激烈竞争，获取国外的先进科学技术及管理经验，利用两种资源、两个市场获取国外低成本的生产资源及引进外资，亦可为本国创收大量外汇。

此外，与国际贸易相比，国际营销还可以使企业避开目标市场的关税、配额等贸易壁垒，接近目标市场，更直接地获得信息，甚至享受到外国政府的优惠待遇。潜力无限的国际市场也是一些国家或地区实现产业结构升级所需要的条件。

1.2.2　企业从事国际营销的方式

企业决定进入国际市场后，就要考虑进入国际市场的方式或参与国际市场的程度（Degree of Involvement）。一般来讲，企业开展国际营销的方式如下：

1. 出口

出口（Export）是指企业将产品销售到国外市场。出口分为消极出口和积极出口。消极出口是指企业把出口当作处理积压货物的手段，其着眼点仍是国内市场。当国内市场供过于求，企业产品销售不畅时，企业才考虑产品的出口。一旦处理完积压产品，企业又把注意力转向国内市场。有时，企业的产品被另一个企业输往国外，而该企业却全然不知，只知道其产品内销给了国内企业，这也是一种消极出口。消极出口的企业实际上并没有真正参与国际营销活动。

积极出口是指企业把国际市场作为其产品销售的目标市场之一，积极主动地寻求海外市场，销售企业产品，并以此作为企业盈利的重要机会。积极出口的企业可以自行设立出口部负责出口业务（直接出口），也可以委托其他公司承担本企业的出口工作（外贸代理人为中介的间接出口）。

2. 许可证贸易

许可证贸易（Licensing）是指一家企业（授证人）准许另一家海外企业使用其商标、制造工艺、专利或其他投入物在当地制造或装配或销售其产品的做法。受让人为此向授证企业支付专利权使用费、商标权使用费等。许可证贸易通常是企业在出口受阻的东道国获得收入的一种手段，它表明企业参与了比出口更深层次的国际营销活动。

3. 国际销售办事处或营销子公司

销售办事处（Sales Office）是总公司的派出机构，不是独立的法人；营销子公司（Marketing Subsidiary Abroad）则是一个独立的公司和法人，有民事行为能力，在当地独立开展营销活动。在海外市场设立销售办事处或营销子公司,表明企业更进一步参与了国际营销,同时也可以对国外营销业务进行更直接的控制。

4. 国外生产和营销

国外生产和营销(Foreign Production and Foreign Marketing)是企业较深程度参与国际市场的一种营销活动方式。通过这一方式,企业将逐渐形成全球性生产和营销系统。当企业开始其海外生产和营销业务时,企业除了产品流动、技术和商标流动之外,还将出现对外直接投资,其投资的量取决于投资项目的类型,如独资企业、合资企业等。

一般情况下,企业营销活动的国际化进程依上述方式及次序进行,但也不是绝对如此。大企业可以有较大的选择余地,但究竟采用哪种方式,取决于产品特点、进入的国家等具体情况。有些巨型企业有多种产品系列,并在许多国家从事营销活动,因而出现各种参与国际营销的形式并用的现象。即使是中小企业,只要采用了与自身条件相适应的方式进入国外市场,也会成为成功的国际营销者。

5. 互联网与全球经营

互联网是国际市场营销动态环境中的一项重要创新,并正在迅速成为企业从事国际市场营销与管理的必要工具。

跨境电子商务作为推动经济一体化、贸易全球化的技术基础,具有非常重要的战略意义。跨境电子商务不仅冲破了国家间的障碍,使国际贸易走向无国界贸易,还正在引起世界经济贸易的巨大变革。对企业来说,跨境电子商务构建的开放、多维、立体的多边经贸合作模式,极大地拓宽了进入国际市场的路径,大大促进了多边资源的优化配置与企业间的互利共赢。对消费者来说,跨境电子商务使他们非常容易地获取其他国家的商品信息并购买到物美价廉的商品。

我国跨境电子商务贸易模式主要分为企业对企业(即 B2B)和企业对消费者(即 B2C)两种。B2B 模式下,企业运用电子商务以广告和信息发布为主,成交和通关流程基本在线下完成,本质上仍属传统贸易,已纳入海关一般贸易统计。B2C 模式下,我国企业直接面对国外消费者,以销售个人消费品为主,物流方面主要采用航空小包、邮寄、快递等方式,其报关主体是邮政或快递公司,目前大多未纳入海关登记。

1.2.3 企业国际市场营销活动的阶段划分与基本形态

企业的国际营销活动往往经历一个从小到大、从个别国家或多个国家再到全球市场的过程,呈现出明显的阶段划分。根据涉足国际市场的时间,企业国际营销活动进程可划分为三个阶段。与此相对应,国际市场营销表现为三种基本形态,国际企业的发展也就依次划分为贸易、海外投资和跨国经营三种形态。

1. 初始进入阶段的跨越国界型或对外营销型

初始进入阶段可分为偶然性对外营销与经常性对外营销两个时期。偶然性对外营销时期,生产能力偶尔过剩或者国内需求短期波动是促使企业进入国际市场的主要原因,企业并未专门投入资源开拓国际市场,也未特地调整产品结构以适应国际市场。经常性对外营销时期,海外市场销量与利润直接影响企业经营目标的实现,企业内部的出口营销机构开始独立出来，产品研制开发兼顾国际市场特点，并在海外市场建立分销网络或者设立分销机构，但主要产品系列还是为了满足国内市场需求。

2. 当地扩张阶段的异国型或国外营销型

随着国际企业从贸易形态向海外投资（特别是直接投资）发展，企业总部将采用在海外委托制造、独立制造或合资制造等方式，在国外生产基地从事生产，并在国外市场销售。企业在国际市场的扩张，不仅意味着进入了更多的国别市场，更重要的是加深了对当地市场的渗透程度，进一步获得了相关的市场知识与营销经验，建立并加强了在海外当地市场的各种联系。在当地扩张阶段，海外市场对企业经营目标的实现至关重要，企业组织结构也进行相应调整，以适应当地扩张的需要，营销产品不再是国内产品的直接出口，而是专门为国际市场开发与生产的产品。

3. 全球化阶段的多国型或全球性营销型

随着国际企业在国外直接投资、设立子公司或分公司，该企业逐渐由多国公司发展成跨国公司。这些子公司或分公司的所有权仍掌握在总公司手中。例如福特汽车公司、通用汽车公司、可口可乐公司、麦当劳等，它们的总部设在美国，由总公司做出经营决策，在国外生产和销售产品。

全球化阶段是企业国际营销活动的最高阶段。在这个阶段，企业的营销市场是整个世界市场，而并非多个国别市场的简单混合，其营销目标是企业资源的全球性最佳配置与经营活动的全球协同效应，其组织结构反映的是协调全球经营活动的管理模式与调控机制。

另外，企业营销活动的国际化要有长期的时间策略。日本的丰田、索尼、松下等大公司从20世纪60年代开始拓展美国市场，至80年代站稳脚跟，"路漫漫其修远兮"，其发展过程可资借鉴。时间策略的制定，应根据企业性质、规模及当地市场情况灵活、弹性地运用，冒进超前或保守滞后，同样可能危及企业的生存与发展。

1.2.4 国际市场营销观念

营销活动总是在一定的指导思想下进行的，指导思想决定着营销实践。1957年，通用电气公司的约翰·麦克金特立克（John Mckitterick）阐述了所谓"市场营销观念"的哲学，这在市场营销史上具有破旧立新的意义。市场营销观念是指导国际营销企业从事经营活动的思想观念或经营哲学，也叫作经营观念或经营理念。其实质是企业以何种观念和态度来处理营销活动中涉及的消费者利益、社会福利和企业利润三者关系的问题。

1. 市场营销观念的演进

营销学者们把20世纪80年代以前产生并流行的观念总结归纳为五种类型，即生产观念、产品观念、推销观念、营销观念、社会营销观念。现代营销观念是在早先的观念基础上演进而来的，其中，较为现代的营销观念具有明显的市场导向性或市场驱动性。

（1）生产观念。生产观念产生于产品供不应求的经济状态。这种观念的逻辑是，顾客需要买得起的产品，而大量生产、大量分销能够降低成本和价格，因此，大量生产是企业成功的关键。企业管理的主要任务是提高生产效率，降低产品成本。例如，20世纪初的美国，产品的种类和款式尚不丰富，处在初始发展阶段的小轿车令人向往，福特公司信奉生产观念，设法为唯一的黑色T型轿车扩增规模，保持低价，一举赢得市场青睐。生产观念有明显的历史局限性——当同业竞争给市场带来新产品时，供求关系发生变化，原有的产品黯然失色，此时大量地生产过时产品，只能造成积压和企业的灾难。我国许多企业就是因为不能及时地转变在计划经济环境中形成的生产观念，盲目引进，重复建设，生产市场并不需要的产品，致使企业破产倒闭。

（2）产品观念。产品观念要求公司不断改进产品，而不需要做促进销售的努力。当特定行业供求平衡或接近平衡时，出现品牌竞争，有的产品因质量、功能或款式上的优势为人称道，会拥有较好的口碑。持产品观念的企业认为"酒好不怕巷子深"，只要产品质量好、有特色，自然会顾客盈门，因而舍不得为营销投入，不做广告宣传，不努力分销和推广产品。这样下去，企业有可能逐渐在竞争中丧失优势，使传统名牌销声匿迹。还有的企业能够设计、生产款式多样、花色各异的产品，但却不考虑各款产品的目标顾客。这种无的放矢的产品观念即使无碍于企业赢得一时的成功，也很难使它长期保持竞争优势。

（3）推销观念。推销观念强调大力使用推销手段来刺激市场需求，甚至不管现有产品是否适销对路，只求能够售出，因而推销的工作被放到至关重要的地位上来。但是，如果产品不符合市场要求，其效果必定越来越差。美国20世纪30年代经济危机产生的直接原因是产品过剩，供应和购买力极不相称，推销观念未能挽救许多企业。20世纪90年代初，我国部分产品进入供过于求的阶段，其中有些企业采取了推销观念，靠不实广告和有奖销售甩卖并不真正符合人们需要的产品。"己所不欲，勿施于人"，这样的推销观念违反经济规律，逐渐为先进企业所摒弃。

（4）营销观念。在营销观念指导下，企业改变了生产什么就想方设法销售什么的观念，而是在了解顾客需要的前提下来考虑生产什么，这样生产出来的产品或提供的服务能够最有效地满足顾客的需要。营销观念改变了企业和顾客的相对市场位置，使企业能够发现和掌握层出不穷的市场机会。营销观念与推销观念的区别如表1-1所示。

表1-1 营销观念和推销观念的区别

观念	起点	中心	手段	目的
推销观念	工厂	现有产品	推销及促销	通过销售取得利润
营销观念	市场	顾客需要	整体营销	通过满足顾客需要取得利润

营销观念下，企业寻找业已存在的顾客需要并满足市场需求，称为响应营销。而有些先进企业比顾客走得更远一些，做到主动发现和解决顾客还没有提出的要求，并积极响应这些问题，称为创造营销。正如一个日本公司经理所说："我们生产什么，顾客就需要什么。"

（5）社会营销观念。营销观念只关注顾客和企业的眼前利益，忽略了人类的长远利益和整体利益。到了20世纪七八十年代，人们发现工业化的副产品是环境和资源的破坏，企业在生产和销售中造成了各种污染，如不加以治理，将威胁人类的生存。自然环境的恶化致使社会营销观念应运而生。这一观念要求企业在营销活动中考虑社会与道德问题，注重平衡与评判公司利润、消费者需要满足和公共利益三者的关系，甚至使眼前利益让位于人类的长远利益。例如，为保护臭氧层，中意、新飞、海尔等冰箱制造商较早地更新技术，生产无氟冰箱。又如，在包装材料、包装处理方面，麦当劳、可口可乐和百事可乐公司都曾大力投资，采取了相应举措。

（6）关系营销（Relationship Marketing）观念。关系营销观念是指企业通过识别、建立、保持和加强与顾客和其他利益相关者的关系，履行承诺和实现交换，使各方互惠互利，实现各自目标的观念，也有人称之为战略性营销观念。比起营销观念来，关系营销观念所含的营销目标大大扩展，它不仅通过满足顾客需要使企业盈利，还为包括顾客、供应商、中间商等的所有利益相关者贡献价值，进而使本企业实现价值。20 世纪 90 年代，越来越多的企业认识到，在一轮又一轮的产品/服务成本和产品/服务标新立异的竞赛中，营销观念带来的竞争优势是有限的，为了有效地满足顾客新的需要，企业开始接受关系营销观念，以企业合作赢得优势，开展竞争。

合作已逐渐成为目前企业国际营销的基本战略。20 世纪 80 年代初，汽车制造业对于韩国的企业还是一个新领域。韩国的企业集团在实施多角化经营战略的同时，通过与美国、日本的世界著名企业合作，取得了明显的效果。现代汽车与三菱及克莱斯勒，大宇与通用汽车、铃木和五十铃分别建立了多种形式的合作，使韩国在短短不到十年的时间一跃成为世界主要汽车生产国和出口国。

合作的形式可以简单地归结为三种：水平合作、垂直合作、交叉合作。例如，工业品供应商与使用者之间是上游产品和下游产品制造商的关系，其长期协作是降低最终产品成本的重要环节。多家垂直相关企业之间形成的网络关系使每家成员企业效益倍增。服务业竞争向空间和时间的延展，引起了服务企业横向和纵向的协作，许多宾馆、零售商通过其经营体系和知名品牌的有偿许可使用，建立覆盖广泛的连锁店网络。航空公司和旅行社以及宾馆之间的网络关系为顾客提供了前所未有的便利服务，是企业争夺市场份额、降低营销成本和实现价值的有效竞争方式。

目前，关系营销观念与知识经济时代的计算机信息网络技术进步、企业全球营销互为因果，已辐射到工业品、消费品、服务业营销中，成为营销界的热潮。直复营销、数据库营销、网上购物、捆绑销售等方式都有助于拉近消费品制造商、商家和消费者的关系，增加双方对话和交互式沟通，为顾客提供了极大的便利，也有助于卖方获得顾客忠诚度，甚至制造商可以与顾客一起研发适应顾客需要的产品（我国海尔、柳工已尝试推广）等。

（7）整合营销沟通（Integrated Marketing Communication，IMC）。20 世纪 90 年代起，在顾客期望和市场竞争的驱动下，企业的经营和顾客的沟通呈现出由外向内的趋势。1993 年美国唐·E. 舒尔茨（Don E. Schultz）教授等人出版《整合营销传播》一书，自此整合营销沟通被认为是"21 世纪企业制胜的关键"。

关于整合营销沟通，迄今为止仍缺乏权威的明确定义。整合营销沟通是一种通过对各种营销工具和手段的系统化结合，并根据动态复杂的环境进行即时性动态修正，以使交换双方在交互沟通中实现价值增值的营销理论与营销方法。

营销 4P's 组合强调各种要素之间的相互关联，并要使它们有机统一成整体，而整合营销沟通则表明了一种营销的过程。IMC 的要点有二：

1）强调从与消费者沟通的本质意义上展开促销活动，企业需要更实在地从顾客的需要出发，组合产品、定价、渠道、促销等营销策略。

1990 年，美国企业营销专家劳特明（Lauterborn）教授提出了整合营销理论，强调从顾客角度出发的 4C's 组合，而不是企业角度的 4P's 来进行营销策略安排，4C 即消费者（Consumer）、成本（Cost）、便利（Convenience）、沟通（Communication）。企业与消费者进行平等的双向沟通，清楚消费者需要什么，把自己的真实资讯如实传达给消费者，并且根据消费者信息反馈调整自身，如此循环，实现双赢，彻底摒弃那种强加于他人的促销行径。

2）致力于将广告、促销、公关、直销、CI①、包装、大众媒体等种种沟通方法整合成统一的管道，从而产生清晰连贯的信息和强劲的传播效果，发挥更有力的沟通效果。

IMC 的核心思想是将与企业市场营销活动有关的一切传播活动一元化，使企业能够将统一的传播资讯传达给消费者，所以也被称为"Speak with One Voice"（异口同声），即营销传播的一元化策略。现代企业已经发展了众多有效、高效的营销手段和工具，它们都有各自的功效，对企业来说，有时其作用力可能相互抵消或削弱。例如，单纯追求技术完美会使得目标市场——高端产品市场狭小。整合营销就是使各种营销手段的作用力统一方向，形成合力，共同为企业的营销目标服务。

美国营销大师菲利普·科特勒（Philip Kotler）所谓的各部门协同作战以满足顾客的利益就是一种整合营销。IMC 要求企业做到四点：①各种营销职能——推销人员、广告、产品管理、营销调研等必须彼此协调；②营销部门必须与公司其他部门协调好；③重视对公司以外的人的外部营销；④重视成功地雇用、培训和尽可能激励员工很好地为顾客服务的工作（即内部营销）。

（8）4R 营销理论。21 世纪初，《4R 营销》的作者艾略特·艾登伯格（Elliott Ettenberg）提出 4R 营销理论。4R 营销理论以关系营销为核心，重在建立顾客忠诚。它阐述了四个全新的营销组合要素，即关联（Relatirity）、反应（Reaction）、关系（Relation）和回报（Retribution）。

该理论根据市场不断成熟和竞争日趋激烈的形势，着眼于企业与顾客的互动与双赢，不仅积极地适应顾客的需求，还主动地创造需求，通过关联、关系、反应等形式与客户形成独特的关系，把企业与客户联系在一起，形成竞争优势。

（9）4D 营销理论。4D 营销理论是在传统营销模式面临多重挑战的大背景下提出来的，通过人的创造性、创新力以及创意智慧，将大数据、物联网、区块链、虚拟现实等新技术融合应用于营销领域的新思维、新理念、新方法和新工具，其本质是用新兴科技的手段提升营销的精准度和转化效率。4D 指的是 Demand（需求）、Data（数据）、De-

---

① CI 即 Corporate Identity 的简写，直译为企业标志。

liver（传递）、Dynamic（动态）。

2. 国际营销观念

国际营销观念反映企业对国际营销活动的态度和指导思想，直接影响企业国际营销活动的卷入程度和活动范围。在企业国际营销活动的不同阶段，起主导作用的是不同的国际营销观念。

（1）国内市场延伸观念（the Domestic Extension Concept）。国内市场延伸观念把国际营销视为国内营销的延伸。这种观念认为，企业从事国际营销活动的动机就是为了解决国内市场无力吸纳的过剩生产能力，或者是为了推销国内市场无法卖掉的过剩产品。在企业发展战略和业务活动中，占据首要地位的是国内市场的营销，国际市场营销只起到调剂余缺的作用，企业没有必要花费精力制订专门的国际营销计划。这时，企业选择的是与国内市场具有相似需求或偏好的海外市场，提供的是国内市场生产与销售的产品，采用的是国内市场行之有效的营销策略。国内市场延伸观念反映的是民族中心（Ethnocentric）的思想导向，在企业国际市场的初始进入阶段表现得尤为明显。

（2）多国市场观念（Multi-domestic Market Concept）。多国市场观念强调海外市场的差异性和海外业务的重要性。具有这种观念的企业强调国别市场之间的差异，认为国际营销活动的成功取决于企业营销计划与策略组合适应这种差异的能力。具有这种观念的企业，追求的不是国别市场之间的共性和标准化营销的效益，而是适应不同国别市场的差异化营销，在管理体制和组织结构上实行典型的分散化经营，以适应差异化营销的需要。多国市场观念反映的是多元中心（Polycentric）思想导向，常常在企业国际市场扩张阶段居主导地位。

（3）全球营销观念（Global Marketing Concept）。全球营销观念强调企业营销活动的全球化，认为营销策略的制定应以整个世界市场为目标。具有全球营销观念的企业，选择的是标准化营销策略，即优质的产品、合理的价格、统一的分销模式和标准的促销信息，追求的是规模经济效益。全球营销观念产生的基础是世界市场的统一化趋势，不同国家或民族的消费者不但需求或欲望趋于一致，而且满足需求或欲望的方式也趋于相同。这就要求企业在全球范围内尽可能地统一营销思想，满足日趋相同的消费者需求或欲望。全球营销观念反映的是全球中心（Geocentric）思想导向，是企业营销活动全球化阶段的指导思想。

1.3 国际营销的理论基础及其发展

第二次世界大战以后，跨国公司、国际企业的大量营销实践为国际营销学的形成奠定了基础。国际营销理论兴起于20世纪60年代末到80年代。国际营销理论虽然必须加入许多具有国际意识的思考基准点，但是就其理论基础而言，仍以传统的市场营销组合4P's理论（产品策略、营销渠道策略、定价策略、促销策略）为主轴。

1.3.1 市场营销组合理论

产生于20世纪50年代的传统营销组合理论,作为经典理论奠定了现代营销学的基础。营销组合理论把影响企业营销活动的决定性因素划分为企业可控因素与不可控因素两大类。营销可控因素主要包括产品（Product）、营销渠道（Place）、促销（Promotion）、定价（Price）。市场营销组合理论主张把企业可控制的这四个基本市场因素进行有机组合（合而简称为4P's），使之成为一个有机整体,以适应千变万化的外界环境,并全面影响消费者。市场营销活动的影响因素如图1-1所示。

所谓营销组合（Marketing Mix）,是指企业可以控制的各种营销因素的综合运用。在4P中,每个P又包括许多因素。为了便于分析和应用,市场学家在每个P的许多变数（因素）中,选择四个变数,

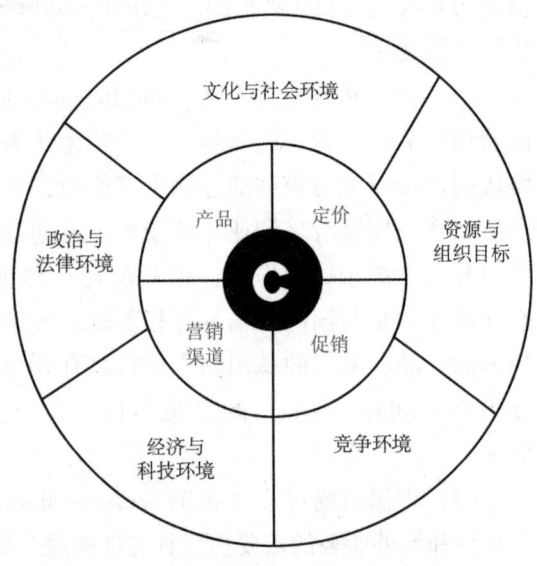

图1-1　市场营销活动的影响因素

组成了各个P的次组合,整个销售因素均涵盖于这16个变数的组合之中,它们是：产品——质量、品种、包装、品牌,定价——基价、折扣、付款时间、信贷条件,营销渠道——渠道、网点、储存、运输,促销——广告宣传、营业推广、人员推销、公共关系。总之,市场营销就是运用这16项的组合,使之成为一个有机整体（营销策略方案）,去适应千变万化的外界环境,并全面影响消费者。

当然,企业在运用4P's组合时,还应和外部环境如政治、经济、文化等不可控因素有机结合起来,才能获得最佳效果。

1.3.2 大市场营销理论

西方传统的市场营销理论,是在20世纪50年代"买方市场"条件下产生的,当时的指导思想是：企业只要善于发现和了解顾客需求,更好地满足顾客需要,就可能实现企业的经营目标。与当时相比,当今的企业经营环境已发生了很大的变化,从某种意义上说,成功的市场营销正日益成为一种政治上的活动。因此,现实中,一家公司欲进入一个新市场时,必须先精通向当地有关集团提供利益的技术,这比满足消费者的需求更加重要。

壁垒很高的市场可称为封闭型或保护型的市场。除了市场营销组合的4P以外,企业为了成功地进入这种特定市场,并从事业务经营,在策略上还必须协调地运用经济的、心理的、政治的和公共关系的手段,以博得外国或地方的各有关方面（利益集团）的合作与支持,从而达到预期的目的。这就是美国西北大学教授菲利普·科特勒所说的

"大市场营销"。

大市场营销的手段一般有两个。一是权力。大市场营销者为了进入某一市场并开展经营活动，必须经常得到具有影响力的企业高级职员、立法部门和政府官员的支持。例如，一家制药公司欲把一种新产品打入某国，就必须获得该国卫生部的批准。因此，大市场营销离不开政治的技能和策略。二是公共关系。如果说权力是一个推的策略，那么公共关系则是一个拉的策略。舆论需要较长时间的努力才能起作用。然而，一旦舆论的力量加强了，它就能帮助公司去占领市场。只依靠权力一种策略，还不足以使公司进入一个市场并巩固其市场地位。所以，按照大市场营销理论，除市场营销组合 4P 以外，营销人员还必须加上另外两个 P，即权力（Power 或 Polity）、公共关系（Public Relation，PR）。

当今世界，保护型的壁垒市场随处可见，大市场营销适应了企业打开这种市场的需要，20 世纪 80 年代被广泛接受。

1.3.3　战略营销 4P's 理论

20 世纪 80 年代美国营销学家菲利普·科特勒教授提出，著名的市场营销组合 4P's 理论是市场营销战术 4P's，而战略营销也是一个 4P 过程，即研究（Probing）、划分（Partitioning）、优先（Prioritizing）、定位（Positioning）。菲利普·科特勒认为，只有在做好战略营销计划过程的基础上，战术性营销组合的制定才能顺利进行。

研究（Probing）实际上就是市场营销调研，即在市场营销观念的指导下，以满足消费者需求为中心，用科学的方法系统地收集、记录、整理与分析有关市场营销的情报资料，提出解决问题的建议，确保营销活动顺利进行。

划分［Partitioning，即细分（Segmentation）］ 实际上就是市场细分，其含义是根据消费者需要的差异性，运用系统的方法，把整体市场划分为若干个消费者群体的过程。每一个消费者群就是一个细分市场，又称为子市场或亚市场。市场细分是衡量市场营销观念是否真正得到贯彻的标志。

优先［Prioritizing，即目标选定（Targeting）］ 实际上就是目标市场的选择，即在市场细分的基础上，选择企业要进入的那部分市场，或要优先最大限度地满足的那部分消费者。

定位（Positioning）实际上就是市场定位，其含义是根据竞争者在市场上所处的位置，针对消费者对产品的重视程度，强有力地塑造出本企业产品与众不同的、给人印象鲜明的个性或形象，从而确定产品在市场上的适当位置。

至此，西方市场营销理论由传统的 4P's 发展到了 10P's，可以归纳为：为了更好地满足消费者的需要，并取得最佳的营销效益，营销人员必须精通产品（Product）、营销渠道（Place）、定价（Price）、促销（Promotion）四种营销战术，而且必须事先做好研究（Probing）、划分（Partitioning）、优先（Prioritizing）、定位（Positioning）四种营销战略，同时还要求必须具备灵活运用公共关系（Public Relation）和权力（Power 或 Polity）两种营销技巧的能力。

此外，当代经济技术发展和社会条件的变革，给营销提出了新的挑战。不少营销学者提出了一些新概念、理论和认识，如文化营销、品牌营销、延伸营销、承诺营销、价值链营销、全球营销、网络营销、绿色营销等。这些概念已在营销界、传播界流行开来，也是值得我们关注和学习的。营销发展史告诉我们，每10年都会出现一些新的概念，正是这些新概念促进了研究，指导了实践，从而提高了我们对市场现象的理解、预测和控制能力。我们只有在充分了解、利用现有营销理论与实践的基础上，不断学习新的理论知识，了解新的经济动态，改进自己的营销观念，使自己不落伍于时代的潮流，才能立于不败之地。所以，营销人员应该具有"活到老学到老"的观念。

1.4 国际营销学的研究对象、基本任务和研究方法

1.4.1 国际营销学的研究对象

国际营销学通常是从微观角度着手探求一个企业如何运用科学的经营管理手段，增强竞争能力，打入国际市场。其主要内容是企业国际营销的基础理论研究，国际营销环境、机会、战略、策略、方法、措施以及国际营销管理。其研究对象是微观的、发生在不同国家或地区之间的国际市场营销，而且主要着眼于企业的出口营销活动。

1.4.2 国际营销学的基本任务

在国际营销中，企业行为不仅要受到国内环境因素的制约，还要受到国际环境因素的影响。由于每一个国家或地区都有其不同于其他国家或地区的特定环境，因此企业所涉及的国外市场越多，它所面临的不可控因素也越复杂。

企业国际营销的基本任务是在全面考虑营销环境不可控因素的基础上，确定营销目标，制定营销战略和策略，并予以有效实施。这里，企业的可控因素通常包括产品、定价、促销和营销渠道，而不可控因素包括政治、经济、竞争等。企业营销的基本任务流程如图1-2所示。

1. 目标市场群体

通过市场细分寻找最佳的市场机会，是国内营销中的重要策略。国际营销同样十分重视市场细分。许多企业往往把在文化、宗教、政治等方面具有某种相似性、地理上邻近的有关国家看作一个市场群体。在经济发展阶段、市场规模、国民收入、流通结构及消费者行为特征等方面具有相似或一致性特点的市场，也可以被看作一个目标市场群体。

2. 营销可控因素

要在国际市场上获得成功，企业必须以目标市场的需求为核心，设计一个适合企业外部环境的营销方案。营销的可控因

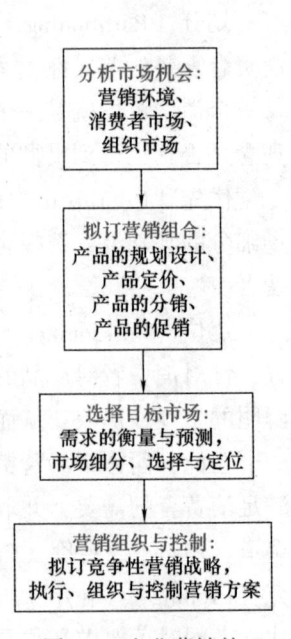

图1-2 企业营销的基本任务流程

素，即产品、定价、营销渠道和促销策略四个能够被公司控制的因素。在公司拥有必要资源的情况下，为了适应不断变化的市场条件和公司目标，营销人员可以对这四个因素进行综合运用。企业除了为国际市场提供一个适销对路的产品，还必须为产品制定合理的价格，选择适当的营销渠道，并配以必要的广告宣传，才能使产品顺利地到达最终消费者手中。

营销策略是有关国际营销的战术问题，是国际营销战略目标得以实现的基础。这些策略不是一成不变的，企业应根据市场条件和企业目标的变化，及时对它们进行调整。

3. 营销不可控因素

营销国内不可控因素是指企业不可控制的外部环境因素，包括国内政治力量、法律制度、竞争力量和经济景气等。这些因素对企业在国际市场上的经营活动会产生各种直接或间接的影响。例如，本国（地区）的对外政策就对企业的国际营销活动具有很大的影响。

在影响企业国际营销活动的诸环境因素中，除了国内不可控因素，还有更为复杂的国外不可控因素。这些因素包括政治因素、经济形势、竞争形势、技术水平、营销渠道结构、地理和基础设施、文化因素等。在国际营销中，公司将面对所有这些不可控因素，其中以国外文化因素影响最为广泛和深刻。

1.4.3 国际营销学的研究途径

国际营销学的研究途径主要是指开展国际营销问题研究的角度和层面。国际营销学的研究途径通常包括产品途径、结构途径、功能途径、决策途径、社会途径等。

1. 产品途径

产品途径（Product Aspect）研究是将产品分成不同类别，研究其营销状况，包括生产与销售中有关营销的各环节，分析该种或该类产品的内外部环境，以便更好地做出决策。通过这种研究，对目标产品的营销问题有全面、详尽、具体的认识，因而在制定营销策略时具有针对性、准确性。但这种研究方法费时费力，选择此方法要慎重。

2. 结构途径

结构途径（Structure Aspect）研究是指把参与国际营销活动的各种组织或机构分类，从市场的组织状况来研究国际营销。这些组织机构包括生产者、批发商、代理商、零售商等。这类研究一般侧重于国际营销在经营管理、营销方式、分销方面面临的问题，因而它是以流通的组织形式为中心进行分析研究的。

3. 功能途径

功能途径（或称为职能途径，Functional Aspect）研究是指对国际营销的功能进行研究，这些功能包括采购、销售、储存、运输、标准化、分等、风险承担等，还要对每种功能在各种产品营销过程中的重要性以及各种国际营销机构的营销方式加以具体分析。这种研究既节省时间和费用又便捷，因而受到普遍重视。

4. 决策途径

决策途径（Decisions Aspect）研究是指从企业营销决策的角度出发，综合产品途径、结构途径、功能途径的长处，研究国际营销问题。在研究时，分析企业的可控因素与不可控因素，选择最佳的营销组合，实现最佳的营销目标。决策途径适用于综合研究，能做到全面分析、深入把握，而且准确性较高，并能节省时间，因而在实践中被广泛应用。

5. 社会途径

社会途径（Social Aspect）研究是对各种营销活动和营销机构对社会的贡献，以及这些活动和机构为此所付出的成本进行分析，其内容包括市场效率、产品更新换代、广告的真实性及营销对社会的影响等。

1.4.4 国际营销学的研究方法

国际营销学的研究方法可以分为两大类：其一，理论研究；其二，应用研究。其中，应用研究又具体包括动机研究、市场分析、销售分析、产品研究、广告研究、工业市场研究等。

1. 动机研究

动机研究（Motive Research）是指应用社会科学的技巧，发掘、评估市场上某种营销行为的推动力，包括对消费者的态度和思想进行深入分析，以发现消费者购买某一特定产品或特殊品牌的潜意识。动机研究可以采用试验方法、连句试验、深度访问、集团面谈等技巧。

2. 市场分析

市场分析（Market Analysis）即对影响消费需要的各种不同因素的调查分析，如总需求、相对需求、重置需求、市场饱和点及消费率的调查和分析。通过市场分析，根据市场和销售潜量、销售配额来确定某市场对某一特点商品的吸收量。销售指数是市场分析的基本工具，它反映每一销售区域市场的潜在需求量，可用直接资料法、必然结果资料法、任意因素法、复相关等方法编制而成。

3. 销售分析

销售分析（Sales Analysis）是指通过对销售记录的评价、市场和消费者研究，以便销售部门获得有效的方案。它包括销售路线的分析、产品及营销活动领域的销售行为分析、市场占有率的测量、产品及销售人员的利润分析、对顾客和分配者及销售人员销售倾向的确定等。

4. 产品研究

产品研究（Product Research）是指通过对消费者使用产品、购买产品的习惯和对产品设计的偏好等的研究，使产品本身和包装能满足消费者的需求，并且帮助生产者决定提供怎样的产品给市场。

5. 广告研究

广告研究（Advertising Research）是指为帮助企业完成广告的特定目标，以影响未来顾客的心理和行动的广告计划、广告的制作和播放以及评价广告效率的方法研究、创作研究、广告效率研究等。它可以采用意见试验、分割试验、统御试验、认识及回忆等方法，测定广告的效果。

6. 工业市场研究

工业市场研究（Industrial Market Research）是指对工业市场的购买习惯和市场情况的研究、工业品的销售方法和分配渠道的研究、工业品供应和生产周期的研究等。工业市场研究与通常的消费者研究有一定的特殊性。

1.5 中国企业国际化经营的必要性和研究学习国际营销理论的意义

1.5.1 中国企业国际化经营的必要性

1. 企业国际化是中国企业不得不面对的严峻挑战

经济全球化是当代世界经济最显著的特点之一，是当今世界最重要的发展趋势，它是指货物、服务、生产要素更加自由地跨界移动，各国经济相互依存、相互依赖、更加一体化的过程。从表面上看，经济全球化似乎是一个抽象的概念，而实际上，全球化的生产，全球化的物流，全球化的销售，已经使我们处在全球化的包围之中。20世纪80年代至今，特别是进入21世纪以来，经济全球化在广度和深度方面都有了引人注目的发展。随着越来越多的国家经济和企业融入经济全球化进程中，在先后形成全球化商品与服务市场和全球化资本市场的基础上，经济全球化由市场全球化进一步向生产全球化发展，使经济全球化进入了新的发展时期。生产全球化要求在一个国家或多个国家的企业进行价值创造的生产活动必须突破国家和地区的界限，把全球作为一个大平台，进行统筹计划、组织和协调，最大限度地有效利用全球资源。

目前影响遍及全球的众多跨国公司成了经济全球化的主要载体，生产经营的跨国公司化已成为企业国际营销的基本组织形式。

无论是有意主动开拓国际市场的企业，还是没有或者暂时没有打算发展国际业务的企业，都无法回避在国外或在本土与其他国家企业的竞争。国内企业为了应对其他国际企业的挑战，进行国际化经营是有效提高自己国际竞争力的重要方式之一，而且今后实行国际化经营的企业也不再局限于国内经营业绩好的企业。

从20世纪80年代开始，由于许多领域的企业所有权优势已达到了与发达国家企业相抗衡的水平，面对国内市场需求趋于饱和、劳动力成本提高的现象，为寻求更大的经济效益和消化国内生产能力的过剩，越来越多的国内企业纷纷把目光锁定国际市场。中国企业"走出去"的步伐明显加快，许多企业不断推出国际化、全球化举措，TCL收购汤姆逊，联想收购IBM个人计算机（PC）业务，中海油海外并购，中国移动屡次海外扩张，国有银行海外上市等都给国人留下了深刻的印象。

2. 中国企业国际化的必要性

"国际化（Internationalization）"一词被用于描述与国家或企业跨国的经济活动或与经营活动有关的现象。企业国际化是指企业在认识到国际经营活动重要性的基础上，与其他国家的企业进行交易活动的过程。具体来说，国际化经营企业是以国际市场为舞台，在国外设立机构，广泛利用国内外资源，在一个或若干个经济领域进行经济活动。中国企业发展国际化经营是十分必要的。

(1) 企业国际化经营是顺应世界经济发展趋势的需要。面对经济全球化趋势，中国的企业应积极开展国际化经营，参加国际分工体系，顺应国际经济分工和合作的大趋势，积极融入世界经济。

(2) 企业国际化经营将加强中国外向型经济的微观基础。企业是国民经济的基本细胞，中国企业国际化的水平、规模和程度必然对中国发展外向型经济产生决定性的影响。目前，全球跨国公司在国际经济活动中的主体作用日益明显。如果中国没有一批世界知名的、能与外国跨国公司相较量的国际企业，没有一大批优秀的、熟悉国际市场的国际企业家，所谓发展外向型经济就没有微观基础。

(3) 企业国际化可以取得、利用和引进中国所需要的生产要素。

1）资源。对外直接投资可能取得国外资源，并进行国际性的资源配置。中国可以进行开发资源性的海外投资，如矿业、林业、渔业、石油等行业投资对缓解资源短缺起到一定的作用。

2）先进技术。海外投资在技术上往往起着双重作用，既可以到国外发挥自己的技术优势，又可掌握到当地的先进技术。

3）资本。跨国公司可以在全球范围内进行资本最佳配置。由于各国投资环境有很大差别，一般贸易越来越受到关税、非关税壁垒和日益强大的经济区域化和集团化的挑战，利润最大化原则的要求必然驱动资本的国际流动和全球配置，中国企业同样受到这种驱动。在国外兴办企业通常不是全部使用自身的资金，不少资金是在当地筹集的，这也是一种利用外资的方式。此外，国外合作者，尤其是发达国家的合作者，对国际金融市场、资金渠道、商业惯例等都比较熟悉，筹措资金比较便利。

4）信息。国际经济竞争是一种信息竞争，谁掌握最新信息，谁就在经济上、技术上处于优势。海外企业在这方面有独到之处，它能及时、准确、迅速掌握市场脉搏、营销动态、市场行情，有利于扩大出口，引进资金、技术、人才与管理经验。

(4) 企业国际化有助于突破贸易壁垒，维持和扩大出口。向目标销售市场或非配额国家投资设厂或兴办企业，就可以绕过配额和其他非关税壁垒，增加出口。同时，这也有助于突破贸易对象国的限制，享受一般贸易方式所得不到的优惠政策。

(5) 企业国际化有利于开拓国际市场，增加贸易机会，带动出口。海外投资，身在当地市场，有利于探索和开辟灵活多样的经济技术合作形式，有利于完善销售和服务网络，有利于选择贸易对象和贸易条件，有利于深入了解国外消费者对产品的款式、花样、包装的需求和欲望，有利于研究和熟悉当地的经济贸易法令和规章制度，这就有可能扩大销售范围，增加贸易机会，开拓新市场。扩大海外生产与经营可以带动国内部分设备、半成品、零配件、元器件、原材料出口，也可以带动具有中国特色的传统技术工艺输出，充分发挥其经济效益。

(6) 企业国际化能造就大批经得起国际市场冲击的外向型企业家。正因为企业从事国际营销可以得到多种利益，世界各国的企业近年来都在积极寻求世界市场，利用世界资源。然而，企业经营的国际化是一个长期的艰苦卓绝的过程，而且对中国企业来说，并不是所有的企业都具备到国际市场上全面地开展营销活动的条件。只有当国际市场上有很好的机会，而且企业在资源条件、管理水平，尤其经营理念上具备必需利用这种机会的必需条件时，企业才能做出进军国际市场的决策。对此，中国诸多企业需要有清醒的认识。

1.5.2 研究学习国际营销理论的意义

从全球经济的角度看，中国企业在企业的国际化经营管理方面与发达国家企业还存在着相当大的差距。发达国家企业大多已把重心由国家市场或区域市场转向全球市场，企业的经营管理重点也由国内转向国际。而很多中国企业到目前为止还很少意识到企业国际化和国际化经营管理对企业在21世纪生存和发展的重要意义，也自然较少地去考虑企业国际化及国际化经营管理的问题。但是，企业国际化是中国企业不得不面对的严峻挑战。

许多国内企业国际化经营能力匮乏的原因不在于资金、人才、技术等资源条件不足，而是经营管理水平低下，经营理念陈旧，尤其是缺乏先进的国际营销理念。因此，研究学习国际营销有着重要的实际意义。

（1）掌握国际营销的原理和方法，有助于增强我国产品国际市场上的竞争能力，更好地贯彻执行改革开放的总方针，有助于各地区、各部门和企业发展外向型经济。

（2）掌握国际营销的原理和方法，有助于提高我国产品在国际市场上的地位，实现较高的销售额增长率、市场占有率和销售利润率，取得较好的经济效益，有利于引进国外先进技术和管理经验，促进国内经济建设的发展。

（3）掌握国际营销的原理和方法，可以使企业管理者拓宽视野，更新观念，提高经济管理水平，有利于培养造就一大批掌握现代化经营管理知识、能够在国际经济贸易中运用自如的人才。

（4）研究和创新国际营销理论，尤其是紧密结合我国国情和国内企业国际化经营的实际，寻找规律性，解决现实问题，对于加速外向型经济发展，避免国际营销失误，探索适合国情的企业国际化模式，造就一批中国的跨国公司和世界名牌，无疑是极具现实意义的工作。

过去的营销人员只要求具备强有力的企划能力，但全球经济一体化的今天，营销人员还得具备各类世界知识，否则会影响其企划能力的发挥。例如，国际贸易和国际运输的法规、税则、做法及惯例，世界重要跨国性贸易组织的有关知识，世界地理，贸易主要国家历史、文化背景、经济水平、产业结构、科技发展、贸易限制、消费习惯等知识，这都是国际市场营销人员需要特别注意的。

思 考 题

1. 试分析国际营销与国内营销的异同。
2. 国际营销与国际贸易的区别是什么？

3. 企业进行国际化经营的动因是什么？
4. 简述企业从事国际营销的方式。
5. 国际市场营销观念经历了哪些阶段？
6. 什么是目标市场群体？
7. 营销可控因素与营销不可控因素有哪些？
8. 国际营销学的基本任务是什么？
9. 国际营销学的研究途径有哪些？
10. 国际营销学的研究方法有哪些？
11. 试述我国企业国际化经营的必要性。
12. 试述国际营销理论研究学习的意义。

案 例 题

华为市场变革，从国内到国际的拓展

华为是一家市场遍布全球的跨国公司，在全球服务于170多个国家和地区，但是最初华为只是一家小公司，也只服务于中国市场，从中国市场到国际市场，华为付出了多年的艰辛。华为虽然是1987年才创立的民营企业，但是它发展的速度很快，短短十来年的时间，在国内的市场占有率已经比较高了。随着国内传统交换机产品的市场趋于饱和，2002年全球通信产业进入了持续低迷期。国内却是另外一番景象，中国电信的小灵通风头正盛，华为的处境非常尴尬，由于技术路径选择的问题，华为的无线GSM（全球移动通信系统）解决方案被采用的规模非常有限，效益并不显著，同时由于华为实施3G战略，在3G上累计投入了上百亿元的研发经费，但国内3G市场迟迟没有启动，此时的华为全靠传统的固话、靠有线网络产品来支撑，挣钱的地方不多，花钱的地方到处都是。

所谓"东方不亮西方亮"，在国内无线市场，尤其是3G市场暂时没有大规模启动的情况下，华为不得不将眼光转到了海外，2002年年底华为组织了一批精兵强将出征海外，开始将3G技术在海外落地，这就是华为无线设备走向海外的起点。那么，华为的国际化路径是什么样的？华为规划的国际化路径是先从临近的俄罗斯开始，逐步延伸到更远的国家和地区，先从不发达的国家和地区开始，再逐步进入发达国家和地区。华为从1996年起开始进军俄罗斯市场，坚守四年才得到一个几十美元的订单，当时由于爱立信、西门子等跨国巨头已经抢先布局，而华为在当地没有知名度，因此产品很难销售出去，随后的1997年亚洲经济危机爆发，俄罗斯的经济也陷入低谷，俄罗斯对电信市场的投资几乎停滞。由于这场经济危机，西门子、阿尔卡特等公司纷纷从俄罗斯撤资，华为不仅不为所动，反而更加积极，这一年华为与俄罗斯成立了合资公司，俄罗斯的经济复苏非常缓慢，从1996年一直到2000年，整整四年时间，华为在俄罗斯没有任何的收入。

后来俄罗斯一个电信运营商的设备配件坏了，但是那台设备的供应商没有办法马上提供更换服务，华为知晓后立即带着自己的配件去为这家电信运营商解决问题，这个价值几十美元的配件就是华为在俄罗斯市场的第一笔生意。华为的热情和坚持显然打动了俄罗斯的电信运营商，2000年华为在俄罗斯就获得了两大项目。到了2005年，短短五年，华为在俄罗斯的销售额就达到了6.14亿美元，并且与俄罗斯所有的顶级运营商都建立了紧密的合作关系。开拓俄罗斯市场十年之后，华为成为俄罗斯电信市场的领导者之一，在运营商市场的占有率可谓雄居首位，经历了长时间的等待、耕耘，华为在海外市场的收获期终于陆续到来，来自海外市场的营收进入了快速增长期。

2005年是华为国际化的分水岭，这一年华为海外市场销售额第一次超过国内市场的销售额。这一时期，华为海外市场发展迅猛，海外业务对人才的需求量非常大，华为在国内众多高校大规模招聘外语人才，尤其是一些小语种人才，以及与电信、国际贸易、财务专业相关的人才，很多新人经过培训之后就被派驻到了海外，这些没有太多工作经验但热情高涨的年轻人，在陌生的国度里开疆拓土，创造了一个又一个的奇迹，这是华为的一大传统，衡量员工成绩的一大标准就是贡献。对于新员工来说，机会比金钱更重要，能力比学历资历更靠谱，如此好的锻炼机会可以大显身手。在千万优秀员工的持续奋斗之下，2006年华为实现了对北美、日本、欧洲三大发达地区3G设备市场的全面突破。

华为3G在全球的发展中心正明显地从中东、亚太地区逐步向欧洲等移动通信发展地区转移。华为取得这样的成绩，并非单纯依靠技术优势和成本优势。欧洲顶级电信运营商对合作伙伴是非常挑剔的，对供应商的可信性、竞争力、交付和服务能力要求都是很高的，想要同时具备这么多的能力，就必须与其合作，联合研发。所以华为在欧洲和当地电信运营商共建联合研发中心，比如仅仅和沃达丰就建立了移动网络、软件和核心网的联合研发中心。另外，在欧洲，华为还同时设立了其全球唯一一个产品管理部，以便更加灵活地满足欧洲电信运营商对产品和解决方案的独特需求。华为通过这种在欧洲市场设立联合研发中心的方式，与各大电信运营商开展了紧密的合作，这样在欧洲顶级电信运营商的眼中，华为就是一家可信的公司。

2012年华为成为全球第一大电信设备制造商，华为先后在全球建立了20多个能力中心，其中仅华为消费者业务内容部门就在中国、俄罗斯、德国、瑞典、印度以及美国等地区设立了16个研发中心。这个时期的华为进行的是全球范围的资源配置，利用全球优秀的人才服务全球客户，华为的发展增速非常可观，成为国际化程度最高、国际化最成功的中国企业之一。华为的国际化体现在其立体的、全面的、文化多元、管理国际化、人才来自全球、市场覆盖全球的发展模式。

华为的国际化对今天的中国企业启发很大。第一点是国内市场多年来大规模营收带来的丰厚利润为华为的国际化开拓积累了充足的"粮草"，让华为渡过了国际化初期在很多国际市场的亏损难关。因为在国际化的前期，华为在国际市场是没有多少收益的。第二点是国际化开拓是一个艰难长期的历程，不能急于求成，要有足够的耐心。比如，华为在俄罗斯整整四年的时间没有收入，因此进行国际化开拓必须要有足够的耐心。第三点是不要"为国际化而国际化",很多企业盲目跟风,看到其他企业到国外发展,便也进入国际市场,这种做法风险非常大。国际化应该是企业发展的内在自然需求,国际化充满了不确定性,所以企业走国际化之路必须做好充分的准备。

(资料来源:https://baijiahao.baidu.com/s?id=1746896997595707687&wfr=spider&for=pc&qq-pf-to=pcqq.c2c,有改动。)

国际营销环境篇

《韩非子·说林上》中有这样一个寓言：鲁人身善织屦，妻善织缟，而欲徙于越。或谓之曰："子必穷矣。"鲁人曰："何也？"曰："屦为履之也，而越人跣行；缟为冠之也，而越人被发。以子之所长，游于不用之国，欲使无穷，其可得乎？"翻译成白话文就是：鲁国有个人擅长编鞋，他的妻子很会纺白绢。他想搬到越国去。有人对他说："你到那里必定会变穷的。"这个鲁国人问："为什么呢？"劝他的人说："编鞋是为了给人穿的，但越国人不喜欢穿鞋，习惯于打赤脚走路；织白绢是用来做帽子的，但越国人不喜欢戴帽子，而喜欢披着长发。以你们擅长的技能，迁徙到用不着它们的国家去，要使自己不受穷，怎么可能呢？"

我国古代先贤通过这个寓言，揭示了经营活动要以顾客需求为中心这个朴素的哲理，对当今的国际市场营销同样有着很好的启示。正如营销不等于推销一样，国际市场营销也不能简单地等同于国内市场的延伸。跨国、跨地区的经营必须因"地"制宜，这儿的"地"就是国际营销中的"环境"。

营销大师菲利普·科特勒认为，在全球行业中销售产品的公司一定要做好五项决策：是否进入国外市场的决策；进入哪些市场的决策；如何进入该市场的决策；营销计划的决策；以及营销组织的决策。实际上，这五项决策都无一例外地需要在通晓全球，特别是目标国经营环境的基础上做出。

在环境篇中，我们将逐一分析国际营销所面临的国际政治环境、国际法律环境、国际经济环境、国际文化环境，以及国际科技、自然和人口环境。深入了解上述环境因素，将会有助于对战略篇、策略篇和管理篇的学习。

国际市场营销学 第4版

第 2 章
国际营销的政治环境

本章要点

　　由于历史的原因，不同国家的政治制度往往存在巨大的差异，而东道国的政治状况对在该国经营的所有企业都有很大的影响。国际营销者特别需要了解东道国在政体、立法制度、行政制度、司法制度和政党制度方面与母国的不同点。

　　国际政治风云总是变幻莫测。每个国家都要维护其主权，追求本国的国家利益，因此会不同程度地运用自身的权力。利益的不一致有时会导致国家间发生冲突乃至战争，另外，国家间也存在利益的互补性，这就增加了国际合作的可能性。当然，随着社会的发展，国际体系也处于不断演变之中。

　　国际经营面对的是不同的主权环境，其经营状况不可避免地要受到东道国政府政策的影响。当今的世界政治格局纷繁复杂，存在极大的不确定性。这就要求国际营销者掌握准确评估和有效控制政治风险的技能。

　　本章首先介绍了东道国国内政治架构的分析方法；然后在国家关系的层面上探讨了国际冲突和国际合作，以及国际政治关系的演变；最后是关于政治风险的评估和控制。

关键词

　　政体　立法制度　行政制度　司法制度　政党制度　国际关系行为体　国际冲突国际合作　政治风险　产品的政治敏感度

2.1　东道国的政治架构

　　政治和经济历来关系密切，并相互影响。由于历史发展的轨迹各异，不同国家的政治架构有着显著的不同。国际营销者很有必要通过了解东道国的政体、立法制度、行政制度、司法制度和政党制度，进而熟悉该国的政治运转状况，因为其中可能蕴含着无穷的商机，也有可能意味着巨大的风险。

2.1.1 政体

国家政体是指国家的组织形式。国家政权是由一定的实体组成的，这些实体分化组合的原则、方式和相互关系，就构成一国的政体。政体并不等同于政府机构的设置，而是在国家主权层次所展开的国家政权的宏观架构，它为政府机构设置奠定了基本原则和合法性源泉。

政体类型的划分有着多种标准，最普通的划分是将政体划分为君主制和共和制两大基本类别。君主制政体中国家的最高权力掌握在世袭君主手里；而在共和制政体中，国家最高权力执掌者是通过选举程序产生的，并规定了其相应的任职期限。在古典政治中，君主制具有主导地位。随着近代民主政治的发展，共和制已经取代君主制成为现代国家政体的主流。当今世界上，除少数几个国家外都是实行的共和制，保留下来的君主制国家，绝大多数都是君主没有实权的议会君主制，如英国、挪威、瑞典、丹麦、荷兰和比利时等，但摩洛哥、沙特阿拉伯、约旦、科威特等这些阿拉伯国家仍保留传统型的君主制。

1. 君主制

君主制主要有二元君主制和议会君主制。

上述的摩洛哥、沙特阿拉伯、约旦、科威特等实行的就是二元君主制，在这些国家中的君主与议会属于相对独立的两大权力系统，君主是国家政权的中心，其权力尽管要受到宪法限制，但不受其他权力机构的制衡。国家宪法由君主钦定，内阁和议会中的部分议员都由君主任命。君主的行政不受议会的约束，而且有权否决议会的决议，甚至解散议会。

议会君主制中君主一般是虚位元首，君主权力实质上只有象征意义。议会已经取代君主成为国家政权的中心，政府内阁由议会多数党或政党联盟产生，对议会负责。如果议会否决内阁的决议，或通过对内阁的不信任案，内阁必须集体辞职，或者由内阁提请君主解散议会，重新进行大选。议会君主制国家有英国、荷兰、比利时、卢森堡、瑞典、挪威、丹麦、加拿大、澳大利亚、新西兰、西班牙、日本、泰国、马来西亚等。

2. 共和制

共和制政体主要分为议会共和制、总统共和制、半总统制和委员会共和制几种。

德国、意大利、以色列等国属于议会共和制国家。在这些国家中，议会是国家政权的中心，由公民选举产生，享有立法权，拥有组织和监督政府或内阁的权力。作为国家元首的总统也由选举产生，但其权力仅限于任命议会中多数党领袖或多党政治联盟领袖担任政府总理，总统是国家的"虚位元首"，在礼仪上代表国家，总统若有违宪行为，要受到议会的弹劾。内阁是国家最高行政机构，掌握一切行政大权。内阁由议会产生，并向议会负责，若内阁提案遭到议会否决，内阁必须集体辞职或解散议会，重新组织大选。

在总统共和制国家中，议会、总统和最高法院分别掌握国家立法权、行政权和司法权，体现了立法、行政、司法的三权分立。议会和总统均由选民选举产生，相互之间不存在权源关系。最高法院是相对独立的司法机构，最高法院法官终身任职。总统既是国家元首，又是行政首脑，内阁成员由总统任免，对总统而不对议会负责。总统无权解散议会，议会也无权通过不信任案将总统解职，但在总统有违宪行为时，议会可对总统提出弹劾案，并提交最高法院审理。美国是最早也是最典型的总统共和制国家，此外实行总统共和制的还有南美洲、非洲以及亚洲的一些国家。

法国和俄罗斯属于半总统制政体，它糅合了古典君主制与现代共和制的特点。总统拥有很大的权力，凌驾于立法、行政和司法之上，是三权的仲裁者。总统是国家元首，还拥有任免总理、主持内阁会议、颁布法律、统率武装部队等大权。总统由选民选举产生，对全民负责，而不对议会负责。总统有权解散议会，但议会无弹劾总统。总统不是内阁成员，对内阁决议不负政治责任，议会对内阁的不信任案只能由总理负政治责任。

瑞士实行委员会共和制，其最高国家行政机关为委员会。委员会由议会选举产生，向议会负责。议会不能对委员会提出不信任案，委员会也无权解散议会。委员会内部各成员地位完全平等，作为行政首长的国家元首由委员会成员轮流担任，任期一年，且不得连任。委员会各成员同时出任政府各部首长，一切政务均由委员会集体讨论决定。

2.1.2 立法制度

不论实行何种政体的国家，立法权都是最重要的国家权力，立法机构的名称大多称议会或国会。在西方国家，根据宪法的要求，行使立法权的议会通过普遍的、直接的选举产生，代表人民行使权力。议会以人民的名义行使国家的立法权，并对政府的其他部门进行监督，以确保立法能够得以贯彻执行。其他国家机关，无论是由人民选举产生的，还是通过议会组成的，都必须执行议会的立法。

1. 两院制和一院制议会

世界上的立法机关主要有两院制和一院制两种形式。世界上大约 2/3 的立法机关有两个议院，一个上院（如美国的参议院、英国议会上院或德国的联邦参议院）和一个下院（如美国的众议院、英国议会下院或德国的联邦议院）。这些都被称为两院制，即有两个议院。通常上院的权力小于下院，在美国，国会的两院权力相对较为平等。少数国家议会实行的是一院制，如瑞典的国会、以色列的议会。

美国、德国等联邦制国家实行两院制很有必要。上院代表联邦体系的各个组成部分，下院代表以人口为基础的选区。但在单一制[⊖]国家里，上院的作用并不明确。例如，英国的上院（其成员是经由继承或终身任命的）主要是一个成员年纪较大的团体。英国的下院只需要简单多数便可以推翻来自上院的反对。

⊖ 单一制是相对于联邦制而言的，单一制国家下属的地区没有自主权，或有很少的自主权。

2. 议会中的专门委员会

随着国家管理职能的扩张，议会的任务日益繁重，对其成员应具有的专门知识和经验的要求越来越高，因此实际上每个国家的议会都设有专门委员会，实际行使着议会的政策和立法审议权。早期的专门委员会通常是临时性的，后来因处理日常事务的需要，一些临时性的专门委员会便演变成了常设的。在美国等国家，专门委员会下面还分设小组委员会，具体事项由小组委员会进行初步审议，专门委员会根据小组委员会的意见决定是否进行审议和如何审议。

专门委员会一般负责审议所管辖的专门领域或对口部门的法律议案，主要是举行秘密会议，也举行各种听证会。除了常设的专门委员会外，各国议会还有为处理具体问题而成立的特别委员会和两院共同委员会或协商委员会，它们一般是临时性的，任务一经完成即自动解散。另外，现在各国议会一般还设有处理议会内部事务的委员会，但不涉及立法审议。委员会的席位基本上是按各政党在议会中的席位比例进行分配的，委员会主席，特别是一些重要的委员会，其主席一般是由多数党的资深议员担任。虽然要经过选举，但议会党团在决定委员会主席的人选上发挥关键作用。

3. 议会的职责

现代国家议会的权力和责任都相当广泛。议会除了行使立法权之外，一般还拥有财政控制权、对其他国家机构的监督权、对战争与和平的决定权。

立法权是指立法机关行使的制定、认可、解释、补充、修改和废止法律的权力。议会作为专门立法机关，它的立法权包括国内法律的创立、修改、补充、解释、废除和国际条约的批准和废除、退出，这是议会固有的权力。但是在多数情况下，特别是在议会制国家，议会实际上并不制定法律，只是审议"通过"或者"否决"法律议案。此外，即使是议会审议"通过"的法律，一般也是有范围限制的。

财政控制权是现代各国议会的仅次于立法的权力。尽管各国议会对财政的控制程度不相同，但国家财政方面的事项，如预算、决算、税赋、公债等，均须经议会审议"通过"以后，政府才能付诸施行。因此，从法律角度来说，国家财政权是受议会控制的。但在实际操作中，议会并不编制国家预算或决算，只是对政府的预算和决算进行审议，对政府的开支进行有限的控制。

议会的另一重要职权是执法监督权。议会行使执法监督权的形式主要有：倒阁权或弹劾权，咨询权以及调查权，包括对政府执法活动和政府自身运作的监督，也包括对司法的监督。在议会制国家中，议会在国家机构中从法律上看居于核心地位，对内阁及其活动的监督作用比较大。议会有倒阁权，内阁也有权解散议会。在典型的总统制国家，议会和总统分别由民选产生，由总统经议会或议会中的一院（在美国通常是参议院）同意组阁，总统无权解散议会，议会也不能因政策问题迫使总统下台。在法国式的半总统制下，议会对行政的监督作用要小一些，总统可以解散议会，但议会不能因政治问题罢免总统。

2.1.3 行政制度

行政机构是行使国家行政权力的机构。行政机构执行立法机构制定的法律和决定，管理国家内政、外交、军事等方面的行政事务。无论何种政体，国家行政领域都是各种政治力量角逐的中心。政党之间的政治竞争都是围绕争夺行政权来进行的，只有取得了行政权，才算执政党。在当今的现实世界，行政权实际上总是优于立法权和司法权的。

1. 行政制度的类型

行政制度一般可以分为内阁制、总统制、委员会制和混合制[⊖]四种行政体制，其中内阁制和总统制行政体制更普及，更具有代表意义。下面将主要介绍这两种行政制度的特点。

（1）内阁制行政制度。内阁制也称为"二元行政体制"或"双头制"，如图 2-1 所示。根据国家元首产生方式的不同，内阁制又分为君主制的议会内阁制和共和制的议会内阁制。英国及一些英联邦国家，如加拿大、澳大利亚、新西兰等实行的是典型的内阁制行政制度；意大利、以色列等国虽然也在一定程度上借鉴了某些英国行政体制的形式，却更多地体现了自己的传统和特点；德国和日本等国则介于这两者之间。

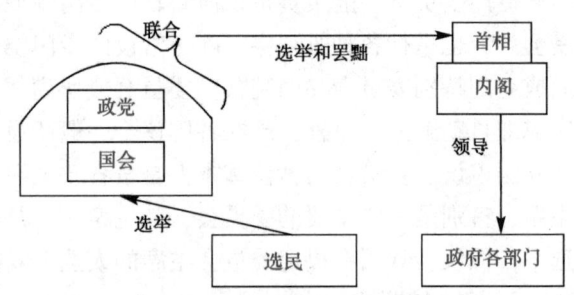

图 2-1 内阁制行政制度

（资料来源：罗斯金，等：《政治科学》第 6 版，林震，等译，北京：华夏出版社，2001，第 285 页）

内阁制行政制度主要有以下特点：元首不掌握实权；议会中心与多数党组阁；内阁或内阁首脑集权；议会与行政相容；议会与内阁互相制约。

1）元首不掌握实权。国家元首的名分和职权是分立的，国家元首只是形式上的政府首脑，另设总理或首相作为实际的政府首脑。国家的一切重大权力，如立法批准权、政府人事任免和管理权、外交及军队的最高指挥权、解散议会权力等，在法律上都属于国家元首，并以此表明国家和政权机关的连续性。但是，实际领导政府、代表国家元首行使上述权力的，都是内阁或内阁首脑。总统或国君"代表"或"象征"国家，只履行一些程序性、礼仪性的职责。

2）议会中心与多数党组阁。根据责任内阁制原则，在议会拥有多数席位或者能够通过结盟凑足多数的一个或几个政党上台执政，所以，政党活动主要集中在争夺议席上。在议会选出、政府组成以后，执政党要实施的重大政策或提出法案都必须经议会审议通过。因此，对于作为在野党的反对党，也需要利用议会这个舞台制约政府。

3）内阁或内阁首脑集权。作为国家象征的元首，其一切权力都是通过总理或首相领导的内阁来行使的；作为政治舞台中心的议会，也主要是参与"议政"；解决国家管理中的实际问题还得依靠政府的行政职能。政府的权力，特别是决策权，又集中在内阁甚至总理或首相手上。政府首脑能在多大程度上集权，主要取决于政党制度的类型、内

⊖ 芬兰实行的是混合制。根据芬兰宪法，最高行政权属于共和国总统，但由总理和若干部长组成的国务委员会负责治理国家的工作。总统是议会的一部分，也是政府的一部分。

阁议事决策制度、首脑本人处理党派关系和驾驭部下的能力。

4）议会与行政相容。内阁制政府中的内阁官员，包括首脑和各部部长，既是议员（或必须是议员），又是行政官员，这就是"议行相容"的原则。"议行相容"还有一层意思，就是"议"和"行"虽然在一定程度上是相互制约的，但是必须保持最低限度的一致，否则，不是政府下台，就是议会被解散。

5）议会与内阁互相制约。议会对内阁的制约主要体现在监督政府的活动，特别是在必要时可以通过不信任案迫使政府下台。而政府也可以反过来解散议会，在这种情况下，议会和政府都要重新"洗牌"。在通常情况下，议会如果要逼政府下台，政府必先解散议会。所以，议员们既想要政府下台，又想照当议员多半是不现实的。同样，政府若不是万不得已，也不会轻易解散议会，因为议会重新选举后，现行政府未必能继续执政。

（2）总统制行政制度。总统制行政制度又称为"一元行政体制"或"单头制"，如图2-2所示。总统制行政制度本身也在不断演变，美国率先建立总统制并为许多国家所效仿，而法国的总统制⊖是在实行了多年的典型的议会制行政制度以后，通过实行改革，在保留某些议会制传统的同时又吸收了某些总统制之所长，建立起来的具有自己特色的政体。

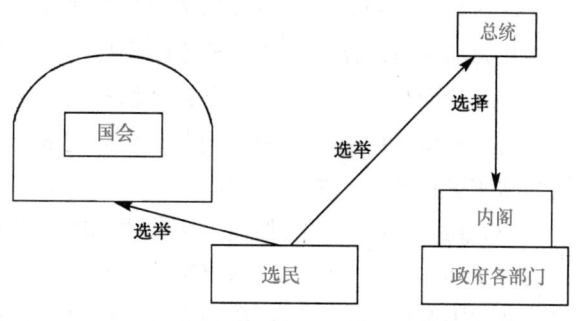

图 2-2　总统制行政制度

（资料来源：罗斯金，等：《政治科学》第6版，林震，等译，北京：华夏出版社，2001，第285页）

美国实行的是典型的总统制，经普选产生（但不一定是直接选举产生）的总统集国家元首和行政首脑于一身，享有国家名义上的和实际上的权力。与内阁制相比，典型的总统制的主要特点在于：总统不一定属于议会中的多数党，总统执政不一定得到议会的信任，也无须对议会负责；总统有权任命重要的政府成员，仅仅需要得到议会的同意；政府成员不得兼任议员，不受议会左右，只对总统负责；议会在立法、政治任命等问题上同总统相互制衡，对最高司法系统的组成共同负责；议会不能罢免总统，除非经弹劾程序认定总统有罪，总统也无权解散议会。

法国式总统制兼有总统制和议会制的特点，即半总统制。总统拥有实权，而议会处于弱势，政府则听命于总统。首先，议会不能罢免总统，除非总统在弹劾中被认定有罪，但是总统却有权解散议会下院。其次，总统对高级官员的任命，除了总理、个别极重要的职位和法官之外，无须征得议会的同意。总统对内阁成员的任命比美国式总统制和内阁制的限制都少，可以是议员，也可以不是议员。最后，总统是实际上的最后决策者，但总统不必对决策可能产生的不良后果承担责任，而是由总理及内阁"代为受过"。

⊖ 即前述的半总统制。

2. 政府的职能

政府的职能包括行政职能、立法职能和司法职能。

（1）行政职能。行政职能是指执行国家的法律，制定和实施政策，负责对国家事务进行管理的职能，这是政府首要的、传统的职能。政府作为国家最高行政机构，要总理全国性的公共事务，拥有的权力和责任非常广泛，涉及政治、民政、外交、经济、文化教育和国防、国家安全、公共安全等各个方面。因此，为了有序、高效地处理好国家公共事务，政府部门有必要进行横向的职责分工和纵向的职能分工。政府行政主要是通过决策（特别重大的决策须报经立法机关批准并以法律的形式表现出来）和管理（贯彻实施决策）来实现的。

（2）立法职能。立法权是属于议会的首要权力，但议会既无法独立行使立法权，也不可能行使国家所有的立法权。在任何行政制度下，政府不仅行使绝大部分行政立法权，还参与议会的立法，即分享了国家立法权。各国的政府除了独立行使议会的委托立法权和大部分行政立法权外，还不同程度地参与甚至操纵议会的立法。随着国家管理的事务日渐专业化和复杂化，会有越来越多的立法任务是议会所不能胜任的，因此必须通过专门立法将某些法律的制定授权政府去完成，或者在立法案中明确规定由政府制定实施细则或进行补充立法。

（3）司法职能。司法独立是法治原则的重要体现，但在实践中，司法独立仅指法院审判独立和法官判案独立，即审判和判案不受任何组织、机构或者个人的干涉，不受法律以外的因素的影响。但司法独立并不绝对排斥政府和立法机构参与整个司法过程。政府的司法职能首先是指政府的司法行政权，如任命法官、大赦、特赦、减刑等。在国际司法协助方面，也是由政府有关部门负责。在检察院从属于行政权的国家，政府的司法职能还集中表现在派员代表国家参与刑事诉讼和以国家名义提出的民事诉讼方面；在检察权相对独立的国家，政府不能直接控制起诉，但也会对起诉有所影响。另外，在很多国家，对已经审结的重大案件，政府或者行政首脑有权要求重审。由此可见，政府有相当多的便利行使司法职能，甚至在必要时干预司法审判。

2.1.4 司法制度

司法机构是行使审判权和检察权的政府机构，是政府权力系统的三个中心之一。司法机构相对独立于其他政府机构，独立行使司法权力，不受任何政府机构、社会团体和个人的干涉。

司法机构通常包括审判机关和检察机关。

1. 审判机关

审判机关主要是指法院系统。法院的职权主要包括解释宪法或法律、进行司法审判和处理其他非诉讼事务。

法院系统按照权力等级不同，纵向上形成了初审法院、上诉法院和终审法院的层级。初审法院是最基层的法院，受理轻微的民事和刑事案件；上诉法院受理初审法院的上诉案件和重大的民事、刑事案件；终审法院又称最高法院，是法院的最高上诉级，由它做出终审判决。各级法院之间只存在审级关系，上级法院可以通过受理当事人不服判决的上诉来纠正下级法院的判决。基于司法权"不告不理"的通则，只有在当事人提出上诉之后，上级法院才能受理，而不能直接对下级法院的司法权进行干预，因此上下级法院的司法权是相对独立的。

根据法院系统的横向结构特征，法院系统可划分为直线式法院系统和复合式法院系统。直线式法院系统并不对法院司法管辖权做横向的职能分工，如日本的法院系统就只是按照审级划分为最高法院、高等法院、地方法院和家庭法院四级。复合式法院系统建立在法院司法权限的横向分工的基础上，如英国的法院系统由民事法院和刑事法院构成，法国的法院系统由普通法院和行政法院构成，美国则存在联邦法院和州法院两个系统。民事法院与刑事法院分别处理民事案件与刑事案件。普通法院处理的是普通公民之间的冲突，审理一般的民事和刑事案件，适用民法和刑法。行政法院处理执行公务过程中的争议，处理政府机构及其工作人员与公民之间的诉讼，适用行政法。

2. 检察机关

检察机关是监督法律执行、行使法律监督权的机构。检察机关的主要职权是参与刑事案件的侦查并提出公诉，追究被告人的刑事责任。

大陆法系国家不专门设置检察机关，法国将检察机关归入法院系统，德国的检察机关附属于司法行政部门；但是英美法系国家则设立独立的检察机关。各国的检察系统一般与法院系统平行设置，对应于各级法院设置各级检察机关。但是检察系统的权力等级不同于法院系统，而是更类似于行政权力等级，强调上下级检察机关之间的命令服从关系。

检察机关的存在，弥补了司法权"不告不理"的局限性，检察机关可以主动地提出公诉，促请法院受理案件。因此，检察机关就构成了对法院司法审判权的制约。一方面，在检察机关没有侦查和提出公诉之前，法院无权受理案件；法院对于案件的审判结果，也在很大程度上取决于检察机关的侦查工作。另一方面，检察机关通过介入法院内部管理和人事考核实现对法官工作的监督。

3. 司法机构的功能

司法机构主要具有司法审判功能、立法功能和权力制约功能。

（1）司法审判功能。司法审判功能是指司法机构受理民事和刑事诉讼案件，惩治犯罪和维持社会秩序的功能。这是所有司法机构都具有的普遍功能。

（2）立法功能。司法机构对宪法和法律的解释，以及在司法审判中创制判例，这都是司法机构的立法行为。司法机构对宪法和法律解释以及具体运用的结果，在具体情境下赋予了法律新的意义，并且有可能创设出新的法律规范。

（3）权力制约功能。权力制约功能是指司法机关对立法机构和行政机构的权力进行制约的功能，主要体现在司法机构的司法审查权和行政裁判权方面。司法审查权又称为违宪审查权，是指法院通过司法程序对立法机构和行政机构制定的法律法令或政府官员的行为是否违宪进行审查和裁决的权力。如果政府机构或政府官员的法律法令或行为与宪法条文相抵触，法院可以宣告无效，甚至要追究相应机构的法律或政治责任。行政裁判权是法院受理行政诉讼案件并做出裁决的权力。行政裁判权所针对的是行政机构及其工作人员行政行为违法、失职、越权或其他过失所引起的诉讼,目的是防止公民的合法权益受到行政权力的侵害,并要求相应的机构对公民遭受的损失进行补救。

2.1.5 政党制度

当今,几乎所有的社会都由某种政党制度来联系公众和政府。政党是现代政治的一个基本构成要素和重要活动主体。政党制度是一国政治制度的重要组成部分。政党政治是围绕通过选举争取执政权开展的,是现代民主政治的主要表现形式。了解当代国家的政党和政党制度,对开展国际经营的企业也是大有裨益的。

1. 政党的功能

"政党是组织松散的、以特定的标签(政党名称)寻求选举政府官员为目标的组织。"在民主政治下,为保持政治体制的整体性并使其保持运转,政党主要具有以下几项重要功能:

(1)连接政府与公众的桥梁。通过政党,公众可以让自己的需要或希望为政府所知,否则个体公众的诉求往往会被政府所忽视。通过为某个政党工作或投票给某个政党,公众就能影响政治决策,反过来也有助于维持政府的合法性。

(2)利益的聚合和整合。政党通过把不同的利益聚合到一个更大的组织中来,以此驾驭和平息不同利益集团之间的冲突。在这种情况下,利益集团不得不互相妥协,相互合作,为政党的利益而努力。另外,利益集团至少会达到一部分他们自己的目标。因此,政党,尤其是大党,就是利益集团的部分联盟。利益集团进入一个政党以后,能够表达意见或者将其意愿写进党的纲领,利益集团的成员感到自己有了"代言人",自然就会产生对政治体系的忠诚,政党起到了利益整合的作用。

(3)政治社会化。政党将候选人或者当选的官员介绍给公民,公民从而觉得他们也能表达自己的意见,能在政治体系中有所作为。在政党活动中,人们学习公开演讲、组织会议和妥协,从而提高他们的政治能力。在培养个人领导能力的同时,民主国家的政党也在成员当中树立了这个政治体系合法性的信念。另外,一些政党甚至提供社会服务,如帮助寻找工作和住处等。

(4)选民动员。政党最显著的功能就是让公众去投票。为了他们自己的候选人在竞选中能够获胜,政党会努力激发投票人的利益动机以提高大选日的投票率。因为没有政党的宣传,许多选民可能会对大选置之不理。

(5)组织政府。政党大选获胜的回报就是政府的职位和权力,借此政党可以将政府的政策转到自己的轨道上来。在像美国那样的总统制国家,议会中拥有多数席位的政党可以任命议长,获得执政权力的政党则可以在行政部门任命3000多人担任高级职务。在实行议会制的国家,获胜政党可以同时掌握立法机关和行政机关,首相或总理通常政令畅通,因为党的纪律是非常严明的。但是,没有哪个体系下的政党可以实现对政府的完全控制,因为已经存在的政府官僚机构⊖仍然掌握着相当大的权力。

⊖ 是指中、下层的行政管理机构,它们一般不会随政府的更迭而变动。

2. 政党制度的类型

一般而言，政党制度是指根据一国的法律规定或长期政治实践而固定下来的政党结构模式，它体现了各政党之间以及各政党与整个政治体系之间的相互关系。政治制度的健康发展很大程度上取决于政党制度，一方面，不稳定的政党制度完全有可能使一部很好的法律失去作用；另一方面，一个平稳的、温和的政党制度则有利于实现真正的民主。

政党制度可以分为以下类型：

（1）一党制。一党制的典型特征是在法律上只允许一个政党存在，一般与左翼或右翼的极权主义政权相联系。苏联和许多新兴的民族国家都是一党制国家。一些发展中国家，特别是非洲国家，认为政党多了会产生混乱，因为这些政党是按部落组成的。

（2）一党独大制。一党独大制是指国家中有居于支配地位的政党存在，如日本的自由民主党。一党独大制与一党制的重大区别在于，在一党独大制下，反对党可以自由参加竞选。印度自1947年独立以来，绝大部分时间内被国大党统治。在日本，由于自由民主党持续执政，日本被称为"一个半政党制度"，半个政党是指相对小得多的社会民主党，或称"一党优位制"。

（3）两党制。美国和英国属于两党制的政党制度，两个主要的政党获取执政的机会相当均等。第三党很少获胜，但它们的存在也很重要，可以促使两个主要政党关注选民的不满。

（4）多党制。多党制是指拥有多个竞争性政党的政党制度，瑞典、以色列和意大利等国属于典型的多党制。在多党制下，每一个政党都很难长时间地执掌政权。但也有例外，荷兰、瑞典和挪威都想方设法建立了一个稳定的多党联盟，从而能进行有效的执政。

（5）两大党制。现代许多民主国家都属于两大党制。政治舞台上有两个大党，另外还有一个或多个相关小党[一]。例如在德国，除基督教民主联盟和社会民主党两大党之外，还有自由民主党和绿党，这两个党因拥有足够的选票而能在政坛上扮演重要的角色。前面提到的两党制和多党制，都有向两大党制转化的倾向。

2.2 国际政治关系

国际政治风云总是变幻莫测。在这个舞台上，没有永远的朋友，也没有永远的敌人，只有永远的利益。美国和伊拉克萨达姆政权之间关系的戏剧性变化就是很好的写照。这对两伊战争时期的盟友后来兵戎相见，对此的解释只有一个——利益格局已经改变。

2.2.1 国际关系行为体

国际关系行为体就是能够独立地参与国际事务，并在其中发挥影响的政治实体。这种政治实体可能是主权国家，也可能是非国家行为体，诸如国际政府间组织（IGO）、

[一] 相关小党是指主要政党在竞选或组建联盟时不得不考虑的政党。

国际非政府间组织（INGO）、种族集团、跨国公司、地方政府、政党，甚至个人。按照国际关系的传统观点，国家是国际关系中的主要行为体。然而，随着国际形势的演变，特别是"冷战"结束以来，人们日益认识到非国家行为体的权威与影响。当今国际关系中，国家作为主要行为体的地位并没有改变，但它已不再是唯一的支配性角色。

1. 国家

国家，即民族国家，是一种法律抽象物，其机构（政府）控制着一定的领土之上的人民。在一个充分融合的民族国家，这种控制得到民族主义的帮助并依赖于民族主义，它是把人民凝聚起来，使人民效忠于政府的黏合剂。

1945年联合国刚刚创建之时，联合国只有51个会员国。截至2024年，联合国有193个会员国，另有2个观察员国。主权国家的大量涌现经历了两个浪潮。第一波是非殖民化浪潮。1945年，地球上有7.5亿人生活在非自治领土上。在各殖民地国家人民不屈不挠的努力下，1960年联合国大会通过《给予殖民地国家和人民独立宣言》。从那时以来，已经有大约60个殖民地获得了独立，并作为主权国家加入联合国。在东西方"冷战"结束后，出现了第二波建立新独立国家的浪潮。当时的苏联、南斯拉夫和捷克斯洛伐克等原多民族联邦制国家相继瓦解，分解出近20个新国家。

尽管不同国家在领土面积、人口数量、经济发展水平、政治和军事实力等各方面相差悬殊，但每一个国家都是当今世界上国家共同体的一员，都具备以下四个共同的特征：有定居的人民；有固定的领土；拥有一定形式的政府；拥有主权。就现代国家而言，人们往往还强调认同与忠诚，国家辖下居民共有的认同以及对国家的忠诚，也是国家存在必不可少的条件。

从政治职能来说，国家所起的作用包括三个方面：在其统治区域内维持社会的稳定，控制暴力的发生；自由和自主地分配国家的资源；作为国家内部大多数人民认同的核心。

2. 主权

主权是民族国家通过自己的政府，不受外来干涉地处理内政的权力，是一个国家在外部事务中不受外来干涉地结盟或退出结盟、参战或保持中立，以更好地维护自身利益的选择权。主权是国家作为国际关系行为体最为本质的属性，只有国家才拥有主权。国际关系中的其他政治实体也可以拥有领土、居民，甚至政权组织，但不可能拥有主权，所以民族国家也称为主权国家。

国家主权具有对内和对外的双重属性。

国家的对内主权表现为，国家拥有对本国疆界以内一切事务的最高统治权：自主制定或修改宪法和法律；自主决定国家的结构形式和政权形式；自主决定各项国家政策；建立军队和巩固国防；自主发行货币和铸币。

国家的对外主权是国家主权在国际关系中的体现，它表现为国家的独立权、平等权和自卫权。国家的独立权是一国按照自己的意志独立处理对外关系的权力，而且这一权力的行使不受外部更高权力的干涉或支配。国家的独立权构成了当代国际关系中不干涉原则的法理基础。不过，独立权的行使也不是无边无际、不受任何约束的，它也必须在不破坏其他国家的权力和尊重国际法的前提下来加以行使。国家的平等权是独立权的逻辑的延伸，既然每个国家都是相互独立的，不受外来更高权力的约束，那么它们相互之间必然应是平等的。国家的平等权要求各国平等地协商解决共同关心的问题和相互之间的矛盾，不得以大欺小、以强凌弱。国家的自卫权是国家保卫自己的生存和独立的基本权力，包括建立国防和行使武力，以制止来自外国的侵犯，保卫国家的领土完整、人民的生命财产和安全，以及国家的独立和尊严。

3. 国际互动对国家主权的影响

在国际关系中，国家的主权始终会受到国际互动的影响。这种互动可能是国家间的合作、结盟，也可能是国家间的竞争、对抗，甚至战争。国家参与这样一些互动，主权必然会受到影响。在合作之中，国家的权利与义务、权力与地位都会受到重新界定。为了合作，国家的主权不可避免地会受到一定的限制，甚至削弱，但同时，它在某一方面的权力却会得到加强。例如，中小国家与大国结成军事同盟，必然损害自己的主权，诸如允许结盟的大国在本国驻军。但它同时也得到大国的保护，从而可以抵御原本不能抵御的外来入侵。

在当代的国际政治中，全球性的国际互动对民族国家的主权正产生着越来越大的影响。这种影响几乎是不可回避的。这包括世界经济全球化和一体化的影响、联合国等世界性组织的影响，以及各种国际法、国际体制的影响，也包括强权政治与霸权主义的影响。

全球体系对主权的影响，最主要的方面可以概括为制度化的约束，也就是国际组织、国际公约、多边协定以及国际法的影响。这种影响造成了国内政治行为的"国际化"。加入世界贸易组织（WTO）会导致一个国家的国内经济政策"国际化"；批准裁军与军控条约，会使一个国家的国内军事政策"国际化"；加入保护生态环境的有关公约，会使一个国家国内的经济与社会行为"国际化"。这些类型的"国际化"，是指国家按照国际准则行事。

4. 非国家行为体

除了主权国家，活跃在世界舞台的还有各种不同的非国家行为体，其中最主要的就是国际组织。广义的国际组织包括国际政府间组织（IGO）、国际非政府间组织（INGO）和跨国公司（MNC）。此外，非国家行为体还包括国际政治运动、种族集团、宗教组织、政党及其他政治组织。自第二次世界大战以来，各种各样国际组织的大量涌现和作用的凸显，构成了当代国际关系发展的一个重要特点。

政府间组织是指两个及以上国家的政府经一定的协议而创立的机构，其成员构成仅限于主权国家。这种组织可能是国家的联盟，也可能是国家的联合体；可能是地区性组织，也可能是全球性组织；可能是出于政治和军事目的，也可能是基于经济或民族宗教目的等。总之，参与政府间组织的国家，都是为了通过成员国的合作，谋求实现单靠自身力量所无法实现的目标。通常，最重要的组织是那些具有一般性目的的组织，如联合国和欧盟，它们比具有特殊目的的组织更直接地介入了跨国政治问题的解决，这些组织倾向于为跨国合作提供更大的机会和更多的条件。

国际非政府间组织是私人的国际群体和协会，它们共同追求跨国的利益。同政府间组织不同，非政府间组织不是由政府发起、支持或指导的，它们是不定期地由来自不同民族的公民群体组织、资助和管理的，比较著名的有红十字国际委员会、国际奥林匹克委员会、绿色和平组织等。与政府间组织相比，非政府间组织对国际政治的影响不那么直接，部分原因在于政府没有加入对它们的支持和管理。非政府间组织的主要目的是在特定的、功能性问题的领域，促进跨国合作。

跨国公司是指以一国为基地或决策中心，通过对外直接投资，在其他国家或地区设立子公司、分公司或附属机构，从事国际生产、经营或其他服务活动的大型企业或公司。现在世界上排名前 100 的跨国公司，年销售收入超过了许多国家的国民生产总值（GNP）。跨国公司的发展促进了全球经济的一体化，并将导致国际经济与政治秩序发生根本性的改变。

2.2.2 权力和国家利益

1. 权力

由于缺乏在大多数国内环境下奏效的主权，国际关系更多地依赖权力。国家权力是一国控制或影响国际环境和他国意志与行为的能力，是一国实现本国国家利益的手段。在国际关系中，国家权力的分布也是决定国际格局形态的一个决定要素。权力是强国支配弱国的能力。追逐权力是国家利益的重要组成部分。

权力不等于实力。实力是客观的存在物，如军事实力、经济实力和科技实力。它们可以被储藏积累，也可以被现实地使用。权力的概念则要广泛得多。所有那些能帮助一国影响他国意志的要素都是权力的组成部分，包括物质的、相对稳定的实力要素，也包括许多抽象的、较不稳定的权力要素，如政府质量、国家士气和外交能力等。因此，权力具有主观的一面。权力可能大于实力，也可能小于实力。

权力的运用既包括强制，也包括利诱说服之类的非强制性影响力。当本国实现国家利益的努力遇到了来自他国的抵制时，权力，无论是强制力还是影响力，都试图排除他国的抵制而实现本国的利益目标。一般而言，强制力的运用通常代价较大，如经济制裁也会损害本国的贸易利益，战争会导致本国军人的伤亡。因此，国家通常首先会运用非强制性的影响力来实现自己的目标。当影响力不能达到改变他国行为的目的时，一些强国会转而运用其强制力。权力使用的目的是实现国家利益和对外政策目标。它本质上是一种手段、一种工具。但在现实的国际关系中，强权国家往往把权力当作目的来追求。

一国权力可分为两大类：有形权力和无形权力。有形权力要得到有效发挥，还需要无形权力的配合。一国如果只有强大的有形权力，却没有相对应的无形权力，其整体权力的发挥将受到限制。

一国的有形权力由各种实力要素构成，包括地理环境、人口、自然资源、经济实力和军事实力。地理环境是构成国家权力的一个长期不变的因素，包括一国的地理位置、领土面积、气候、地貌等自然条件。有形权力的另一个重要因素是人口，包括人口的数量和素质。一国的人口众多,意味着该国可以建立庞大的军队,为大工业提供大量的劳动力,为产品创造广大的市场,该国成为大国的可能性较大。人口素质包括人口的身体素质、心理素质和科技文化素质。人口素质高的国家,其国家权力也大。随着工业和科技的发展,自然资源对一国权力的重要性不断上升,其中粮食、原料和能源最为重要。经济实力也是一国权力的主要指标,通常以一国的国民生产总值的规模来衡量,一国的国民生产总值越大,表明一国拥有的财富越多,经济越发达,在国际上的作用和影响力也越大。军事实力是一国强制权力的主要来源,这从全世界巨大的军费开支上可以得到印证。实际上在所有的权力要素中,军事实力最为重要,在全部人类历史中,国家命运的决定性要素通常是战斗力的数量、战斗效率和战斗部署。

无形权力的构成要素包括政府质量、士气、社会凝聚力、外交质量、意识形态和文化的吸引力。政府质量决定一国动员、规划和使用有形权力的能力。一国的政府如果内部混乱,腐败严重,行政缺乏效率,领导人没有明确的战略目标和决断力,这个国家即使有强大的实力(有形权力),它也不可能在国际上发挥显著的影响。一国的士气包括军队士气和国民士气两个方面。军队士气高昂,军事装备的效能才能得到全面的发挥;一国的国民如果士气高昂,他们就会在本职工作岗位上积极工作,全力支持政府的对外政策,使政府可以动员全民的力量来追求政府的目标。社会凝聚力反映一国内部团结的程度。每一个国家都有不同的民族、社会阶层、地域文化、宗教信仰、政治意识形态,如何将广泛的社会、政治、经济、文化集团团结在一起,直接关系到国家权力的强弱。外交是一国通过和平方式实现国家利益的活动。高质量的外交能够充分调动国家的权力资源,以较低的成本有效地实现国家的目标。通过外交,国家可以在国际上赢得更多国家对本国对外政策目标的理解、同情和支持,减少一国实现其国家目标的阻力。另外,外交也可以运用国家所掌握的各种权力资源,以说服、影响他国改变不利于本国的政策和行为。一国的意识形态和文化越具有普遍的吸引力,一国的权力越大。本国的意识形态和文化价值观如果为另一国所接受,另一国的政策将更加自然而然地反映本国的利益和诉求,而无须本国的政府动用外交或武力的手段去说服或强制对方来实行本国希望的政策。

2. 国家利益

国家利益是国家所维护的社会各阶层所共享的普遍利益或全民利益。这些利益代表了所有国民的共同利益,具有最大的普遍性、最广泛的代表性和最高的综合性。因此,国家利益要优先于单个个人的私人利益、个别集团或阶级的特殊利益。

在国际事务中,每个国家一般都要谋求自身的国家利益,从这个意义上来讲,国际政治从本质上就是自私的。尽管一国有时会表现出宽容大度和利他主义,但通常都以加强其本国的国际权力和声望为目的。

首先,国家利益可以分为主要的国家利益和次要的国家利益。主要的国家利益是指有可能威胁到一个国家存在的利益,当一个国家觉察到一种对其主要利益的威胁时,它通常会走向战争。次要的国家利益通常较为遥远并且不那么紧急,虽然不排除战争的可能性,但国家更愿意通过谈判和妥协的方式解决此类争端。其次,国家利益还可以分为互补的国家利益和冲突的国家利益。互补的国家利益能够促成结盟。在20世纪90年代初的海湾战争中，沙特阿拉伯、科威特等许多阿拉伯国家和美国、英国等西方国家站在了同一边，因为它们的国家利益是互补的。相反的情况是，国家利益冲突会使得联盟分裂，严重的会导致兵戎相见。再次，国家利益还可以分为暂时的国家利益和长久的国家利益。暂时的国家利益是某一特定时期的利益，例如，在20世纪80年代的两伊战争中，美国支持伊拉克一方。战争一结束，美国外交对此的理解就不同了，它们之间的互补利益减少了。长久的国家利益则不同，有的要持续几个世纪，比如美国对西半球以外一直保持敌对。最后，还存在特殊的国家利益和一般的国家利益。特殊的国家利益关注于某一单独的问题，如日本对美国的贸易壁垒。一般的国家利益则是具有普遍意义的利益，如对人权的普遍尊重等。

两个国家，即使是联盟，也很少有完全一致的国家利益，人们所能希望的最好的情况是它们的利益是互补的。而外交的目的就在于发现并发展互补的利益，从而使两个或更多的国家能够合作。通常情况下，国家之间有一些利益是互补的，而有一些利益是冲突的，就如同美国和法国都是北约的重要成员国，在欧洲乃至全球事务中有着许多共同利益，但在2003年的是否对伊拉克开战上却意见相左，原因在于它们在伊拉克问题上存在各自的私利。当然，在国家利益完全冲突的时候是不可能有合作的，这时外交家的职责就在于将情形挑明，并想办法将危害减到最小。国家利益有时是会转变的，今天的敌人可能是明天的朋友。

2.2.3 国际冲突与国际合作

1. 国际冲突

在国际关系中，当不同行为体的权力与利益发生抵触并且不可调和的时候，它们就会处于冲突状态。当解决冲突的讨价还价和外交等手段不起作用的时候，国家以及其他拥有武装力量的行为体就可能诉诸战争。在人类社会的发展过程中，冲突与战争的出现频率是相当高的。冲突，特别是国家之间的大规模战争，给人类本身带来了极大的灾难。

冲突作为人类群体间对抗的状态和行为，它具有广泛的内涵：既包括不可触及的思想、观念、文化和政治制度等因素的对立，又包括可触及的如经济、军事等因素的竞争与对抗；既包括不使用暴力的对抗，诸如新闻媒体方面的冲突，又包括使用暴力的冲突，如军事冲突；既包括较低烈度的对抗，诸如边境摩擦，又包括高烈度的对抗，诸如大规模的战争。就参与者而言，它既包括个人、小集团之间的对抗，又包括国家乃至国家集团之间的对抗。发生在国际行为体之间的国际冲突只是所有冲突中的一个组成部分，而战争则是一种特殊冲突形式。

战争就是使用暴力的冲突。战争是有组织的群体之间的暴力冲突，主要具有以下特点：战争的根本属性是使用暴力，它应该是"热战"而不是"冷战"；战争的参与者都是有组织集团的成员而不是个人；战争涉及的是政府，或者至少一方是政府，包括政府之间的战争，即国际战争，以及一个社会之内为了争夺政府控制权而进行的战争，即国内战争。

冲突实际上是主权国家的一种互动，每一个主权国家都难以彻底避免冲突的发生，只是程度不同。有些国家长期处于与他国的冲突之中，而有些国家则较少介入国际冲突，或是所涉及冲突的对抗性较弱，这与国家执行何种对外政策有很大关系。实行霸权主义或干涉主义，就会到处挑起冲突。例如，美国就经常与他国发生冲突。由于它的利益无处不在，因此它所涉及的冲突也遍及全球各地。然而，任何国际冲突都不是一成不变的。条件变化了，冲突的结构和烈度也会变化。军事力量对比、经济发展状况、地缘政治条件、社会文化背景、国际社会的反应等都会对冲突产生重大影响，使之或升级或降级，或发生或停止。

一般来说，冲突与战争可分为三大类。第一类是国际战争，即发生在主权国家之间的战争，其中影响最大的是大国之间的战争。第二类是非战争的暴力模式，这种模式是指在未正式进行战争的情况下使用军事力量，其中包括武装干涉、边界摩擦、封锁以及各种国际危机等。这一类暴力模式实际上是一种有限的战争。第三类是一国内部的战争，即内战。

发生冲突和战争的原因纷繁复杂。就国家之间产生冲突的原因而言，一般可以划分为政治、经济、军事等几个方面。例如，干涉主义、泛民族主义、种族主义、新法西斯主义、恐怖主义等政治思潮，一旦转化为国家的政治行为，就可能构成导致冲突与战争的政治因素；国家的资源严重短缺，诸如严重缺少水、石油等资源，就可能构成导致冲突的经济因素；而国家如果采取超常的扩充军备行动，则很可能构成导致冲突的军事因素。对于国内冲突与内战而言，当今最突出的方面主要是民族分离因素。

在冲突中，参与者可能诉诸各种手段，如外交谈判、经济封锁、文化渗透、军事威胁、局部战争乃至全面战争，都是可能的选择。一种手段不行，人们往往就会转而采取其他手段。一开始多数是采取和平手段，诸如外交手段，而军事手段往往是最后的选择。

在国际冲突中，战争作为一种最终手段，破坏性最大。任何一个行为体在诉诸战争的时候，都不得不采取极为慎重的态度。在20世纪之前，国家体系是准许国家走向战争的。但在进入20世纪以后，以战争作为外交政策的合法工具渐渐不被认可了，禁止战争日益成为一种规范性的信念。在当代，以战争作为合理的、谋利的外交工具的做法，已受到了现有国际法的禁止。联合国所倡导的解决冲突与争端的方法是外交或经济制裁，以及通过国际法庭进行裁决。按照《联合国宪章》，只有两种使用武力的情况是合法的和没有争议的：一是国家行使自卫权反对外来侵略；二是按照集体安全原则，在联合国授权下使用多国武力。1991年针对伊拉克对科威特的侵略，多国部队对伊动武，就属于第二种情况。但2003年美国和英国对伊拉克的战争却没有得到联合国的授权，这从某种意义上来说是一个不好的开端。

相对于战争而言，现代国家越来越倾向于选择代价较小的一些政策工具，也就是进行较低烈度的冲突，其中包括报复、显示武力、暴力性报复等。报复行为是一种不友好但符合国际法的国家行为，目的是抗议其他国家的某种行为。这种行为不涉及武力，其中包括外交举措，如召回大使、驱逐外交人员、断绝外交关系等；也包括其他形式的报复，如限制别国外交人员和公民的行动，限制别国的捕鱼、航运，抵制奥运会和其他会议，以及废除有关条约等行为。显示武力也是一种常见的对外政策工具，目的是产生威慑作用，包括举行军事演习、显示拥有某种新武器或某种新技术、在敌对国家附近部署军队或舰队等手段。暴力性报复是指通过强制性措施迫使对手屈服，这种行为是不符合国际法的。通过强制手段没收别国财产，进行海上封锁，实施军事打击，甚至包括预防性军事打击，都属于这样的行动。

报复、显示武力、暴力性报复这些低烈度冲突形式通常会表现为一种互动，即一方采取了一种不友好的行动，受到侵害的一方也会做出相应的回应。在报复反报复的过程中，最危险的情况就是对暴力性报复的反报复，即博弈论中的"以牙还牙"。如果双方不能对报复进行控制，最终就会走向战争。在冲突中，逐步升级是一种常见现象。随着冲突的升级，相关行为者的自我控制和相互控制急剧减少，每个行为者的行动都变成另一个行为者行动的起点。"冷战"时期的"军备竞赛"就是一个典型的例子，"军备竞赛"最后的结果，要么是双方精疲力竭，坐下来进行谈判；要么是进行战争。

2. 国际合作

国家之间的关系并非只有无处不见的冲突，国际合作实际上也是国际关系中的一种常态，没有合作，国际社会就不可能存在。国家之间保持正常的外交关系，体现的就是国际政治合作；国家之间的经贸往来，体现的是国际经济合作；国家之间进行科技、文化、教育交流，体现的是国际文化合作；国家之间推进军备控制，体现的是国际安全合作；而保护地球环境，则体现的是生态合作。

在国际政治中，合作是指国际行为体在互动中自愿调整其政策的行为，目的是协调各方的不同点，以达到一种共同得益的结果。全球政治中的国际合作通常有三个特征：国家以及其他非国家行为体的行为是自愿的；合作涉及对共享目标的认同与承诺；合作所导致的是对参与者有利的结果。

在多数情况下，国际合作会以某种条约或协定作为基础和保证，但也有一些合作没有正式的条约，而是通过各方的默契实现的，这种默契实际上也构成了行为体的一种行为规范。通过默契之所以能够实现国际合作，是因为行为体在互动中除了感受到不同的利益之外，还会感受到共同的利益，体现在行为中就是自发地追求和维护这样的利益，进而形成一种默契。诚然，默契不是一种稳定的关系，不可避免地会存在欺骗。但是，只要一方进行欺骗，另一方通常就会立即中止默契，形成所谓的"你合作，我就合作；你欺骗，我就欺骗"重复博弈。因此，从长远来看，行为体要维护共同利益，就必须确保默契关系的存在。实际上，行为体认识到共同利益并形成默契，只有通过较长时间的互动，通过合作与不合作的不断反复，才能够最终实现共同利益。

谈判是相关行为体之间达成合作愿望的主要途径，谈判的目的在于制定明确的行为规范与合作的条件。加入世界贸易组织、核裁军与核军控、限制温室气体排放等合作领域，无不存在着复杂的国际谈判过程，这是因为参与合作的各方都力图最大限度地维护自己的利益。然而，合作的结果只能是各方都做出一定的让步，以求达成共识，让步过大或过小，合作都不可能达成。相对于双边合作而言，达成多边的合作协议往往需要经过长期的、艰苦的谈判。此外，在多边谈判中的各个行为体的实力往往是强弱不等的，国与国之间很难保持完全平等的关系，大国往往影响力更大。

2.2.4 国际体系

国际体系就是国际政治的各行为主体之间相互联系、相互作用而形成的，具有相应的结构、功能并与环境相互作用的有机整体。近几十年来，国际政治行为主体日渐多元化，各种地区性、全球性国际组织逐渐兴起和发展，国内政治和国际政治之间的联系也不断加强，因此需要从跨国家的国际体系角度整体把握国际政治的变动。

国际体系并非一成不变，随着新权力、新技术和新联盟的产生，这些体系会随时间而发生变化。回顾一个多世纪历史发展的历程，学者们相信已至少有过四种国际体系，每一种体系都有不同数目的主要博弈者和不同的运行逻辑。

（1）19世纪势力均衡体系。在19世纪初拿破仑失败以后，主要欧洲国家之间达成不再谋求霸权的协议，全球被划分为几大帝国，世界获得了相对的和平。但在1871年德国统一和1868年明治维新后迅速现代化的日本崛起之后，均衡被逐渐打破。到20世纪初期，欧洲形成两大坚固的相互敌对的阵营。1914年第一次世界大战的开始并不一定证明势力均衡不起作用，它只是显示原有的平衡早已被打破了。

（2）两次世界大战之间的体系。在两次世界大战之间的国际体系具有很强的不稳定性。英国和法国已被第一次世界大战耗尽了国力，无力平衡在希特勒的领导下迅速复兴的德国的权力。结果是德国、意大利和日本组成的轴心国为所欲为，在全球不断地扩展其政治势力和军事占领。第二次世界大战以后，欧洲的权力日渐微弱，进而不得不接受美国和苏联的支配。

（3）两极冷战体系。第二次世界大战以后，以美国、苏联两个超级大国为两极，世界一般被划分为社会主义和资本主义两大阵营。大部分小的和中间规模的权力都在一定程度上属于两个联盟之一。超级大国的"军备竞赛"变得越来越昂贵，逐步耗尽了双方的经济实力。同时，第三世界的民族主义也不断兴起。美国陷入越南战争的泥潭而不能自拔，苏联在阿富汗也吃尽了苦头。最终导致苏联阵营的瓦解。1991年《华沙条约》失效标志着两极体系的终结。

（4）多极经济竞赛体系。迄今为止，世界还处于一种后两极体系初始阶段。旧的两极阵营分裂成多个阵营，初步形成国际政治格局的多极化特征。另外，欧盟以及太平洋周边地区正不断崛起，成为国际政治舞台上新的超级权力。东欧不再屈从于俄罗斯，西欧和日本也不再唯美国马首是瞻。过去，军事对抗是困扰一国政府的主要因素，如今已让位于经济问题。当今的国家需要花更多的精力来降低失业率，促进贸易发展，增强科技实力。

2.3 国际经营的政治风险

进行跨国经营的目的是开辟更大的市场，谋求更大的商业利益。国际营销者要面对不同东道国的主权环境，其经营状况不可避免地要受到东道国政府政策的影响。当今的世界政治格局纷繁复杂，存在极大的不确定性，这就要求企业的决策者们认真了解国际经营所面临的政治风险，在此基础上才可能进一步准确评估和有效控制政治风险。

2.3.1 政治风险的定义和分类

1. 政治风险的定义

政治风险是指由于东道国的政治环境突然或逐渐发生变化，而使外国企业或投资者在经营管理上处于劣势地位或遭受经济损失的可能性。政治风险的存在使企业经营面临巨大的不确定性，进而对企业的长期盈利和价值产生不利影响。

与其他风险相比，政治风险具有涉及范围广、损失金额大、表现形式多样和准确预测困难的特点。正是由于政治风险的特殊性，它对跨国公司海外经营的意义重大。因此，国际经营的公司应该对开展跨国经营的政治风险及其评估与管理给予充分的重视。

2. 宏观政治风险和微观政治风险

宏观政治风险是指东道国国内所发生的突发政治事件与活动，对在该国从事生产经营活动的所有的外国企业都产生影响。例如，1978年，尼加拉瓜政府突然颁布外汇管制的相关法律规定，给所有的外国公司正常的生产经营活动造成了困难，IBM公司也因此关闭了在该国的子公司，撤出了尼加拉瓜市场。再如，美国和英国在2003年对伊拉克开战期间，其他国家在伊拉克的几乎所有国际商业活动都不得不戛然而止。

微观政治风险是指那些只影响某行业的企业，甚至只影响某些工程项目的风险。例如，在国际石油行业，自苏联对外国石油公司实行国有化开始，到1981年印度开始对石油实行100%的国有化为止，长达60余年的时间里，先后有33个发展中国家对石油生产实行了全部国有化或部分国有化。伊拉克战争结束后，由美国任命的伊拉克石油部负责人贾德班宣布终止一系列萨达姆政权的国际石油合作协议，严重地影响了俄罗斯、法国等国在伊拉克石油项目的经营前景。

3. 政治风险的类型

政治风险一般可以分为以下类型：

（1）国有化。国有化是一种将外国企业强制性收归国有的过程。国有化是有偿的，而且还有程度上的差别，有时东道国可能会给跨国公司保留少数股权。国有化主要有三个特点：一般是整个产业或部门全部收归国有，而不是个别的企业；是收归国有，而不是转由本国经营者所有；国有化通常是一个渐进的过程。

1973年，欧佩克（OPEC）实行石油禁运后，中东国家纷纷将外国石油公司国有化。沙特阿拉伯、科威特等5国与英荷壳牌等9个西方石油公司达成协议，1973年—1978年，东道国在外国石油公司中将实现25%的参股，到1983年则必须增加到51%。而实际上，到1974年，沙特阿拉伯、科威特、卡塔尔等国掌握的股权比例已超过了60%，科威特更是在1975年1月起将外资100%地收归国有。

（2）征用。征用是指东道国政府占有或控制外国资产，并给予一定的补偿。补偿的金额可能达不到被征用资产者的意愿。根据国际法的规定，东道国在征用外国资产时，应给予及时且足够的补偿，补偿金必须是可以兑换的货币。根据世界银行的报告，20世纪60年代到70年代初，有22个资本出口国的1535个公司受到76个国家511次征用。

（3）没收。没收则是最为严厉的剥夺行为，是指东道国根据自己的主权，采用强制措施无偿地接收外国资产。

以征用或没收方式获得的企业可以收归国有，也可以转由本国公民所有。征用或没收的范围并不一定波及全行业，可以仅针对行业中的个别企业。

（4）本国化。本国化是指东道国政府利用较为隐蔽的手段，逐渐控制外来投资的过程。其手段主要有：逐渐缩小外国企业在本国某一行业或某一企业中的所有权比例；提拔当地人员担任企业的高级管理职务，使本国人有更大的决策权；规定更多的产品由本地生产，而非进口组装；要求苛刻的出口比例等。对国际营销者来说，政府的这种干预形式也是一种较严重的政治风险，因为这是一种蚕食政策，企业很可能会被彻底接管。

（5）外汇管制。跨国公司的生产、经营是跨越国界进行的，因而对外汇的自由流入和流出有一定的要求。而一些东道国为促进国际收支平衡，防止资金外逃，对外汇买卖、外汇汇率、外汇汇出与国际结算实行管理。如果东道国政府实行外汇管制，禁止兑换或汇出，就会使得企业资金流转困难，利润难以汇回母国，自然会打击国际经营企业的积极性。20世纪80年代初期，由于政府财政赤字过大，巴西实行了严格的外汇管制。

（6）税收政策。税收收入是国家财政重要的收入来源，而上缴税收是企业支出的一个重要项目。如果东道国政府出于限制外资的目的，提高这些公司的税率，就会减少利润，削弱企业原本具有的价格优势与市场竞争力。1970年，加拿大政府就是采取这种措施减少美国企业对其能源及其他自然资源行业的控制，达到了增强本国控制能力的目的。

（7）价格管制。价格管制是指政府对某些商品的价格涨幅进行控制，甚至不允许上涨。价格管制直接干预了企业的定价政策。从产品角度来看，生活必需品易受政府的价格管制；从时间角度来看，政府在通货膨胀时期最可能采取价格管制措施。例如，20世纪70年代美国的尼克松政府就曾为遏制通货膨胀而冻结物价。再如，委内瑞拉的安德伍德公司生产的火腿长达10年之久未能涨价，考虑到通货膨胀的因素，其损失是巨大的。

（8）劳工方面的限制。有的东道国严令禁止外资企业解雇工人，或者要求工人参与企业利润的分享，这也会给企业的正常经营造成困扰。

（9）对利润汇回的限制。有的东道国对外国投资企业的利润汇回母国有所限制。例如，安第斯共同体国家1970年12月在利马通过的《对待外资共同条例》规定，外资企业每年汇出的利润不得超过利润总数的14%。在阿根廷于1973年8月通过的一项限制外资的法案中，规定外国公司汇出的利润每年不得超过其投资的12.5%。

（10）关税和非关税壁垒。该部分内容参见第4章"4.1 东道国的经济制度和贸易政策"一节。

4. 产品的政治敏感度

有些产品在一国市场上经营往往比其他产品更容易引起政府的特别关注，这就是政治敏感度。根据产品的不同，政治敏感度可能成为企业有利的"保护伞"，也有可能使企业遭受损失。

东道国政府为了吸引外资，加快本国经济的发展，通常对一些需要优先发展行业的投资采取种种鼓励措施，如享受若干年的免税待遇、减免关税和机械设备的附加费、给予投资者当地银行融资的优先权并通过配额或增加进口关税等来保护其免受外来竞争等。但是如果一项投资或产品并非当地市场所必需，政治敏感度则可能对企业造成不利。巴西政府曾为了保护当地企业的利益，而使两家在巴西投资建厂生产计算机芯片的美国企业遭受损失。巴西政府还先后将许多国外跨国公司挤出了计算机及电信设备市场，由巴西企业取而代之。但有时，随着政府态度的改变，对政治敏感产品的影响可能会变不利为有利。例如，印度当局曾阻止三家美国公司在印度建立一个4000万美元的化肥厂。事过一年后，由于政治气候的变化，政府意识到，为了发展农业，外国对化肥工业的投资是必要的。另一家公司仅用了一天半时间就与印度政府达成了协议，取得了必要的许可证。

用来测量产品的政治敏感度的模型见表2-1，表中共列举了12个问题，逐一回答"是"与"否"，然后根据总评分来判断产品的政治敏感度。问题的肯定程度越高，则表示该产品的政治敏感度越大。

表2-1 政治敏感度的测量模型

与政治敏感度相关的问题
（1）该产品的供应是否需要政治研究后方能做出决定（如石油、运输设备、公共设施、轮胎等）
（2）是否有其他产业依存于此产品或将其当作原料（如水泥、钢铁、电力、机械工具等）
（3）该产品是否具有社会与政治敏感度（如医药品和食品）
（4）该产品对农业生产是否至关重要（如农业工具机、肥料、各种谷物及种子等）
（5）该产品是否会影响该国国防（如交通工具及电信设备等）
（6）该产品是否必须利用当地资源方可有效营运（如利用当地劳力、技术及原料的产品）
（7）在最近的将来是否会有与该项产品竞争的产业出现（如各种小型或投资额少的制造业）
（8）该产品是否与大众传媒有关（如印刷业等）
（9）该产品是否用于服务业
（10）该产品的使用或设计是否基于若干法律上的要求
（11）该产品对于使用者是否具有潜在的危险性
（12）该产品的行销是否会减少当地的外汇

资料来源：薛求知、沈伟家：《国际市场营销管理》，上海：复旦大学出版社，1999，第107~108页。

高的政治敏感度是利还是弊呢？这要具体问题具体分析，特别是要结合当局者当时的政策主张来研究。如果企业的经营有助于实现政府的行为目标，产品的高政治敏感度有可能成为对企业有利的政治保护；相反，如果企业的经营对当时的国民需求无所裨益，高政治敏感度就会给企业带来不利的影响。所以国际营销者应慎重分析产品的政治敏感度，并设法适应东道国的政治环境。

2.3.2 政治风险的评估

跨国经营决策必须建立在对未来几年政治环境的正确评估和预测的基础之上。所谓政治风险评估，就是根据政治变动的可能性，对经济机会进行预测和评估。如今的跨国公司已经相当重视政治风险的防范,并且具备了丰富的政治风险防范经验。

1. 政治风险的评估步骤

政治风险评估一般包括以下四个基本步骤:

(1) 了解政府对外国投资的态度。了解东道国政府对待有关私人外国投资的政策和态度是政治风险评估的第一步,其中的关键是确定影响东道国经营环境的有利和不利趋势。政府在公开没收外国资产之前,一般会表现出对外国直接投资态度的变化。东道国为了经济援助或政治支持,会对外国投资者的母国产生依赖。主要政府政策制定者面临的各种压力,可能会导致其态度的转变。一般来说,大多数国家是从成本收益权衡的角度来看待外国直接投资,而不是在原则上持赞成或反对意见。

(2) 政治稳定性分析。政治不稳定主要是指一国突然发生的某些政治事件剧烈地改变了当前的政治制度,使得现行的政治结构力量发生重组,从而直接或间接地影响该国的商业环境与形势。政治不稳定可能起因于意识形态、宗教信仰、社会突发事件或社会矛盾的突然激化。可能是其中一个因素引起的连锁反应,也可能是几个因素相互联系共同作用,从而打破了原有的社会力量的均势,造成政治动荡。

实际上,政治稳定是大型跨国公司直接投资的首要前提条件。掌握有关东道国政治环境的背景知识的难度很大,跨国公司必须了解所有针对外国投资政策的制定途径。很多投资者将某些国家甚至某个地区从他们的投资对象中排除出去,关键原因就是这些国家甚至地区的政治不稳定。

目前已有多种研究政治不稳定性的模型,政治制度稳定指数(PSSI)模型是其中之一,如图 2-3 所示。PSSI 模型是用以衡量政治风险的定量模型,主要分析宏观政治因素,其核心变量是政治制度稳定指数。该模型适用于对东道国政治风险的初步考察。

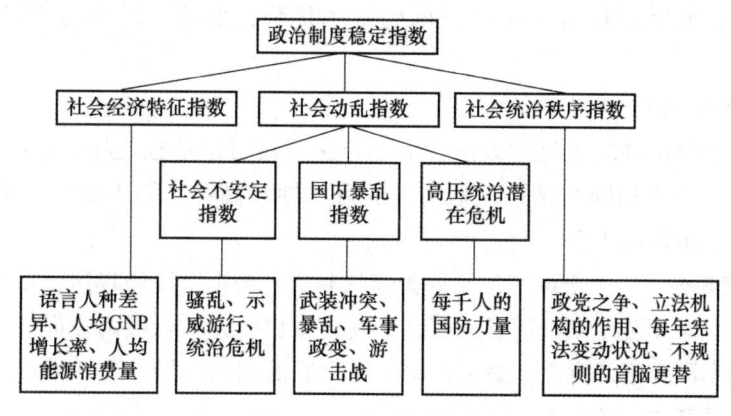

图 2-3 PSSI 模型结构

(资料来源:赵曙明、杨忠:《国际企业:风险管理》,南京:南京大学出版社,1998,第 81 页)

PSSI 模型由三个重要指数构成:社会经济特征指数、社会动乱指数和社会统治秩序指数。其中,社会动乱指数有三个:社会不安定指数、国内暴乱指数和高压统治潜在危机。三个重要的指数可以通过以下 15 种因素来衡量:语言人种差异、人均 GNP 增长率、人均能源消费量;骚乱、示威游行、统治危机;武装冲突、暴乱、军事政变、游击战;

每千人的国防力量；政党之争、立法机构的作用、每年宪法变动状况、不规则的首脑更替。这 15 种指数的统计数字可从公开发行的书刊、政府文件及一些政治数据库机构获得。

（3）将评估结合到战略计划中。政治风险评估的第三步是将评估结合到公司的战略计划中。跨国企业可以确定外国投资项目在不同的政治风险条件下的终止点，另外还可以制订资本预算计划以反映政治风险水平的变化。不同的政治风险水平需要国际经营的公司修正其投资分析。因为在一些国家中政治风险是极高的，所以跨国企业可能不得不在计算资本成本时要求很高的报酬率，以补偿这些风险。

如果外国投资是可分的，不同的资本预算计划可以用来反映不同的政治风险程度。例如，石油公司可能因为政治风险水平不同而将石油勘探资金在几个国家中分配。同样，跨国企业可以根据风险程度的不同将其投资分散在不同的项目上。例如，石油公司可能将一部分资金投向像石油管道这样的安全项目，其余资金投入像石油勘探这样的风险项目。

（4）评估相对力量。国际经营的公司需要做的第四步是评估公司与东道国的相对力量，即双方讨价还价能力的对比。在国际政治经济斗争中，起决定性作用的是斗争双方的相对实力，只有正确地评估相对力量，才能正确地判断出公司在东道国的经营环境和经营安全。

总的来说，东道国越需要跨国公司在本国的存在，跨国公司的谈判力量就越强；在东道国总体表现良好的跨国公司往往比较安全，因此跨国公司应当努力成为东道国的"好居民"，尽可能地使用当地供给的原材料，雇用当地人担任中高层经理职务，并将子公司的股权向东道国投资者开放。与此同时，国际经营的公司保持其在东道国的重要地位也同样关键，如保持对当地生产厂商的竞争优势，保持东道国对其产品的重视程度等。

2. 政治风险的测量方法

目前有很多测量政治风险的方法，下述方法不仅可以单独使用，还可以同时使用。如果多种方法能产生相同的结论，则结论的可靠性较高；如果不同方法的结果分歧严重，则需要进一步调查研究。

（1）专家调查法。专家调查法又称为德尔菲法，是用系统的程序，采用不记名和反复进行的方式，对相关专家进行意见征询。其具体程序为：草拟调查提纲，提供背景资料，轮番征询不同专家的意见，最后再汇总调查后的预测结果。这一程序往往要反复四五次，直到意见基本一致为止。

采用专家调查法进行预测评估时，要求专家们互不联系，避免心理因素的影响，如此得到的信息才会比较可靠；专家们可以参考各方面的意见，经过认真思考后，给出比较成熟的意见；由预测者对各种意见进行统计处理，可进一步排除主观因素的影响，使预测具有科学性。

专家调查法也有不足之处：评估是完全建立在意见而不是事实和分析的基础上，而且操作的费用较高、耗时较长。因此，专家调查法一般多用于资料较少、情况不明的重大问题决策。

（2）高层巡访法。高层巡访法是指公司行政人员出访投资目标国后再形成评估意见的方法。这种访问通常包括一系列与政府官员、当地商人和潜在客户的会谈。该方法的优点是，提出投资项目建议的人正是将来要执行这些项目的人，这样，提议项目的权利与政治风险评估的责任就结合在了一起。但是这种访问的结果可能是非常肤浅的，而且可能产生经过人为筛选的信息。

（3）外部专家法。外部专家法是指向外部顾问征求建议。这些顾问通常是大学教授、外交官、当地政客或商人，这些顾问们的知识和经验决定了政治风险评估的质量。顾问们常能发现一些重要的趋势，如反对党的增加或政治派别的失衡，而这些趋势可能预示了政治变动。然后，他们评估发生政治变动的可能性，并提出几个方案来描述将来可能产生的政治条件。

（4）内部员工法。内部员工法是通过发挥公司内部员工的评估能力对政治风险进行分析。可以通过派遣职员前往外国分支机构观察当地的政治活动，或通过雇用那些对企业营运中关键的政治经济条件有深刻理解的人员来实施评估。内部经理中很多是东道国国民，处于企业与东道国利益的交叉点，他们的意见代表了有关政治环境及其如何影响公司的当前信息，是一种最为重要的资源。但是不能忽视这些经理评估的主观性特点。

（5）利用商业机构开发的风险评级信息。一些商业风险评估的机构定期计算相应的风险指数，并进行风险排名。例如，美国商业环境风险评估公司（BERI）、世界政治风险服务中心（WPRS）、国际商业的国家评估服务机构（CAS）、欧洲货币（Euromoney）等机构都开发了相应的国家风险等级表。

2.3.3 政治风险的控制

在完成了对东道国政治风险的评估之后，国际营销的决策者们会面临政治风险控制方面的决策，即为了防范不可预期的政治事件而造成的损失，公司应该采取的措施。

1. 政治风险发生前的控制措施

政治风险尽管具有很大的不确定性，但在一定程度上是可以预测和控制的。政治风险的背后是一系列相互作用、不停运动的社会、政治、经济因素，具有一定的规律性。因此，国际经营的决策者们需要分析各因素运动与发展的趋势，进而有可能在风险发生前采取一些预防性措施，以减少风险发生带来的损失。

政治风险防范措施主要包括以下几个方面：

（1）投资项目实施前的政治风险评估。在制作项目可行性报告阶段，应该就东道国的政治环境进行全面、系统和客观的考察。进行评估时应当运用多种方法，互为补充；在咨询专家时，其选择面也一定要有代表性，不能局限于某一小部分人。高质量的可行性报告可以减少行动的盲目性，找到风险与收益的最佳组合点。

（2）建立有效的监控和预警系统。东道国的政策和政府行为会随时间的变化而变化。例如，当一国处于发展起飞阶段时，急需资金以弥补国内资本缺口，东道国往往会采取各种优惠政策吸引外资。然而，该国经济实力增强以后，外资在经济部门中的逐渐渗入可能会引发越来越强烈的民族主义情绪，迫于国内大众压力的政府有可能改变政策，由欢迎一切外资转为设置壁垒，有选择地允许外资进入，同时还会对国内业已存在的外资企业采取不利行动。实际上，变化虽然会带来风险，但也可能会带来机遇。有效的监控系统能够使国际企业在风险到来之前赢得采取预防措施的时间，在机遇到来时及时抓住。

（3）保险。保险是一种对社会经济生活中的风险进行补偿的服务活动，国有化、战争等政治风险都可以投保。例如，美国的海外私人投资公司（OPIC）、英国的出口信贷保证部（ECGD）、日本经济产业省的海外投资保险部、中国人民财产保险股份有限公司（PICC）等均提供类似保险。一些私人保险机构，如美国信诺保险集团，也有这方面的业务。

通过对处于政治风险区域的资产给予保险，企业可以集中精力管理它们的正常业务。因此，大多数发达国家出售政治风险保险，对本国公司外国资产进行保险，最典型的是美国的OPIC。OPIC向美国投资者提供对因没收、货币的不可兑换和政治暴力即战争、革命或暴动等特定政治风险而造成的损失的保险。符合条件的投资必须是一项新投资或对一项已有设施的实质性扩展，而且必须得到东道国政府的支持。除此之外，OPIC还提供商业收入险，如果国外政治暴力中止了美国企业在该国的营运，通过投保该险种可以达到保护美国投资者的收入流量的目的。

（4）加强与东道国各界的经济利益联系。"天下熙熙，皆为利来；天下攘攘，皆为利往。"外国公司与东道国各界的矛盾背后往往都牵扯着利益因素。如果外资企业能加强与东道国各界利益上的融合，那么产生矛盾和风险的可能性就会降低。主要措施包括：适当提高当地职员在公司持有股份的比例；在资金融通上适当地依赖当地金融机构；在原料、零部件的采购上优先考虑当地企业等。

（5）为东道国经济发展等社会目标做贡献。国际企业可以主动向东道国提供一些技术，进行人才培训，承担一些对东道国经济发展有关键作用的项目，为东道国提供更多的就业机会等。所有这些举措都有利于东道国各界认识到外资企业在盈利的同时，也在诚心地为东道国做贡献。这样，东道国政府一般不会随意采取对外国企业不利的行动，或者不会采用过于激烈的方式。

（6）通过公关活动加强与当地各界的融洽度。国际企业在东道国出色的公关活动，有助于在企业和东道国公众、政府和传媒之间创造一种和谐、相互体谅、相互促进的融洽状态，强化东道国各界对国际企业的理解和认同，缓和民族主义和排外情绪，最终营造一种十分有利的经营氛围。相关措施包括参与社会福利和公共事业捐款，主动承担社区建设的责任等。

（7）分散化经营。分散化经营是公司经营中用于对付风险的常用手段，它在政治风险防范上也能起到一定作用。

2. 政治风险发生后的补救措施

尽管国际企业采取了这样或那样的预防措施，但政治风险还是有可能发生。风险发生后，最重要的一点就是采取补救措施，减少风险的损失。

在东道国政府突然实行国有化、征用与没收等强制性的政策时，国际企业可以求助于一些法律武器来解决与东道国政府的争端，保护自己的利益，特别是双方曾经签订有双边投资保护协定，或双方是某一多边投资贸易保护协定的缔约方的情况下，法律途径更为有效。国际企业必要时也可以采用外交手段，还可以求助于一些国际投资管理机构进行裁决，如国际投资争端解决中心（ICSID）。

随着世界政治经济格局的发展与区域一体化趋势的推进，多数情况下的政治风险更多地表现为较为缓和的形式，如进口限制、外汇管制、税收政策等。当价格管制、提高关税等限制性措施出台后，国际企业应当注意分析其走向，如果发现有进一步升级与恶化的趋势，就应当采取逐步撤退的方式，以减少损失。撤出东道国时要有序而从容，最为关键的事项是处理好资金的转移问题，通过转移价格、利润汇回、停止母公司的贷款支持等方式尽快将资金转移到较为安全的地方。

思 考 题

1. 君主制政体和共和制政体有何不同？
2. 现代国家议会的职责有哪些内容？
3. 内阁制行政制度和总统制行政制度有何不同？
4. 政府主要有哪几方面的职能？
5. 政党的功能是什么？政党制度主要有哪几种类型？
6. 当代全球性的国际互动对国家的主权有哪些影响？
7. 为什么会发生国际冲突？国际冲突主要有哪些形式？
8. 简述国际体系的演变过程。
9. 什么是政治风险？政治风险主要有哪几种类型？
10. 产品的政治敏感度对国际营销有何影响？如何评估特定产品的政治敏感度？
11. 政治风险评估包括哪几个步骤？测量政治风险有哪些方法？
12. 国际营销者应该如何进行政治风险控制？

案 例 题

山东省 RCEP 最佳实践案例

《区域全面经济伙伴关系协定》（*Regional Comprehensive Economic Partnership*，RCEP）由东盟在 2012 年发起，历经 8 年、31 轮正式谈判，于 2020 年 11 月 15 日正式签署。

（1）受益 RCEP 政策红利，稳固外商投资。济南古菱纳普商贸有限公司是日本白崎集团股份有限公司于 2012 年在济南投资设立的一家全资子公司，主营无纺布对日出口。2016 年以来，随着日本当地生产商通过降价来争夺无纺布市场，该子公司对日出口压力倍增，经营状况岌岌可危。RCEP 生效后，中国原产无纺布在日本的进口税率由 4.3% 降为零。该子公司利用 RCEP 原产地征税享惠，大幅降低了日本客户的采购成本，提升了产品竞争力，出口贸易额迅速增长。随着经营状况的好转，该子公司的优势进一步凸显，稳固了日本总部继续投资的信心。

（2）自主出具原产地声明，实现便利享惠 RCEP。山东中地进出口有限公司是山东省重点家用纺织品龙头企业，主要向日本出口寝装以及充填类家居品，是中国对日本出口软家居业务的前三位企业之一。RCEP 生效首日，该公司主动向海关申请成为全国首家非生产型经核准出口商。该公司成为经核准出口商后，不需要到海关或贸促会办理 RCEP 原产地证书，凭自主出具的原产地声明即可在日本适用 RCEP 税率，能够更加灵活地安排生产和出货。2022 年上半年，该公司自主出具 RCEP 原产地声明 574 份，出口享惠货值近 9000 万元，实现关税减让约 60 万元。

（3）灵活运用 RCEP 规则，打造深层次竞争优势。青岛即发集团股份有限公司出口韩国的棉质女式短裤符合 RCEP、中韩自贸协定、亚太贸易协定三种原产地规则。该公司主动比对三个协定项下的税率发现，上述产品中韩自贸协定税率为 11.7%，亚太贸易协定税率为 7.8%，RCEP 税率为 6.5%。最终选择办理 RCEP 原产地证书，择优适用协定税率，最大限度地享受政策红利。青岛即发集团股份有限公司与日方合资兴建的青岛贵华针织有限公司是一家综合性针织企业，为降低生产成本，并享受日本给予东盟的关税减让，在越南投资海外工厂。由于国产布料到越南加工成服装后，无法满足日本-东盟自贸协定区域价值成分 70% 的要求，不能在日本适用零关税，导致海外工厂无法使用国内母公司生产的布料。根据 RCEP 原产地累积规则，越南加工厂使用的中国原产布料可以视为越南原产成分。青岛贵华针织有限公司主动利用规则，实现使用国内自产布料加工的针织服装符合 RCEP 原产地规则要求，并凭借越南签发的 RCEP 原产地证书继续在日本享受零关税待遇。

（4）RCEP 助力新能源龙头企业抢占日本市场。山东石大胜华化工集团股份有限公司是一家聚焦新能源、新材料领域的生产型进出口公司，主要出口产品为丙二醇、碳酸二甲酯和碳酸丙烯酯，在全球碳酸酯高端溶剂市场份额已超过 40%。该公司于 2011 年开始开拓日本市场，2019 年日本取消中国普惠制待遇，对丙二醇征收 5.5% 的关税，导致客户大量流失。随着 RCEP 落地，日本从中国进口丙二醇进口税率从 5.5% 直接降为零。该公司抢抓机遇，在与国外企业竞争中逐渐占据优势，与部分中断合作多年的老客户重新开展合作。

（5）挖掘 RCEP 政策优势，实现加工贸易转型升级。烟台铁中宝钢铁加工有限公司是一家海洋工程平台装备制造企业，一直以来通过加工贸易方式自日本等进口合金钢板加工成海上风电设备后出口，受制于人力、物力等成本攀升，企业利润偏低。RCEP 实施首年，该公司自日本进口合金钢板在我国通关时的进口税率由 3% 降为零。公司积极研究利用 RCEP 政策，打造深层次竞争优势，并围绕"十四五"规划，逐步调整贸易布局，采取更加灵活、自主性强的一般贸易替代加工贸易，大力开拓国内市场，利润水平得到大幅提升。

（6）比对使用"新""老"协定原产地规则，对韩享惠从无到有。烟台帝斯曼安德利果胶股份有限公司是一家大型的果胶生产企业，产品远销 100 多个国家和地区。根据中韩自贸协定，果胶所使用原材料必须为我国境内通过种植、养殖等方式取得的完全获得产品。因生产过程中使用了进口柑橘果胶，最终的出口产品无法满足中韩自贸协定完全获得标准要求，无法享惠。RCEP生效后，企业比对RCEP与中韩自贸协定原产地规则，并主动选择适用RCEP项下税则归类改变标准。出口产品成功取得RCEP原产地资格。在韩国通关时，凭RCEP原产地证书享受到0.5%的关税减让，并在15年后可享受零关税。2022年上半年，该公司对韩国出口同比增长35%。

（7）利用RCEP关税减让实现与国际化工巨头同台竞技。鲁西化工集团股份有限公司是一家国有控股的大型综合性化工企业，产品销往110多个国家和地区。该公司出口的甲酸产品在日本市场占有率达到60%。但因关税影响，在与国际化工巨头的竞争中始终处于劣势，不得不通过降低利润来赢取市场份额。RCEP生效后，甲酸产品的关税由原来的4.3%直接降为零，大大降低了国外通关成本，预计一年可减免关税近70万元，为公司与国际化工巨头的公平竞争增创了新优势。2022年上半年，该公司对日销售量大幅增加30%。该公司充分运用RCEP规则，深度参与全球产业链供应链调整，进一步提升国际市场占有率，打造具有全球影响力的高端化工品牌。

（资料来源：作者根据青岛海关官网素材整理而成。）

国际市场营销学 第4版

第 3 章
国际营销的法律环境

本章要点

各国法律都有其自身特点,这就要求国际营销者必须研究东道国的法律环境,因为不同法系的国家对很多法律现象有着不同的解释。东道国的法律环境会直接影响营销组合的各个环节,各国保护知识产权、反倾销以及促进竞争的法律对开展国际营销的影响尤其重大。

国际法是各国间具有法律效力的条约、公约或协定。虽然国际上没有国际法制定机构和执行机构,但是国际法依然在国际商务中扮演了重要的角色,对国际营销影响较大的主要是关于产品责任、知识产权、国际货物买卖的条约和惯例等。

国际商务活动难免会产生国际商务争端,每个国际营销者应该了解如何通过适当途径合理地解决争端。国际商务争端一般是通过协商、调解、仲裁、诉讼等方式来解决。

本章首先从东道国的维度分析了不同法系及其对国际营销的影响,并着重介绍了关于知识产权保护、反倾销和促进竞争的法律;接着介绍了国际法与国际营销的关系;最后阐述了国际商务争议的解决途径。

关键词

大陆法系 英美法系 知识产权 反倾销 竞争法 国际法 和解 调解 仲裁 司法诉讼

目前世界上97%的专利掌握在发达国家手中,专利已经成为发达国家企业获得垄断利润的重要手段。对于开展国际经营的企业而言,只有研究东道国保护专利的法律和制度以及相关的专利保护国际公约,才能更好地避免专利纠纷,达到保护自身权益的目的。

开展国际经营，势必要受到东道国的法律和国际商务规则的约束。本章将剖析法律这种"游戏规则"是如何从这两个层面上影响国际营销行为的。

3.1 东道国的法律环境

在母国以外开展国际营销的企业，可能要面对东道国迥异的法律环境。由于历史渊源不同，各国法律都有其自身的特点，尽管国际法及区域法律的发展正在逐步减弱各国法律的差异，但距离使用全球统一的、标准化的法律制度来规范国际商务活动的目标还很远。因此，国际经营企业必须研究东道国的法律制度，并对母国的法律制度进行比较分析，尽可能地运用法律武器，来达到"趋利避害"的目的。

3.1.1 法律制度的类型

世界上不同国家和地区都制定了各自的法律，法学家为了便于研究，就对众多的法律加以分类。所谓法系，是指若干国家和特定地区的、具有某种共性或共同传统的法律的总称。

法系主要可以划分为大陆法系和英美法系，其他还有中华法系、印度法系、伊斯兰法系等。本节主要介绍在世界上居于主导地位的大陆法系和英美法系。

1. 大陆法系

大陆法系又称为民法法系、罗马-日耳曼法系，是以古代罗马法为基础而发展起来的法律的总称。大陆法系在13世纪出现于西欧，是在继承和发展"罗马法"的基础之上逐渐形成与完善的。1804年的《法国民法典》以及1900年的《德国民法典》的颁布，标志着大陆法系的成熟和完善，故大陆法系以法国和德国为代表。除法国和德国之外，其他许多欧洲国家，如瑞士、意大利、比利时、卢森堡、荷兰、西班牙、葡萄牙、奥地利、丹麦、挪威、芬兰、瑞典、希腊等国均属大陆法系。并且，随着历史上欧洲资本主义国家的殖民扩张，各宗主国把自己的法律体系带到各个殖民地，在殖民地建立了相应的法律制度。所以，除上述国家之外，整个拉丁美洲、非洲的一部分、近东的一些国家以及日本和泰国等均属于大陆法系。另外，在属于英美法系的国家中，某些国家的个别地区，如美国的路易斯安那州、加拿大的魁北克省、英国的苏格兰等也属于大陆法系的范畴。

就法律渊源而言，大陆法系具有约束力的法律渊源主要是成文法，包括宪法、法律（法典）、行政法规等。条约以及经认可的习惯也属于有约束力的法律渊源。判例、法理或一般原则只能在特定意义上，即没有约束力但却具有说服力这一意义上，才能作为法律的渊源。

大陆法系国家特别强调成文法的作用。它在结构上强调系统化、条理化、法典化和逻辑性。它所采取的方法是运用几个大的法律范畴把各种法律规则分门别类地归纳在一起。同时，大陆法系各国均把全部法律分为公法和私法两大部分。其中，公法包括宪法、行政法、刑法、诉讼法和国际公法等，私法包括民法和商法等。尽管大陆法系各国在各具体法律条文的规定上以及在法典编制体例上有所差异，但在法律制度和法律概念上却是相同的。

2. 英美法系

英美法系又称为英国法系、普通法法系和判例法系，是指以英国中世纪以来的法律，特别是指它以普通法为基础逐渐形成的一种独特的法律制度，以及仿效英国的其他一些国家和地区的法律制度。普通法的主要代表国家是英国和美国。除英、美两国之外，过去曾受英国殖民统治的国家和地区，如加拿大、澳大利亚、新西兰、爱尔兰、马来西亚、新加坡、巴基斯坦等也都属于英美法系。而南非、斯里兰卡、菲律宾等国原属于大陆法系，后受英美法系的影响很大，故它们是大陆法系与英美法系的混合物。

传统上，英美法系的渊源中判例法占据了主导地位，成文法只是对判例法的改正和补充，居于次要地位。自从19世纪以来，成文法的数量日益增多，其地位也不断提高，但判例法仍具有重要地位，它是法律的一个重要渊源，并且成文法本身也要受判例法解释的制约。现在，英美法系国家的法律渊源已经有所改变，主要是由成文法和判例法二者构成，它们相互作用，很难分出主次。除了这两个主要渊源外，条约、习惯法、法理也构成英美法系法律的渊源。

从英美法系的结构上看，它不同于大陆法系将法律明确地分为公法与私法，而是分为普通法与衡平法两部分。衡平法是14世纪时为了补充和匡正当时不完善的普通法而发展起来的，二者的主要渊源是判例，但又各有其特点。在衡平法兴起以前，普通法是一种独立的、自成一体的法律，但衡平法从一开始就不是一种独立的、自成一体的法律，它是以普通法为前提并围绕普通法而产生和发展起来的。

3. 大陆法系和英美法系的主要区别

两大法系的区别主要体现在如下方面：

（1）在法律渊源上，大陆法系继承与发展了罗马法，以成文法作为法律的主要渊源；英美法系则继承与发展了日耳曼的习惯法，以判例法作为法律的主要渊源。传统上，判例法在大陆法系中，成文法在英美法系中，都是居于次要地位，只起补充性的作用。但在当代的英美法系国家中，成文法的作用日益显著，成文法数量日益增多，形成成文法与判例法并重和相互作用的局面。两大法系在法律渊源上的不同正是构成以下各点差异的基础。

（2）在法律推理上，大陆法系实行从一般规则到个别判决的演绎法，而且是典型的三段论式，即以法规为大前提，以事实为小前提，再引出结论，法意识是一般性的、抽象的。英美法系实行从判例到判例从而构思出一般规则的归纳法，这种推理方法在司法中就成为类似案件之间的区别技术，意识是具体的、实际的。在英美法系国家，判例详细记录了具体案件，是对该案件做出的判断，所以它就成为极其详细的、案件构成要件的规范。英美法系法官在判案时，均是对照有关判例，对案件的事实和各种因素进行详细的分析、比较与审查后才做出判决的。

（3）在法典化问题上，大陆法系在传统上实行法典化，即将本国基本法律编纂成系统的法典；英美法系在传统上不采用法典形式。但后来的发展是，英美法系也有少数法律采用法典形式，大陆法系的一些重要法律（如行政法和劳动法）却未采用法典，尤其在第二次世界大战后，更多地采用单行的、较灵活的议会立法或行政法规。

（4）在法律结构上，按照传统，大陆法系有公法与私法之分；英美法系并无公私法之分，而有普通法与衡平法之分。这两种不同的分类方法，造成两大法系在部门法的划分上存在较大差异。但随着国家权力对社会、经济生活干预的加强，在大陆法系国家中，公法、私法兼有性质的法律日益增多；而英美法系国家的法学中也出现公法、私法划分的倾向。

（5）在诉讼制度上，大陆法系在传统上采用职权制，法院在审理案件时以实体法为中心，重视实体法多于注重程序法；英美法系传统上采用对抗制，法院在审理案件时以诉讼法为中心，更为重视诉讼程序。尽管自19世纪末以来，英美法系各国在不同程度上简化了诉讼程序，但由于判例是它们法律的主要渊源，故诉讼程序在它们的法律中仍然占有十分重要的地位。

（6）在司法组织上，大陆法系传统上采用普通法院与行政法院之分；而英美法系国家则是以普通法院为主，即使是设有行政法庭，如果不服其裁决仍可向普通法院上诉。

（7）在司法机关的作用上，在大陆法系国家，立法机关通常具有优越地位，司法机关处于从属地位，司法机关必须根据成文法的条文从事司法活动；但在英美法系国家，由于判例是法律的主要渊源，而判例一般是由高等法院的法官发现和创造的，并且即使是立法机关制定的成文法，也必须由法院通过对相应案件的判决，形成判例予以解释和肯定后，才能起作用。因此，一般而言，在英美法系国家，司法机关处于优越地位。

自第二次世界大战以来，两大法系之间的差别正日渐缩小，但由于各自的历史和传统的差异，它们之间的差别依然存在。

4. 法系划分与国际营销

大陆法系和英美法系的区别不仅在于不同的历史渊源、法律结构和风格技术，在性质上也有很大的区别，不同法系的法律对于同一事物可能会有完全不同的解释。因此，国际市场营销者在进行国际市场营销时，必须对国外市场的法律环境进行慎重而明确的分析。

例如，在一个英美法系的国家里，财产权利（包括商标等）取决于使用该项财产的历史。哪个当事人在他的包装和广告促销中实际使用了这个商标，就拥有这个商标的所有权。但是在大陆法系国家，财产权利是依据实际注册登记来判定的，率先注册该商标的企业拥有该商标的所有权。

再如，针对合同中"不可抗力"，不同法系的国家会有不同解释。例如，一家日本公司与英国（英美法系）和意大利（大陆法系）公司签署合同，合同规定在某一规定日期交割电子设备。如果大海中的一场飓风损坏了日本的货物，造成日本公司无法履约。在英国和意大利，这种情况都会被认为是不可抗力所致。但是，假定货物是由于仓储的空调系统的事故而受损，依照英美法系的法律，日本出口商要承担责任，因为在高热的夏季，空调事故是可能预料到的，所以不是"不可抗力"；而依照大陆法系的法律，这仍然可被看作"不可抗力"。

3.1.2 东道国的法律对营销组合的影响

从事跨国营销活动时，不仅要注意不同法系之间的不同，还要特别留意同一法系内不同国家法律之间的差别。在国际营销中，产品、定价、渠道、促销这四个环节都会受到东道国的法律规定的影响，并且这种影响在各个国家是不同的。

1. 对产品策略的影响

大多数国家都对产品制定了许多法律规定，这些法律规定中很大一部分是针对产品的物理性能和化学性能的，而且要求产品达到一定的安全性能标准。例如，美国对进口汽车的防污性能制定了严格的标准，它规定进口汽车必须安装防污装置，达到美国的汽车废气控制标准。英国法律要求牛奶按品脱出售，致使按千克出售的法国牛奶不能在英国市场上顺利销售。德国制定了严格的除草机噪声标准，导致英国的产品难以在德国市场上有所作为。可见，一国的产品标准往往可以构成贸易壁垒，达到保护本国生产厂商利益的目的。

各国法律还常常在产品的标签、包装、产品保证、商标等方面给外国营销者造成束缚。在标签方面，各国对于产品标签的限制往往多于对包装的限制。例如，在意大利的热那亚，当局曾命令没收所有的可口可乐，因为饮料的成分不是标注在瓶子上，而是在瓶盖上。再如，日本法律规定，对于食品和药品，其内容和用法都必须用日文说明。所有进口食品，包括糖果和口香糖，必须用日文说明是否含有人造色素或防腐剂，并标明进口商的名称和地址。各国法律对包装也有不同规定，例如比利时规定，只能用八边形的褐黄色玻璃瓶盛装药剂，以其他容器盛装的药剂不得进入该国市场。而丹麦的包装法规定，软饮料的瓶子必须是可回收的，使得许多国外矿泉水厂商望而却步。在产品保证方面，各国都制定了产品责任法，生产、销售不合格产品的企业必须承担相关法律责任。大陆法系国家对生产者在产品责任的要求一般要比英美法系国家更为严格，因为成文法系国家在传统上即有"货既出门，概不退换"的概念。在商标方面，成文法系国家认为注册在先，而英美法系国家认为使用在先。在印度，规定商标不得使用河流、山川的名字。

另外需要注意的是，不少国家制定了有关绿色营销的法律、法规和条例。例如，德国已通过了相当严格的绿色营销法律。这些法律针对包装废物的处理与回收都做出了相应的规定。许多欧洲国家将"生态标志"授予那些比其他同类产品对环境的危害更小的产品，制造商可将此标志展示在产品包装上，以此提醒顾客该产品对环境是无害的。

2. 对定价策略的影响

许多国家通过政府部门制定法律规定，来对相应产品的价格进行控制。发展中国家对价格的控制较为严格，相对而言发达国家要松一些。一般来说，像粮食和药品这类商品常受到政府的价格控制。有的国家对所有产品都实行价格控制，而另一些国家只对个别产品实行价格控制。例如，美国政府除对少数公共产业产品实行价格控制外，均实行市场价格。而日本只对大米实行直接的价格控制。

还有一些国家的政府是通过对边际利润设定一个标准来控制商品价格的。例如，加纳政府设定制造商利润在25%~40%；阿根廷政府允许制药商有11%的利润；比利时对药品批发商和零售商分别给予12.5%和30%的利润限制；德国政府虽没有对利润率做出规定，但要求企业详细地申报其价格和利润方面的材料。

税法不是定价的法律，不过一个国家的货物税或增值税制度对公司的定价策略却有重大的影响，这也是开展国际经营的企业需要关注的一点。

3. 对渠道策略的影响

在营销组合中，渠道受到法律限制的程度相对较低。根据不同市场可供利用的条件，厂商可以很自由地选择其产品的营销渠道。当然，厂商不能选择该市场所不适用的渠道。例如，法国政府曾有一项特别法令，禁止采用挨家挨户推销的方式。

实际上，各国最强硬的法律限制也不会从根本上影响国际企业在东道国的分销，但是通过当地分销商或代理商销售产品的出口企业却必然受到东道国有关法律的限制。在选择代理商或分销商问题上要特别注意，只有高质量的分销商才能使国际企业的营销获得成功。另外，与分销商签订的合同可能难以被废止，或终止合同的代价可能会相当高昂。因此，国际经营的企业必须熟悉东道国关于分销商合同的法律条文，以避免造成损失。

4. 对促销策略的影响

促销包括广告、人员推销、营业推广和公共关系等方式。其中，广告是营销活动中最易引起争论的环节，所以对广告的管理更为严厉。许多国家制定了与广告有关的法规，而且每一个国家的广告组织之间也往往依据法律制定共同遵守的条款。

世界各国有关广告的法律有如下几种形式：

第一种形式是关于广告的内容及其真实性。在德国，广告用语禁止使用"比较级"，如"较佳""最佳"等字眼，如果在广告中进行产品比较，那么其竞争对手就有权将其告上法庭，要求其拿出证据。吹捧性广告在美国是一种可以接受的做法，但在加拿大却可能会被判定为虚假广告。在阿根廷，企业在刊登药品广告之前必须先获得公共卫生当局的允许。

第二种形式是控制广告宣传的产品范围。政府对一些较敏感的产品往往会限制其促销广告，如美国和英国禁止烟、酒类产品在电视上做广告。芬兰则更为严格，不允许政治团体、宗教信息、酒类、减肥药及非法文学在报纸或电视上做广告。还有些国家通过课以重税来限制广告。例如，秘鲁对户外广告征收8%的税，而西班牙则对电影广告进行专门征税。

第三种形式是限制促销技巧。有的国家法律规定，竞争参与各方不得预先断言自己的产品销量如何。许多国家明确限定佣金的规模、价值和种类：佣金只能占产品销售额的有限部分，佣金的使用只能与该项产品有关。例如，手表的广告佣金不能用来做肥皂的广告等。

除广告之外，不少国家的法律对其他促销方式也有不同程度的限制。例如，奥地利的法律规定，企业进行有奖销售时，不得对不同的消费者群体给予有差别的现金折扣，如有差别，即构成对消费者的差别待遇，为法律所禁止。而芬兰的法律规定，企业在销售活动中只要不使用"免费"字眼，又不强迫消费者购买该商品，便允许其在较大范围内开展有奖销售。法国则禁止企业以低于成本的价格促销或以购买某商品为条件向顾客赠送礼品或奖金，所以法国实际上是限制各类有奖销售的国家。德国禁止企业提供任何类别的刺激以吸引顾客，企业不能提供超过产品价值3%的价格折扣。

3.1.3 知识产权保护

1. 知识产权的特点

知识产权又称智力成果权。它是指公民或法人对他们在科学技术和文学艺术等领域创造的精神财富（即智力成果）依法享有的专有权利。在现代社会，知识产权作为一种个体权利，业已成为各国法律共同保护的"合法"垄断。

知识产权具有三重含义，即"知识""财产"和"权利"。作为知识，说明它是一种不受外形限制的、可传授的信息或信息的组合；作为财产，它可以成为所有权的客体，并可给人带来收益；作为权利，它是受法律保护的、为特定人所拥有并可制约权利人以外的其他人的工具。

因此，知识产权与一般的民事权利之间有着很大的不同。各国对这种权利的保护都有着明显的"国家"特色，这也正是需要国际经营企业特别关注的地方。第一，知识产权是一种无形财产权，是人们脑力劳动创造的智力成果，并以思想的方式存在，属于人们脑力劳动创造的精神财富。知识产权的取得一般都需要特定的申请、审查、批准、登记、注册等手续。各国法律也针对知识产权规定了特殊的保护程序和保护措施。第二，知识产权具有地域性，这是基于国家主权原则而产生的。在一个国家或在某地区内获得承认和保护的知识产权，只能在该国或该地区的范围内发生效力。若想在其他国家和地区也得到法律保护，必须在这两个国家或地区间订有双边条约，或共同参加有关的国际公约的前提下，否则，只能重新向其他国家和地区办理法律手续。第三，知识产权具有时间性，即知识产权都有一定的保护期限。超过这个期限，国家就不再予以保护，而使其成为社会的共同财产。这是因为对知识产权的发明者、创造者，虽然需要奖励和保护，但如果保护期过长，将会严重阻碍科技发展和社会进步。因此，各国法律均毫无例外地规定了知识产权的保护期限，超过这个期限，任何人都可以不经允许、无偿地使用该项智力成果，且不会发生侵权问题。

2. 知识产权的分类

传统上，知识产权可划分为工业产权和版权两大类。其中，工业产权又被分为专利权和商标权两种。随着科学技术的进步和社会经济的发展，近几十年来，又有许多新的社会现象被相继纳入了知识产权法调整的范围，从而使知识产权权利的种类也随之增加，知识产权权力部门划分得越来越细。

1988年，世界知识产权组织（WIPO）在其向关贸总协定"乌拉圭回合"谈判提供的知识产权保护背景资料中，将知识产权划分为七种：专利权、版权、商标权、集成电路布图设计权、工业品设计权、地理标记权、邻接权。在"乌拉圭回合"谈判以后的

1992年达成的《与贸易有关的知识产权协定》中,知识产权问题被归结为八个:版权及相关的权利、商标权、地理标记权、工业品设计权、专利权、集成电路布图设计权、未公开信息的保护、对契约性许可证中反竞争做法的控制。

3. 各国国内法律对知识产权的保护

世界各国对知识产权进行法律保护,首先是从国内法保护开始的,知识产权的转让也是首先在一国之内进行的。知识产权中的一系列重要制度和原则,最初都是从各国的立法实践中逐步积累起来的。目前,世界上绝大多数国家都已建立起各自的知识产权法律保护体系,其中颇具影响的是英国、美国、德国、日本等发达国家。在知识产权保护与转让问题上,这些国家更是独树一帜地进行了国内立法,并先后制定了版权法或著作权法、专利法或特许法(包括实用新型法、外观设计法)及商标法等。

下面主要介绍英国、美国、德国、日本等发达国家在版权、专利和商标保护方面的立法情况。

(1)版权。英国是对版权进行法律保护最早的国家。它的第一部《版权法》是1709年制定的,现行《版权法》是1956年颁布的。英国规定版权一般保护期限为作者有生之年加死后50年。在版权保护内容中,英国《版权法》对工业品的外观设计也进行版权保护。工业品外观设计的保护期限与其他作品保护期限一样,均为作者有生之年加死后50年。凡享有版权的外观设计,一旦付诸工业应用,版权保护自然消失,转而享受"特别工业版权"保护,保护期为15年。在英国,版权一般归作者本人享有,但政府部门或由政府部门直接指导而创作的作品,版权归女王所有。英国《版权法》对合理使用的限制比其他国家要多,《版权法》中只规定"为科研或个人学习之目的"可以合理使用他人作品;除此之外使用他人作品的,均构成侵犯版权。英国的专利与商标局只是负责管理版权,侵犯版权的案件一律由法院直接受理。

美国于1976年重新颁布的《版权法》中,对作者的精神权利不进行版权保护,强调的不是作者的精神权利,而是作品因出版而获得的物质利益。因此,美国《版权法》的一个重要特点是特别重视"印制条款",即作者的作品要想获得美国《版权法》的保护,其作品就必须在美国排版、印刷及装订。在侵犯版权的诉讼中,只有在美国国会版权局注册,并呈交了样书的作者,才有权在美国法院起诉。在美国,对外国作者的版权进行保护,还必须具备两个条件:一个是根据对等互惠原则,该作者所在国必须同样保护美国作者的版权;另一个是必须符合美国《版权法》"印制条款"的要求。美国版权保护期限一般为作者有生之年加死后50年。美国《版权法》规定的侵权行为主要是指:未经许可翻印他人作品,属于严重侵犯版权行为;虽然在美国或外国属于合法的出版物,如果没有美国版权所有人或独占被许可人的许可,擅自将其进口到美国就构成侵犯版权。在美国,版权诉讼案包括民事诉讼和刑事诉讼两种,只能由联邦法院受理。民事诉讼的诉讼时效为3年,是从受侵害人知道或应该知道受侵害之日起计算;刑事诉讼时效也为3年,但它是从侵权行为发生之日起计算的。

德国现行《版权法》是1965年颁布的,后来做过多次修订。德国《版权法》明确规定,版权不仅保护其中的财产权,还保护作者的精神权利。任何以出版方式存在的作品都将获得版权保护,但法律文本和政府文件则不在版权保护之列。关于职务作品的版权归属,德国《版权法》只承认作者本人享有原始版权,即由某人完成的作品,即使是职务作品,其原始版权也应该归作者所有;而雇主只能根据雇佣合同中所规定的版权独占许可或其他许可方式获得版权的利用权。德国《版权法》对版权保护期限的规定是相当长的,一般作品为作者有生之年加死后 70 年。

日本现行《版权法》颁布于 1970 年,1978 年做了重大修订。日本《版权法》受欧洲大陆国家的立法原则影响较深。日本《版权法》规定,版权的原始所有人只能是作者本人;但如果是雇员的作品,是为职务需要而创作的,且该作品又是以雇主名义或者准备以雇主名义发表的,那么该作品的版权就归雇主所有。在日本,自然人和法人都可以成为作者而取得版权。日本《版权法》规定,版权包括经济权利和精神权利。不论是作者的经济权利,还是精神权利,都受版权法律保护,而且版权人可以将版权本身设定为抵押权或质权。在版权保护客体中,日本《版权法》对版权客体的表现形式和标记没有任何要求,因此,口头作品及计算机软件也在版权保护之列。日本《版权法》还规定,对于邻接权进行版权保护,包括表演者权、录制者权和广播组织者权。关于版权保护期限,一般作品版权(包括计算机软件)保护期限为作者有生之年加死后 50 年;但版权中的翻译权,翻译作者只能享有作品发表之日起 10 年的保护期;表演者权、录制者权及广播组织者权的保护期限为 20 年。

(2) 专利。与其他国家《专利法》同时保护发明、外观设计和实用新型不同,英国《专利法》只保护发明,对于外观设计则另有《注册外观设计法》和《外观设计版权法》进行保护。在英国,只有发明才能得到保护,但不是任何发明都能被授予专利权,受《专利法》保护的发明必须具有"专利三性",即新颖性、创造性和工业应用性。从《专利法》保护的范围看,英国《专利法》不仅对以产品形态存在的发明予以保护,而且对具有专利三性的技术方法也同样予以保护,同时还对食品、饮料、调味品、药品、化学物质、微生物品等多数国家不给予专利保护的发明实行专利保护。从公开专利内容与审查制度来看,英国《专利法》实行早期公开和延期审查制。英国为了对专利进行有效的法律保护,规定对专利侵害和专利违法都要进行处罚,而且还设有专门的专利法庭负责对有关的专利诉讼进行处理。英国《专利法》明确规定,任何专利或专利申请权都是个人财产,任何专利、任何申请案以及有关的直接和间接权利都可以实行转让、授予和赠送。在以许可方式进行的专利转让过程中,实际包括两项制度。一项是当然许可制度,即在专利获准后的任何时间内,该专利的所有者皆可向专利局局长请求登记,签发当然许可证。在专利登记以后,任何人在任何时候都有当然权利,按照其同专利权人达成的协议条件,取得许可证。另一项是强制许可制度,是指国家专利管理机关在一定条件下,可以不经专利权人同意,准许第三者实施专利发明,从而形成事实上的专利转让。

美国《专利法》对专利保护的范围及保护对象的规定是相当广泛的。它规定:凡发明或发现任何新颖而适用的制造方法、机器、产品、物质组合与分解或任何新颖而适用方法的改进者,均可按照规定的要求和条件取得专利权,而且植物发现和外观设计等也属于专利保护范围。取得专利保护的专利需要具备三个条件：新颖性、实用性和非显而易见性。美国专利保护实行先发明制度，而目前世界上绝大多数国家都实行发明专利的先申请制度。先发明制度有利于保护最先发明人，但缺陷是可操作性较差。美国专利制度实行完全审查制，凡是提交到专利局的申请一般都要进行审查，包括专利的形式审查、实质审查和再颁审查，这样有利于保护合法的专利权人。根据美国《专利法》的规定，专利侵权的受害者可以要求侵权人予以赔偿，这种赔偿应该依照民事诉讼程序进行。美国《专利法》对专利权及相关权益的转让做出了专门的规定，专利申请案、专利权或其他有关的利益，法律上均可以以书面形式转让。申请人、专利权人、其承受人或其法定代理人可以同样转让依法取得的专利权或专利案申请权及有关其他权益。登记是转让的必备条件。一项专利的转让、赠送或其他转移行为，必须在合同成立后3个月内，或在以后的转让或抵押之前，到专利与商标局进行登记；否则，以后的转让归于无效。

德国《专利法》既对专利申请所产生的原始专利进行保护，也对日后的在原始专利基础上进行更新或增补的增补专利进行保护，甚至对于一般国家不进行保护的食品、药品和化学品，德国也给予专利保护。就专利保护对象而言，德国《专利法》规定，专利权应授予可在工业上应用的、新颖的并含有创造性步骤的任何发明，但对科学发现、科学理论、数学方法、美学创作、智力行为、计算机程序、情报介绍、外科手术方法、诊断治疗方法以及任何违反道德的发明等不予专利保护。另外，只保护发明，对实用新型和外观设计另设专门法规予以保护。德国《专利法》对于发明还实行双重保护，即一项发明在申请专利时，可以同时对该发明申请实用新型的法律保护。一项发明即使不被授予发明专利权，发明人也可以转而申请实用新型专利。德国《专利法》实行早期公开、延期审查制度。当专利申请被专利局接受以后，就要进行公布。在德国，专利局负责对专利案的审查和对异议案的处理，专利法院负责对专利局决定不服的申诉案件，地方法院负责对专利侵权的诉讼；如果三者在管辖问题上发生争议，则由联邦法院裁决。在专利转让方面，德国将专利视为私人财产，专利权人及专利申请人可以依法转让其专利权或专利申请权。专利转让一般包括继承转让和实施许可转让。继承转让是在专利权人或申请人去世以后，由其法定继承人合法受让专利权或专利申请权的行为。实施许可转让是专利权人依法同他人签订转让实施许可协议，根据协议专利权人收取费用，允许他人实施的行为。德国《专利法》还规定了专利强制许可制度。它是指在专利权人拒绝他人实施的情况下，如果他人表示愿意为实施该项专利而交付合理的补偿，并且使用该发明是公共利益所必需的，那么应该许可该人使用此项发明，发给强制许可证。

日本《专利法》采取申请在先原则，即当多人就同一内容的发明申请专利时，不考虑其完成发明的先后，最先提出申请的人将得到专利保护。日本允许复合申请，即当一个人的多项发明有内在的关系时，申请人可在一项申请中包含多项发明。这与其他国家纯粹采用"一项发明、一件申请"的原则是不同的。日本专利制度实行早期公布和延期审查原则，其专利审查相当严格。日本对发明专利和实用新型的保护期限是分别规定的。发明专利的保护期为自申请案公布之日起15年，或自专利申请之日起20年；实用新型的保护期为自公告之日起 10 年，或自申请之日起不超过 15 年。日本《专利法》对专利侵权行为虽然没有逐条列举，但对专利侵权产生的民事责任却做了较为详尽而独特的规定。例如，在令侵权者承担一般民事责任之前，还有禁止请求权、销毁撤除请求权、损失赔偿请求权、信誉恢复措施等迫使侵权人承担责任的方式。日本《专利法》还规定构成犯罪的侵权人应承担相应的刑事责任。专利权作为一种财产权，原则上可以自由转让，但转让专利权必须进行登记；法定继承专利权的转移属于例外。日本《专利法》规定，专利权可以订立实施许可，可以订立质权，也可以用于转让担保。

（3）商标。关于商标权的归属，英国实行的是介乎"注册在先"和"使用在先"两者之间的一种混合原则：商标的所有权原则上属于商标首先注册人，但是，商标的首先使用人在该商标注册 7 年之内可以提出指控，请求对商标注册予以取消。在商标注册及其条件方面，英国《商标法》规定，进行商标注册必须具备的主要条件包括：准备注册的标记已经或将要作为商标使用于一定的商品上；商标具有显著特征，能与其他商标相互区别；该商标能够以其使用来表明在交易过程中商标所有人与商品之间有一定联系。英国商标注册过程更重要的特点在于其实行两部制：A 部注册要求较严，商标必须具有显著性，注册经过 7 年绝对生效；B 部注册则相对较宽，它不要求商标具有显著性，B 部注册可以上升为 A 部注册，但 B 部注册不享有 7 年后绝对生效的权利。在英国，有些特定的动物或物品不能被注册为商标，如禁止用山羊、雄鸡、大象等作为商标。英国商标的审查比较严格，若认为商标不符合注册规定，便拒绝注册并发给申请人驳回通知书；如果符合注册条件，则将该申请在商标公告上予以公告，让公众参与审查，公众审查时间为 1 个月。英国对注册商标的保护期限规定为 7 年；在 7 年届满以后可以申请续展，每次续展期为 14 年，续展的次数没有限制。关于对商标的保护办法，英国对未注册商标和注册商标是分别规定的。未注册商标所有人，只有当别人假冒其商标时才有权起诉；而注册商标所有人，只要其商标被非法使用，都有权提起诉讼。对于侵犯商标权的行为，可以采取取缔、赔偿损失和处以罚金的办法进行处罚。根据英国《商标法》，注册商标可以进行转让或许可他人使用。转让商标权必须签订转让合同，并且必须进行登记才有效。商标所有人也可以通过订立使用许可合同，允许他人按照一定条件，在支付一定报酬的前提下，使用其注册商标；许可使用也同样必须进行登记。对于未注册商标，则可按照普通法进行转让或许可，无须进行登记，但未注册商标必须连同企业信誉一道转让。

美国法律在关于商标权归属的规定方面与英国类似，商标原则上授予首先注册人；但商标的首先使用人可以在注册后的 7 年之内向法院提出上诉，要求撤销该注册商标。美国商标注册也同样实行两部制，凡为所有人正当使用，能用以识别本人的商品，并且不违反国家法令，又不与他人已经注册的商标相近似者，准予注册列入"主册"。由于美国各州都有商标立法权并设有州级注册机关，按照各州的法律，可以取得州级商标权。根据美国《商标法》，如果申请注册前已在合众国州际商业中使用 1 年的商标，或在外销中使用未及 1 年，但为了向国外申请注册的需要，可以申请将商标注册列入"副册"。依据美国《商标法》的"使用要求"规定，注册商标若不使用则失去了商标权。

不仅如此，在商标注册的申请案中，就要求写明"首次使用的日期"及"首次在贸易活动中使用的日期"，经过注册的商标要维持有效，必须进行使用。如果超过2年无正当理由不使用，则丧失商标权。美国商标的注册有效期为20年；期满后可以续展，每次续展期为20年。如果发生商标侵权行为，受害人可以向法院提起诉讼，法律补救措施包括对受害人赔偿利润或损失、由被告承担全部诉讼费用、禁止商标侵权的商品进一步销售等。依据美国《商标法》，商标权可以转让和允许他人使用，但是商标转让必须连同企业本身和企业信誉一道转让给他人，不能只转让商标权而不转让企业。如果是企业倒闭或停业，有形财产可以转移给第三方，但是商标权不得转让，即使转让，也视为无效。

德国实行的是完全的注册在先原则，商标权属于第一申请人，自核准之日起即获得商标专用权。但对驰名商标则不要求必须注册，而是根据法律，自然地对其进行保护。德国实行严格的商标审查制度，包括形式审查和实质审查。同美国类似，在德国商标获得保护的条件是进行使用，不允许只注册而不使用。如果在商标注册后连续5年不使用，则将被撤销商标注册。德国商标保护期限为10年，期满后可以无限次数地进行续展，续展期与注册保护期相同。任何对商标专用权的侵权行为都将受到严厉处罚。处罚的方法有责令侵权人立即停止侵权、责令侵权人赔偿损失、对侵权人进行罚款、对侵权人判处监禁等。商标权可以进行转让或许可他人使用，但必须签订转让合同或签发使用许可证，而且只有完全或部分地转让生产该商标商品的企业，商标权才能完全转让，即不能只转让商标而不转让企业。

日本商标制度较多地参考了德国商标制度，也实施先注册原则。日本《商标法》规定，商标应具有明确的和显著的特征，由文字、图形、符号或它们的组合所组成；商标必须指定所使用的一种或几种颜色。与德国类似，日本对注册商标实行形式审查和实质审查制度。经过审查，如果没有驳回的理由，则应在商标公告上发表，任何人均可在两个月内对商标注册提出异议。在商标保护期及侵权处罚方面，日本商标保护期为自注册之日起10年，届满后可以申请续展。对于商标侵权行为，可以分别按不同情况，进行民事处罚和刑事处罚。民事处罚主要是责令侵权者赔偿损失，停止侵害等；刑事处罚包括罚金和判处3个月至10年的有期徒刑。依据日本《商标法》，注册商标可以作为产权转让。除了作为遗产继承的商标之外，日本商标转让必须进行登记并公开登报声明，否则转让无效。注册商标所有人依法也可以许可他人使用，商标所有人签发使用许可证必须在特许厅登记，但不必登报声明。

3.1.4 反倾销法

在西方国家，反倾销法是以法律手段排除某些来自国外商品的进口，以达到保护本国企业竞争优势的目的。

1. 倾销的衡量标准

各国反倾销法中都确定了一些用以衡量倾销存在与否的基本尺度，其中最主要的有"正常价值""出口价格"以及"倾销"。

（1）"正常价值"或"国外市场价值"。"正常价值"是制定有反倾销法的各国用来衡量有关的进口商品是否构成倾销的一个最根本的指标。在美国反倾销法中，该指标被称为"国外市场价值"。根据欧盟的规定，在确定正常价值时，对市场经济国家与非市场经济国家分别适用不同的判断标准。对市场经济国家而言，正常价值指的是：为在国内市场上消费之目的，某种产品在通过一般的商业过程后购买者实际支付或应当支付的价格。如果存在以下情况：①赔本销售；②在商品生产国的国内市场上没有同类产品的买卖；③虽有同类产品的买卖，但该种买卖并不是通过一般的商业过程进行的。那么，确定正常价值的原则可选用以下二者之一：①同类产品向非欧盟国家的出口价格；②推定价值。对非市场经济国家而言，其"国内售价"在确定正常价值时被视为"不可靠"的因素。为了确定非市场经济国家出口产品的正常价值，需要选定一个可以类比的第三国作为参照。

（2）"出口价格"或"美国价格"。以正常价值为基础，确定倾销是否存在的最终指标是有关产品的"出口价格"（欧盟用语），即提起反倾销程序的国家进口该产品的价格。"出口价格"在美国反倾销法中称为"美国价格"。依照美国及欧盟反倾销法的规定，"出口价格"指的是下列两种价格之一：如果有关产品是由出口商直接向进口国与其无关的买主销售的，那么出口价格（或美国价格）即是该出口商向进口地的直接买主索要的价格，或者进口地的无关买主应当支付的价格；如果出口商将其产品首先卖给了进口国与之有关系的进口商，然后再由该进口商销售给进口地的买主，那么出口价格则为该进口商向首位独立买主索要的价格，或者首位独立买主应当支付的价格。

（3）"倾销"。"倾销"指的是针对不同国家实施价格歧视的贸易行为。依照欧盟的规定，"倾销"是指某种产品以低于正常价值的价格向欧盟国家出口的销售行为，即"出口价格"低于"正常价值"进行销售时，则该种产品对其出口所指向的"进口国"构成了倾销。

2. 反倾销程序

（1）倾销投诉。根据欧美反倾销法律的规定，有资格提出倾销的投诉者可以是其地域范围内的自然人或者法人，以及代表其域内产业利益的任何实体。它具体包括以下四种：一是同类产品在进口地的制造商、生产商或者批发商；二是作为制造、生产或批发行业之代表的、已获认可或承认的工人联合会或团体；三是其多数成员属于进口地制造、生产或者批发同类产品者的贸易或者商业联合会；四是其多数成员为上述第一项至第三项所述之法律主体的其他联合体。这四类法律主体都与"同类产品"的制造、生产或者批发有关。按照美国反倾销法的规定，有关产品的进口商、组装商，或者与所涉及的产品没有关系的任何制造商、生产商与批发商等，均不能成为倾销的投诉者。除投诉外，在美国商务部亦可在其认为必要时主动发动反倾销程序。

欧美反倾销法律还要求，倾销投诉者必须是以地域内绝大多数"产业"之代表的身份提出投诉的。按照欧盟的规定，投诉者必须能够代表欧盟同类产品生产者的60%以上。美国的反倾销法则要求，反倾销调查的申请必须为"产业的利益"而提出。

反倾销行政当局在接到投诉书或申请书后，首先要对其进行合法性、完备性及可靠性等方面的审查，然后才能确定是否正式接受该投诉或申请，并开始发动反倾销程序。欧盟始终将反倾销视为一种"政策性"行为，是否发动反倾销程序主要取决于欧盟的政策导向，只有当欧盟的整体利益要求其这样做时，欧盟才会决定发动反倾销程序，而不是某种"产业"利益受到损害时。而美国的反倾销行动基本上以"产业的利益"为出发点，只要申请者按照法律的要求提出了完整而可信的反倾销申请，商务部就必须在该申请提出后的20个工作日内做出发动反倾销调查的决定。

（2）反倾销程序的发动。欧盟和美国的有关行政当局在决定正式接受投诉或申请后，都要在其官方公报上公开发表一份"发动反倾销调查公告"，以此作为反倾销调查程序的开端。反倾销调查程序一般分为三个阶段：书面调查阶段、鉴别与核实阶段、做出结论阶段。

书面调查阶段属于全方位的资料收集阶段。在此阶段，所有与某一反倾销案件有关的"当事方"，如外国出口商、本国进口商、本国同类产品的生产商与批发商等都将被列为调查的对象。行政当局制作一些完整而详细的调查问卷，分别送交其所要调查的对象，要求他们限期做出回答。

行政当局在收回调查问卷或其他书面资料后，将对其进行鉴别与核实。鉴别与核实一般都是通过现场核查进行的，核查的对象包括出口商在其正常交易过程中制作并保留下来的原始数据资料、会计与财务报表、库存清单、银行账目以及成本核算记录等。

鉴别核实完成以后，办案人员要制作详细的鉴别报告，说明其鉴别过程中的各种发现和客观结论。报告包括两份：一份为保密性报告，提交给被调查者、商务部以及投诉者的律师；另一份为不保密的报告，用于向社会公开。

不论是欧盟还是美国，均将反倾销调查结论的做出划分为两个阶段。欧盟反倾销规则按阶段将调查结论区分为"临时性结论"与"永久性结论"两种。美国的反倾销调查结论也分为"初步结论"和"最终结论"两种，但其反倾销过程中实际要做出的结论却至少有以下四个：一是由国际贸易委员会做出的关于因倾销性进口引起损害的初步结论；二是由商务部做出的存在倾销的初步结论；三是由商务部做出的最终结论；四是由国际贸易委员会做出的最终结论。

（3）反倾销调查程序的终止。根据欧盟和美国的相关法律，反倾销调查程序均可因某种特殊情况的出现而终止。

根据美国法律的规定，反倾销调查程序可因反倾销申请的撤回或调查的中断而终止。反倾销申请的撤回有两种情况：一是代表美国产业利益的申请者撤回其反倾销申请；二是商务部自认为有必要终止程序，这是针对商务部自行发动反倾销程序而言的。申请人撤回申请以及商务部自动终止调查程序的前提是"限量进口协议"的达成。这种协议一般是由被调查的外国出口商与域内产业或者商务部之间达成的，旨在限制该外国出口商向美国出口有关产品的数量。因申请的撤回而终止反倾销调查程序只可能发生在反倾销指令发出之前的书面调查阶段；一旦反倾销调查程序的最终结论已经做出，而且商务部依此而发布了反倾销指令，反倾销申请便不可能再撤回了。调查程序的中断是美国政府主动采取的一种终止反倾销调查程序的做法。在满足下列条件的情况下，主管当局可以中断反倾销调查程序："几乎全部"被调查之进口产品的出口商同意在程序中断后6个月内停止向美国出口有关的产品；或者调整出口价格，彻底消除倾销幅度；或者调整出口价格，彻底消除倾销的"损害性影响"。

根据欧盟的规定，在基本确定有倾销及损害存在的情况下，终止反倾销调查程序的可能只有一种，即接受外国出口商所做的"承诺"。所谓的承诺，实际上就是欧盟与倾销产品的进口商或者出口商之间达成的协议。按照此种协议，有关的进口商或出口商同意调整其产品价格或者停止向欧盟的出口，以彻底消除倾销幅度或其所带来的损害性后果。

3. 反倾销税

一旦反倾销行政主管当局确认了倾销和域内产业损害的存在，并已认定了该种倾销与其域内产业所受损害之间的因果关系，就会对有关进口产品征收反倾销税。征收反倾销税的结果是使有关产品在被征税的市场上价格上涨，而且一般都会使其最终售价高于该市场上同类产品，从而极大地削弱了该商品出口商在域内的竞争力。

在美国，商务部与国际贸易委员会负责反倾销调查，并依其调查做出是否存在"倾销"与"损害"的结论。在此基础上，美国海关计算并实际征收反倾销税。

欧盟的反倾销税划分为两种，即临时性反倾销税与永久性反倾销税。临时性反倾销税是由欧盟根据其调查结论而确定的一个初步适用的征税额；永久性反倾销税则是由欧盟确定的，在情势不变的情况下永久性地适用于有关进口产品的反倾销税额。

3.1.5 竞争法

竞争法是调整市场竞争关系的法律规范的总称。从内容上看，竞争法有两大基本组成部分：一是禁止市场竞争过程中的不正当竞争行为的法律规范；二是禁止垄断（或称限制竞争行为）的法律规范。不同国家在竞争法的称谓上差异较大，如反不正当竞争法、反垄断法、反限制竞争法等。

1. 西方国家竞争法概况

各国竞争法的立法体系有两大基本类型：一是合并立法，即将反不正当竞争行为与反垄断行为的法律规范纳入到一个法律部门之中；二是分别立法，即将反不正当竞争行为与反垄断行为的内容分别规定在不同的法律部门之中，二者共同构成竞争法体系。一般而言，以美国为主要代表的英美法系国家的竞争法主要采取了合并立法的形式，例如，美国的竞争法往往通称为反托拉斯法。而德国、日本等国则实行分别立法，例如，德国的竞争法由《反不正当竞争法》和《反限制竞争法》构成，日本的竞争法由《不正当贸易行为法》和《关于禁止私人垄断和维护公正交易法》（简称《禁止垄断法》）等法律所组成。

美国是现代竞争法的发源地，但这主要是从反托拉斯法意义上而言的。美国的竞争法有两大渊源，一是判例法，涉及不正当竞争行为和垄断行为，如禁止不正当竞争行为的法律在早期来源于判例法，以后成文法逐渐增多；二是成文法，反托拉斯法主要是成文法，其中反垄断的内容是主体，但也包含反不正当竞争的内容，如1890年的《谢尔曼法》、1914 年的《克莱顿法》和《联邦贸易委员会法》、1950 年的《赛勒—凯佛尔法》和 1962 年的《反托拉斯民事程序法》等。由于美国反托拉斯法的条款都非常有原则性，法院的判例占有重要的地位，许多反托拉斯的原则和规范都是由判例创设和发展的。美国反托拉斯法的许多原则，如本身违法原则、合理原则以及影响原则等，都是通过法院判例而确定的。另外，由于美国属于联邦制国家，联邦和州都有竞争法。

英国公平交易局认为，竞争政策的总体目标是促进竞争，而不是保护受到竞争损害的特定厂商；只有当某种情况已经或者可能损害公共利益时才予以禁止。除普通法有关竞争的法律渊源外，英国还有一系列调整竞争关系的法律，主要包括三个组成部分：一是调整垄断和兼并的法律，如 1973 年的《公平贸易法》；二是调整限制性商业行为的法律，如 1977 年的《限制性商业行为法》；三是调整反竞争行为的法律，如 1980 年的《竞争法》。

德国的竞争法以其 1909 年制定的《反不正当竞争法》为开端，随后又颁布了《经济力滥用防止法》《反限制竞争法》等法律。《反不正当竞争法》的基本目标是防止不道德的经营行为以及提供一种公平交易的标准；《反限制竞争法》的基本目标是通过维护竞争的市场结构，维持和保护自由竞争。一些类型的行为，如联合抵制或者滥用垄断地位，可能会同时违反该两部法律。除《反不正当竞争法》以外，还有其他一些规范特殊的竞争行为的法律，如《价格折扣法》《附赠规则》《报价规则》等。

1947 年日本以美国反托拉斯法为蓝本加以适当改进，制定了《反不正当竞争法》和《关于禁止私人垄断和维护公正交易法》（简称《禁止垄断法》）。此后，日本又颁布了《不正当贸易行为法》等一系列反对垄断、维护竞争的法律和法规。

2. 竞争法的特点

竞争法主要有以下特点：

（1）竞争法的首要功能是保护本国市场。这主要体现在三个方面：竞争法的根本目的在于维护本国市场自由和公平的竞争；为增强本国企业的国际竞争实力，各国均实行出口豁免原则；竞争法不但适用于发生在本国领土内的违反竞争法的行为，还适用于发生在本国领土以外，由外国人实施但会对本国的贸易和商业产生影响的行为。

（2）竞争法调整对象的范围十分广泛。各国竞争法调整的对象几乎囊括了国际商务活动中的一切行为，主要包括垄断、兼并、限制性商业行为和不正当的交易行为。

（3）救济措施具有多样性和严厉性的特点。民事救济、行政救济与刑事救济措施并用是各国竞争法共有的执法机制，而多种刑事制裁手段的引入则使竞争法具备了比其他经济行为法更加严厉的特征。

3. 竞争法对跨国营销的影响

对于开展国际营销的企业来说，竞争法对国际货物买卖行为的影响尤应予以关注。这主要体现在各国竞争法对卡特尔协议和滥用支配地位的限制方面。

（1）卡特尔协议。卡特尔协议是指当事人之间为垄断市场的共同目的而达成的，有可能限制竞争并有可能影响市场流通的正式或非正式的协议。各国竞争法都针对卡特尔协议规定了严厉的制裁措施。美国相关法律规定，卡特尔协议属于本身违法的行为。根据美国法院的判例,以下行为都是本身违法的行为:以确定或干扰价格,或者规定最高或最低价格,或者采取共同的劳务和货物条件以干扰价格为目的而达成的横向或纵向协议;划分地域、顾客、产品或劳务的横向协议;以共同抵制第三方为目的而达成的横向或纵向协议。

(2)滥用支配地位。竞争者在同行业占据支配地位本身并不违法,而且只要其合理地利用此种支配地位也不会违反竞争法。然而,如果竞争者不合理地利用其所拥有的支配地位,即滥用支配地位,即构成了为竞争法所禁止的行为。滥用支配地位的行为主要包括搭卖、排他性交易、维持转售价格和价格歧视四种。

1)搭卖,是指在交易过程中,强行要求对方在购买其所需的一种产品或者劳务时,必须购买其不需要的另一种产品或者劳务的行为。根据美国的判例,搭卖是一种本身违法的行为,不论其影响如何,均须予以禁止。

2)排他性交易,系指一竞争者与某种产品的供应商或经销商达成协议,使后者同意不向其他竞争者提供有关商品或者不经销其他竞争者的商品。美国《克莱顿法》规定,任何人在出租、销售和签订货物销售合同时,以承租人和买主不得使用或购买其竞争对手的商品为条件者,只要其结果可能会实质性地削弱竞争或势必在商业活动中形成垄断,均属违法。

3)维持转售价格,根据英国的《转售价格法》,维持转售价格是指商品的供应商(包括制造商)与零售商群体之间通过达成安排或协议来限制后者以低于特定最低零售价销售其商品。如果供方与需方达成的纵向或横向协议中规定了最低转售价格或类似条款,则该协议无效。

4)价格歧视,包括两种情况:一种是某种产品的经销商在不同地区实行不同价格,或者对不同的交易对象实行不同的价格;另一种则指当交易对方不接受供应商的价格限制时,供应商拒绝与其交易的行为。

3.2 国际法与国际营销

国际法也称为国际公法,是调整国家之间关系的有法律约束力的原则、规则和制度的总体。国际上没有相当于各国立法机构的国际法制定机构,同样也没有国际性执行机构以实施国际法,国家之间的争议主要通过谈判、协商、调停的方式来解决。国际法是各国间具有法律效力的条约、公约或协定,而这些条约和公约可能是限于两国间的双边关系,也可能是许多国家之间的多边关系。

国际法不像国内法那样具有超越于当事者之上的最高权威,无论是制定还是实施,都要受到主权国家意志的影响和限制,是一种以主权者"平等协作"为条件的法律体系。因此,国际法常常被认为是一种弱法。尽管如此,国际法依然在国际商业事务中扮演了重要的角色,虽然相关规定并不直接作用于每个企业,但是它们提供了一个较为稳定的国际市场环境,从而间接地促进了企业的国际营销活动。

下面主要介绍与国际营销关系密切的条约:关于产品责任的国际条约、关于知识产权的国际条约、关于国际货物买卖的条约和惯例。

3.2.1 关于产品责任的国际条约

关于产品责任的国际条约的目的是确定生产者和销售者对其生产或出售的产品所应承担的责任，保护消费者的合法权益。关于产品责任的国际条约主要有《斯特拉斯堡公约》《产品责任指令》《产品责任法律冲突规则公约》等。下面主要介绍《斯特拉斯堡公约》和《产品责任法律冲突规则公约》。

1.《斯特拉斯堡公约》

《斯特拉斯堡公约》是《欧洲共同体关于造成人身伤害与死亡的产品责任的欧洲公约》的简称，由欧洲理事会各成员国在 1977 年 1 月 27 日签订于斯特拉斯堡。《斯特拉斯堡公约》共有 19 条正文和一个附件。

(1) 该《公约》的适用范围。该《公约》适用于因生产者提供的产品存在瑕疵而造成消费者人身伤害或死亡的赔偿责任问题。该《公约》所指的产品是所有动产，包括天然动产和工业动产，无论是未加工的，还是加工过的。生产者所应承担的责任范围则以其瑕疵产品给消费者造成死亡或人身伤害的赔偿责任为限。生产者承担的是一种无限连带责任，即当存在该《公约》所规定的数个生产者时，每一个生产者作为责任人都应以其所有全部财产承担赔偿责任，消费者可以向其中的任何一人或同时向所有责任人提出全部的损害赔偿请求。

(2) 该《公约》所规定的产品责任原则。根据该《公约》的规定，生产者依该《公约》所承担的产品责任是一种严格责任。只要是产品存在瑕疵，而这种瑕疵致使消费者受到了人身伤害或死亡，该瑕疵产品的生产者就应承担损害赔偿责任。即使有关损害是由第三人的作为造成的，也不能减轻生产者的责任。此外，该《公约》所规定的这种产品责任不得以任何免责或解除义务条款予以排除或加以限制。

(3) 免责条款。如果生产者能举证证明：第一，他并没有将产品投入流通领域；第二，他将产品投入流通领域时并不存在瑕疵，或产品的瑕疵是在投入流通领域以后才产生的；第三，有关产品并非为销售、出租或其他经济目的而制造，也不是按惯常商业做法制造或分销时，生产者不承担损害赔偿责任。

如果是由于受害人或有权索赔的人自己的过失造成了损害事故的发生，在考虑了所有其他情况后，可以减免生产者的责任。

(4) 诉讼时效。该《公约》规定的一般诉讼时效为 3 年。

2.《产品责任法律冲突规则公约》

《产品责任法律冲突规则公约》于 1973 年 10 月 2 日由海牙国际私法会议各成员国签署。《产品责任法律冲突规则公约》目前对第 12 届海牙国际私法会议后加入海牙国际私法会议组织的各成员国，或联合国各专门机构的成员国，或《国际法院规约》的参加国开放。

(1) 该《公约》的适用范围。凡因瑕疵产品造成损害而引起的生产者和销售者产品责任纠纷案件都应适用该《公约》。其中的"产品"一词是指一切可供使用或消费的物,包括天然产品和工业产品，而不论是加工过的还是未加工的，不论是动产还是不动产。"损害"一词是指因产品本身存在瑕疵，或因对产品的质量、特性或使用方法等未做适当的说明，或做了错误说明而造成人身伤害或财产损害以及其他经济损失。不过，损害一般不包括产品本身的损害和间接损失。

（2）准据法的确定。当有关产品责任纠纷同时涉及几个国家的法律，而各国法律的规定又不尽相同时，应依据哪个国家的法律来审理判决有关纠纷案件，该《公约》规定了比较特别的法律适用原则。该《公约》主张依据两个以上的联结因素来确定应予适用的准据法。当损害发生地国家同时又是直接遭受损害者的惯常居所地国家，或被指控为责任人的主要营业地国家，或直接遭受损害者取得产品所在地国家时，应适用该损害发生地国家的法律。同时，当直接遭受损害者的惯常居所地国家同时又是被指控为责任人的主要营业地国家，或遭受损害者取得产品所在地国家时，也可以适用该直接受损害者惯常居所地国家的法律。

（3）准据法的效力范围。准据法的效力范围是指依照法律适用原则所确定的准据法所能确定的法律问题。根据该《公约》的规定，主要涉及以下几个方面：产品责任的依据和范围；免责的原因以及责任的限制和分组；损害的性质；赔偿的方式及范围；索赔权利的移转；直接有权要求损害赔偿的人；委托人对其代理人或雇主对其雇佣人的行为所应承担的责任；举证责任；诉讼时效。基于这些问题而发生的纠纷都可以依准据法的规定来进行裁决。

3.2.2 关于知识产权的国际条约

关于知识产权的国际条约主要有《保护工业产权巴黎公约》《专利合作条约》《欧洲专利公约》《商标国际注册马德里协定》《商标注册条约》等。下面主要介绍《保护工业产权巴黎公约》和《商标国际注册马德里协定》。

1.《保护工业产权巴黎公约》

《保护工业产权巴黎公约》是以保护工业产权为目的的一个国际公约，1883年3月20日在巴黎正式签订，于1884年7月7日正式生效。该《公约》主要有以下内容：

（1）成员国之间实行国民待遇原则。任何该联盟成员的国民，在联盟其他成员国内享有该国法律现在或将来给予该国国民的同样待遇，不论他们在该国有无永久性住所或营业所。该《公约》对非成员国的国民规定，只要他们在一个成员国的领土内有永久性住所或有真实正当的工商营业所，也享有成员国国民同样的待遇。

（2）优先权原则。该《公约》规定了对发明、实用新型和外观设计的优先权原则：凡在一个成员国提出专利申请，申请人在其他成员国享有自提出申请之日起6个月或12个月的优先权，即当他向其他成员国就同一发明提出申请时，其后来的申请日期可视同首次申请的日期。根据该《公约》的规定，发明和实用新型的优先权期限为12个月，外观设计和商标专利的优先权期限为6个月。

（3）专利权独立原则。成员国的国民向各成员国申请的专利权与他在其他成员国或非成员国就同一发明所取得的权利是相互独立、各不相干的。换言之，一个国家对某一发明批准的专利权，其他成员国不一定对同一发明也批准为专利。任何成员国也不必因为同一发明的专利申请或专利已在任何其他国家被驳回或宣布无效，而驳回其专利申请或宣布专利无效。总之，不同国家就同一发明所给予的专利权，在条件、期限、无效及撤销方面都是互不牵连的。

（4）关于强制许可和撤销专利权的规定。如果专利的所有人对专利发明从申请日起4年，或从核准专利日起3年，不实施或不充分实施，任何人都可以向有关当局提出申请，要求发给强制许可证。这种强制许可证不是独立的，也不是专有的，不得转让。如若转让，必须与使用该许可证的企业或牌号一起转让。如果专利发明在核准第一次强制许可证两年届满仍未实施，或没有充分实施，则依法吊销或撤销该项发明的专利权。

（5）关于临时性的保护措施。所有成员国对于在一个成员国领土之内举办的官方的或经官方许可的国际展览会展出的产品中可以取得专利的发明和商标等，按本国的法律给予临时性保护，使之在一定期限内不致因公开展出失去新颖性而不能取得专利权。

2. 《商标国际注册马德里协定》

《商标国际注册马德里协定》简称《马德里商标协定》，于1891年在马德里缔结，并于1892年7月正式生效。该《协定》主要有以下内容：

（1）注册程序。该《协定》以商标和服务商标为保护对象。依照该《协定》注册商标的申请人只要使用法文，向国内商标主管部门递交一份按照统一格式书写的"国际注册申请案"，并交付申请费，就可以取得在两个以上国家的注册。

（2）注册的条件。申请人以自己的商标在本国商标主管部门取得注册，本国主管部门审查核实后，转呈WIPO国际局。WIPO国际局进行形式审查，通过后方能获得国际注册。

（3）保护的期限。WIPO国际局的国际注册通知指定国后，若指定国于一年内未做出拒绝保护的声明，则国际注册转为指定国的国内注册，给予20年的保护期，并不限次数办理续展。

（4）非独立性原则。《马德里商标协定》是一个专有权的申请公约，从国际注册日算起的5年内，如果商标的本国注册被取消，则在其他指定国的注册也随之取消（但不能自动导致在WIPO国际局的国际注册被撤销）。5年之后，商标如果在本国注册未被撤销，在各指定国的注册才算独立。

（5）续展手续。国际注册的商标到期后需要办理续展，要向WIPO国际局交纳续展费。

（6）国际注册商标使用的限制。取得国际注册的商标，不得更改图案，也不许可增加用它所指示的商品（或服务）的项目。如果要更改图案或增加项目，必须另行申请新的国际注册。

3.2.3 关于国际货物买卖的条约和惯例

调整国际货物买卖关系的公约主要有：1964年《关于国际货物买卖合同成立统一法公约》、1964年《关于国际货物买卖统一法公约》、1974年《联合国国际货物买卖时效期限公约》和 1980 年《联合国国际货物销售合同公约》。目前关于国际货物买卖的国际贸易惯例主要有国际法协会于 1932 年制定的《华沙-牛津规则》和国际商会于 1936 年制定的《国际贸易术语解释通则》（后经 1953 年、1967 年、1976 年、1980 年、1990 年、2000 年、2010 年、2020 年多次修订）。下面主要介绍《联合国国际货物销售合同公约》。

《联合国国际货物销售合同公约》简称《1980 年维也纳公约》或《1980 年销售合同公约》，它是 1980 年 3 月 10 日至 4 月 11 日联合国国际贸易法委员会在维也纳召开的外交会议上通过的一项国际条约，于 1988 年 1 月 1 日正式生效。

该《公约》由序言和四部分组成，共 101 条。序言规定的基本原则是：有利于建立国际经济新秩序；在平等互利的基础上发展国际贸易和促进各国友好关系；照顾到不同社会、经济、法律制度。四个部分是适用范围与总则、合同的订立、货物销售、最后条款。

关于适用范围，该《公约》规定，"适用于营业地在不同国家的当事人之间所订立货物销售合同"，不适用于非对外贸易性质的和个人之间的买卖。关于适用该《公约》的根据：①当事人所属国或营业地所在国是缔约国；②当事人意思表示选用；③各种冲突规范导致适用某缔约国的法律。关于合同的形式，该《公约》第十一条规定："销售合同无须以书面订立或书面证明，在形式方面也不受任何其他条件的限制。销售合同可以用包括人证在内的任何方法证明。"

关于合同的订立，该《公约》第二十三条规定："合同于按照本公约规定对发盘的接受生效时订立。"

关于销售统一法的一般性问题，如当事人根本违约、宣告合同无效、合同的修改和撤销等，该《公约》第三部分第一章做了原则规定。关于当事人双方的权利与义务，该《公约》用了第二章、第三章和第五章共 54 条的篇幅，详细规定了买方和卖方的义务、违反合同的补救办法、中止履行、履行前解约、损害赔偿、免责和解除合同的后果等。关于货物风险的转移，该《公约》第二部分第四章做了明确规定：涉及运输的货物于交付第一承运人时风险转移给买方；在运输途中销售的货物，其风险自合同订立起转移给买方；在其他情况下，货物的风险自买方接受货物或货物交其处置时转移。

关于对该《公约》的保留，该《公约》第九十二条和第九十五条允许缔约国在签字、批准、接受、核准或加入时声明它不受该《公约》第一条第一款第六项和该《公约》第二部分或第三部分的约束。

《联合国国际货物销售合同公约》在国际货物销售的法律方面做出了比较全面而合理的规定。它虽然还称不上是一部十分完善的关于国际货物销售的统一的法典，但它所包含的合同法和销售法内容在很大程度上统一了各国关于国际货物买卖的法律原则和实际做法。

3.3 国际商务争议的解决

国际商务活动总是要涉及不同的利益主体，他们往往处于不同的国家或地区，有着不同的文化传统和不同的价值及法制观念，商务开展过程中又常会受到各有关国家社会、政治、经济利益以及自然条件的影响，因此，国际企业在国际市场上很难避免国际商务争端。

如何通过适当途径合理地解决争端是每个国际营销者应该了解的基本知识。解决国际商务争端一般都是通过协商和解、调解、仲裁、司法诉讼等方式。

3.3.1 和解

国际商务争议的和解是指国际商务活动中的各方当事人在发生争议时，约定在自愿互谅的基础上，按照有关法律和合同条款的规定，通过直接的充分协商，自行达成协议，以解决有关争议的活动。

多数情况下，商务争议的当事人一般都愿意首先采取和解程序。和解如果成功，就能够避免采取仲裁和司法诉讼程序，省去仲裁和诉讼的麻烦与费用，而且气氛一般比较友好，灵活性较大。但是，和解也面临一定的局限，让步的范围和限度对各方来说都必须是可接受的。

国际商务争议的和解要以各方当事人自觉自愿、平等互利、协商一致为原则。任何一方当事人都有要求通过协商，以和解方式解决有关争议的权利；但每一方当事人又都并不承担必须通过和解来解决有关争议的义务。和解程序一般没有第三者参与，不需要经过严格的法律程序，也不需要严格按照有关国家的有关具体立法做出决定；各有关当事人可以在不违反有关国家的基本法律原则，不损害国家、社会、集体和其他公民的合法权益的前提下，根据有关争议的具体情况具体解决。和解协议的法律效力同样依赖于各方当事人的自觉自愿，各有关当事人能自觉履行和解协议所规定的义务，即可获得有关争议的彻底解决；如果有关当事人不愿履行有关和解协议，或有关和解程序根本就达不成和解协议，各有关当事人也可以依法寻求其他解决方法。

3.3.2 调解

国际商务争议的调解是指国际商务活动中各方当事人之间发生争议，由当事人申请，或者有关法院、法庭、民间调解组织认为有和好的可能时，为了避免诉讼的劳累，经法庭或民间调解组织从中协调，排解疏导，使各方当事人在自愿协商的基础上，谅解让步，达成协议，从而使有关争议得以解决的活动。法庭调解是一种诉讼活动，具有诉讼法律效力；而民间调解是一种非诉讼活动，不具有法律效力，所达成的协议只能依靠当事人的自觉履行，如果有关当事人反悔，可以向有管辖权的法院起诉，寻求司法解决。

与和解类似，调解也具有灵活简便的优点，避免了复杂烦琐的仲裁或诉讼程序。此外，由于调解达成的和解协议完全出于当事人的自愿，双方一般都能自觉履行。和解与调解的主要不同点在于，调解程序是在第三者参加和主持下进行的，而和解程序一般是由当事人各方私下单独进行。

国际商务争议的调解也是以各方当事人自觉自愿、协商一致和公平合理为原则。任何一方当事人都有请求调解或拒绝进行调解的权利，任何一方当事人都不能强迫对方当事人参加调解。对于调解所达成的协议，有关当事人可以自觉履行，但也可以以有关当事人未充分参与调解程序，或以有关调解协议违反公平合理原则，或以其他原因为理由而拒绝履行。如果有关当事人不愿意或不自觉履行有关调解协议，或有关调解程序根本就达不成调解协议，各有关当事人都可以放弃调解程序，而寻求其他解决方法。

目前，世界各国的有关立法都对调解方式做了不同程度的规定，如联合国国际贸易法委员会还专门制定了调解规则。同时，国际社会也为此设立了许多调解机构。

3.3.3 仲裁

国际商务争议的仲裁是指国际商务活动中的当事人通过协议，自愿将他们之间的有关争议提交某一临时仲裁庭或某一国际常设仲裁机构审理，由其根据有关法律或依公平原则做出裁决，并约定自觉履行该项裁决所确定的义务的一种制度。

1. 仲裁的特点

（1）仲裁具有高度的自主性和灵活性。国际商务争议的当事人可以在有关国家法律所允许的范围内，自主地决定通过协议将他们之间可能或已经发生的有关争议提交仲裁解决。各方当事人可以自主地选择仲裁地点、仲裁机构、仲裁员，还可以自主地选择仲裁程序，诸如仲裁申请的提出、仲裁员的指定、仲裁庭的组成、仲裁审理以及仲裁裁决的做出等都可由双方当事人在其仲裁协议中自主确定。另外，各方当事人可以自主选择仲裁庭进行裁决时所适用的法律。与诉讼程序不同，国际商务争议仲裁不必拘泥于任何法定的形式，具有很大的灵活性。仲裁庭甚至可以基于当事人双方的授权，依公平原则，对当事人之间的有关争议做出裁决。

（2）仲裁具有速度快、成本低的特点。国际商务活动中一旦发生争议，各方选定的仲裁员按照仲裁协议的规定，可以立即组成仲裁庭，并开始仲裁。此外，所选定的仲裁员一般都是有关方面的知名人士或专家，对于许多问题通过一定的调查就可以直接认定，做出裁决的速度较快。

（3）仲裁具有必要的强制性。虽然国际商事仲裁机构是一种民间机构，不属于国家司法机关的范畴，但仲裁仍具有一定程度的强制性。根据各国立法的规定，各方当事人一旦达成协议，通过仲裁解决争议，那么任何一方当事人就无权再向法院提起诉讼。世界各国的立法和司法实践都明确承认通过仲裁方式解决有关国际商事争议的合法性，承认有关仲裁机构根据仲裁协议做出裁决的法律效力。如果有关当事人不自觉履行仲裁裁决所确定的义务，有关国家的法院应该基于一定的条件采取必要的强制措施，以保证有关裁决在其所属国境内的适当执行。

（4）仲裁方式有利于调和不同法律制度之间的矛盾，维持各当事方的友好关系。采用仲裁方式解决国际商务活动的争议，可以调和不同法律制度之间的矛盾，避免当事人因不信任外国法院的公正性而产生的种种疑虑，还可以克服在一国境内执行外国法院判决的过程中所遇到的各种障碍。仲裁可以避免因诉讼程序的进行而引起的心理障碍，使双方当事人能够继续保持友好关系。

2. 仲裁机构

国际商事仲裁机构是由国际商事关系中的各方当事人自主选择出来的，用以解决其商务活动争议的民间机构。国际商事仲裁机构有临时仲裁机构和常设仲裁机构之分。

临时仲裁机构是指根据各方当事人的仲裁协议，在争议发生后由各方当事人选定的仲裁员临时组成的，负责审理当事人之间的有关争议，并在审理终结做出裁决后即行解散的临时性机构。有关临时仲裁机构的组成及其活动规则、仲裁程序、法律适用、仲裁地点、裁决方式、仲裁费用等都可以由有关当事人协商确定。

常设仲裁机构是指依据国际条约和一国国内立法所成立的，具有固定的组织、固定的地点和固定的仲裁程序规则的永久性机构，一般都备有仲裁员名册供当事人选择。目前国际常设商事仲裁机构几乎遍及世界上所有国家，在业务范围方面也已涉及国际商事法律关系的各个领域。影响较大的常设商事仲裁机构主要有国际商会仲裁院、瑞典斯德哥尔摩商事仲裁院、英国伦敦国际仲裁院、美国仲裁协会、瑞士苏黎世商会仲裁院等。

3. 仲裁程序

（1）仲裁申请和受理。仲裁的申请是指有关仲裁协议中所约定的争议事项发生以后，仲裁协议的一方当事人依据该项协议将有关争议提交给他们所约定的仲裁机构，请求对争议进行仲裁审理。有关仲裁机构在收到申请人提交的仲裁申请书并进行初步审查以后，一旦确定其合法有效的仲裁管辖权，而申请人又没有违反仲裁立法中的时效规定，即正式受理该有关仲裁案件，并将仲裁申请书及其副本及时送交给有关被申请人和申请人所选定的仲裁员。通知被申请人依法提出答辩书，并选出应由他选定的仲裁员，或提交请求有关仲裁机构代为指定仲裁员的委托书。申请人和被申请人都有权委托代理人代为进行有关的仲裁活动。

（2）仲裁庭的组成。当事人各方选择某临时仲裁机构审理有关争议时，该临时仲裁机构可以直接作为仲裁庭审理裁决案件。但如果当事人各方将其有关争议合意提交某常设仲裁机构审理，则应该由该常设仲裁机构内组织的仲裁庭来进行。仲裁庭将由各方当事人合意选定，或由有关仲裁机构基于当事人的授权或依职权指定的仲裁员组成。

（3）仲裁审理。仲裁审理是指仲裁庭依法成立以后，以一定的方式和程序调取审核证据，查询证人、鉴定人，并对整个争议事项的实质性问题进行全面审查的仲裁活动。仲裁审理分为口头和书面两种方式。

（4）仲裁裁决。仲裁裁决是指仲裁庭对仲裁当事人提交的争议事项进行审理以后做出的终局裁决，是整个仲裁程序的最后阶段。各国仲裁立法及各有关的仲裁规则一般都对做出仲裁裁决的时间、裁决的原则、裁决的形式和内容以及裁决的效力等做了不同程度的规定。

4. 仲裁裁决的执行

在国际商务争议的仲裁中，裁决的执行以当事人自觉履行为原则；只有在有关当事人拒不履行有关裁决所确定的义务时，才由对方当事人依法向有关国家的法院提出申请，请求法院协助予以强制执行。各国一般都对本国仲裁裁决和外国仲裁裁决采取不同的态度，对于外国仲裁裁决的承认和执行往往规定了更为严格的条件。

（1）本国裁决的承认与执行。本国裁决的承认与执行涉及两个方面：一方面是本国裁决在本国境内的承认和执行，另一方面是本国裁决在外国境内的承认和执行。各国仲裁立法和仲裁规则以及民事诉讼法都普遍承认，已经发生法律效力的本国仲裁裁决，在本国境内具有与本国法院做出的确定判决同等的法律效力，并且都明确规定，必要时本国法院或其他有执行权的机构可以基于任何一方当事人的请求，按照与执行本国法院确定判决同样或类似的方式和程序予以强制执行。当本国仲裁裁决需要到国外执行时，一般都授权有管辖权的法院或允许有关当事人直接向与本国存在条约关系或互惠关系的国家的法院提出申请，要求予以强制执行的协助。

（2）外国裁决的承认与执行。根据各国仲裁立法和民事诉讼法的规定，某一外国仲裁裁决要在一个国家境内得到承认与执行，一般需要具备以下条件：有效的仲裁协议；有关裁决是有关仲裁庭在管辖权范围内做出的裁决；做出有关裁决所依据的仲裁程序符合有关当事人之间订立的仲裁协议的规定，或在没有这种仲裁协议的规定时，不违反有关国家的法律；有关的仲裁程序为被执行人提供了适当的辩护机会；请求承认与执行的仲裁裁决应该是确定的裁决；有关国家之间存在互惠关系；有关外国仲裁裁决的承认和执行不与本国的公共政策相抵触。

外国仲裁裁决要在另一个国家境内得到承认与执行，一般是由有关当事人向执行地国家的法院或其他有执行权的机构提出书面申请，由其进行审查，确认有关外国仲裁裁决符合执行地国家法律规定的条件以后，发给执行令，然后由执行地国家法院或有关主管机构按照执行该国仲裁裁决同样的方式和程序予以执行。

3.3.4 司法诉讼

国际商务争议的有关当事人将其与对方当事人之间的争议诉诸有管辖权的法院以后，该有关法院就会严格按照有关国家的立法，即合同准据法的规定对争议进行审理，并做出裁决。当事人各方可以合意选择诉讼方式和诉讼法院，但并不以此为必要条件，只要不存在有效的仲裁协议，任何一方当事人都可以向有管辖权的法院起诉，以求得争议的司法解决。

虽然司法解决方式因法律程序严格，手续烦琐，法官不太熟悉国际商务规则、惯例和有关专业性、技术性的知识，以及当事人对外国法院的公正性存在不同程度的不信任感等原因，而存在很大的局限性，但在当事人双方不能通过和解或调解方式解决争议，而又缺少或达不成仲裁协议的情况下，司法解决方式作为一种补救手段仍然具有极为重要的意义。

一般而言，每一个国家的法院一般都是按照其本国立法中的有关规定来审理涉外商事案件，或决定是否给予外国法院以司法协助。随着世界各国之间的商务往来不断增多，为了保证国际商务交往的顺利进行，国际社会在国际商事诉讼法领域进行了积极的合作，签订了一系列的多边条约和双边条约，使国际条约也成为国际商事诉讼法的一个重要渊源。

当国际商务争议必须根据所涉及国家中某一国的法律解决时，对国际营销者而言最重要的问题是应采用哪国的法律。司法管辖权通常由以下方法中的一种来决定：①根据合同中所包含的司法管辖权条款；②根据签订合同的地点；③根据合同条款的执行地。

思 考 题

1. 简述大陆法系和英美法系各自的特点以及二者之间的主要区别。
2. 东道国的法律环境会怎样影响国际营销组合的各个环节?
3. 知识产权有何特点?有哪些具体的类型?
4. 简述英国、美国、德国、日本保护知识产权法律的情况。
5. 解释"正常价值""出口价格"和"倾销"。
6. 反倾销有哪些主要程序?
7. 什么是竞争法?竞争法有何特点?
8. 竞争法对国际货物买卖行为有哪些主要的影响?
9. 简述《斯特拉斯堡公约》和《产品责任法律冲突规则公约》的内容。
10. 简述《保护工业产权巴黎公约》和《商标国际注册马德里协定》的内容。
11. 解决国际商务争端的和解方式和调解方式有何异同?
12. 简述仲裁的特点和程序。

案 例 题

【案例题1】

萨拉公司与劳特斯公司纠纷案

萨拉公司是位于美国的一家主要从事国际货物贸易的企业,劳特斯公司是位于中国的一家从事纺织面料、鞋制造的企业。

2012年3月3日,萨拉公司通过发送订购清单的方式,约定萨拉公司向劳特斯公司购买鞋类一批,总共2100双,其中对货物的款式、颜色、材质、尺寸、单价及总价款列出明细,并对该批货物的出厂发货时间、交付订金、装运货物的要求做了说明。

后萨拉公司于2012年4月11日通过开具形式发票的方式与劳特斯公司正式确立了买卖关系,并依约于2012年4月11日向劳特斯公司汇款支付了30%的订金,于2012年6月26日向劳特斯公司汇款支付了剩余70%的货款,总共支付劳特斯公司合同款15255美元;劳特斯公司也依约发货。

上述货物于2012年7月9日装入集装箱,从深圳经船运于2012年7月10日抵达萨拉公司在日本的收货地点东京平和岛,收货人VarodYahalomim Limited(以下简称VY公司)。当事人在日本千叶县1081番地的东联有限公司仓库发现89箱女士鞋子存在质量问题,遂于2012年8月3日委托日本海事检定协会对上述鞋子进行检验。双方因货物质量问题产生争议,诉讼至法院。

一审法院优先适用《联合国国际货物销售合同公约》进行了审理并判决,萨拉公司认为原被告双方在一审时已同意适用中国法律进行审理,故应该排除《联合国国际货物销售合同公约》(以下简称《销售公约》)的适用。

二审法院最终认定虽然双方已同意适用中国法律进行审理,但未明确排除《销售公约》的适用,故应优先适用《销售公约》,《销售公约》没有规定的,再适用中国法律的有关规定。

分析:

1. 《销售公约》是什么?

《联合国国际货物销售合同公约》(The United Nations Convention on Contracts for International Sale of Goods,CISG),是由联合国国际贸易法委员会(UNCITRAL)制定的,用于调整国际货物买卖合同关系的最重要的国际条约,于1988年1月1日正式生效。1986年12月11日,中国成为CISG的缔约方。截至2024年3月31日,"一带一路"沿线的一些重要国家,如俄罗斯、白俄罗斯、蒙古国、吉尔吉斯斯坦、乌克兰、乌兹别克斯坦、巴基斯坦、立陶宛、老挝、越南、柬埔寨、新加坡、丹麦、捷克、埃及、法国、德国、波兰、荷兰、塞尔维亚、伊拉克、意大利等均为CISG缔约方。

2. 《销售公约》的适用条件是什么?

根据《销售公约》的规定,简单来说,《销售公约》的适用需要满足两个条件:一是合同当事人双方营业地所在国家(或地区)均是CISG缔约方;二是双方在适用法律上没有明确排除适用CISG。

3. 中国如何适用《销售公约》?

根据《中华人民共和国民事诉讼法》第二百六十七条的规定,中华人民共和国缔结或者参加的国际条约同本法有不同规定的,适用该国际条约的规定,但中华人民共和国声明保留的条款除外。应注意的是,目前,中国在加入CISG时仍有一项保留,即关于适用范围的保留,中国声明不受《销售公约》第1款第1条(b)项的约束。对于中国的商事主体来说,《销售公约》仅适用于营业地在缔约方的当事人之间订立的合同,对于营业地在非缔约方的当事人自愿明示选择公约作为合同准确法的除外。本案中,买卖合同的当事人萨拉公司与劳特斯公司的营业地分别在美国和中国,美国和中国均为《销售公约》的缔约方。即使双方对于适用《销售公约》没有选定,双方争讼的买卖合同也应适用该公约规定,除非双方当事人明确排除该公约的适用。故本案买卖合同的处理应首先适用《销售公约》,《销售公约》没有规定的,再适用中国法律的有关规定。

建议:

鉴于目前各个国家或地区法律及国际条约等规则存在不同程度上的差异,针对同一事项,不同国家或地区法律规则可能会有完全相反的要求,故在国际货物买卖交易中,有关争议解决的法律适用是非常关键的问题,应作为合同谈判的重点,在相关的买卖合同中应综合考虑争议解决的便利性、可追索性、有效性等因素,尽量选择对我方有利或对双方均有利的法律规则。如果《销售公约》中的规定与我们选择的法律规则存在冲突,应在合同中直接明确《销售公约》不适用或部分不适用。

法条链接:

《联合国国际货物销售合同公约》第一条

(1)本公约适用于营业地在不同国家的当事人之间所订立的货物销售合同:

（a）如果这些国家是缔约国；或（b）如果国际私法规则导致适用某一缔约国的法律。

（2）当事人营业地在不同国家的事实，如果从合同或从订立合同前任何时候或订立合同时，当事人之间的任何交易或当事人透露的情报均看不出，应不予考虑。

（3）在确定本公约的适用时，当事人的国籍和当事人或合同的民事或商业性质，应不予考虑。

《中华人民共和国民事诉讼法》第二百六十七条

中华人民共和国缔结或者参加的国际条约同本法有不同规定的，适用该国际条约的规定，但中华人民共和国声明保留的条款除外。

（资料来源："西安国际商事争端解决中心"公众号，有改动。）

【案例题2】

宁波保税区某公司与土耳其某公司国际贸易货款纠纷案

申请人：宁波保税区某公司

被申请人：土耳其某公司

受理机构：宁波调解中心

一、基本案情

2022年9月，宁波保税区某公司（以下简称"宁波公司"）向中国贸促会宁波调解中心（以下简称"宁波调解中心"）求助。宁波公司称，2015年8月，宁波公司与土耳其某公司（以下简称"土耳其公司"）签订PI（形式发票），向土耳其公司出口一批总金额为20747美元的扩音器产品，付款条款是"见提单60天付款"。2015年11月，宁波公司装船发货，2015年12月，土耳其公司收到货物。然而，土耳其公司在2016年1月最后付款日截止时，仍未按照约定付款。宁波公司每次催款，土耳其公司都说会尽快安排，但就是拖延不付，直到2017年7月才支付了2000美元，其他货款一直拖欠。

二、敦促过程

宁波调解中心在认真梳理案件材料、核实相关证据后，向土耳其公司制发了敦促履约函。在函件中，向土耳其公司表示，该订单发生在2015年，至今已拖欠货款近7年。为维系良好的客户关系，宁波公司已展示出了足够的诚意和耐心，希望土耳其公司能尽快履行合同义务，全力配合，以避免对其在华其他贸易的开展带来负面影响。同时，希望其能为维护土耳其企业在国际市场上的良好形象做出积极贡献。

函件送达过程中发现，宁波公司提供的电子邮箱无法送达，邮件总是被退回。宁波公司表示，其近年来向土耳其公司催款是用WhatsApp与客户沟通。宁波调解中心遂请宁波公司通过WhatsApp向土耳其公司送达敦促履约函。土耳其公司通过新的电子邮箱向宁波调解中心回函表示，未查阅到涉宁波公司的欠款，请求确认宁波公司名称是否已经变更等，经确认发票和装箱单后，愿意支付货款给宁波公司。但宁波调解中心向其最新发函邮箱回函时发现，该新邮箱也无法接收邮件，邮件还是被退回。宁波调解中心认为,本案调解征询函是通过宁波公司直接发送给土耳其公司的,且宁波公司自始至终都未更改过企业名称,可见,土耳其公司非常清楚函件中的诉求。

为提高敦促履约效果,宁波调解中心遂向浙江省国际商事法律服务中心(以下简称"省商法中心")请求协助。省商法中心收到宁波调解中心协助请求后,立即与省贸促会(省国际商会)驻土耳其联络处对接协调,联络处首席代表通过电话直接同土耳其公司取得联系,向其详尽地阐述了不履约可能带来的负面影响,敦促客户信守承诺,积极履行付款义务。土耳其公司向联络处首席代表表示愿意分期付款,并信守付款承诺。

三、敦促结果

2022年10月,双方达成分期付款协议,土耳其公司先支付1500美元,剩余货款每月支付3000美元,直至付清,由宁波调解中心对履约情况进行监督。宁波公司收到土耳其公司的按期付款后,分别向省商法中心、省贸促会(省国际商会)驻土耳其联络处、宁波调解中心送来感谢信,对贸促系统高效、专业的帮助表达了衷心感谢。宁波公司表示,涉案货款金额不大,且拖欠7年之久,对追回货款本已不抱希望,没想到贸促机构帮忙把钱追回来了,为公司挽回了经济损失,提供了实实在在的帮助,下一步,公司将不断完善国际贸易法律风险防控机制,为浙江省外贸高质量发展贡献自己的力量。

(资料来源:"西安国际商事争端解决中心"公众号,有改动。)

国际市场营销学 第4版

第4章
国际营销的经济环境

本章要点

根据资源配置方式的不同,不同国家的经济制度可分为市场经济、指令经济和混合经济三种类型。为保护国内市场,各国都不同程度地使用贸易保护政策:关税、非关税措施和鼓励出口措施。

东道国的宏观经济指标,如国内生产总值、通货膨胀率、失业率、国际收支等,对国际营销的开展有着重大的影响。进入一国市场时,除了要了解该国的宏观经济状况以外,还需要对特定行业的经济环境进行评估。

经济全球化是当今世界经济发展最主要的特征,国际商品贸易、国际服务贸易和国际对外直接投资的格局和趋势会直接影响所有有国际经营项目的企业。

在关贸总协定(GATT)基础上成立的世界贸易组织(WTO),有利于维护全球自由贸易的秩序,提高全球范围内的福利水平,但对不同发展水平的国家有着不同的意义。另外,区域经济组织在全球经济中的作用日益凸显,区域经济一体化的步伐正在加快。

国际经营活动难免会遭遇外汇风险,国际营销者可以通过有效的风险管理举措来规避或降低该类风险可能带来的损失。

本章的前两节都是针对东道国展开的,分别介绍了东道国经济制度和贸易政策、宏观经济指标和特定行业状况的分析方法;然后介绍了经济全球化趋势和国际经济组织的作用;最后是关于外汇风险和外汇风险的管理。

关键词

经济制度 贸易保护政策 宏观经济 经济全球化 区域经济一体化 国际经济组织 世界贸易组织(WTO) 外汇风险

进入 21 世纪以来，美国和日本的汽车市场萎靡不振，这与整个西方世界表现乏力的宏观经济息息相关。与此形成对照的是，中国的经济自改革开放以来一直保持旺盛的增长势头，且发展潜力巨大，这正是国际汽车巨头纷纷抢滩中国市场的主要原因。

觊觎中国市场的跨国公司决不仅限于汽车业，各种行业的国际巨头在扩大对中国出口的同时，也加大了在中国的投资。这些公司的经营范围涵盖了主要的制造业和服务业。通过与中国的贸易和技术合作，特别是通过在华大规模系统化投资以及战略调整，跨国公司已经逐步把中国纳入其价值增值链之中。

对于跨国企业而言，只有通过对东道国和全球经济环境因素的分析和研究，才能真正明了国际营销活动的机会和风险所在。

4.1 东道国的经济制度和贸易政策

东道国是针对母国而言的，是母国公司出口或投资所指向的目标国家。东道国的经济现状和未来走向会对公司的经营行为及消费者的消费行为产生影响，这将直接关系到母国公司的出口或投资的成败。因此，公司的营销战略必须根据东道国的经济情况来制定或调整。

4.1.1 经济制度

任何一个社会的资源都是稀缺的，而不同经济制度社会的资源配置方式是不同的。根据保罗·萨缪尔森（Paul Samuelson）的观点，经济制度可分为市场经济、指令经济和混合经济三类。

1. 市场经济

市场经济是一种主要由个人和私人企业决定生产和消费的经济制度。在这种制度下的资源配置是通过价格机制的作用来实现的，企业采用成本最低的生产技术生产那些利润最高的商品；消费则取决于个人如何决策去花费他们的收入。在美国和大多数民主国家中，多数经济问题是由市场来解决的，因此这些国家被称为市场经济国家。

2. 指令经济[⊖]

指令经济是由政府做出有关生产和分配的所有重大决策的一种经济制度。实行指令经济的政府拥有大部分生产资料，拥有并指导大多数行业中的企业经营，还是大多数工人的雇主。当然，社会产出在不同的物品与劳务之间如何分布也是由政府决定的。朝鲜、苏联和改革开放前的中国接近于指令经济国家的定义。

3. 混合经济

处于市场经济和指令经济之间的就是混合经济，这种制度既有市场经济成分又有指令经济的成分。

⊖ 指令经济也称为"计划经济"。

当代社会中没有纯粹的市场经济和纯粹的指令经济，绝大部分国家都实行混合经济制度。即使是在市场化程度较高的美国，尽管大多数决策都是在市场中进行的，但是政府在监督市场运行方面仍然扮演着重要的角色：政府制定法律来监管经济生活，通过征税来提供教育和治安等公共物品，并管制污染。

接近于纯粹指令经济的国家往往是封闭型经济，贸易和投资都受到严格的限制。中国在改革开放前实行的是指令经济（计划经济），对外贸易和吸引外来投资的水平都很低，1978 年的进出口总额为 206.4 亿美元，1978—1984 年的外商实际直接投资额加总才为 30.6 亿美元。改革开放以后，特别是确立了向社会主义市场经济过渡的改革方针以后，对外贸易和吸引外资都飞速发展。2013 年中国的进出口总额高达 4.16 万亿美元，而外商实际直接投资额就高达 1175.86 亿美元；2015 年进出口总额为 24.59 万亿元，外商实际直接投资额为 1262.7 亿美元；2022 年进出口总额为 42.07 万亿元，外商实际直接投资额为 1891 亿美元。

4.1.2 贸易政策

就全球范围整体经济而言，自由贸易无疑能够提高效率并增进福利，但实际情况是很多国家的政府并未坚持自由贸易的准则，这些政策制定者们运用不同的措施来限制商品和服务的自由流动，运用各种政策工具干预资源配置。贸易保护政策主要包括各种限制进口的关税和非关税措施，目的是保护本国产业和市场免受外国商品的竞争，而对本国出口商品给予优待和补贴，以鼓励商品出口。

1. 关税措施

关税是国家对进出口货物征收的一种流转税。关税主要是对进出口商品征税，是一种间接税。关税的税收主体和客体是进出口商人和进出口货物，可起到调节进出口贸易的作用。在出口方面，通过低税、免税和退税来鼓励商品出口；在进口方面，通过税率的调整和税收的减免来调节商品的进口。

一国以提高关税的办法限制外国商品进口的措施就是关税壁垒。设置关税壁垒的目的是抵制外国商品进入本国市场，最大限度地削弱外国商品在本国市场的竞争能力，达到保护本国商品竞争优势、垄断国内市场的目的。

关税的种类繁多，按照不同的标准，主要有以下五种分类：

（1）按照征收的对象或商品流向分类，关税分为进口关税、出口关税和过境关税。进口关税又称正常关税，是指对外国货物输入时课征的税，一般是在外国货物直接进入关境或国境时征收，或者当外国货物由自由港、自由贸易区或海关保税仓库等地提出运往进口国的国内市场销售时征收。出口关税是指当本国货物出境时，国内海关对出口货物征收的关税。目前大多数国家对绝大部分出口商品都不征收出口关税。过境关税又称通过税，是外国货物通过本国国境或关境时所课征的一种关税，目前世界绝大多数国家已经废止过境关税。

（2）按照征税的目的分类，关税分为财政关税和保护关税。财政关税是指以增加国家财政收入为目的而课征的关税。财政关税的税率比较低，常用于国内不能生产的产品，或国内没有代用品但需求量又很大的产品。保护关税是指以保护本国经济发展为主要目的而课征的关税。保护关税的主要特征是税率高，以阻碍外国产品的输入，达到保护本国经济发展的目的。

（3）按照差别待遇分类，关税分为优惠关税、普通关税和差别关税。

1）优惠关税，是指对受惠国以低于普通关税税率的标准征收的关税，以示对受惠国的优待。优惠关税一般是互惠关税，即签订优惠协定的双方互相给予对方优惠关税待遇，但也有单向优惠关税。优惠关税一般有特定优惠关税、普遍优惠制和最惠国待遇三种。特定优惠关税（特惠税）是指某一国家对另一国家，或某些国家对另外一些国家的某些方面予以特定优惠关税待遇，而其他国家不得享受的一种关税制度。普遍优惠制（普惠制）是在1968年通过普惠制决议之后，发达国家承诺对从发展中国家或地区输入的商品，特别是制成品和半制成品，给予普遍的、非歧视的和非互惠的优惠关税待遇。最惠国待遇规定，缔约国双方相互间现在和将来所给予任何第三国的优惠待遇，同样适用于对方。

2）普通关税，又称为一般关税，是一国政府对与本国没有签署友好协定、贸易协定、经济互助协定的国家和地区按普通税率征收的关税。普通关税税率比优惠关税税率高。

3）差别关税，是一国对同一类进口商品采用不同税率征收的关税。一般传统习惯上的差别关税主要是进口附加税。进口附加税通常是一种特定的临时性措施，主要目的是应付国际收支危机，维持进出口平衡，或者是防止外国商品低价倾销，而对国外某个国家实行歧视或报复。进口附加税的主要形式有反补贴关税和反倾销关税两种。反补贴关税又称为抵消关税或补偿关税，是对直接或间接接受任何补贴或奖金的外国进口货物所附加征收的一种关税，目的是抵消别国输入货物因接受补贴或奖金所形成的竞争优势。反倾销关税是对实行商品倾销的进口货物所征收的一种进口附加税，目的在于抵制外国商品的倾销，保护本国产品的利益。

（4）按照征税的一般方法或征税标准分类，关税主要分为从量税和从价税。在这两种主要征税方法的基础上，又有混合税和选择税。从量税是以货物的重量、数量、容量、长度、面积等为标准课征的关税，即按照货物的计量单位确定应纳税数额。从价税是以进口商品的价格为标准计征的关税，其税率表现为货物价格的百分率。混合税又称复合税，是对某种进口商品采用从量税和从价税同时征收的一种方法。选择税是对于一种进口商品同时定有从价税和从量税两种税率，但征税时选择其税额较高的一种税率进行征税。

（5）按照关税保护的程度和有效性分类，关税分为名义关税和有效关税。名义关税是指某种进口商品进入该国关境时，海关根据海关税则所征收的关税税率。在其他条件相同和不变的条件下，名义关税税率越高，对本国同类产品的保护程度也越高。有效关税是指对某个行业每单位产品"增值"部分的从价税率，代表着关税对本国同类产品真正有效的保护程度。

2. 非关税措施

关税措施可以有效限制进口，保护本国企业。除此之外，一国政府还可以运用非关税措施来达到这一目的。与关税措施相比，非关税措施能形成更为隐蔽的贸易壁垒，近年来逐渐成为干预自由贸易的主要手段。过去几十年中的多边关税谈判使得关税壁垒得到了极大的削减，但这一积极成果又在很大程度上被非关税壁垒的广泛运用所抵消。

非关税措施主要有以下形式：

（1）进口配额。进口配额是对进口数量而非价格直接做出限制，又称为进口限额，是指在一定时期内（如一年），对某些商品的进口数量或金额规定一个数额。超过此数额，或禁止进口，或征收高额关税，或处以罚款。

（2）"自动"出口限制。"自动"出口限制又称为"自动"出口配额制，是出口国在进口国的要求或压力下，"自动"规定的在一定时期内（通常为3年）向进口国出口某些商品的数量或金额的配额，超过配额即禁止出口。"自动"出口限制可分为两类：一类是出口国在进口国的压力下，自行控制向对方出口某些商品的数量或金额；另一类是进出口国双方通过谈判，以协定的方式规定出口国的"自动"出口配额。

（3）进口许可证制。凡政府规定必须领取进口许可证的进口商品，没有许可证，一律禁止进口。进口许可证可分为两类：一类是定额许可证，即在进口国家规定的进口配额以内，根据进口商的申请，对进口的商品发给的许可证；另一类是无定额进口许可证，即进口国家事先不公布进口限额，只是在进口商品时个别考虑是否发给许可证。

（4）外汇管制。实行外汇管制的国家通过对国际结算和外汇交易实行管制的办法，来控制商品进口量、种类和国别。在外汇管制下，政府通过对出口商和进口商实行结售汇制，能够达到进口限制的目的。

（5）政府采购条款。有的政府采购条款规定，政府机构必须购买国内公司生产的产品，除非该产品的价格比外国同类产品的价格高出一定幅度，从而限制了本国政府机构对外国商品的购买。有些国家还规定，政府购买某些商品时，只能买本国的，禁止购买外国同种商品。

（6）进出口的国家垄断。一国在对外贸易中，把部分商品，如粮食、烟酒、武器等战略性或垄断性商品的进出口权交给政府有关部门直接经营，或授权给某些垄断组织经营，从而将进出口直接置于政府部门的行政控制之下。

（7）国内成分条款。制定国内成分条款的目的是为国内供应商争取部分产值增值并保证其零部件的销售。这类条款通常规定在本国销售的产品价值中必须含有一定比例的本国生产的零部件或雇用一定数量的本国劳工。

（8）限制服务条款。限制服务条款用于限制外国公司在本国开展服务业务，如一国轮船可能被禁止在其他国内港口之间装运货物，外国飞机的降落权也可能极为有限。这些条款比大多数限制贸易的条款更隐蔽。

（9）与贸易有关的投资措施。与贸易有关的投资措施，是指对在一国境内与外国投资行为相联系的贸易活动采取的各种政策举措。例如，"业绩要求"就属于一种与贸易有关的投资措施，该要求规定外国投资者必须把产出的一定比例用于出口（为东道国换取外汇)。再如,"投入要求"规定外国投资者的最终产品中必须有一定比例的国产投入品。

(10) 进口押金制。进口押金制又称进口存款制或进口担保金制,是指进口商在进口商品前,必须按进口金额的一定比例和规定的时间,在指定的银行无息存储一笔现金的制度。这种制度无疑加重了进口商的资金负担,起到了限制进口的作用。

(11) 最低限价制和禁止进口。最低限价制是指一国政府规定某种进口商品的最低价格,凡进口商品的价格低于这个标准,就加征进口附加税或禁止进口,目的是抵制低价商品进口或以此削弱进口商品的竞争力,保护本国市场。禁止进口是指一国政府直接颁布法令公开禁止某些商品进口。禁止进口通常在一般的限制措施已不足以解救国内市场受冲击时实施,是进口限制的极端措施,极可能引发对方国家的报复,从而酿成愈演愈烈的贸易战。

(12) 海关程序。海关程序是指进口货物通过海关的程序,一般包括申报、征税、查验及放行四个环节。海关程序本来是正常的进口货物通关程序,但通过滥用却可以起到歧视和限制进口的作用,从而成为一种有效的、隐蔽的非关税壁垒措施。

(13) 各种复杂苛刻的标准与规定。一些国家制定的技术标准、卫生检疫规定以及商品包装和标签规定,不但复杂、苛刻,而且经常变化,并在实施中对进口商品设置各种障碍,使外国产品难以适应,进而达到限制进口的目的。

3. 鼓励出口措施

各国政府运用关税和非关税措施限制进口,保护本国相关产业的同时,也采取措施支持本国企业的出口业务。大多数国家都热衷于"奖出限入",原因很简单,净出口(出口减进口)是一国国内生产总值的重要组成部分。另外,出口是很多国家外汇收入的主要来源,有利于保持良好的国际收支,维持本币币值的稳定。

下面是主要的鼓励出口措施:

(1) 出口补贴。出口补贴又称出口津贴,是一国政府在出口某商品时给予出口商的现金补贴或财政上的优惠待遇。出口补贴又分为直接补贴和间接补贴两种方式。直接补贴是指政府在商品出口时直接支付给出口商的现金补贴,补贴主要来自财政拨款,其目的是弥补出口商品国内价格高于国际市场价格而可能给出口商带来的亏损,或者补偿出口利润率低于国内销售利润率所形成的缺口。间接补贴是指政府对某些商品的出口给予财政上的优惠。例如,退还或减免出口商品所缴纳的消费税、增值税、所得税等国内税,对进口原料或半制成品加工再出口给予暂时免税、退还已缴纳的进口税、免征出口税,对出口商品实行延期付税、降低运费、提供低息贷款,对企业开拓出口市场提供补贴等。

(2) 本币贬值。本币贬值会同时起到扩大出口和限制进口的双重作用。一国通过压低本国货币对外国货币的汇价,降低本国出口商品用外国货币表示的价格,进而提高出口商品在国际市场上的竞争力,以达到扩大出口的目的。另外,本币贬值使得进入该国的外国商品以该国货币表示的价格上涨,从而也限制了进口。

(3) 出口信贷。出口信贷是指一个国家的银行为了鼓励商品出口,对本国出口商或外国进口商提供的贷款。这是一国利用本国银行的贷款扩大商品出口，特别是金额较大、期限较长的成套设备、船舶等商品出口的一种重要手段。出口信贷利率一般低于相同条件资金贷放的市场利率，利差由国家补贴，并与国家信贷担保相结合。出口信贷按借贷关系可以分为卖方信贷和买方信贷两种。卖方信贷是指出口方银行向本国出口商提供的贷款，通常用于那些金额大、期限长的项目。这类商品的进口商一般要求延期付款，而出口商为了加速资金周转，往往需要取得银行的卖方贷款支持。买方信贷是指出口方银行直接向进口商或进口方银行提供的贷款，其附加条件就是贷款必须用于购买债权国的商品，因此是一种约束性贷款。

（4）出口信贷国家担保制。出门信贷国家担保制是指由国家设立的专门机构出面为本国出口商或商业银行向国外进口商或银行提供的信贷提供担保。当外国债务人由于政治原因或经济原因而拒绝付款时，这个国家机构即按照承保的数额给予补偿。出口信贷国家担保制能使银行减少或避免贷款不能收回而蒙受的损失，有利于银行扩大出口信贷业务，促进商品输出。

（5）自由港和自由贸易区。在自由港和自由贸易区内，建筑码头、仓库、厂房等基本设施实行免除关税等优惠待遇，对进出口商品全部或大部分免征关税，并且准许港内或区内的商品自由储存、展览、拆散、改装、重新包装、整理、加工和制造，有助于本地区的经济和对外贸易的发展，增加财政收入和外汇收入。

4.2 东道国的经济状况

东道国宏观经济状况会影响该国消费者的购买力，尤其是消费者的实际购买力，进而影响母国公司的获利能力。对于国际营销者而言，东道国特定行业的需求和供给现状以及发展趋势也极为重要。因此，东道国的经济状况如何，将直接影响国际经营的决策：是否进入该国市场，是否是最佳时机，是出口还是直接投资，多大规模为最佳。下面将主要介绍国内生产总值、通货膨胀率、失业率、国际收支四个主要的宏观经济指标，并对特定行业的需求和供给展开分析。

4.2.1 国内生产总值

国内生产总值（GDP）表示一国或地区在一定时期生产的最终产品与服务的市场价值总和。需要引起注意的是，国内生产总值（GDP）和国民生产总值（GNP）[⊖]是两个不同的概念。国民生产总值（GNP）是一国永久性居民（即国民）挣得的全部收入。GNP 等于 GDP 加上本国企业和公民在境外挣得的收入并减去外国企业和公民在本国挣得的收入。

2008 年—2022 年我国 GDP 发展运行情况如图 4-1 所示。我国 GDP 一直处于增长状态，虽增长率近几年较低，但在错综复杂的国际形势和不断加大的经济下行压力下，我

⊖ 国民生产总值（GNP）也称国民总收入（GNI）。

国经济保持了总体平稳，增长率在世界名列前茅。

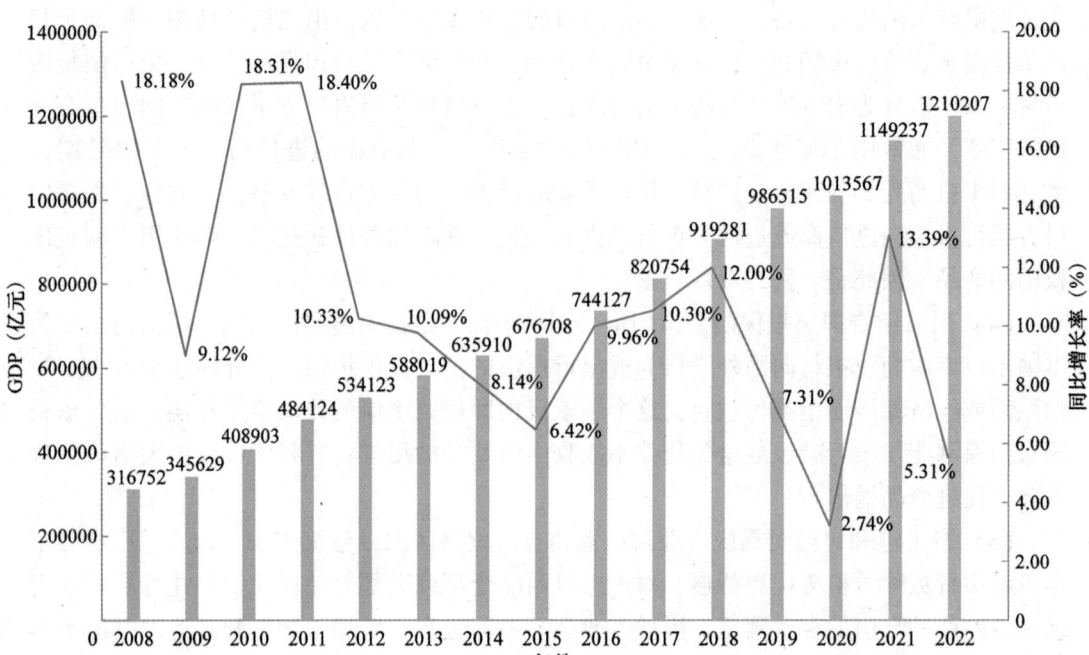

图 4-1　2008 年—2022 年我国 GDP 发展运行情况

对不同国家的 GDP 进行横向比较对国际营销者更为重要。
2022 年世界各国 GDP 排名见表 4-1。

表 4-1　2022 年世界各国 GDP 排名（前 10）

排　名	国　家	GDP（亿美元）
1	美国	229396
2	中国	168630
3	日本	51031
4	德国	42302
5	英国	31084
6	印度	29461
7	法国	29404
8	意大利	21202
9	加拿大	20160
10	韩国	18239

高盛早在 2006 年就预测，中国 GDP 将在 2025 年—2030 年超过美国，成为世界上最大的经济体，见表 4-2。

表4-2 高盛2006年预测世界GDP强国　　　　（单位：亿美元）

排序	国家	2010年	2015年	2020年	2025年	2030年	2035年	2040年	2045年	2050年
1	美国	14535	16194	17978	20087	22817	26097	29823	33904	38514
2	中国	4667	8133	12630	18437	25610	34348	45022	57310	70710
3	日本	4604	4861	5224	5570	5814	5886	6042	6300	6677
4	德国	3083	3326	3519	3631	3761	4048	4388	4714	5024
5	英国	2546	2835	3101	3333	3595	3937	4344	4744	5133
6	法国	2366	2577	2815	3055	3306	3567	3892	4227	4592
7	意大利	1914	2072	2224	2326	2391	2444	2559	2737	2950
8	加拿大	1389	1950	2190	2376	2589	2700	2910	3150	3375
9	俄罗斯	1371	1900	2554	3341	4365	5265	6320	7420	8580
10	印度	1256	1900	2848	4316	6885	11514	16510	25278	37668

资料来源：中国能源网，http：//www.china5e.com/news/news-842624-1.html。

除经济增长率以外，东道国的经济规模大小也同样重要。从表4-3中可以看到，2022年以美元计算中国的GDP占世界的18.30%，仅次于美国，人口众多且处于制度变迁中的中国经济前景被全世界的著名跨国公司看好。

表4-3　2022年世界各国名义GDP排序

排名	国家	2022年GDP总量(亿美元)	占世界的比重
1	美国	254645	25.00%
2	中国	181000	18.30%
3	日本	42335	4.30%
4	德国	40754	4.00%
5	印度	33864	3.50%
6	英国	30706	3.20%
7	法国	27840	2.80%
8	俄罗斯	221 53	2.20%
9	加拿大	21398	2.10%
10	意大利	20120	2.00%
11	巴西	19241	1.90%
12	澳大利亚	17019	1.70%
13	韩国	16652	1.70%
14	墨西哥	14141	1.40%
15	西班牙	1 4005	1.40%
16	印度尼西亚	13188	1.30%
17	沙特阿拉伯	11081	1.10%
18	荷兰	9937	1.00%
19	土耳其	9055	0.90%
20	瑞士	8072	0.80%

资料来源：世界银行报告。

通过以上数据分析，不难发现，各大国际巨头纷纷"抢滩"中国市场的原因了。

4.2.2 通货膨胀率

通货膨胀是指一个经济中大多数商品和劳务的价格连续在一段时间内普遍上涨。每年物价上升的比例在10%以内，属于温和的通货膨胀；在10%~100%，称为奔腾的通货膨胀；在100%以上称为超级通货膨胀，其中高于1000%的极端情况就属于恶性通货膨胀。就通货膨胀的形成原因而言，通货膨胀可分为需求拉动通货膨胀、成本推动通货膨胀和结构性通货膨胀。

通货膨胀是一个到处扩散其影响的过程，经济中的每一个人和企业都会不同程度地受其影响。首先，通货膨胀具有再分配效应，对于靠固定货币收入维生的人和债权人不利。其次，通货膨胀还会影响一国经济的产出水平。当经济处于萧条或复苏阶段时，通过加大政府购买等措施，可造成一定程度的需求拉动通货膨胀效应，使得产品价格高于工资和其他要素价格；面对利润上升，企业就会扩大生产，工人工资和就业水平也会随之上升，经济状况也就趋好。但是，持续的、过高的通货膨胀对一国的经济是不利的，会导致消费过度和储蓄率下降，企业生产成本也上升，这不利于经济的持续增长。因此，对国际营销者而言，仔细分析东道国的通货膨胀的情况和变化规律是很有必要的。

通货膨胀是用通货膨胀率来衡量的。通货膨胀率就是物价水平上升的速度，通常用GDP平减指数（GDP Deflator）和消费物价指数（CPI）来衡量。

在定义GDP平减指数以前，首先要了解名义GDP（Nominal GDP）和真实GDP（Real GDP）的区别。名义GDP即用当年价格计算的全部最终产品的市场价值。而真实GDP是选择某一年为基年（如1978年），用基年的价格来计算的当年（如2001年）全部最终产品的市场价值。由于真实GDP剔除了物价变化因素，因此能更客观地反映一国总产出的实际情况。GDP平减指数的计算公式为

$$\text{GDP 平减指数} = \frac{\text{真实 GDP}}{\text{名义 GDP}} \times 100\% \tag{4-1}$$

另一种衡量物价水平的方法是计算消费物价指数CPI，其计算公式为

$$\text{CPI} = \frac{\text{按当期价格计算的一组固定商品的价值}}{\text{按基期价格计算的一组固定商品的价值}} \times 100\% \tag{4-2}$$

通货膨胀率就是从一个时期到另一个时期价格变动的百分率，其计算公式为

$$\pi_t = \frac{P_t - P_{t-1}}{P_{t-1}} \times 100\% \tag{4-3}$$

式中　P_t——t期的价格水平；

P_{t-1}——$t-1$期的价格水平。

通货膨胀既可以用GDP平减指数来代表，也可以用CPI来代表，结果会略有不同。

如表4-4所示，从1996年到2022年，中国每年的通货膨胀率保持在10%以下的水平，称为温和或低速的通货膨胀水平，这种较为理想的状态是利于中国经济发展的。其中，最高值为1996年的8.3%，最低值为1999年的-1.4%。

表 4-4　1980—2022 年以 CPI 代表的通货膨胀率

年份	CPI	通货膨胀率	CPI 累加指数	年份	CPI	通货膨胀率	CPI 累加指数
1979			100.0%	2001	100.7%	0.7%	253.3%
1980	106.0%	6.0%	106.0%	2002	99.2%	-0.8%	252.5%
1981	102.4%	2.4%	108.4%	2003	101.2%	1.2%	253.7%
1982	101.9%	1.9%	110.3%	2004	103.9%	3.0%	256.7%
1983	101.5%	1.5%	111.8%	2005	101.8%	1.8%	258.5%
1984	102.8%	2.8%	114.6%	2006	101.5%	1.5%	260.0%
1985	109.3%	9.3%	123.9%	2007	104.8%	4.8%	264.8%
1986	106.5%	6.5%	130.4%	2008	105.9%	5.9%	270.7%
1987	107.3%	7.3%	137.7%	2009	99.3%	-0.7%	270.0%
1988	118.8%	18.8%	156.5%	2010	103.3%	3.3%	273.3%
1989	118.0%	18.0%	174.5%	2011	105.4%	5.4%	278.8%
1990	103.1%	3.1%	177.6%	2012	102.6%	2.6%	281.3%
1991	103.4%	3.4%	181.0%	2013	102.6%	2.6%	283.9%
1992	106.4%	6.4%	187.4%	2014	102.0%	2.0%	285.9%
1993	114.7%	14.7%	202.1%	2015	101.4%	1.4%	287.3%
1994	124.1%	24.1%	226.2%	2016	102.0%	2.0%	289.3%
1995	117.1%	17.1%	243.3%	2017	101.6%	1.6%	290.9%
1996	108.3%	8.3%	251.6%	2018	102.1%	2.1%	293.0%
1997	102.8%	2.8%	254.4%	2019	102.9%	2.9%	295.9%
1998	99.2%	-0.8%	253.6%	2020	102.5%	2.5%	298.4%
1999	98.6%	-1.4%	252.2%	2021	100.9%	0.9%	299.3%
2000	100.4%	0.4%	252.6%	2022	102.0%	2.0%	301.3%

再来看美国和中美洲几国的通货膨胀率，如图 4-2、图 4-3 所示。相比之下，中国和美国的通货膨胀率处于低水平稳定状态。

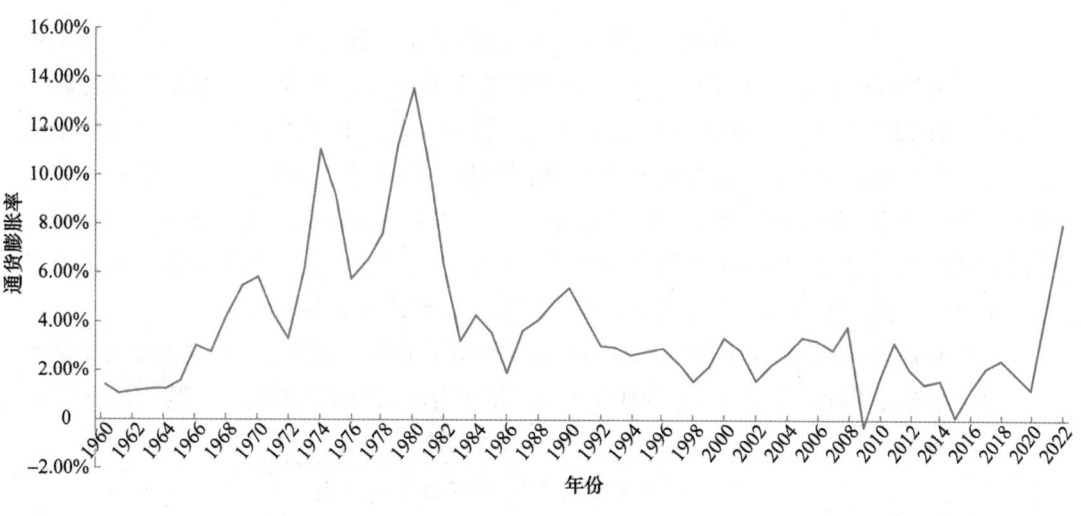

图 4-2　美国 1960 年—2022 年的通货膨胀率

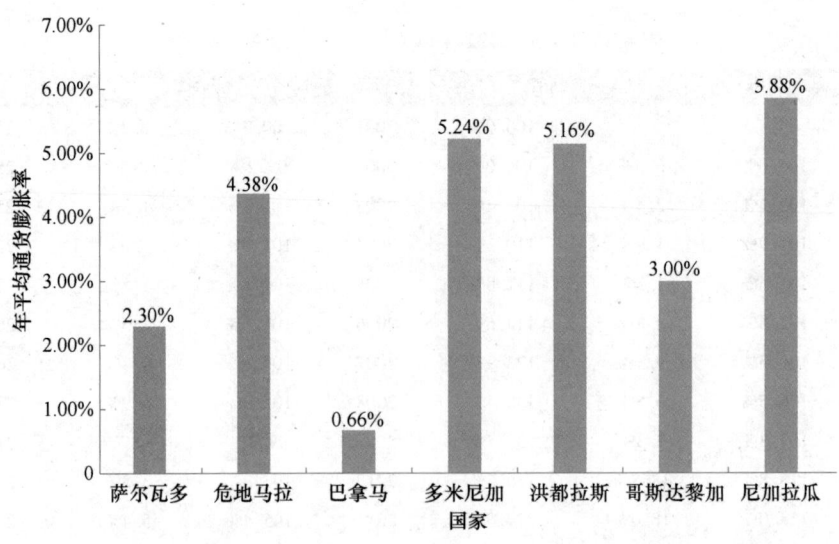

图 4-3　中美洲几国 2018 年—2022 年的年平均通货膨胀率

（资料来源：国际货币基金组织）

4.2.3　失业率

劳动、土地和资本是任何一个经济体进行生产的投入要素。衡量一国经济状况的另一个方面就是一国经济利用自身资源的情况。由于一国工人是其经济的主要资源，因此经济决策者首先关注的是使工人有工作。中国过去比较重视 GDP 增长率而忽视就业问题，近年来开始兼顾这两个指标了。

失业率就是失业人数对劳动力人数的比率，其计算公式为

$$失业率 = \frac{失业人数}{劳动力人数} \times 100\% \tag{4-4}$$

其中

$$劳动力人数 = 失业人数 + 就业人数 \tag{4-5}$$

目前多数国家都依靠大量的家庭调查来计算失业率。该类家庭调查在美国被称为"当前人口调查"（CPS）。美国劳工部劳动统计局每个月都计算失业率，统计数字来自对 6 万个左右家庭的调查。根据对调查问题的回答，每个家庭的每个成年人（16 岁及 16 岁以上）都被归入三种类型中的一种：就业者、失业者和非劳动力。访谈期间拥有工作的人就归入就业者；将最近 4 周内没有工作但在寻找工作的人归入失业者；而那些没有工作也不寻找工作的人，也就是丧失信心的工人，被计入非劳动力中。

只有失业率一个指标还不能很好地反映实际的失业水平，应该考察劳动力参与率的大小。劳动力参与率就是劳动力人数与成年人口中属于劳动人口总数的比率，其计算公式为

$$劳动力参与率 = \frac{劳动力人数}{成年人口中属于劳动人口总数} \times 100\% \tag{4-6}$$

中国目前采用的是城镇登记失业率，而美国在 20 世纪 40 年代以后就已经放弃了用

登记失业率计算失业率的方式。由于存在实际失业但又不到失业办公室登记的人,因此登记失业率很可能低估失业率。中国的城镇登记失业人员是指有非农户口、在一定的劳动年龄内、有劳动能力、无业而要求就业并在当地就业服务机构进行求职登记的人员。

美国和日本的失业率曲线如图4-4、图4-5所示。

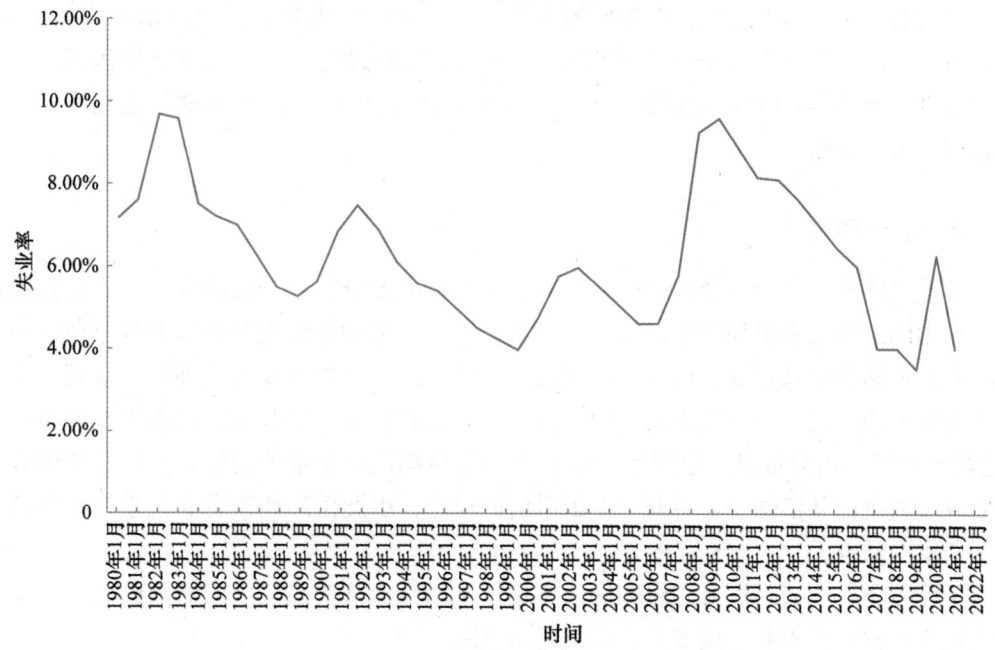

图4-4　美国1980年—2022年的失业率曲线

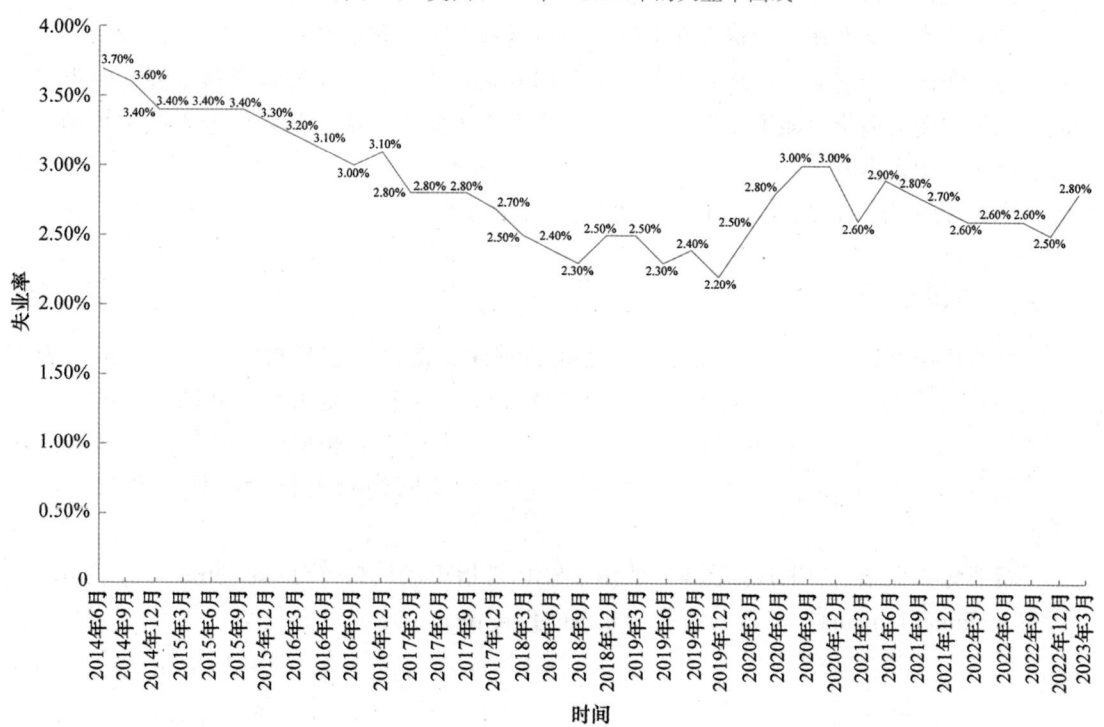

图4-5　日本2014年—2023年的失业率曲线

从以上数据可以看出：美国失业率具有一定的周期性，它往往伴随着经济的变化而变化。当经济状况不佳，企业效益恶化，失业率会持续上升；而当经济状况改善，经济前景向好，企业收益提升，失业率会一路下降。从2010年开始，美国失业率处于下降趋势，到2016年年初，已到达5%左右。

中国的失业率也一直保持在较低的水平。这与我国长期较高的经济增长率相一致。2013年9月，中国首次向外公开了调查失业率的有关数据："今年以来，中国经济运行稳中有进，上半年GDP同比增长7.6%；5%的调查失业率和2.4%的通货膨胀率，均处于合理、可控范围。"

4.2.4 国际收支

开放经济中的任何一个国家都要同其他国家发生经济往来，经济全球一体化趋势使得这种国际经济往来更加频繁，规模也不断扩大。一国的国际交易包括对外支付——进口、对外捐赠和对外投资，以及对内支付——出口、接受捐赠和接受外国人投资。在记录这些交易活动时，一国使用其国际收支平衡表进行记账。这些账户把本国在一定时期（通常是一年）内与世界其他国家的所有经济交易都做一个系统的记录。良好的国际收支状况，充足的外汇储备，有利于本币币值的稳定，因此国际经营企业很重视对东道国国际收支的研究。

国际收支平衡表采用复式记账法的原理记录国际经济交易。中国的国际收支平衡表包括经常账户、资本和金融账户、净误差与遗漏。

（1）经常项目。经常项目包括货物和服务、初次收入和二次收入。

（2）资本和金融账户。资本和金融账户包括资本账户和金融账户。

（3）净误差与遗漏。国际收支平衡表采用复式记账法，由于统计资料来源和时点不同等原因，造成借贷可能不相等。如果借方总额大于贷方总额，其差额记入此项目的贷方；反之，记入借方。

中国2010年—2022年的国际收支平衡表见表4-5。

4.2.5 相关行业分析

行业⊖是介于宏观经济与微观经济之间的重要经济因素，是指生产同一类或具有密切替代关系商品的生产者在同一市场上的集合。一个行业是由具有共同特征的企业群体组成的，同一行业内的企业成员，在生产经营上存在着相似性，在产品上有着很强的替代性。对于国际经营的企业，详尽分析东道国的相关行业的特点是很有必要的。

行业分析框架（SCP）如图4-6所示。SCP是指市场结构（Market Structure）、市场行为（Market Conduct）和市场效果（Market Performance）。

⊖ 行业即产业组织理论中的"产业"。

表 4-5 中国 2010 年—2022 年的国际收支平衡表（概览表，以人民币计值）

（单位：亿元）

项目		2010 年	2011 年	2012 年	2013 年	2014 年	2015 年	2016 年	2017 年	2018 年	2019 年	2020 年	2021 年	2022 年
1. 经常账户		16043	8736	13602	9190	14516	18266	12638	12685	1882	7116	16963	22734	27177
	贷方	125015	142541	151074	160568	168534	163251	163269	185304	195272	202232	207789	253481	266099
	借方	-108972	-133805	-137472	-151378	-154018	-144985	-150631	-172619	-193391	-195116	-190826	-230746	-238922
1.A 货物和服务		15057	11688	14636	14552	13611	22346	16976	14578	6053	9173	24508	29719	38850
	贷方	112036	129637	137298	145865	151302	147099	146177	163847	175694	181617	188383	229204	250235
	借方	-96979	-117948	-122662	-131312	-137691	-124753	-129201	-149268	-169641	-172444	-163875	-199485	-211385
1.A.a 货物		16077	14710	19670	22205	26739	35941	32490	32076	25359	27180	35055	36254	45140
	贷方	99972	116650	124574	133047	137840	133551	132324	149470	160237	164760	172637	207327	225467
	借方	-83895	-101939	-104904	-110842	-111101	-97610	-99834	-117393	-134878	-137579	-137582	-171073	-180327
1.A.b 服务		-1020	-3022	-5034	-7653	-13128	-13594	-15515	-17498	-19306	-18007	-10547	-6535	-6290
	贷方	12064	12987	12724	12817	13462	13548	13853	14377	15457	16858	15746	21877	24767
	借方	-13084	-16009	-17758	-20470	-26590	-27142	-29368	-31875	-34763	-34864	-26293	-28412	-31057
1.A.b.1 加工服务		1700	1701	1618	1435	1309	1263	1221	1208	1137	1059	876	869	908
	贷方	1706	1713	1625	1440	1316	1274	1232	1220	1155	1085	911	915	964
	借方	-5	-12	-8	-5	-7	-10	-11	-12	-18	-26	-34	-46	-56
1.A.b.2 维护和维修服务		0	0	0	0	0	142	215	251	307	444	297	261	266
	贷方	0	0	0	0	0	225	346	403	475	700	529	508	560
	借方	0	0	0	0	0	-82	-131	-152	-168	-256	-231	-246	-294
1.A.b.3 运输		-1966	-2896	-2963	-3509	-3557	-2914	-3110	-3777	-4429	-4072	-2626	-1171	-1573
	贷方	2314	2296	2456	2332	2349	2402	2250	2515	2805	3186	3895	8286	9805
	借方	-4280	-5193	-5420	-5842	-5907	-5317	-5360	-6292	-7234	-7258	-6521	-9457	-11377
1.A.b.4 旅行		-612	-1558	-3281	-4765	-11259	-12755	-13687	-14824	-15652	-15080	-8356	-6323	-7085
	贷方	3100	3127	3158	3198	2706	2804	2953	2603	2668	2473	683	731	647
	借方	-3712	-4685	-6438	-7963	-13965	-15559	-16640	-17427	-18319	-17553	-9039	-7054	-7732
1.A.b.5 建设		636	709	545	419	644	403	278	242	327	352	308	365	455
	贷方	980	950	773	660	943	1038	843	825	896	996	864	993	963
	借方	-343	-241	-228	-241	-299	-635	-565	-583	-569	-643	-556	-628	-508
1.A.b.6 保险和养老金服务		-949	-1079	-1090	-1121	-1098	-238	-587	-499	-441	-429	-658	-925	-1031
	贷方	117	195	210	247	281	311	270	274	325	332	206	322	304
	借方	-1066	-1274	-1300	-1368	-1379	-549	-857	-773	-766	-761	-864	-1248	-1335
1.A.b.7 金融服务		-4	7	-2	-31	-25	-19	76	122	82	104	57	10	74
	贷方	90	55	119	197	278	146	211	231	221	270	334	295	336
	借方	-93	-48	-121	-228	-303	-164	-135	-109	-139	-166	-276	-285	-262
1.A.b.8 知识产权使用费		-826	-902	-1054	-1246	-1347	-1305	-1515	-1617	-1992	-1914	-2018	-2264	-2098

（续）

项目		2010年	2011年	2012年	2013年	2014年	2015年	2016年	2017年	2018年	2019年	2020年	2021年	2022年
1.A.b.9 电信、计算机和信息服务	贷方	56	48	66	55	42	67	78	324	368	455	591	759	892
	借方	-883	-950	-1120	-1301	-1389	-1372	-1593	-1941	-2360	-2369	-2609	-3023	-2990
1.A.b.10 其他商业服务	贷方	431	573	679	587	579	820	841	507	428	553	440	690	1196
	借方	708	897	1025	1059	1239	1531	1689	1814	1988	2413	2685	3271	3739
		-278	-324	-347	-472	-660	-711	-848	-1307	-1559	-1860	-2244	-2580	-2543
1.A.b.11 个人、文化和娱乐服务	贷方	599	463	547	615	1731	1174	978	1143	1266	1336	1340	2185	2812
	借方	2920	3650	3220	3544	4233	3638	3851	4003	4377	4773	4807	5604	6352
		-2321	-3187	-2673	-2929	-2503	-2465	-2874	-2860	-3111	-3437	-3466	-3419	-3540
1.A.b.12 别处未提及的政府货物和服务	贷方	-17	-18	-28	-39	-43	-73	-93	-134	-161	-216	-137	-119	-85
	借方	8	8	8	9	11	46	49	52	63	66	70	93	92
		-25	-26	-36	-48	-54	-118	-142	-185	-225	-282	-207	-212	-177
	贷方	-13	-20	-3	2	-60	-93	-131	-119	-180	-144	-72	-114	-130
	借方	65	49	62	76	65	66	81	115	116	109	173	100	114
		-78	-69	-66	-74	-125	-160	-211	-234	-295	-254	-245	-214	-244
1.B 初次收入		-1765	-4547	-1251	-4822	817	-3287	-3701	-1090	-4038	-2764	-8116	-8006	-12957
	贷方	9630	9314	10547	11411	14706	13915	15042	19554	17745	18828	16931	21132	12867
	借方	-11395	-13861	-11797	-16233	-13889	-17202	-18743	-20645	-21783	-21592	-25047	-29139	-25823
1.B.1 雇员报酬		823	965	964	996	1582	1703	1372	1011	535	214	15	-90	456
	贷方	922	1070	1077	1102	1838	2059	1785	1468	1193	983	1014	1104	1384
	借方	-99	-105	-113	-106	-255	-356	-413	-456	-657	-769	-999	-1194	-928
1.B.2 投资收益		-2588	-5513	-2215	-5818	-765	-5031	-5096	-2131	-4690	-3051	-8271	-8092	-13628
	贷方	8708	8244	9469	10309	12869	11805	13220	18040	16416	17722	15720	19810	11209
	借方	-11296	-13757	-11685	-16127	-13634	-16836	-18316	-20171	-21106	-20773	-23992	-27902	-24837
1.B.3 其他初次收入		0	0	0	0	0	41	23	30	117	73	140	176	215
	贷方	0	0	0	0	0	51	37	47	137	123	197	218	274
	借方	0	0	0	0	0	-10	-14	-17	-20	-50	-56	-43	-59
1.C 二次收入		2751	1595	217	-540	88	-794	-637	-804	-133	706	571	1022	1284
	贷方	3349	3590	3230	3292	2525	2236	2050	1902	1833	1787	2474	3145	2997
	借方	-598	-1996	-3013	-3832	-2437	-3030	-2687	-2706	-1966	-1080	-1903	-2123	-1713
1.C.1 个人转移		—	—	—	—	—	—	—	-173	-25	4	27	59	105
	贷方	—	—	—	—	—	—	—	472	408	278	286	346	385
	借方	—	—	—	—	—	—	—	-644	-433	-274	-259	-287	-280
1.C.2 其他二次收入		—	—	—	—	—	—	—	-631	-108	702	544	963	1179
	贷方	—	—	—	—	—	—	—	1431	1425	1508	2188	2799	2612

(续)

项目	2010年	2011年	2012年	2013年	2014年	2015年	2016年	2017年	2018年	2019年	2020年	2021年	2022年
2. 资本和金融账户	-12488	-7893	-8107	-5331	-10394	-5653	1951	-2062	-1533	-806	-1644	-1836	-1433
2.1 资本账户													
贷方	314	352	270	190	-2	19	-23	1212	9901	1800	-6181	-14153	-21164
借方	326	363	287	276	119	32	21	-6	-38	-23	-5	6	-20
	-13	-11	-18	-86	-121	-12	-44	15	20	15	11	17	16
2.2 金融账户	-12802	-8246	-8376	-5522	-10392	-5672	1974	-22	-58	-38	-17	-11	-36
资产	-44178	-39763	-25210	-40377	-35657	773	-15426	1218	9939	1823	-6176	-14159	-21143
负债	31376	31518	16833	34856	25265	-6445	17400	-28604	-23873	-18009	-46257	-57766	-19005
2.2.1 非储备性质的金融账户	19030	16985	-2289	21227	-3182	-27209	-27647	29822	33812	19831	40081	43607	-2138
资产	-12346	-14533	-19123	-13628	-28448	-20764	-45047	7354	10976	461	-4244	-2006	-14294
负债	31376	31518	16833	34856	25265	-6445	17400	-22468	-22836	-19370	-44326	-45613	-12155
2.2.1.1 直接投资	12569	14983	11121	13473	8899	4174	-2658	29822	33812	19831	40081	43607	-2138
2.2.1.1.1 资产	-3908	-3115	-4100	-4522	-7566	-10932	-14323	1825	5987	3457	6666	10665	1707
2.2.1.1.1.1 股权	-4197	-3712	-4592	-5465	-8750	-6493	-9732	-9314	-9465	-9447	-10611	-11524	-10116
2.2.1.1.1.2 关联企业债务	289	596	492	943	1184	-4439	-4591	-9185	-7480	-7506	-9295	-9824	-5530
2.2.1.1.1.a 金融部门								-129	-1985	-1942	-1315	-1700	-4586
2.2.1.1.1.a 股权								-1202	-1376	-1205	-1639	-2468	-2459
2.2.1.1.1.a 关联企业债务								-1191	-1326	-1318	-1653	-2181	-2076
2.2.1.1.1.b 非金融部门								-10	-49	112	14	-287	-384
2.2.1.1.1.b 股权								-8112	-8089	-8242	-8971	-9056	-7657
2.2.1.1.1.b 关联企业债务								-7993	-6154	-6188	-7642	-7643	-3454
2.2.1.1.2 负债	16477	18099	15221	17996	16465	15106	11664	-119	-1935	-2054	-1330	-1413	-4202
2.2.1.1.2.1 股权	15255	16211	13537	16414	12948	13201	11002	11139	15452	12904	17277	22188	11823
2.2.1.1.2.2 关联企业债务	1222	1888	1684	1582	3517	1904	663	9440	12275	11184	15085	19392	10518
2.2.1.1.2.a 金融部门								1699	3177	1720	2191	2797	1305
2.2.1.1.2.a 股权								816	1161	1269	1168	1595	844
2.2.1.1.2.a 关联企业债务								605	989	1097	754	1203	768
2.2.1.1.2.b 非金融部门								211	172	172	414	392	76
2.2.1.1.2.b 股权								10323	14292	11635	16109	20594	10979
2.2.1.1.2.b 关联企业债务								8835	11286	10087	14331	18189	9750
2.2.1.2 证券投资	1605	1264	3013	3267	5062	-4162	-3466	1487	3005	1548	1778	2405	1229
2.2.1.2.1 资产	-521	398	-406	-335	-665	-4528	-6858	1951	6966	4003	6495	3266	-18783
2.2.1.2.1.1 股权	-574	71	127	-158	-86	-2453	-2532	-6374	-3481	-6181	-10349	-8085	-11637
2.2.1.2.1.2 债券	52	327	-533	-177	-579	-2075	-4327	-2203	-1138	-2049	-8959	-5466	-3218
								-4172	-2343	-4132	-1390	-2620	-8420

(续)

项　目	2010年	2011年	2012年	2013年	2014年	2015年	2016年	2017年	2018年	2019年	2020年	2021年	2022年
2.2.1.2.2 负债	2126	866	3419	3603	5727	367	3392	8326	10447	10184	16843	11351	-7146
2.2.1.2.2.1 股权	2106	350	1887	2015	3189	908	1559	2440	3997	3123	5445	5328	2397
2.2.1.2.2.2 债券	20	516	1531	1587	2537	-541	1833	5886	6451	7061	11398	6023	-9543
2.2.1.3 金融衍生工具	0	0	0	0	0	-130	-359	24	-415	-165	-761	661	-358
2.2.1.3.1 资产	0	0	0	0	0	-211	-433	104	-326	94	-365	1102	210
2.2.1.3.2 负债	0	0	0	0	0	81	75	-80	-89	-259	-395	-442	-567
2.2.1.4 其他投资	4856	738	-16424	4486	-17143	-27091	-21164	3553	-1563	-6834	-16645	-16598	3140
2.2.1.4.1 资产	-7917	-11815	-14617	-8771	-20217	-5092	-23433	-6884	-9565	-3836	-23001	-27106	9388
2.2.1.4.1.1 其他股权	0	0	0	0	0	-1	0	3	-95	-102	-33	-35	-14
2.2.1.4.1.2 货币和存款	-3942	-7415	-6607	-426	-11399	-3442	-4302	-3860	-986	-7012	-9902	-10712	771
2.2.1.4.1.3 贷款	-1421	-2898	-4126	-1982	-4536	-2849	-7352	-3051	-5355	1820	-9380	-9087	7014
2.2.1.4.1.4 保险和养老金	0	0	0	0	0	-192	-24	-4	-35	-80	-226	-281	-375
2.2.1.4.1.5 贸易信贷	-4196	-4577	-3901	-3707	-4235	-2917	-6858	-1220	-4530	2424	-2473	-3929	519
2.2.1.4.1.6 其他	1642	3075	16	-2656	-47	4308	-4896	1250	1437	-887	-986	-3063	1473
2.2.1.4.2 负债	12773	12553	-1807	13257	3074	-21999	2269	10437	8002	-2997	6356	10508	-6248
2.2.1.4.2.1 其他股权	0	0	0	0	0	0	0	0	0	0	0	0	0
2.2.1.4.2.2 货币和存款	4070	3195	-3753	4686	5001	-7724	552	7391	3416	-3826	6354	4291	-3653
2.2.1.4.2.3 贷款	5334	6811	-1070	5789	-2124	-10407	-1094	3457	2056	2859	-1129	617	-1113
2.2.1.4.2.4 保险和养老金	0	0	0	0	0	149	-45	44	15	123	212	213	166
2.2.1.4.2.5 贸易信贷	3387	2476	2673	2784	-121	-3869	1157	-155	2776	-1898	461	2153	-2041
2.2.1.4.2.6 其他	-18	69	343	-2	318	-147	1699	-300	-261	-255	459	539	393
2.2.1.4.2.7 特别提款权	0	0	0	0	0	0	0	0	0	0	0	2695	0
2.2.2 储备资产	-31831	-25231	-6087	-26749	-7209	21537	29621	-6136	-1037	1362	-1932	-12153	-6850
2.2.2.1 货币黄金	-7	30	32	13	4	-17	22	0	-49	-34	-25	-2693	-249
2.2.2.2 特别提款权	-141	-226	102	69	60	56	-348	146	2	-1	-159	5	127
2.2.2.3 在国际货币基金组织的储备头寸	-31683	-25035	-6221	-26830	-7273	21498	29947	-6233	-47	1397	-1748	-9466	-15
2.2.2.4 外汇储备									146				-6712
2.2.2.5 其他储备资产													0
3. 净误差与遗漏	-3555	-842	-5495	-3859	-4122	-12613	-14589	-13896	-11783	-8916	-10782	-8581	-6013

注：1. 本表计数采用四舍五入原则。
2. 根据《国际收支和国际投资头寸手册》（第六版）编制，资本和金融账户中包含储备资产。
3. "贷方"按正值列示，"借方"按负值列示，差额等于"贷方"加上"借方"。本表除标注"贷方"和"借方"的项目外，其他项目均指差额。
4. 金融账户下，对外金融资产的净增加用正值列示，净减少用负值列示。对外负债的净增加用正值列示，净减少用负值列示。
5. 年度人民币计值的国际收支平衡表由单季人民币计值的国际收支平衡表数据累加得到。季度人民币计值的国际收支平衡表数据，由当季以美元计值的国际收支平衡表，通过当季人民币对美元季平均汇率中间价折算得到。

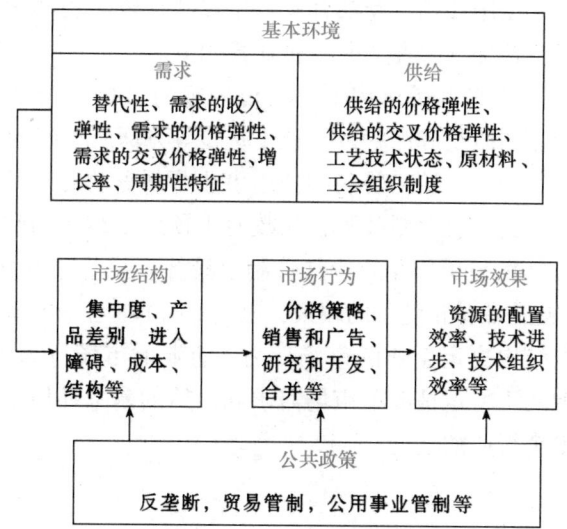

图 4-6　行业分析框架（SCP）

(资料来源：史忠良：《产业经济学》，北京：经济管理出版社，1998，第 143 页)

基本环境分析包括需求分析和供给分析。影响产品需求的因素很多，如价格、收入水平、消费的相关产品⊖价格、消费者偏好、消费者预期和消费者数量等。企业在选择定价策略时，首先要考虑本行业产品需求的价格弹性。对于汽车这种需求上富有价格弹性的商品，削价很有可能使得行业的销售量和销售收入同步上升；而对于汽油这种缺乏弹性的商品，降价尽管可能提升行业的销售量，但销售收入却会下降。一种商品的销售量与消费者收入水平的相关程度取决于该商品需求的收入弹性。对于美国这样的发达国家，粮食一类商品的收入弹性是很小的，也就是说，尽管人们的收入水平大幅提高，粮食消费量的增加幅度却会很有限。但像汽车这样的昂贵商品，需求的收入弹性就很可观了，而且只有在人均收入达到一定程度时汽车才会进入家庭。影响产品供给的因素同样也很多，主要有价格、原材料价格、技术水平、生产的相关产品⊜价格、厂商预期和厂商数量等。

市场结构是一个反映市场竞争和垄断关系的概念。根据竞争和垄断程度，可把市场结构分为完全竞争市场、完全垄断市场、垄断竞争市场和寡头垄断四种市场结构类型。决定市场结构的主要因素有集中度、产品差别化、市场进入退出壁垒等。集中度是指一个行业的生产经营集中程度，它集中反映着该行业垄断程度的高低。产品差别化是指企业生产和销售产品过程中，使自己的产品具备与同行业其他企业不同的特点，这是企业争夺市场的一种有效手段。市场进入退出壁垒的存在也增加了企业进入或退出一个市场的难度和成本，强化了行业内的垄断势力。

市场行为就是企业在市场上为了赢得更大利润和更高的市场占有率所采取的战略性的行为。市场行为主要包括以下内容：以控制和影响价格为基本特征和直接目的的定价

⊖　消费的相关产品是指替代品（如茶叶和咖啡）和互补品（如汽车和汽油）。
⊜　生产的相关产品是指使用相同资源生产的产品，如一块地既可以种玉米，也可以种小麦。

行为，如价格竞争；以运用促销、新品开发等手段获得较高利润为主要内容的非价格竞争；以产权变动为主要特征的企业兼并和企业集团等。

市场效果是指在一定的市场结构下，通过一定的市场行为使某一行业在价格、产量、费用、利润、产品的质量和品种以及技术进步等方面所达到的现实状态。

反垄断、规范竞争行为、贸易管制和公用事业管制等政府公共政策，会自始至终地影响整个行业的生产经营。反垄断政策包括政府干预市场结构的政策和政府干预企业行为的政策，以及针对自然垄断行业的特殊管制政策等。规范竞争行为的政策主要包括规范价格竞争的政策和规范非价格竞争的政策，以及专门的企业兼并政策及中小企业政策。

综上所述，市场结构决定企业的市场行为，企业的市场行为则决定了市场的效果；某一市场结构则又取决于特定情况下市场需求和供给的基本环境，而且政府的公共政策会自始至终地影响整个行业的运行。

4.3 经济全球化

经济全球化是当今世界经济发展最主要的特征。对于今天的企业而言，开展国际经营不仅是扩展市场、提升利润和回避风险的重要手段，还关系到业务经营的存亡。一个不能成功走向全球的公司会面临失去其国内市场的危险，因为其竞争对手具有更低的价格、更丰富的经验、更好的产品。

从本质上说，经济全球化是货物、服务、生产要素更自由地跨国界移动，各国经济相互依存、相互依赖、更加一体化的过程。

从表 4-6 可以看到，1950 年—2001 年，以当年的美元价格计算的全球商品出口金额的年均增长率为 9.67%，剔除物价因素后的全球商品出口数量的年均增长率也高达 6.36%，而全球商品总产量和真实 GDP 的年均增长率只有 3.94% 和 3.84%。

表 4-6 1950 年—2001 年世界商品贸易的年均增长率

年 份	商品出口金额[1]	商品出口数量				商品总产量[2]	真实 GDP
		总量	农业	采矿业	制造业		
1950—1960	7.78%	7.68%	4.94%	8.07%	8.74%	5.12%	4.5%
1960—1970	9.23%	8.56%	3.93%	7.18%	10.45%	5.97%	5.42%
1970—1980	20.37%	5.27%	3.5%	1.68%	7.13%	3.79%	3.79%
1980—1990	5.41%	3.92%	1.52%	0.95%	5.59%	0.95%	3.21%
1990—2000	6.21%	6.42%	3.93%	3.73%	7.09%	2.41%	2.3%
(2001)	-4.27%	-1.56%	1.45%	1.41%	-2.72%	-0.97%	1.42%
1950—2001	9.67%	6.36%	3.56%	4.28%	7.79%	3.94%	3.84%

资料来源：根据世界贸易组织（WTO）网站数据库的数据计算，www.wto.org。
① 以当年美元价格计算。
② 商品总产量不同于真实 GDP，因为商品总产量中不包括服务业。

在大多数年份，由于物价上涨的原因，全球商品出口金额的年均增长率要大于商品出口数量的年均增长率，这在 1970 年—1980 年这 10 年间更是明显，主要是因为两次石油危机造成了严重的成本推动型通货膨胀。20 世纪 90 年代末期出现通货紧缩的迹象，因此出现了与前几个阶段不同的情况。从商品出口数量的构成上来看，50 年来制造业出口数量的年均增长率最高，达到 7.79%；采矿业次之，为 4.28%；农业的增长情况最差，只有 3.56%。

2022 年中国货物进出口实现较快增长，贸易结构持续优化。全年货物进出口总额 420678 亿元，比上年增长 7.7%。其中，出口 239654 亿元，增长 10.5；进口 181024 亿元，增长 4.3%。货物进出口顺差 58630 亿元，比上年增加 15330 亿元。对"一带一路"沿线国家进出口总额 138339 亿元，比上年增长 19.4%。其中，出口 78877 亿元，增长 20.0%；进口 59461 亿元，增长 18.7%。对《区域全面经济伙伴关系协定》（RCEP）其他成员国进出口额 129499 亿元，比上年增长 7.5%。相关情况见图 4-7、表 4-7~表 4-10。

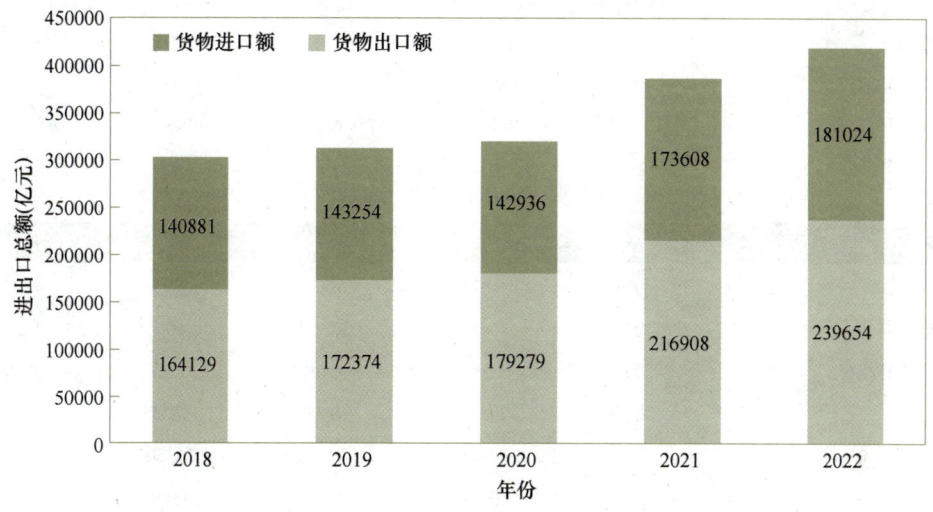

图 4-7 2018 年—2022 年货物进出口总额

表 4-7 2022 年货物进出口总额及其增长速度

指标	金额（亿元）	比上年增长
货物进出口总额	420678	7.7%
货物出口额	239654	10.5%
其中：一般贸易	152468	15.4%
加工贸易	53952	1.1%
其中：机电产品	136973	7.0%
高新技术产品	63391	0.3%
货物进口额	181024	4.3%
其中：一般贸易	115624	6.7%
加工贸易	30574	-3.2%
其中：机电产品	69661	-5.4%
高新技术产品	50864	-6.0%
货物进出口顺差	58630	35.4%

表4-8 2022年主要商品出口数量、金额及其增长速度

商品名称	单位	出口数量	比上年增长	金额（亿元）	比上年增长
钢材	万吨	6732	0.9%	6427	22.3%
纺织纱线、织物及制品	—	—	—	9836	4.9%
服装及衣着附件	—	—	—	11713	6.7%
鞋靴	万双	929318	6.6%	3844	24.4%
家具及其零件	—	—	—	4639	-2.5%
箱包及类似容器	万吨	297	22.2%	2378	32.6%
玩具	—	—	—	3229	9.1%
塑料制品	—	—	—	7188	12.7%
集成电路	亿个	2734	-12.0%	10254	3.5%
自动数据处理设备及其零部件	—	—	—	15701	-4.7%
手机	万台	82224	-13.8%	9527	0.9%
集装箱	万个	321	-33.7%	967	-36.1%
液晶平板显示模组	万个	164560	—	1807	—
汽车（包括底盘）	万辆	332	56.8%	4054	82.2%

表4-9 2022年主要商品进口数量、金额及其增长速度

商品名称	单位	进口数量	比上年增长	金额（亿元）	比上年增长
大豆	万吨	9108	-5.6%	4085	18.1%
食用植物油	万吨	648	-37.6%	606	-14.1%
铁矿砂及其精矿	万吨	110686	-1.5%	8498	-27.9%
煤及褐煤	万吨	29320	-9.2%	2855	22.2%
原油	万吨	50828	-0.9%	24350	45.9%
成品油	万吨	2645	-2.5%	1309	21.2%
天然气	万吨	10925	-9.9%	4683	30.3%
初级形状的塑料	万吨	3058	-10.0%	3734	-5.5%
纸浆	万吨	2916	-1.8%	1492	15.1%
钢材	万吨	1057	-25.9%	1136	-6.1%
未锻轧铜及铜材	万吨	587	6.2%	3610	6.5%
集成电路	亿个	5384	-15.3%	27663	-0.9%
汽车（包括底盘）	万辆	88	-6.5%	3529	1.2%

表4-10 2022年对主要国家和地区货物进出口金额、增长速度及其比重

国家和地区	出口额（亿元）	比上年增长	占全部出口比重	进口额（亿元）	比上年增长	占全部进口比重
东盟	37907	21.7%	15.8%	27247	6.8%	15.1%
欧盟	37434	11.9%	15.6%	19034	-4.9%	10.5%
美国	38706	4.2%	16.2%	11834	1.9%	6.5%
韩国	10843	13.0%	4.5%	13278	-3.7%	7.3%

（续）

国家和地区	出口额（亿元）	比上年增长	占全部出口比重	进口额（亿元）	比上年增长	占全部进口比重
日本	11537	7.7%	4.8%	12295	-7.5%	6.8%
中国台湾	5423	7.2%	2.3%	15840	-1.8%	8.8%
中国香港	19883	-12.0%	8.3%	527	-16.0%	0.3%
俄罗斯	5123	17.5%	2.1%	7638	48.6%	4.2%
巴西	4128	19.3%	1.7%	7294	2.6%	4.0%
印度	7896	25.5%	3.3%	1160	-36.2%	0.6%
南非	1615	18.6%	0.7%	2173	2.0%	1.2%

全年服务进出口总额 59802 亿元，比上年增长 12.9%。其中，服务出口 28522 亿元，增长 12.1%；服务进口 31279 亿元，增长 13.5%。服务进出口逆差 2757 亿元。

2022 年，外商直接投资新设立企业 38497 家，比上年下降 19.2%；实际使用外商直接投资金额 12327 亿元，增长 6.3%。其中，"一带一路"沿线国家对华直接投资（含通过部分自由港对华投资）新设立企业 4519 家，下降 15.3%；对华直接投资金额 891 亿元，增长 17.2%。全年高技术产业实际使用外资 4449 亿元，增长 28.3%。相关情况见表 4-11。

表 4-11 2022 年外商直接投资及其增长速度

行　业	企业数（家）	比上年增长	实际使用金额（亿元）	比上年增长
总计	38497	-19.2%	12327	6.3%
其中：农、林、牧、渔业	420	-14.5%	80	44.6%
制造业	3570	-19.9%	3237	46.1%
电力、热力、燃气及水生产和供应业	523	12.5%	276	10.8%
交通运输、仓储和邮政业	602	-13.1%	347	-1.1%
信息传输、软件和信息技术服务业	3059	-24.5%	1548	15.1%
批发和零售业	10894	-18.6%	961	-12.5%
房地产业	581	-48.4%	914	-41.8%
租赁和商务服务业	7473	-19.6%	2148	-2.1%
居民服务、修理和其他服务业	411	-21.3%	19	-38.6%

2022 年，对外非金融类直接投资额 1168.5 亿美元，增长 2.8%。其中，对"一带一路"沿线国家非金融类直接投资额 210 亿美元，增长 3.3%。相关情况见表 4-12。

表 4-12 2022 年对外非金融类直接投资额及其增长速度

行　业	金额（亿美元）	比上年增长
总计	1168.5	2.8%
其中：农、林、牧、渔业	8.3	-26.5%
采矿业	50.1	0.6%

(续)

行　　业	金额 （亿美元）	比上年增长
制造业	216.0	17.4%
电力、热力、燃气及水生产和供应业	35.2	−28.0%
建筑业	64.0	14.9%
批发和零售业	211.0	19.5%
交通运输、仓储和邮政业	45.6	−10.6%
信息传输、软件和信息技术服务业	54.9	−27.1%
房地产业	24.2	−2.8%
租赁和商务服务业	387.6	5.8%

2022年，对外承包工程完成营业额10425亿元，比上年增长4.3%。其中，对"一带一路"沿线国家完成营业额849亿美元，下降5.3%，占对外承包工程完成营业额比重为54.8%。对外劳务合作派出各类劳务人员26万人。

4.4　国际经济组织

为了维护全球自由贸易的秩序，减小关税和其他贸易壁垒等贸易保护措施的不良影响，解决贸易中的争端，消除国际贸易关系中的歧视待遇，就需要成立世界贸易组织这样的机构。同时，区域经济一体化的步伐也在加快，区域组织在全球经济舞台上的影响与日俱增。下面将介绍世界贸易组织（WTO）和一些区域经济组织的情况。

4.4.1　世界贸易组织

1. 世界贸易组织的沿革

世界贸易组织（WTO）于1995年1月1日正式成立。世界贸易组织的前身是关税与贸易总协定（简称关贸总协定，英文缩写为GATT）。

1947年11月15日联合国贸易与就业会议期间，美国联合英国、法国、比利时、荷兰、卢森堡、澳大利亚、加拿大签署了《关税与贸易总协定临时适用议定书》，从而使关税与贸易总协定提前在上述8个国家领土内实施。关税与贸易总协定属于多边协定，而非正式的国际组织，自1948年开始临时实施至1995年1月1日世界贸易组织正式成立，拥有47年的历史，经历了8次多边谈判。截至1994年年底，关税与贸易总协定共有128个缔约方。关税与贸易总协定是世界贸易组织成立之前，唯一协调和处理国家和地区间关税与贸易政策的多边协定。关税与贸易总协定的宗旨是通过彼此削减关税及其他贸易壁垒，消除国际贸易上的歧视待遇，以便充分利用世界资源，扩大商品生产和交换，保证充分就业以及实际收入和有效需求的增加。

当1986年"乌拉圭回合"多边贸易谈判开始时，新议题中已涉及货物贸易以外的问题，如服务贸易、与贸易有关的投资措施和与贸易有关的知识产权。这些议题很难在关税与贸易总协定的旧框架内谈判，有必要创立一个正式的国际贸易组织来分别谈判解决。于是，在1991年12月形成了一份"关于建立多边贸易组织协定草案"，以当时关贸总干事邓克尔的名义形成"邓克尔最后案文"。后来，在1993年12月15日"乌拉圭回合"谈判结束时根据美国的动议把"多边贸易组织"（MTO）改为"世界贸易组织"，英文缩写为WTO。

2. 世界贸易组织的宗旨和职能

世界贸易组织的宗旨和关税与贸易总协定的宗旨一样，都是为了提高生活水平，保障充分就业、保证实际收入和有效需求的大幅稳定增长，同时使世界资源得到有效利用。在此基础上，世界贸易组织又增加了扩大货物和服务的生产和贸易以及可持续发展的目标。为了实现这些目标，世界贸易组织要做出积极努力，以保证发展中国家，特别是最不发达国家在国际贸易增长中获得与其经济发展需要相当的份额；同时，通过互惠互利安排，实质性削减关税和其他贸易壁垒，消除国际贸易关系中的歧视待遇。

世界贸易组织的职能包括以下方面：

（1）负责世界贸易组织多边协议的实施、管理和运作。世界贸易组织的主要职能是负责协定和多边贸易协议的实施、管理和运作，并促进其目标的实现，同时为诸边贸易协议的实施、管理和运作提供框架。多边贸易协议是所有成员都需要承诺的，而诸边贸易协议虽然在世界贸易组织的框架内，但各成员方可有选择地参加。

（2）为谈判提供场所。世界贸易组织为其成员就多边贸易关系进行的谈判和部长会议提供场所，同时提供使谈判结果生效的框架。

（3）争端解决。当世界贸易组织成员发生纠纷时，通过该组织的贸易争端解决机制来解决成员间可能产生的贸易争端。

（4）贸易政策审议。世界贸易组织依靠贸易政策审议机制，审议各成员的贸易政策，主要是对各个成员的全部贸易政策和做法及其对多边贸易体制运行的影响进行定期共同评价和评审。其目的在于促进所有成员遵守根据多边贸易协议及诸边贸易协议的规则、纪律和承诺，增加透明度。

（5）处理与其他国际经济组织的关系。世界贸易组织与负责货币和金融事务的国际组织（如国际货币基金组织和世界银行及其附属机构）进行合作，以增强全球经济决策的一致性，保证国际经济政策作为一个整体和谐地发挥作用。世界贸易组织分别于1996年12月和1997年4月与国际货币基金组织和世界银行签署了合作协议。

（6）对发展中国家和最不发达国家提供技术援助和培训。给予发展中国家的特殊和差别待遇，包含在"乌拉圭回合"达成的大多数单独协议和安排中。这些规定中的一项内容是向发展中国家提供技术援助，以使它们能够履行协议所规定的义务。

3. 世界贸易组织的基本原则

世界贸易组织的规则涉及货物贸易、服务贸易和知识产权等许多领域，但有几个最基本的原则贯穿于各个协议之中，构成了多边贸易体制的基础。这些基本原则包括非歧视原则、透明度原则、自由贸易原则和公平竞争原则。非歧视原则中包括最惠国待遇原则和国民待遇原则。

(1) 最惠国待遇原则。在世界贸易组织中，最惠国待遇是指一成员应立即和无条件地将其在货物贸易、服务贸易和知识产权保护领域给予第三方的优惠待遇给予其他成员。上述定义里所说的"第三方"既包括世界贸易组织成员，又包括非世界贸易组织成员。

(2) 国民待遇原则。国民待遇是指在其他成员的产品或服务、服务提供者以及知识产权进入本国后，其所享受的待遇不低于本国产品或本国服务、服务提供者及知识产权所有人享受的待遇。国民待遇原则的目标也是保证"市场竞争机会均等"。

(3) 透明度原则。透明度是指世界贸易组织成员应公布其所制定和实施的与贸易有关的法律、法规、政策和做法，以及有关的变化情况（如修订、增补或废除等），不公布的不得实施。同时，还应将这些法律法规、政策和做法以及有关的变化情况通知给世界贸易组织。世界贸易组织成员所参加的影响国际贸易政策的有关国际协议也在公布和通知之列。

(4) 自由贸易原则。世界贸易组织要推动贸易自由化，其实现手段是通过谈判削减各种贸易壁垒和歧视性待遇，包括关税减让、消除非关税贸易壁垒和服务贸易的市场准入三方面。

(5) 公平竞争原则。世界贸易组织是建立以市场经济为基础的多边贸易体制，其规则体系的一项基本原则是鼓励公开、公平和无扭曲竞争。在国际贸易中，一些国家为了保护本国的产业和市场，采取一些不公平的限制进口和鼓励出口的措施；一些从事贸易的企业采取假冒或低价倾销等手段，获取不正当的利益。这些行为对正常的贸易活动都产生了不利的影响。因此，世界贸易组织在倡导自由贸易的同时，始终注意对公平竞争的维护，并将其作为制定各项协议的主要原则。

4.4.2 区域经济组织

1. 区域经济一体化的含义

近年来，全球经济最令人关注的趋势就是区域经济一体化的加速发展。所谓区域经济一体化，是一个地理区域内各国一致同意减少并最终消除关税和非关税壁垒，达到相互之间商品、服务和生产要素的自由流动的目的。2001年按区域经济组织统计的商品贸易情况见表4-13。以欧盟为例，成员之间的贸易占总贸易额的比例高于60%。

表4-13　2001年按区域经济组织统计的商品贸易情况

区域经济集团	金额（十亿美元）	在出口/进口总额中的份额（%）		
	2001年	1990年	1995年	2001年
APEC（亚太经合作组织）				
出口总额	2700	100.0	100.00	100.00
成员之间	1938	67.5	73.06	71.78
对非成员	762	32.5	26.94	28.22
进口总额	2969	100.0	100.00	100.00
成员之间	2076	65.4	71.74	69.92

(续)

区域经济集团	金额（十亿美元）	在出口/进口总额中的份额（%）		
	2001年	1990年	1995年	2001年
对非成员	893	34.6	28.26	30.08
EU（欧洲联盟）				
出口总额	2291	100.0	100.00	100.00
成员之间	1417	64.9	64.01	61.85
对非成员	874	35.1	35.99	38.15
进口总额	2334	100.0	100.00	100.00
成员之间	1421	63.0	65.23	60.89
对非成员	913	37.0	34.77	39.11
NAFTA（北美自由贸易协议）				
出口总额	1149	100.0	100.00	100.00
成员之间	637	42.6	46.06	55.44
对非成员	512	57.4	53.94	44.56
进口总额	1578	100.0	100.00	100.00
成员之间	624	34.4	37.72	39.54
对非成员	954	65.6	62.28	60.46
ASEAN（东南亚国家联盟）				
出口总额	385	100.0	100.00	100.00
成员之间	90	20.1	25.52	23.38
对非成员	295	79.9	74.48	76.62
进口总额	337	100.0	100.00	100.00
成员之间	77	16.2	18.89	22.85
对非成员	260	83.8	81.11	77.15
CEFTA（中欧自由贸易区协定）				
出口总额	138	—	100.00	100.00
成员之间	17	—	14.54	12.32
对非成员	121	—	85.46	87.68
进口总额	168	—	100.00	100.00
成员之间	17	—	11.28	10.12
对非成员	151	—	88.72	89.88
MERCOSUR（南方共同市场）				
出口总额	88	100.0	100.00	100.00
成员之间	15	8.9	20.51	17.05
对非成员	73	91.1	79.49	82.95
进口总额	84	100.0	100.00	100.00
成员之间	16	14.5	18.07	19.05

(续)

区域经济集团	金额（十亿美元）	在出口/进口总额中的份额（%）		
	2001年	1990年	1995年	2001年
对非成员	68	85.5	81.93	80.98
ANDEAN（安第斯集团）				
出口总额	53	100.0	100.00	100.00
成员之间	6	4.2	12.16	11.32
对非成员	47	95.8	87.84	88.68
进口总额	44	100.0	100.00	100.00
成员之间	6	7.7	12.88	13.64
对非成员	38	92.3	87.12	86.36

资料来源：根据世界贸易组织（WTO）网站数据库的数据计算，www.wto.org。

区域经济一体化会产生贸易创造和贸易转移两种效应。当经济一体化集团成员集中于自己具有比较优势的产品与服务，并开始更多地相互进行贸易时，便会产生贸易创造。贸易创造会使成员中的那些高效、低成本的生产者从高成本生产者手中得到市场份额，并且增加出口。当经济一体化集团成员减少与非集团成员的贸易以利于集团内贸易时，便会发生贸易转移。这是因为消除了集团成员间的贸易壁垒，使得购买集团内成员的商品变得更为便宜，而与集团外国家间的贸易壁垒却依然存在，削弱了集团外国家在该集团区域内的竞争力。

从全球角度来看，经济一体化集团的形成并不总是有利于国际贸易，只有当贸易创造超过了贸易转移时，这些一体化集团的建立才是对全球有益的。

2. 区域经济一体化的层次

根据区域内经济自由度由高到低的划分，区域经济一体化可以分为五个层次：自由贸易区、关税同盟、共同市场、经济联盟和政治联盟，如图4-8所示。

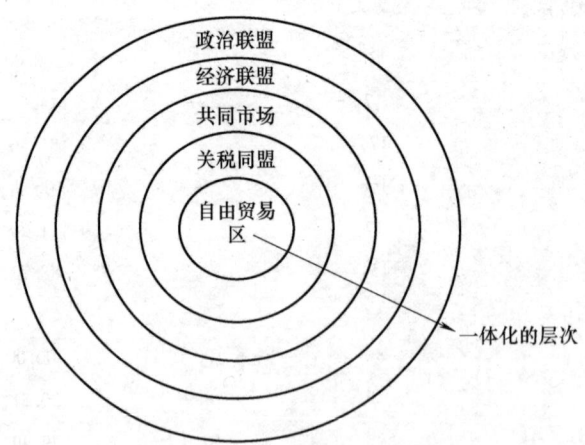

图4-8 区域经济一体化的层次

（资料来源：希尔：《国际商务：全球市场竞争》第3版，周健临，等译，北京：中国人民大学出版社，2002，第255页）

（1）自由贸易区。在自由贸易区（Free Trade Area）这种经济一体化安排中，成员间的贸易壁垒被消除，各成员将集中于自己具有比较优势的商品与服务的生产，并进口自己在生产上具有比较劣势的产品与服务，贸易的所有壁垒都被取消。在一个理论上的自由贸易区里，不允许有任何扭曲成员之间贸易的歧视性关税、配额、补贴或者行政干扰。然而，各个成员可以自行决定与非成员之间的贸易政策。

著名的自由贸易区之——欧洲自由贸易联盟（EFTA）创立于1960年，现在共包括4个国家——挪威、冰岛、列支敦士登和瑞士，创立之初的成员国还包括奥地利、英国、丹麦、芬兰和瑞典，这5个国家现在都已经是欧盟的成员国。欧洲自由贸易联盟的重点是工业品的自由贸易，对农产品则没有做出安排，各国可以自行决定自己的支持力度。各成员国还可以自主决定针对来自欧洲自由贸易联盟以外国家商品保护政策的力度。另外一个著名的自由贸易区是北美自由贸易区。

（2）关税同盟。关税同盟（Customs Union）是这样一种经济一体化安排，即各成员间的各种关税全部被取消，同时建立一致的对非成员的贸易政策。这种政策往往导致一个统一的对外关税结构。在这种安排中，同盟外国家对所有同盟成员的出口都面临同样的关税。

现存的区域一体化集团都不是为了建立关税同盟而成立的，它们中的很多都正在寻求共同市场或经济联盟形式那些更高程度的一体化形式。例如，欧盟最初就是一个关税同盟，目前已经超越了这个阶段。由于实现更高程度一体化所遇到的困难，一些集团实际上还是以关税同盟为结局。加勒比共同体（Caribbean Community）和安第斯共同体就是两个例子。

（3）共同市场。在共同市场（Common Market）这种经济一体化形式中，各成员之间不存在贸易壁垒，实行共同的对外贸易政策，各成员间生产要素自由流动。在共同市场中，诸如资金、劳动力和技术这样的生产资源可根据比较优势原理而进行重新配置。共同市场成功的最佳案例是欧盟，尽管它的目标是实现经济联盟。建立一个共同市场需要在财政政策、货币政策和就业政策等方面高度协调与合作。实践证明，要取得这样的合作程度是很困难的。目前南方共同市场也希望最终能够建成一个共同市场。

（4）经济联盟。经济联盟（Economic Union）是一种更高程度的经济一体化，其特征为商品、服务和生产要素在成员之间的自由流动，以及各成员经济政策的高度一致化：统一各成员的货币和财政政策，具有单一的货币（或各种货币的汇率永久固定化），以及各成员采用相同的税率和税收结构。绝大多数国家的经济政策都交由联盟制定。当今世界上并没有真正的经济联盟，但是欧盟正在明显地朝这一方向发展，尤其是欧盟已经于2002年1月创建了单一货币欧元。

（5）政治联盟。政治联盟（Political Union）已经超越了全面的经济一体化，它实行统一的经济政策并拥有单一的政府。这意味着完全的经济一体化，其产生的必要条件是各成员将其国家权力交给单一的联盟政府。美国是成功的政治联盟的一个例子，它将各独立的州结合成一个政治联盟。欧盟正在走向政治联盟，欧洲议会在欧盟内部发挥着越来越重要的作用，自20世纪70年代末起，它就由欧盟各国公民直接选举产生，而且作为欧盟控制决策机构的欧盟理事会也是由欧盟各成员国的政府部长组成的。

4.5 外汇和汇率

从事国际经营是有风险的,尤其要面对汇率波动的风险。图 4-9 是从 2005 年 7 月至 2008 年 1 月美元、欧元兑人民币汇率的走势图。其中,美元兑人民币由 2005 年 7 月 25 日的 8.1097 逐步贬值到 2008 年 1 月 11 日的 7.2672;欧元兑人民币却由 2005 年 7 月 25 日的 9.8822 逐步升值到 2008 年 1 月 11 日的 10.7486。

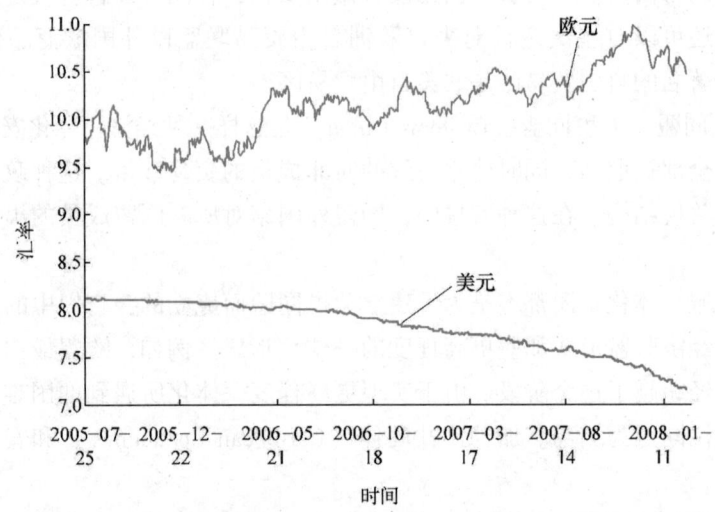

图 4-9 2005 年 7 月—2008 年 1 月美元、欧元兑人民币汇率走势图
(资料来源:www.safe.gov.cn)

设想一下,如果中国出口商 2007 年 7 月 2 日向美国进口商出口一批货物,合同价格为 100 万美元,出口商成本为 700 万元,2007 年 7 月 2 日签约时的汇率为 1 美元 = 7.6075 元人民币,即 100 万美元相当于 760.75 万元人民币,货款 6 个月后(2008 年 1 月 2 日)支付。如果汇率不发生改变,这笔出口业务会给中国出口商带来 60.75 万元的利润(不计利息)。但如果在此期间美元相对于人民币出现贬值的话,结果就会对中国出口商不利。事实上,6 个月后的 2008 年 1 月 2 日,汇率为 1 美元 = 7.2996 元人民币,中国出口商收到的 100 万美元只相当于 729.96 万元人民币,利润减少 29.96 万元(不计利息)。可见,掌握汇率和国际金融市场的基本知识对每一个国际营销经理都是很有必要的。

4.5.1 外汇的概念

外汇是指各国在进行国际清偿时均接受的、在国际金融市场上可自由兑换的货币(如美元、欧元、日元、英镑等),或以这些可自由兑换的货币表示的、在国际上通用的支付手段(如银行汇票、银行支票等),以及这些可自由兑换的货币表示的国际债权

（如各种各国接受的有价证券）。简而言之，外汇就是指以可自由兑换的外币表示的用来进行国际结算的支付手段。外汇包括可自由兑换的外币、以这些外币表示的各种有价证券、以这些外币表示的支付凭证和其他外汇资金。

外汇伴随着资金的国际运动有不同的存在形式，主要的形式有以下几种：

（1）外汇存款。外汇存款包括以可自由兑换的外币表示的各种银行存款、国际金融市场的货币借贷。外汇交易及其他的信用活动，必须以外汇存款为基础。出于外汇存款保值、升值的考虑，外汇存款通常转存于货币发行国。而由于国际支付和交易的需求，外汇存款也在各国银行之间相互转存。外汇存款按货币种类划分，有美元存款、欧元存款、日元存款、英镑存款等；按存款对象的情况划分，有银行同业存款、官方存款、国际金融机构存款、企业存款和私人存款等。

（2）外汇支付凭证。外汇支付凭证是指以可自由兑换的货币表示的各种信用工具，主要是汇票、本票、支票、旅行支票和信用卡等。汇票是由出票人签发、要求付款人按照约定的付款期对指定人或持票人无条件支付一定金额的书面命令；本票是由出票人向收款人签发的于指定日期无条件支付一定金额的书面承诺；支票是由出票人向收款人签发的委托银行见票后无条件支付一定金额的书面命令。

（3）外币有价证券。外币有价证券是指以可自由兑换的货币表示的、用以表明财产所有权或债权的凭证，其基本形式为股票、债券和可转让存单等。

（4）外币现钞和其他外汇资金。外汇现钞就是可自由兑换的货币现钞。国际上常用的外汇现钞主要有美元、欧元、英镑、日元、瑞士法郎、加元、澳大利亚元、港币等。其他外汇资金主要包括在国外的各种投资及收益、各种外汇货款及利息收入、在国际货币组织中的储备头寸、国际结算中的外汇应收款、国际市场借款等。

4.5.2 汇率

汇率就是两种不同货币之间的兑换比率，也可以说是一国货币用另一种货币表示的价格。根据是以本币还是以外币作为确定汇率的标准，世界上主要有两种汇率表示方法。

（1）直接标价法。直接标价法是以一定单位的外币为标准，标出可兑换若干单位的本币。大多数国家（包括我国）采用这一办法。例如，2016年4月15日美元兑人民币的基准汇率是1美元兑换6.4809元人民币。

（2）间接标价法。间接标价法是以一定单位本币为标准，标出可兑换若干单位的外币。美国纽约外汇市场和英国伦敦外汇市场采用了间接标价法，这是由于美元和英镑是国际上两种主要的可自由兑换的货币，美国纽约和英国伦敦又是世界上主要的外汇市场，用间接标价法可以直接表达出各种货币与美元或英镑的比价，十分方便。例如，2016年4月15日纽约外汇市场公布的美元兑日元的汇价为1美元兑换109.415日元。

按不同场合和研究领域划分，汇率有许多种类，下面主要介绍按国际货币制度演变划分的汇率种类。

（1）固定汇率。固定汇率是在规定的幅度内波动，变化相对稳定的汇率。金本位制下的固定汇率是典型的固定汇率制，货币的含金量成为决定汇率的基础。由于黄金可以自由输出和输入，黄金输送点成为汇率波动的界限。第二次世界大战后布雷顿森林国际会议制定的国际货币制度是：货币的金平价定为 1 美元 = 0.888671g 纯金，1 盎司⊖黄金的官价为 35 美元，国际货币基金组织成员自行制定货币黄金量，但需要定出与美元的汇率。各国汇率波动的法定上下限为金平价的 1%，由成员中央银行干预维持。

（2）浮动汇率。随着 1973 年布雷顿森林体制的解体，各国普遍实行货币汇率的自由浮动。由此，各国货币之间的汇率波动不受限制，而主要根据市场供求关系自由决定汇率的涨落。

在货币汇率的浮动过程中，不受干预的浮动称为自由浮动或清洁浮动，即货币当局对汇率上下浮动不采取任何干预措施；相反，货币当局以各种不同方式来干预和影响汇率的变动则称为管理浮动或肮脏浮动。实际上，各国或多或少都要干预汇率，只是程度不一而已。

浮动方式还可以分为单独浮动、钉住浮动和联合浮动。单独浮动是指一国货币不与其他国家货币发生固定联系，而按市场供求变化独立进行浮动；钉住浮动是指一种货币钉住另一种货币或特别提款权或"一揽子货币"，并随其汇率的变动而变动；联合浮动，也称共同浮动或集体浮动，是由若干国家组成的货币集团，集团内各种货币间实行固定汇率，而对集团外的货币汇率实行联合浮动。

4.5.3 国际外汇市场

国际外汇市场也称为国际货币市场，是国际上专门进行外汇买卖的场所。在该市场内大多交易期限一年以内的国际短期金融工具。外汇市场是世界上最大的国际金融市场，入市交易者有进口商、出口商、证券商、中央银行、外汇经纪商、商业银行。

1. 外汇交易的种类

外汇买卖的类型很多，就期限而言，主要有即期外汇交易、远期外汇交易、外汇期货交易与外汇期权交易等。

（1）即期外汇交易。即期外汇交易也称为现汇买卖，是指外汇银行与客户或其他银行之间在外汇买卖成交后的当天或次日按成交时的汇率交割，卖方交付外汇，买方交付本币。买卖金额常以 100 万美元为一个单位，每逢星期六则顺延至星期一交割。

（2）远期外汇交易。远期外汇交易是指在外汇买卖成交时交易双方签订合同，规定交易的币种、数额、适用的汇率及日期、地点等，并于将来某个约定的时间进行交割。预约的时间有 1~6 个月，也可长达 12 个月，一般是 3 个月。远期外汇买卖的目的主要是保值，以避免外汇汇率涨跌的风险。外汇银行与客户签订的合同须由外汇经纪人担保，而且客户还应缴存一定数量的押金或抵押品。

（3）外汇期货交易。外汇期货交易是通过清算所的下属成员清算公司或经纪人，根据成交单位和交割时间标准化的原则，按固定价格购买与出卖远期外汇的一种业务。

⊖ 1 盎司 = 28.3495g。

外汇期货与远期外汇业务的主要区别在于：外汇期货交易中的买卖双方都与清算所签有期货合同，买卖双方并无直接合同责任关系，但远期外汇交易的买卖双方却具有合同责任关系；期货交易对成交单位、价格、交割期限、交割地点均有统一的、标准化的规定，而远期外汇交易没有统一规定，双方可以自由议定；外汇期货交易有具体市场，而远期外汇交易无具体市场；外汇期货交易一般最后不交割，而大多数远期外汇交易最后会交割。

（4）外汇期权交易。外汇期权交易是指远期外汇交易者在签订合约并支付一定保险费后，远期外汇的买方（或卖方）在合约的有效期内，或在规定的合约到期日可以根据市场情况有权决定不再履行合约，放弃购买（或出卖）远期外汇的权利。这种拥有履行或不履行购买（或出卖）远期外汇合约选择权的外汇业务，就是外汇期权业务。但无论合约是否被履行，买方（或卖方）所交付的保险费均不能收回。外汇期权有两种基本形式：买方期权（又称为看涨期权）和卖方期权（又称为看跌期权）。买方期权是指使签约一方有权在合约期满时或在此之前按规定的汇率（即协定价格）购进一定数额的外币；卖方期权是使签约一方有权按相应条件出售一定数额的外币。期权交易允许灵活选择履约与否，使买方（或卖方）既避免汇率波动可能带来的损失，又可保留汇率波动可能带来的好处，代价只是付给签约银行一笔保险费。

2. 外汇风险

外汇风险是指在国际外汇市场上或一定时期的国际经济交易中，因汇率或利率的突然变化，可能给交易的任何一方或持有外汇资产和负债的政府、企业和个人带来的经济收益或损失。外汇风险主要有交易风险、折算风险、经济风险和储备风险四种类型。

（1）交易风险。交易风险是指以外币计价成交的交易中，由于外币与本国货币的比值发生变化而引起收益或亏损的风险。以信用为基础的、以延期付款为支付条件的商品或劳务的进口或出口就存在交易风险，出口商承受出口收入的外币贬值的风险，而进口商承受进口支出的外汇升值的风险。另一种交易风险发生在以外币计价的国际投资和借贷活动中。如果是对外投资，即以本国货币投资于某种外币资产，当投资本息收入的外币贬值时，投资的实际收益就会减少甚至亏损。如果是对外筹资或借债，则筹资人或借款人就将承受借入货币与还款来源货币之间汇率变动的风险，这种风险与上述对外投资中可能发生的风险正好相反。

（2）折算风险。折算风险也称为会计风险或转换风险，是跨国经营的公司在填报会计报表时，因汇率的变化引起资产负债表上某些项目价值变化的风险。母公司为了把在海外用外币计算的资产、负债、收入和费用，合并到本国货币账户内，必须把上述用外币计量项目的发生额按本国货币重新表述，也称折算的重新表述，而且必须按母公司所在国政府或公司自己规定的章程进行。

（3）经济风险。经济风险是指由于汇率的突然变动，引起公司或企业在未来一定时间内收益发生变化的潜在性风险。经济风险将会直接影响企业在海外的经营效果或投资效益。分析经济风险主要取决于预测能力，这将直接关系到生产、销售和融资等方面的决策是否正确。

（4）储备风险。储备风险是汇率变动导致的国家或企业所持有的外汇储备价值发生改变的风险。每一个国家为平衡其国际收支，都持有一定的外汇储备，企业或公司为应付国际收付的需要，也往往有一定数量的外汇储备。在汇率波动情况下，储备币种过于单一，就可能招致外汇储备风险。因此，在外汇储备中的币种应适当多一些，币值趋硬的货币比例应高一些，而且应随时注意货币汇率动向，随时调整储备结构，从而使储备风险减小到最低限度。

3. 外汇风险的管理

外汇风险的存在使得经济活动具有更大的不确定性，因此需要通过外汇风险管理措施来尽可能地排除由于汇率变动而造成的意外损益。外汇风险管理主要有如下几种方法：

（1）预测法。预测法主要是通过各种预测手段，如专家意见、相关分析和时间序列等方法来预测汇率变化的趋势，选择有利币种来规避风险并从中获利。但是，由于影响汇率变化的因素相当复杂，而且在国际贸易和国际金融活动中，使用何种货币往往需要由双方决定，币种选择余地往往也不大；即使预测正确，通常也很难实现通过选择币种来避险。

（2）划拨清算法。划拨清算法是在一定时期内，双方的经济往来用同一种货币来计价，而且每一笔交易的数额只在账面上划拨，只在规定的期末进行清算的外汇风险管理方法。通过这种安排，大部分交易额可以相互冲销，不需要进行实际支付，所以能在很大程度上规避汇率风险。

（3）易货贸易法。采用易货贸易法的交易双方直接进行等值贸易交换，无须支付外汇，自然也就可以有效地规避汇率风险。但是这种方法要求双方的贸易额相等，使用也不够灵活。

（4）保值条款法。这种方法是指交易双方为了避免汇率风险而在合同中订立适当的保值条款，如黄金保值、第三国货币保值、"一揽子货币"保值等。

（5）出口信贷。出口信贷可以分为卖方信贷和买方信贷两种。卖方信贷是由出口商的开户银行向出口商垫付贷款，出口商从银行得到出口信贷以后，可以立即将外币兑换成本币，这时出口商就同时拥有一笔进口商所欠的外币债权和自己欠开户银行的外币债务，不会因汇率变化而受损。买方信贷则是由出口商所在地银行直接向进口商贷款，或通过进口方银行向进口商贷款，进口商就利用这笔贷款向出口商支付货款，实际上是将出口商的汇率风险转嫁给了银行。

（6）福费廷交易。该方法主要用在延期付款的大型设备贸易中，出口商把进口商承兑的、期限在 0.5~5 年的远期汇票无追索权地出售给出口商所在地银行，借以提前取得货款，实际上将汇率风险转嫁给出口方银行。

（7）早收迟付和早付迟收法。早收迟付和早付迟收又称为推后清算和提前清算，是指在国际收付中，根据对支付货币汇率变动的预测，提前或推后收付有关交易贷款，以消除汇率风险。如果预计某国货币将贬值，就应该推迟支付使用该国货币的进口货款，提前清算使用该国货币的出口货款。如果预计该国货币将升值，就应该提前支付使用该国货币的进口货款，推迟清算使用该国货币的出口贷款。

（8）远期外汇保值。利用远期外汇市场进行保值，是指买卖双方在成交以后并不立即进行交割，而是约定在将来某个日期进行交割的外汇买卖。这实际上是把一段未到期时间内的浮动汇率变成了固定汇率（即成交时的远期汇率），从而达到规避外汇风险的目的。与此相似，规避汇率风险也可以运用外汇期货和期权保值。

（9）套头交易。套头交易是指从事国际业务的企业在拥有一笔预期外汇收入或支付时，为了规避汇率风险，同时在远期外汇市场上卖出或买入一笔相同数额的外汇。利用套头交易，既不会因为汇率变化而获得额外盈利，又不会因为汇率变化而遭受损失。

思 考 题

1. 简述关税措施和非关税措施的内容。
2. 评析 GDP、通货膨胀率、失业率对国际营销的影响。
3. 解释经常项目、资本和金融项目、储备资产。
4. 如何对东道国的特定行业进行分析？
5. 试述自由贸易区、关税同盟、共同市场、经济联盟和政治联盟的特点。
6. 区域经济一体化对企业的跨国营销有何影响？欧元的出现对中国的出口企业有何影响？
7. 简述世界贸易组织的基本原则。
8. 简述外汇风险的内容。
9. 如何管理外汇风险？

案 例 题

【案例题 1】

雀巢公司在菲律宾

雀巢集团总部位于瑞士，在世界各地开办了 489 家工厂，其中有 8 家生产工厂设在菲律宾境内。在过去的 10 年里，雀巢公司的销售情况十分火爆。总体上，雀巢（菲律宾）公司的销售额在雀巢集团遍布全球各地的分公司中名列第 10 位，在亚洲名列第三。雀巢公司在当地市场的销售份额从 52% 上升到 66%。这些令人羡慕的经营业绩都归功于雀巢公司对营销环境的变化做出的正确决策。

1. 菲律宾自然环境分析

背景：在气候干燥的欧洲，大部分咖啡饮品都是用玻璃瓶子盛放包装的，而且欧洲人喜好用咖啡机煮碎咖啡豆的方式来饮用咖啡。而在菲律宾，气温和湿度都很高，大部分咖啡并不是通过瓶装来出售的，而是用一个容量仅 1.7g 的锡箔纸小包装出售，顾客可以单独购买一包咖啡。

分析：雀巢公司通过了解菲律宾的特殊自然环境，也改变了往常的包装出售模式，采用防潮的包装材料和工艺，确保产品的品质不变。这是雀巢公司在菲律宾市场站稳脚跟的第一步，也是后来在菲律宾扩大市场的基础。

2. 菲律宾饮用习惯分析

背景：许多菲律宾人习惯在每天早上到附近的商店里购买一袋小包装的咖啡。早年在菲律宾，咖啡饮用时常加入少许的糖，而不加任何牛奶或无奶咖啡调色剂。此外，与欧洲人不同的是，菲律宾人日常消费的咖啡产品几乎全部是速溶咖啡产品。

分析：雀巢公司在菲律宾生产得更多的是锡箔纸小包装的咖啡，并且按照当地人的习惯配入了少许的糖。抓住当地的饮用习惯，是雀巢公司迈出的关键一步。这一步使之在菲律宾得到消费者的接受，为其随后在菲律宾的发展开启了一扇门。

3. 菲律宾政治法律环境分析

背景：早在1996年以前，咖啡豆的进口和大批量咖啡产品、成品咖啡的进口均受到菲律宾政府有关进出口贸易法律限制。所有在菲律宾生产的咖啡产品必须使用菲律宾本地种植的咖啡豆为原料。1996年1月，菲律宾市场的经营环境发生了很大的变化：菲律宾政府在关贸总协定和世界贸易组织的敦促下，下令废除产品进口限制法规中的大多数条款——特别是与农产品进口相关的许多法规条款。在新的进口法规中，政府对商品进口实行最低进口配额制。进口配额（50%）之内的咖啡原豆、烤制豆原料和经过加工的产品、包装成品咖啡的进口将被课以30%的进口关税，进口配额以外的咖啡课以100%的关税。面对这个政治法律背景的变化，雀巢（菲律宾）公司速溶饮料部搜集并研究了与之相关的资料。由于菲律宾本土种植的咖啡大多数属于豆质上乘的浓香型的拉巴塔咖啡豆，雀巢公司在菲律宾销售的咖啡产品均是100%的拉巴塔咖啡豆加工制作的（而在美国或欧洲各地市场销售的是拉巴塔豆和另一种咖啡豆搭配加工而成）。在新法规出台后，雀巢公司在菲律宾各大城市大中型综合商场开办了一批咖啡专卖店，在这些专卖店中，消费者可自己当场磨制自己喜爱的咖啡，而这些咖啡就来自雀巢公司在菲律宾政府规定的进口配额内进口的部分咖啡豆原材料。

分析：雀巢公司小心翼翼地经营着这些客人可以参与的咖啡专卖店，既达到了最低进口配额的要求，也缓解了最低进口配额制度对其速溶咖啡生产与销售的冲击。同时，也巧妙地引进了新的咖啡文化（菲律宾人大多数是偏好速溶咖啡的），让消费者在店铺中劳动并享受咖啡带来的生活乐趣，既不唐突，又没有影响菲律宾速溶咖啡的销售及市场份额。这样，雀巢（菲律宾）公司仍旧在竞争日趋激烈的情况下，保持了良好的业绩。值得一提的是，菲律宾政府会根据各咖啡生产商和各大进口商的上一年产品销售额，分配发放最低进口配额之内进口特许证。雀巢公司的良好业绩为之获得进口特许证提供了条件，并进入营销的良性循环。可见，有关进口最低配额的法规并没有冲击雀巢公司速溶咖啡的生产和销售，反而被雀巢公司合理利用，保持了原有的状态，引进了新的商机，获得了新的权利，进入了一个新的国际市场营销的良性循环。

4. 案例分析总结

雀巢公司在菲律宾的成功发展是由多方面因素决定的。雀巢公司有良好的品牌形象，但是在进入一个新的市场时，仅有良好的品牌形象是不够的，只有洞察了营销目的地的人文和自然环境因素，才能找到进入该市场的切入点；在营销进行的过程中，只有熟悉、巧妙地适应当地的政治法律环境，才能实现"适者生存"，并在新的市场创造良好的业绩。雀巢公司做到了以上两点，找到了立足点，在变化中寻求稳定，在关键时刻将政治法律的变革带来的威胁转化为有利因素，成功地把握了国际市场营销中的营销环境因素。

5. 结论与启示

社会、区域文化具有共享性，生活在同一社会文化圈内的成员都遵循着同一生活方式，也保持着类似的习惯和偏好，正因为如此，不同社会、不同民族的人才得以相互区别。当企业的国际市场营销活动方式与该社会、该民族的习惯、偏好相冲突的时候，就不会取得预期的效果。因此，企业的国际市场营销活动必须针对不同社会文化环境的市场进行调研和分析，必须对该社会、该民族的文化习俗有详细认真的理解，才能寻找进入该市场的切入点和立足点，从而制定进入不同市场的营销战略。任何企业的营销活动总是在一定的环境下进行的，环境的变化是营销企业无法人为改变的，不利的变化会影响甚至制约企业营销活动的进行。但是，如果企业能够了解这种变化，分析它，预测它并且迅速地做出合适的反应，也许能够化险为夷，化威胁为有利因素，寻求新的甚至更优的推广模式。雀巢（菲律宾）公司就是在新的形势变化中，找到了新的营销策略，又形成了自己的"小气候"，进入了良性循环的经营。对于中国企业而言，在进军国际市场的时候，也要十分重视环境因素，了解国外的民族文化习惯，以及了解政治法律金融体系。中国幅员辽阔、民族众多，各个地区的风俗习惯和喜好大不相同，中国企业在制定国内营销战略的时候，也可以借鉴国际市场营销中环境因素分析的方法。

（资料来源：欧阳晴，武汉大学经济与管理学院，现代商业，2008年第9期。）

【案例题2】

长春长铃集团摩托车成功进入喀麦隆

2001年长春长铃集团摩托车成功进入喀麦隆市场，经济环境的影响在其中发挥了重要作用。

喀麦隆是撒哈拉以南非洲国家中最具发展潜力的国家之一，其地理、气候、资源囊括了非洲大陆的所有特点，故有"小非洲"的美称。喀麦隆当时全国人口为1430多万人（人口数量），人口年增长率为3.1%（人口增长），人口密度为30人/km^2，年龄结构极其年轻化（年龄结构），60%的人口在20岁以下，男女性别比例为49∶51。由于该国年龄结构年轻化，因此较容易接受摩托车作为交通工具。

喀麦隆是个农业国，自然条件优越，这为摩托车进入市场提供了契机。长铃摩托车的主要目标消费者在农村，农民把摩托车作为交通工具和运输工具，这正与长铃AX100和CM100ZH摩托车的用途、特点相吻合。自1960年独立后，喀麦隆推行"有计划自由主义""自立自主平衡发展"和"绿色革命"等政策，经济发展较快。特别是1982年比亚执政后，强调优先发展农业和中小企业，大力吸引外资，合理开发和利用本国资源，经济持续增长。20世纪80年代初期，喀麦隆国民生产总值增长较快，到1986年，已增至118亿美元。在经历1987年的国际局势巨变和多党民主化浪潮的冲击后，1990年起，喀麦隆实行经济自由化，取消进口许可证和基础产品出口审批，废除国家大部分垄断价格，同时创办自由工业区。1994年后，喀麦隆经济连续三年增长，并呈现出继续增长的趋势，有望进入一个稳定发展的新阶段。良好的经济环境有利于合资合作的正常开展。

喀麦隆公路运输较发达，十个省会及较大城市之间均有沥青路相连，路面本身质量较好。喀麦隆拥有公路5万km，其中3.4万km由喀麦隆公共工程部负责，有4000多千米为优等沥青路。而喀麦隆铁路全长约1300km，尚不发达。发达的公路条件和尚不发达的铁路运输为摩托车进入市场创造了突破口。长铃摩托车的选址定在杜阿拉，这个城市拥有喀麦隆约80%的工业，被誉为"经济首都"，杜阿拉港地理位置优越，为中非最大港口。为进一步改善杜阿拉港的航运条件，更好地为喀麦隆经济发展服务，喀麦隆政府对杜阿拉港主要航道进行疏通，以提高该港口的运输能力。港口高度发达的建设促使相关的政府部门、船务公司对于进出口业务的办理提出了更高的要求，使进出口企业的清关手续简便而高效。

长铃集团正是正确运用了营销环境分析，抓住了经济环境中的优越性，利用自身优势在激烈的竞争市场中抓住了机会，成功地进入喀麦隆市场。

（资料来源：《论国际市场营销的经济环境分析》，邹名，重庆工商大学商务策划学院，时代经贸，2007年第6期第5卷，总第69期。）

分析：请读者根据本章学习内容，总结雀巢和长铃集团的国际营销经验。

国际市场营销学 第4版

第 5 章
国际营销的其他环境：文化、科技、自然和人口

本章要点

　　国际营销者在东道国面对的是与母国不同的语言、宗教和价值观，即不同的文化环境，这些文化因素不可避免地会影响营销的各个环节。文化价值观通过规范来影响人的行为。影响消费行为的文化价值观可分为他人导向的价值观、环境导向的价值观和自我导向的价值观三种形式。国际营销者的策略和行为要克服"自我参照标准"，尽量适应东道国的文化取向。另外，文化是不断变化的，营销的策略有必要据此而调整。

　　近几十年来，科学技术正不断加速地向前发展，但科技在不同国家和地区的发展水平又是极不平衡的。知识经济的兴起，使得企业和政府的行为方式发生了巨大的变化，市场营销从营销理念到营销行为也都将发生显著变化。

　　地理特征不同的地区对产品的需求和产品性能的要求存在较大的差异，而且对营销体系的建立和正常运转也有很大的影响。自然资源的不当利用和过度开发造成的资源短缺问题已经变得非常严重，面对环境问题日益严重这个趋势，有责任感的国际营销者需要采取可持续营销策略。

　　市场是由人组成的，国际营销者应该研究东道国的人口环境，包括人口规模和增长率、分布状况、年龄分布、性别分布等。

　　本章将逐一分析东道国的文化、科技、自然和人口四个环境因素对国际营销的影响。

关键词

　　文化　文化价值观　自我参照标准　科学和技术　知识经济　自然环境　可持续营销　人口环境

国际营销是超越国界、跨越文化开展的，要与本土竞争对手共同接受市场的考验，竞争自然激烈。因此，了解东道国消费者的历史和文化，消除文化差异可能给营销工作带来的不利影响，同时充分利用其潜在的盈利机会，势必是国际营销取得成功的关键因素之一。肯德基在中国经营非常注重与中国文化的融合，为了适应中国的饮食文化，不仅推出豆浆、油条、炸酱面、热干面等系列产品，早在2018年，肯德基就开始联合湖北博物馆，每年打造"楚文化"主题餐厅。在餐厅内浓浓的楚文化氛围里，"车马出行图""彩绘凤鸟双联漆杯""彩绘龙蛇座漆豆""虎座鸟架鼓"模型，让消费者直观地体验到"楚文化"的浪漫色彩，甚至肯德基特色的全家桶上也装点着"编钟"及"楚文物"中的龙形。

另外，东道国在科技、自然和人口方面的状况也是每个国际营销者需要密切关注的因素。

5.1 东道国的文化环境

文化是历史的沉淀，虽然历史的进程中不同文明也相互影响和渗透，但是不同国家和民族的文化却依然保持了各自独特的一面。不同文化的民族在社会行为上存在较大的差异，例如，日本人不喜欢握手，他们见面时鞠躬致意；巴西人乘公共汽车不排队，喜欢穿棕色的鞋而不是黑色的鞋，参加鸡尾酒会时常晚到两个小时；希腊人会目不转睛地看人，当他们表示不同意时就点头；法国人用一片面包把吃过的盘子抹干净，把糕点放入咖啡里，在小酒馆和陌生人握手；英国人吃饭时把汤盘放在离自己远一点的地方，倒拿着叉子吃豌豆，还在雨中打高尔夫球。

国际营销不可避免地要面对与母国存在很大差异的文化环境，语言、宗教、价值观这些因素会在很大程度上影响东道国居民的消费行为。因此，国际营销者很有必要研究东道国的文化环境，并在整个营销计划中充分考虑文化的差异性，因地制宜，制定出具有文化针对性的营销方案。实际上，文化不可避免地渗透到营销的各个环节之中，包括产品、定价、渠道和促销，国际营销的成败与否在很大程度上取决于营销努力和文化因素的相互作用。

5.1.1 文化及其特性

爱德华·泰勒（Edward Teller）在其巨著《原始文化》中对文化的定义是："包括全部的知识、信仰、艺术、道德、法律、风俗以及作为社会成员的人所获得的任何其他的才能和习惯的复合体。"

文化和社会是有区别的，"文化是由大家共同享有的社会产品构成的，而社会则是由共同享有某一种文化的、相互作用着的人们组成的"。但是文化和社会又联系密切，"如果没有文化，一个社会就无法生存；而如果没有社会的维护，文化也无法存在"。

文化的特性主要表现为以下几个方面：

(1) 文化的象征性。文化的象征性是指一切具体的文化现象都只不过是一定文化类型的反映或象征。例如，太极拳是中国文化的象征，相扑是日本文化的象征。文化具有象征性，是因为文化对于人类的特殊意义必须通过具体的事物或现象反映出来。从这个意义上来说，具体的事物或现象只是对于人类具有某种特殊意义的文化的反映或象征，而不能直接等同于某种文化。

(2) 文化的复合性。任何文化现象都是一系列具有内在联系的文化现象的组合。一方面，围绕着某一社会活动，会产生一系列相关的文化现象。例如，宗教活动就包括了宗教教义、宗教仪式、宗教建筑、宗教组织等宗教文化现象。另一方面，任何一种文化现象都不可能孤立地存在，它总是要和别的文化现象组合在一起，构成一个复杂的文化系统。例如，教育这一文化现象与社会的政治制度、科学技术水平都有着不可分割的联系。

(3) 文化的多样性。不同国家、民族、社会集团、社区都有其独特的文化。例如，民族文化有中国文化、美国文化等，社会集团文化有企业文化、校园文化等。

(4) 文化的共享性。文化具有为一个群体、一个社会乃至全人类所共享的特性。从文化的共享性可以导出文化的其他诸种特性：渗透性和扩散性，传递性和继承性，以及习得性。文化的这些特性与文化的共享性是密切联系在一起的。正因为文化具有扩散性和继承性，文化才能为他人、后人所共享；正因为文化具有共享性，它才能得到传播和传递。另外，文化的共享性与物质财富的共享有着不同的特点：文化的共享不会导致原有文化资源的减少。

5.1.2 文化的内容及其对营销的影响

《辞海》对文化的解释是：人类社会历史实践过程中，所创造的物质财富和精神财富的总和。物质文化包括一切由人类创造出来并赋予其意义的人工制品或物体——轮子、衣服、学校、工厂、城市、书籍、宇宙飞行器、图腾柱。非物质文化则由比较抽象的创造物组成——语言、思想、信仰、规定、风俗、神话、技能、家庭模式、政治态度。

1. 物质文化

物质文化包含了该文化成员所使用的设施和器物，并且包括过去的和现存的成员对环境造成的永久性有形影响。人要生存和生活，就必须不断地作用于环境。物质文化的水平决定了人们工作效率的高低。

物质文化还体现在家庭的物质设备中。居室、屋内的布置、烹饪的器具、日常的用具以及房屋在地域上的分布情形，都精巧地交织在家庭生活的布局中，它们极深刻地影响着家庭在法律、经济及道德等各方面的观念。

对国际营销而言，物质文化的影响力也是显而易见的。它将影响一国或一地区的需求水平，影响产品的质量、种类和功能，并且还会影响产品的生产手段和分配方式。例如，在美国，私人轿车几乎普及了每一个家庭；而在非洲的卢旺达，轿车却是一种望尘莫及的奢侈品，因为大多数家庭还在为基本的生存条件和生活必需品而奋斗。有的国家的农民基本上还在靠锄头耕田；但美国却早已实现了农业机械化，占总人口2%左右的农民为整个国家提供了充足的食品，而且每年还向世界其他国家大量出口农产品。

2. 语言

人类区别于其他动物的重要特征之一就是能够通过语言来彼此交流。

语言是文化的根本。没有它，文化就无法存在。如果没有口头语言作为媒介，文化就无法在人们中间以及代与代之间传递。此外，语言的重要性还体现在使人类能够赋予世界意义。事件本身是没有意义的，我们通过解释我们感觉到的情况使它们有了意义。有了语言，人类才能将理性用于世界。正是通过语言，人才成为有文化的人，从而成为完全的人。

许多语言学家都认同本杰明·沃尔夫（Benjamin Whorf）的理论或假说[一]：我们所说的语言不仅能表达我们的思维，而且很大程度上是决定了我们思维方式的工具。西班牙人和英国人以不同的方式看待世界，因为西班牙人用西班牙语思维，而英国人用英语思维。在英国的人以一定的方式活动和生活，因为他们的思维沿着盎格鲁-撒克逊的轨迹运行，这个轨迹与近代拉丁语的轨迹完全不同。人们在大脑中主要是运用语言手段来组织印象的。对于同一现象，英国人和西班牙人可能会形成不同的印象。在日本有这样一句谚语，"冒尖的钉子挨锤敲"。而在美国也有一句类似的话，"嘎吱叫的车轮先上油"。比较一下，我们就会发现两句话中细微的差别。日本人强调的是团队精神，而对美国人来说，个人主义才是重要的。再比较一下英国谚语"迟做总比不做好"和德国谚语"迟一点就太迟了"，从这些语言中可以看出不同文化对时间迥然不同的态度。

了解、尊重东道国的语言有利于在不同文化背景的国度拓展营销。在有些地方，如法国，本国语言的纯洁化是带有政治色彩的问题，你必须能说口标准的当地话或借助翻译来进行商务活动，以此来表示对这种语言的尊重。需要注意的是，不同国家的商务礼仪用语也很不同。在日本，由于说"不"会使对方觉得没面子，人们常常用"Hi"来代替。"Hi"的意思是"是的，我明白"，但那并不表示同意。日本社会非常重视维护表面的和谐，因此你的日本同行可能只会在朋友之间的交往中才会变得坦率。菲律宾人很少说"不"，因为不愿出现对立，他们有时嘴上说"是"，头却向下垂表示"不"。在阿拉伯国家，人们经常说"大概"或"也许"来代替说"不"。即使是使用同种语言的不同国度里，语言的差异也显而易见。在美国，"table the motion"意思是"搁置动议"；而在英国的意思却恰恰相反，"把动议放到桌上进行讨论"。在美国，"my presentation bombed"意思是"我的演讲失败了"；而在英国，"bomb"是指"巨大的成功"。再如在多数讲西班牙语的拉丁美洲国家中，"tambo"一词在玻利维亚、哥伦比亚、厄瓜多尔和秘鲁等国家意为"路边店"，在阿根廷和乌拉圭则有"奶牛场"的意思，而在智利则是指"妓院"。

不同文化对语言沟通的倚重程度有所不同。爱德华·豪尔（Edward Hall）就此提出高背景和低背景的概念作为理解不同文化的取向的一种方式。在低背景[二]文化中，信息

[一] 即语言相关性假说。

[二] 也有书翻译为"低语境"。

的表达比较直接明确,语言是沟通中大部分信息的载体。在高背景㊀文化中,一条信息的语言部分所包含的信息比前一种文化中要少,而大部分的信息隐含在沟通接触的过程中,涉及参与沟通人员的背景、所属社团及其基本价值观。在日本和阿拉伯国家这样的高背景文化国家中,银行贷出一笔款项时更看重借款人的背景,而不是财务报表。在低背景文化的美国和德国,交易的达成对参与者的性格、背景以及价值观等信息考虑得很少,相反,更多地依赖于贷款申请中的陈述和财务数字。总的来说,高背景文化与法律文件打交道的机会要少得多,一个人说的话就是其信誉保证,共同的责任感和荣誉感在这些文化中代替了不受个人感情影响的法律制裁。

3. 肢体语言

除了语言以外,同样要留意不同文化背景下非语言交流方式存在的差异。各种手势和动作,包括人们交谈时相互的距离、眼光对视时间的长短以及一个响指或点一下头的含义都是由所在国家的文化决定的。

在身体接触方面,意大利以热情的拥抱而著称,而德国则较为保守。在谈话距离上,日本人在交谈过程中也保持较大的距离,可能是为鞠躬留下足够的空间;而阿拉伯人谈话时保持的距离却非常小,对方如果退后对他们而言是一种侮辱。各国对于姿势也有不同的讲究。美国人从小就被要求要坐直和站直,以示尊敬;在印度,合适的姿势是手放背后,以表示恭顺;而在泰国,一个合适的、谦恭的姿势是双手合十置于胸前;在新加坡和泰国,鞋底对着别人的坐姿是一种冒犯行为,这表示你在精神上把对方踩在脚底。

人们经常用面部表情、眼神和动作来交流,但即使是在同一国度也容易被误解,因为有许多因素影响着我们对这些肢体语言的理解。在从事国际商务活动时,很可能戴上自身文化的"有色眼镜",要准确理解对方的身体用语可能会变得更为困难。以笑为例,希腊人在生气的时候可能会微笑;亚洲人可能用微笑来掩饰不快和尴尬;在日本,大笑常常表示尴尬和震惊;而在中国有许多种笑,如"干笑""讪笑"等。不同文化对目光对视也有不同的理解。美国人认为直接对视表示兴趣、关注和尊敬,否则可能被认为是躲躲闪闪,甚至是撒谎;而在印度,却尽量回避对视,以示尊重。即使在同一个国家,目光接触是否恰当也要视情况而定。在伊斯兰国家,女子通常不正视男子,而男子则可以相互对视;在南美洲和亚洲,地位较低的人通常不直视地位高的人。在交流过程中,手势的多少和作用随着国家的不同而各异。与一些欧洲和阿拉伯国家相比,美国人较少用手势,日本人则更少做手势;法国人比美国人善谈,也多用手势;而意大利人更爱用手势。同样的手势在不同国家有着不同的理解。"OK"的手势(拇指和食指握成圈,另外三指张开)在美国表示赞许和前进,而在巴西、意大利南部和希腊却是一个卑鄙下流的手势,在苏联和德国的一些地方也属于不礼貌的手势,在日本表示"钱",在法国南部代表"零"或"不值钱"。在保加利亚,摇头表示"是",点头则表示"不是",这和美国恰恰相反。

㊀ 也有书翻译为"高语境"。

4. 社会组织

社会组织是指某一社会制度的基本成分之间有组织的关系。虽然这些基本成分的特征及其彼此间的关系因社会而异,它们却为一切人类社会提供了框架。社会结构最重要的成分是地位、角色、群体和制度。

一个人的地位决定着他在社会上适合于待在什么位置,以及他或她应该如何与他人相处。例如,公司董事长的地位决定了处在这一地位的人与雇员、股东、其他公司董事长或税务员之间的关系。在多数社会中,不同地位之间都存在着大量的不平等。例如,拥有最高法院法官地位的人比处于保安地位的人享有更多的财富、权力和社会声望。在一个不平等社会中,地位大致相同的人构成了一个阶级,他们比地位更低的人享有多的获得社会财富和其他资源的机会,但比地位更高的人拥有的机会少。

每种社会地位都有一套被期待的行为模式、义务和特权,这就是角色。占据着某一地位,就需要扮演一定的角色。例如,总统的职位是一种地位,总统的角色附属于这一地位,由社会规范规定了占据这一地位的人应有何种行为。在社会上,总统的地位是固定的,但是他的角色却比较灵活,因为占据这一地位的人在扮演他的角色时有着多种不同的做法。

群体就是一群地位和角色相互关联的人。人的生存和生活都需要协作,因此群体就构成了社会结构的一个极其重要的组成部分。任何社会独有的特征主要取决于它包含的群体的性质和活动。群体可分为首属群体和次属群体两大类。首属群体是构筑社会结构的重要基石,是由少数人组成的,首属群体中的人们在一个比较长的时期内,在亲密的、面对面的基础上发生相互作用。群体的成员彼此相识,无拘无束地发生相互作用。例如,家庭、由朋友和同伴组成的集团和小社区都是首属群体。次属群体通常是为着特定的目标而建立起来的,由许多人组成,成员在完全是暂时的、非个人的基础上发生相互作用。这类群体成员彼此之间互不相识,或是至多只知道对方的某些正式角色,却并不了解对方的全部为人。公司、政党或政府官僚机构等正规组织都是次属群体。

制度是一套稳定组合在一起的价值标准、规范、地位与角色结构,它是围绕着一种基本的社会需要而形成的。家庭制度要求看护子女,教育制度有助于将文化知识传给年轻人,宗教制度提供了一套大家共同信奉的价值标准,政治制度可以起到分配权力和维持秩序的作用,经济制度提供商品和服务。

在不同国家开展营销,需要留意其社会结构的启示。例如,在家庭关系较紧密的社会组织中,面向家庭的促销可能比面向家庭成员的促销更为有效。在加拿大,英语地区的观众较为欣赏一位家庭主妇所做的电视旅行广告,而家庭纽带较为密切的法语地区观众则更欣赏夫妇同行的电视旅行广告。

5. 宗教信仰

宗教是一种普遍存在的文化现象,它是世界文明的一个组成部分。人类几乎每个民族在不同的历史时期都不同程度地信仰各种不同的宗教。即使当今社会,无论作为文化的一种表现形式,或是作为伦理道德的某些规范,宗教在世界人民的日常生活中依然起着不可忽视的作用。

宗教作为一种社会化的客观存在，具有两类要素：一类是宗教的内在因素；另一类是宗教的外在因素。宗教的内在因素包括宗教的观念或思想、宗教的感受或体验。宗教的外在因素包括宗教的行为或活动、宗教的组织和制度。一个比较完整的宗教体系，便是上述内外四种因素的综合。四个要素在宗教体系中实际上有四个层次。处于基础层或核心层的是宗教观念（主要是神道观念）。只有在有了宗教神道观念的逻辑前提下，观念主体才有可能产生对它的心理感受或体验。因此，宗教的感受或体验伴生于宗教神道观念，处于第二个层次。宗教的行为（祭祀、祈祷、禁忌等）是宗教观念和宗教体验之外在的表现，属于宗教体系的第三个层次。宗教的组织和制度则是宗教观念信条化、宗教信徒组织化、宗教行为仪式化、宗教生活规范化和制度化的结果，它处于宗教体系的最外层，对宗教信仰者及其宗教观念、宗教体验和宗教行为起着凝聚固结的作用，保证宗教这种社会现象作为社会结构的一部分而存在于社会之中。

对国际营销者而言，宗教禁忌是需要特别关注的方面。例如，关于圣地的禁忌，许多宗教都规定其信徒在进入圣地之前要禁食、斋戒、禁欲、净身等。按西方人习俗，忌讳星期五和13这个数字。

宗教对国际市场营销者而言既是挑战又是机遇。比如，印度教信仰者不吃牛肉，则会增加鸡肉等其他肉类的消费；伊斯兰教信仰者不吃猪肉，就会增加牛、羊肉的消费，同样他们不喝烈酒，也会增加对饮料等产品的需求。所以，分析国际市场消费者的宗教信仰可以作为市场细分的依据。

6. 艺术与审美观

艺术作为文化的一种类型，可谓普遍而悠久，艺术的作用在于能够满足人类共同固有的心理需求。艺术形式多种多样，包括造型艺术（如绘画和雕刻）、文学艺术（包括无文字民族的歌曲和故事）、戏剧艺术和装饰艺术等。艺术除了实用或功利价值外，还给艺术家和参与者（如观众和听众）或协作者带来享乐。此外，艺术还是感情、思想、态度和价值观的交流手段，能够起到保存和巩固信仰、习惯、态度和价值观的作用，这种作用在绘画艺术上表现得尤为明显。

因此，艺术被认为是包含美学成分的活动。正是这种美学成分把艺术与文化的其他方面区别开来，也因此形成一定文化背景下较为一致的审美观。这种审美观无疑会影响营销活动从产品设计到促销的各个环节。以服装为例，女性穿露背的衣服在西方被认为是一种美；东方人则可能认为这不雅，有伤风化。

不同文化的民族对颜色有着不同的喜爱和禁忌。例如，日本人喜爱红、白、蓝、橙、黄、黑，不喜欢黑白相间、绿、深灰；法国人喜爱红、黄、蓝，不喜欢墨绿色；埃及人喜爱绿、红、橙，禁忌紫、蓝；而意大利人喜爱绿、灰，忌紫色。

图案方面，日本人喜爱松、竹、梅、鸭子和乌龟图案，不喜欢菊花和荷花图案；法国人喜爱野鸭图和百合花图案，不喜欢孔雀、大象、核桃和菊花图案；埃及人喜爱金字塔形和莲花图案，不喜欢猪、狗、熊和猫的图案；而意大利人喜爱动物图案，不喜欢菊花和仕女图案。

在有的民族，某些符号和图案代表了固有的尊敬或敌意，像星星、十字架、动物等,对于这些能引起公众感情冲动的事项都要严肃地对待。可口可乐在希腊的一则广告中,把支撑雅典神庙的大理石柱换成 4 个可口可乐瓶,引起希腊人的勃然大怒。在希腊,雅典神庙是备受尊崇的国家纪念物,对其图案的小小改动都会被认为是一种对该民族文化的亵渎。最后的结果是,迫于压力,可口可乐公司不得不撤回该广告。意大利奢侈品牌杜嘉班纳 Dolce&Gabbana 2018 年的一则广告片因为"中式发音"、模特用奇怪的姿势使用筷子吃 Pizza 等片段被指歧视华人。由此广告引发一系列国内消费者的抗议和抵制。随之而来的是,杜嘉班纳在中国的线下门店纷纷关闭,为数不多没有关门的店面也是门可罗雀。而天猫、京东等国内几个主流电商,也在第一时间纷纷下架了与杜嘉班纳相关的所有商品。这个曾经在中国赚得盆满钵满的意大利奢侈品公司,亲手将自己送上了绝路。

5.1.3 文化价值观

文化价值观是一个为社会的大多数成员所信奉、被认为应为社会所普遍倡导的信念。文化价值观是通过一定的社会规范来影响人们行为的。社会规范规定:在一定社会情境下,哪些行为反应是可以接受的,哪些是不能接受的。一个社会的规范归根到底是其价值观的一种表现。价值观与规范的区别是,价值观是抽象的一般概念,而规范是人们在特定情况下的行为准则或指南。

一个社会的价值观的重要性在于能够影响着社会规范的内容。如果一个社会的价值取向上高度重视教育,其规范就会为民众接受学校教育创造更好的条件。如果社会认为人口众多是重要的,它的规范就会鼓励多生子女。我们大体上可以从每一条规范中找出一条基本的社会价值观。例如,对工厂流水作业线生产程序做出的严格规定,正是反映了该社会对效率的高度重视。

影响消费行为的价值观很多,而且这些价值观随文化而异。德尔·霍金斯(Dell Hawkins)在其《消费者行为学》中将文化价值观分为三种形式:他人导向价值观、环境导向价值观和自我导向价值观。他列举了与消费者行为密切相关的价值观,见表 5-1。

表 5-1 与消费者行为密切相关的价值观

他人导向价值观
• 个人与集体。社会是重视个人活动和个人意见,还是重视集体活动与集体依从?
• 扩展家庭与核心家庭。在多大程度上一个人应对各种各样的家庭成员承担义务和责任?
• 成人与小孩。家庭生活是更多地满足大人的还是小孩的需求和欲望?
• 男性与女性。在多大程度上社会权力的天平自动偏向男性一方?
• 竞争与合作。一个人的成功是更多地依赖超越别人还是更多地依赖与别人的合作?
• 年轻与年长。荣誉和地位是授予年轻人还是年长的人?
环境导向价值观
• 清洁。社会对清洁的追求在何种程度上超过健康所要求的限度?
• 绩效与等级。社会激励系统是建立在绩效的基础之上,还是建立在世袭因素的基础上?
• 传统与变化。现在的行为模式是否被认为优于新的行为模式?
• 承担风险与重视安定。勇于承担风险、克服困难去达成目标的人是否更受到尊重和羡慕?
• 宿命论与能动解决问题。人们是鼓励去解决问题还是采取一种听天由命的态度?
• 自然界。人们视自然界为被征服的对象,还是视其为令人景仰的圣地?

(续)

自我导向价值观
• 主动与被动。更积极、主动的生活取向是否更为社会所看重？ • 物质性与非物质性。获取物质财富的重要性到底有多强烈？ • 勤奋工作与休闲。拼命工作是否更为社会所倡导？ • 延迟享受与及时行乐。是鼓励人们即时享受，还是为获得"长远利益"而牺牲"眼前享受"？ • 纵欲与节欲。感官愉悦的享受如吃、喝、玩、乐在多大程度上会被接受？ • 严肃与幽默。生活被视为极为严肃的事情，抑或应轻松地面对？

资料来源：霍金斯，等：《消费者行为学》，符国群，等译，北京：机械工业出版社，2000，第 25 页。

1. 他人导向价值观

他人导向价值观反映社会对于个体之间、个体与群体之间以及群体彼此之间应如何相处或建立何种关系的基本看法。

（1）个人与集体。一种文化到底是强调个人取向还是集体取向，这对开展营销极为关键。在一种集体文化取向的社会中，消费者在做购买决策时可能会较多地依赖于他人的帮助和指导，如果促销活动过分强调个体独立性会很难引起消费者共鸣。美国、澳大利亚、英国、加拿大、荷兰和新西兰的文化特别强调个人主义，而中国、韩国、墨西哥、日本和印度的文化则更多地带有集体主义色彩。

（2）扩展家庭与核心家庭。在不同文化背景的家庭以及家庭成员之间，彼此的权利、义务存在很大差异。家庭在美国社会起的作用相对比较小。一般而言，一个人只对家庭的主要成员或核心成员（如父母、子女）才觉得有某种强烈的责任与义务。而在中国和韩国这样的东方文化里，家庭责任与义务通常延及外甥、侄儿、侄女等。

（3）成人与小孩。在多大程度上核心家庭的活动集中于满足小孩而不是大人的需要？对这个问题的不同回答将会影响营销努力的方向。不同文化的国家对孩子们的态度是存在较大差异的。对"没有孩子的家庭是不完整的"这个提问的调查表明，在法国、希腊、葡萄牙约70%的被调查者赞成这一表述，而在荷兰、挪威、瑞典、英国以及丹麦的赞同者不足30%。

（4）男性与女性。当今的社会在总体上是男性居于支配地位；但在不同的文化背景下，男性对社会的支配程度却也存在较大的差别。在荷兰，销售家具或电器产品，购买决策往往由男主人和女主人共同做出；而在一些伊斯兰国家，妇女的发言权可能极为有限。在一些伊斯兰国家，公司聘用女经理或女职员会遇到很多障碍。1988年在日本举行的筑波国际博览会上，伊朗馆就不准身穿超短裙的日本女招待和女讲解员入馆。

（5）竞争与合作。不同文化对竞争和合作的态度是有差异的。总的来说，美国的文化更强调竞争，而德国和日本的文化更为倚重团队的合作。

（6）年轻与年长。荣誉、地位和重要的社会角色是更多地赋予年轻人还是年纪较大的社会成员？这在不同文化背景的国家是有所不同的。美国是典型年轻导向的社会，鼓励挑战传统。而在社会等级森严、实行"年功序列制"的日本企业，一个年轻人要身居高位是比较困难的。

2. 环境导向价值观

环境导向价值观反映的是社会对其与经济、技术和物质环境之间相互关系的看法。

(1) 清洁。美国比较讲究个人卫生。例如,超过 99% 的美国成年人使用除臭剂,而欧洲国家的成年人使用除臭剂的比例相对要低很多。日本也是一个极其讲究清洁的民族,无论是居室还是办公室,总是一尘不染。

(2) 绩效与等级。衡量不同文化对绩效与等级的态度,需要引入"权力距离"这个概念。"权力距离"是指人们是否将权力、权威、地位以及财富的不平等视为自然和内在的现象,或在多大程度上接受这种不平等现象。在印度、巴西、法国、日本,以及我国香港特别行政区,人们对权力距离的接受程度比较高;而在澳大利亚、丹麦、新西兰、瑞典和美国,接受程度则较低。在一个地位和等级取向的社会里,对功能不相上下的商品,人们往往以价格高低、品牌声望的大小为主要的选择标准。

(3) 传统与变化。一般而言,重视传统价值观的社会倾向于抵制产品的改变。在英国,3/4 的人声称具有品牌忠诚倾向,这与英国重传统的文化是分不开的。而在德国和法国,具有品牌忠诚倾向的人只占 50%。

(4) 承担风险与重视安定。美国是一个鼓励冒险的社会,这对于企业家精神的形成,对于近年来该国新经济取得巨大成就,有着重大的影响。一个安于现状、对承担风险采取回避态度的社会是不可能培养足够多的企业家的。新产品导入、新的营销渠道和新的广告主题的形成都受这种勇于承担风险的价值观所支配。

(5) 宿命论与能动解决问题。人们如何面对困难和灾难?是勇于挑战,还是听天由命?当中国的消费者遭遇不满意的购买经历时,通常不会采用正式的抱怨行动;而美国的消费者却是善于抱怨,必要时会拿起法律的武器来捍卫自己的权益。

(6) 自然界。大多数北欧国家非常重视环境保护。在这些国家,包装和其他环境立法与限制较美国严厉得多。但较之于南欧国家和大多数发展中国家,美国对环境的重视程度还是很高的。

3. 自我导向价值观

自我导向价值观反映的是社会成员自身认为应该追求的生活目标,以及实现这些目标的途径和方式。

(1) 主动与被动。美国人喜爱体育运动,对问题的解决倾向于采取一种"行动"导向的态度。而中国的文化更强调"三思而后行"。

(2) 物质性与非物质性。个人物质财富的积累在美国是备受推崇的,因为美国文化具有较浓厚的实利主义色彩。实利主义有两种形态:工具性实利主义和终极性实利主义。工具性实利主义是指人们获得产品、物件是为了从事某些活动,如购买汽车是为了解决交通问题。终极性实利主义则是指对物品的获取是为了拥有这些物品本身,如不少人收藏艺术品并不是将其作为获利或达到其他目的的手段,而是为了获得拥有艺术品本身所产生的那份快乐。美国和日本的大部分广告都带有浓厚的物质的或实利的文化色彩,但在美国广告中多体现为工具性实利主义,日本广告则是终极性实利主义居于支配地位。与美国和日本不同,在非常政治化或宗教化的社会里,对非物质如对权力的追求或对宗教的崇拜才是更为重要的。

(3) 勤奋工作与休闲。在南美洲的一些地方,工作被视为累赘,只是迫于生活的压力而不得不为之；而在瑞士，工作被认为能使人们的生活更为充实，是人生不可或缺的要素。

（4）延迟享受与及时行乐。人们应该居安思危，还是及时行乐？不同文化背景下可能得到迥异的答案。美国是信用消费程度很高的社会。而在德国，德语的"债务"和"罪恶"是同一个词，依靠信用赊账购买会受到蔑视。

（5）纵欲与节欲。沉溺于吃喝玩乐在多大程度上被社会所接受？伊斯兰文化是非常保守的，讲求节制。而拉丁民族却相当豪放，巴西的"狂欢节"通宵达旦，可以持续几天几夜。

（6）严肃与幽默。面对生活，应该一本正经还是应当诙谐轻松？不同文化下有不同的理解。在日本人看来，严肃意味着态度认真，需要轻松氛围的时候才应该幽默。而在美国人的观念里，严肃与幽默并不是如此水火不容。因此，美国人更善于幽默，而日本人更为刻板。

5.2 东道国的科技环境

科学技术水平的高低，是决定一国经济水平最重要的因素。"技术鸿沟"的存在，正是发达国家和发展中国家人均收入存在巨大差异的主要原因。

科学技术是最革命的因素。按照科特勒的说法，每一种新技术都是一种"创造性破坏"因素。晶体管取代了真空管行业，复印机的出现使得复写纸行业日渐式微，汽车业和飞机业的兴旺是以铁路运输惨淡经营为代价的，移动存储技术的普及无疑将使磁盘制造业成为历史。可见，技术对于企业的启示在于"不进则退"。

东道国科技水平的现状和趋势，是值得国际营销者仔细研究的。在绝大多数人都不知道计算机为何物的社会，又如何推销应用软件系统呢？科技水平对营销策略的影响也是深远的，美国和今天的中国，电视广告铺天盖地。但在电视普及率很低的国家，如很多非洲国家，电视广告就不是太有效的促销手段。另外，新技术的出现对营销的影响也是显而易见的。故步自封，总是沿用老套路，可能会导致业务的不断萎缩。近年来，跨境电子商务对传统营销模式的冲击不可谓不大。

5.2.1 科学、技术及其发展趋势

科技是科学与技术的总称。科学是系统化、理论化的知识体系，是创造知识的社会活动，是一种社会建制。科学是一种社会建制，指的是科学研究需要建立一支由科学家、学者等组成的庞大的专业科技队伍，需要组织各种研究机构、学术团体和科研管理组织，需要具备先进的实验技术设施。技术是指人类运用知识、经验和技能，并借助物质手段以达到利用、控制和影响自然和社会的系统，是人们的知识能力与物质手段的结合。技术的最终成果是产生物质形态的产品，如消费品、机器等。技术与经济密切相关，技术是经济发展的源泉。

科学和技术有着不同的功能和作用。科学主要表现为知识形态，而技术总具有一定的物质形态。科学活动的目的是认识世界，发现、揭示客观规律，主要回答"是什么""为什么"的问题；技术的目的则是改造世界，是要利用客观规律，使人们适应和影响自然界，主要解决"做什么"和"怎么做"的问题。科学活动的方式主要表现为自由探索；而技术活动一般都有明确的实用目标，是直接的生产力，可以达到直接的、确定的经济效果。

科学与技术也有着密切的联系。随着现代科学和技术的发展，它们之间的相互作用更为明显。当今世界，科学已明显地走在了技术的前面，引导着技术的进步，出现了"科学—技术—生产"的发展模式。

时至今日，人类社会已经历经了三次重要的科学技术革命，由"蒸汽时代"过渡到"电气时代"，最后步入今天的"信息时代"。现代科学技术的发展主要具有以下几个趋势：

（1）高层化趋势。现代科技所涉及的对象，从物质内部的微观结构到整个宇宙太空，从生命的起源到智能本质，研究的水平和层次都很高，并且还在以跳跃式为主的态势不断向高层化迈进。高层化趋势还体现在现代高技术群的出现和重大发展方面，高科技的发展带动了整个科技水平的高层化。

（2）加速化趋势。现代科技正以几何级数的态势不断加速地向前发展，尤其是在信息科学技术和生物工程技术领域。电子计算机诞生于1946年，1999年全球个人计算机总数已达4.4亿台。因特网使用者在2000年3月已超过3亿人，遍及全球200多个国家和地区；而在1993年，全球的因特网使用者还不到9万人，截至2015年年初全球有约30亿人使用互联网。

（3）综合化趋势。现代科技的发展，既高度分化，又高度综合。例如，新材料技术实质上是物理、化学、数学、计算机、工程技术、测试分析技术等的综合体，尤其是当前智能化材料的发展，更离不开多种学科和多门技术的支持和综合。

（4）协调化趋势。现代科技日益强烈地渗透到经济和社会的诸领域中，成为经济和社会发展强大的驱动力。现代科技及其在经济、社会领域的广泛应用，也对人类赖以生存的生态环境产生深刻的影响，其中一些是负面的影响，如污染和能源过度消耗等。科学技术是一把"双刃剑"，要求当今的科技发展必须与经济、社会和生态环境相互协调。

5.2.2　全球科技发展水平不平衡

科学技术在总体上呈现高速发展态势的同时，在不同国家和地区的发展水平又是极不平衡的。这也正是需要开展国际营销的企业特别留意的方面。

科技水平的差异可以从各国的科技支出水平以及研究人员占总人口的比例上得到反映。2002年，根据联合国教科文组织对各国研发（R&D）支出的统计，虽然欠发达国家占世界人口的79%，但其从事R&D的研究人员只占全球R&D研究人员总数的27%。欠发达国家的GDP占世界GDP总额的39%，但其在R&D的支出只占全球R&D总支出的19%。世界平均水平GDP的1.8%被用于R&D，但欠发达国家只用了其GDP的0.9%，而发达国家却用了其 GDP 的 2.4%。平均而言，发达国家每百万居民中的研究人员数量是欠发达国家的 10 倍。发达国家每 1000 人中有 3 个研究人员，而欠发达国家每 10000 人中才有 3 个研究人员[1]。目前这种不平衡仍在持续。

5.2.3 知识经济及其对营销的影响

随着科学技术的迅猛发展，近年来出现了一个新的经济概念——"知识经济"，即以知识为基础的经济。随着计算技术、生物技术、电子通信等领域知识不断加速的、爆发式的增长，企业和政府行使其职能的方式发生了巨大的变化。

知识经济兴起的第一个标志是经济发达国家的工作场所正发生着根本性的变化，以物品为基础的生产明显地转向高技能、高技术和以服务为基础的增长。随着以劳动为基础的生产向低成本地区转移，经济发达国家中的蓝领职位以惊人的速度消失。现在的经济发达国家，GNP 中来自高技能服务的百分比正在增长。OECD 的数据表明，自 20 世纪 60 年代起，服务价格以超过工业价格 3 倍的速度飞快地增长。服务业对美国 GNP 的贡献率从 50%增长到 80%以上，其中 63%被认为属于高技能服务类型。另外，知识经济对传统制造业的影响也是显著的。今天的现代生产企业由知识劳动统治着，甚至在装配线上的工作也需要接受过高等教育的、高技能的工人。

知识经济兴起的第二个标志是公司发展的日益全球性。例如，超过 100 家的美国公司，把它们的软件包分块转包到印度，由那里熟练的程序员完成编程工作，并在一夜之间用电子手段送回美国。这些程序员的劳动成本只相当于美国本土的一小部分。事实上，估计超过 400 万"事实上的外国人"直接受雇于美国企业，他们居住在美国之外，通过互联网联系。新技术与日益饱和的国内市场相结合，必然要产生全球扩张，把企业发展成"无国界"的组织。

知识经济对市场营销的影响是巨大的。知识大爆炸的时代，企业的市场营销从营销理念到营销行为都将发生显著变化。它主要体现在以下方面：

（1）从传统的 4P's 营销组合走向 4C's 营销组合。传统的市场营销虽然强调以顾客为导向，但营销组合策略 4P's（产品、定价、渠道、促销四大策略）仍然是站在企业自身立场上考虑问题。在知识经济条件下，应该通过追求顾客满意的提高来实现企业的目标，需要采用 4C's 营销组合。

（2）从传统的大规模营销到实施全面的顾客关系管理。工业经济时代，企业着力于研究顾客群体共同需求，通过 STP[2] 来实现产品定位。在知识经济时代，企业有必要也有能力对顾客个别需求进行研究，建立顾客数据库系统，开展全面的顾客关系管理（CRM）。根据每位顾客个性化需求的特点进行产品研发及沟通、交易与服务。

（3）从传统的交易市场营销转变为关系市场营销。传统的交易市场营销追求的是每次交易的成功，见物不见人。现代的关系市场营销要求企业与其顾客、供应商、分销商建立长期互利合作的关系，为顾客传递更多的价值增值，最终达到建立起顾客忠诚度的

---

[1] 参见 www.unesco.org.
[2] STP 即 Segmenting、Targeting、Positioning 三个英文单词的缩写，译为市场细分、目标市场和市场定位。

目标。

（4）从产品营销到品牌营销。知识经济时代，拥有市场比拥有工厂更重要，拥有市场的唯一途径就是拥有市场优势的品牌。知识经济时代将是品牌至尊的时代，品牌将是企业标识自己，留住老顾客、吸引新顾客的有力手段，是企业与顾客进行沟通的基石。

（5）从企业对顾客的单向营销到实现企业与顾客互动的网络营销。传统的市场营销是从企业到顾客的单向进程，顾客处于被动的地位，企业的营销有很大的盲目性。在知识经济时代，通过网络平台企业与顾客之间可以实现互动，顾客成为主动参与营销活动的合作者，甚至可以成为整个互动网络营销进程的启动者和控制者，以顾客为中心的营销理念在真正意义上得以实现。

5.3 东道国的自然环境

在国际经营过程中，有很多因素是属于营销者自身无法控制的，但这些因素对营销的影响又是不可忽视的。本节的自然环境就是这样一种因素，包括自然资源、土地面积、地形、地貌和气候条件等。人们常用"向因纽特人推销冰箱"来证明营销策略"人定胜天"般的无所不能，但在实际营销工作中更多的却是"人顺应天"——向因纽特人推销防寒服难道不是更好的选择吗？

5.3.1 地理特征

地理特征主要包括地形、地貌和气候条件。世界上不同国家在地理特征上差异巨大。马德里等六个城市的部分地理指标见表5-2。

表5-2 六个城市的部分地理指标

城市	马德里	拉巴斯	鄂木斯克	加尔各答	开罗	汉堡
国家	西班牙	玻利维亚	俄罗斯	印度	埃及	德国
纬度（南/北）	40°25′N	16°30′S	55°00′N	22°35′N	30°05′N	53°35′N
海拔/m	660	3632	85	10	20	13
年平均温度/℃	13.9	11.4	1.4	26.3	20.8	8.4
最冷月的平均温度/℃	5.0	9.4	-17.4	19.5	12.3	0.4
最暖月的平均温度/℃	24.1	12.7	19.7	30.4	27.7	16.6
平均降水/mm	440	555	380	1604	26	744

数据来源：朱之鑫：《国际统计年鉴（2002）》，北京：中国统计出版社，2002，第22~25页。

地理特征不同的地区对产品的需求、对产品性能的要求都是存在较大差异的。某些在温带地区功能正常的产品到了热带地区则变得不能适用，往往需要经特别冷却或添加润滑剂之后才能适应热带气候。欧洲大陆的气候差异致使西门子公司对其洗衣机做出更改，由于德国晴朗天气较少，在该地区适销的洗衣机转速不得低于1000r/min，最大转速几乎达到1600r/min。这样，用户不必再费神去拧干衣服。而在意大利和西班牙，由于阳光充足，洗衣机转速达到 500r/min 就足够了。拉巴斯是一个高海拔城市，高压锅比普通锅更受欢迎。鄂木斯克的年平均温度只有 1.4℃，最冷月的平均温度为-17.4℃，供暖设备比制冷设备拥有更大的市场。在鄂木斯克，普通标号的车用柴油在冬季根本无法使用。

地理特征对营销体系的建立和正常运转也有很大的影响。加拿大是个地广人稀、气候寒冷的国家，长途运输和严寒给营销工作带来不小的困难。蒙特利尔等大城市常常会因突降大雪而与外界隔离，那时货物运输常常会被延误 3~4 天，因此当地企业的安全存货水平一般会高于正常水平。此外，车皮不足也会导致运输延误，严寒天气下的长途运输所需的取暖费用也使得公司的运输成本增多。一般而言，在山地地区和内陆地区，交通不便，信息也较为闭塞，分销体系的建立和营销工作的开展要比沿海地区难度更大，成本更高。

5.3.2 自然资源

地球上的绝大部分自然资源都是有限的，包括可再生有限资源和不可再生有限资源。诸如森林和可耕地这样的可再生有限资源，必须得到保护和有效利用，才能保证木材和粮食的供给能满足人口增长的需要。而对于石油、煤炭、铁矿和稀有金属这些不可再生有限资源，过度开发造成的短缺问题已经变得非常严重。

日本是一个自然资源匮乏的国家，高度发达的经济主要来自很高的教育水平和科技水平。但更多的情况是，一国经济水平与其自然资源拥有量是相关甚至高度相关的。中东国家的富庶是和石油的开采分不开的，美国和加拿大巨大的耕地面积造就了两国发达的农业经济。

当今世界，能源是对一国经济影响最大的资源，其中尤以石油为甚。国际营销者需要关注东道国经济对能源的依存度，以及该国自身能源供给的能力。那些经济发展初期尚能实现石油自给的国家现已成了石油净进口国，并且对国外石油的依存度不断增强。1942 年之前的美国是一个富足的石油自给国家，但自 20 世纪 50 年代以来则成为主要石油进口国。从 1973 年至 1995 年，美国年度石油进口占其石油总需求的比例从 36%上升到 50%。

世界上资源的分布很不均衡，资源缺口是通过国家或地区之间的贸易来解决的，其中多数工业化国家扮演的是资源的进口方。以铅为例，澳大利亚、圭亚那和巴西的铅储量约占全世界总储量的 65%，而美国的铅耗用量约占全球总产量的 35%。由于世界市场对资源需求的不断增加，导致资源价格的持续攀升，自然资源始终是影响国际市场营销决策的主要因素之一。

5.3.3 环境保护

人类的经济活动一方面将环境改造得更加适合自身的生存和生活；另一方面却又带来了一系列深刻的环境问题，如全球气候变暖、酸雨、地球臭氧层遭到破坏、温室气体数量增加、耕地沙漠化、对重要自然资源的过快掠夺、雨林的消失以及物种灭绝等。类似这样的变化正在从根本上影响全球环境。经济增长大多要依靠从森林、土地、海洋和河流中获取原材料才能实现。20世纪工业产出增长了150多倍，其中4/5的增长都发生在1950年以来的半个多世纪。由于人类的非持续经济增长活动，地球的重要资源已下降到警戒水平，未来的经济活动可能会对生态环境造成新的巨大损失。

营销活动不可能把自己与生态问题孤立开来。国际营销者必须考虑满足消费者需要时所耗费的资源，并考虑消费行为对人类命运和生态环境的影响。这就需要采取可持续营销策略，即从竞争和生态角度都具有可持续性的营销思想。可持续营销需要实现两个转变。第一，需要正确地引导顾客需求和期望。通过有效沟通，对顾客进行教育、宣传，并把他们的需求引导到符合生态要求的产品和服务上来，改变低效的、对环境造成破坏的消费习惯，必要时甚至可以对某些顾客的消费习惯采取价格和非价格的遏制措施。第二，营销者需要向顾客提供"社会生态型"产品，开发出能满足消费者的眼前需求，而又不牺牲子孙后代利益的产品和服务；不仅要寻求不破坏环境的绿色产品，还要开发出能改善环境状况的产品和服务。

5.4 东道国的人口环境

开展国际营销的企业需要研究东道国的人口环境，因为市场是由人组成的。人口规模和增长率、人口分布状况、人口年龄结构、性别结构、种族组合、教育水平、家庭类型和人口迁徙都是很重要的因素。

5.4.1 世界人口增长概况

世界人口正呈现快速增长的趋势。人口增长意味着消费者数量的上升，短期对营销企业是有利的，但长期效应却不一定。人口数量的迅猛增长对地球环境是一个巨大的挑战。地球资源有限，人口的增长及消费的增加如果毫无节制，必将导致食品供应的短缺、主要矿产的耗竭、人口过度拥挤、污染和生活质量的全面恶化。对于市场营销者而言，可能就意味着生产成本的剧增和利润的大幅下降。

过去50年人口变化的另一个特点是，欠发达国家的人口增长率远远高于发达国家。发达国家的家庭观念一直在改变，晚婚、晚育、少育甚至不育的家庭比例在上升。而在发展中国家，医学的进步提升了人均寿命，降低了婴儿死亡率，但多生、多育的观念没有改变。在那些欠发达国家，人口的剧增并不一定意味着有效需求的迅速上升。

无论是发达国家还是欠发达国家，人口从农村向城市转移的趋势都很明显。人们由农村移向城市，目的是获得更多的教育机会、健康保护和工作。在巴西，从事体力工作的城市家庭收入是农业家庭收入的5倍。农业人口的迁入也给城市带来一些问题：低技能工人过剩，城市的卫生、供水及其他社会服务系统承受过重的压力。

5.4.2 人口年龄结构和性别结构

人口年龄结构和性别结构对营销者来说也是重要的数据资料。

自然人口的变化反应在他们的年龄结构上。典型的情况如印度，不但人口数众多，而且年轻化的趋势也非常明显，正是高出生率导致了该国较高的人口增长率。乌干达虽然人口总数远不及印度，但年轻人的比例更大，20 岁以下人口的比例超过 60%；由于经济和卫生保健相对较差，老年人的比例很低，60 岁以上老年人的比例不到 4%。与此相反的情形发生在日本和德国，两国都在步入老龄化社会。这两个国家 20 岁以下人口的比例分别为 20.6% 和 21.3%；而 60 岁以上老年人的比例却更高，分别为 23.3% 和 23.2%。原因在于卫生保健水平很高，人的寿命越来越长，同时观念的改变使得出生率处于较低水平。对营销者来说，人口数最多的年龄组构成了主要的营销环境。在印度，牛奶、尿布、学校用品和玩具的市场很大；而在日本，要努力开发老年人用品市场，如保健用品等。

人口的性别结构也包含了重要的商业信息。中国和印度的男性比例略高于女性，香烟市场巨大。而日本和德国的女性比例略高于男性，化妆用品和时装有着不小的顾客群。

5.4.3 人口老龄化

2023 年 4 月世界银行发布的一份报告表示，全球人口正在以前所未有的速度老龄化，这使得许多国家越来越依赖移民来维持经济长期发展。该报告指出，富裕国家以及越来越多的中等收入国家面临着人口减少的问题，加剧了全球对用工和人才的竞争。同时，大多数低收入国家预计将迎来人口的快速增长，面临为年轻人创造更多就业机会的压力。在未来几十年里，许多国家的工作年龄成年人的比例将急剧下降。例如：拥有 4700 万人口的西班牙，预计到 2100 年人口将缩减 1/3 以上，65 岁以上人口将从 20% 增加到 39%。中国的老龄化速度和规模前所未有，2021 年中国 65 岁及以上人口占比达 14.2%，进入深度老龄化社会，2022 年上升至 14.9%，预计在 2030 年左右进入占比超 20% 的超级老龄化社会。

人口老龄化将给国际市场带来很多影响，比如社会对医疗保健产品和服务产品需求增加，对养老院、医院的需求增加，医药公司将拥有更多的具有增长潜力的市场。

思 考 题

1. 文化主要有哪些特性？
2. 在日本有这样一句谚语，"冒尖的钉子挨锤敲"，而在美国也有一句类似的话，"嘎吱叫的车轮先上油"。针对这两句谚语，你有何评价？
3. 中国属于高背景文化还是低背景文化？
4. 根据第 3 题的回答，在中国开展营销的外国企业应注意哪些问题？
5. 列举五个不同文化背景下的肢体语言沟通方式。
6. 面对不同的宗教文化，国际营销者需要注意哪些问题？
7. 简述他人导向价值观、环境导向价值观和自我导向价值观对市场营销的影响。
8. 为什么说中国"国潮"走红，反映了年轻人日益增强的文化自信？
9. 为什么说达尔文的"物竞天择，适者生存"用在国际市场营销活动中同样适用？

10. 现代科学技术的发展有哪些主要趋势？
11. 知识经济的兴起对市场营销有何影响？
12. 地理特征对市场营销有何影响？
13. 如何理解"可持续营销"？
14. 中国人口的年龄分布和性别分布有何特点？对营销有何启示？

案 例 题

【案例题 1】

海底捞进军美国市场

在国内火爆异常的火锅连锁品牌"海底捞"2013 年秋天在美国南加州阿卡迪亚（Arcadia）开张了第一家海外分店。虽然海底捞早在新加坡已经有了几家分店，但是远跨大洋开到美国的分店还真是头一家。张勇，海底捞的创始人，虽然很谨慎地选择了阿卡迪亚这个华人聚集区，但是海底捞的"美国梦"并不如想象中那么顺利，《福布斯》杂志的专稿细数了海底捞美国受挫的三大原因。

海底捞创建于 1994 年，那时的创业资本只有一万元，张勇在四川简阳开了第一家"海底捞"，而发展至今，海底捞以其独特的品牌形象和周到贴心的服务称为"时尚川味火锅第一家"。除去火锅店的本质，海底捞的一系列增值服务可谓其品牌的象征，客人在门口等位时可免费享受擦皮鞋、美甲等服务，入位后的服务更是无微不至，包括提供保护手机的塑料小袋、眼镜布等赠品，更有欢快的甩面舞供食客欣赏。

但是这一系列的"特殊服务"却并不被美国人所买单，中国的大众点评网上海底捞的评分可高达满分 5 分，而美国的点评网站 Yelp.com 上海底捞的评分却只有 3 分（满分 5 分），很多评价反映海底捞的价格偏高，并且店里的服务员并没有训练有素，甚至都没有能力应对排队人群。还有评价说，海底捞在美国应该定价偏低一些，因为美国是要给小费的。另外，店里的饭后甜点竟然是咸味的，这很难被美国人所接受。

事实上，海底捞在美国的麻烦事儿在门店开张前就已经发生，2013 年 7 月，当地一家媒体就报道过海底捞的木匠工人曾在其门店建筑工地上打出"Shame on Haidilao"的示威条幅，原因是雇用非工会的工人。而海底捞一直以员工待遇好而著称，这样的丑闻对海底捞无疑是一个巨大的挑战。

貌似海底捞的优质食物、顾客为上、服务周到的经营理念很适合美国的文化理念，但究其坎坷的美国之路，原因主要还是发展战略的错误定位。

首先，在中国，大城市的消费者愿意在健康新鲜的食物上多支出，可是在美国，食品安全问题并不存在。美国的中国餐馆给美国人的印象就是便宜，服务差。所以，让美国人花大价钱吃一顿中式火锅且只是为了体验周到服务，貌似并不是那么有吸引力。

其次，美国人通常不习惯吃有太多调味料的东西，而川味火锅底料却含有大量的辣椒、花椒等调料,所以一下子让他们改变自己的饮食习惯不是件容易的事。

最后,海底捞的员工福利、薪资和待遇也是被人们所认可的,丰厚的薪资和免费的食住吸引了很多来海底捞工作的优秀人才,他们在这里不是寻求一份打零工的机会,更多的是想在餐饮业有一个很好的职业发展路线。可是在美国,很多在餐馆打工的人是外来移民人员,他们大多文化程度不高,并没有一个稳妥的职业规划,自然也不会对企业有什么忠诚感,所以服务质量也就大打折扣。

虽然海底捞的"美国梦"并不是一帆风顺,但是张勇和其团队仍在努力地开拓其海外市场,海底捞的故事并没有就此结束,但是若想如它的名字一样在美国的市场海底捞宝,还需要更多地了解其客户爱好和当地文化。

(资料来源:由作者整理而成。)

分析:

(1) 海底捞为什么会在美国受挫?
(2) 海底捞能够通过哪些方式改善其在美国的状况?
(3) 结合案例,谈谈开拓海外市场时需要注意哪些问题。

【案例题2】

案例1:肯德基融入中国文化营销

近年来,肯德基与中国传统文化相挂钩的新品或促销活动都备受消费者关注和欢迎。那么,作为一个跨国快餐品牌,肯德基为什么能在中国长盛不衰并且俘获一代又一代国人的心呢?这与其长久以来坚持融入中国文化营销是分不开的。

随着经济全球化的加速发展,各个国家、地区之间的经济往来日渐频繁,发展到今天,跨国公司的经营模式逐渐成熟,本土化成为进入东道国市场的要素之一。本土化的实质就是跨国公司在生产、营销、管理、服务等方面全方位融入东道国市场之中的过程,在这一过程中,跨国公司的产品设计、营销手段等都会根据当地经济文化环境进行适配性调整。肯德基在进入中国市场的多年实践中,在产品研发、品牌形象、广告策略等方面均在不断尝试融入中国文化,2008年肯德基甚至打出"为中国而改变"的标语。

1. 产品本土化

如果说肯德基最初打入中国市场依靠的是炸鸡,那么它在中国持续发展的原因就是贴合中国传统风格的创新产品。作为跨国餐饮品牌,想在东道国市场中获得认可,最重要的因素之一就是能够提供充分满足消费者多元化、多变动需求的产品。因此,肯德基在保留品牌核心产品的基础上,通过市场调研,了解并把握中国饮食文化和中国人的饮食习惯,不断创新、研发出了诸多市场覆盖率更高的、与中国传统风格食品相似的新品种,每推出一款,都会给消费者带来惊喜,从而收获了大量粉丝。

中国地域广阔,市场跨度大,范围内差异显著,不同地区有不同的饮食文化和习惯,若要同时满足,难度并不小。但是,肯德基先后在北京推出类似北京烤鸭吃法的

"老北京鸡肉卷",又在上海推出各种"枸杞南瓜粥""海鲜蛋花粥"等粥类,接着又针对全国市场推出油条、豆浆、K记饭桶、小龙虾汉堡,还有2021年2月上市的麻辣香锅风味汉堡等产品,这些在品牌原产地都没见过的"中式产品"促使肯德基迅速在中国站稳脚跟。在核心产品不变的同时,融合创新国内食品,逐步实现产品本土化创新,深受消费者喜爱,从而占据了大量的中国市场。

2. 品牌定位与形象本土化

当诸多国外餐饮品牌在中国致力于打造"洋"形象、不断输出"洋文化"时,肯德基却另辟蹊径,着重打造自身品牌的本土化形象。这也是肯德基与中国人之间更有亲和感的原因之一。

中西方文化之间比较显著的差异之一就是集体主义与个人主义,与西方相比,中国人往往具有更深的家庭观念。肯德基来自西方,但在中国发展时却迅速转变品牌定位,在广告宣传中凸显在肯德基用餐时的美好亲子时光。同时,肯德基还结合孩子们喜欢的动画IP设计玩具,并与儿童套餐捆绑销售。此外,有的门店甚至专门开设了儿童专区。因此,在几年前,肯德基似乎成了"孩子们的奖励",吸引并留住了孩子,就收获了最广大的消费群体。

如今,随着年轻人不断增长的个性化需求以及"健康养生"这一诉求,肯德基继续进行品牌定位转变,塑造青春洋溢、阳光健康的品牌形象。一方面,肯德基先后签约多位青年明星偶像吸引年轻人;另一方面,肯德基发布了《中国肯德基健康食品政策白皮书》,以此来创建新的健康品牌定位——"均衡营养、健康生活倡导者",把健康运动的精神融入品牌形象中。近几年,肯德基甚至推出KPRO绿色肯德基餐厅,用当季新鲜蔬果按照健康饮食标准,打造全新的轻食健康餐品,完全符合年轻人"健康养生"的需求。

3. 促销本土化

肯德基在广告方面也深谙"入乡随俗"之道,不论是广告内容还是明星代言,均以我国主要消费群体的喜好为主。2020年春节期间,在众多"春节档"广告之中,肯德基的视频广告格外引人注目。广告聚焦"中国女排精神",短片整体解读了新时代女排精神的意义,最后以一个肯德基全家桶特写镜头进行收尾,诠释其广告立意"祖国是支撑郎平重新开始的力量,肯德基全家桶也可以帮你找到开始的力量"。这段广告结合了人们熟知的中国故事,再加上新年新开始,给众多国人受众带来了亲切感,提升了品牌在消费者心中的形象。

除了广告内容,2004年起,肯德基也开始在中国采用明星代言。肯德基签约代言人总能紧贴热点,借助中国本土明星或是中国受众喜爱的明星,利用他们极强的感染力和号召力形成粉丝效应,吸引年轻消费群体。

除此之外,肯德基的促销活动也紧贴中国传统节日,甚至传统节气也能成为其促销活动的理由,清明节上新青团,端午节上新粽子⋯⋯近年来的春分时节还上新春分半价桶,借着节气的美好意义适时将众多单品组合销售,再加上力度不小的优惠,吸引了众多年轻人前来"薅羊毛",再通过他们在网上进行的自发传播,掀起了销售小高潮。

4. 跨界营销本土化

肯德基经常打造出别出心裁的营销活动，并且其创意总是让人意想不到。作为一个餐饮品牌，肯德基的跨界营销水平并不比一些时尚名品低，甚至在选择联名或跨界对象的眼光比大多数品牌更加独到。

2019年新春时期，肯德基继续拓展中国市场，它再次找到了代表一代人记忆的上海美术电影制片厂（以下简称"美厂"）开展合作，与美厂部分经典的国漫IP形象进行深度绑定，这已是肯德基连续多次与美厂联动。肯德基不光在产品上推出了附赠国漫IP形象玩具的国漫套餐，还发布了纪录片《国漫守护人》。这一跨界联动营销，瞬间勾起了众多"80后""90后"消费群体的集体记忆，让消费者对国漫的情感顺势转嫁到品牌身上，吸引了大众目光，取得良好传播效果，加深了大众对于产品的印象。

案例2：麦当劳和印度文化

麦当劳在开拓全球市场方面写下了精彩的篇章，截至2023年第三季度，麦当劳在全球有4万多家连锁店。

麦当劳是在20世纪90年代后期在印度开设餐厅的，麦当劳对其所拥有的大量相对富裕的中产阶级具有很大的吸引力，然而麦当劳在印度开店却遭遇了前所未有的挑战。

麦当劳是全球牛肉采购量最大的餐饮企业之一。自1955年该公司成立以来，不计其数的牲畜被宰杀以生产巨无霸汉堡。一家靠牛肉创造财富的公司如何在一个视食用牛肉为极大罪恶的国家里生存呢？用猪肉代替？但是在印度有2亿穆斯林，而穆斯林是禁止食用猪肉的，这样就只剩鸡肉和羊肉了。麦当劳为应对这一饮食文化的困境，发明了印度版的巨无霸——Maharaja Mac，这是一种用羊肉做的汉堡。菜单上的其他一些产品也与当地人的情感相吻合，如McAloo Tikki Burger，这是用鸡肉做的。所有的食品都严格按素食和非素食区分，以适应印度当地有许多素食者的需求。正如麦当劳印度分公司的一位主管所言："我们必须彻底改造我们自己，以适应印度人的味觉。"

一段时间后，事情看上去有了些起色。然而在2001年，麦当劳公司遭到了意外的打击，三位居住在西雅图的印度商人在美国对麦当劳提出起诉。这三位商人都是素食主义者，其中有两位是印度教徒，他们投诉麦当劳"经常隐瞒"其在制作法式土豆条时使用牛肉汁的事实。麦当劳起初辩称其在做法式土豆条时用的是100%的纯植物油，但不久又承认它在植物油里加了"微不足道"的牛肉汁。麦当劳花了1000万美元解决了这场诉讼，并公开道歉，道歉声明："当顾客在我们的美国餐厅用餐时，由于没有向其提供有关饮食配料表所需要的信息，麦当劳公司真诚地向印度教徒、素食者及其他相关人士表示歉意。"未来麦当劳承诺会进一步做好食品成分的标识工作，并找到用于食用油里牛肉汁的替代品。

但是，全球新闻传播的速度十分迅速，有关麦当劳在其食用油里添加牛肉汁事件的曝光让印度教徒聚集在德里的大街上，他们打砸了一家麦当劳餐厅，损失达45000美元；

他们在另一家麦当劳餐厅门口喊口号,在麦当劳公司总部示威,并要求印度总理关闭在印度的麦当劳分店。麦当劳在印度的特许经营店业主迅速做出反应,否认其在食用油里添加牛肉汁。部分印度教徒对此做出回应,他们要把麦当劳的油送到实验室里化验,以确定是否含有牛肉汁。

后来,麦当劳不断适应印度特殊的饮食文化,推出了素食汉堡——纯菠菜或者玉米的汉堡。

(资料来源:由作者整理而成。)

分析:从以上两则案例,讨论肯德基与麦当劳是如何融入当地文化的。

国际营销战略篇

战略是对战略主体的未来所做的系统性决策,是关于设立目标和控制目标实现全过程的系统性决策。

"战略是一门进行抉择的艺术和科学",美国国防大学战略研究所所长约翰·柯林斯(John Collins)在论述战略的实质时说,"战略这个词的原意是'统率艺术',但现在这个词的含义却远远超出了这个范围。战略真正的目的与其说是寻求战斗,不如说是寻求一种有利的战略形势。"1999年英国著名学者格里·约翰逊(Gerry Johnson)和凯万·斯科尔斯(Kevan Scholes)对战略的定义最有影响。他们认为,战略是通过有效地组合企业内部资源,以在变化的环境中确定企业的发展方向和经营范围,从而获取竞争优势,以满足市场的需求和企业拥有人才的需求。

中国伟大的战略家孙子描述战略的意义时说:"不战而屈人之兵,善之善者也。"所谓"不战而屈人之兵",是说正确的战略本身就能使人立于不败之地。美国以控制石油为目标,以伊拉克为最终竞争对手,为海湾战争制定战略;海尔则以参与国际竞争取得胜利为目标,以国际名牌为战略。众所周知,这种目标和竞争对手清晰的战略的确卓有成效。

以战略营销为核心的市场营销新理念,强调顾客导向与竞争导向在战略层次上的融合与统一,并通过引入经济学、行为科学、系统论、管理理论和战略理论的前沿思想,建立较新的市场营销学概念体系。战略营销理念就是用战略管理的思想和方法对市场营销活动进行管理。它强调,企业要在选定的市场环境中,通过战略管理创造竞争优势,向包括顾客在内的所有参与者提供最大的利益。

国际市场营销学　第4版

第 6 章
国际市场竞争战略

本章要点

在世界经济一体化、新技术革命浪潮全球化、市场竞争国际化的三大趋势影响下,当今世界已进入全球竞争的时代。在这个时代,企业要学会分析竞争环境(行业分析)、竞争优势,并在此基础上进行正确的竞争战略定位,配置国际经济资源,积极主动参与国际竞争。企业正确选择竞争战略的诀窍在于掌握各种战略的特性,并注意有效、合理地适应具体环境。在这个充满不确定因素和危险竞争对手的世界里,企业家们应该认识到,要想采用传统的竞争方法来确保企业在国际市场的竞争地位已经不可能了。企业国际化经营需要通过协作,寻找能弥补自身财力、规模、技能或机会的合作伙伴,建立国际战略联盟。

关键词

　　五力模型　　竞争优势　　竞争优势模式　　市场挑战者和市场跟随者　　市场主导者
市场补缺者　　差异化战略　　低成本战略　　重点集中战略　　战略优势　　国际战略联盟

6.1 公司所在行业分析

　　行业是指生产同类产品或提供同类服务的所有企业的集合。行业分析是明确企业在行业中所处的位置以及对面临的处境的自我剖析,也是深入了解竞争对手的一个有用方法。在任何行业,竞争往往会导致投资回报率下降,逐渐达到经济学家所说的"完全竞争"行业的收益率。高于所谓"竞争性"收益率的回报率会刺激资本流入(这部分资本流入或来自新进入者,或由现有竞争者追加投资)。低于"竞争性"收益率的回报率会导致资本撤出该行业,商业活动和竞争水平下降。

哈佛大学著名竞争战略专家迈克尔·波特（Michael Porter）在其经典著作《竞争战略》中提出了行业结构分析模型，即五力模型。迈克尔·波特认为：行业现有的竞争状况、供应商的议价能力、购买者的议价能力、替代产品或服务的威胁、新进入者的威胁这五大竞争驱动力，决定了企业的盈利能力。具体情况如图6-1所示。

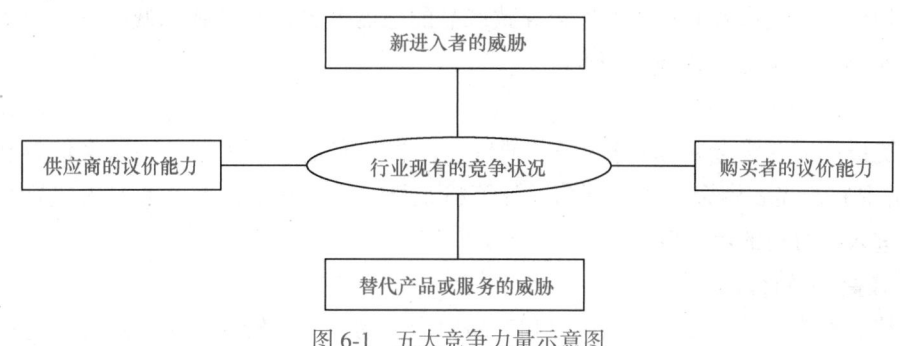

图6-1　五大竞争力量示意图

6.1.1　行业现有的竞争状况分析

行业现有的竞争表现在价格竞争、广告大战、产品定位和产品差别化的尝试等方面。竞争对手之间的对抗能够迫使各公司将成本合理化，在此情况下它是积极的力量。当各公司压低价格进而降低盈利能力并导致行业内不稳定时，对抗就成为消极因素。有许多因素都可能激起强烈的对抗和竞争。一旦某行业发展成熟，公司的注意力就集中于市场占有率和如何才能有效地扩大市场份额。固定成本较高的行业，总是采取尽可能大的规模进行生产，以降低单位产品的成本。一旦该行业积累了过剩的生产能力，产品价格（及盈利能力）就会下降。差异化或转换成本也是影响竞争的因素，产品缺乏差异化或没有转换成本会促使买方将产品或服务视为"大路货"，因而去寻求低价格，从而进一步迫使卖方降低价格和盈利能力。再者，在某行业实行战略投资、着眼于未来成功的公司有可能会破坏产业稳定，因为它们会接受不合理的低利润率，以达到抢占地位、守住地盘或进行扩张的目的。

6.1.2　新进入企业的潜在进入威胁分析

新进入企业带来了新的生产能力、取得市场份额与地位的意愿，以及满足顾客需求的新方法。进入某一行业的决策通常伴有重大的资源投入。新企业进入往往意味着价格被压低、利润空间被挤压、原材料以及市场份额被挤占，这些会导致行业利润在一段时期内下降。迈克尔·波特描述了对新进入企业形成主要壁垒的八个方面，这些壁垒存在与否，决定着新进入企业所构成威胁的大小。

1. 明显的规模经济作用

规模经济（Economic of Scale）是随着产量增加引起长期平均成本下降的企业技术特点［《微观经济学》，迈克尔·帕金（Michael Parkin），P209，2003］。虽然规模经济的概念通常与制造业相联系，但它也适用于研究与开发、总体管理、市场营销及其他业务职能方面。例如，本田公司在发动机研究方面的高效率，就是因为它生产门类齐全的汽油动力发动机，从而降低了单位产品的研发费用。当某行业内部已有企业达到显著的规模经济时，潜在的新进入企业就难以与之竞争。

2. 独特的产品差异

产品差异是指产品能被消费者感知的独特性。通俗地说，就是产品是否"大路货"。产品的物理特性或有效的营销沟通会导致产品的高度差异性和品牌忠诚度，这对于未来的新进入企业来说是"抬高了门槛"。

3. 对资本量的要求

制造设施需要资金（固定资本），研究、广告、实地销售和服务、顾客信贷和存货（营运资本）也需要资金。诸如制药、计算机主机、化工和采矿等产业对大笔资金的需求成了进入该行业的巨大壁垒。

4. 较高的转移成本

转移成本是指因需要改变供应商和产品而产生的一次性转换成本。这可能包括重新培训人员的费用、附属设备成本、评估新资源的费用等。顾客转向一个新竞争者所需要的感知成本，可能会构成一个难以逾越的障碍，阻碍行业的新进入企业获得成功。例如，微软公司巨大的、装备齐全的个人计算机生产系统和应用软件基地就构成了令人畏惧的进入壁垒。

5. 行业内企业对营销渠道的支配

如果渠道全被占用或不能得到可用的渠道，新进入企业就必须创建新的渠道，这样就会使进入的成本大大增加。部分西方的公司在日本就遇到了这样的壁垒。

6. 规模经济之外的成本优势

已经确立地位的公司还可能享有规模经济之外的成本优势，这也构成进入壁垒。能够得到原材料、优越的地理位置和政府补贴等都是这方面的实例。

7. 政府政策支持

政府政策常常是一个重要的进入壁垒。许多行业都有政府限制竞争者进入的情况，特别是被一国政府定义的"民族"产业。日本的战后工业化战略的政策基础就是保存和保护发展中的和成长阶段的本国工业。结果使非日本的竞争者难以进入该行业市场。美国许多行业的业务经理都支持实行能减少这类障碍的政府政策，以使日本市场向更多的美国公司开放。

8. 行业内企业的共同抵制

如果新进入企业预期现有的竞争者对它们进入行业的反应强烈，其所获收益的期望肯定会受到影响。如果某潜在竞争者认定进入一个新行业或新市场将会是一次不愉快的经历，那么对它而言，这会成为一种强劲的震慑。波士顿咨询集团的前总裁布鲁斯·亨德森（Bruce Henderson）曾用"边缘政策"一词来形容阻止竞争者进入的可行办法。当行业领先者说服潜在竞争者，使潜在竞争者相信，每次进入市场的努力都会遭到令人不快的激烈反击时，它所实施的就是边缘政策。

总体而言，新企业进入一个行业的可能性大小，取决于进入者对进入所能带来的潜在利益、所需花费的成本与所要承担的风险这三者的相对大小情况的估计。

6.1.3 替代产品或服务分析

影响行业内竞争的第三种力量就是来自替代产品或服务的威胁。替代产品或服务的可获得性限制了行业寡头企业在产业内的定价自由,因为高价格会导致买主转而购买替代产品或服务。替代产品或服务质量越高,售价越低,那么用户的转换成本越低,原有企业的利润与市场份额会受到越大的冲击。

6.1.4 供应商和购买者的力量分析

供应商对产业公司的讨价还价能力是买方能力的对立面。如果供应商对产业公司有足够的制约力量,他们就可以抬高价格,或者降低单位产品价值质量,使其足以对产业公司的盈利能力产生显著的影响。供应商取得这种制约力的能力取决于若干因素:

(1) 供应商的规模、数量。通常市场供应商规模大、数量少,供应商占有优势。

(2) 供应商的产品或服务对于买方而言的重要性。若供应商的产品或服务价值构成了买方产品总成本的较大比例,或者严重影响买方产品的质量时,供应商对于买方的潜在讨价还价力量就大大增强。

(3) 如果供应商的产品不受替代产品的威胁,买方的重要投入或其本身具有高度差异性或带有转换成本时,则供应商对买主就具有相当强的制约力。

(4) 买方对于供应商来说的地位或者分量。若供应商拥有大量的买主,那么一个单独的买方对供应商而言很可能微不足道,因此其议价能力也十分弱。

(5) 当供应商能够方便地实行前向联合或一体化,而买方难以进行后向联合或一体化时,供应商的讨价还价能力进一步增强。

购买者主要通过其压价与要求提供较高质量的产品或服务的能力,来影响行业中现有企业的盈利能力。

通常买方的这种能力取决于下列因素:

(1) 买方购买的数量。若买方大批量采购,致使行业内的企业必须依靠买方的生意维持生存,那么在议价时买方就有绝对优势。

(2) 卖方行业内同种或者类似企业的数量。如果卖方的产品被看作"大路货",即标准化或非差异性产品,买方就有可能压低价格,因为有许多公司能够满足它们的需求。

(3) 当供应商企业提供的产品或服务在买方公司的成本中占据很大部分时,买方也会狠压价格。

(4) 买方实现后向一体化的意愿和能力。

6.2 竞争优势分析

6.2.1 竞争优势的形成

当公司的突出能力与在行业内取得成功的关键要素相匹配时,就存在着竞争优势。

形成竞争优势的基本方法有两种：

(1) 低成本。公司可以采取一种低成本战略，使它有能力向顾客提供比竞争对手价格更低的产品。

(2) 差异化。公司可以通过实现产品或服务的差异化，使顾客觉得值得以较高的价格换取产品的特殊优点，从而获取竞争优势。

这两种方法具有同样的效果：增加了顾客可以得到的感知的利益。公司战略的品质最终取决于顾客的感知。像销售额和利润等经营结果都是依赖于为顾客创造的心理价值水平的尺度：顾客感知的价值越大，战略就越有效。竞争优势要在创造更多价值中获取，而不是在竞争中获取，而价值取决于顾客的感知。

6.2.2 两种竞争优势模式

两种不同的竞争优势模式引起了相当多的关注。第一种是"基本竞争战略"，即公司从四条路线或途径中做出选择，以提供较高价值并获得竞争优势。第二种是基于"战略意图"概念的较新模式。

1. 基本竞争战略

除了行业竞争中图6-1的模式外，迈克尔·波特还以此前提到的竞争优势来源或类型——降低成本和差异化为基础，提出了所谓基本竞争战略的分析框架，如图6-2所示。降低成本或差异化这两个来源与目标市场的范围（窄或广）或产品组合的宽度（窄或广）相搭配，形成了四种基本竞争战略：成本领先、产品差异化、成本聚焦和聚焦差异化。

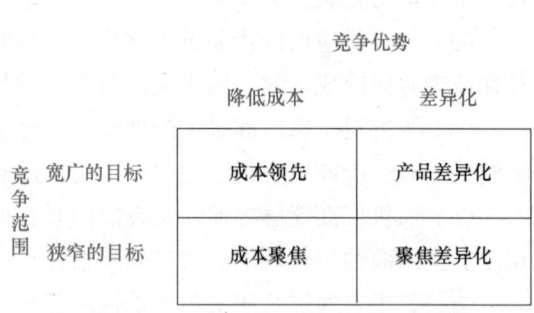

图 6-2　基本竞争战略的分析框架

以争取竞争优势为目标的基本竞争战略，要求公司在四种基本竞争战略类型中做出选择。这种选择关系到所寻求的竞争优势的类型（以降低成本或差异化为基础），以及取得竞争优势的市场范围或产品的组合宽度。

(1) 宽广的市场战略：成本领先和产品差异化。

1) 成本领先。成本领先优势的基础是公司有较大的市场或有跨度较宽的产品组合，在业内确立了低成本生产者的地位。由于经验曲线概念的流行，这种战略在近年来日益受到青睐。一般来说，公司如果把自己的竞争优势建立在成本领先上，它就必须（在规模或是技术方面）建立最为高效的设施，并且争取最大的市场份额，以使其单位成本达到同业的最低水平。这些优势又会使生产商在制造产品的经验方面具有相当大的领先优势，而经验又能够导致生产、交货和服务等整个过程精细化，从而进一步降低成本。

无论它的来源是什么，在竞争更为激烈的产品生命周期的后期，成本领先优势可以成为向顾客提供较低价格（和较多价值）的基础。日本的照相机、家用电器、娱乐设备、摩托车和汽车等行业内的公司就已经在世界范围内取得了成本领先优势。

然而，只有存在着阻碍竞争者达到同等低成本的壁垒时，成本领先才是一种可持续的竞争优势。在一个制造业技术不断更新的时代，制造商们竞相降低成本。例如，有一段时间，IBM 在打印机生产方面享有低成本优势。接着，日本公司也采用了同样的技术，并且在降低生产成本和提高产品可靠性之后，取得了低成本优势。IBM 在北卡罗来纳州建立了一家高度自动化的打印机工厂作为回击。在那里，零部件的数量被锐减了 50% 以上，并且工厂还使用了机器人进行许多零件的安装。尽管做了这些改进，IBM 最终还是决定退出这个行业，并且出售了其工厂。究其原因，主要是 IBM 没有有效地阻止竞争对手获得同等的低成本优势。

2）产品差异化。当公司的产品在一个宽广的市场上具有实际或感知的独特性时，它就被认为是具有差异化优势。在捍卫市场地位和获得高于平均水平的利润率方面，这是一种极为有效的战略，因为独特性通常能够让产品以较高的价格销售。差异化的成功范例包括大型家用电器产业中的美泰克（Maytag）、建筑设备业的卡特彼勒和几乎所有成功的消费者品牌。在运动鞋的制造商中，耐克、阿迪达斯由于其在运动鞋中独特的产品特性而高居技术领袖的地位，能以高价出售其产品。

(2) 狭窄的目标市场战略：成本聚焦和聚焦差异化。

前面提到的成本领先和产品差异化只考虑了对宽广市场的影响。相反，为了取得相对狭小的集中优势的战略则是针对狭窄的目标市场或顾客群的。这种优势的基础是为一个狭窄的目标市场创造出更多的顾客价值的能力，它来源于对顾客需求的较好的理解。狭窄聚焦战略可与成本领先和产品差异化战略相结合。换言之，成本聚焦指的是向一个狭窄的市场提供低价格产品，而聚焦差异化则是以高价格向一个狭窄的目标市场提供实际的或感知的产品独特性。

1）成本聚焦。当公司处于低成本地位时适合采用成本聚焦战略。这一地位能使公司向狭窄目标市场的顾客提供比竞争对手更廉价的产品。例如，在造船业，波兰和中国的造船厂都可以以低价格提供简单、标准化的船型（Porter，1990）。瑞典宜家家居公司就是使用成本聚焦战略的极好范例。这家公司以低价格销售种类繁多、式样入时而又实用的家具，专门为市场有限、寻求低价拼装家具的顾客服务。

2）聚焦差异化。高档音响设备领域是聚焦差异化的成功范例。美国以及世界各地的数百家公司制作单件价值数千美元的扬声器、功放机和相应的高保真设备。仅在日本，鉴赏力很强的音响发烧友们每年就购买 2 亿美元的高档音响设备，其中大部分是美国制造的。美元的疲软和日本及其他环太平洋国家可支配收入的增加给美国家用电器公司提供了良机。同时，美国公司也在更多地了解海外顾客，并与海外分销商建立了良好的关系。

持续性问题是这种战略概念的中心问题。如前所述，只有存在阻碍竞争者达到同等低成本的壁垒时，成本领先才是一种可持续的竞争优势。持续的差异化有赖于不断提供的可感知的价值，并且竞争对手又疏于模仿。聚焦战略能否成为一家公司持续的竞争优势来源，取决于诸多因素。第一，如果竞争对手确定的目标市场更为宽广，那么这种聚焦战略是可持续的。使用聚焦战略的公司并不指望满足所有人的一切需求，竞争对手可能因为试图去满足更为宽广的市场而失去优势。第二，只有当竞争对手无法把市场划分得更细的时候，聚焦差异化才可能有持续性。此外，只有竞争对手不能逾越阻碍模仿这种聚焦战略的壁垒，而且这种目标子市场的消费者不会转向聚焦战略使用者没有覆盖的子市场时，聚焦战略才是可行的。

2. 以战略意图创造竞争优势

理解竞争优势的另一个分析框架是将竞争力作为速度的函数，公司按此速度将新的优势植根于公司内部。这种框架的识别产生于对成功的迷恋的战略意图，即一种获得竞争优势的手段。加里·海默尔（Gary Hamel）和 C. K. 普拉哈拉德（C. K. Prahalad）在《哈佛商业评论》中撰文指出：没有什么竞争优势能够长存。保持现有优势和建立新优势不是一回事。战略的精髓在于要在竞争对手模仿你现有的竞争优势之前创造出新的竞争优势。提高现有技能和学习技能的能力，是一个组织最具有防御作用的竞争优势。

这种方式的根基是 W. E. 戴明（W. E. Deming）原则，戴明强调一家公司必须致力于不断改进质量过程，以便在竞争中成为赢家。多年来，美国人对戴明的说法置若罔闻，但是日本人却采纳了他的理论并从中获益匪浅。日本最有权威的管理奖就是以他的名字命名的。

对比一下卡特彼勒和小松制作所两家公司，可以看出海默尔理论和普拉哈拉德理论的重要意义。卡特彼勒是差异化战略的一个经典范例：该公司因为对质量和服务的狂热追求而成为世界挖土机的最大制造商。卡特彼勒在全球营销的成功使之获得全世界挖土机市场份额的35%，公司半数以上的产品销售到了发展中国家。这种差异化优势的形成，归功于其产品的耐用性、全球零部件服务（包括48h内将零部件送达全球各地的保证）和由忠诚的经销商组成的强有力的网络。卡特彼勒曾经面临一系列非常具有挑战性的环境因素。20世纪80年代初，许多卡特彼勒的工厂因长时间的罢工而关闭。同时，一次全球性的衰退使建筑业萎缩。这使许多卡特彼勒的客户受到打击。另外，美元的坚挺又使外国对手占据了成本优势。来自日本的新竞争威胁进一步加重了卡特彼勒的问题。小松制作所是世界第二大建筑机械公司，而且多年来一直与卡特彼勒在日本市场上进行竞争。小松制作所的产品被认为质量略有逊色，但是当小松制作所提出含义为"包围卡特彼勒"的口号"Maru-c"之后，竞争出现了一个新局面。小松制作所强调了质量，并利用了低成本劳动力以及当时美元的坚挺，超过了卡特彼勒，成为日本市场上排名第一的挖土机制造商，而且还大举进入美国及其他市场。尽管小松制作所已经取得了世界级的质量水平，但它仍然不停地开发竞争优势的新来源，如缩短了新产品开发周期、紧缩了制造程序。卡特彼勒奋力保持其竞争优势，因为许多顾客都发现小松制作所把质量、耐用性和低价位结合在一起，能够给他们提供让人无法拒绝的价值。即使在经济衰退和日元坚挺给小松制作所增加了新的压力时，小松制作所依然通过生产机床和机器人等多元化经营方式，找到了新的经营机会。

以上实例说明全球竞争局面的构成是因为公司纷纷实施的基本竞争战略。许多公司通过"竞争创新"使竞争对手处于不利地位，从而获取自己的竞争优势。加里·海默尔和 C. K. 普拉哈拉德将"竞争创新"界定为"把竞争风险保持在可控制的范围内的艺术"，并发现日本竞争者使用的四种成功方法，即建立优势层级、寻找薄弱缝隙、改变从业规则以及合作。

（1）建立优势层级。如果某公司具有广泛的优势组合，那么当它遇到竞争时，面临的风险就会小一些。成功的公司通过逐层建造优势而稳固地构筑这种组合。小松制作所是这种方式的一个杰出范例。

1970年，日本已不仅是世界最大的黑白电视机生产国，也成为彩色电视机制造业的领先者。像松下这样的公司在当时的主要竞争优势就是低成本劳动力。由于日本人意识到成本优势可能是暂时的，他们又通过建设能够服务于世界市场的大型工厂增加了一层质量和规模优势。20世纪70年代日本公司大量投资，以建设营销渠道和日本品牌，使之获得广泛认知，从而构筑新的优势层。这一战略增加了另一层级的竞争优势——全球品牌特许，即一个全球的顾客基地。到70年代后期，日本在全球所建立的销售渠道和品牌知名度已经足以支持其推出得益于全球营销的新产品，如录像机和复印机。最后，许多公司投资于发展地区性生产，从而使它们的产品与众不同，并更加适应各个市场的顾客需求。

建立优势层级的过程说明，一家公司怎样能够沿着价值链增强其竞争优势。日本企业由制造（价值活动的上游）开始，而后向市场营销（价值活动的下游）移动，然后又逆流而上，回到基础的研发工作。所有这些竞争优势的来源体现了长期积累起来的相互强化的优势层级。

（2）寻找薄弱缝隙。当竞争对手的注意力集中于某一子市场或某一地理区域时，利用它们防御工程的某些"薄弱缝隙"取得优势。例如，当卡特彼勒将注意力放于别处时，小松制作所首次成功地进入东欧市场。全球摩托车产业也曾发生一系列类似的事情。许多年来，哈雷-戴维森公司一直将注意力放在大型摩托车上。当初本田公司把小型发动机摩托车（50cc[⊖]）出口到美国市场时，哈雷-戴维森公司并没有在意。本田公司的大型摩托车参加了欧洲的比赛，哈雷-戴维森公司的经理们似乎并不知情。但是，本田却借此获得了大排量发动机的设计与技术方面的重要经验。哈雷-戴维森公司因毫无防备而失利，到1983年，本田公司在美国700cc以上大排量发动机摩托车市场上已经占据50%以上的份额。

1983年，美国开始对进口到本国市场的大型摩托车实行进口配额限制，尽管配额帮助了哈雷-戴维森公司免受"灭顶之灾"，但本田公司已经利用其在发动机制造方面的核心竞争力开展了多元化经营，它开始为汽车等其他产品生产发动机。第一辆本田思域型车的动力装置就是顶置凸轮轴的摩托车发动机。本田公司宽阔的产品组合包括剪草机、舰尾外置式发动机、电焊机和发电机，包括一切以汽油发动机为动力的产品。如前所述，这一方式使本田公司能在研发和生产方面享有可观的规模经济效益。

（3）改变从业规则。改变所谓的"从业规则"，拒绝按产业领先者制定的"游戏规则"行事。

⊖ 1cc＝1mL。

在复印机市场上，IBM 和柯达公司模仿了市场领袖施乐公司的营销战略；而日本的挑战者佳能公司则编写了新的规则。当施乐公司生产各种类型的复印机时，佳能公司只能生产标准机型及其部件以降低生产成本。当施乐公司雇用庞大的直销队伍时，佳能公司选择了通过办公设备经销商分销的办法。佳能公司还对产品进行了可服务性和可靠性的设计，使其可以依靠经销商提供服务，而不必再耗资建立全国性的服务网络。佳能公司进而决定不再租赁产品而只销售产品，从而解脱了公司维持租赁基地的负担。另一种脱离常规的做法是，佳能公司把目标对准了企业的秘书和部门经理，而不是企业复印机工作的主管。佳能公司推出了首批全彩色复印机和首批具有印制摄像机和计算机等图像能力的"兼容性"复印机。结果是令人瞩目的，佳能公司 1994 年在美国彩色复印机市场上的份额达到了 64%。在 1988 年和 1992 年，佳能公司在美国获得了比世界任何公司都要多的专利。佳能公司的例子展示了一种用新方法对待产品、定价、营销渠道和促销的创新性营销战略是如何在市场上形成总体竞争优势的。

（4）合作。竞争优势的最后一个来源是利用其他公司开发的技术诀窍。这种合作的形式可能是许可经营协议、合资企业或合伙关系。历史经验表明，日本企业很善于利用合作战略实现其产业领先地位。现代经营史上的一个典型许可经营协议就是索尼公司于 20 世纪 50 年代从 AT&T 下属的西部电气公司以 25000 美元的价格获得的晶体管技术的许可。这份协议不仅使索尼公司能够使用晶体管，而且使其成为世界领先者。在便携式收音机制造和营销成功的基础上，索尼公司成长为一家卓越的全球营销企业，其名字已经成为许多种高质量电子产品的同义词。

6.3 竞争战略定位及实施

在对竞争进行了系统、全面的分析后，企业要根据自身的营销目标、市场机会、资源拥有情况及在本行业所处的竞争地位来决定其最佳竞争战略。

6.3.1 按不同竞争地位划分的营销者类型

美国著名市场营销学家菲利普·科特勒按企业的市场占有率将营销者分为四种类型。

1. 市场主导者

市场主导者是指在相关产品的市场占有率最高的企业。一般来说，大多数行业都有一家被认为是主导者的企业，它在价格变动、新产品开发、营销渠道的宽度和促销力量等方面处于主导地位，为同行业所公认。它是市场竞争的导向者，也是其他企业挑战、效仿或躲避的对象，如软件行业的微软公司、快餐市场的肯德基与麦当劳等。市场主导者的竞争地位是在竞争中自然形成的，但不是固定不变的。

2. 市场挑战者和市场跟随者

市场挑战者和市场跟随者是指那些在市场占有率上处于第二、第三地位的企业，如美国汽车市场的福特公司、软饮料市场的百事可乐公司等。这些企业可采取两种态度：一是由于它们比市场主导者仅仅稍逊一筹，因此常常在不同场合向竞争者挑战，故称市场挑战者；另一个是安于目前的地位，在"共处"的状态下尽可能多地获得利益，即市场跟随者。这些企业应根据自身的实力和环境提供的机会与风险，来决定其竞争战略是"挑战"还是"跟随"。

3. 市场补缺者

每个行业几乎都有一些小企业，它们致力于关注市场上被大企业忽略的某些细小部分，在这些小市场上通过专业化经营来获得最大限度的收益，也就是在大企业夹缝之中求得生存和发展。处于这种位置的企业被称为市场补缺者，如我国很多外向型乡镇企业。

6.3.2 公司一般国际竞争战略的选择

为使企业在特定行业竞争中取得竞争优势，美国哈佛大学著名战略管理学教授迈克尔·波特提出了三种一般经营竞争战略：低成本战略、差异化战略和重点集中战略。下文将进行介绍，另外还将介绍处于不同产业和不同市场地位企业的竞争战略、全球性行业中的竞争战略。

1. 低成本战略

（1）低成本战略的内涵。低成本战略是指通过有效途径，降低成本，以建立一种不败的竞争优势的战略。这种战略要求企业努力取得规模经济，以经验曲线为基础，在研究、开发、采购、生产、销售、服务和广告等领域把成本降到最低限度，以使企业的产品总成本降到最低水平。处于低成本地位的战略经营单位能够防御竞争对手的进攻，因为较低的成本可使其通过削价与对手进行激烈竞争后，仍然能够获得盈利，从而在市场竞争中站稳脚跟。例如，我国的玩具出口企业就利用了该产品劳动密集型的特点，发挥我国廉价劳动力的优势，以绝对多数的市场份额占领了美国市场，同时在欧盟市场份额高达81%（《2007年中国玩具研究及投资分析报告》，2007）。

（2）低成本战略的形式。企业及其所属事业部可以通过各种方式实施低成本战略，如简化产品、改进设计、节约原材料、降低工资费用、实行生产革新和自动化、降低管理费用等。

1）简化产品的低成本战略。取得低成本最直接的方式是使产品简单化，即将产品或服务中添加的花样全部取消。诸如仓库型的家具商场，法律咨询服务站，毫无装饰的百货店，均以远低于同行的成本从事经营。又如，日本东芝公司在美国市场推出一种计算机化的CT[①]扫描仪，由于省去了那些顾客非必需的造价昂贵的功能，该产品售价比通用电气公司的同类产品低40%以上，牢固地占领了美国医疗设备市场。简化产品而取得的低成本可以建立企业的竞争优势，但也有较大的风险，即实力雄厚的同行厂家会出面展开价格竞争。因此，采用这种战略的企业必须敢冒风险，并应拥有足够的财力和良好的

[①] CT 即 Computed Tomography 的简写，译为电子计算机断层扫描。

成本结构。

2) 改进设计的低成本战略。改进产品的设计或构成，也能形成成本优势。例如，某公司开发一种可以替代木料的"压缩木料"，这种木料用一般的锯屑、木片等压制而成，其成本只为竞争对手的一半。又如某计算机厂家，凭借优秀的工程技术，改善产品设计，以产品的部件数量少、成本低及装配费用便宜取得成本优势。

3) 材料低成本战略。企业如果能够控制原材料来源，实行经济批量采购与保管，并且在设计和生产过程中注意节约原材料，也能降低产品成本，建立起成本竞争优势。

4) 人工费用低成本战略。在劳动密集型行业，企业如能获得廉价的劳动力，也能建立不败的成本优势。例如，服装行业中人工成本约占 30%，劳动力成本低的国家或企业就占有较大优势。前些年我国乡镇企业服装加工业务量迅速增加，主要原因之一是具有工资成本低的优势。

5) 生产创新及自动化低成本战略。生产过程的创新和自动化，可以作为降低成本的重要途径。例如，美国内陆钢铁公司的产品市场占有率不高，但通过工厂设备的自动化以及营销系统的创新，仍能取得低成本的优势地位。

(3) 低成本战略的适用条件及其风险。低成本战略是一种重要的竞争战略，也有一定的适用范围。当具备下列条件时，采用低成本战略会更有效力：①市场需求具有价格弹性；②所处行业的企业都生产标准化产品，从而使价格竞争决定企业的市场地位；③实现产品差异化的途径很少；④多数客户以相同的方式使用产品；⑤用户购物从一个销售商转向另一个销售商时，不会发生转换成本，并且特别倾向于购买价格最优惠的产品；⑥买方具有较强的议价能力。

采用低成本战略也会带来一定的风险。例如，技术变革和技术进步会使以往的投资和效率变得无效；竞争对手通过模仿或向高技术装备进行投资，也可以做到低成本；只注意生产成本的降低，而忽略了服务、技术开发、市场营销等方面的成本，以及忽略产品或市场的变化等。因此，运用低成本战略一定要考虑技术革新和技术进步的影响，注意竞争对手的战略反应和产品、市场的变化。

2. 差异化战略

(1) 差异化战略的意义。所谓差异化战略，是指为使企业产品、服务、企业形象等与竞争对手有明显的区别，以获得竞争优势而采取的战略。这种战略的重点是创造被全行业和顾客都视为独特的产品或服务。差异化战略的方法多种多样，如产品差异化、服务差异化及形象差异化等。实现差异化战略，可以培养用户对品牌的忠诚，形成行业的进入壁垒，增强企业的获利能力等。因此，差异化战略是使企业获得高于同行业平均利润率的一种有效的竞争战略。

(2) 差异化战略的形式与内容。差异化战略包括多种形式，其中最常用的差异化战略包括产品差异化战略、服务差异化战略和形象差异化战略。不同的事业部和不同的产品，可以同时采用两种或两种以上的差异化战略，但须注意，要对市场进行细分，根据不同的细分市场选用不同的差异化战略。

1) 产品质量的差异化战略。产品质量的差异化战略是指企业为向市场提供竞争对手不可比拟的高质量产品所采取的战略。产品质量优异，能产生较高的产品价值，进而提高销售收入，获得比对手更高的利润率。例如，奔驰汽车依靠其高质量的差异，售价比一般轿车高出近一倍，从而为公司创造了很高的投资收益。再如，琴岛-利勃海尔冰箱以高质量形象进入国际市场，开箱合格率达100%，海尔从而建立起独特的高质量形象，赢得了国内外用户的信赖。

产品质量的差异化战略是日本企业占领国际市场的重要战略之一。20世纪50年代以前，"日本货"是劣质货的代名词。50年代中期，日本企业引进了美国质量管理专家，开始推行全面质量管理。70年代后，日本企业产品在全球市场上成为优质产品的象征。依靠优异的质量和卓越的市场营销，日本的手表、汽车、彩色电视机、录像机、半导体等产品先后占领了美国及西欧等市场。

2) 产品可靠性的差异化战略。产品可靠性的差异化战略是与质量的差异化战略相关的一种战略。其含义是，企业产品具有绝对的可靠性，甚至在出现意外故障时也不会丧失使用价值。英国天腾（Tandem）计算机公司开发了一种多部系列使用电子计算机系统，这种系统操作时，某一计算机发生故障，其余计算机即可替代工作。该公司这种独特的产品可靠性在市场上影响很大，甚至连IBM开发的操作系统都难以匹敌。因此，公司将营销重点集中于那些使用计算机的大客户，如联网作业的金融机构、证券交易所、连锁商店等，满足了这些客户不愿因系统故障而停机的要求。

3) 产品创新的差异化战略。拥有雄厚研究开发实力的高技术公司，普遍采用以产品创新为主的差异化战略。这些公司拥有优秀的科技人才和执着的创新精神，同时建立了鼓励创新的组织体制和奖励制度，使技术创新和产品创新成为公司的自觉行动。例如，美国的IBM、明尼苏达矿业制造公司，中国的联想集团都以高科技为先导，为市场创造新颖、别致、适用、可靠、高效率的新产品，成为令世人瞩目的高技术创新企业。实践证明，产品创新的差异化战略，不仅可以保持企业在科技领域的领先地位，还大大增加了企业的竞争优势和获利能力。

4) 产品特性的差异化战略。如果产品中具有顾客需要、其他产品不具备的某些特性，就会产生别具一格的形象。例如，计算机公司可以在计算机中配置一种诊断性程序，能自动测知故障来源，此外还可以包括一整套培训服务。有些产品特性的差异化已为广大顾客所共识。例如，在世界汽车市场上，奔驰轿车是优质、豪华、地位和高价格的象征，丰田汽车具有质量好、可靠性强、价格合理的特征。

5) 服务差异化战略。服务差异化战略是市场竞争的重点战略。IBM规定，用户意见必须在24h内答复。美国履带拖拉机公司很早就建立了"服务文化"，将其作为该公司一种极重要的差异化策略。例如，该公司的口号是"全世界任何地方，均有48h的零部件服务"，超过规定时间，备件不收费。由此，该公司建立了服务方面的竞争优势。任何企业，纵然资金雄厚，建立了系统的科技优势和组织文化，如果缺少有效的经销网和销售服务，也无法战胜对手。

6) 产品名称的差异化战略。产品名称或品牌也可能成为企业最重要的优势，如果经过市场的检验，名称本身也能成为一项不败的竞争优势。在用户心目中，"奔驰"具有豪华和优质的含义，"IBM"就是可靠的计算机服务的代表，"可口可乐"意味最佳的饮料，"雀巢"则表示为一流的咖啡和奶制品。这些产品名称在同类产品中都具有与其他产品不同的意义，也使用户自然地将其与其他同类产品区别开来。因此，一种产品经过市场的长期磨炼后拥有一个响亮的品牌名称，就会建立起卓越的竞争优势。

7）形象差异化战略。企业形象战略是企业参与国际竞争的一种差别化战略，它体现在企业识别系统的各个方面。视觉识别系统中的企业标志，应简洁、明快、有意义、有民族特色；理念识别系统中的企业精神的概括，应体现共性与个性的统一，有特色，有文化魅力和文化底蕴。例如，海尔"真诚到永远"的企业文化，使得它不断向世界上的新目标靠近。它在国际上继推出无氟冰箱后，又通过 ISO 14001 环境管理体系认证，使企业树立起关心爱护环境的绿色形象，极大地促进了海尔冰箱的对外出口。

（3）差异化战略的适用条件及其风险。差异化战略运用于下列情况：①有多种使产品或服务差异化的途径，并且这些差异化被某些用户视为是有价值的；②用户对产品的使用和需求是不同的；③奉行差异化战略的竞争对手不多。

实施差异化战略面临的风险有：①可能丧失部分客户，如果采用低成本战略的竞争对手压低产品价格，使其与实行差异化战略的厂家的产品价格差距拉得很大，在这种情况下，用户为了大量节省费用，只得放弃取得差异的厂家所拥有的产品特征、服务或形象，转而选择物美价廉的产品；②用户所需的产品差异因素在用户心中的重要性下降，当用户变得越来越成熟时，对产品的特征和差别体会会有所下降，就可能发生忽略差异；③大量的模仿缩小了用户能感觉到的差异，特别是当产品发展到成熟期时，拥有技术实力的厂家很容易通过逼真的模仿减少产品之间的差异。

3. 重点集中战略

（1）重点集中战略的意义。重点集中战略是指企业在采用低成本战略或差异化战略的同时将经营重点集中在某一特定的购买者集团、产品线的某一部分或某一地域市场上的一种战略。一个事业部或分公司很难在其产品市场展开全面的竞争，由于企业资源有一定限度，不可能做到面面俱到，因此需要瞄准一定的重点，以期产生巨大有效的市场力量。此外，一个企业或事业部所具备的竞争优势，也只能在产品市场的一定范围内发挥作用。因此，采用重点集中战略，便于集中使用整个企业的力量和资源，更好地服务于某一特定的目标，并且能够使企业或事业部专心地为较窄的战略目标提供更好的服务，充分发挥自身的优势，取得比竞争对手更高的效率和效益。

（2）重点集中战略的内容和形式。重点集中战略一般有两种形式：一种是成本重点集中；另一种是差异化重点集中。实行成本重点集中时，企业在所处目标细分市场中寻求取得低成本的优势；在实行差异化重点集中时，企业则寻求在目标市场中的独特的差异化。具体来说，重点集中战略可以分为产品线重点集中战略、用户重点集中战略、地区重点集中战略、低占有率重点集中战略。

1）产品线重点集中战略。对于产品开发和工艺装备成本偏高的行业，例如汽车工业和飞机制造业，通常以产品线的某一部分作为经营重点。例如，日本汽车厂家一直将经营重点放在小轿车生产和销售方面，并以小型汽车性能好、省油、外观美、价格低的特点,打入美国和西欧市场,获得巨大的成功。

2) 用户重点集中战略。将经营重心放在不同需求的顾客群上,是用户重点集中战略的主要特点。有的厂家以市场中高收入顾客为重点,产品集中供应给那些注重最佳质量,而不计较价格高低的顾客。例如,手表业中的劳力士,时装业中的阿玛尼(Armani),体育用品业中的阿迪达斯、耐克、匡威等产品,都以产品高质高价为基础,对准高收入、高消费的顾客群。还有的厂家将产品重点集中在特定顾客群身上,如"金利来"领带和衬衣将重点消费对象对准有地位的男士,强调该产品是"男人的世界"。再如,美国一家公司针对大型化妆品公司忽略黑人公众产品偏好的特点,成功地运用了用户重点集中战略生产、销售适用于黑人消费者的护发及化妆用品。此外,有的经销商专以用量庞大的顾客为重点,通过这种集中,求得规模经济;有的服装零售点,只为满足特定身材的需要销售特大号服装。这些都是用户重点集中的范例。

3) 地区重点集中战略。细分市场,可以以地区为标准。如果一种产品能够按照特定地区的需要实行重点集中,也能获得竞争优势。例如,原天津自行车二厂生产加重自行车,该产品集中对准西亚市场,从设计、耐用性、质量、价格各方面都以该地区特点为依据,在西亚市场十分畅销,被当地人称为"不吃草的小毛驴"。此外,在经营地区有限的情况下,实施地区重点集中战略,也易于取得成本优势。例如,砖瓦、水泥、板材等建材企业,由于运输成本很高,将经营范围集中在一定区域之内是十分有利的。

4) 低占有率重点集中战略。市场占有率低的事业部,通常被公司总部视为"瘦狗"事业部。对这种事业部,或采用放弃战略;或进行彻底的整顿,以提高市场占有率。然而,市场占有率低的事业部,如合理运用重点集中战略,也能获得较大的成功。

美国哈佛大学教授哈默米斯(Hamermesh)等人对市场占有率低、经营业绩好的美国公司进行了分析研究。结果发现,市场占有率低却经营成功的企业,主要依靠将经营重点集中在较窄的领域上。其特点如下:

第一,低占有率公司的经营竞争,仅局限于少数细分市场,并且细分市场的选定十分谨慎。选定的细分市场多为能发挥公司巨大优势而实力强的竞争对手无能为力的市场。例如,皇冠制罐公司是个规模很小、不见经传的小型包装容器生产厂家。该公司以金属罐细分市场为重点,专门生产供啤酒、饮料和喷雾罐厂家使用的金属罐。虽然市场占有率低,但该公司经营非常成功,令其他美国制罐公司刮目相看。

第二,低占有率公司研究开发效率较高。低占有率公司研究开发预算费用少,但能有效地运用。它们将研究开发目标主要集中在降低成本、满足用户需求方面,虽然没有重大技术突破,但对降低成本、增加销售颇见实效。

第三,低占有率公司通常不从事多角化经营,而是立足本行,注重在基本的事业或产品领域进行经营。

由此可见,市场占有率低的中小企业或事业部,如果充分发挥自身的优势,将经营重点对准特定的细分市场,有重点地进行研究开发,也能建立不败的竞争优势。

(3) 重点集中战略的适用条件及其风险。具备下列四种条件的企业,适宜采用重点集中战略:

1) 有完全不同的用户群，这些用户或有不同的需求，或以不同的方式使用产品。
2) 在相同的目标细分市场中，其他竞争对手不打算实行重点集中战略。
3) 企业的资源有限，只能专注于某一特定细分市场，从而使经营更有效率。
4) 行业中各细分部门在规模、成长率、获利能力方面存在很大差异，致使某些细分部门比其他部门更有吸引力。

重点集中战略也包含一些风险：①竞争者可能找到更有效的方式，从而在服务于狭窄的目标市场方面超过实施重点集中战略的企业；②用户的需求和偏好从重点集中企业的特定产品转移到其他产品；③技术出现创新或有新的替代品出现等。以上因素会导致重点集中战略丧失效力，使企业受到很大的冲击。

4. 处于不同产业及不同市场地位企业的竞争战略

企业采用何种经营竞争战略，取决于两方面的因素，即企业所处的产业竞争环境和这种环境下企业的地位和状况。产业竞争环境和企业状况不同，企业选择的战略也不同。

（1）处于产业领先地位的企业的竞争战略。处于产业领先地位的企业一般拥有很强的竞争能力，并且闻名遐迩。这些企业面临的主要竞争战略问题不仅是如何保持已有的领先地位和经营业绩，更主要的是如何保持在产业中的竞争地位。为此，产业领先企业可采用不同的竞争战略。

1) 持续进攻战略。这种战略建立在"最好的防御是有效的进攻"原则的基础上，关键的任务是不断创新，使竞争对手感到无力应付。以中粮长城干红葡萄酒为例，欧洲市场不仅是葡萄酒消费大区，还是葡萄酒生产区。在欧洲市场上有大约上千种不同品牌的葡萄酒。在如此众多的品牌竞争形势下，没有绝活是难以打入欧美市场并立足的，所以中粮华夏葡萄酒厂从一开始采取高差异性策略与同类企业产品展开竞争。该厂针对欧洲市场消费者的需要，严格遵照生产操作工艺制作出幽雅芬芳的果香和谐调醇厚的酒香一体、色泽呈红宝石、饮后余味留唇的葡萄酒，引起了法国人的兴趣。其产品畅销欧洲，供不应求。在现代化管理中，高差异性策略的采用要求企业在产品设计、名称、生产技术、顾客服务、销售渠道等某一个或几个方面创造独特性或相对优势。

2) 固守战略。固守战略的实质是进行有效的防御。抵御产业竞争对手的侵入或扩大，目的在于通过防御体系保护自己的市场领先地位，维持产业领先的竞争优势。具体防御方式如下：

第一，通过增加广告费用，完善用户服务体系，利用生产能力，建立阻止竞争者进入的屏障。

第二，扩大产品系列，开发更多品牌的产品，不给竞争者可乘之机，或者与竞争者可能打进的产品相抗衡。

第三，保持合理的价格以及具有吸引力的质量。

第四，对中间商施加压力，令其不销售竞争对手的产品。

例如，我国羊绒加工业发展迅速，羊绒制品产量和成品出口量均居世界首位，世界羊绒生产的六成在中国。但过去羊绒出口以无毛羊绒为主，出口量大，档次低，利润不高。现在由于羊绒企业在国外跟踪市场，设立营销机构延伸销售点，设立直接为消费者服务的终端销售点，找到了产品出口后的营销渠道。在产品策略上，许多羊绒加工企业把高起点、高品位、高技术、高附加值作为企业品牌开发战略，羊绒加工整体在向深加工、精加工方向发展，无毛羊绒出口量逐步减少，产品档次的提高提升了出口创汇能力，增加了出口收益。

（2）处于新兴产业企业的竞争战略。随着技术和市场的发展，一些新兴产业不断产生和发展。处于新兴产业的企业通常面临两个关键问题：一是如何获得支持企业快速成长的资源；二是在激烈的市场竞争下，企业应该进入哪个细分市场。解决这两个问题，可以采取下列方针：

第一，主动承担风险。敢冒风险的企业可以首创竞争规则，获得先发制人的优势，占据产业领先地位。

第二，努力提高产品质量，开发有吸引力的产品特性和功能。

第三，抓住机会增加产品种类，改变产品款式，尽早开发技术，保证原材料供应，运用经验曲线和新的营销渠道。

第四，寻找新的顾客群，进入新地区，满足消费者的新需求。例如，青岛啤酒在美加地区销售量比在别的市场要高，除了产品本身的质量因素外，文化因素起着重要的作用。美加市场华人较多，中国饭馆与中国城比较容易接受青岛啤酒。因此"青啤"不惜重金，主攻这一核心市场。

第五，将广告重点逐渐从培养产品知名度转到增加产品使用频率、创名牌和培养用户忠诚上来。

第六，对新技术做出快捷反应，并力图成为"主导技术设计"的先锋。

第七，利用降价，吸引对价格敏感的消费者进入市场。

（3）向成熟产业过渡的企业的竞争战略。当某个产业向成熟期过渡时，产业竞争环境会发生根本变化。例如，消费需求增长缓慢造成市场份额的竞争；顾客变得更加老练，要求降低成本，提高服务质量；产业利润下降；产业竞争加剧，一些公司退出产业或被兼并。这些特点要求企业重新审视经营战略，实现战略转移。具体内容包括以下几个方面：

第一，减少产品线。产业处于市场成熟时期，众多的产品线会使成本提高。减少亏损产品的生产线，可以集中精力生产利润较高的产品，形成产品竞争优势。

第二，注重工艺创新。市场成熟会加剧价格竞争，这就要求企业更加注重技术创新。改进产品设计、生产方式，创新销售系统，会使产品在价格竞争中具有很高的竞争价值。

第三，注重成本降低。降低成本的途径很多，如要求供应商给予更优惠的价格，转用低价格的零部件，采用更经济的产品设计，强调生产及销售效率，削减管理费用等。

第四，增加对现有顾客的销售。在成熟的市场中，为增加现有顾客的购买行为，可以采用拓宽服务的方式，包括从初级产品到辅助产品的服务，增加售前和售后的服务。

第五，实行国际化经营。随着国内市场的成熟，企业可以开拓国际市场。有些国家存在着很大的市场潜力。国内趋于饱和的产品，在某些发展中国家可能属于成长甚至开发阶段。因此，如果国外用户需求简单，过时产品也能适用，向国际市场拓展是可行的战略。

以海尔冷柜为例，1997 年在国内冷柜市场基本形成买方市场格局的时候，海尔冷柜却在国际市场上意外地火爆起来。其成功秘诀就在于营销策略恰当。海尔确定了"三个三分之一"的国际市场开拓战略，即 1/3 产品国内生产、国内销售，1/3 产品外销，1/3 产品国外设厂生产、当地销售。按照这一市场战略，海尔首先绕过技术壁垒，营销上重视国际标准，先后通过了 ISO 9001 国际认证，德国 GE、GS 认证，以及美国的 UL 认证。此外，海尔针对不同的目标顾客，根据不同地区气候和电压特点，先后开发了适合高温、高湿地区和低压地区的冷柜，在欧美市场击败了几十家世界著名制冷商，相继被雀巢、百威、可口可乐等世界名牌企业指定为专用冷柜产品，在买方市场的大气候下创造出卖方市场的"小气候"。

(4) 处于衰退产业企业的竞争战略。在衰退产业中，企业除了收获战略、清偿战略外，还可以考虑采取以下三种途径，获得战略优势：

1) 通过确定、创造和拓展产业中成长的细分市场，推行重点集中战略。衰退中的市场是由许多细分和再细分市场构成的，在衰退产业，虽然整个产业处于衰退中，但其中某些细分市场则快速成长。企业应采取有力措施，将经营中心集中在最有吸引力的细分市场上，挖掘、利用市场机会，为目标市场提供独特的产品和服务，改善销售和利润停滞的状况。

2) 重视提高质量和产品创新。强化产品质量和创新，可以创造细分市场新的成长，吸引客户，促进市场需求复苏，有利于企业建立独特的竞争优势。产品不断创新也使竞争者难以模仿。

3) 不断提高生产和销售效率。例如，通过实现专业化和自动化改进生产加工工艺；压缩利用率低的生产设施；增加营销渠道，保证产品尽产尽销；关闭费用高、销量低的分销点。地区或市场的发展程度不一样，其产品的生命周期也不一样。德国大众汽车公司正是利用了这一原理和战略，将其本身就要淘汰的产品转移到一些发展中国家生产和销售，从而延长了该产品的生命周期。

(5) 危机企业的扭亏为盈战略。当企业因经营不善陷入危机，发生亏损时，可以采用扭亏为盈的战略。这种战略的目的是尽快扭转企业竞争和财务方面的不利状况。扭亏的首要任务是分析亏损的原因。造成企业亏损的原因包括：定价过低，结果市场占有率虽有提高，但盈利不多，甚至还有亏损；生产能力利用不足，固定成本负担过重；虽然强调新产品的研究开发，但是未能提出有效的革新方案；战略的更换过于频繁，收效不大；主要竞争对手的竞争优势造成巨大压力等。例如，前些年欧美市场对我国的丝绸、纺织品、鞋以及一些农产品需求较大，于是许多企业一哄而上向欧美国家大量出口，低价竞销，在同一市场相互残杀，导致出口不仅没有利润甚至血本赔尽，相当大一部分生产企业无法开工。为了成功地实现扭亏为盈，企业可以采用以下具体战略：

1) 改进现有战略。当企业亏损是由于战略不佳所造成时，重新评估原有战略，并考虑采取下列替代战略方案：

第一，采取新的竞争战略，重新建立公司的市场地位。

第二，对公司内部经营活动及职能战略进行彻底检查，使之为企业总体战略提供支持。

第三，与产业中实力强的公司实行合并，追随其基本战略。

第四，集中力量生产拳头产品，发挥公司的优势。

2）收入增加战略。这种战略的目的是促进销售收入的增长，以达到或超过损益平衡点。为提高销售量，可以采取降低价格、增加促销活动、扩大销售队伍、完善用户服务、迅速改进产品等措施。如果市场需求对价格变化无弹性，也可以用提价方法代替降价方法，以便增加销售收入。

3）成本降低战略。当亏损企业的成本结构富有弹性，亏损的原因又主要是成本过高时，成本降低战略能产生良好的效果。降低成本的方式包括强化预算和成本控制、辞退非必要岗位员工、加速工厂现代化、推迟固定资产投资等。

5. 全球性行业中的竞争战略

（1）全球性行业的基本概念及特征。全球性行业是指在主要的地区性和全国性市场上，竞争者的战略从根本上来说会受到其全球性地位影响的行业。为了分析某个全球性行业内的竞争，有必要对行业经济以及各种地区性或国家性市场内的竞争者全面地加以考察。

全球性行业要求厂商在全世界范围内协调的基础上进行竞争或改进战略劣势。值得注意的是，有些跨国公司虽然是国际性的，如雀巢公司，但是却不能纳入全球性行业的范畴，因为其在全球各地设立的子公司都实行自主经营，立足所在国区域市场，不需要到国际市场上竞争。随着全球经济一体化进程的加快，全球性行业的数目日益增加，贸易额和国外投资增长很快，同时，行业向全球性行业演化过程中战略地位的变化已相当迅速和明显。汽车、摩托车、通信产品等行业是一些尤为明显的例子。这种全球化的运动类似于1890年—1930年美国行业从地区性竞争向国家性竞争的转化。向全球性竞争发展的运动可能具有深远影响。几乎每一个行业内的经理人员都必须把发展全球性行业看作一种可能，即使这种可能还没有成为一种现实。

国际上的竞争与国家性竞争相比，存在着许多差别，而这些差别通常是在形成国际竞争战略中所要强调的：

——国家之间要素成本的差异。

——国外市场间的不同状况。

——外国政府所起的不同作用。

——在目标、财力及对国外竞争者的监视能力方面的差别。

（2）全球化的演化。很少行业是以全球性行业开始的，但随着时间的推移，它们趋于演化成为全球性行业。下面将对在全球性行业产生过程中的一些极为普遍的刺激因素加以讨论。这些刺激因素包括正在确立或正在加强的全球性竞争优势的来源，或者包括正在减少或正在消除的全球性竞争的障碍。不过，后者不会导致全球化，除非存在着重大的战略优势的来源。要使行业全球化，就需要某一厂商或某些厂商的战略创新，即使经济方面或公共机构方面的变化可能已产生这种潜力。

1) 促进全球化的环境因素包括：①增长的规模经济。在生产、后勤、采购或研究与发展方面，促使规模经济增长的技术进展，为全球性竞争提供一种刺激因素。②缩减的运输成本或储存成本。正在下降的运输成本或储存成本是一个明显促进全球化的因素。③合理化的或变化的分配渠道。如果分配渠道是合理的或处于不断的变化之中，那么得以进入这些渠道的国外厂商的负担就会有所减轻。例如，如果产品的经销不是许多分散的零售商而是少数几家国家性百货商店和大规模连锁商店，那么国外厂商所面临的获取分配渠道的问题就会显著地减少。④变化的要素成本。要素成本方面的变化能够有效地促进全球化。在劳动力、能源和原材料方面成本的增长，能够促使全球性竞争以更为有益的方式实现最优化的生产或分配结构。⑤收缩了的国家性经济和社会环境。不同的产品品种和营销工作的需要以及获得地方性分配的差异，部分产生于各地区性市场间经济状况的差别。这些差别在经济发展状况、相对的要素成本、收入水平、分配渠道性质、可利用的营销手段等方面均有所不同。地区性市场与特定的行业有关，伴随着它们在其经济和文化状况中相似性的提高，当行业存在全球性优势时，世界竞争的潜力就会增长。例如，美国的能源成本增长使其与国外的能源成本更为趋于一致，加上美国与其他国家之间的人均收入差距也普遍减小，使得英国汽车制造厂商大胆地进入世界范围的小型汽车销售，于是汽车行业正在日益成为全球性行业。相对于美国和欧洲来说，远东和拉美经济的增长将使这些消费品市场的经济状况更密切地联系在一起，结果还可能造成消费品全球性竞争的加剧。⑥减少了的政府限制。取消定额、减少关税、促进技术标准化的国际合作等政府政策的变化，起着增加全球性竞争可能性的作用。

2) 促进全球化的战略创新。即使缺乏环境方面的刺激因素，厂商的战略创新也能促进全球化的进程。这些创新包括：①产品重新定义。如果国家之间所要求的产品差异减少，就有可能获得来自全球性竞争的其他潜在优势。随着行业成熟以及产品形成标准化，国家性产品差异的程度会自然下降。然而，厂商可以通过重新设计产品，使之在更大的市场内可予接受。正如通用汽车公司和其他厂商所处置"世界汽车"的做法那样。在其他情况下，对产品的形象或概念重新加以定义的市场营销创新，有时有助于促进全球性竞争。例如，本田公司把在美国的一种摩托车形象重新描绘成为一种实用的、容易驾驶的、形态优美的运输工具，摈弃那种由身穿皮夹克的年轻无赖所驾驶的一种有油污的、大功率的、威胁性装置的形象。将美国新的需求量与日本的需求量合在一起，从而在摩托车生产方面获得巨大的全球性规模经济。重新描绘产品的形象还能缓解在获得进入分配渠道方面的困难。②市场面的识别。许多国家都存在一些服务质量低下的市场领域。举例来说，日本和欧洲厂商之所以能在美国小型铲车和小型冰箱销售方面占据重要地位，一个重要原因是美国制造商过于专注自己的行业领域，而忽视了这些市场领域内服务质量的提升。这些市场领域具有独特性，需要特定的技术、设备或营销方法，而这些方面又往往受到全球规模经济的制约，国内厂商往往难以与之竞争。此外，还可能存在另一些市场领域，它们相对独立于全球竞争障碍的影响之外。③降低了适应成本。如果厂商能够创造出一种用以降低改变基本产品以满足其地方需要的成本的方法，就能减少由国家性差异造成的全球性竞争的障碍。例如，松下公司开发了一种能接收与法国和其他国家不同的 PAL 制和 SECAM 制技术信号的电视接收机。对电信转换设备的需要，国与国之间各不相同，但是埃里克森公司却一直在开发一种按标准组件设计的软件库，从而制造出能够被用来适应局部需要的普通硬件。任何一种为了容易适应而使产品模件化的或增加其适应范围的创新，都能增加全球性竞争的可能性，正如降低生产特殊品种成本的生产技术变化一样。④设计变化。受到全球性采购经济情况支配的、导致零部件更标准化的设计变化，或者受到这种经济情况支配而需要的新的零部件的设计变化，能够触发全球性竞争。

3) 生产的非一体化。在某些行业内，可以通过地方性组装同时集中生产某些或全部零部件的方法，来防止政府要求限制地方生产的情况的发生。如果规模经济主要产生于某种或某几种关键零部件，那么其集中生产就能强烈地刺激竞争全球化。

4) 消除财力或洞察力方面的限制。新厂商的进入能够消除对全球性竞争的财力的限制。新的进入者也许能够因为其在全球性竞争时代之前拥有在行业内进行竞争的经验而顺利地采用新的战略。例如，日本厂商采用这种方法已相当成功地进行了行业转换。国外厂商有时比美国厂商更能够觉察到对产品重新定义的可能性或在全球性市场面内进行服务的机会，这往往是因为国外厂商已在其本国市场上以这种方式经历过竞争。例如，除了其他原因外，从历史上来看，由于与美国的住宅单元相比，欧洲的住宅单元较小，因此欧洲厂商曾长期生产小型冰箱。

对许多行业而言，由于美国市场的特大规模，全球化的关键取决于国外厂商是否得以进入美国市场。认识到美国市场的战略性质，国外厂商迫切要求进行创新以便进入美国市场。另外，美国厂商由于拥有这个巨大的市场，有时因感觉不到压力而未认真制定全球性竞争的策略。

与其他许多国家的政策相比，美国政府较易允许国外厂商进入其庞大的市场。这种自由中有一部分是由于第二次世界大战后大力扶植日本与德国的经济而造成的。

(3) 全球性行业内的战略抉择。在全球性行业内存在若干基本的战略抉择。一家厂商所必须做出的最根本的选择在于其是否必须在全球进行竞争，或其能否通过构建一些合适的地位为其在某个或某些国家市场内进行竞争而建立起一套可防御的战略。

可供选择的战略有以下几种：

1) 品种广泛的全球性竞争。该战略的目标是以齐全的产品品种进行世界范围的竞争，利用全球性竞争优势的来源来获得产品差异或低成本地位。执行这种战略需要大量的财力和很长的时间，要最大限度地扩大竞争优势，厂商与政府关系的重点就要放在减少对全球性竞争的障碍上。

2) 全球性目标集中点。该战略的目标是针对行业的某个特定市场面，并且厂商在该市场面内的地位能防御品种广泛的全球性竞争者的入侵。该战略在其市场面内产生低成本或产品差异。

3) 国家性目标集中点。该战略利用国家性市场差别来产生一种针对特定的国家性市场的目标集中方法，以便厂商在竞争中战胜跨国厂商。这种战略旨在满足某个国家性市场内或在其最易遭到全球性竞争的经济障碍的市场面内的特定需要,从而获得产品差异或低成本优势。

4)受保护的合适地位。该战略是要寻找出这样一些国家,即政府的限制通过过高要求对方在关税等方面承担高的比例来排除全球性竞争者。厂商用这种限制来实施其战略,以便有效地对付特定的国家性市场,同时把主要的注意力放在东道国政府方面,以便确保保护仍然有效。

在有些全球性行业内,由于不存在对全球性竞争的障碍,国家性目标集中点和寻求受保护的合适地位的战略是无法加以利用的;虽然在其他一些行业内,这些战略对全球性竞争厂商来说可以起到防御作用。在全球性行业内执行战略的一种普遍方法是跨国联盟,或者是不同国家的行业内厂商之间达成合作协议。联盟使竞争者能合力克服在诸如技术、市场捷径之类的领域内执行全球性战略的困难。

(4)影响全球性竞争的趋势。存在着若干对现有的全球性行业内的竞争以及对新的全球性行业的产生都具有重大意义的趋势。

1)各国之间差距的缩小。有观察家曾指出过,发达国家与新兴经济体之间在诸如收入、要素成本、能源成本、营销惯例以及营配渠道等领域内的经济差距可能正在缩小。这种差距缩小的原因在于跨国公司在全世界普及技术的做法会对减少世界竞争障碍起到了作用。

2)更激进的产业政策。许多国家的产业政策处于不断的变化之中。像日本、新加坡等国政府,正由保护性的姿态转变到采取大胆激进的姿态来刺激精心选择的行业。同时,它们正在加速放弃那些被认为是不太满意的部门。这种新的产业政策正在支持这类国家内的厂商采取大胆的行动使行业转变成为有全球性地位的行业。例如,大型工厂的建造以及为打入新市场而预先进行的巨额投资。因此,尽管在各部门内的厂商由于没有得到其政府的庇护而可能会退出,但是那些留在全球性行业内的厂商完全有可能按不同的方式行事。当后者日益受到采取大胆激进姿态的政府的支持时,竞争可利用的资源以及所下的赌注会有所增加。这主要是由于政府参与制定的那些非经济性目标开始日益发挥作用。这些因素的影响使国际抗衡逐步升级,而退出障碍增高的可能性又使抗衡进一步加剧。

3)国家公认的独特资产及其受到保护的趋势。从经济竞争的观点来看,各国政府似乎日益明白哪一方面的资源是独特的,并且它们日益趋向于通过所拥有的这些资产来夺取经济收益。自然资源(如石油、铜、锡、橡胶)是独特资产的明显例子,这些资产或者直接受到政府所有权的控制,或者间接地通过政府和生产商的合资经营来加以控制。大量存在的半新的、半熟练和不熟练劳工是在某些国家被明确承认的又一种资产。如前所述,政府对这些独特资产的积极开发是对多变的产业政策的一种反应。

这种姿态对在行业内进行世界竞争具有潜在的根本性影响,而在这些行业内,那些受保护的资产具有重大的战略意义。国外厂商对关键资源的有效控制也许会被切断。例如,在石油行业内,政府的这种导向已引起石油公司战略上的调整,这些公司从采取脱离饱和零售业和在生产阶段获利等做法,转向采用在各个垂直阶段赚取利润的策略。在其他行业内，这种姿态可能使本国的某些厂商拥有全球性竞争方面的根本性优势。

（5）更自由的技术流动。更自由的技术流动看来正在使各种各样的厂商，其中包括欠发达国家的竞争者，得以拥有在现代化、世界规模的设施方面进行投资的能力。有些厂商，例如日本厂商，正在向国外拼命地出售其技术。还有一些已购进了技术的厂商仍乐于按低廉的价格再把它出售给其他厂商。所有这些活动都将促使更激烈的全球性竞争。

（6）逐渐形成新的大规模市场。美国因其独特的规模长期以来一直是全球性竞争的战略市场，但是欧盟、中国、俄罗斯，甚至印度，也是巨大的市场。

（7）欠发达国家的竞争。最近一种现象是来自世界行业内的欠发达国家之间的竞争。在传统上，欠发达国家是在廉价劳动力及自然资源基础上进行竞争的，这种基础仍然发生在纺织业以及玩具与塑料产品之类的轻工制造业方面。然后，欠发达国家的竞争在诸如造船业以及电视机、钢材、纤维和汽车等资本密集型制造行业内已日趋激烈。

6.4 国际竞争职能的资源配置——建立国际战略联盟

6.4.1 联盟的战略优势

1. 创造规模经济

与大企业比较，小企业没有达到规模经济，会有较高的单位生产成本。但是，这些小企业通过兼并联合，扩大规模，就能产生协同效应，即"1+1>2"效应，提高企业的效率，降低成本，增加盈利。

2. 实现企业优势互补，形成综合优势

企业各有所长，有的资金上有优势，有的技术上有优势，有的产品品牌上有优势，有的管理上有经验等。各具优势的企业通过兼并联合，结成同盟，可以把分散的优势组合起来，形成综合优势，也就可以在各方面、各部分之间取长补短，实现互补效应。例如，微软公司与惠普公司联盟。通过联盟，微软公司将得到惠普公司的帮助，使微软公司的操作系统"视窗 NT"具有更多的功能和更大的计算机市场。惠普公司将生产一种成本更低、简化了的计算机——网络个人计算机（NETPC），而 NETPC 是微软公司和芯片制造厂家英特尔向企业推荐的新型计算机。

3. 可以有效地占领新市场

市场进入壁垒是客观存在的，会提高企业成本。通过企业间的联盟合作进入新市场，就可以有效地克服这种壁垒。例如，20 世纪 80 年代，摩托罗拉公司开始进入日本的移动电话市场时，由于日本市场存在大量正式、非正式的贸易壁垒，摩托罗拉公司举步维艰。到 1987 年，它与东芝结盟制造微处理器，并由东芝提供市场营销帮助，最终成功地克服了日本市场的进入壁垒，进入了日本移动电话市场。

4. 能够快速有效地实现主导产品的转移

产品生命周期包括创新期、成长期、成熟期与衰退期。企业一方面可以不断开发新产品，以适应产品生命周期；另一方面可以与别的企业兼并联合，运用联盟，进行产品转移，以适应产业升级和产业政策的变化，以及新的贸易格局。

5. 有利于处理专业化和多样化的生产关系

企业通过纵向联合的合作竞争，有利于组织专业化的协作和稳定供给。例如，丰田公司只负责主要部件的生产和整车的组装，减少了许多交易的中间环节，节约了交易费用，提高了经济效益。而通过兼并实行联盟战略，从事多样化经营，则有利于企业寻求成长机会，降低经营风险。

一些专家在考察企业经营状况时发现，领先者与落后者之间的差别正在于是否善于联合，是否善于广泛而明智地利用合作关系。美国认为，未来的竞争将不再是企业与企业的竞争，而是联盟与联盟的竞争。可见，战略联盟竞争是趋势，也是我国企业国际营销战略面临的新课题。

6.4.2 影响战略联盟（伙伴）成功的构成要素

在国际市场上，战略联盟关系有成功的范例，也有失败的教训。那么，什么是成功战略联盟的构成要素？要想准确无误地界定成功联盟的构成要素是比较困难的。从许多战略联盟的成功实践中可以发现，有些公司得以成功是因为双方人员搭配得当；有些则因为双方产品间具有互补性；有些伙伴关系则归功于彼此间的高度信任。不管怎样，深入不同产业、不同国家和不同市场中每个成功企业的业绩背后进行探究后，可以发现影响战略联盟成功的有三个重要的共同因素，即贡献、亲密和愿景。

1. 贡献

贡献用以描述伙伴间能够创造有效价值的能力。成功的伙伴追求提高生产力的附加值，尤其希望改善企业的获利能力。可以说，贡献是每一个成功伙伴关系"存在的理由"。贡献的利益源泉主要表现在组织界限上，由于重新建立了合作形态，从而赋予了合作伙伴更大的生产力。伙伴关系能够创造出贡献必须有一个前提，就是合作双方要相互配合。如果没有这个条件，就不存在协调产生的合力，总生产力也就不能提高。可以说，相互配合以追求贡献，是构建成功伙伴关系的最重要的因素。

2. 亲密

成功的伙伴关系能够超越一般的交易关系而达到相当紧密的程度，这种紧密程度在传统的买方—卖方模式中是很少见的。例如，IBM的供应商可以佩戴IBM的徽章，常驻于IBM进行办公，而且可以获取专利权以外的工程设计资料，并可以参与IBM的采购和产品设计会议，以便影响IBM的需求，同时也能促使自己了解IBM，以便提高供应商品的能力。伙伴关系的亲密程度不仅体现在相互信赖上，还体现在共享的"硬性"因素上。例如，伙伴双方定期进行事业和策略规划，分享成本与定价资料和产业、产品技术专利等。它们所共享的信息远远超越了传统交易的内容，并逐渐延伸至长期的事业上。因此，亲密是伙伴关系的"催化剂"，如果企业间的互动关系没有达到一定的紧密程度，要想取得贡献是不可能的。

3. 愿景

有些公司即使具备了上述两项要素，还可能结不成真正的伙伴，原因主要在于它们之间没有一个共同的愿景，即伙伴双方所要达到的目标和采取的方法不一致。双方试图进行合作时，会面临目标的确定和方向的选择问题，这种选择远比传统交易复杂得多。它们可能给人带来兴奋，同时也带来风险和不确定性。伙伴关系不是出于一时的冲动，而是企业自上而下的彻底变革，因此，它需要有一个清晰的指导方向和一个明确的愿景目标，只有这样才能获得预期的成功。

6.4.3 如何建立有效的战略联盟

战略联盟具有组织上的不稳定性以及管理上的复杂性，其成功率只有五成左右。不过需要指出的是，战略联盟完善的企业业绩远胜于未联盟企业。因此，如何建立有效的适合企业特色的战略联盟，成为企业在实施战略联盟时需要思考的重点。

建立战略联盟必须遵守以下原则：

第一，选取合适的联盟伙伴。对于企业熟悉的核心业务，宜采用并购策略，成功率较高；对于非熟悉的业务，则采取战略联盟。同时，有相关研究认为，双方均为优等业绩的企业，或一方优等另一方中上等的企业，组成的联盟成功率较高。因此，合作对象应选择"门当户对"的且业务范围相辅相成的企业。同时，要在企业内部创造"易于合作"的文化。由于战略联盟中最难调整与改变的是文化冲突，合作伙伴必须是彼此相容或企业文化相契合的对象。

第二，明确联盟伙伴之间的关系。在联盟关系确定的同时就应该明确联盟各方的责任、义务、权利等，尽量减少日后出现矛盾的可能性，并努力建立和谐、融洽的伙伴关系。同时，建立战略联盟应在明确联盟动因的基础上制定明确的目标，制定一致性的战略联盟规划、管理与终止点。

第三，联盟各方要保持必要的弹性。也就是说，参与战略联盟的各方都必须随时能对市场和合伙各方的变化做出反应，特别是在联盟建立的初期。有研究表明，最成功的战略联盟在最初的几年内变化频繁而且变化幅度很大，原因很简单：市场变化，合作的双方也要变化；对方变化，自身也必须变化。

第四，坚持竞争中的合作。建立战略联盟不过是一种手段，最终目的是通过合作或联盟关系来增强自己的竞争能力，实现自己的经营目标。因此，联盟各方彼此平等相互信任是必要的，但绝不是无原则地迁就对方或向对方提供一切。例如，微软公司与苹果公司建有战略联盟，前者向后者提供应用软件，而后者借助于前者的应用软件使其Macintosh计算机获得了市场上的认可。尽管两家公司之间有战略联盟存在，但丝毫没有影响两家在其他领域的竞争，苹果公司甚至诉诸法律，控告微软公司某种商业软件是对苹果计算机知识产权的偷窃。在联盟中不应忽略合作中的竞争因素，过于草率地把核心技术和独特技能给予伙伴，其结果是自身的竞争能力下降。因此，战略联盟应该是竞争性合作。

第五，发挥战略联盟的作用。战略联盟的作用在于弥补不足，因此要寻求彼此在开发、制造、营销渠道上的互补性或者分担经营成本。并购则适用于扩展既有事业的规模。

第六，坚持向联盟伙伴学习。在联盟过程中要向伙伴学习，并将伙伴的长处运用到自己的经营中去，尽量发挥联盟的作用。典型的例子是日本企业，日本企业与欧洲及美国许多企业形成战略联盟后，日本企业变得越来越具有竞争力。究其原因是日本企业都做出很大的努力去学习联盟伙伴的长处，并加以利用。

战略联盟的方式很多，如供应或购买协定、市场或销售协定、提供技术服务协定、管理合同、专有技术、设计或专利许可证、特许经营、股权参与合资企业等。无论采用何种方式，都必须根据企业的战略目标和企业利润产生的源头，规划符合企业内在发展规律的联盟机构。值得注意的是，为了保护企业自身的权益，战略联盟应步步为营，避免重要资源的流失。例如，通用电气（GE）与斯奈克玛（Snecma）公司合作中，GE对重要组件以整套组装的方式交货，成功地控制了其发动机方面的核心技术。合作前，要根据企业自身所拥有的谈判筹码来决定合作方式，在权衡利弊时应全方位地考虑，一味牺牲或争权夺利都不合适。一般来说，大多数的战略联盟终止后，都有一方会被并购，因此应在事前策划好，决定自己将成为并购方还是被并购方。若是并购方，开始时应避免被并购价格"套牢"，因为对方的筹码会随时间而增加，同时对联盟机构的管理权或财权应该控制，对合作事业要贡献大，合作对象应比自身企业规模小。作为被并购方，应以协议赢得并购溢价，同时勿使母公司的其他事业及人事介入合作事业中，使出售简单化，其合作对象应比自身规模大。

战略联盟成功与否，在于合作伙伴之间能否实现协同和能否建立彼此单独无法实现的可持续竞争优势。合作伙伴保持各自独立特性，但若一方变得过分依赖另一方，或者认为联盟只对一方有利，联盟的稳定性就会受到威胁。成功的联盟是由信任、承诺、互相学习、灵活性联合起来的更有力量的团体。

思 考 题

1. 公司所在行业分析在竞争环境分析中占有何种地位？它包括哪些内容？
2. 迈克尔·波特确定的影响市场长期利润的五大竞争力量是什么？请分别对这五种力量进行分析。
3. 形成竞争优势的基本方法有哪两种？请分别对两种竞争优势模式进行简要阐述。
4. 国际竞争中市场竞争者的主要类型有哪些？分析论述其市场竞争战略。
5. 国际市场竞争中有哪些一般的战略？它们的形式和内容是什么？
6. 请对处于不同产业及不同市场地位企业的竞争战略进行分析。
7. 建立战略联盟有哪些战略优势？
8. 简述影响战略联盟（伙伴）成功的构成要素。
9. 如何建立有效的战略联盟？

案 例 题

丰田的战略联盟

丰田（TOYOTA）是世界十大汽车工业公司之一，日本最大的汽车公司，创立于1933年。丰田生产包括一般大众性汽车、高档汽车、面包车、跑车、四轮驱动车、商用车在内的各种汽车,其先进技术和优良品质备受世界各地人士推崇。

丰田组成战略联盟的目的主要是,通过联盟的合作关系,双方能够互补长短和互通有无,使得产品更加具有竞争力,可以达到共赢的效果。丰田的战略联盟体系见表6-1。

表6-1 丰田的战略联盟体系

集团或公司		战略联盟形式
丰田横向联盟	通用	丰田与通用合资建轿车生产厂(NUMMI),双方股权各占50%
	大众	丰田在日本销售大众和奥迪汽车
	福特	一方面,福特学习丰田的汽油电力混合车辆的开发技术;另一方面,丰田希望从福特公司财务服务的经验中受益
	标致雪铁龙	2001年共建合资公司,双方股权各占50%,联手开发小轿车
	雷诺	丰田与雷诺在哥伦比亚共同生产雷诺轿车和丰田货车,丰田占股份17.5%,雷诺占股份23.7%,其余当地政府出资
	大发	丰田有大发50%以上的股份
	本田	丰田与本田、马自达、三菱及日产共同开发零部件订货计算机网络
	柯洛斯卡(Kirloskar)	丰田与Kirloskar集团共建合资厂,于1999年年底前投产
	日野	丰田有日野20.1%的股份
	富士重工	2005年丰田购入富士重工8.7%的股份
丰田纵向联盟		丰田与日本株式会社电装、爱信精机株式会社、丰田合成株式会社、亚乐克株式会社、关东汽车工业株式会社、爱三工业株式会社等零部件、车身生产商进行战略联盟。丰田与松下电器在1996年成立了专注于开发、生产混合燃料车用电池的合资公司

1. 丰田与通用横向联盟

(1) 背景。20世纪80年代初的美国汽车行业正陷入极为严重的衰退期,能源价格居高不下和消费者偏好的改变导致了对高质省油的小型车的巨大需求。通用汽车公司为适应全球竞争的需要,加大了在研究与开发方面的投入,但收效甚微。丰田汽车公司是当时世界上汽车行业中最具成本竞争力的生产者,又拥有生产小型车的经验,并有首创的丰田管理模式。然而,由于日本汽车的对美出口受到出口限额的限制,要积极地争取巨大的美国市场,需要丰田汽车公司将生产基地向美国转移。如果双方进行合作,通用汽车公司希望能够在合资企业中直接观察日本汽车厂的生产方式,可以从丰田汽车公司获得小型车生产技术、改善车间管理的经验以及稳定的供销关系等,而丰田汽车公司则可以成功地打破汽车行业的贸易壁垒,积累在美国的海外运作经验等。

(2) 联盟形式。1984年,通用汽车公司与丰田汽车公司共同组建了新联合汽车公司。组建新联合汽车公司是为了管理通用汽车公司先前在加利福尼亚弗里蒙特的一个工厂。该工厂最早在1963年建设,由于紧张的劳资关系和较低的生产能力,于1982年关闭。

尽管新联合汽车公司工厂的自动化程度没有通用汽车公司在美国的其他工厂高,雇用的员工也主要是弗里蒙特工厂以前的员工,但是,新联合汽车公司很快就获得了比通用汽车公司在美国其他工厂更高的生产水平。同时,产品质量得到了显著提高,在弗里蒙特工厂组装的雪佛兰诺瓦车，质量与丰田汽车公司在日本生产的"姐妹车"丰田花冠一样可靠。新联合汽车公司之所以能够取得如此巨大的成功，源于生产工艺和管理方法从丰田汽车公司向合资企业的转移。

由于学习过程具有双向性，新联合汽车公司的联盟具有"学习竞赛"的特征。在双方合作中，美国司法部所确定的时间界限具有实质性的影响。由于克莱斯勒公司不断提出要求对这一合作进行反托拉斯制裁，因此司法部要求这一合作只能继续到1992年。当然，这一限制最终取消了，到1999年，新联合汽车公司依然在运作。但是，在双方合作的过程中，许多美国人不断质疑日本企业在联盟中的存在和接管新联合汽车公司的可能性，这些都说明丰田汽车公司的学习目标实现了。

随着联盟的建立，通用汽车公司建立了转移新技能的工作过程。按照通用汽车公司工厂内流行的行话来说，就是"新联合"。通用汽车公司将一些高层管理人员派往新联合汽车公司，与来自日本的管理人员进行为期三年的共同工作。新联合汽车公司内设立了一个联合办公室，以便传递从通用汽车公司获得的各种信息（通过录像、数据库、文件记录、工厂参观等方式），并将其中的一部分方法移植到位于田纳西的Saturn工厂。

在向新联合汽车公司学习的过程中，通用汽车公司遇到了一道难题：尽管那些参与新联合汽车公司的经理对新联合汽车公司的管理模式表现出极大的兴趣，但是对这一模式能否成功应用于其他公司还有一些疑惑。只有少数经理人员真正掌握了这一全新的管理模式，但是在这一过程中学习到的有价值的技能需要在北美的通用汽车公司100多个工厂中传递，难度很大。同时，对丰田公司来说，同联邦、州和地方政府打交道是一个新经历，希望可以从通用汽车公司身上学到其中的小窍门。通过获得、模仿通用汽车公司与本地政府官员以及社区的一般交往情况，丰田汽车公司的经理们学会了美国的公共关系艺术。这一经验后来移植到丰田汽车公司在田纳西的生产基地。另外，丰田汽车公司在与劳工协会的接触中获得了新的管理经验。实际上，丰田汽车公司通过新联合汽车公司培养出的管理人才，后来在北美的丰田汽车公司两个生产厂的管理中发挥了关键作用。

由于丰田汽车公司的目标非常有限，因此该公司在与通用汽车公司的"学习竞赛"中处于更有利的地位。全球化浪潮下，世界范围内的竞争使得每个跨国公司都要面对各种各样的竞争环境。即使是庞大的公司也有自身的缺陷，例如对某个国家环境的认识不足，对当地文化和需求的了解不足，这就造成进入的困难。另外，对于技术和管理经验的需求，跨国公司都有各自占优势的领域，但其不可能面面俱到，也要学习其他企业的经验和管理方法。通过战略联盟，跨国公司巨头们就可以达到相互学习的目的。

2. 丰田与其供应商纵向联盟

（1）丰田在国内的主要供应商。丰田通过与其供应商组成战略联盟，取得了在汽车市场上的成本、质量、时间优势，实现了精益化生产。其供应商主要有日本株式会社电装、爱信精机株式会社、亚乐克株式会社和爱三工业株式会社等零部件公司，以及丰田合成株式会社和关东汽车工业株式会社等车身生产厂家。

（2）丰田与其供应商之间的合作方式。

1）丰田与供应商的网络关系。丰田与供应商的网络关系是以丰田为中心，其他厂商围绕在丰田周围的一种网络结构。但是，丰田与供应商的这种网络结构又有其独特之处，那就是供应商之间的紧密合作。供应商间的紧密合作主要表现在：一是供应商企业自发成立的"协丰会"，由向丰田汽车公司供应零部件和车身的约220家具有实力的制造商组成。二是为丰田汽车公司采购设备等的企业的自发性组织，称为"荣丰会"。从生产线的机械和装置到建筑土木、物流等领域，其成员约有80家公司，都是为丰田汽车公司从事采购工作的，以及后来发展起来的各种分协会都为丰田与供应商之间的知识交流和共享打下了坚实的基础。随着全球化的不断发展，两个协会也和丰田一起成长，协会成员之间相互合作，不断扩大领域，使得丰田汽车公司的内在国际化得到实实在在的发展，丰田与供应商之间的合作取得了极大的成功。丰田与供应商网络结构表现出强大的整体性，如图6-3所示。

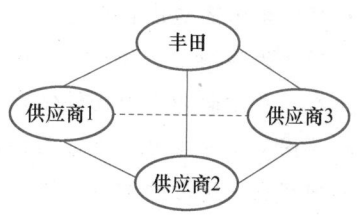

图 6-3 丰田与供应商的网络结构

2) 丰田供应商协会。1989年，丰田汽车公司在美国成立了供应商协会BAMA。截至2000年，BAMA已经从最初的13个会员增加到97个会员。此后，丰田汽车公司又在日本成立了供应商协会kyohokai。kyohokai的具体操作在于提供一种促进知识共享的机制，这种机制主要包括供应商联合大会会议（两月一次）和主题委员会会议（每月或两月一次）。前者是关于高水平的显性知识的分享（如在供应链之内的计划、政策、市场趋势等），后者则是关于时常发生变动的四个特殊领域（成本、质量、安全和社会活动）知识的分析。这一系列举措都有助于发展供应商之间的关系，促使它们分享有价值的知识。

3) 技术与质量管理方面。丰田汽车公司在致力于提高产品质量、大力推行TQC（全面质量管理）运动时，成立了6500多个质量管理小组，使质量管理运动有了广泛的群众基础。丰田对质量的追求还超出了内部化的束缚，它派出自己的质量监督人员到大批的上、下游的零部件供应商、组装商、批发商和分包商等关联企业中去，通过讲座和培训班等方式来促进整体质量管理意识及水平的提高，努力帮助供应商提高生产质量，使得供应商生产体系得到全面提升。TQC运动开展以来，丰田与其关联企业间的合作更加紧密，制造技术得到前所未有的改良，公司最终产品的不合格率降到了1%以下，而销售额却直线上升。可以说，丰田不是把供应商看作一般的供应关系，而是将其纳入了自己的生产体系，同时致力于供应商生产力的提升和质量管理体系的健全。丰田通过要求供应商定期提供降低成本的方法并帮助供应商实现技术方法的改进以达到降低成本的目的，丰田在给供应商降低成本方面的压力远比其他汽车厂商做得出色。丰田与供应商的这种合作带来了成本上巨大的领先优势，使得无论是丰田自身还是供应商，都在各自领域的竞争中处于领先地位，并且双方在市场和全球范围内共同扩张和壮大，如丰田的供应商株式会社电装和爱信精机株式会社。

4) 人力资源方面。丰田通过派遣咨询顾问，以最低的成本向供应商传授有价值的知识，逐渐强化了它与供应商之间的双边关系。早在20世纪60年代中期，丰田就开始派遣专家顾问协助其在日本的供应商。为此，公司成立了运作管理咨询部门（OMCD），以获取、存储和传播丰田集团内有价值的生产知识。OMCD 由 6 名具有丰富经验的资深经理人（其中，每人都曾负责过 2 个丰田工厂及 10 个左右的供应商）以及约 50 名顾问组成。顾问中的 15~20 人为 OMCD 的永久成员，其余的皆为崭露头角的青年才俊，他们通过在 OMCD 的 3~5 年的岗位轮换，进一步巩固其在丰田生产系统（TPS）方面的知识。丰田通过派遣这些公司内部的专家到供应商的公司，协助他们解决在实施 TPS 过程中遇到的难题。丰田还组建自主学习团队，派专家和高级经理人员协同供应商一起研究解决生产管理中的问题。这种人力资源的交流，一方面帮助供应商解决人才问题；另一方面供应商在质量方面为丰田提供保证，甚至在一些零部件生产中为丰田提供技术建议。通过这种共同参与的学习，丰田同供应商间的合作关系进一步加强，这在一定程度上意味着网络内可利用资源的增加。这种共享网络也渗透在丰田的供应链管理中。丰田利用这种强大的共享网络建立国际价格比较体系，进而建立世界最佳采购体系（见图 6-4）。丰田在寻找新供应商及新技术开发方案的同时提供现供应商的持续改进支持方案，以不断提高供应商的竞争力，使之成为世界上最优秀的供应商之一，从而使丰田的供应链管理在成本、质量和时效上达到了最佳整合。丰田与供应商的资源共享体系为丰田内部供应链的信息化奠定了基础，也成为丰田汽车零部件价格、质量和实效的保证。丰田资源共享网络中，各种资源共享相互交错，它与丰田汽车公司内部管理网络相辅相成、共同发展。丰田与供应商的这种强有力的资源网络和丰田网络的内在规范是不可分割的。

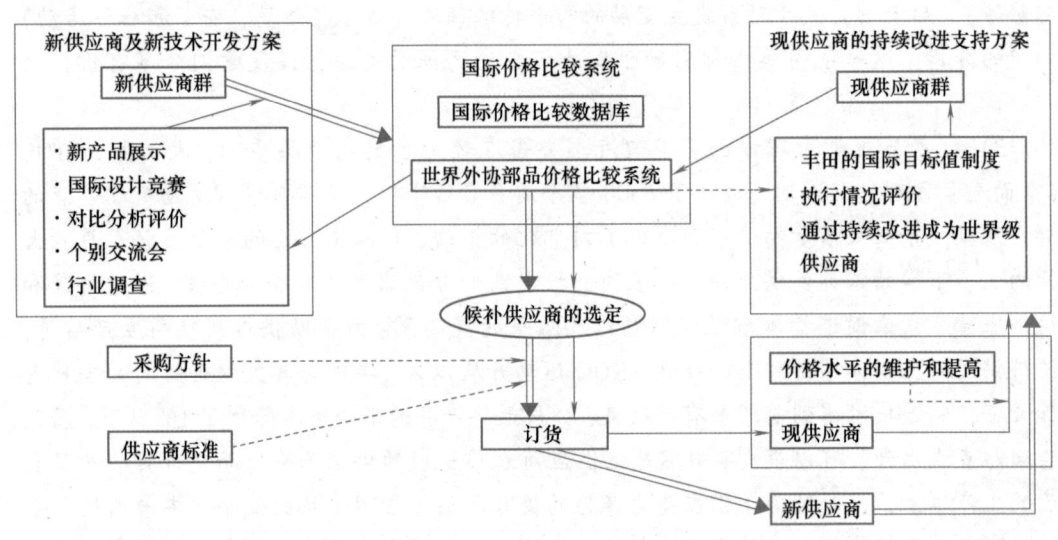

图 6-4 丰田汽车零部件采购体系

5）丰田与供应商的看板管理。以总装工厂出面和零部件厂协定合同，尽可能在利益上达到某种程度的一致。然后，通过看板管理来传递生产和货物搬运这样的信息，从而达到 JIT（准时制）供应零件（在丰田被称作看板，而在铃木则被称为流动的管理卡片）。例如，在丰田和一级供应商之间，司机拿着零件空箱和早晨 8 点的搬运看板，出发去供货商那里。抵达以后，司机将空箱和看板交到供货商的生产管理室，然后将前一天晚上 10 点拿来的看板和相应的生产好的零部件带回总装工厂。或者抵达后，为了节省时间，司机可以直接换乘已经装好车的汽车。通过这种方式，仅在指定的时间段里生产必要的产品就可以了。在丰田，这种管理方式在削减因过多生产而带来的浪费问题方面起到了巨大的作用。

在构建好JIT后，丰田整体地投入丰田管理方式中（我们通常称之为通过看板进行供应链整合的管理），最终做成市场变化对应力很强的拉式供应链。丰田的供应链是典型的拉式管理方式。通过这种方法，从顾客端，到设计、生产、供应商，进行全体整合管理。在解决投放市场的数量和品种种类的需要变化时，丰田是通过实现两个重要的概念来实现。这两个概念分别是JIT和自动化，这两个概念也可以说是丰田管理方式的两个支柱。"JIT"在上面已经说过了。丰田的"自动化"简单地理解为，通过人为地监视并管理，实现可控制的机器自动化。此外，还有工作人数对应需求的变化而可以弹性变化的"少人化"及根据工作人员的提案来改进管理的"创意"两个概念。为了实现这四个概念，丰田具体采用了"平均化"生产、弹性增减工人人数、多能工等八个手段来实行。丰田的这套系统如图6-5所示。

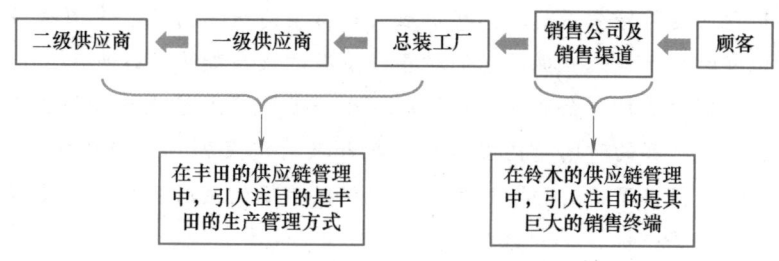

图6-5　丰田与供应商的看板系统

(3) 丰田纵向联盟的竞争优势。

1) 纵向联盟与成本优势。丰田汽车公司与其零部件供应商之间的联盟，无疑为成本最小化创造了条件。在汽车行业，零部件的标准化和生产的模块化有利于实现零部件生产的规模效益。而专门生产零部件的厂商，由于其在行业中的分工使得其生产零部件规模化和专业化，因此产生了规模经济，使低价零部件供应成为可能。汽车厂商与零部件供应商的战略联盟无疑会给双方带来利益。很多人认为，丰田汽车公司的成本优势来自其独特的精益生产管理模式。当然这是事实，但其之所以能做到精益生产，和很多丰田的供应商是分不开的。爱信精机就是一个典型的例子。爱信精机是一家综合性汽车零部件生产厂家，其企业规模相当庞大，在制造方面的技术力量得到了很高的评价。爱信精机一直努力通过构筑世界最佳生产和供应体制以及通过零部件的通用化来实现降低成本。丰田通过与爱信精机联盟，不但降低独立生产的风险，而且可以得到廉价零部件。这样无疑达到了降低成本的目的，从中获得了成本优势。

2) 纵向联盟与质量优势。丰田汽车公司之所以能成为世界级的汽车制造商，是因为其品牌为世界所接受。这与产品的质量分不开。丰田汽车公司的产品首先是质量受到认可的。其品牌优势很大程度上是其质量优势的体现。丰田更是业界在质量方面的楷模，而丰田之所以有如此优秀的品质，部分归功于其供应商在创新、工程、制造及整体信赖度方面的优异表现。丰田与其供应商（如电装和爱信精机）的联盟合作成为丰田汽车公司优质的保证。丰田很早就认识到了寻找坚实伙伴的重要性。丰田汽车公司对待其供应商就像对待自己公司内部的同仁一样，让供应商和丰田一起成长并学习丰田的生产方式。丰田对供应商的品质要求绝对是苛刻的，并不断向供应商教授精益生产理念，从而保证了生产质量。许多供应商和丰田一起成长，甚至成为业界"领头羊"，比如电装。丰田的质量优势很大程度上依赖于其供应商，我们也可以说这种优势得益于两者的有效的战略联盟关系。

3）纵向联盟与时间优势。随着世界市场的不断加剧，企业经营环境的动态性也逐渐提高，产品生命周期缩短，新产品代替步伐加快。对于企业来说，竞争就是看谁能够率先实现企业目标。虽然这是一个关于竞争的简单描述，但它强调时间的重要性。在当今的商业环境中，时间作为一个战略工具正变得越来越重要，停滞不前的代价远远高于成本变化带来的损失。丰田的即时生产很大程度上依赖于零部件供应商的支持。丰田的供应商已成为丰田即时生产的一分子，不论是在丰田汽车公司的即时生产流程顺利运作时，还是在出现问题而停滞不前时，其供应商都扮演着重要角色。丰田也鼓励它的供应商们采用丰田即时生产模式，提高它们对各种情况的反应能力。这也为丰田的生产的时间连续性打下坚实的基础。企业的生产总成本在一定程度上是执行这一过程所需时间的函数。同时，生产产品的时间是把握市场时机和及时满足顾客的重要决定因素。因此，良好的供应链体系保证了丰田的即时生产管理和对市场的及时反应。这使得丰田在激烈的全球竞争中抢到了先机。

3. 丰田与职业院校人才培养联盟——T-TEP 项目

丰田汽车公司在培养和培训人才方面投入了大量的人力物力，采用了与众不同的人力资源开发体系——T-TEP 项目（T-TEP 是丰田技术培训计划 TOYOTA TECHNICAL EDUCATION PROGRAM 的英文简称）。T-TEP 项目注重整个教学过程的完整性与严格性，还穿插丰田汽车公司的最新技术和实际操作培训，将经销店、学校和市场紧密联系在一起。T-TEP 项目是丰田技术培训体系的基础，丰田汽车公司已经在全球 50 个国家建立了 374 所 T-TEP 学校，为丰田在全世界的事业储备人才和后备力量。

在选择合作院校中，丰田会提供先进的进口教材教具支援，如 TCCS（丰田计算机控制系统）模拟教学板、发动机模拟试验台、ABS（制动防抱死系统）解剖零件、电子学教学板和丰田技术教学光盘等。在提供教学硬件的基础上，丰田在教学软件上也狠下功夫，为 T-TEP 学校教师提供定期培训的机会，将丰田最新技术和知识传授给 T-TEP 教师。丰田在教学中强调"双师型"教师，除了加强教师的最新理论教学外，也非常重视教师的实际操作能力，只有理论和实践都过关的教师才能得到认可。在 T-TEP 学校中开办丰田班是 T-TEP 活动的重要内容，根据学校实际教学情况，丰田班教学形式也多种多样，非常灵活。这主要体现在五个方面：①教学，TEAM 21 丰田技术培训课程；②实习，通过使用丰田汽车，加强学生实操能力；③目标，取得全球通用的丰田汽车技术认定资格；④学生，对丰田感兴趣，愿意到丰田汽车经销店工作；⑤就业，丰田经销店将为学生提供广阔的发展空间。丰田班中导入丰田 TEAM 21 技术培训体系。丰田班的学生在毕业前也需要经过笔试和实际操作考核才能得到认证。为了进一步提高 T-TEP 学校的教学水平，加强交流，丰田还邀请 T-TEP 学校校长赴日研修，访问日本丰田总部，参加丰田举办的技能比赛冠军颁奖大会，参观设备先进的丰田整备学校。另外，T-TEP 学校校长通过参观企业的培训中心——一汽丰田（目前设施最完备的培训中心），为学校的实训场地改造获取了参考经验和启发。每年一度的 T-TEP 联络会为学校提供了交流经验的平台，大家就教学、学生就业、校企合作经验等内容进行了热烈而充分的交流。丰田每年都在 T-TEP 学校中举办毕业生招聘会，在学校和丰田经销店之间搭建毕业生就业桥梁。

4. 丰田的研发联盟

（1）丰田与供应商的研发联盟。丰田汽车公司为了发挥其供应商的专业化优势，将其供应商纳入研发体系中。零部件生产厂和车身生产厂作为丰田汽车公司的成员，也从事从基本研究到产品开发阶段的研究开发工作。由供应商设计和生产它们自己的零部件。该方法的优势是将设计成本分摊到零部件供应商的成本中，节省制造商的加工和工装成本（如模具和夹具的费用），共享担当责任，降低风险。

（2）丰田与竞争对手的研发联盟。汽车研发是一个高投入、高风险的工作，丰田为了有效分散研发风险并实现与其他企业技术优势互补，组建了自己的研发联盟。

1）以技术合作为核心。丰田汽车公司同美国通用汽车公司以及德国大众汽车公司在统一汽车和零部件的设计和开发系统方面达成了合作协议，形成了国际汽车业内三极强者联合的局面。三家公司之间建立了转换计算机语言系统等，相互间可以交换数据。通用汽车、丰田两家公司则达成协议，通过因特网互相利用汽车零部件，实现优势互补和降低采购成本。这种技术合作更多地体现在利用信息技术来改造传统产业。美国、日本和欧洲的厂商合作开发智能化汽车，并将合作范围扩展到计算机硬、软件开发和元器件开发。

丰田与汽车行业中某项技术具有国际领先地位的汽车厂商合作，共同研发，借用或间接转换外来技术，如与美国通用汽车公司合作开发轿车电池等。1989 年，丰田首款高端汽车——凌志亮相北美国际汽车展，凭借比同级奔驰低 30% 的价格一举占领美国市场。

2）以合作开发新产品为目标。丰田和通用汽车公司决定在低公害汽油发动机汽车、新型低公害燃料汽车等环保型汽车方面广泛合作。欧洲汽车业联盟调查的结果显示，世界上著名的汽车厂商近几年开发的环保型汽车，几乎全是通过合作手段研制成功的。

丰田和标致雪铁龙联手组建企业战略联盟。丰田汽车公司和标致雪铁龙公司双方于 2007 年 7 月 12 日签署了合作备忘录，将联手开发共用平台的新型小型轿车，并在欧洲使用该平台进行共同生产。为此，标致雪铁龙和丰田建立了一个各占 50% 股份的合资公司。丰田是日本规模最大的汽车制造商，标致雪铁龙是欧洲较大的汽车制造厂商，两者的合作将达到相辅相成的效果。合作将有助于丰田进入竞争激烈的欧洲市场，而在减少投资的同时会扩大标致雪铁龙在东欧的市场份额，并有助于其实现规模效益的集团战略。显然，两大公司的战略联盟将为双方带来巨大的利益。两家公司采用的是相互持股型的股权式战略联盟的方式。相互持股型战略联盟中联盟成员为巩固良好的合作关系，长期地相互持有对方少量的股份，与合资、合作或兼并不同的是，这种方式不涉及设备和人员等要素的合并。

（3）丰田与高等院校及汽车研发机构联盟。为了掌握前沿的核心技术，获取适合的人才，丰田与大学建立密切的合作关系。如伦敦大学、哈佛大学、麻省理工学院、哥伦比亚大学、密西根大学等，每年有30~60名雇员被派往高校攻读学位或做访问学者。

与世界优秀的汽车研发机构建立联盟，负责世界范围内协作网络的管理，主要任务为把握全球技术发展趋势，通过技术中心的全球网络对技术进行搜索，借用或间接转换外来技术。

案例分析：横向联盟与纵向联盟可以避免局部过度竞争，并加强自身的竞争优势。跨国公司在积极地参与世界范围竞争的同时，也在利用各种有利条件，避免一些局部的过度竞争。跨国公司有时无法应对全球范围的全面竞争，于是为了集中力量占领某一特定市场，而对其他市场采取联盟合作的方式避免过多的竞争，或者说避免同时与多家巨头的竞争。丰田与通用的合作在一定程度上缓解了丰田在加利福尼亚及其附近地区和通用汽车的正面竞争。这种合作方式体现了跨国公司既合作又竞争的格局。合作与竞争并不矛盾，在某些方面和范围内合作，又在其他方面展开竞争，这正是现代跨国公司面临的竞争形式，也是汽车业跨国公司必须面对的。双方在局部的合作不仅可以在一定程度上避免双方的竞争，还与非联盟方相比有更强的竞争优势。由于联盟的合作关系，双方互补长短和互通有无，使得产品更加具有竞争力，这样可以达到共赢的效果。

（资料来源：《国际市场营销》（第2版），李爽，北京：人民邮电出版社，2021年。）

分析：谈谈丰田组建战略联盟体系的构成及战略联盟可以给丰田带来哪些竞争优势。

国际市场营销学 第4版

第 7 章 国际市场战略业务决策

本章要点

战略业务单位是实施国际经营战略的有效组织形式。进行国际市场战略业务决策，首先要建立战略业务单位，在业务单位内部各产品市场之间分配资源、建立长久竞争优势，以成功实施企业的业务战略；其次要在对战略业务单位的环境进行分析的基础之上为每个战略业务单位合理配置资源，获得一种可能的最佳业务组合，从而保证企业成功的长期可靠性；再次以此为基础计划新业务工作，进一步明确战略业务单位的机会和发展途径；最后在对企业各个战略业务单位进行认真、全面的分析、评估与组合之后，选择恰当的国际市场进入战略，引导企业在世界市场上更好地开展国际经营活动，实现持续发展。

关键词

战略业务单位（SBU） SWOT 分析法 业务组合 增长/占有率业务组合 市场吸引力/业务优势组合 密集型成长战略 一体化成长战略 多样化成长战略

7.1 建立战略业务单位

战略业务单位（Strategic Business Unit，SBU），简称业务单位，是指国际化经营企业将类似的具有特定市场、竞争者、资源和规模的经营单位合并成一个战略业务部门，委派高级管理人员对其负责并直接向公司首席执行官（CEO）报告，通过对各类业务分部的协调和职责的明确规定，促进企业整体国际营销目标战略的实施。SBU 是大型跨行业企业的基本成分，也是大型企业中具有承上启下作用的中间环节。业务单位经理负责制定本部门的经营范围、目标以及实现目标的战略，负责在业务单位内部各产品市场之间分配资源并建立长久竞争优势。公司最高管理层保留对业务单位层次决策的最后审批权，以确保其与公司目标和战略一致。

7.1.1 界定战略业务单位

划分战略业务单位是公司高层管理者的最重要任务之一。战略业务单位应具有以下特征：

1. 市场的关联性和技术的一致性

同一业务单位进入的各个产品市场之间应在促销、分销、技术诀窍、生产过程和顾客群体等方面存在较为明显的关联之处。这样，业务单位才能制定出针对各细分市场的整体战略。另外，战略业务单位拥有的核心技术与各市场所需要的技术应基本相同。

2. 市场的独立性

每一个业务单位都应该能与别的业务单位分开，独立作业，并能够通过一个完整的流程独立地为至少一个客户群提供产品或进行服务。这样既避免了人力资源的浪费，又能充分发挥了各单位自身的规模经济效益。

3. 拥有创造优秀业绩的必要条件

各业务单位都应该拥有诸如生产能力、研究开发能力、营销和分销能力等创造优秀业绩的必要条件。即使各战略业务单位之间需要共享某一资源，其各自的权利和义务也应该界定清楚，以兼顾单位经营的自主性以及与企业整体的一致性。

4. 利润中心

每一个战略业务单位都应该是独立的利润中心，有独立的利润核算体系，能从单位的经营中获得按业绩评价的相应报酬，从而维持单位经营的积极性和持续性。

5. 变动性

一个业务单位建立后不是一成不变的，而是当企业的一个分目标得以实现或者出现新的战略规划时，各业务单位会根据企业整体规划的变动而做相应调整，甚至重新划分。

在实际划分中，有关人员或侧重于技术和经营方面的一致性，或偏重于顾客群体的相同性。高层管理者应经常按照是否需要相同技术、生产设备、同等水平员工来划分战略业务单位。其优点是：最大限度地减少了磨合期，提高了战略业务单位的核心能力。在某些情况下，高层管理者更关心的是瞄准同一顾客群的不同产品能否产生营销方面的优势。因此，他们常按顾客群体或营销渠道划分战略业务单位。例如，美国通用磨坊食品公司把技术上完全不同的两种产品划分为同一战略业务单位，只因为它们针对的都是喜爱甜食的顾客群。

7.1.2 战略业务单位的目标

公司的大目标必须被分解为各个战略业务单位的分目标，这些分目标依战略业务单位所在行业的吸引力及其在行业中的竞争地位、公司资源分配策略等的不同而不尽相同。对于处在高发展行业中的战略业务单位,公司分派的销售和成长目标就高于处于成熟行业中的战略业务单位,但分配的投资报酬率目标则是前者低于后者。另外,战略业务单位的另一项主要内容是将业务单位目标分解至产品市场,其细分标准是市场的吸引力和成长性以及战略业务单位的竞争能力。

7.1.3 战略业务单位的战略营销

战略业务单位面临的一个中心课题是如何建立长期的竞争优势。为此,战略业务单位应做出两项决策。一是确定战略业务单位的竞争范围,即确切的细分市场以及要满足的顾客需求。其内容不一定十分具体,主要是为下一层次制定细分市场目标服务。二是在细分市场上如何建立起与竞争对手不同的竞争优势,培育一种独特的核心能力。

一般来讲,战略业务单位应拥有若干个产品市场(又称细分市场),但就各个细分市场而言,其所拥有的竞争优势应该是不同的。只有这样,才能充分发挥自身优势,扬长避短。迈克尔·波特曾指出:一个企业若要获得竞争优势,必须先决定所追求的竞争优势的种类及覆盖的地理位置。什么都想做,势必导致战略的平庸和业绩的低下,结果就毫无优势。迈克尔·波特认为,战略业务单位建立竞争优势的途径有:①在细分市场上建立低成本优势;②在产品或营销方面独树一帜,如高质量或高技术含量的产品、更加广泛的促销和分销、完美的售后服务等。战略业务单位可制定涉及本行业领域内诸多市场的宽范围战略,也可制定仅集中于其中一个子市场的窄范围战略。具体来讲,有四种战略可供战略业务单位选择:①力争在多个子市场中实现成本领先;②仅在少数几个子市场中培育低成本优势;③力争在多个子市场中建立差异性优势;④仅在少数几个子市场中建立差异性优势。

关于战略业务单位的战略营销活动,不同学派的管理专家有不同理解。但可以肯定的是,战略业务单位加强战略营销管理能够带动下一管理层次提高营销管理水平,同时也为其制定战略营销规划提供总体思路和大方向。例如,美国康柏公司个人计算机业务单位制定低价格、高顾客价值战略之后,下一层次即产品市场层次的产品定价和促销政策、产品设计、广告诉求,甚至营销渠道的选择,都受到上述战略业务单位的制约,并与之保持一致。从总体上讲,战略业务单位层次战略包括四大类,见表7-1。

表7-1 战略业务单位层次战略

开拓型战略
1. 在众多产品市场上从事经营活动,且不断地进行再定位
2. 注重率先进入市场和抢先推出新产品,并不太注重迅速获取利润
3. 对机遇的早期信号反应灵敏,并采取新的竞争行动
4. 竞争的战略重心放在不断追求新机遇上,并不求保持住在所有现有产品市场上的优势
防御型战略
1. 力争在相对稳定的产品市场上保持现有份额
2. 与对手相比,所提供的产品和服务的范围较为狭窄
3. 凭产品价格低、质量优、服务好来维持现有市场份额
4. 不追求在行业技术和新产品开发方面的领先,对行业内某些变化趋势不太重视

(续)

开拓防御型战略

1. 介于上述两种战略之间，比开拓型战略在新品开发上慢一些，但又不像防御型战略那样墨守成规
2. 力争保持住有限但稳定的产品线或服务范围，谨慎从事行业产品开发活动
3. 决不率先进入新的产品市场，宁愿以第二或第三入市者身份进入新市场，并常采用低成本或高质量的市场进入策略

被动反应型战略

1. 没有任何完整的竞争战略
2. 在产品市场定位方面与竞争对手相比没有连贯性
3. 与竞争对手相比，不敢冒新产品或新市场开发的风险
4. 在现有产品的营销方面不如竞争对手的投入力度大
5. 仅在受到环境重压下才做出反应

一般来讲，开拓型战略指的是不断开拓新产品、新市场从而不断满足新需求的一种经营战略。采用开拓型战略的业务单位，侧重于从开发新产品核心市场中求得企业的发展壮大。防御型战略指的是旨在保持现有市场份额或竞争优势，巩固企业竞争地位的战略手段。采用防御型战略的业务单位应重视保持现有产品市场份额，不强调新产品开发。开拓防御型战略，顾名思义，就是既开拓又防御的战略。采用开拓防御型战略的业务单位走中间道路，既力争保持住现有产品的市场份额以及竞争优势，又尝试挤进新的相关性强的市场。而被动反应型战略采取的则是类似"应激性"的反应。采用被动反应型战略的业务单位，实际上是没有战略，只不过随环境变化而被动地采取变化。需要指出的是：无论采取上述哪一种业务单位层次战略，都涉及竞争战略问题，即在竞争方面是采取低成本战略，还是追求与众不同。从此意义上讲，上述四个层次战略与竞争战略相结合后可派生出新的子战略。

从业务单位的成长方式/竞争战略矩阵（见图7-1）可知，开拓型战略和被动反应型战略没有被进一步细分，这是因为前者在依靠开拓市场和产品中求成长，并没有重点使用独树一帜竞争战略或低成本竞争战略；而后者根本没有明确的竞争战略。据国外资料统计，大量业绩不佳的业务单位采用被动反应型战略。所以，我们不建议采用此战略，下文也不再对其进行阐述。

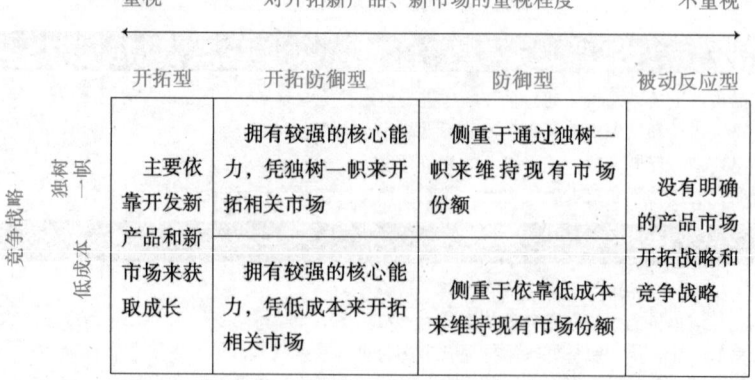

图 7-1　成长方式/竞争战略矩阵

7.1.4 业务单位战略与外部大环境的协同

各种业务单位战略在目标、竞争方式、市场领域方面不尽相同,这就决定了没有哪一种战略是在所有情境下都适用的。因此,必须研究战略与环境之间的最佳结合点,见表 7-2。

表 7-2 业务单位战略与外部大环境

环境要素	开拓型	开拓防御型	差异性防御型	低成本防御型
市场周期	用于行业周期的初期阶段,有许多潜在市场和潜在消费者	用于行业周期的成熟阶段,产品已系列化,但仍有一些潜在市场	用于行业周期成熟或衰退阶段,几乎没有潜在市场,需求来自重复购买	用于行业周期成熟或衰退阶段,几乎没有潜在市场,需求来自重复购买
技术	新开发的技术,许多方面的用途尚未发现	成熟技术,但仍有改进余地,新的应对技术出现	关键技术已经成熟和稳定,改进余地较小	关键技术已经成熟和稳定,改进余地较小
竞争	竞争对手尚未成长起来,行业结构仍在变化,最大竞争对手占有较大市场份额	出现大量竞争对手,但有些会被迫退出,行业结构仍在变化,占有较大市场份额的竞争对手很难保住此份额,因为市场扩大得过快	竞争对手数量减少,行业结构趋向稳定,市场稳定使各竞争对手的相对市场份额也比较稳定	竞争对手数量减少,行业结构日益稳定,市场稳定使各竞争对手的相对市场份额也比较稳定
业务单位相对优势	拥有较强的研究开发、产品工程、营销调研和管理的能力	拥有一定的研究开发、产品工程、营销能力,在某些产品市场方面有低成本或分销、服务优势	在研究开发或产品工程方面没有优势,成本高于竞争对手,优势在于程序工程、质量控制、营销、分销等方面	在供货渠道、程序工程、生产方面的优势使其形成低成本优势,但在营销和服务及研究开发方面不如竞争对手

1. 开拓型战略应具备的条件

开拓型战略适用于因新技术或顾客需求变化引起动荡或急速变化的行业。具有此特征的行业处于其生命周期早期阶段,为新产品市场提供了广泛的机遇,其行业结构因竞争对手数量少且相对市场份额不断变化而很不稳定。采用开拓型战略的业务单位自身应具备以下条件:一是研究开发、产品工程、新产品生产能力较强,能够快速推出创新产品;二是市场调研和营销能力较强,能够准确找出新市场机遇。但这类业务单位往往不能很好地维持住其所开创的新市场。这是其面临的一个棘手问题。

2. 开拓防御型战略应具备的条件

开拓防御型战略走的是一条中间道路:一方面靠低成本或差异性竞争手段来保持住现有产品市场;另一方面又需要密切注意新产品、新市场的发展动向,以免被竞争对手用技术更先进的产品赶上或超过。开拓防御型战略的这一特征决定了它适用于行业周期的成熟阶段早期,这一阶段行业成长速度虽不如以往快,但仍在平稳增长。国际民用飞机制造业就属于这类行业,无论竞争对手还是潜在客户,数量都很少且成熟。技术还在改进,航空公司之间的竞争和兼并增加了买方的讨价还价能力。该行业的龙头企业——美国波音公司下属的民用飞机制造业务单位采取了开拓防御型战略:一方面凭借产品的可靠性和高质量,向客户提供更多服务以及在价格上更加优惠来对抗欧洲空中客车公司,以求保住现有的国际民用飞机市场的50%的份额;另一方面又投巨资研究开发新一代民用飞机,以防在新产品开发方面被竞争对手赶上或超过。

不可否认的是,开拓防御型战略存在一个严重问题:几乎没有一个业务单位具备同时在两条战线作战的能力,既要保持现有市场,又要盯住未来市场。因此,开拓防御型战略在开拓方面不如开拓型战略那样有力,而在防御方面不如防御型战略那样有效。

3. 防御型战略应具备的条件

一般来讲,在相对稳定且成熟的行业中,占有主要细分市场的业务单位通常会采用防御型战略,以继续获取丰厚的利润。其具体做法包括不断改进程序和产品、扩大产品线等,但在基础研究与开发以及产品创新上的投资则很少。因此,防御型战略要求行业核心技术并不复杂且较为成熟,不大可能在短期内发生巨大变化。此战略可细分为两个子战略。

(1)差异性防御战略。此战略要求业务单位在与其独特优势有关的领域中比竞争对手更为卓越。如果该业务单位的差异性优势是在产品质量上,那么它就应该在生产、程序工程、质量控制、产品工程等方面占有明显的优势。实践证明,提高产品质量是实施差异性防御战略的有效途径,因为产品质量与投资报酬率之间有很强的正相关关系。另外,营销手段在实施此战略中也起着十分重要的作用,尤其是跟踪消费者需求变化趋势,促使消费者了解本企业产品的独特之处,了解竞争对手动向等活动。

(2)低成本防御战略。业务单位若要采用此战略,应该在行业周期的成长阶段就做好准备工作,不断扩大市场占有率,以达到规模经济效应和经验曲线效应,使产品单位成本全行业最低化。同时,还应努力扩大生产能力和控制关键设备。由于单位产品利润率低,加上需要巨额固定资产投资,因此采用此战略的业务单位应拥有强大的财力。另外,此战略要求产品生产的规模化和促销的标准化,这对于处于分散性行业的业务单位是不适合的。

4. 随行业环境变化变换战略

各业务单位战略在保持与外部大环境一致的同时,还应该保持随环境变化而变化。例如,在行业生命周期的成长阶段使用开拓型战略;在成熟阶段先使用开拓防御型战略,再使用防御型战略。综合市场周期、业务单位的技术创新能力、市场竞争状况以及相对于竞争对手的相对竞争优势进行战略转换,以实现企业整体利益,这是最理想的状态。

但问题是不同的战略对资源、能力、组织结构、决策与协调程序、奖惩制度、人员素质等的要求各不相同。而进行调整并非易事,需要耗费大量的时间和精力。例如,长期采用防御型战略的业务单位,面对行业技术变化的突然加快,试图转向开拓防御型战略，这就需要投入更多的人力、财力、物力，以加强产品创新和市场创新。但这一转换常会引起企业文化冲突，造成业绩波动甚至下滑。

针对如此高的战略转换成本，有些大公司建立新的业务单位、开发新产品，而原有的业务单位仍采用现行战略，集中于未发生变化的那部分市场。还有些公司利用其在行业技术上的领先地位，在行业进入成熟阶段后，并不采用防御型战略，而是将相关业务单位出售，并同时从事特许经营活动，以避免激烈的行业竞争和利润的下滑。

7.2 战略业务单位的环境分析与业务组合

战略业务单位首先面临的任务是对所处的宏观环境和微观环境做仔细、认真、全面的分析与评估。本节通过 SWOT 分析法指出了战略业务单位发展面临的机会、威胁及自身的优势与劣势，使之对形势有更清醒的认识，并在此基础上恰当地为战略业务单位适当地配备资源，建立业务组合。

7.2.1 SWOT 分析法

SWOT 分析是环境分析的常用手段，它通过分析战略业务单位内部环境中的优势（Strength）、劣势（Weakness）和外部环境中的机会（Opportunity）、威胁（Threat），对企业的内外环境做综合评估，从而发现机会、规避风险、扬长避短，找出一条适合企业的发展之路。

优势是指能使业务单位获得战略上的领先地位并进行有效竞争，从而实现目标的某些强大的内部因素或特征，通常表现为业务单位的一种相对优势，如充足的资金来源、良好的经营技巧、在顾客心目中的良好形象、市场领导地位、完善的服务系统、独有的专利技术、较好的广告宣传、产品的创新能力、先进的工艺设备、别具一格的产品包装设计、极其低廉的产品成本、健全的营销网络等。

在多业务单位企业中，公司的整体优势以各业务单位之间的有效协同和平衡的方式反映出来。协同指的是各业务单位间相互支持以实现各自目标的程度，平衡指的是各业务单位间相对的现金需求的平衡。例如，在通用电气公司的各业务单位中，有的保持高速增长，有的保持平稳发展，有的具有很大的现金流量并很好地支持公司的整体成长，公司整体做到了协调和平衡。

劣势是给业务单位带来不利、导致其无法实现目标的消极因素和内部不可能性，例如缺乏明确的发展方向或战略导向、技术落后或设备陈旧、缺乏某些主要技能或能力、产品线过窄、没有拳头产品、销售渠道不畅、成本居高不下、盈利较少甚至亏损、缺乏管理经验和科学知识、内部管理混乱等。在多业务单位的公司中，一个公司整体的劣势主要表现在不协同和不平衡上。

各种优势、劣势因素对业务单位经营的影响程度是不同的。其中，那些对业务单位的成功起着关键作用的因素，被称为关键的成功因素；那些强于竞争对手的因素，被称为核心能力,它是业务单位赖以战胜竞争对手的有力武器;还有一些因素对企业经营会造成致命的影响。这些重要因素,不管是优势还是劣势,都要予以高度重视。

优势和劣势好比战略平衡表的两个栏目,优势好比"资产",劣势好比"负债"。对一个战略业务单位来讲,"资产"越多,业务单位的竞争优势就越明显,制定、实施战略的基础就越好。

企业判断自己的优势和劣势,需要通过与同业中最好的企业进行比较,比较产品和流程,思考为什么这些公司的产品和流程如此优秀,并竭力模仿它们的最佳实践,从而提升自己的优势。

机会是那些不断地帮助业务单位实现或超过自身目标的外部因素和状况。业务单位面临的机会很多,如出现了新的市场、拓展了新的产品线、技术上有了重大突破、竞争对手出现了自满现象且业务有所萎缩、能为新老客户提供更多服务、能绕过存在于有吸引力的外国市场的关税壁垒等。

机会有两种形式,即行业机会和企业机会。行业机会是某一行业环境向所有企业提供的发展机会,这种机会对每一个业务单位来说都是平等的。但是,由于每一个业务单位的优势和劣势不同,抓住机会的能力也就不同,对于那些具备捕捉机会能力的业务单位来说,行业机会就容易被转化为现实的企业机会。

为了准确把握机会,避免发生错误,业务单位在面对机会时应该问自己几个尖锐的问题:①这个机会是否违背公司的宗旨?②这个机会是否违背公司的既定战略?③这个机会是否要求公司学习一个全新领域?④这个机会是否符合公司财务上的要求?通过回答以上问题,就可以避免业务单位在抓住机会、制定战略时误入歧途。

威胁是使业务单位经营不善并导致业务单位无法实现既定目标的外部因素,是影响业务单位当前地位或其所希望的未来地位的主要障碍。业务单位面临的威胁来自各个方面,主要有低成本竞争者的进入、替代品的销售额上升、市场增长速度趋缓、国外有关国家贸易政策和汇率出现了不利于业务单位的变化、顾客和供应商的讨价还价能力增强等。

过去,威胁的概念常常被局限于竞争者之上,但是目前它已被扩展到政府、工会、社会和其他利益相关者集团身上。在业务层面上,竞争对手引进技术革新也可能是一种威胁。例如,数字电视的出现对自恃于模拟电视的公司显然是一个严重的威胁,它会很快侵占传统电视机市场,并可能使一个模拟电视行业统治者在几个月之后就衰退下去。在公司层面上,多业务单位公司常遇到与单一业务单位公司相同的威胁,那就是敌意收购和合并。迪士尼公司就曾于1983年和1984年卷入敌意收购中,尽管迪士尼公司挫败了收购者,但总裁及董事会主席也不得不接受被罢免这一后果。

经过详尽分析以后,把内外环境中存在的优势、劣势、机会、威胁逐项排列出来,形成图7-2所示的SWOT矩阵。

当然只列出这些要素是不够的,还必须根据上述对各要素的分析,从优势、劣势、机会、威胁的可能组合中寻找出业务单位未来发展战略的大方向。简单来讲,可以有四种可能的组合,如图7-3所示。

	优　势	劣　势
内部环境	产权技术 产品创新 良好的财务 高素质的管理人员 公认的行业领先者 …	设备老化 产品线范围太长 营销能力较弱 成本高 企业形象一般 …
	机　会	威　胁
外部环境	纵向一体化 市场增长迅速 有可能争取到新的用户群 有可能进入新的市场领域 可以增加互补产品 …	竞争压力大 政府政策不利 用户的需求正在转移 新一代产品已经上市 新竞争者加入 …

图 7-2　SWOT 矩阵

第一种可能的组合是环境中出现了机会，而业务单位本身恰好有这样的优势。这种情况是最理想的，业务单位可以采取充分利用环境机会和内部优势的大胆发展战略。IBM 大力开发个人计算机就是公司声誉及资源优势与市场机会相结合的产物。

图 7-3　SWOT 分析

第二种可能的组合是环境中存在一些威胁，但业务单位在这方面有优势。针对这种情况，业务单位可以采取两种态度。一是利用现有优势在其他产品或市场上建立长期机会，实行分散或多样战略，这是具有其他发展机会的业务单位通常采取的态度。美国灰狗公司在城市之间的客运业务方面拥有优势，但由于政府放松管制，面临着航空客运的竞争和劳动力成本日益增加的威胁。经过 SWOT 分析后，公司决定由客运改变为货运，这样既利用了公司业务上的优势，又避开了环境条件的威胁。二是采取与环境威胁直接正面斗争的战略。当然，这种做法通常只能在企业优势足以战胜环境威胁时采用。

第三种可能的组合是环境中存在机会，但业务单位在这方面是劣势，力量不够。这就要求战略业务单位致力于改变内部劣势，采用防御型战略，同时有效地利用市场机会。苹果公司就是将激光技术应用于好几种产品的生产上实现了对个人计算机发展机会和企业技术长处的利用，避免了在与 IBM 竞争时表现出不足。

第四种可能的组合是环境中存在一些威胁，而战略业务单位在这方面也处于劣势，这是最不理想的情况。在这种情况下，业务单位最好采取减少或改变产品市场的退出型战略。20世纪80年代初期，美国克莱斯勒公司得以成功地避免破产，就是因为它能发现威胁和劣势，并及时制定相应战略来改变业务方向。

从以上分析可以看出，SWOT分析法给我们提供了一种战略思考的思路和框架。只要能够详细说明业务单位的多项关键性战略要素，就能够制定出恰当的战略方案。不过，单以SWOT方法来思考战略，未必能够有效地找到满意的答案，因为很多情况是处在既是机会又是威胁，或者不算优势也不算劣势的境地。此时，就要考虑另辟蹊径了。

7.2.2 业务组合概念

业务组合（Portfolio）这一术语来源于金融领域，在金融中被用来描述为获得一个有利的风险收益比而使用的一种由资本和投资资金所构成的组合。业务组合概念是由美国的一家咨询公司——波士顿咨询集团（BCG）首先应用到战略规划中去的，该公司开发了增长/占有率业务组合。而使用最频繁的业务组合概念是市场吸引力/业务优势矩阵，它是BCG的竞争者麦肯锡公司（McKinsey）对增长/占有率业务组合进一步发展的结果。

1. 增长/占有率业务组合

（1）名称和来源。业务组合第一次从金融领域转移到企业规划是BCG提出的增长/占有率业务组合。这个方法的模式在20世纪60年代创立，当时人们已意识到把计划范围限制在整个企业或单个单元作为长期平稳发展战略的危险。业务组合概念的发展是以经验曲线概念以及产品市场生命周期概念的成果为其出发点，而这些成果是由BCG进行的以观察为依据的调查所确定的。

（2）概念描述。业务组合概念的核心是对企业所有战略业务单位进行分析。业务组合概念的目标是在一个有四个分区的矩阵中对各种战略业务单元（SBU）进行定位，使赚取资本的业务单位位于停滞市场中，消耗资本的业务单位位于增长市场中，在某种程度上获得一种可能的最佳组合，从而保证企业长期成功的可能性。业务组合由相对市场占有率和市场增长两个尺度所确定。其中，相对市场占有率是相对于行业内的竞争对手而言的，它比绝对占有率更能代表该单位相对于主要或最大竞争对手的竞争力；市场增长则代表了市场成长的速度，代表了对于该业务单位而言的市场机遇大小。

从经验曲线概念上来考虑，相对市场占有率被挑选为业务组合的一个尺度。按照这个概念，相对市场占有率大的企业比相对市场占有率小的企业原则上有更大的潜力去削减成本并取得成功。相对市场占有率的重要性后来被PIMS[①]项目所确认。在此需要说明的是，要取得这样的结果必须考虑相对于最强竞争者的相对市场占有率，而不是绝对市场占有率。

为了表明由市场增长和相对市场占有率两个尺度所产生的四种组合，可以做一个有四个分区的矩阵。在这个矩阵中，各种SBU可以在四个不同分区中有一个定位。这四个分区分别称为"问题""明星""金牛"和"瘦狗"，如图7-4所示。

[①] PIMS即Profit Impact of Market Strategies，译为营销战略对利润的影响。

每个分区表示一个不同种类业务的特征，它隐含着被称为规范战略的行为模式。每个圆是以市场增长和相对市场占有率为坐标尺度，在上述矩阵中确定一点，以此点为圆心画圆，圆的大小（半径）以营业额或注入资本大小表示。这样，每个 SBU 都能在该矩阵中找到自己的位置以及确定自己的范围。

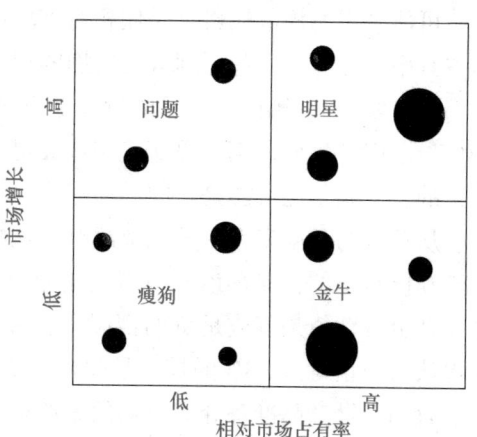

图 7-4　增长/占有率业务组合

(3) 战略地位和建议。按照上述两个尺度，总体上可以将 SBU 划分成四个区域："问题""明星""金牛"和"瘦狗"。

1) "问题"。"问题"是指在高增长市场中运作但相对市场占有率较低的公司业务。处于这个分区的 SBU 大多数都处在产品生命周期中的产品投放市场阶段或增长阶段。高增长意味着业务单位应进行较大的投入以保持进而超过目前的增长率，但是较低的相对市场占有率又表明了其自身产生现金的能力有限。因此，它们需要大笔资金投入，净现金流动值是负的。

根据可获得的财力资源以及该单元成长的可能性，"问题"的规范战略可以是提高或者降低相对市场占有率。如果获得足够的财力资源，而且该单元有可能发展成为"明星"单元，则企业应对其进行必要的投资，努力提高"问题"的相对市场占有率，否则就应该选择放弃战略。如果企业同时经营着几个"问题"，它应选择相对于竞争者而言具有最大竞争优势的"问题"。

从长期的观点来看，只有当企业能获得充分的财力资源时，才适合采用这一进攻战略。这意味着其他的 SBU 必须为"问题"创造它所必需的现金。如果情况不是这样，企业应该降低这个 SBU 的相对市场占有率或者出售这个 SBU。

2) "明星"。在"明星"分区的 SBU 是高增长市场的市场领导者，一般认为处于这个分区中的 SBU 有最优的利润增长率和最佳的投资机会。由于强大的市场位置，"明星"能够由它们自己产生本身所需要的现金，但是必须将生产出来的财力资源进行再投资以保持与高速增长的市场同步，维持其领导地位。

这种情况的规范战略是增长战略。采用该战略是为了保持或提高相对市场占有率以维持自己相对于竞争者在市场中的主导地位。值得注意的是，企业中需要有"明星"单元，但不是越多越好，应根据企业自身能力选择成功率大的单元进行发展。

3) "金牛"。"金牛"分区的特征是相对市场占有率高和市场增长缓慢。该分区的 SBU 处在增长晚期或饱和阶段。由于市场增长缓慢，企业不必再对其进行大量的投资，而相对较高的相对市场占有率表明了该单位能产生大量的利润。"金牛"是一个成熟市场中的领导者，能为企业产生很多现金。由"金牛"产生的财力资源被用来支持在"问题"分区中的未来市场以及为公司的其他业务服务。

可能采用的规范战略是保住相对市场占有率或当集中产生现金时，偶尔接受相对市场占有率的降低。这些可理解为明确的现金产生战略。

4)"瘦狗"。第四个分区的特征是市场增长慢和相对市场占有率低。"瘦狗"分区的SBU位于产品生命周期的停滞晚期或衰退阶段，市场地位相对较低，净现金流动可能仍是正的，但偶尔也可能是负的。

从长期的角度来看，其规范战略，从财力上考虑是停止投资战略。只要产生的净现金流动值是正的，保存该SBU就是有意义的，或者出售这个SBU偶然可能会有利可图。在净现金流动值是零或是负的情况下，如果在开发一定时间内没有可推出的后继产品，通常认为中止对该SBU的投入是明智之举。但有时候，即使净现金流动是负数，保存该SBU直到后继产品准备介入市场的做法也是可行的，这样可以不给竞争者以占领市场地位的可乘之机。

通常一个SBU在它的生命周期中，会从四个矩阵分区中的一个转移到另一个，如图7-5所示。一个例外是产品发布的失败，不能在进入市场时站稳脚跟的新产品只能位于"问题"和"瘦狗"的分区中。它们最后只会成为企业的财务负担。

增长/占有率业务组合通常用来确保企业的增长，并通过考虑各个SBU的财务情况在几个SBU之间取得风险平衡。如果"问题"能借助"金牛"产生的现金的支持成为"明星"，就能保证

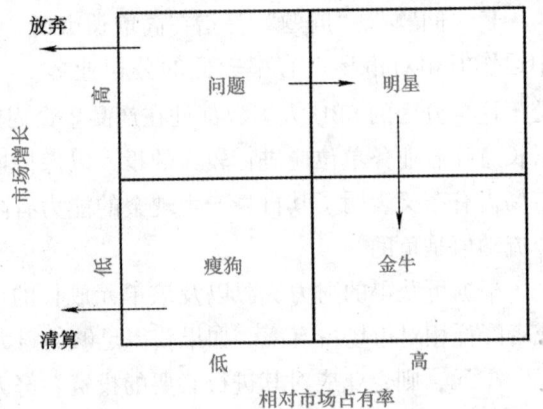

图7-5　SBU在矩阵分区间的转移

业务组合内部的增长。"明星"过后也将变成"金牛"。

另外，可以在当前的业务组合之外确保企业的增长。如果在当前的业务组合中没有足够的"问题"，从长期的眼光来看，企业也可以通过研究开发、多样化和收购其他企业来达到一个平衡的业务组合的要求。

(4) 评估。增长/占有率业务组合主要因矩阵的两个尺度——市场增长和相对市场占有率过于简单而受到批评。尽管这两个因素都被经验曲线概念和PIMS项目确认为是关键的成功因素，但正如PIMS所显示的，还有很多其他方面值得考虑，如产品质量、营销预算和投资力度。在特定的情况下，这些因素可能是决定性的，但BCG并没有考虑它们。

另外，矩阵的两轴——用"高""低"一分为二的方法使经常出现的中间位置的评估复杂化。

BCG的业务组合、市场生命周期概念和经验曲线概念的经验主义基础并不是无可争辩的。另外，经验曲线概念仅仅指出了合理化的潜力，它不会自动显示更大的成功机会，这必须通过管理层来认识和利用。

2. 市场吸引力/业务优势组合

（1）名称和来源。市场吸引力/业务优势组合的创建是从对波士顿咨询集团的增长/占有率业务组合的批评开始的。它对战略形势的识别和描述更加广泛、更加差异化。新的业务组合方法是由 McKinsey 咨询公司与通用电气公司在经验调查的基础上合作发展起来的。它与 BCG 业务组合的主要区别是该组合考虑了除市场增长以及相对市场占有率以外的很多因素，并将其主要归于两个变量中——市场吸引力和业务优势。

（2）概念的描述。市场吸引力/业务优势组合采用市场吸引力或行业吸引力和业务优势以及营业额和资本投资等战略尺度来表示业务的重要性。其中，市场吸引力是指市场对企业的吸引力，包括产品市场容量、利润率、销售增长率、市场垄断程度、企业进入市场的难易和市场细分化的水平等；业务优势是指该单元的生产能力、技术力量、市场占有率、资金、产品能力和服务等的状况，是相对业务优势。

为了估计市场吸引力和相对业务优势，人们开发了不同的方法。市场吸引力/业务优势组合矩阵按照市场吸引力和相对业务优势两个战略尺度分成九个分区，如图7-6所示，SBU 可在对应的业务组合分区之中定位。圆的大小表示 SBU 在营业额和资本投资方面的重要性。

市场吸引力/业务优势组合矩阵的九个分区对应于不同的特定情况并有相应的规范战略。

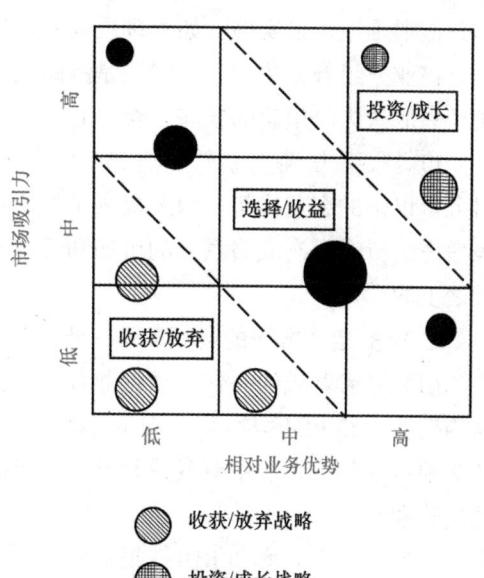

图 7-6 市场吸引力/业务优势组合

（3）战略地位和建议。

1) 投资/成长分区。投资/成长分区的特征是 SBU 的相对业务优势和市场吸引力都处于高水平，该区还在建立市场的位置，并有长期成功的机会。这些 SBU 通常需要高额投资，由于有成功的机会，一定的风险是可以接受的。

在财务审议中，这些分区是由对未来增长和营业额的高度期望所确定的，必须相应地采取投资/成长战略。

2) 选择/收益分区。选择/收益分区的特征是对未来利润无明确的要求，只要求短期利润、中等现金流动和或高或低的投资。在这种市场吸引力不明确和业务优势不可靠的情况下，减少内在的风险是可取之举。

因此，根据增长或放弃的机会必须采用选择/收益战略。在财务审议中，该区域被视为无关紧要。

3) 收获/放弃分区。收获/放弃分区的特征是无论市场吸引力还是企业的相对业务优势都大大降低，该区具有最大的现金流动和最小的投资要求。从长期的眼光来看，降低风险或在适当的时候出售这个 SBU 是合适的。

在财务审议中，这些分区必须被看作未来投资产生现金的来源，要采用收获/放弃战略。

总之，市场吸引力/业务优势组合的投资/成长分区和收获/放弃分区具有特殊的重要性。为了在未来获得成功的市场地位而需要在投资/成长分区投资的资源，必须在业务组合的收获/放弃分区中产生。在业务组合之外，还可通过增加资本、寻找新业务伙伴或信贷来获得资源。

（4）评估。市场吸引力/业务优势组合的一个优势是在矩阵中有构建良好的和差异化的格局来对 SBU 定位。估计市场吸引力和相对业务优势的标准核对明细表可适用于各个企业的特定情况。

但是，一些主观确定并涉及冗长的内部评估过程的准则是有问题的。很多准则和因素只能艰难地付诸实施，如管理层的专业性。这些准则的评估会导致内部冲突。

该业务组合方法的其他问题是战略建议"成长""选择"和"放弃"的含义非常笼统，只能认为是粗略的导向，企业必须有具体的战略紧随其后。

市场吸引力/业务优势组合是一个经常采用的战略规划工具。一方面，它能显示在财务审议中的企业优势，因此提供了战略重心的第一导向；另一方面，广泛的核对明细表考虑了所有具有战略意义的市场和环境要素，由此获得的战略位置是建立于坚实的基础之上的。

3. 业务组合方法的回顾和进一步的发展

（1）经验基础的评估。评论业务组合，不言而喻，就是评论经验曲线概念、市场生命周期概念和 PIMS 项目，它们是业务组合方法的基础。除了对每个方法详细评论外，还必须考虑每个方法主要或只是处理定量因素，不包括定性因素（如发挥企业潜力所需要的管理水平）。

如果市场占有率和 ROI（投资回报率）之间的关联是一种因果关系，或如果定性因素如企业精神是这样一种因果关系的原因，那么问题就产生了。

（2）业务组合概念的评价。在评估企业相对于最强竞争者的相对优势时，业务组合包括了竞争者，但是没有考虑进入市场的新竞争者或较小而有力的竞争者，以及由于新技术而导致的市场结构完全改变的可能性。只是在 20 世纪 80 年代才发展了用以针对这种威胁的特殊的业务组合技术。

进一步的批评是针对 SBU 在矩阵中的位置得到某一规范战略的推理。涉及一个特定的规范战略的各部分矩阵有时会重叠，无法区分。

由于上述提到的对业务组合概念的批评，以及将概念从理论转变成现实遇到的问题，业务组合概念上有了许多新进展。

7.2.3 业务组合综合分析

在战略规划中，业务组合概念被用于两种任务：一是它可作为形成战略的一种工具（如上所述）；二是它可作为一种分析工具，将特定领域的分析结果结合起来，从而将大量的信息浓缩，形成的分析结果也就一目了然了。

市场吸引力/业务优势矩阵很有分析必要性。该矩阵的主要目标是对战略业务单位进行正确评估。战略业务单位由企业的战略地位（各种产品/生产线和顾客/顾客群）的相似性来排列，而战略业务地位要根据企业与其最强竞争者相比，在当前市场中所处的位置和未来的发展可能性而定。当前的市场位置一般称为"业务实力"，而未来的发展则称为"市场吸引力"。在潜力分析和竞争者分析的基础上进行当前市场位置的评估与优点/缺点分析，未来发展可能性则借助于市场和环境分析的结果来分析，如图7-7所示。

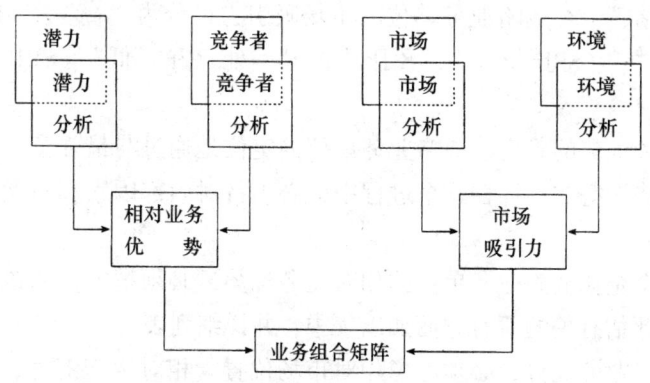

图 7-7　作为综合分析的业务组合概念

使用这两个尺度，不同的战略业务单位可在同一矩阵系统中定位。矩阵中的每一个位置都有其对应的特定的战略含义。企业或战略业务单位的战略可据此制定。

1. 业务组合的开展

业务组合的主要任务是对来自各个不同特定领域的分析结果进行提炼，将这些结果以一定方式重组，使它们在一个二维市场模型中一目了然，如图7-8所示。

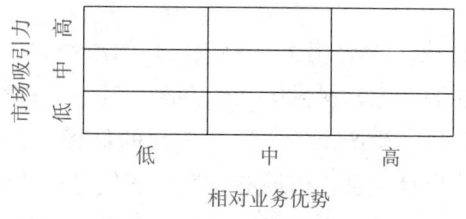

图 7-8　用于战略业务单位定位的市场模型

在开发业务组合时，不可能明确地考虑所有的特定信息，因此要减少数据量，并将其限制在两个重要的方面：在该特定市场中，战略业务单位的市场吸引力和企业的相对业务优势。工业企业通常根据不同的产品或产品组来定义战略业务单位。零售和批发公司常常按照不同的顾客和顾客群在销售渠道中的特定作用来开展业务组合分析，并在这些顾客业务组合的基础上做出产品或产品线的决策。

（1）确定市场吸引力。确定市场吸引力的主要任务是发现当前和未来的市场以及环境的所有方面，用于评估战略业务单位的未来机会。市场吸引力通过市场增长、市场规模、市场质量、能源和原材料供应以及环境形势等尺度来衡量。下列清单包含了市场和环境分析的许多方面，在开发业务组合时这些方面要加以考虑：

1）市场增长和市场规模。

2）市场质量，包括行业的获利性、价格范围、技术水准和革新潜力、保护技术诀窍的可能性、投资力度、竞争的强度和结构、潜在顾客的数量和结构、新竞争者的进入壁垒、分销和服务的要求、竞争态势的可变性、替代机会。

3）能源和原材料供应，包括能源和原材料供应的脆弱性、能源和原材料价格的上涨对生产过程获利的威胁、有可供选择的原材料和能源的存在。

4）环境形势，包括对市场形势的依赖、通货膨胀的后果、对法规的依赖、对公众舆论的依赖、由政府法规造成的威胁、环境污染加剧造成的后果。

按照这样评估，一个战略业务单位的市场吸引力可分为"高"（SBU 位于上部象限中的某一处）、"中"（SBU 位于中部象限中的某一处）和"低"（SBU 位于下部象限中的某一处）三档。

（2）相对业务优势的确定。战略业务单位的定位是通过与最强竞争者的比较以确定企业相对业务优势而完成的。在这个过程中，必须将对内部因素和对竞争者分析的结果同时加以考虑。

为了评估一个企业战略业务单位的相对业务优势，必须把能说明该企业和其竞争者的战略业务单位评估有关的所有方面加以集中，并详细列表。

为了确定相对业务优势，必须考虑相对市场位置、相对生产潜力、相对研究和开发潜力，以及管理人员和员工的相对技能。下面的清单显示了可能与之有关的判断准则：

1）在市场中的相对位置（相对于最强的竞争者），包括市场占有率及其发展、企业的规模和资金状况、企业的增长份额、可出租性、风险、营销潜力（公司形象，与顾客的关系，以及由于质量、交货期、服务、技术、产品范围的宽度而形成的价格优势）。

2）相对生产潜力（就已实现的或规划的市场位置而言），包括过程盈利性、生产设施、能源和原材料供应三个方面。其中，过程盈利性包括由现代生产过程、生产能力和充分利用、生产条件、生产单元的规模所形成的成本优势，企业的创新技能和技术诀窍，许可证关系，市场形势发生变化时资产调度的灵活性；生产设施（硬件）包括凭已有的或将来的能力来保持市场占有率、地理位置优势、提高生产率的潜力、生产过程的环境适应性、交货条款、顾客服务等；能源和原材料供应包括在预期的供应形势下当前市场占有率的保持，能源和原材料供应的成本情况。

3）相对研究和开发潜力，包括基础研究和应用研究的状况、与企业的市场地位相适应的实验和与应用相关的开发工作、创新潜力及其持续性。

4）管理人员和员工的相对技能，包括员工判断、行动的专业性和竞争能力，创新气氛，管理体系的质量。

所有准则的结合决定了相对业务优势是"低"（位于左边的象限）、"中"（位于中间的象限）还是"高"（位于右边的象限）。

通过对相对业务优势和市场吸引力的评估，能建立一个市场模型，它包括市场、环境以及企业有关情况的重要方面。企业的战略业务单位可在以实际数据为依据的业务组合中定位。

企业把全部战略业务单位在矩阵中定位后，就可以把处于相似地位的战略业务单位归为一类。这样就可以建立新的组合体——所谓的战略组，它不同于按传统生产线或程序表进行的划分。在上述过程中，战略业务单位仅仅由两个起主导作用的准则——市场吸引力和相对业务优势来衡量，并且由这两个准则得出结论。

如果对业务单位按传统划分方法已足以进行未来决策，那么就不需要这个程序，即首先在业务组合矩阵中进行战略业务单位的定位，然后再总结出战略组。在这种情况下，只要相应填写核对清单，并把数值转移到业务组合中即可。

业务组合分析作为一种综合分析，其优点是能减少大量的数据，并在一个矩阵中使之形象化。采用业务组合技术作为综合分析方法的结果是，使决策者能把企业看作各种战略业务单位的总和，并在确定目标和战略时，根据战略业务单位的销售额及资本来考虑它们各自的重要性。

2. 评论

除了因业务组合法以经验为基础和由模式制定战略的合适性带来的约束之外，作为一种综合分析技术，在有关模式的合适性上必须提出几个关键性的问题：

（1）确定战略业务单位。确定战略业务单位在其内部应该是同类的，而对于其他战略业务单位则是异类的，这是产生业务组合的前提。但在实际中不能遵循这个前提，因为在这个模式中没有考虑各种战略业务单位之间的大量相互依赖关系。

（2）二维观点。二维观点的局限性就在于，它是通过评分和评估过程以提炼大量定性和定量的准则，然后在业务组合中确定某一特定的位置。这将导致过于简化并可能得到有偏见的结果。定性准则的提炼是特别复杂的，因为必须考虑种种似是而非的理由，否则可能影响对某些参数的评估。

（3）定位错误的风险。例如，能会发生对一定时期内该行业中并不重要的诸多准则进行评估的风险。对各准则应按照其实际作用进行正确评价。这对在停滞或衰退的市场中增加竞争特别重要。绝大多数业务组合概念中都没有适当地考虑竞争。

（4）演算表面精确性的风险。在业务组合中用演算的方式来确定位置看起来好像具备一定的精确性，但这在实际中通常是不存在的。

（5）静态和确定性的处理。业务组合观念是一种静态的、确定性的处理方式，它使用的是在某一特定规划阶段中的数据，未考虑由于评估偏见或遗漏考虑某些准则所带来的风险。

7.3 战略业务单位的业务成长模式

战略业务单位的业务经营组合计划是为实现一定的销售量和利润目标而制定的。但为了实现业务单位目标的最优化，必须在国际市场中抓住一切机会，促使业务单位更快发展，使得市场范围从国内到国外、到全球，市场进入方式由间接到直接，业务领域由擅长行业向陌生行业。具体来说，国际化经营企业及其战略业务单位的业务成长模式有以下三种：密集型成长战略、一体化成长战略和多样化成长战略。

7.3.1　密集型成长战略

密集型成长战略是以企业产品为主线，以占领国外市场为目标的跨国发展战略。对其进行进一步细分，可分为三个子战略。

1. 市场渗透战略

市场渗透战略是指企业采取积极的销售措施，在现有市场上增加现有产品的销售。这有以下几种做法：采取价格、促销、增加销售网等办法，刺激现有顾客增加购买量；加强促销活动或增加产品品种，吸引和争夺竞争对手的顾客，提高市场占有率；采取提供样品等促销活动，激发尚未购买本产品的潜在顾客的购买动机。

2. 市场开发战略

市场开发战略即进入新的市场。其做法有二：一是扩大销售区域，进入新的目标地区或国家。二是通过现有产品满足新的市场需求，在某一国家将商品销售给新的顾客群体，即新的细分市场。例如，计算机的发展主要就是从团体用户进入个人家庭市场。

3. 产品开发战略

产品开发战略即通过开发不同品种的新产品，满足国际市场上不同顾客的不同需要。

市场渗透战略首先体现为现有产品按现有国外市场需求进行出口这一模式，当现有需求或现有国外市场扩大到相当程度时，战略业务单位就在国外市场所在地发展企业，将商品出口阶段的产品按同样形式在国外组织生产。因此，市场渗透战略成功的关键在于国外市场与国内市场在需求方面具有同质性、相似性，而这往往只有在文化背景、历史传统比较相似的国家里才能实现。市场开发战略是用老产品开发国外的新市场，这将面临与国内需求状况不同的问题。尽管产品仍为新市场所需要，但可能开辟国内市场的技术手段在国外新市场却已不适用，因此必须对市场销售体系和市场促进工具进行创新，而当新市场的营销费用远远超出生产费用时，就应选择在新市场所在地建立生产体系。这些是市场开发战略的不同之处。产品开发战略是指在商品出口阶段，业务部门深入了解国外市场特点，认识到现有产品对市场的诸多不适应以后，根据国外市场的需要对现有产品做改进或革新。如果当地需要趋于复杂多变，在本国生产这种产品已难以及时获得国际市场信息、适应国际市场变化，或者对象国新建立的生产体系与国内现有生产体系的共同点和联系越来越少时，就需要在国外市场所在地设厂制造。

7.3.2　一体化成长战略

如何利用自己在产品、技术、市场上的优势，不断地向广度和深度发展，是战略业务单位成长过程中会遇到的问题。第一种思路是实行一体化成长战略，将独立的若干个业务单位结合起来成为一个整体；第二种思路是实行多样化成长战略，着眼于战略业务单位自身，在现有的业务领域基础上增加不同的产品或业务，实现资源共享和风险分散。

一体化成长战略可以分为纵向一体化、横向一体化和混合一体化。

1. 纵向一体化

纵向一体化也称垂直一体化，是指生产或经营过程相互衔接、紧密联系的业务单位之间实现一体化。按物资流动的方向又可以划分为前向一体化和后向一体化。前向一体化是指战略业务单位向下游行业寻求发展，一般也有两种情况。一种是指产销联合，即生产型的战略业务单位与销售企业联合，目的是促进产品的销售。一个成功的例子就是TCL公司，由于技术以及规模不是其优势所在，管理者从1992年开始致力于其前向一体化战略部署，最终TCL实现对销售渠道和零售终端的控制，成为2006年彩电业的大赢家。另一种是指产用联合，即属于生产原材料或半成品的战略业务单位，根据市场需要和生产技术可能条件，充分利用现有原材料、半成品的优势和潜力，决定由自己生产产品或者与成品加工企业组成联合体。后向一体化则是朝与前向一体化相反的方向发展，一般是指生产成品的战略业务单位依靠扩大生产规模由自己生产原材料或配套零部件，或者向后兼并供应商、与供应商合资兴办企业组成联合体，目的是保证原材料的稳定供应，同时业务单位还可以控制或垄断资源供应，以获得超额利润。

纵向一体化战略是战略业务单位使用最频繁的战略，下面对其进行详细分析。

（1）纵向一体化战略的优势。

1）实现规模经济，降低成本。具体包括：①由于把技术上相联系的生产运作放在一起，战略业务单位有可能实现高效率。例如，在热钢压平的经典事例中，如果钢铁生产和压平活动被连接在一起，钢坯就没有必要再次加热。②由于成品和零部件被归并成一个系统，在生产、设计、营销等内部环节上，更易控制和协调，从而会提高生产效率。③生产与销售一体化有利于市场信息准确及时反馈，使企业能迅速地了解市场供求信息并监控市场，并且实行纵向一体化还能将搜集信息的总成本由各部门分摊，从而减少单一部门的信息成本。④通过纵向一体化，把市场交易行为变为业务单位内部交易，企业可以节省市场交易中的销售、谈判等成本。

2）减小供求的不确定性，规避价格波动。实行纵向一体化，使上游、下游业务单位之间不会随意中止供求关系，不管是产品供应紧张还是在总需求很低的时期，都能确保适当的供应，从而降低市场供求的不确定性。此外，因为实现了纵向一体化，上游、下游之间的交易虽然也必须反映市场价格，但这种内部转移价格实际上只是一种便于业务管理、成本核算的影子价格，企业可以主动调节，所以可以避免产品价格的大起大落。

3）实行纵向一体化，由于战略业务单位规模扩大、成本降低和控制加强，进入壁垒提高了；由于强化了对关键零部件设计的控制，有可能更好地满足不同市场层面用户的特殊需求，从而增强了对最终用户的控制；有更多通过使用特殊原材料、零配件或技术等形成区别于同行业竞争者的产品特色的机会。

（2）纵向一体化战略的不足。

1）较大资本需求所引起的财务资源紧张。虽然一些零部件和原材料由战略业务单位自制，成本较低，但自制所需的生产资金、储备资金和材料资金等要比外购现成品的多得多。

2）巨额固定资产投资导致较高的退出障碍。如果战略业务单位在某一市场上购买一种产品，那么所有成本都是变动的；如果在一体化业务单位生产产品，即使产品需求下降了，业务单位也必须承担已经投入的固定成本，调整经营方向变得更加困难，即使市场产品质量不合格，成本较高，服务不好，也难以更换供应商或顾客，灵活性差。

3）整个战略业务单位各个环节之间的能力很难平衡，管理难度加大。纵向一体化业务单位的上游部门与下游部门的生产能力必须保持平衡，任何一个有剩余生产能力的环节（或有剩余需求量的环节）必须寻求市场销售渠道（或从市场上补充购入），否则会牺牲其生产能力和市场地位。然而，要保持各环节之间的能力平衡往往比较困难。因为实行纵向一体化以后，外部市场交易变成业务单位内部交易，供求双方讨价还价的积极性下降，从而可能使经营激励弱化。此外，随着规模扩大，管理幅度增大，管理复杂性提高了。

综上所述，在考虑采用纵向一体化之前，必须对其有利和不利的影响进行全面分析和权衡。纵向一体化在日本被许多大企业所采用，例如日本丰田汽车公司就是用后向一体化战略形成了系列企业和关联企业网。

2. 横向一体化

横向一体化也称水平一体化，是指战略业务单位为了减少竞争对手，或加强专业化分工与协作，以获得国际区位优势与分工效益，将生产相似产品的企业置于控制之下，取得规模化发展。横向一体化战略并不偏离战略业务单位原有的经营范围，因而不会引起管理上的太大困难，并且由于横向一体化所带来的优势基本上来自合并企业现有的能力，风险也较小。例如，惠普在对康柏收购后，及时进行资源整合，从而从戴尔手中夺回全球最大 PC（个人计算机）制造商的桂冠。

3. 混合一体化

混合一体化是指处于不同产业部门、不同市场且相互之间没有特别的生产技术联系的战略业务单位之间的联合，包括三种形态：①产品扩张型，即与生产和经营相关产品的企业联合；②市场扩张型，即一个业务单位为了扩大竞争地盘而与其他地区生产同类产品的企业进行联合；③毫无关联型，即生产与经营彼此间毫无联系的产品或服务的若干战略业务单位之间的联合。混合一体化可以降低战略业务单位长期处于一个行业所带来的风险，也可以使业务单位的技术、原材料等各种资源得到充分利用。

7.3.3 多样化成长战略

多样化成长战略是指在现有业务基础上增加新的产品或业务，开发新的市场，以实现企业发展的战略。根据现有业务和未来业务之间的关联程度，可以把多样化战略分为两种类型，即同心多样化和复合多样化。

1. 同心多样化

同心多样化又称相关多样化，是指虽然战略业务单位发展的业务具有新的特征，但它与业务单位原有的核心业务具有战略上的适应性，它们在技术、工艺、销售渠道、市场管理技巧和产品等方面具有共同的或相近的特点。例如，原本生产洗涤剂的企业投资生产香皂。同心多样化根据新业务方向的不同，又可分为横向多样化、纵向多样化和多向多样化三种。

（1）横向多样化。横向多样化是以现有的产品市场为中心，向水平方向拓展业务领域的一种多样化方式，包括以现有产品为基础开发新市场的市场开发型，以现有市场为主要对象开发与现有产品同类的新产品的产品开发型，以及以新开发的市场为主要对象开发新产品的产品市场开发型三种。这种战略由于是在原有的产品市场基础上进行变革，因此产品内聚力强，开发、生产、销售、技术关联度强，管理上无须做大的调整，比较适用于原有产品信誉度高、市场广且发展潜力仍然很大的战略业务单位。

（2）纵向多样化。纵向多样化是以现有的产品市场为中心，向垂直方向拓展业务领域的方式，包括向上游产品发展和向下游产品渗透两种。这种战略有利于综合利用资源，但往往由于上下游产品的生产性质迥异，因此对管理有更高的要求，适用于生产、开发和销售等环节的关联度较强的战略业务单位。

（3）多向多样化。多向多样化是指虽然与现有的产品、市场领域有些关系，但是新开发的产品、市场与现有的产品市场完全异质的方式，包括以现有业务的技术为基础、以异质的市场为对象开发异质产品的技术关系型，以现有业务营销渠道、促销方式、顾客群为基础发展异质产品的市场营销关系型，以企业所拥有的丰富资源为基础开发异质产品的资源关系型三种。这三种类型分别适用于技术密集度较高的战略业务单位、市场营销能力较强的战略业务单位和资源密集度较高的战略业务单位。

2. 复合多样化

复合多样化又称不相关多样化，即战略业务单位新发展的业务与原有业务之间没有任何战略上的适应性，所需的技术、经营方法和销售渠道等必须重新获得。

复合多样化是从与现有业务领域没有明显关系的产品市场中寻求成长机会的一种多样化方式，包括因资金往来关系而形成的资金关系多样化，为了特殊人才或专有技术而发展新业务的技术关系多样化，为了从现有的业务中撤退或为了追随市场最新需求变化而形成的市场关系多样化，以及纯粹的分散风险而形成的风险关系多样化等类型。采用这种战略的业务单位，主要目标已不在于建立共同的业务主线，而在于提高投资回报率。从理论上讲，只有复合多样化战略才能真正起到分散风险、增加盈利渠道的作用。但在实践中，由于这种战略的战线可能过长，涉及面可能过广，整个业务单位的综合管理难度大大加强，因此容易导致经营失败。这种战略比较适用于资金实力雄厚、综合管理能力强的大型战略业务单位。

战略业务单位实施多样化成长战略，不管采用哪种形式，一般都能够带来一些益处，如：

（1）协同效应。战略业务单位采用多样化成长战略后，如果新老产品、新旧业务在生产管理、市场营销和生产技术等各个领域上具有内在联系，存在资源共享性，那么它们之间就能相互促进，发挥出超过几个业务简单综合的协同效应。

（2）分散风险。实行多样化成长战略的业务单位，把利润建立在多种产品的生产经营上。如果不同产品、不同业务之间在价格波动上存在负相关关系，在产品生命周期上处于不同阶段，那么业务单位的利润就不会过分依赖于某一种产品市场，业务单位经营也不会因某种产品的崩溃而元气大伤,从而可以避免因"把所有的鸡蛋放在一个篮子里"带来的风险。

(3) 增强市场竞争力量。一个多样化业务单位可以凭借其在规模及不同业务领域经营的优势,通过其他业务领域的收益来支持某一业务采取低价竞争手段,从而挤垮竞争对手。

当然,实行多样化成长战略也存在一些局限性,如:

(1) 由于在多业务领域经营,战略业务单位的管理和协调工作大大复杂化了,对不同业务单位的管理理念、方式方法、业绩评估、集权和分权、相互配合协作等方面都可能存在矛盾与冲突,从而降低管理效率。

(2) 业务单位进入一个新的业务领域时,往往缺乏必要的经验和资源,还会面临较大的进入障碍,因此常常伴有较大风险。

(3) 业务单位的资源总是有限的,实施多样化战略必然会分散资源,从而对原有业务产生影响。如果业务单位在原有业务领域并未真正获得竞争优势就急不可待地进入新的业务领域,很容易使新旧业务同时陷入困境,造成经营上的失败。

为了防范多样化战略的风险,战略业务单位必须解决两大基本问题:一是应选择什么新产业;二是在不同业务之间如何协调。通常,业务单位会更多地注意新产业的选择,而不太重视不同业务之间的横向协调。然而,没有一个横向协调的机制,各经营部门很可能会朝着相互抵触的方向前进,从而无法实现协同效应。因此,实行多样化战略的业务单位必须致力于各经营部门之间的协调,保证整体最优化。

思 考 题

1. 什么是战略业务单位?它的特征如何?
2. 业务单位层次战略包括哪几大类?它们是如何与外部大环境协同的?
3. 什么是 SWOT 分析法?结合实际阐述 SWOT 分析法。
4. 简要阐述增长/占有率业务组合和市场吸引力/业务优势组合。
5. 结合实际,应用市场吸引力/业务优势组合,对企业的业务组合进行综合分析。
6. 何谓密集型成长战略?如何正确使用该战略?
7. 何谓一体化成长战略?如何正确使用该战略?
8. 何谓多样化成长战略?如何正确使用该战略?

案 例 题

海尔集团国际业务战略

一、背景

海尔集团成立于1984年,总部位于中国山东省青岛市,是一家全球领先的家电企业。海尔集团以创新、高品质的家电产品和服务而闻名,涵盖了冰箱、空调、洗衣机、电视等多个领域。通过多年的发展和国际化战略实践,海尔集团已经成为全球家电市场的重要参与者。

二、国际业务战略

1. 品牌收购与合作

海尔集团积极开展品牌收购和合作，以扩大全球市场份额。例如，2016年，海尔集团以54亿美元收购了美国家电品牌GE Appliances（通用家电）。此外，海尔集团还与土耳其家电品牌Vestel、日本电子公司SANYO（三洋）等进行了战略合作，进一步扩大了其在全球市场的影响力。

2. 本地化生产与研发

为了更好地满足不同市场的需求，海尔集团在全球范围内设立了多个生产基地和研发中心。例如，海尔集团在美国、巴西、印度、德国等国家设立了生产基地，以提高生产效率，降低运输成本。同时，海尔集团还在全球范围内设立了研发中心，以研究当地市场的需求和特点，为各个市场提供定制化的产品和服务。

3. 品牌全球化

海尔集团通过品牌全球化战略，提升品牌在国际市场的知名度。海尔集团积极参与全球各大家电展览会，如IFA（德国柏林国际消费电子展览会）、CES（美国拉斯维加斯消费电子展览会）等，展示其最新的产品和技术。此外，海尔集团还通过广告投放、赞助体育赛事等方式，提高品牌在全球范围内的知名度。

4. 国际市场细分与定位

海尔集团通过对国际市场的细分与定位，制定了针对性的市场策略。例如：在发展中国家市场，海尔集团推出了具有高性价比的产品，以满足消费者的基本需求；在欧美市场，海尔集团则推出了更注重品质、设计和智能化的产品，以满足高端消费者的需求。

三、小结

海尔集团通过多元化的国际业务战略，成功地在全球范围内拓展了市场，提高了品牌知名度。面对激烈的国际竞争，海尔集团依然展现出强大的竞争力和市场潜力。为了在未来保持持续的增长和发展，海尔集团需要关注以下几点：

（1）创新能力。在家电行业，创新能力是保持竞争优势的关键。海尔集团需要不断投资研发，推出新的技术和产品，以满足消费者日益多样化的需求。

（2）深入了解消费者。海尔集团需要进一步深入了解各个市场的消费者需求和特点，以便更好地满足他们的期望，提高市场份额。

（3）加强品牌建设。海尔集团需要继续加强品牌建设，提升品牌在全球范围内的知名度和影响力，从而吸引更多的消费者。

（4）持续优化供应链。面对不断变化的市场环境和成本压力，海尔集团需要持续优化供应链，提高生产效率，降低成本，提高盈利能力。

海尔集团通过实施多元化的国际业务战略，已经在全球家电市场取得了显著的成功。在未来的发展过程中，海尔集团仍需要不断创新、深入了解消费者、加强品牌建设和优化供应链，以应对日益激烈的市场竞争，实现持续增长和发展。

（资料来源：由作者整理而成。）

第 8 章
国际市场目标营销战略

本章要点

本章主要介绍国际市场细分的意义、标准和步骤,明确如何选择国际目标市场,并进一步分析如何根据目标市场的特点进行国际市场定位,目的是帮助企业制定正确的国际市场目标营销战略,从而在国际市场营销中取得成功。

关键词

国际市场细分　国际目标市场　国际市场定位

8.1 国际市场细分

满足国际市场的顾客需求是企业国际市场营销活动的关键。然而,世界上有 200 多个国家和地区,不同地域的消费者在需求、爱好、欲望等方面存在差异,没有一个企业能够完全占领整个国际市场。因此,企业必须按照一定的标准对众多的国家和地区进行市场细分,并且根据自己的任务和目标、资源和特长,权衡利弊,从中选出适合本企业进入的细分市场作为目标市场。

8.1.1 国际市场细分的内涵和意义

国际市场细分是市场细分在国际市场营销中的应用。所谓国际市场细分,是指企业按照一定的细分标准,把整个国际市场细分为若干个需要不同产品、服务和营销组合的子市场,其中任何一个子市场中的消费者都具有相同或相似的需求特征,企业可以在这些子市场中选择一个或多个作为其国际目标市场。这一过程在国际市场营销学中被称为国际市场细分,它是企业确定国际目标市场和制定国际市场营销策略的必要前提。

国际市场细分具有两个层次,即宏观细分与微观细分。

宏观细分是要决定在世界市场上选择哪个国家或地区作为拟进入的市场。这就需要根据一定的标准将整个世界市场划分为若干子市场,每一个子市场具有基本相同的消费者特征、营销环境等,企业选择某一组或某几个国家作为目标市场。例如,加拿大马西—弗格森公司是专业生产农业机械的公司,20世纪50年代末,它将世界农机市场划分为北美与非北美两大市场,并将其业务重点放在非北美市场,由于避免了与其他几个农机行业巨人,如福特汽车公司、迪尔公司、国际收割机公司的直接竞争,最终取得成功,在非北美市场上获得较高的市场份额并持续盈利。

微观细分类似于国内市场细分,即当企业决定进入某国市场后,应根据当地市场顾客需求的差异,进一步将该市场细分成若干子市场,然后选择其中之一或几个子市场为目标市场。

当一个企业在开拓国际市场的过程中出现以下问题时,可考虑采用市场细分的方法:

1)企业虽然有明确的概念或产品,但不清楚哪些人最有可能购买,以及购买的力度有多少差异。

2)尽管有好的产品,但营销计划未获得成功。

3)产品定位已经非常明晰,但不了解应采用何种促销组合,从而最大限度地吸引目标顾客,获得市场占有率。

4)虽然销售额仿佛没有变化,但已经感觉顾客群的构成正在发生变化,希望获得变化的详情。

5)不同的消费者对产品或服务有不同的偏好,企业希望明确自己所能满足的。

6)为打入竞争者已经占领的地盘,而希望获得一小块"根据地"。

7)虽然过去在市场占据主导地位,但竞争者开始蚕食本企业的领地。

8)作为新的市场决策者,需要重新审定公司的营销计划,市场细分是第一步。

国际市场细分的概念虽然简单,但它对企业国际市场营销活动的成功却有着重要意义。

1)有利于企业发掘国际市场机会,确定目标市场。目标市场的选择,直接决定着企业今后一系列发展战略的确定,决定了企业今后若干年发展后劲的"先天条件"。所以企业必须在深入进行市场细分化的基础上,寻找一个理想的目标市场。

2)有利于发挥营销效力。进行国际市场细分有利于企业集中人力、物力和财力投入国际目标市场,从而发挥最大的经济效益,以获取局部竞争优势。这点对于中小企业和非国有企业来说意义重大。因为中小企业的资源及市场经营能力有限,在整个市场上或较大的子市场上不是大企业的对手,只能在市场细分的基础上,见缝插针,拾遗补阙,变整体优势为局部优势,使自己在竞争中不断发展和壮大。

3)有利于制定和调整市场营销组合策略。市场细分后,每个市场变得小而具体了,细分市场的规模、特点显而易见，消费者的需求清晰了，企业可以根据不同的商品以及消费者特征制定出不同的市场营销组合策略。离开了市场细分，所制定的市场营销组合策略必然是"无的放矢"的。同时，在细分市场上，信息反馈灵敏，一旦消费者需求发生变化，企业就可以迅速根据变化了的情况，改变营销组合策略，从而使营销组合策略适应消费者不断变化的需求。

8.1.2 国际市场细分的标准

市场细分首先要选择好细分标准。市场细分的标准就是消费者对某一产品需求特征上的各种差别，企业按一定的分类方法将这些差别明确地标列出来，从而进行市场细分。

国际市场宏观细分的标准有地理标准、经济标准、文化标准和组合法。地理标准是宏观细分最常用的标准。特别是第二次世界大战后，区域性贸易和经济一体化迅速发展，从而使地理接近的市场更可能具有同质性。所谓组合法，是根据国家潜量、竞争力、风险三个标准综合分析世界各国市场，然后选择潜量大、竞争力强、风险小的国家作为目标市场的国际市场宏观细分标准。

国际市场微观细分的标准大体上分为两类：一类是消费品市场的细分标准；另一类是工业品市场的细分标准。前一类大多带有个人消费行为的特征，因而也称为个人市场的细分标准。后一类带有团体消费行为的特征，因而也称为团体市场的细分标准。

1. 国际消费品市场细分

国际市场营销学中，一般将国际消费品市场的细分标准概括为地理变数、人口变数、心理变数和行为变数四大类，见表8-1。

表8-1 消费品市场细分的标准及方法

划分标准	典型划分法
1. 地理变数	
洲	亚洲、欧洲、美洲、大洋洲、非洲
国家和地区	日本、美国、澳大利亚、英国、法国……
城市大小	50000人以下、50000~199999人、200000~499999人……
密度	市区、市郊、郊区
2. 人口变数	
年龄	6岁以下、6~11岁、12~17岁、18~34岁、35~49岁、50~64岁、65岁以上
性别	男、女
家庭大小	1~2人、3~4人、5~6人……
家庭生命周期	年轻单身，年轻已婚，未有儿女，年轻已婚、儿女在6岁以下，年轻已婚、儿女在6岁以上，年长已婚、儿女在18岁以上，年长单身，其他
收入（月）	3000元以下、3000~4999元、5000~6999元……
职业	专业性、技术性、经理、文员、推销员、农民、学生、家庭主妇、失业者……
教育	小学程度以下、小学程度、初中程度、高中程度、大学程度、大学程度以上
宗教	天主教、基督教、佛教、伊斯兰教、道教……
种族	白色人种、黑色人种、黄色人种……
国籍	中国、美国、英国……

(续)

划分标准	典型划分法
3. 心理变数	
社会阶层	上上层、上下层、中上层、中下层、下上层、下下层
生活方式	时髦的人、追求社会地位的人、朴素的人……
性格	随和、孤独、专横、懦弱、保守、激进……
4. 行为变数	
追求利益	经济、方便、地位……
使用者状况	不用者、曾用者、有潜质的用者、初用者、常用者
使用程度	大量使用、中度使用、轻度使用
忠诚程度	没有、中等、强烈、极度
对产品态度	热心、肯定、冷淡、否定、敌视
待购阶段	不注意、注意、知道、感兴趣、想买、打算买

(1) 地理变数细分。地理变数细分就是企业按照消费者所在的地理位置、地理环境等变数来细分市场。地理变数应该包括国家或地区、城市或乡村、山区或平原、聚居人口、气候差异以及民族分布等因素。地理变数实质上反映了各地区的政治、法律、经济、科技、渠道现状等情况。例如，在许多企业的国际市场营销实践中，通常按照地理位置把国际市场划分为北美、南美、非洲、西欧、亚洲、中东等几大市场。这样划分，一方面是由于同一地理区域具有相似的自然条件和宗教文化背景，另一方面是第二次世界大战后区域性经济贸易一体化的迅速发展使得区域经济贸易组织内部的营销环境渐趋一致。

在应用地理变数时应注意，虽然地理变数是市场细分的基础，但它是一种静态因素，对消费者的区分较为笼统，且处于同一地理区域的消费者在需求上也存在明显差异，因此必须结合其他几组变数综合分析，以使市场细分更加科学、合理。

(2) 人口变数细分。人口变数细分就是按照人口总量、性别、年龄、文化程度、收入水平、家庭状况、宗教信仰、民族等人口统计学特征细分市场。在细分市场中，人口变数是最常用的标准，这是因为它直接影响消费者的需求特征，而且较其他因素更容易辨认和衡量。例如，按照年龄大小，我们可以将消费者划分为婴幼儿、儿童、少年、青年、中年和老年六个部分，处于不同年龄阶段的消费者由于生理情况、兴趣爱好等的不同，对商品的需求也不同。尤其是随着社会经济的发展和人们收入水平的提高，各阶段消费者的需求也会随之发生变化，这是国际市场细分不可忽视的因素。

(3) 心理变数细分。心理变数细分是指按照生活方式、性格等心理特征来细分国外消费者市场。随着社会经济的发展，人们的需求越来越复杂，顾客购买商品已不限于满足生活基本需要，心理因素对产品销路的影响作用日渐突出。因此，从事国际市场营销的企业要研究不同市场中消费者各种不同的心理状态。例如，富有的人往往注重商品所能代表的身份和地位，而不计较价格，甚至有时价格越高越愿意购买。而收入低的阶层通常要求购买用于满足基本生活需要的商品，对商品的价格更在意。按照心理变数来细分市场，不仅有利于企业针对不同生活方式和个性的消费者的需求来制定国际市场营销策略，还有利于企业在细分市场的过程中发现新的市场机会，拓展国际市场。

(4) 行为变数细分。行为变数细分是指企业根据消费者的购买动机或使用某种商品的目的、使用者状况及使用频率、对品牌的忠诚状况以及对各营销因素的敏感程度等变数来细分国外消费者市场。例如，生产牙膏的企业，可以按照消费者使用产品的目的这一行为变数，将国际牙膏市场细分为使牙齿洁白、防治龋齿、使口气清新芳香三个子市场。又如，生产男用香水的企业，可以按照使用程度这个行为变数，将国际男用香水市场划分为未使用者、曾经使用者、潜在使用者、初次使用者和经常使用者五个子市场。

应该注意的是，心理变数和行为变数较为抽象，难以收集到具体的数据。为了有效地运用这种细分方法为企业的国际市场营销决策提供依据，企业应该结合其他的细分方法进行双重或多重细分，以保证市场细分的有效性。

在企业分析和选择细分市场时，运用任何一种标准不但要力求恰当，而且往往需要将几种标准进行综合分析。例如，在意大利（地理划分），中国高档抽纱的购买者主要是家庭收入高（人口划分）、年龄为中年人（人口划分）、居住在城市（地理划分）、注重名誉地位（心理划分）、爱交际（心理划分）的妇女（人口划分）。

2. 国际工业品市场细分

国际工业品市场即国际生产资料市场，这一市场的细分标准有些与消费品市场相同，但个人心理影响因素较小。根据国际工业品市场购买数量大小、次数多少、购买者地理位置集中与否、专业要求高低等特点，企业通常运用以下变数来细分国际工业品市场：

(1) 按照用户性质细分。一种工业品往往可用于多种行业。例如，几乎所有生产行业及某些商业部门都需要电动机，但是各个行业对该产品又有其特殊的要求，如工厂用的、渔船用的和其他行业用的电动机均有不同。通过按用户性质细分，可使产品更符合目标市场的要求。

(2) 按照用户规模细分。以用户的资产和购买量的大小作为细分市场的标准。大户少，但购买量大；小户多，但购买量小。工业品市场的购买量集中在少数大企业，一般可用直接销售或直接服务途径；购买量小的众多用户，通过间接销售途径，且要选择恰当的分销策略。

(3) 按照用户要求细分。按照用户的要求，国际工业品市场一般可分为质量型、经济型和方便型三种。军用买主一般最重视质量，要求绝对可靠，价格不是主要考虑因素。工业买主对质量有不同的要求，往往还要求提供更多的服务。商业用户除重视质量外，还重视价格和交货期。

(4) 按产品的最终用途细分。按产品的最终用途即按用户的经济用途来细分，是工业品市场细分最常用的依据。在工业品市场，不同行业用户虽然可能采购同一种产品，但其目的往往互不相同。例如，同是载重汽车，有的用作货物运输车，有的用作工程车，有的成为军用车。不同行业的最终用户通常会在产品的规格、型号、品质、功能和价格等方面提出不同的要求。

(5) 按照用户的地理位置细分。每个国家或地区通常根据自然资源、气候情况、交通条件和历史传统形成若干工业区。这使工业品市场比消费品市场更为集中。按照用户的地理位置细分市场的目的，是把目光放在用户集中的地区，这可以降低销售成本和运输费用。

同消费品市场细分一样，许多企业也经常根据需要将多种细分变数组合起来作为工业品市场细分的依据。

以某铝制品公司进行市场细分的过程为例。第一步，按照用户性质标准将铝制品市场分为汽车制造业、住宅建筑业和容器制造业三个子市场，并从中选择最适合本企业的目标市场，假定该公司选择了住宅建筑业。第二步，按产品最终用途将住宅建筑业市场细分为半成品、建筑材料、活动房屋三个子市场，然后选择一个作为目标市场，假定公司选择了建筑材料。第三步，按用户规模将建筑材料市场分为大客户、中客户和小客户三个子市场，假定公司选择了大客户市场作为目标市场。

国际市场细分是企业制定国际市场营销战略的重要前提和依据，要使细分合理和有效，还必须注意以下两个问题：①细分国际市场变数的个数取决于消费者需求差异性的大小。细分国际市场的变数也不是越多越好。因为若对某市场采用过多的变数进行细分，会导致各个子市场过小，既给企业选择目标市场带来困难，又会使得企业的营销活动缺乏效率。对于消费者需求差异较小的产品或服务可采用单一变数进行细分，如果消费者需求差异较大，则应采取双重或多重变数细分，以保证细分的有效性。②把握市场细分的动态性。国际市场上的消费者需求和竞争状况每时每刻都在发生变化，企业应注意搜集信息，根据市场状况变化调整市场细分。

8.1.3　国际市场细分的步骤

国际市场细分可分为两步，先是对国际市场进行宏观细分，然后在此基础上再进行微观细分。国际市场微观细分类似于国内市场细分，市场细分的步骤并没有一个统一的标准，一般可涉及以下四个步骤：识别与产品相关的需要域——将具有类似需要域的消费者归为一个群体——对细分市场予以描述——选择一个或几个有吸引力的细分市场作为进入市场。

1. 识别与产品相关的需要域

企业进行市场细分的第一项任务是识别企业有能力满足的需要域。需要域并不仅仅是指满足基本需求这一层面。例如，小汽车除了满足基本的运输需要之外，还可以满足消费者追求显示其地位的需要，甚至还具有满足某些人兴趣的需要。此外，消费者需要并不仅仅体现在对产品功能的要求方面。产品信息的来源与类型、产品购买地点、产品价格、服务、产品或公司形象，甚至产品在哪里和如何生产等方面都会影响消费者需要。例如，有关某公司在发展中国家雇用童工和工作条件恶劣的报道，使得其产品销售下降。

识别企业现有或未来产品能够满足的需要域，通常要进行消费者调查。需要域通常是与年龄、家庭生命周期所处阶段、性别、社会阶层、种族、生活方式等变量联系在一起的。很多企业通常以其中的某一变量为基础对消费者分群，并集中在一个或几个这样的群体经营。例如，公司可以根据消费者所处民族分群，以发现不同民族之间在消费需要上存在哪些共同点和不同点。虽然有效的市场细分通常始于消费者的需要,但必须将与这些需要有关的消费者特征联系起来予以考虑。

2. 具有类似需要域的消费者

市场细分的第二步是将具有类似需要域的消费者归入一个细分市场。例如,价格中等、新颖、运动型的汽车,买主多是单身的年轻人、没有小孩的年轻夫妇,或者其小孩已成人并离开家庭的中年人。虽然这些人就人口统计特性而言差别很大,但在设计汽车特征甚至策划汽车形象时,他们可以被并入一个细分市场。

这一阶段通常需要进行消费者调查,对现有消费者模式进行分析,或者依据对消费者行为的了解做出某些合理推断。

3. 细分市场的描述

识别出具有类似需要域的消费者后,接下来就应当对这一细分市场的消费者进行描述。为制订有效的营销计划,应对潜在消费者做深入分析和了解,由此才能确保正确识别消费者的需要域。另外,如果企业不了解消费者在什么情境下使用企业的产品,如何使用企业的产品,以及消费者如何看待这些产品,用什么样的语言描述这些产品,沟通就可能遇到障碍。如前面所举的例子,虽然很多单身的年轻人、没有小孩的年轻夫妇和孩子已离家的中年夫妇需要同样特征的汽车,但抵达这几个人群的媒体毫无疑问是不同的,因此,针对不同人群所用的宣传语言和广告主题也应存在差别。

4. 选择有吸引力的细分市场

在对每一细分市场做充分了解和评估之后,企业必须选择目标市场。所谓目标市场,就是企业准备进入并集中精力为之服务的某个或某几个细分市场。目标市场的选择标准就是企业能否为其提供超越竞争品的价值并获得利润。因此,细分市场的规模和增长潜力、现在和将来的竞争程度,提供"超额"价值的成本等,均是选择目标市场时应考虑的主要因素。表8-2所列为一个用于比较不同细分市场吸引力的简单工具。

需要注意的是,应根据每一细分市场的具体情况制定独特的营销策略。应对营销组合的每一方面进行审视,以决定在不同的细分市场应对这些方面做出何种安排和调整。有时,要对不同的细分市场制订完全不同的营销组合计划;有时,可能只需要对广告信息或零售通道做出不同的安排。

表8-2 细分市场的吸引力评价

评 价 因 子	得 分[1]	评 价 因 子	得 分
市场规模		需要的投资额	
市场增长率		稳定性与可预测性	
竞争者实力		成本/费用	
消费者对现有产品的满意程度		获得持续竞争优势的可能性	
与公司形象的适应性		沟通渠道的可获性	
与公司目标的匹配程度		风险	
与公司资源的匹配程度		其他	
营销渠道的可获性			

① 1为最低分,10为最高分,得分越高表示吸引力越大。

8.2 国际目标市场选择

国际目标市场是企业在细分出的若干子市场中，根据自身条件和特点，决定要进入的国际市场，实质上就是企业生产与营销产品所要满足的那部分国际市场需求。

8.2.1 选择国际目标市场的原则

市场细分与目标市场选择既有联系又有区别。市场细分是将整个市场划分为不同的消费群，目标市场选择则是企业在众多的子市场中确定其营销服务的对象。国际市场细分是为了实行目标销售，在市场细分的基础上企业可根据自身优势来选定目标市场。因此，企业选择国际目标市场必须从经营价值角度对细分市场进行评价，决定取舍。通常，一个好的目标市场应具备以下条件：

1. 可衡量性原则

可衡量性原则就是指企业能明确说明并界定清楚目标市场中的消费者对商品需求上的差异性以及目标市场范围、容量、潜力等。例如，将服装市场细分为儿童市场、青年市场、中年市场和老年市场，不但它们各自的特征是可以辨认和区别的，而且应能取得有效的有关这些特征的资料。如果细分后的市场特性模糊不清，难以测量，实际上就没有形成真正的目标市场。例如，按照性别将电视机市场分为男性市场和女性市场。

2. 可盈利性原则

目标市场的规模、发展潜力、购买力等都要足够大，以保证企业进入这个市场后有利可图。因此，企业在进行市场细分时，一定要考虑细分市场上顾客的数量、购买能力和购买商品的频率。如果细分市场的规模过小，潜在的购买者也很少，企业不能获得足够的销售额，该细分市场就不值得作为目标市场。例如，身高1.5m以下的人使用的汽车市场，这样的市场划分对于汽车企业来说就是不合算的。另外，占领后的目标市场要能保证企业相当长时期内经营稳定，避免目标市场变动过快给企业带来风险和损失，保证企业能取得长期、稳定的利润。

3. 可占据性原则

目标市场还应是企业有能力占据的。一方面，企业能将有关商品的信息通过一定的媒介传递给细分市场的消费者；另一方面，企业在一定时期内能将产品通过一定的营销渠道送达该市场。例如，选定的目标市场已经有很多竞争者，本企业实力有限，根本无法与之抗争，或者虽然还有一部分尚未满足的市场需求，但企业自身缺乏原材料或技术，难以生产出消费者需要的产品，这样的目标市场选择就失去了意义。

4. 可操作性原则

这是指企业选择的国际目标市场能使企业有效地制订国际营销计划并能有效地付诸实施。同时，企业在国际目标市场上还要能便利地调整其营销战略，以应对各种可能的市场变化。

8.2.2 选择国际目标市场的过程

企业选择国际目标市场的过程一般包括以下两个步骤：

1. 对所有国家的市场进行筛选

企业在选择国际目标市场时，首先要对各个国家进行初步选择，确认选取哪些国家的市场。其目的主要在于缩小选择的范围，降低进一步评估的成本。初步筛选可分为以下四个步骤进行：

（1）建立目标国家的消费者与用户的特征剖析图。对消费者特征的剖析包括消费者的年龄、性别、收入水平、消费结构、所处的社会阶层及生活方式的特点。对工业品用户特征的剖析包括：使用本产品的行业的特征，典型客户的规模和组织结构，本企业所生产的产品或提供的服务在客户的价值链中处于哪一环节、起什么作用。通过对现有的或潜在的消费者或消费行为和特征进行分析，有利于企业选择到能充分发挥企业竞争优势的市场作为目标市场，利用较为集中的营销资源投入，迅速、有效地占领国际目标市场。

（2）直接估计市场规模。估计市场规模的主要方法是从运用相关的统计资料中，找出影响产品市场前景的这些因素，并通过回归分析方法找出这些因素对产品市场前景影响的具体程度，然后再根据企业对各项影响因素的预测，推算出未来一定时间内产品在目标国市场的销售前景。

（3）间接估计市场规模。对市场规模的间接估计主要通过对目标市场国家的宏观经济指标进行分析，从中间接地推算出市场规模。可供使用的宏观经济指标包括国民生产总值、国内生产总值、国民收入、物价指数，以及这些指标在最近年份的变动状况。

（4）做出接受或放弃决策。在对前述资料有了较全面的掌握和较系统的分析后，企业可初步做出接受或放弃的决策。具体来说，企业可运用市场选择指数法进行分析。其具体过程是，首先确定影响企业在某细分市场上销售前景的因素；然后赋予各因素相应的权数并对各影响因素的现有状况进行评分；最后以各个细分市场的加权得分作为市场选择的指数，选择得分高者作为企业的国际目标市场。

2. 评估行业的市场潜力

经过第一个阶段的初步筛选，企业已经选择出为数较少的国家或地区。对于这些国家或地区的细分市场，企业需要对其进一步评估，主要评估它的经济价值。评估的标准是企业能在哪个市场上获得更多的收益，通过对各个细分市场优势的比较，选择最佳的目标市场。下面介绍一个比较有效的评估方法。

假设一家经营成衣的企业，面对一个国家的成衣市场。

第一，它运用消费对象和成衣用料种类两个变数来细分市场。消费对象包括男、女、童共三类顾客，成衣用料种类包括呢绒、化纤、全棉共三类产品。因此，可划分为几个细分市场，每个细分市场当年的销售实绩见表8-3。

表 8-3　成衣市场细分分析　　　　　　　　　　（单位：元）

成衣用料种类	消费对象			销售总额
	男	女	童	
呢绒	200000	200000	50000	450000
化纤	100000	120000	150000	370000
全棉	120000	90000	150000	360000
小计	420000	410000	350000	1180000

第二，该企业在表 8-3 中抽出其中一个具体的细分市场进行分析，以判断其盈利能力。现抽出表 8-3 中的女装化纤类成衣市场进行分析。该企业分别估计了整个行业和本企业在该细分市场的当年销售额和未来一年销售额，又算出两者的销售额年增长率和本企业在该细分市场所占份额，见表 8-4。

表 8-4　女装化纤类成衣市场价值分析

项　目	当年销售额（元）	未来一年销售额（元）	销售额年增长率（%）
整个行业	800000	850000	6
本企业	120000	138000	15
企业占市场份额（%）	15	16	—

第三，企业为实现上述销售预测，必须制定综合营销方案，见表 8-5。

表 8-5　女装化纤类成衣市场销售策略　　　　　　（单位：元）

销售渠道	推广宣传			销售推广
	广告宣传	人员推广	公共关系	
生产商				
批发商		1000		
零售商		3000		10000

企业通过对各细分市场进行上述分析，就能清楚地看到每一个细分市场的情况，然后把各细分市场的盈利潜力与企业的目标相比较，最终评估出每个细分市场的价值。

3. 选择目标市场

企业在对各细分子市场进行评估的基础上，要决定究竟选择多少细分市场作为目标市场，现实中有五种策略可以供企业选择，如图 8-1 所示。

（1）单一区隔集中化（Single-segment Concentration）。单一区隔集中化是指企业只生产销售某一种产品，满足某一顾客群的需要，以取得企业在某一特定市场上的优势。通常，实力不是很强、规模较小的企业可采用这种策略。

（2）产品专业化（Product Specialization）。产品专业化是指企业生产销售某一类产品但供应给各种不同的顾客群体。该策略有利于降低成本、提高质量。

（3）市场专业化（Market Specialization）。市场专业化是指企业生产销售几种质量、性能、款式等方面有所区别的产品,用于满足同一顾客群不同的需要。

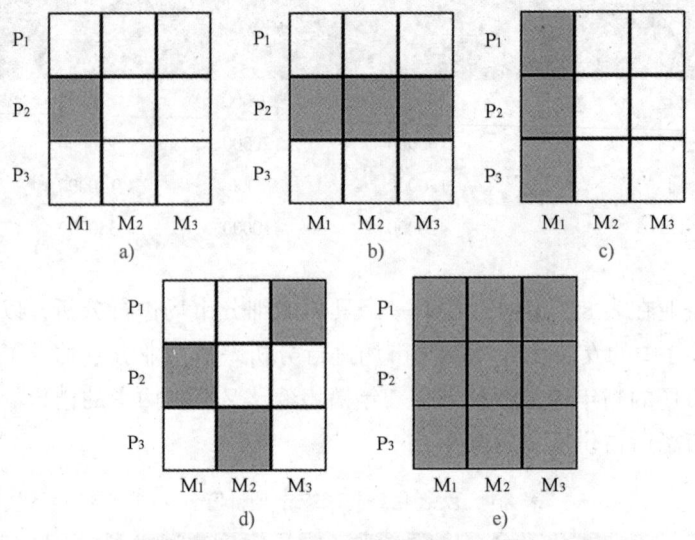

图 8-1 选择市场策略

a）单一区隔集中化　b）产品专业化　c）市场专业化
d）选择性专业化　e）全面市场涵盖
P——产品　M——市场

（4）选择性专业化（Selective Specialization）。选择性专业化是指企业生产销售几种质量、款式、性能等方面有所区别的同类产品,同时进入几个不同的细分市场,以满足不同顾客群的需要。

（5）全面市场涵盖（Full Market Coverage）。全面市场涵盖是指企业同时进入几个不同的细分市场,为不同的顾客群提供相应的产品。实力雄厚、试图谋求市场领导地位或垄断地位的大企业通常采取这种策略。

8.2.3　国际目标市场营销策略

企业要想有效地进入所选定的目标市场、提高市场占有率和市场竞争力,应选择适当的营销策略。一般来说,企业进入目标市场的策略可分为以下三种:

1. 无差异性营销策略

无差异性营销（Undifferentiated Marketing）策略是指经过市场细分后,以统一的产品、同样的销售渠道、同样的促销措施和价格向全球广泛销售,如图8-2所示。

凡认为所有消费者对自己的产品都有共同的需求,市场需求没有差异的企业,就可以采取无差异性市场策略。这种策略的优点是企业能进行大规模生产,有利于降低生产成本,节约储存、运输、广告及市场推销费用。其缺点是忽视了个别市场的需要,不能满足不同的消费者需求。然而,在国际市场竞争日

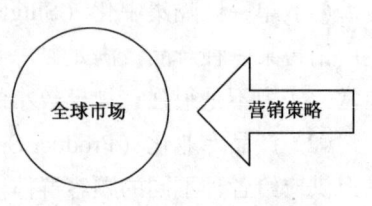

图 8-2　无差异性营销策略

益激烈的情况下，除农矿初级产品和规格统一的原材料性工业产品还可勉强使用这种策略外，其他企业已很少使用。例如，可口可乐公司因为拥有世界性专利，在初期只生产一种包装、一种口味的汽水，甚至连广告字句也只有一种。但随着软饮料市场竞争日益激烈，特别是"百事可乐"的异军突起，打破了"可口可乐"一统软饮料市场的局面，最终使可口可乐公司放弃了无差异性营销策略。

2. 差异性营销策略

差异性营销（Differentiated Marketing）策略是指企业针对不同细分市场，采用不同的营销策略，推出不同的产品与服务。市场经过细分之后，企业如果认为货源充沛，企业的经营能力足以满足几个不同市场的需求，就可采用差异性营销策略，同时选择几个性质不同的细分市场作为目标市场，并针对每一个市场制定相应的营销策略，如图8-3所示。目前世界上成功的大企业一般都采用这种策略。

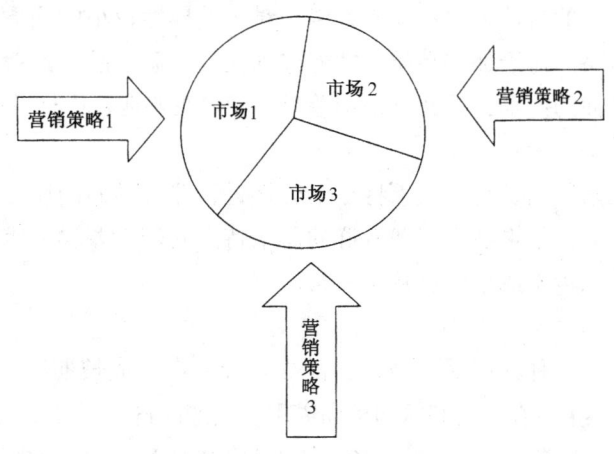

图8-3　差异性营销策略

这种策略的好处是能满足不同的市场需求，提高总销量，又可以避免过分集中于一类市场所带来的经营风险。其缺点是生产成本加大，储存、运输、广告和市场推销等费用都会增加。因此，这种策略对于一些世界级大企业可能很有成效，但大多数企业采用此策略会觉得战线过长，容易顾此失彼。

3. 集中性营销策略

集中性营销（Concentrated Marketing）策略是在市场细分的基础上，企业只选择一个或少数几个性质基本相同的子市场作为本企业的目标市场，如图8-4所示。例如，美国嘉宝公司专门生产婴儿食品，放弃其他食品市场。

这种策略多用于企业开始销售某种产品或企业供应能力有限的情况。其优点是，生产专门化，节约各种费用，有助于提高在部分市场的市场占有率，提高企业和产品的知名度。其缺点是，针对某一个（或有限的几个经过严格挑选的）细分市场提供产品与服务，追求某一个细

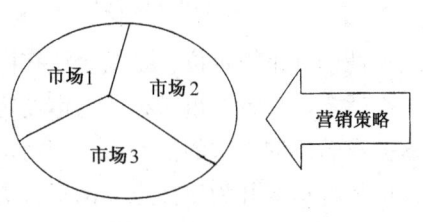

图8-4　集中性营销策略

分市场的占有率，结果虽然在某个小市场表现不错，却可能丢掉了大市场。此外，过分专门化也会增加企业的经营风险。

8.2.4 国际目标市场策略选择的因素分析

国际目标市场策略各有利弊，企业在选择时必须要结合自身的各种因素和条件。具体来看，影响选择国际目标市场策略的主要因素如下：

1. 企业的规模与实力

一般来说，在不考虑其他因素的前提下，如果企业的资源有限，财力、物力不足，最好采取集中性营销策略。如果企业资源雄厚，实力充足，则宜采用差异性营销策略或无差异性营销策略。

2. 产品的类似性

企业应根据产品的特性采取不同的策略。对于差异性较小的同质性产品，企业可采用无差异性营销策略。对于那些品质、性能差别大的异质产品，消费者选购时十分注意其功能、价格等方面的差别，因此宜采用差异性营销策略或集中性营销策略。

3. 市场的类似性

如果市场上大多数消费者的需求特点十分接近，即市场的同质性较强时，企业可采用无差异性营销策略。如果各个消费者群的需求特点有较大差异，市场同质性弱时，企业应采用差异性营销策略或集中性营销策略。

4. 产品生命周期

企业在国外推出一种新产品，当该产品处在导入期、成长期时，通常应该采用无差异性营销策略，以摸清潜在顾客和探测市场需求。当产品进入成熟期或衰退期时，企业则需要采用差异性营销策略以开拓新的市场，或采取集中性营销策略以延长产品的市场寿命。

5. 竞争者市场策略

企业在选择国际目标市场策略时，也要考虑竞争对手的策略。如果一个强有力的竞争者采用无差异性营销策略，这个企业则采用差异性营销策略可能会好一些。一般来说，应尽量避免与竞争对手采用相同的策略，重要的是要看竞争者和自身的情况和条件而定，不能一概而论。

8.3 国际市场定位

8.3.1 国际市场定位的含义

所谓国际市场定位，是指企业在国际市场细分的基础上，根据目标消费者的要求确定一个适当的位置。市场细分与市场定位在营销活动中是不可分割的。市场细分的目的是区分有着不同需求的消费者，把需求相同的消费者分为一组，以便企业选择适合自身发展的目标市场并为目标市场消费者提供合适的产品。而市场定位恰好就是通过研究这些不同组的消费者对某品牌产品的认知、需求等特性，根据他们的需求充分优化产品中他们更为喜欢的方面，从而达到更加突出自己的产品、品牌等方面的特征，并使自己的产品区别于其他产品。因此，市场定位所塑造的不是产品在市场中的物理位置，而是产品在消费者心里的位置。它取决于购买者如何感知这种产品。市场定位是企业营销活动的重要组成部分，其正确与否直接关系到营销的成败。

8.3.2　国际市场定位的因素分析

准确的市场定位是建立在对企业内外部环境因素全面、准确分析的基础之上的，企业在进行市场定位时，应主要分析以下因素：

1. 市场

企业的生产经营活动是在一定的市场环境下进行的，市场条件的变化会对企业的产品市场定位产生重要的影响。因此，对于某一产品市场，企业的经营者必须明确以下几点：

1）全局观念的市场到底有多大？
2）这个市场的增长率是多少？
3）当前的市场是如何被细分的？
4）当前的市场趋势能否指明近期细分市场的主要变化？
5）目前公司参与竞争的是哪一细分市场？所占份额有多大？
6）竞争者所占有的市场份额有多大？

在考察市场时，应回答的一个重要问题是：在竞争中取得成功的关键是什么？是产品质量、产品的多样性、价格、包装、分销能力、广告能力、新产品的不断导入，还是具备专业知识的销售人员？

以"可口可乐"与"百事可乐"为例，促使这两个企业成功的两个关键性因素可能是分销能力和广告影响，如果这两家公司没有策略使其产品挤上超级市场琳琅满目的货架，或让消费者感觉到它们值得一试，那么其他努力就都是毫无意义的。

总之，对目前市场的了解越清楚，对潜在的增长来源越明确，则越容易制定出成功的营销方案。

2. 竞争者

在市场定位中，企业向来重视对竞争对手的分析。同行业中的竞争对手，其产品、价格、分销、促销策略会直接影响到本企业产品的市场地位。因此在分析了市场之后，企业还要进一步审视竞争对手，弄清楚它的实力，同时衡量自己能否竞争过它。一个好的市场定位，目的无非是要让自己的产品胜过竞争者，不断地扩展自己的市场份额。在做市场定位营销策划时，企业经营者要尽可能多地了解对方，这样才能使企业立于不败之地。通常需要对竞争对手的以下情况加以分析：

1）谁是我们的竞争者？（必须将最强大的、最直接的竞争者和其他一般竞争者区别开来）
2）它们的目标是什么？
3）它们的实力如何？
4）它们目前以哪些细分市场为目标？

5）它们将来可能参与哪些细分市场？

6）它们的产品质量、价格、分销、广告和促销等方面的情况如何？

所有这些都是为了了解竞争者的策略、资源和个性，以便在制定决策时做到有的放矢，并能做出预测。最好的营销商能够预测竞争者的新产品和它们将来的营销计划，以及它们对市场变动做出的可能反应。

3. 本公司

要想在竞争中取胜，除了了解企业的外部环境外，还应对本企业的情况有客观、准确的把握，只有这样才能真正做到知己知彼，才能做出正确的市场定位决策。分析本企业的关键问题包括以下几点：

1）从公司规模、市场份额、资金来源、历史记录和现行市场定位的记录看，公司在市场中所处的地位如何？

2）公司是处于领导地位还是仅仅是一个追随者？

3）公司的管理目标和策略是什么？

4）与竞争者相比，公司的优势和弱势是什么？

5）为实现目标，有哪些资源可供利用？

6）公司所处行业的关键性成功因素是什么？

8.3.3 国际市场定位的程序

国际市场定位的程序主要包括以下几点：

1. 确认潜在的竞争优势

企业在进行国际市场定位时，首先应利用自己的竞争优势，使自己的产品比竞争对手的更能满足消费者的需求。有两条可能的产品竞争途径：一是成本比竞争对手低；二是消费者认同的产品功能或特性比竞争对手好，从而能抵消高价带来的不利。在第一种情况下，企业应重点寻求降低产品成本的途径；在第二种情况下，企业则应重点开发产品的独特功能，赋予产品特色。

2. 选择适宜的竞争优势

在多种竞争优势并存的情况下，企业必须运用一定的方法评估并选择出最适宜的竞争优势，据以建立市场定位战略。通常会采用打分法，就是将本企业同竞争对手在各项目上的得分加以比较，从中选出最适宜竞争的项目作为有效市场定位的依据。

3. 传达市场定位

企业依据自身最适宜的竞争优势，对产品进行正确的市场定位后，还必须通过一定的方式把产品的市场定位观念准确、及时、有效地传播给目标市场上的消费者。这通常可以通过加大产品宣传力度来实现。

8.3.4 国际市场定位的方法策略

国际市场定位就是选择以什么角度将自己的产品打入国际市场。此时必须把产品特征、质量、价格、公司形象和已树立的声誉置入视野之内。要牢记一个原则：如果一个品牌在对消费者有意义的某方面不能做到独具一格，那么它成功的可能性就很小。为此，企业在进行国际市场定位时要讲求策略和方法。国际市场定位的方法很多，总体上看，国际市场定位的方法有三种。

1. 正向定位

正向定位就是根据产品的属性（产品的属性包括生产该产品的技术、设备、生产过程和产品的性能、成分、构造、原料、产地、文化历史等）和消费者所追求的利益来进行定位。其目的是突出产品的某些特色或个性，形成一个独特清晰的市场形象，从而培养消费者对企业产品的偏爱或忠诚。

例如，某些产品的质量和特点与产地密切相关，品名中突出产地可使消费者想到产品的原产地，进而联想到产品的质量，起到吸引购买的作用，如"青岛啤酒""泰国香米""哥伦比亚咖啡豆"，而"曹雪芹家酒""杜康酒"则是以历史文化定位。再如，每一类产品都有高、中、低三档之分，企业可以根据市场特点和产品性能做出不同的市场定位。例如，派克钢笔定位于高档产品，不仅是书写工具，更是身份和品位的象征。另外，产品的用途、使用者特点、产品的特点等都可作为企业进行市场定位的切入点。

2. 逆向定位

逆向定位就是根据对竞争对手产品特性的分析，确定企业自身产品的市场位置。采用逆向定位时，必须要明确竞争对手的市场定位是如何形成的。

具体来说，较为常用的逆向定位方法大体如下：

（1）迎头定位。迎头定位是指企业在目标市场上选择与竞争对手接近或相同的市场定位方式来确定自身产品的市场位置，以争夺同样的目标消费者或用户，例如"可口可乐"与"百事可乐"的竞争、麦当劳与肯德基的竞争、柯达与富士的竞争。这实质上是一种以强对强的市场定位方法，存在一定的风险性，适用于实力雄厚的企业。采用此方法时，企业一般应具备以下三个条件：

1）企业产品的性能、质量和特色确实优于竞争对手。

2）在这个位置上，市场上确实有潜在的销售量，能容得下竞争双方的产品。

3）在这个产品定位上能发挥企业优势。

（2）避强定位。避强定位是指企业避开与竞争对手的直接抗衡，将自己的位置定在目标市场的空白处。由于这种定位方法能使企业迅速在市场上站稳脚跟，并能迅速在消费者或用户心中树立形象，风险较小、成功率较高，因此经常被一些大企业采用。例如，"七喜"碳酸饮料推出时，就曾为如何定位大伤脑筋，因为当时饮料市场已经被"可口可乐"和"百事可乐"瓜分殆尽，于是"七喜"汽水以人们惧怕咖啡因的心态作为切入点，把自己的产品定位为非可乐型饮料，取得了一定的市场份额。

（3）取代定位。取代定位是指在市场竞争中，目标市场已经没有空缺，企业的定位目标是要把竞争对手从现有的位置上赶走，由本企业取而代之。采用这种定位策略时，企业的产品必须比竞争对手更有优势和特色。因此，该策略通常是由一些实力相当雄厚的大企业采用。

3. 重新定位

重新定位是企业为改变目前购买者对其产品的印象使目标购买者建立新的认识而对

其产品进行的定位。当企业产品出现滞销、市场反应迟缓等现象,或者第一次定位不准确时,通常使用这种方法,目的是使企业摆脱困境,走出低谷,重新获得活力和效益。另外,有时产品销售范围的意外扩大也会引发重新定位。例如,本来是专门为青年人设计的服装在中年人中也大受欢迎,这款服装就会因此而需要进行重新定位,为产品打开新的销路、开发新的市场。

思 考 题

1. 什么是国际市场细分?进行国际市场细分的意义是什么?
2. 国际市场细分的标准有哪些?在运用细分标准进行国际市场细分时应注意哪些问题?
3. 国际市场细分有哪些基本步骤?
4. 选择国际目标市场的原则是什么?有哪些基本步骤?
5. 选择国际目标市场的策略有哪些?
6. 简述国际目标市场的营销基本策略。在选择目标市场营销策略时应考虑哪些因素?
7. 什么是国际市场定位?在进行国际市场定位时应考虑哪些因素?
8. 国际市场定位的程序有哪些?列举几种基本的国际市场定位方法。

案 例 题

从劲霸、波司登、范德安三大定位案例,看中国服装企业的战略破局之道

中国服装产业近40年的发展,经历了一段跌宕起伏的岁月变迁。从代工起家、跑马圈地、渠道为王、广告营销,到如今的海外大牌冲击,本土品牌经历了起起伏伏,近年来面临的外部环境更趋复杂严峻。

作为时尚产业,服装行业有自己的特点,如产品生命周期短、迭代快、消费频次高等。可以说,服装行业本身是多样的、感性的、变幻莫测的。也正因如此,很多服装企业乐于将潮流、风尚、创新挂在嘴边。但追逐潮流和创新,不但并未帮助广大服装企业摆脱竞争泥潭,反而令其越陷越深。

中国服装企业中有一批先行者,它们利用战略定位理论,在顾客心中形成了牢固、持久和永恒的差异化认知,即抓住了顾客的心智,以此在服装行业中脱颖而出。同时,无一例外,它们的背后都有战略定位咨询机构的身影,比如劲霸与特劳特合作、波司登与君智战略咨询合作,范德安与东极定位合作。

定位理论最早于2002年进入中国市场,经过20多年的发展与演变,在上海陆家嘴形成了4家知名的战略定位机构,分别是特劳特、里斯、君智、东极,被称为"陆家嘴四大战略定位公司"。它们进入一个个产业,在每个产业打造出数一数二的知名品牌,从而带动了整个产业实现跨越式升级,这其中自然也包括万亿元消费规模的服装产业。

那么,定位理论是如何帮助中国服装企业在多变的行业之中穿越周期、在充满不确定性的环境中寻找确定性的呢?我们就从劲霸、波司登、范德安这三大经典定位案例中一探究竟!

一、劲霸——专注夹克30年

劲霸与定位理论的结缘来自《定位》这本书。2002年,在一次出差途中,劲霸董事长洪忠信在机场购买了《定位》,翻看之后,洪忠信认为定位理论能够解决他的困惑,随后,劲霸就成了特劳特中国公司的第一个合作伙伴。

当时的服装行业还普遍停留在卖产品、卖款式的阶段,而劲霸也正处于从单品批发向品牌连锁专卖转型升级的关键时期。在特劳特的协助下,劲霸界定七匹狼为战略级对手,在商务休闲男装中选择了夹克这一战略制高点,诉求"劲霸男装——专注夹克30年",期望劲霸代表夹克。

劲霸围绕这一战略定位也做了很多战略配称,包括舍弃了它已经开了100多家店的劲霸皮具业务,还有上游的精配原料等业务,同时通过韩日世界杯广告投放、门店品牌信息植入等传播形式,用"夹克"一词抢占用户心智,建立市场领导者地位。把所有资源集中起来,去干了这一件事情,就是在用户心中把"劲霸"与"夹克"画等号。也正因如此,劲霸才能够获得用户首选,在商务休闲市场占据头部位置。

在当时的服装行业,劲霸走在了行业前列,用定位引领战略、配置企业资源,创造了一个强大的品牌。时至今日,劲霸已经成为一个家喻户晓的中国男装品牌,即便很多人可能没有穿过它的衣服,但也一定听过"劲霸"品牌。

二、波司登——全球热销的羽绒服专家

波司登是近年传统服装品牌转型成功的经典案例。曾几何时,波司登在羽绒服市场的名气和实力几乎无人匹敌。然而,市场悄然演变,国际大牌Canada Goose(加拿大鹅)、Moncler(盟可睐)等全面出击,四季化服装品牌在羽绒服领域也全面开花,面对新的环境,波司登突围乏力。加之波司登未抓住消费升级趋势,品牌老化严重,逐渐变为"爸爸妈妈穿的羽绒服"。曾经风靡全国的品牌逐渐沉寂,慢慢淡出大众视野。

为了摆脱困境、重振品牌,波司登与国际顶尖的咨询公司都有过合作,但最后都收效甚微,未能突破竞争重围。一次偶然的机会,波司登接触了战略定位咨询,并与君智战略咨询达成合作。

在君智战略咨询的协助下,波司登以"激活品牌认知,重获主流青睐"为战略目标,确立了"全球热销的羽绒服专家"这一战略定位,诉求"畅销全球72国",意图聚焦主业升级品牌。

定战略难,做战略更难。围绕"全球热销的羽绒服专家"战略方向,波司登开始从品牌、产品、渠道等多个层面构建系统运营。在品牌端,波司登登陆纽约时装周、发布国际设计师联名款,斩获户外装备大奖等。在产品端,波司登与国际顶尖原辅料供应商建立合作,并与国际一流科研机构、国际一流服装设计大师开展合作。在渠道端,波司登全力拓展购物中心、时尚百货、商业步行街等主流渠道,统一门面设计,开设高势能旗舰店。最终,战略落地一年,大众对波司登的品牌认识发生了翻天覆地的变化,波司登开始重新获得主流消费群体的青睐。

从跌落谷底到王者归来,短短数年,波司登在战略定位咨询机构的帮助下,上演了一场绝境突围的大戏。波司登在顾客心中的印象也发生了显著变化,从"爸爸妈妈穿的羽绒服"转变为"明星大咖穿的羽绒服""国货崛起"等,那个曾经称霸羽绒服行业的波司登又回来了。波司登的成功,让服装行业又一次认识到了战略定位的力量,尤其是传统服装企业,打开了品牌升级换新的时代窗口。

三、范德安——明星青睐的时尚泳装

服装行业的泳装赛道也是一个竞争异常激烈的赛道。国际一线大牌速比涛依靠品牌光环和专业实力,长期处于领先地位。国产运动品牌李宁、安踏等也借助产业链优势,在泳装市场占有一席之地。尤其是国际大牌速比涛,作为全球专业竞技泳装的代表,一直赞助大量运动赛事,与各国奥运冠军进行合作,综合实力强劲。

前有国际大牌速比涛的强势压制,后有国产品牌的跨界瓜分,腹背受敌的范德安深陷竞争泥潭。危机时刻,范德安引入战略定位咨询,合作头部定位咨询公司东极定位,开启了战略升级之路。

东极定位的专家团队经过大量调研分析,帮助范德安确定了"明星青睐的时尚泳装"这一差异化战略定位,诉求"在中国,100多个明星都在穿范德安"。

言外之意,速比涛确实专业,有很多运动员用户,但范德安是时尚的,有很多明星用户。时尚泳装不同于专业竞技泳装,更强调外观而不是专业,这也是范德安的强项。范德安时尚泳装的定位,精准找到了外资大牌速比涛的弱势领域,避开了正面冲突,重新定位时尚泳衣,可谓精彩纷呈。

在东极定位的协助下,范德安围绕"明星青睐的时尚泳装"这一定位,从产品、传播、渠道等各个层面构建了系统的运营体系,开启了逆袭之路。2022年"618",范德安旗舰店的销量就已经领先第二名1300万元。在泳装赛道,范德安成功完成了对速比涛等外资泳装品牌的逆袭。

四、要么差异化,要么消亡

从劲霸、波司登、范德安三个经典定位案例中不难发现,中国服装企业战略迷失的根源,在于品牌没有根基。只有解决品牌的根基问题,找到精准的战略定位方向,才能在复杂、模糊、不确定的行业之中,轻松驾驭各种变化。

在《与众不同》这本书中,杰克·特劳特强调,获得成功的品牌,都有一个显著的差异化,这个差异化要么等于一个品类,要么等于一个特性。不只是服装行业,纵观各行各业的成功品牌,亦是如此。例如,一提到百度,大家立即会想到搜索引擎。

定位的本质就是利用品牌占有消费者心智,一旦定位成功,就有机会通过代言品类构建认知标准,赢得消费者的优先选择。

当一个企业有了定位,这个企业就可能突围竞争、异军突起,如劲霸、波司登、范德安。反之,一个企业不管盈利多少,如果在消费者心中定位不明确,就会很危险,在激烈的市场竞争中就会面临落败的可能。

与此同时,当下中国各大产业均在呼吁民族品牌。纵观古今中外的战略家,可以发现,战略的本质就是夺势,而当下各大产业最大的势能都在向民族品牌集中,如华为、格力、李宁、大疆、中国高铁等。

正如东极定位创始人王博所言:"家国情怀是一种巨大的竞争力,从竞争角度看,这意味着每个产业的终局注定被那些令国人骄傲的民族品牌所主导。也就是说,谁能代言中国,谁能掌握核心技术,并在其所在产业大幅提升中国在世界的竞争力,谁就会成为该产业真正的主导者。"

中国的服装产业也已出现国潮现象,服装产业的势能也都在向民族品牌集中。这些品牌崛起的背后,是民族自信、文化认同等深层次的社会因素在起作用。

强势的服装品牌一定要有自己扎根的文化土壤。也只有忠实于其起源,服装品牌才能在一个多样、琐碎且趋同的世界中找到落脚点。相比欧美短暂的工业进化史,中国拥有5000年的文化瑰宝;相比100多年的西化浪潮,中国奢侈品曾风靡欧美上千年。对于中国服装品牌来说,如何利用好中国特色文明,建立起中国服装品牌的民族自信,或许是中国服装品牌重回世界巅峰的起点。

(资料来源:由作者整理中华网数据整理而成。)

国际市场营销学　第4版

第 9 章
国际市场进入战略

本章要点

本章先是简单分析了企业进入国际市场的障碍，接着重点介绍了企业进入国际市场的几个基本方式以及各个方式的优缺点，最后探讨了影响企业选择方式的因素，以帮助企业制定正确进入国际市场的战略。

关键词

出口进入方式　　投资进入方式　　契约进入方式

9.1 进入国际市场的障碍

对于国际市场的潜在进入者来说，丰厚的利润才是真正吸引它们进入的动机，当然也必须具有较强的财力。任何会降低潜在进入者动机和能力的因素都构成进入障碍。进入障碍不但直接影响市场结构，而且通过影响企业行为和市场绩效来间接地影响市场结构。可以从两个方面来分析企业进入国际市场的障碍。

9.1.1 贸易保护

自古典经济学诞生以来，西方的经济学家一直十分推崇自由贸易，并将其作为国家贸易政策的基本选择。从理论上看，贸易自由化的好处显而易见，但是，从现实来看，它却具有一定的约束性。因为自由贸易的实现是有前提条件的，它建立在完全竞争的理论假设基础上，而现实却是一个不完全竞争的世界。加之国家利益超越一切，不可避免的，国家要通过政治行为来保证国家的经济利益。同时，国内不同利益集团的存在，也将影响国际贸易政策的选择取向。所以发展至今，人们可以从对事实的观察发现，很难找到一个国家是真正实现完全的自由贸易，也就是说，我们目前所面对的是一个贸易自由化与贸易保护主义相伴而行的时代。

贸易保护主义主要表现为：政府对国际贸易活动坚持干预和管制的基本立场，设置各种贸易障碍禁止商品进口，以保护本国工业产品市场，或者采取各种政策措施奖励或资助商品出口，以刺激本国工业的发展壮大等。贸易保护政策大致可分为两种类型：一种是保护有前途的幼稚工业成长的一般贸易保护政策；另一种是保护垄断工业、扩大市场的超贸易保护政策。

20 世纪 70 年代中期以后新贸易保护主义的出现，使国际贸易自由化中的非贸易自由化倾向日趋加强。新贸易保护主义有别于重商主义的"奖出限入"，其保护手段并非直接针对产品的进出口，而是通过国家立法间接限制外国产品进口，保护本国产业。以往常用的手段是反倾销和反补贴。而 20 世纪 90 年代以来的新变化是，名目繁多的标准成为新贸易保护主义的"新宠"。标准，本来是现代工业大规模生产最简单有效的识别方法，但却成为许多国家特别是发达国家用来保护本国市场的法律手段。贸易自由化使得关税、配额、许可证等壁垒作用大大削弱，取而代之的是各种技术和环境标准。由于贸易保护主义的存在，企业在开拓国际市场时将会受到极大的限制。

9.1.2 产业组织理论中的进入障碍分析

从产业组织理论的角度分析，进入障碍可分为结构性进入障碍和行为性进入障碍两大类。总体来说，前者多与客观因素相关，后者多与主观因素相关。结构性进入障碍主要包括四种，即绝对成本优势进入障碍、规模经济进入障碍、必要资本量进入障碍和产品差异进入障碍。行为性进入障碍大多是原有企业为了阻止新企业进入市场而采取的相应策略性行为，主要包括阻止进入行为和驱除对手行为。除了以上两大类外，还有法律政策方面的进入障碍。

9.2 进入国际市场的方式

企业可以选择多种方式进入国际市场，包括出口进入、投资进入、契约进入。国际市场进入方式的选择是企业国际市场关键性的战略决策之一，它将直接影响企业进入国际市场以后的经营活动以及数量资源的投入，选择得当，会有助于企业顺利绕过进入国际市场的障碍；而一旦选择不当，就可能会遭受损失。因此，管理人员在选择进入国际市场方式的时候，必须仔细考虑每一种进入方式的优缺点，选择最佳的进入方式。

9.2.1 出口进入方式

出口是企业进入国际市场的重要方式，大多数生产型企业都是从做出口商开始，进而进行国际市场扩张的，只是到了后来才转向其他的进入方式。出口可分为间接出口和直接出口两种方式。

1. 间接出口

间接出口是指企业使用本国中间商来从事产品的出口。通过间接出口，企业可以在不增加固定资产投资的前提下进行产品出口，费用低、风险小，并且不影响企业目前的销售利润。企业通过这种方式积累国际营销的经验，为将来选择其他方式奠定基础。间接出口有以下几种主要形式：

1）通过国外公司、机构驻本国的采购处、分公司等销售。

2）通过大型贸易公司出口，它又分为外贸收购、外贸代理。

3）通过出口管理公司出口。

4）联营出口。

2. 直接出口

直接出口是指使用国外中间商从事产品的出口。在这种方式下，企业开拓国际市场的一系列活动，如目标市场调查、联系分销商、准备海关文件、安排运输与保险等都由自身完成，因此能使企业及时获得更多的市场信息，部分或全部控制国际营销规划，并针对需求变化对其进行修改。

直接出口有以下几种主要形式：

1）直接将产品销售给最终用户。

2）直接通过国外中间商将产品转售给消费者。

3）在国外设立分支机构。

出口作为企业进入国际市场最基本的方式，其优点主要表现在以下几点：

1）出口可以免除企业在东道国建造生产设施的高额成本。

2）通过在一个地点集中生产产品并随后把产品出口到其他国家，企业能够从全球销售中实现较大的规模经济。

3）目标市场的政治、经济状况恶化时，可以以较低的成本终止业务。

出口也有许多不足之处：

1）从利润的角度来看，如果在国外某个地点生产某种产品的成本更低，那么从企业所在国出口这种产品，就不如在这个地点生产产品然后出口到其他国家和地区。例如，很多美国电子企业把它们的部分生产活动转移到远东地区，因为那里的劳动力成本低、素质高，然后它们把产品从那个地区出口到包括美国在内的世界其他地区。

2）高额运输成本可能会使出口变得不经济。对于大宗产品而言，情况尤其如此。因此，可以选择在某个东道国生产大宗产品。这个战略一方面使企业能够实现大规模生产的经济效益，另一方面还能降低运输成本。

3）东道国各种贸易壁垒的威胁有可能使出口变得非常有风险。例如，由于美国国会含蓄地威胁要对日本的进口汽车课以重税，使得很多日本汽车公司决定在美国建立工厂。结果到1990年，日本在美国汽车销售数量的50%是在美国当地生产的，而在1985年这个比例为零。

4）对国外市场营销活动的控制程度较低。许多刚刚开始出口业务的企业，通常会把营销功能交给贸易对象国的地方代理商去完成，外国代理商通常同时经营企业竞争对手的产品，因此它们对企业并非忠心耿耿。在这种情况下，让外国代理商负责营销工作反倒不如企业自己负责效果好。解决这个问题的办法是在东道国建立自己的子公司来处理当地的营销业务。这样做，企业一方面可以保持对营销工作的严密控制，另一方面还可以实现成本优势。

9.2.2 投资进入方式

随着经济全球化和各国经济开放的发展，越来越多的企业选择对外投资的方式来进入国际市场。这种方式在企业刚开始涉足国际业务时并不适用，只有当企业具有了丰富的国际市场营销经验、企业实力和国际市场潜力较大时才宜采用。对外投资又可分为两种基本形式：合资经营和独资经营。

1. 合资经营

它是指本企业与目标国家的企业联合投资，合营各方共同投资、共同经营，按各自的出资比例共担风险、共负盈亏。合资经营方式可以是外国公司收购当地的部分股权，或当地公司购买外国公司在当地的股权，也可以是共同出资建立一个新的企业，共享资源，共担风险，按比例分配利润。与外国公司建立合资企业长久以来一直是进入外国市场颇为流行的方法。最典型的合资企业是"一半对一半"的企业，也就是说，合资双方各拥有50%的所有权，并且各自向合资企业派出管理队伍，实现共同经营。然而，在有些合资企业中，有些合资方在合资企业中取得了多数股份，因而对企业有较强的控制权。

合资经营有许多优点：

1）企业可以得益于当地伙伴对东道国竞争状态、文化、语言、政治体制和商业体制的了解。在很多美国公司和外国伙伴的合资企业中，美国公司提供技术和产品，而当地伙伴则提供在当地市场上竞争所需要的营销经验和当地的市场信息等。

2）当打开外国市场的成本和风险很高时，企业可以与当地伙伴分摊。

3）在很多国家，政治因素使合资经营成为唯一可行的进入市场的方式。研究表明，与当地合作伙伴建立的合资企业不太容易受到国有化运动和其他形式的政府干预的影响。这是因为，对东道国政府可能具有影响的当地合作伙伴由于既得利益而反对国有化和政府干预，这一反对比外国独资公司要有力得多。而东道国政府为保护本国企业，在一定程度上也会放宽管制。

尽管合资企业有这些优点，但也有几个主要的缺陷：

1）合资可能会使本企业失去对技术的控制权。例如，波音公司和日本企业集团合资建造767客机的行为就曾经使人们担心，波音公司会无意中向日本人泄露客机技术。然而，只要合资企业组织得力，这种风险就可以被降到最低。方法是在合资企业中拥有多数股权，这将使得控股一方取得对技术更大的控制权。然而，事实上，企业不容易找到甘愿拥有少数股权的合作伙伴。

2）不利于企业执行全球统一协调战略，使企业难以获得为协调全球竞争所需要的对外国子公司的控制。例如，美国德州仪器公司为了实施全球性战略协调，要求日本子公司必须接受总部关于竞争战略的指示，甚至要求其日本子公司在必要的时候亏损经营。几乎没有任何一个潜在的合作伙伴会接受这些条件，因为这将意味着企业必须接受负的投资回报率。因此，德州仪器公司为实施自己的战略，只能在日本建立独资子公司。

3) 合资双方常会因投资决策、市场营销、财务控制等问题发生争执。当合资双方的经营目标随时间的推移而发生变化时，或者当双方对企业的战略有不同的看法时，会因所有权的共享而导致投资方由于争夺控制权产生冲突。这种利益冲突常常会导致合资企业解体。

2. 独资经营

它是指企业独自到目标国家投资建厂，进行产销活动。在外国市场上建立独资公司的方法有两种。企业可以在当地建立新的公司；也可以通过兼并现存企业，并利用兼并的企业来促进在该国市场上的产品销售。独资经营的标准不一定是100%的公司所有权，主要是拥有完全的管理权和控制权，一般只需要拥有90%左右的产权。

独资公司有三个明显的优点：

1) 独资公司可以降低对技术失去控制的风险。当企业的竞争优势是以技术为基础的时候，建立独资公司通常是乐于用企业采用的市场进入方式。许多高技术行业选择独资经营作为海外扩展的方式，如半导体业和制药业。

2) 独资公司可以使企业严密地控制它在各个国家的生产经营活动，这种控制对于企业协调全球战略是必要的。例如，用从某个国家获得的利润支持该独资公司在其他国家的竞争。

3) 有利于企业对它的价值链进行合理安排，从而使每一个阶段的价值增加值最大化。当成本压力很大时，位于某个国家的子公司有可能仅仅专门生产某个产品系列中的部分产品；或者只生产某个最终产品的某个部件，然后用这些部件和其他子公司进行交换。要建立这样一个全球生产体系，企业必须对每一家子公司保持一定程度的控制权。各个子公司必须愿意接受总部的一些决策，这些决策涉及如何生产、生产多少以及在向下一个子公司转移产品的时候如何定价。

但是，建立独资公司也是为外国市场提供服务的成本最高的方法，因为企业必须承担建立海外子公司的所有成本和风险。当企业能够兼并东道国的另一家企业时，它在一个新的文化环境中的风险相对会小一些。然而，兼并会带来其他一些问题，其中最显著的问题就是如何使不同企业的文化相融合，有时候一些问题的负面影响有可能会超过兼并企业的好处。

9.2.3 契约进入方式

一国企业进入另一国市场，除采用出口和投资这两种基本方式之外，还时常采用第三类方式，即通过与另一国的企业签订其他形式的合约以达到进入该国市场的目的。契约进入方式主要包括采用签订许可协定、特许专营、交钥匙工程、签订制造合同、签订管理合同、进行双向贸易等。企业在运用这些方式进入国际市场时，能够依据具体的条件，灵活选择最有利于自己的方式，降低风险并最大限度地获得利润。

1. 签订许可协定

签订许可协定，即许可证贸易，是指企业在一定时期内向外国法人单位转让其工业产权，如商标、专利、产品配方、公司名称或其他有价值的无形资产使用权，获得提成或其他补偿。一国公司与另一国的公司签订跨国许可协定有多种目的，如：扩大从原有技术专利中所获得的利益，更好地保护专利、商标、公司名称等知识产权，从法律角度确认自己对海外子公司的专利和商标等无形资产的所有权，以及扩展产品的海外市场等。作为进入市场的一种方式，它并不直接输出产品，而是通过输出生产产品的技术秘密、受法律保护的专利、商标、公司名称等间接地输出产品。其核心特征是无形资产的转移使用，这是它区别于其他跨国经营合约形式的主要特征，特别是当它发生在没有所有权隶属关系的两国企业之间时，这一特征表现得尤其突出。

对输出方而言，签订许可协定这一市场进入方式的优点主要表现在以下几个方面：

1）可以绕过贸易壁垒，如绕过输入方对进口的关税或数量限制。当企业希望进入外国市场，但由于投资壁垒的限制而不能如愿时，企业通常采用签订许可协定的方法来绕过壁垒。

2）有利于降低成本。在典型的国际许可交易中，被许可人要承担用于建造海外营业设施的大部分资本，许可人则不必承担用于打开外国市场所需的开发成本，也不需要承担风险。对于那些缺乏开发海外业务所需资本的企业而言，签订许可协定是一个非常具有吸引力的选择。另外，出口时因为运输成本太高或进口国竞争太激烈而无利可图，也可通过签订许可协定来降低成本，进入目标市场并获得收益。还有这样的情况：当企业拥有某种具有商业用途的无形资产却又不愿意自己开发这些用途的时候，许可协定也经常被使用。例如，美国电话电报公司的贝尔实验室首先发明了晶体管电路，但是这家公司并不想生产这些晶体管，于是该公司就把这项技术转让给了其他公司。同样，可口可乐公司也把自己著名的商标许可给了成衣生产商，后者把这个设计用到它们生产的服装上。

3）当企业不愿意在不熟悉或者政治不稳定的外国市场投入大量资源时，签订许可协定也是一个很好的选择。与直接投资相比，签订许可协定没有固定的物质投资，也不担心输入国实行国有化。当输入国对直接投资有歧视时，签订许可协定是一个很好的替代方式。

许可协定的不利方面如下：

1）运用范围受限制，输出方必须拥有输入方所需的无形资产，如专利技术、商标等；当签订的是排他性许可协定时，在许可期间输出方一般不能再以出口或直接投资的方式进入输入方市场。在全球市场上竞争的企业需要在不同的国家协调它的战略行动，即把在一个国家所生产的利润用来支持在另一个国家的竞争行为，许可协定严重地限制了企业在这方面的能力，被许可人不大可能会允许一家跨国企业用它的利润去支持另外一个国家的被许可人的经营活动。

2）在许可协定下，被许可人通常各自建造自己的生产设施，这将严重地限制企业对输入方生产、营销和战略的严密控制。

3）与出口和直接投资相比，从许可协定中获得的收益一般较低，在许可期满后也不能再获益。

4）通过签订许可协定，企业可能会迅速失去对技术的控制，并且有可能培养出有力的竞争对手。技术诀窍是许多跨国性企业竞争优势的来源，所以大多数企业希望能够控制它们技术诀窍的使用方式。然而，当输出的是商业秘密和技术秘密时，不能排除输入方泄密的可能性。例如，美国无线电公司曾经把它的彩色电视机技术许可给包括松下公司和索尼公司在内的许多日本企业，这些日本企业迅速地消化了这种技术并且对它加以改进，然后利用这项技术打进了美国市场，使日本企业在美国彩色电视机市场上拥有的份额高于美国无线电公司。

当然，有降低这种风险的方法。其中一个方法就是和外国企业订立交叉许可协定。在交叉许可协定下，企业把它的重要的无形资产许可给外国合作伙伴，但是除了要求得到合作伙伴的特许权费以外，企业也可能会要求外国合作伙伴把它的重要的技术诀窍转让给自己。这样的协定被认为能够减少技术泄密的风险。这是因为，被许可人认识到，如果它违背了许可协定的精神（使用所获得的知识与许可人展开直接竞争），许可人就可以"以其人之道还治其人之身"。签订交叉许可协定使得企业互相成为对方的"人质"，这样就减少了双方互相采取机会主义的可能性。在高科技产业，这样的许可协定正越来越被普遍接受。例如，美国的生物技术公司安进（Amgen）就曾经把自己主要的医药产品许可给日本制药公司麒麟（Kirin）。根据该许可协定，麒麟公司获得了在日本销售此药品的权利。作为回报，安进公司不但获得了一笔许可权费，而且得到了在美国销售麒麟公司某些产品的权利。

减少许可协定风险的另外一个方法是把技术诀窍的许可协定和建立合资企业联系起来。在合资企业中，许可人和被许可人都拥有主要股份。由于双方都希望保证合资企业成功，这种方法就使许可人和被许可人的利益一致。一个极其成功的例子——富士-施乐公司（由富士影像公司和施乐公司共同创建）就是以这种方式组建的。施乐公司把它的复印机技术许可给富士-施乐公司，供后者为亚洲市场生产复印机。由于在合资企业中施乐公司和富士公司都拥有主要股份，因此富士公司拥有了施乐公司的技术诀窍，并且在全球复印机市场上与施乐公司直接竞争的可能性减少了。

一个普遍趋势是，单纯使用签订许可协定作为一种进入方式的情况越来越少，许可协定被更多地与直接投资结合起来使用：输出方在兴办海外合资或独资子公司的同时，转让专利、商标、技术秘密等无形资产，既获得许可使用费，扩大无形资产的收益，又保持对子公司的控制权，使子公司的行为对自己更为有利，避免输入方在使用无形资产过程中的侵权行为发生。据统计，美国公司近些年所获得的许可使用费中，大约有75%以上来自其海外子公司。有时许可协定也和进出口结合起来使用：输出方在输出无形资产的同时出口设备和中间产品，并从输入方进口最终产品。

2. 特许专营

这是一种特殊的许可协定。特许专营基本上是一种专业化的许可协定。在该协定下，许可人不仅把自己的无形财产（通常是商标）销售给被许可人，还要求被许可人严格遵守经营规则。许可人经常为被许可人的连续经营提供帮助。与前面所讲的许可协定方式一样，在特许专营协定下，许可人通常按照被许可人经营收入的一定比例取得特许权费。所不同的是，许可协定一般主要为生产型企业所采用，而特许专营则主要为服务型企业所采用。例如，麦当劳就是通过特许专营战略发展起来的。对于被许可人应该如何经营餐馆，麦当劳都有严格的规则，这些规则涉及对菜单、烹制方法、员工政策以及餐馆的设计和选址等方面的控制。麦当劳还为它的被许可人组织供应商链条，并且为它们提供管理培训和财务支持。比起其他发达国家的公司，美国公司更喜欢用这一方式扩展其市场。

在出口比较困难（因运输成本较高或进口限制较多），或者存在直接投资限制的情况下，特许专营作为一种进入方式，和许可协定一样，具有明显的优势。具体地说，通过特许专营，企业可以免去独自打开外国市场的成本和风险，并促使被许可人尽快地实现盈利，这是一个很好的激励机制。因此，通过特许专营，服务性企业可以迅速地以低成本和低风险进入全球市场。此外，还可在更大的市场范围内使用标准化的促销方式等。

除了具有许可协定的缺点外，特许专营的一个明显缺点在质量控制方面。特许专营的基础在于企业的品牌向消费者传达关于这种产品质量的信息。但是问题在于，外国被许可人有可能不像许可人所期望的那样关心质量。随之产生的质量问题不仅使外国企业的销售额受损，而且还会使该企业的全球声誉下降。例如，在东京入住希尔顿酒店的一位游客有理由期望他所得到的房间质量、食品和服务与纽约的希尔顿酒店一样。人们期望希尔顿的名字能够保证质量的一致性。如果一位商务旅行者在东京的希尔顿酒店有过一段不愉快的经历以后，他也许再也不会入住任何其他的希尔顿酒店，他甚至会劝说他的同事们也这样做。由于企业与它们的外国许可人相距遥远，质量问题就不容易被外国许可人发现。另外，仅仅是被许可人的庞大数目就足以使质量控制变得困难。

解决这个问题的办法是在企业所扩展的每个国家或地区建立子公司。这个子公司既可以是该企业的独资企业，也可以是与外国公司合资的企业。无论是独资还是合资，这家子公司具有在该国或该地区开展特许专营业务的权利和义务。例如，麦当劳在很多国家设立了总经营人。通常，这家总经营人是麦当劳和当地企业的合资公司。空间上的接近加上需要被监督的被许可人数量少，质量控制的难度也就降低了。另外，由于上述子公司（或称总经营人）部分（或全部）地为企业所有，因此企业可以将自己的管理人员安排到子公司中，从而保证子公司对那个国家或地区被许可人的监督。这种组织上的安排在实践中的表现是令人满意的。这种方法还被肯德基、希尔顿酒店和许多其他公司所采用。

3. 交钥匙工程

交钥匙工程是指企业通过与外国企业签订合同并完成某一大型项目，然后将该项目交付给对方的方式进入国外市场。企业的责任一般包括项目的设计、建造，在交付项目之后提供服务，如提供管理和培训工人、为对方经营该项目做准备等。当合同完成的时候，外国客户将获得可随时完全运作的整个设施的"钥匙"，"交钥匙工程"的名字也由此而来。交钥匙工程实际上是向其他国家出口工艺技术的一种方法，从某种意义上来说，这是一种高度专业化的出口。在化学、制药、炼油和冶金等行业中，交钥匙工程非常普遍，这是因为这些行业都使用复杂和昂贵的生产工艺技术。

交钥匙工程的优点在于它们可以使企业从这笔资产中获得高额的经济回报。当东道国政府限制外国直接投资时，这种方式尤其适用。例如，许多富藏石油的国家的政府开始建设它们自己的炼油工业，为了实现这一目标，这些国家的政府限制在石油和炼油领域里的外国直接投资。然而，由于很多国家的政府缺少炼油技术，它们不得不通过与拥有该技术的外国企业实施交钥匙工程来获取这项技术。对于卖方企业而言，通常这样的交易非常有吸引力，因为如果没有这些交易，它们将无法在该国从自己有价值的技术诀窍中获得经济回报。

同时，与传统的外国直接投资不同，当东道国的政治环境和经济环境使在该国的长期投资面临政治风险、经济风险时（例如国有化运动或者经济崩溃），交钥匙工程则可以降低风险。

交钥匙工程的不足之处有如下三点：

1) 从事交钥匙工程项目的企业在客户国家并没有长期利益。在这种情况下，当这个国家后来成为用交钥匙工程生产的产品的主要市场时，企业将处于不利局面。解决这一问题的办法是，企业在它所建造的交钥匙工程中拥有少数股权。

2) 为外国企业建造交钥匙工程项目的公司有可能在为自己培育竞争对手。例如，许多曾经向沙特阿拉伯、科威特和其他海湾国家销售炼油技术的西欧企业，现在不得不同这些由交钥匙工程建立起来的企业在世界石油市场上直接竞争。

3) 如果企业的工艺技术是其竞争优势的来源，那么通过交钥匙工程出售这种技术无异于向潜在的以及实际的竞争者转让竞争优势。

4. 签订制造合同

签订制造合同是指企业向外国企业提供零部件由其组装，或向外国企业提供详细的规格标准由其仿制，由企业自身保留营销责任的一种方式。发达国家的制造业跨国公司为了降低其制造环节的成本，有时采取这一方式。

这种方式的优越性在于可以降低资本及管理成本、运输成本，能够比较迅速地进入制造方的市场，并且没有直接投资的风险，还可以保持对产品销售及售后服务的控制。其缺陷是在其他国家找到一个满意的制造商比较困难，对产品质量的控制和管理也很困难，并且从长期看，很可能是在国际市场上培育了一个新的竞争者。

5. 签订管理合同

签订管理合同是指公司以合同形式承担另一公司的一部分或全部管理任务，以提取管理费、一部分利润或以某一特定价格购买该公司的股票作为报酬。作为跨国提供管理服务的合同，它一般只涉及企业日常运行的管理，而不涉及新增投资、长期债务、所有权的重新安排、红利的分配等。这是跨国公司输出其管理优势的一种形式。虽然这一方式的进入风险很低，但由于所获得的收入少，也不能永久地获得在输入方市场中的地位，因此这一方式很少被单独使用，而是常常与交钥匙工程一起使用。

6. 双向贸易

双向贸易是指在进入一国市场的同时，同意从该国输入其他的产品作为补偿。作为一种特殊的贸易方式，双向贸易常常是贸易、许可协定、直接投资、跨国融资等多种国际经营方式的结合。按合同的内容，双向贸易又可分为三种：一是易货贸易，即不以货币为媒介的商品跨国交换；二是反向购买，即出口方在出口的同时向进口方购买相当于一定比例进口价值的产品（如飞机出口商有时在出口飞机时，从飞机进口国采购一些飞机零部件）；三是补偿贸易，即出口方在向进口方出口设备的同时，同意从进口方购买用该设备制造的产品。

9.3 影响国际市场进入方式选择的因素

由于每一种国际市场进入方式都有其自身的优缺点，因此，企业在选择市场进入方式的时候不可避免地要进行取舍。影响企业选择国际市场进入方式的因素有很多，包括：①渠道的可获性。在某些国家建立独资企业较为困难，但在另外一些国家却很受欢迎；在一些国家采用许可证贸易方式可能因为找不到合格的被许可人而显得很不现实，但在另一些国家却是可行的。②获利的可能性。利润是企业追求的主要目标之一，在评估采用不同渠道的利润潜量时，主要采用各种渠道所可能获得的销售额和发生的成本进行估测和比较。③需要的资金。渠道不同所需投资也不同。间接出口需要的资金较少，而国外独资经营所需资金较多。一般来说，进入海外市场的方式越直接，所需的资金就越多。企业必须结合自身的资金状况来选择进入海外市场的方式。④人员要求。一般来说，进入国际市场的方式越直接，就越需要更多的业务熟练的国际营销人员。⑤风险。风险大小不仅取决于市场，还取决于进入该市场的方式。一般认为，国外的风险比国内大。⑥经营者对其产品营销渠道的控制程度。企业把产品卖给了出口商，让出口商去外销，这时企业对渠道就失去了控制。但如果企业自己进行海外销售或建立海外制造子公司，就可能在较高程度上对渠道实施控制。⑦灵活性。企业应保持灵活性，即保持应变能力。各种进入方式所具有的灵活性是不同的，例如企业已在某国外建厂生产，再想改变就不容易，而间接出口的方式较容易改变。

除了上述因素外，企业还应重点考虑以下两方面的问题：

1. 核心能力

企业为了从它们的核心能力中获得更大的回报，经常进行国际扩展。也就是说，企业向外国市场转移与自身核心能力有关的技术和产品，而外国竞争者缺乏这些技术和产品。拥有核心能力的企业，其最佳的市场进入方式取决于它们核心能力的特点。就核心能力而言，企业可以分成两类：一类企业的核心能力是技术诀窍；另一类企业的核心能力则是管理诀窍。

（1）技术诀窍。当企业的竞争优势（核心能力）建立在技术诀窍基础之上时，企业应该尽量避免许可协定和合资企业的经营方式，以便把技术失控的风险降到最低限度。

因此，当一家企业为了从技术诀窍的核心能力中获得利润而在国外建立业务时，该企业一般应采取独资公司的形式，但也有例外。其中一个例外情况是，人们可以对许可协定和合资企业的结构加以合理设计，从而降低技术诀窍为被许可人或者合资方利用的风险。另外一种例外情况是，当企业认为它们的技术优势只是暂时性的，也就是说，它认为竞争对手会很快模仿它的核心能力，企业也许希望尽快地向外国企业转移自己的技术，从而在竞争者模仿之前让自己的技术被全世界接受。

（2）管理诀窍。很多服务性企业的竞争优势是以管理诀窍为基础的（如麦当劳和希尔顿酒店）。对这些企业而言，管理技能落入被许可人或合资伙伴手中的风险不那么大。这些企业的宝贵资产是它们的品牌，而品牌是受国际商标法律保护的。因此，为了对特定国家和地区的特许专营进行控制，很多企业更喜欢用特许专营和建立子公司相结合的方法。子公司既可以是独资企业，也可以是合资企业，但是大部分服务性企业发现与当地厂商建立合资企业的方法最有利于子公司的运作，因为合资企业在政治上更容易被接受，同时能够在一定程度上使子公司了解当地的情况。

2. 降低成本的压力

降低成本的压力越大，企业就越有可能采取出口和建立子公司相结合的方式。通过在要素条件最佳的地点生产，然后向世界其他地方出口，企业有可能获得明显的区位经济优势和经验曲线经济效益。企业还有可能把制成品出口到分布在世界其他国家的子公司。这些营销子公司通常是独资营销子公司，它们负责所在国家的产品销售工作。建立独资营销子公司的方法比建立合资企业和使用外国营销代理的方法更具有优势，因为独资子公司使企业能够紧密地控制营销活动，从而有利于企业协调散布在全球的价值链，它还使得企业能够把在一个市场获得的利润用来改善其他市场的竞争条件。

思 考 题

1. 企业进入国际市场的障碍是什么？
2. 企业进入国际市场的方式有哪些？各种进入方式有哪些优缺点？
3. 影响国际市场进入方式选择的因素有哪些？

案 例 题

【案例题1】

中国品牌全球化战略：华为的案例研究

由于语言文化和国家影响力等各种因素的影响，中国企业的国际化之路非常艰难，尤其是在信息通信技术（Information and Communication Technology，ICT）这个高科技领域，欧美企业是游戏规则的制定者，可以说是具有"霸主"地位。华为作为一家来自发展中国家的"后起之秀",通过努力,能够在这个高端市场站稳脚跟,并且经过近三十年的发展超越爱立信、阿尔卡特等主要的西方巨头,成为通信领域的领军企业,是难能可贵的,有很多值得开展全球化品牌塑造的中国企业学习和借鉴的地方。

一、华为品牌及其国际化历程

(一)华为品牌标识及其定位

华为品牌标识由扇形图标和"HUAWEI"汉语拼音组成,有竖版和横版两个版本,一般情况下使用竖版标识。与旧版标识相比,华为的新标识更加简化,旧版图形中有15个"花瓣",新标识简化为8个,品牌辨识度更高;文字也由首字母大写的式样"Huawei"变更为整齐划一的大写字母样式"HUAWEI"。标识中没有使用中文,体现了华为塑造全球化品牌的战略初衷。中文品牌名称"华为"的寓意是"中华有为"。该品牌标识的含义是聚焦、创新、稳健、和谐,体现了公司的理念;华为品牌的最初定位是"全球领先的电信解决方案提供商"。

(二)华为品牌的国际化发展

香港是华为迈向境外市场的第一个落脚点。1994年,华为第一次参加中国国际通信设备技术展览会之后即探索走向国际市场的路径。1996年,华为与和记电讯合作,提供以窄带交换机为核心的"商业网"产品。华为的C&C08打入香港市话网,可以说是华为大型交换机向境外市场发展的第一步。

1997年华为在俄罗斯建立了合资公司,进军俄罗斯市场,1999年开始进军泰国市场,2001年在曼谷成立了华为泰国分公司,接着在新加坡、马来西亚等东南亚国家市场以及中东、非洲等区域进行市场拓展,取得了不错的业绩。此外,华为在沙特阿拉伯、南非等也取得了不错的业绩。

2004年3月,华为欧洲地区总部新技术研发中心在英国贝辛斯托克成立。接着,华为在英国设立欧洲地区总部。这些举措标志着华为国际市场的拓展逐渐从发展中国家和地区转向欧美主流高端市场。2008年,华为攻克欧洲最后一个"堡垒"——德国电信(DT)。可以说,2007年—2010年,华为的国际化有了里程碑式的突破,在欧洲市场获得了稳固地位。

北美市场既是全球规模最大、最成熟、最高端,也是竞争最激烈的电信设备市场,是全球规模最大的电信设备商思科的"大本营",也是华为最难攻克的"最后堡垒"。2012年,中国的华为、中兴公司被美国以"威胁美国国家通信安全"为由禁止进入ICT市场,华为在美国投资以失败告终。在美国,华为的扩张努力常常碰壁,遭到国会负责情报事务的委员会显微镜似的审查。这为华为进入美国市场设置了阻力。2014年年底,华为从消费品市场切入,以智能手机和可穿戴设备为主,设法通过市场营销的努力赢得美国消费者。

二、华为品牌国际化战略的主要举措

华为品牌的全球化,首先是从B2B(企业对企业电子商务)层面开展的;2012年后,华为面向消费者的产品开始在全球拓展,华为品牌B2C(企业对顾客电子商务)领域扩大了传播力度。

（一）通过切实有效的传播沟通，获得国际消费者的认知和信任

中国品牌需要获得国际运营商和消费者的认知是非常不容易的事情。由于国际消费者对中国产品"质次价低"的刻板印象，华为要打开局面非常艰难。为此，华为早期采取了"请进来、走出去"的方式。"请进来"就是尽可能地邀请客户，包括合作伙伴访问中国，因为"耳听为虚，眼见为实"，通过切实的人际交往方式赢得了解和认知；"走出去"就是要把产品、服务带出去，要让别人看到。

华为组织国际运营商先参观北京、上海、深圳，后参观深圳坂田基地。通过参观，绝大多数国际运营商对中国、对华为刮目相看，对产品产生了从陌生到熟悉、从拒绝到接受的心理转变过程。参观完这些地方后，大部分客户基本会在一两年内采购华为的设备。

华为还采用精准传播方式提升品牌认知，在节约传播费用的同时提升品牌溢价。由于通信产品专业性强，客户需求复杂，仅靠营销人员开展品牌推广是不够的，需要研发部门的配合。华为创建了一支由资深技术人员组成的撰稿队伍，定期发表与技术趋势、解决方案、应用案例方面的相关文章，提升产品和品牌的认知度。比如，与运营商联合举办高层峰会，这种形式也是品牌精准传播的方式。在峰会上，双方交流战略发展规划，借此加深对对方品牌及产品的认知，密切沟通与交往，确认双方未来几年的合作走向。

华为每年都要参加20多个大型国际展览会，在国际舞台上充分展示自己。在这些大型展览会上，华为的展台和很多国际巨头的展台连在一起，而且通常面积更大、布置得更细致，展出的也是华为最先进的技术和产品。通过展览，从视觉上给参展的运营商一种震撼感，使之主动关注华为的产品和技术。

（二）"东方快车计划"——品牌国际化规划的确立

开展国际化经营和打造国际化品牌既有承接性又有区别。华为在国际化过程中，深感品牌建设的重要性。2004年开始，华为在欧洲开启了"东方快车计划"，与一家全球著名的咨询公司合作，对自身品牌进行了一次全面的评估与规划，致力于打造了一个国际主流的电信制造商品牌。华为将这一规划形象地表述为："破除了狭隘的民族自尊心就是国际化，破除了狭隘的华为自豪感就是职业化，破除了狭隘的品牌意识就是成熟化。"在这个理念指导下，华为经过了艰辛的努力和探索，获得了令中国人骄傲和自豪的业绩，改变了国际对中国企业总是生产低端廉价产品的印象，提升了中国品牌在全球品牌中的地位。

（三）围绕国际目标市场客户需求，苦练"内功"

品牌建设是由内而外的，就像一个冰山，我们看到的只是冰面以上的部分。企业需要以用户为中心来完善业务流程并根据目标市场客户的需要建构KPI（关键绩效指标），提升市场反应能力。打造强势品牌的基础是练"内功"，其核心是组织结构和企业文化所带来的整体竞争力的提升。企业持久的核心竞争力是什么？从哪里来？如何将之转化为市场价值？想清楚这些问题十分关键。高科技行业和核心竞争力是技术，没有核心技术支撑，品牌就会"空心化"。作为自主品牌，华为十分重视自主核心技术研发，走出了一条技术自立自强的道路，从局部到整体，从制度管理到运营管理，推动华为的国际

化进程。

华为有一句口号"品牌是打出来的"。面对挑战,华为坚持把客户需求放在心中。最重要的是练好"内功",将核心价值观传递给客户、合作伙伴、员工,使其能够真正地认知、认可,这是做品牌的核心。在国际竞争中,华为靠"笨"办法,凭借人力资源的相对优势,多干"脏"活儿、"累"活儿,精益求精,不断提升职业水准,最终赢得客户认可与信赖。

(四)通过合作,融入全球产业链,结成利益共同体

华为通过加深与业务伙伴的合作,构建合作伙伴联盟,融入全球产业链。2009年,华为与沃达丰进一步签署了加深双方战略合作伙伴的协议;参与西班牙、希腊、匈牙利、罗马尼亚无线网络及其他子网等核心网建设,并且与沃达丰携手开发LTE(第四代网络技术)。华为还与当地运营商合资成立公司,结成利益共同体。华为将在国内与中国邮电系统合作成立莫贝克公司的模式复制应用到国际市场的开拓中,第一个项目就是俄罗斯的合作公司。2004年11月,3Com和华为公司合资成立的公司正式运营。在这家合资公司内部,跨文化团队主要依靠华为提供技术和人力支持,3Com公司提供资金。此次合作有助于华为更快速、更大规模地进入国际市场,并使3Com立即进入潜力巨大的中国市场,降低各自市场拓展的成本。

三、华为品牌跨文化传播策略解析

(一)从价值观角度开展品牌理念的设计与传播

在品牌跨文化传播过程中,华为面临的问题是:如何把品牌价值传递给国际消费者?如何从产品、服务、企业文化等方面把品牌理念植入当地消费者心目中?华为探索了一条通过把握人类普遍心理的路径,与全球公众展开对话。

价值观一般能涵盖人类的一些共性诉求。在实践中,营销者通常赋予品牌人的特征,为品牌注入个性,通过品牌拟人化的方式吸引消费者。华为在国际化传播中,将品牌理念进行了拟人化的表达,将之与价值观结合起来,在获得国际消费者共鸣的同时传递品牌个性。

2015年1月4日,华为推出一则广告:一只脚穿着优雅的芭蕾舞鞋,光鲜亮丽;另一只脚却赤裸地立着,满是伤痕。美与丑、优雅与不堪,形成强烈的对比,给人鲜明的视觉冲击。这则广告播出前,也就是2014年,华为进入Interbrand全球最佳品牌100强排行榜,居第94位,标志着中国大陆品牌第一次进入该榜单,在中国品牌全球化道路上具有里程碑意义。"芭蕾脚"广告不是直接推广具体产品的广告,可以说是企业的一则形象广告。一方面,它体现了华为的价值观,华为品牌背后的精神支撑;另一方面,这也是华为与公众关于价值观的一场对话。

2016年,华为在一则圣诞节视频广告《放下手机看看我》中,以一个西方儿童的视角切入,表达了人类的价值观——"爱"这一主题。这一广告在展现价值观的同时,还将中国传统的阖家团圆文化融入其中。

(二)善于利用空间关系,通过互文性和视域融合认知品牌

在手机竞争中,华为毫不掩饰自己的竞争态势,采用市场挑战者策略与三星展开直

面竞争。2015 年 3 月 1 日，三星在世界移动通信大会的邀请函上采用"What's next"的宣传语，为新手机 S6 预热，与此同时，华为发布"Next is here"的海报，与三星相映成趣。4 月，三星为 S6 打出"Next is now"的广告语，华为紧随其后上线"Now is P8"为其新品 P8 造势。

从空间上看，起先，华为的广告牌总是设法与三星的广告毗邻张贴。例如，苏丹喀土穆国际机场路上华为和三星的广告牌，三星在屏幕左侧，华为在右侧。从空间感知的顺序来看，人们的视觉移动一般是从左向右。在这之前，三星是手机品牌中的强势品牌，华为作为后来者，并不为苏丹消费者所熟知。于是，华为直接挑战三星，给消费者营造"华为取代三星"的心理氛围。

根据伽达默尔的"视域融合"观点，华为在应对三星的品牌传播中，文本理解上超越了华为自身的文本与视界，不仅将华为品牌和新品的推广当作与消费者的一种对话，还通过文本之间的"互文性"，将竞争者三星的广告也纳入文本的隐含语境中，实现了"视域融合"，让消费者在匆匆一瞥的视觉体验和阅读之中，了解了华为的品牌及其新品。因此，华为的上述广告不仅是一种现实空间关系的处理和实体存在，还具有话题性，存在于网络空间之中，不仅具有传统户外广告的传播效应，还引发了社交媒体的话题讨论，起到线上线下"互文性"和"视域融合"的传播效果。

（三）通过"华为人"体现华为品牌个性

在"芭蕾脚"广告创意中，除了从人类价值观切入开展品牌传播，还有一个重要的创意，就是通过"华为人"的精神来体现华为品牌个性。这种做法在 2009 年华为参加中国国际通信设备技术展览会的创意中就有所体现，通过员工形体表现传播华为"快速、专业、协作"三个关键信息，强调华为的服务将帮助客户实现商业成功。在拍摄这个平面海报时，从华为各部门精挑细选的员工"模特"共同完成了平面海报的创意、执行。这套由"华为人"亲自演绎的海报在 2009 年中国国际通信设备技术展览会上一经亮相就获得了赞誉。这个平面海报虽然是传统的传播形式，但使用华为员工担任海报模特，更加亲切、鲜活，拉近了参展商与华为的心理距离，有助于目标公众对华为的认知。

（四）善于使用贴近西方媒体的表达方式

中国企业在国际化经营过程中，要想将企业和品牌信息有效地传递给目标受众，就需要掌握东道国媒介的规律和目标受众的阅读习惯。华为在西方市场塑造品牌的过程中，善于使用贴近西方媒体的叙事手法。以 2015 年刊登在《商业周刊/中文版》上的《华为设计之旅》为例。该文使用"华尔街日报体"（简称"华体"），从具体人物经历的故事入手，既具有浓厚的人情味，又给人以真实交流之感。文章将真正的作者"隐匿"起来，让读者就像在和文中人物直接交流对话，还赋予这种对话"现场感"和"情境感"——如开篇仅用"深圳坂田"四个字就介绍了对话场景，接着从人物和场景展开细节描写，在故事讲述中带出观点陈述。这种写作方式值得借鉴。

（资料来源：张景云，《品牌研究》，2018 年第 2 期。）

【案例题2】

企业冲击新目标的故事——以"交钥匙工程"在国际市场"挖矿"

一张"会议桌",一头是海王旋流器有限公司(以下简称"海王公司")设计部,另一头是非洲某选矿总包项目现场,设计师围绕着一体化设计方案,完善产品设计、工艺标准的每一个细节……这场跨国视频会议,浓缩了海王公司从单一设备制造型模式向"制造业+服务"模式的角色转变。旋流器通常用于矿物的磨矿分级、分选、浓缩、脱水等作业。眼下,澳大利亚Sino铁矿、沙特阿拉伯Jalamid磷矿、秘鲁Toromocho铜矿等全球大型选矿项目均有海王公司的身影,企业在矿山市场占有率位列全球前三。通过向服务型制造模式转型,海王公司不仅向国际市场输出了"拳头产品",还输出了中国标准、中国服务。虽然产品质量达到国际先进水平,市场占有率名列前茅,但随着利润空间的不断挤压,企业急需寻找新的突破口实现产能增长。对海王公司来说,转型更像是一场"突围战"。"市场规模是有限的,所以我们要探索服务型制造模式,向工艺设计、设备集成采购等上下游领域延伸,打造从单纯设备生产销售到单元设计总包的'交钥匙工程',从而提升产品附加值。"海王公司董事长孙吉鹏说。实现"交钥匙工程",首先要由单一产品向打造产业链条转变。近年来,海王公司不断拓宽旋流器等产品应用范围和领域,逐步实现上下游产品"一体化解决方案"。在企业搭建的山东省旋流分离工程技术研究中心,一条单元总包解决方案逐渐浮现,上游氧化铝、聚氨酯、橡胶等自主研发的耐磨材料一一陈列,渣浆泵的叶轮旋转不止,下游振动筛、螺旋分选机轰鸣阵阵,混杂在一起的物料迅速"泾渭分明"。"目前,我们在磨矿分级、尾矿干排、粗煤泥重介质分选等领域可以实现EPC总包服务。"孙吉鹏介绍。公司已与国内大型央企、国企等行业龙头企业协同创新,围绕产业链上下游协作配套,实现更深层次的市场合作。除了延伸产业链条,海王公司同时向"微笑曲线"两端发力:在研发设计端,公司与中南大学、中国矿业大学、矿冶科技集团等国内知名高校和科研院所共建联合实验平台,通过上千次实验积累庞大的用户数据库,为工程总包备足经验数据;在品牌服务端,打造俄罗斯涅普顿矿业公司、澳大利亚海力康公司等国际分公司,美国、秘鲁等10多个国际办事处,为国际用户提供便捷的本地化服务。通过实施服务型制造,海王公司不仅实现项目利润增长,还再度激活海外市场。孙吉鹏还记得,企业完成俄罗斯矿山项目后,受到客户盛赞:"中国公司无论是技术还是服务,都是国际一流的,值得信任"。海王公司从制造环节向服务环节拓展过程,也是不断开拓产业应用新市场的过程。凭借大量的技术储备,海王公司也踏入了新能源"蓝海"。"我们获得国家技术发明奖的核心技术——微细矿物颗粒封闭循环利用高效节能分离技术与装备,可以有力支撑新能源汽车技术产业链上游原材料升级换代,从而拿到新能源产业的入场券。"孙吉鹏笃定,这将是企业今后主攻的重点方向之一。

一手握先进技术,另一手握品牌效益,如今的海王公司已经将一摞"王牌"订单收入囊中。2021年海王公司顺利达成营业收入5亿元目标,在新一轮冲击新目标三年行动计划中，正朝着 10 亿元目标稳步前进，打造服务型制造的标杆企业。

【记者手记：向"微笑曲线"要更高价值】

从产业经济领域的"微笑曲线"来看，服务处于价值链的高端，而生产加工却处于低端。海王公司打造"交钥匙工程"就是向"微笑曲线"要更高价值的一个生动缩影。如今，威海市越来越多的制造企业主动从原来单纯的制造端向产业链前端延伸、向产业链后端拓展，推动生产型制造向服务型制造转变。

发展服务型制造，不仅是企业拓宽盈利空间、重塑竞争优势的内在要求，还是工业供给侧结构性改革、推动制造业走上高质量发展的必由之路。但对于中小制造企业而言，要想从低附加值生产拓展到高附加值服务，是一场艰难的跨越，需要政府部门的精准扶持和大力引导，需要企业自身的创新研发，从而共同营造企业转型升级的良好发展环境。

今年以来，环翠区发改局主动联系服务 18 家冲击新目标入库企业，成功争取奖补资金 997 万元，同时通过政策支持、典型标杆引领等举措，鼓励、扶持企业转型升级，取得显著成效。在各级政府强有力的引导支持下，我们相信，服务型制造企业的转型之路会更加顺畅，实现快速发展，新模式新业态不断涌现，推动制造业再上新台阶。

（资料来源：威海日报，2022 年 9 月 19 日。）

国际营销策略篇

在国际市场营销观念的指导下，企业可将选定的一个目标市场视为一个系统，概括出四类基本变量；同时也可以将本企业的各种营销策略分解归类，组成一个与之对应的对策系统，形成四个策略子系统，即产品策略、定价策略、渠道策略、促销策略，形成一套行之有效的国际市场营销策略。

国际市场营销策略是企业可控制的策略。企业的营销优势，在较大程度上取决于整体营销策略配套组合的优势，而非单个策略的优势；企业在目标市场上的竞争地位和经营特色，则通过营销策略组合的特点充分地体现出来。

本篇是全书的核心内容之一，重点介绍国际市场营销的基本策略和方法。本篇主要围绕国际市场营销策略的构成内容、类型作用与意义，以及国际市场营销策略实施过程的环境影响因素展开。要求掌握国际市场营销的基本策略，即产品策略、定价策略、渠道策略、促销策略的内容、特点及其在国际市场营销中的具体应用。

第 10 章
国际市场产品策略

本章要点

营销策略是企业经营管理的核心,而产品策略则是营销策略的核心,其他策略——定价、渠道、促销策略等,都要围绕产品展开。

本章首先介绍产品的整体概念,简述国际产品生命周期理论和国际产品技术生命周期理论,分析它们对企业国际市场营销的意义;其次就国际市场上标准化营销策略与差异化营销策略的有关内容展开讨论,提出产品进入国际市场的三种基本策略;最后分析产品在国际市场上的品牌策略、商标策略与包装策略方面的几个重点问题。

关键词

整体产品概念　产品生命周期　国际产品技术生命周期　标准化营销　差异化营销
品牌策略　包装策略

10.1　国际产品与整体产品概念

10.1.1　产品概念

从国际市场营销的角度分析,国际产品是指能够提供给市场供人们使用或消费且能满足某种欲望或需要的任何事物。大部分的产品是实物产品,如汽车、彩电、服装、鞋帽、食品和书本等,但是理发、美容、就餐、演奏会、度假等服务也是产品。许多社会团体、基金组织等非营利组织,在很多情况下也可以被看作产品的组成部分。社会助残基金奖券的发售,满足了人们关心、支持残疾人事业的需要;红十字会等组织,也经常通过一些类似营销的活动进行宣传,争取公众的积极支持和援助。另外,还有构思,如策划、主意、解决方案等，都可以出售和转让，也都成了产品。因此，国际市场营销人员应当认识到，相比传统的观念中产品仅指有形的物品而言，现代市场营销学中的"产品"是一个复杂、多维的概念。

10.1.2 国际产品分类

现代营销观念认为，产品特性对营销策略有很大影响。根据产品的不同特征对产品进行分类有助于营销主体制定与之相适应的市场营销组合策略。

国际产品分类是研究国际市场营销产品策略的前提。产品分类的方法各种各样，根据不同的分类方法可划分出许多不同的产品类别。这里只介绍根据购买者购买产品目的的不同而对产品进行的分类，即消费品和工业品。

1. 消费品

消费品是指那些由最终消费者购买并用于个人（或集体）消费的产品，根据不同的分类方法可划分出许多不同的产品类别。由于消费者购买这些产品的方式不同，因此营销人员对产品采取的营销方法也不同。

按消费品的耐用性和有形性可将其分为三类：非耐用品、耐用品和服务。

1）非耐用品。非耐用品属于有形产品。非耐用品一般是只能供一次或少数几次使用，并很快丧失其物质形态和使用价值的低值易耗品，如啤酒、肥皂、牙刷和盐等。由于产品消费快、购买频率高，合适的营销策略应该是：售价中的加成要低，即广泛营销策略、薄利多销的原则，还应加强广告以吸引顾客试用并让其形成偏好。

2）耐用品。耐用品也属于有形产品。耐用品一般是指使用年限较长、价值较高的有形产品，通常有多种用途，这类产品有电视机、家具、金银首饰、机械设备等。耐用品倾向于有较多的人员推销和服务等，使消费者形成品牌效应，同时，需要企业提供良好的服务，消除消费者的后顾之忧。

3）服务。服务是一种无形的、不可分离的、可变的和易消失的产品，如理发和修理。服务的最大特点是它的生产和消费同时进行。一般来说，它对质量控制、供应商信用以及适用性要求更多。

按消费者的购买习惯分类，消费品可分为便利品、选购品、特殊品、非渴求品和高档享受类产品。

1）便利品。便利品是指消费者经常购买、几乎不需要做出购买努力的商品，如烟草制品、肥皂、报纸等。便利品可以进一步分成常用品、冲动品以及救急品。常用品如饮料、牙膏，是消费者经常购买的产品。冲动品是消费者没有经过计划或搜寻而顺便购买的产品。救急品是当消费者的需求十分紧迫时购买的产品。由于消费者一般不愿意专门去选购、多花时间和精力，方便消费者购买就成了企业营销此类产品的重要营销策略之一。

2）选购品。选购品是指消费者在购买过程中，对其适用性、价格和式样等基本方面要做有针对性比较的产品，如家具、服装、旧汽车等。选购品可以进一步分成同质品和异质品。购买者认为同质选购品的质量相似，但价格却明显不同，所以有选购的必要。

销售者必须与购买者"商谈价格"。但对消费者来说，在选购服装、家具和其他异质选购品时，产品特色通常比价格更重要。经营异质选购品的经营者必须备有多样的品种及花色，以满足不同消费者的喜好；他们还必须有受过良好训练的推销人员，以便为消费者提供信息和咨询。

3）特殊品。特殊品是指具备独有特征和品牌标记的产品，对这些产品，有相当多的购买者愿意做出特殊的购买努力。例如，特殊品牌和特殊式样的花色商品，包括摄影器材、小汽车、立体声音响以及男式西服等，购买地点显得尤为重要。

4）非渴求品。非渴求品是指消费者不了解或即便了解也不想购买的产品。传统的非渴求品有人寿保险、墓地、墓碑以及百科全书等。企业需要对非渴求品付出诸如广告和人员推销等大量的营销努力。一些复杂的推销技巧就是在非渴求品的推销竞争中发展起来的。

5）高档享受类产品。这类产品主要是以满足消费者心理方面的需要、能显示身份和地位、满足消费者自尊心及自我价值实现为主要目标的消费品，如旅游、珠宝首饰、名人字画等。经营这类商品的企业，应特别重视企业形象和声誉。

2. 工业品

工业品是指那些为进一步用于行业生产而购买的产品和服务。对工业品，可以依据它们进入生产过程的方式及性质和作用，将其分为三类：材料和部件、资本项目以及供应品和服务。

（1）材料和部件。材料和部件是指要转化为制造商所生产的成品的那类产品。它们又可分为两类——原材料、半制成品和部件，如农产品、构成材料（铁、棉纱）和构成部件（电动机、轮胎）。上述产品的销售方式有所差异。农产品需要进行集中、分级、储存、运输和销售服务，其易腐性和季节性的特点，决定了要对农产品采取特殊的营销措施。构成材料与构成部件通常具有标准化的性质，意味着价格和供应商的可信性是影响购买的重要因素，而建立品牌声誉和进行广告宣传是相对次要的因素。

（2）资本项目。资本项目是指用于帮助购买者生产或管理的工业产品，包括两个部分：装备和附属设备。装备包括建筑物（如厂房）与固定设备（如发电机、电梯），该类产品的销售特点是售前需要经过长时期的谈判，制造商需要使用一流的销售队伍、设计各种规格的产品和提供售后服务。附属设备包括轻型制造设备和工具以及办公设备，这种设备不会成为最终产品的组成部分，它们在生产过程中仅仅起辅助作用，使用寿命比固定设备短，并且只用于生产过程。这一市场的地理位置分散，用户众多，订购数量少。质量、特色、价格和服务是用户选择中间商时所要考虑的主要因素。进行这类产品的促销时，人员推销比广告更重要，因此制造厂家往往通过中间商渠道来满足客户的需要。

（3）供应品和服务。供应品相当于消费品中的方便品，如润滑油等。其顾客人数众多、区域分散且产品单价低，一般都是通过中间商销售。由于供应品的标准化，顾客对它无强烈的品牌偏爱，价格因素和服务就成了影响购买行为的重要因素。

上述关于产品分类的方法，说明产品特性对营销策略有很大影响。当然，市场营销策略还要取决于产品生命周期的阶段、竞争者的多少、市场细分的程度以及社会经济状况等因素。

10.1.3 整体产品概念

作为产品的营销人员，还应当认识到，产品是一个整体概念，它包括三个层次：核心产品、形式（有形）产品和延伸（附加）产品。

不管是实体产品还是无形产品，都必须在产品的三个层次上符合消费者的需要或欲望，如图 10-1 所示。

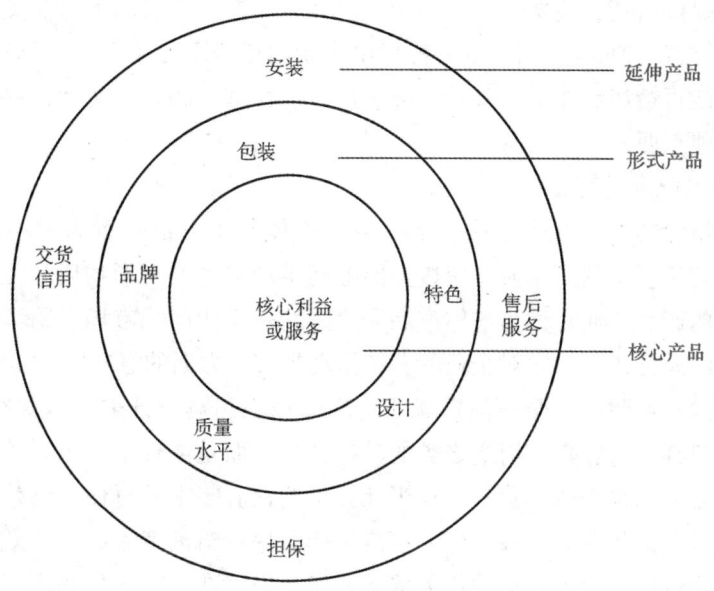

图 10-1　整体产品的三个层次

1. 核心产品

核心产品是产品最基本的层次和最主要的部分，是满足顾客需要的核心内容，是消费者真正要购买的基本服务或利益，即顾客真正要购买的实质性的东西。消费者购买此种产品，并不是为了占有或获得产品本身，而是为了获得能满足某种需要的效用或利益。但是，核心产品只是一个抽象的概念，要卖给消费者必须通过一定的具体形式。例如，消费者购买服装的核心需求是时尚、个性、风度以及舒适等，这些都是通过服装款式、面料、颜色等具体形式加以体现和满足的。因此，在营销活动中，营销人员必须明确消费者购买某一产品时所追求的基本效用和核心利益。

法国的香水工业被誉为梦幻工业，在世界上享有很高的声誉。香水的生产是先构思、创意、策划——根据消费者对于他们本身的态度和感觉，以及他们和别人之间的关系来发现一个符合消费者价值观、欲望和生活方式的有前途的新香水概念，再开发和测试一种香味予以配合。这就是成本不足 10 美元的 1 盎司香水，在市场上却能卖出 180 美元高价的原因所在。美国一家化妆品公司的负责人说过："在工厂我们制造化妆品，在商店我们销售希望。"这就是说，化妆品公司提供给顾客的是美容的希望，这是整个产品的核心。

2. 形式（有形）产品

形式（有形）产品是产品的第二个层次。企业的设计人员将核心产品转变为有形的东西，以便卖给消费者。形式产品或称有形产品，是企业向市场提供的实体和服务的形象，即满足消费者需要的各种具体产品形式，也是核心产品借以实现的形式。一般来说，形式产品应具有五个方面的特征：质量、功能、款式、品牌、包装。

3. 延伸（附加）产品

延伸（附加）产品是产品的第三个层次，是指消费者在购买产品时所得到的附加服务或利益，如提供信贷、免费送货、安装、保修、保换、售后服务等。美国著名管理学家西奥多·李维特（Theodore Levitt）曾指出，新的竞争不在于工厂里制造出来的产品，而在于工厂外能否给产品加上包装、服务、广告、咨询、融资、送货、保管或消费者认为有价值的其他东西。

4. 整体产品概念的意义

整体产品概念的上述几个层次，十分清晰地体现了以消费者为中心的现代营销观念，一切消费者希望得到而企业又应该并能够满足消费者的有形物质和无形服务，就是营销学所认为的产品，通常称为整体产品概念。它是当代国际市场营销学以消费者为中心的核心思想的充分体现。它对企业的营销活动具有多方面的意义。

首先，它向企业昭示，明确消费者所追求的核心利益十分重要。女性购买化妆品，并非为了占有口红、粉底霜、眉笔之类的具体物品，而是体现了一种爱美的愿望。人们购买食品的核心需求是美味、营养，购买计算机的核心需求是方便、高效地解决问题和获取最新信息等。由此可见，核心产品就是指产品提供给消费者的基本效用和利益，也就是产品的使用价值。营销人员的任务就是要发现隐藏在产品背后的真正需要，把消费者所需要的核心利益和服务提供给消费者。企业如果不明白这一点，消费者需求就不可能真正得到满足，企业也不可能获得成功。

其次，企业必须特别重视产品的无形方面，包括产品形象、服务等。消费者对产品利益的追求包括功能性和非功能性两个方面，前者更多地体现了消费者在物质方面的需要，后者则更多地体现了消费者在精神、情感方面的需求，即服务方面的需求。美国有些人预测，同工业社会的产品与服务并重相比，后工业社会中，服务将会处于首要地位，而产品本身反而会降到次要地位。世界经济发展到今天，呈现出两方面的态势：一方面，企业的生产技术、管理水准和促销能力全面提高；另一方面，消费者购买能力逐步增强，选择的理性和需求趋向的变动性也日益明显。在这种态势下，服务的作用日益凸显出来，消费者对产品的非功能性利益越来越重视，在很多情况下甚至超越了对功能性利益的关注。由此要求企业摆脱传统的产品概念，重视产品非功能性利益的开发，更好地满足消费者的需求。

最后，企业在产品上的竞争可以在多个层次上展开。对于成熟产品，由于其功能、品质上极为接近，难以创造大的差异，是否意味着企业只能在价格上相互拼杀呢？整体产品概念的提出，给企业带来了新的竞争思路，那就是可以通过在款式、包装、品牌、售后服务等各个方面创造差异来确立市场地位和赢得竞争优势。例如，IBM 最先发现，消费者购买计算机不仅是购买进行计算的工具设备，还是购买解决问题的服务，消费者需要使用说明、软件程序、快捷简便的维修方法等。因此，该公司率先向消费者提供一整套计算机体系，包括硬件、软件、安装、调试和传授使用与维修技术等一系列附加服务，消费者一次购买就能满足计算机方面的全部需要。这就产生了所谓"系统销售（System Selling）"的概念，即销售给消费者的不是单件的产品，而是产品体系。IBM 正是依靠这种系统销售在竞争激烈的国际计算机市场上取得了巨大的成功，并占有领先地位。不仅如此，成功的实践使 IBM 进一步提出了"IBM 就是服务"的广告语。这说明，现代市场竞争不仅在于生产和销售什么产品，还在于提供什么样的附加服务和利益。过去的市场竞争主要是产品本身的竞争，现在还要加上服务的竞争。

10.2 产品生命周期与国际产品技术生命周期

10.2.1 产品生命周期理论

随着科学技术的飞速发展和人们生活水平的不断提高，产品的市场生命周期呈现缩短的趋势。为此，企业管理者有必要深入研究产品生命周期理论，认识产品开发的规律，制定长远的产品开发战略，最大限度地延长产品生命周期。

1. 产品生命周期概述

产品生命周期（Product Life Cycle，PLC），指的是产品的市场寿命，而并非产品的使用寿命。把产品从投放市场开始到被市场淘汰、退出市场的整个过程称为产品生命周期。一种产品上市后，营销者都期望它能够赚回成本并为企业盈利。然而，每种产品的销售和利润都有一个由弱到强又由盛到衰的过程，通常包括介绍（导入）期、成长期、成熟期、衰退期四个阶段，并表现出不同的市场特征。

典型的产品生命周期呈 S 形曲线，图 10-2 所示为典型的产品生命周期曲线。

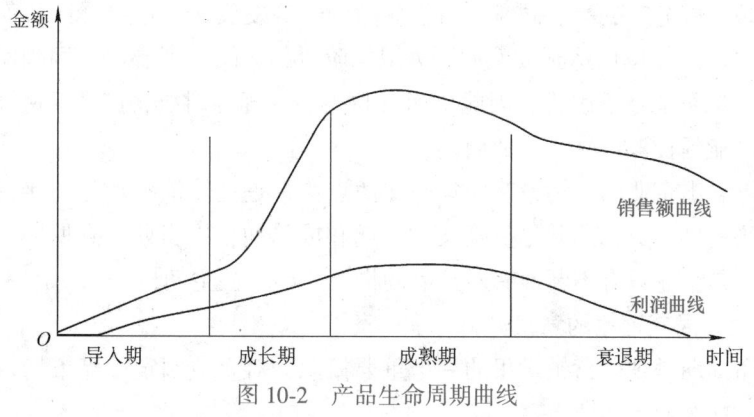

图 10-2　产品生命周期曲线

（1）导入期阶段。产品刚刚投放市场，即研究和开发的新产品引入国内市场。这一时期，由于产品尚未定型，技术也不完善，因此在本国生产和销售是最佳的选择。产品进入市场后，消费者对产品还不了解，不但市场销量小，而且增长缓慢，生产成本和营销费用居高不下，利润低下，常常出现亏损。

（2）成长期阶段。成长期即市场快速接受新产品和利润快速增长时期。产品开始为越来越多的消费者所接受，市场销量增长迅速，生产成本和营销费用随之降低，利润明显增加，但竞争者也开始出现。随着产品技术日益成熟，生产工艺日趋完善，生产规模迅速扩大，新产品开始大量出口到国外，同时国际市场开始有越来越多的企业加入竞争。此时，为增强企业竞争力，企业应不断改善产品性能和研发产品的新功能，增加对外投资，通过设立国外子公司或分公司来降低成本，打破国际市场上的各种贸易壁垒，保持和扩大国际市场份额。

（3）成熟期阶段。产品已为绝大多数消费者所接受，市场销量增长速度减缓并呈下降趋势，竞争者明显增多，竞争程度加剧，营销费用大量增加，利润随之下降。此时产品的生产技术和产品都已标准化，随着国际贸易的进行，其他国家企业生产技术逐渐提高和生产规模扩大，其竞争能力逐步增强，市场开始进入激烈的竞争阶段。因此，在国外的子公司必须开拓发展中国家市场，以取得规模效益。

（4）衰退期阶段。衰退期即销售额和利润持续下降时期。消费者对产品的购买多为更新或替换性质，新顾客减少，市场销量持续下降，竞争者继续减少，利润不断下降，产品终因无利可图而退出市场。

产品生命周期是理论上抽象的结果，一个产品的生命周期并不是很精确的数值，实践中，不同行业的不同产品会有较大的变化，各阶段的长短不一。有的产品生命周期比较长，如彩电、冰箱、药品等；有的产品生命周期较短，如皮包、运动鞋和服装等。有的产品导入期很长，但成长期和成熟期较短；有的则正好相反。总的来说，产品生命周期受到了技术进步因素（如更优良的产品的引进）、环境因素（如政府的干预）、管理因素（如是否继续投入促销资金）和需求因素（如消费者是否对此产品还有兴趣）等几种因素的影响，所以有些产品生命周期较长，有的则较短。当一个企业的产品面向国际市场，从产品生命周期来考虑，通常要比产品仅局限在国内市场的生命周期要长，特别是对耐用消费品、机电产品等。同时，由于各国的经济发展速度不一样，从而市场需求的发展也不一样。在 A 国已达到成熟期或衰退期阶段的产品，可能在 B 国刚刚进入成长期阶段，而在 C 国可能才被引进，因此，如 A 国的企业抓住时机将产品迅速推向 B 国和 C 国，则极有可能延长该产品的生命周期。

从中可以看出企业的营销策略应集中在两点：一是促使消费者尽快接受新产品，缩短投入期，快速进入成长期并尽量延长成长期和成熟期，恰当处理衰退期产品，将损失降到最低；二是企业只有不断地有新产品问世，才能掌握主动权。

2. 产品生命周期理论的意义

产品生命周期是现代营销学里的一个重要概念，对企业制定产品市场营销策略具有指导意义。它向企业表明两点：

一是每一种产品都有形式不同、时间不同的市场生命周期，这就迫使企业必须采取各种方式努力延长产品的市场寿命。不同的企业可以根据市场的实际情况，选择适用于自身实际的产品生命周期延长策略，具体包括：①不断提高产品的质量，不断增加产品的性能，以扩大使用范围；②开拓新的目标市场；③开拓新的营销渠道；④正确引导市场需求；⑤适当降低产品价格，以吸引下一层次的消费者。

二是产品生命周期作为一种自然法则，还揭示了以下三个对于任何企业都十分重要的结论：①持续地开发新产品是企业长期生存的必要条件；②一方面，企业必须从产品完整的生命周期出发考虑产品的贡献；另一方面，产品处于不同的产品生命周期阶段，对应的营销策略也应有所不同，以使企业获取尽可能多的利益；③企业在规划产品组合时必须考虑产品生命周期这一重要因素。

10.2.2 国际产品技术生命周期理论

1. 国际产品技术生命周期理论综述

综观历史，不难发现，有许多产品先由一些发达国家生产和出口，其他国家则需要进口。一段时间以后，原来进口的国家开始生产并出口这些产品，而最初出口的发达国家反而需要进口。例如，最早美国是汽车的主要生产和出口国，现在美国则大量进口日本汽车。后来，韩国和马来西亚又成为重要的汽车出口国了。纺织品也是如此，最早是欧美向其他国家大宗输出的产品，20世纪初，洋布占领中国市场，挤垮了土布；几十年后情况则相反，纺织品的主要生产出口国变成了发展中国家，尤其中国的纺织品，充满欧美市场，而欧美国家成了纺织品的纯进口国。

怎样来解释这种贸易现象呢？美国当代经济学家雷蒙德·弗农（Raymand Vernon）从产品技术变化分析其对贸易格局的影响，提出了"国际产品技术生命周期"的学说。国际产品技术生命周期理论认为，一个产品技术发展大致有三个阶段：新产品阶段、成熟阶段、标准化阶段。产品生产技术发展的不同阶段造成对生产要素的不同需求。即使各国仍然拥有原来的生产资源的储备比例，其生产和出口该商品的比较优势，也会由于产品生产要素密集性的变动而转移。

在新产品阶段，产品仍属新颖，技术而言是新发明，除了发明国外，其他国家对这一项新技术知之不多，并且生产者对于新产品的生产技术和市场反应还在不断摸索中。在这一阶段，需求主要来自本国市场，生产也主要针对本国需求，因此基本上没有出口。同时，技术尚处于发明创新时期，所需的主要资源是先进的科学知识和大量的研究经费。新产品实际上是一种知识密集型产品，但只有少数科学研究发达的国家才拥有这些资源，从而拥有新产品生产的比较优势。因此，新产品往往首先出现在少数发达国家。

在成熟阶段，技术已经成熟，生产过程比较标准化，与此同时，国外的需求也已增加，发明国开始大量生产产品并向其他国家出口。成熟的生产技术也随着产品的出口而转移出去，产品进口国能够迅速地掌握技术，并开始在本国生产。当技术成熟以后，大量生产成为主要目标。这时所需资源是机器设备和先进的劳动技能。产品从知识密集型变成技术密集型或资本密集型。资本和熟练工人充裕的国家开始拥有该产品生产的比较优势，并逐渐取代发明国而成为主要生产和出口国。

到了标准化阶段，技术已不再是秘密，甚至已经开始老化，许多技术都已包含在生产该商品的机器中，技术本身的重要性已经逐渐消失。至此，新产品的技术也完成了其生命周期。到了这一阶段，一方面，产品的技术已完成了其生命周期，生产技术已经被设计到机器或生产装配线中，生产过程已经标准化，操作也变得简单；另一方面，生产该产品的机器本身也因成为标准化的产品而变得比较便宜，因此，技术和资本也逐渐失去了重要性，而劳动则成为决定产品是否有比较优势的主要生产要素。此时，原来的发明国既丧失了技术上的比较优势，又缺乏生产要素配置上的比较优势，不得不开始进口，而发展中国家丰富的劳动力资源呈现出不可比拟的比较优势。

2. 国际产品技术生命周期理论的意义

（1）增强产品创新意识。国际产品技术生命周期理论表明，任何一种产品不会在国际市场畅销不衰。当今世界科学技术日新月异，消费者需求偏好变幻无常，产品更新换代速度明显加快，产品生命周期趋于缩短，企业只有增强产品创新意识，加快产品开发步伐，才能在激烈竞争的国际市场上占据主动。

（2）提高产品创新着眼点。国际营销产品在生命周期内不可避免地要发生相应的区位转移，随着市场全球化趋势的加强，企业产品创新的着眼点不应局限于国内市场或者传统的出口市场，应从全球营销的高度研制开发满足全球消费者需求的产品。

（3）推动出口产品结构升级优化。根据国际产品技术生命周期理论，同一产品在不同的国家或地区往往处于生命周期的不同阶段。企业应当依据不同国家或地区消费者需求变动趋势和市场竞争态势，不失时机地推出新产品，加快出口产品的升级换代，淘汰过时的老产品，调整出口产品的地区结构，优化出口产品在国际市场上的组合。

（4）保持并增强出口产品竞争优势。我国出口产品还是以劳动密集型产品为主，凭借的是低成本的竞争优势，在国际市场上面临越南、印度、菲律宾等低成本国家或地区的产品日益激烈的竞争。对此，我国企业要提高产品技术含量，加快产品开发，增强产品领先优势。

（5）延长出口产品生命周期。依据国际产品技术生命周期在不同国家或地区的阶段差异，企业应当注意把握产品生命周期阶段更替的转折点，及时将在某个国家或地区趋于成熟的产品转移到新开拓的市场，努力开拓南美、非洲等发展中国家市场，积极延长产品的生命周期。同时，作为发展中国家，我国企业还应特别关注发达国家的产业结构调整和转移动向，及时抓住发达国家成熟产业转移到海外的有利时机，积极拓展发达国家市场。

10.3 国际产品的标准化与差异化

国际营销者在产品本身方面所面临的一个首要问题是——应当卖什么产品？由于国际市场营销是国内市场营销活动在地理范围内的一种拓展，这就决定了国际产品和国内产品之间密切相关。那么，是将国内产品直接销售到国际市场，即在世界范围内销售标准化的产品，还是为适应每一个特殊的市场而设计差异化的产品？这时候企业会面临这样一个问题：采用标准化营销策略还是差异化营销策略？

10.3.1　国际产品的标准化营销策略

所谓国际产品标准化营销策略，是指企业无论在国内市场还是在其他国家和地区的市场都提供同一种产品。以哈佛大学李维特教授为首的一批学者主张标准化的观点，他们认为世界是一个整体市场，各地的消费者之间存在消费心理和消费文化的共性，所以企业可以不必考虑相互之间的差异，只需要提供物美价廉的产品。事实上，处于世界三大经济区（西欧、北美和日本）内的消费者正变得越来越相似，具有许多共性：以家庭为中心，绝大多数受过高等教育，有较高的收入，政治信仰、文化背景越来越相似。这为标准化营销提供了前提条件。因此，企业必须学会将世界看作一个大市场并在其中运作，忽略各个国家和地区在表面上的差异，在整个世界上按相同方式出售相同产品，诸如在世界各地按相同方式销售可口可乐或麦当劳的汉堡包等。如今，世界上的很多企业都努力地争取实现以质量、规格同一的标准化产品行销世界各地。

促使企业采取国际产品标准化营销策略的现实因素有如下方面：

（1）生产的规模经济。企业通过标准化生产可以提高生产效率，实现生产的规模收益。当企业在国内外生产同一种产品时，就可以利用现有的设备投入到国外市场，无须重新设计；原材料和零部件的采购都可以实现批量化，这样能够有效地降低采购成本。另外，由于产成品规格单一，便于管理、包装、储存，这些都可以减少总成本。

（2）营销的规模经济。企业通过标准化生产可以简化经营方式，减少市场研究和广告费用，节省营销开支，实现营销的规模经济。虽然企业的营销活动必须根据当地的特定环境做出相应的调整，但是大多数标准化产品的营销还是可以赢得规模效益的。例如，当广告采取全球都可以接受的内容和形式时，就可以以同样的方式向世界各地的消费者进行宣传，有效地降低制作成本和广告费用。波音公司采取产品和服务标准化策略，在许多国际机场配备工程师和必需的配件，以保证各国的用户获得相同的服务，保证波音客机的正常运行。

（3）研究开发的规模经济。产品标准化策略可大幅降低产品研究、开发环节的成本而提高利润。产品的标准化使得企业不必为各个不同市场研究设计不同的产品，从而减少研究开发、设计费用；而实行大批量少品种的生产，将会降低原材料、机械设备和其他生产成本，获得可观的规模经济效益。

（4）有利于树立统一的产品形象，扩大品牌知名度。在全球范围内销售标准化产品有利于树立产品在世界上的统一形象，强化企业的声誉，有助于消费者对企业产品的识别，从而使企业产品在全球享有较高的知名度。国际营销产品的标准化，意味着产品外观、性能、品牌和包装等特征在不同的国家或地区是标准统一的，消费者无论在任何地方均可找到自己喜爱的品牌，买到自己习惯使用的产品，这就有利于在消费者心目中树立世界产品形象，可以帮助他们识别产品，提高顾客对企业产品和品牌的忠诚度。例如，吉列剃须刀和希尔顿酒店都是如此。

（5）成功产品概念的充分利用。例如，肯德基是一家以产品标准化经营的全球快餐连锁公司,其标准产品肯德基炸鸡遍及全球,拥有无数的消费者。相同的产品、相同的标识、相同的服务,使得国际消费者无论在哪个国家或地区都能享受到相同的产品和服务,肯德基因此提升了国际知名度。国际产品标准化营销策略往往基于这样一个信念,即一个成功的产品概念总能在不同的国家或地区找到它的顾客。新产品失败的比例很高,成功的产品来之不易,国际产品标准化营销有利于企业对成功产品概念的充分利用。例如,可口可乐、麦当劳等公司均是将国内成功的产品直接推向国际市场。

(6) 技术标准化和认同度。目前,一些技术含量较高的国际产品都趋向于标准化,这样做主要是为了方便全球范围内的统一推广。例如,计算机的许多硬件和软件工具都是标准化的,从而便于联机接口和上网。另外,技术产品受各国的政治、文化等因素的影响较小,容易标准化。

(7) 有利于加强企业对全球营销进行有效的控制。国际市场营销的地理范围较国内营销扩大了,如果产品种类较多,则每个产品所能获得的营销资源相对较少,难以进行有效的控制。产品标准化一方面降低了营销管理的难度,另一方面集中了营销资源,企业可以在数量较少的产品上投入相对丰裕的资源,对营销活动的控制力更强。

阅读材料 10-1

向麦当劳学习标准化

麦当劳在全世界有超过 36000 家店面,在它的任何一个餐厅,柜台都是 92cm 高(因为最适合人们从口袋里掏出钱来的高度是 92cm)。店铺内的布局也基本一致,壁柜全部离地,装有屋顶空调系统。其厨房用具全部是标准化的,如用来装袋用的 V 形薯条铲,可以大大加快薯条的装袋速度;用来煎肉的贝壳式双面煎炉可以将煎肉时间减少一半。所有薯条采用"芝加哥式"炸法,即先炸 3min,临时再炸 2min,从而令薯条更香更脆;在麦当劳与汉堡包一起卖出的可口可乐,据测在 4℃ 时味道最甜美,于是全世界麦当劳的可口可乐温度统一规定保持 4℃;面包厚度在 17mm 时,入口味道最美,于是所有的面包厚 17mm;面包中的气孔在 0.5mm 时最佳,于是所有面包中的气孔都为 0.5mm。

10.3.2 国际产品的差异化营销策略

国际产品差异化营销策略是指企业针对不同国家和地区提供不同的产品,以适应当地市场的特殊要求。许多赞成产品差异化策略的学者认为,各国的消费者需求是多样化的,各国消费者对产品的认识和用途是与其所在国的各种环境尤其社会文化状况密切相关的;对产品每一层次的不同需求,是随着营销环境的变化而变化的。产品的某一层次在一种营销环境中可能是重要的,而在另一种营销环境下则可能不重要,故国际市场营销中产品要适应各国营销环境的要求。概括起来说,决定企业采用产品差异化营销策略的主要因素有以下几个方面:

(1) 使用条件和环境差异。许多国家的电压标准不同,如美国是 110V,我国是

220V，因此我国出口美国的一些电子、电器产品等均需要做出相应的调整和改变。英国及曾经是英属殖民地的许多国家中，其交通规则与我国正好相反，因此汽车等交通工具的驾驶方向盘、车门等的设计必须针对特殊的使用条件将产品的某些方面加以修正。不同国家或地区的自然差异，如气候、地理和资源等，可能要求营销产品做相应的改变。例如，欧洲家庭住宅通常没有地下室，厨房也较小，我们出口到欧洲的冰箱、洗衣机或烘干机等家用电器，在外观设计和规格尺寸上就要比出口到北美的相应缩小些。

（2）文化倾向差异。由于各国在语言、宗教、价值观念、风俗、习惯等诸多方面均存在明显的差异，因此产品的标准化受到很大的制约。在大多数国家，标签上的内容必须使用官方语言；而在加拿大、比利时、瑞典这样的国家，就需要使用多种语言。此外，在全球化浪潮中，世界各国人民的种族意识也正变得越来越强烈，坚守自己的本土文化，拒绝被来自不同国家和文化的移民同化，要求恢复本地人权利，甚至产生想脱离联邦建立自己的种族国家等思潮，因此，进入该国家或地区的企业应根据实际情况对产品进行修正，以适应当地的文化倾向。

（3）收入水平差异。由于世界各国经济发展水平不同，各国人均收入水平差别很大，这种差别直接影响着一国消费品市场的规模大小，而且影响企业购进商品的品种、数量、质量、档次、包装等方方面面。辛格公司在非洲销售的缝纫机简单而便宜，是一种手动式的。通用汽车公司在贫困国家不是销售其标准的"凯迪拉克"牌汽车，甚至不出售标准的"雪佛兰"牌汽车，而是为这些市场研制开发了一种"基本运输工具"，其特点是便宜、容易操作和维修。

（4）政府政策的影响。几乎每一个国家都有相应的保护其消费者和产品的机构或组织，它们都对产品的规定有发言权，如汽车的排放标准、里程要求、防撞力，机动车的噪声标准，食品中的染料和添加剂，洗衣粉中的磷酸盐等。一般发达国家的这些标准或要求明显高于发展中国家。以本国政府相关政策、法律法规等为依据，有些国家可以禁止某些产品的进口，有些国家对某些产品的进口提出种种严格要求和限制，这些都对企业的国际营销带来极大的影响。

（5）竞争态势。激烈的市场竞争往往促使企业改进产品、争取顾客；弱小的竞争地位常常要求企业改进产品、调整结构，避免与强大的竞争对手正面冲突。

（6）营销中介机构。为企业营销活动提供服务的中介机构包括零售商、批发商、销售代理、仓储公司、运输企业、金融机构和广告媒体等，这些营销中介机构在不同国家或地区的可获程度、服务效率和成本费用直接影响企业对国际营销产品的选择。例如，在某些发展中国家，零售商缺乏必要的冷藏设备，无法经营冷冻蔬菜，企业不得不转售脱水蔬菜。

10.3.3 标准化与差异化营销选择策略

国际产品的差异化营销策略与标准化营销策略并不是独立的，而是相辅相成的。有些原产国产品并不需要很大的变动，而只需要改变包装或品牌名称便可进入国际市场；有些原产国产品要想让世界消费者接受则需要做较大的改变。由此可见，企业的产品策略通常是产品差异化与产品标准化的一个组合,在这种组合中,有时产品差异化程度偏大,有时产品标准化程度偏大,企业应根据具体情况来选择产品差异化与产品标准化的组合。在营销实践中,企业往往将产品差异化和产品标准化策略综合运用。例如,许多产品的差异化、多样化主要是体现在外形上,如产品的形式、包装、品牌等方面,而产品的核心部分往往是一样的。

选择标准化营销策略还是差异化营销策略,主要基于以下几个影响因素:

(1) 产品本身的特性。工业品的标准化程度往往要比消费品高得多,而耐用消费品的标准化程度又要比非耐用消费品高。工业品中的原材料、初级产品部分、机械设备中的通用设备、标准件等,以及消费品中顾客需求趋同的商品等多采用标准化营销策略;反之,则更多地需要实行差异化营销策略。

(2) 产品的目标市场国。若目标市场国顾客的民族意识强烈,文化传统独特,消费者的观念、行为等与产品出口国的差别大,则产品必须趋向于差异化营销策略;反之,则可更多地实行标准化营销策略。

(3) 产品的原产地。通常发达国家在国际上的经济地位与影响均较高,它们所生产的产品在其他国家销售,尤其是在落后国家销售时的征服力较强,因而有实行标准化营销策略的有利条件,可倾向于选择标准化营销策略;反之,落后国生产的产品要想出口到其他国家,尤其是发达国家时,由于国家的国际形象、国际地位等方面的影响,使出口产品的品牌影响力、竞争力相对较弱,往往需要按进口国的有关市场需求特点或政府有关规定去修正自己的产品,因而较多的情况是只能实行产品差异化营销策略。

(4) 企业的国际经营目标。若企业的生产能力不大,对国际市场占有的欲望较适度,只是想将与国内相近的国外市场纳入企业的目标市场范围,则可采取标准化营销策略;反之,若企业想最大限度地开拓国际市场,包括与企业原来的目标市场差异较大的一切可能进入的国外市场,那么企业就必须考虑采用差异化营销策略。

(5) 成本-收入分析。企业应严格根据收益情况来进行决策。产品、包装、品牌名称和促销宣传的标准化无疑都能大幅降低成本,但只有对大量需求的标准化产品才有意义。营销产品的差异化不可避免地产生相应的成本费用,如产品研制开发、生产设备添置、工艺流程调整、促销信息改变等,但同时也会带来顾客满意、利润增加等营销效益。

(6) 产品的生产特点。从产品生产的角度来看,适宜于产品标准化的产品类别为在R&D、采购、制造和分销等方面能获得较大规模经济效益的产品。这具体表现为:技术标准化的产品,如电视机、录像机、音响等产品;研究开发成本高的技术密集型产品,这类产品必须采取全球标准化以补偿产品研究与开发的巨额投资,如飞机、超级计算机、药品等的研究成本一直在不断上涨。

(7) 产品的需求特点。从全球消费者的角度来看,需求可分为两大类:一类是全球消费者共同的与国别无关的共性需求;另一类则是与各国环境相关的各国消费者的个性需求。消费者对任何一种国际产品的需求,都包括对产品无差别的共性需求和有差别的个性需求这两种成分。企业营销人员应当正确识别消费者在产品需求中究竟是无差别的共性需求占主导地位还是有差别的个性需求占主导地位。对有差别的个性需求占主导地位的产品，宜采取产品差异化营销策略；反之，则采用产品标准化营销策略。

（8）竞争条件。如果在国际目标市场上没有竞争对手出现，或市场竞争不激烈，企业可以采用产品标准化营销策略；或者市场竞争虽然很激烈，但是企业拥有独特的生产技能，且是其他公司无法效仿的，则可采用产品标准化营销策略。反之，则适宜采用产品差异化营销策略。

标准化和差异化是相对而言的，即只是标准化的程度高低问题。事实上，绝对标准化营销的适应范围是极其有限的。此外，在国际市场的产品营销方面，标准化与差异化的争论始终在进行，并且将继续进行下去。从国际市场的营销实践上看，产品的标准化和差异化各有其成功的范例。一般情况下，美国、韩国、西欧等一些国家的大型跨国企业多实行产品的标准化营销，而日本由于很好地实行了"灵活生产体系"，能够根据市场需求，在同一生产线上生产出小批量、多品种的"系列产品家族"，因此可视为产品差异化营销的成功范例。此外，中国台湾地区的中小型企业在国际市场营销中也较多地采用产品的差异化营销策略，同样也取得了较大的成功。

阅读材料 10-2

坎贝尔（Campbell）公司的差异化产品策略

坎贝尔（Campbell）公司是世界著名的汤制品公司。它在将产品销往世界各地时，该公司发现各国消费者对汤制品的要求有很大差别。英国人抱怨坎贝尔公司的汤制品太浓了，因为英国人并不稀释它，他们习惯于不加水就喝汤。日本人反对罐装，因为绝大多数日本人是走着去市场，不喜欢携带沉重的罐子。以色列人和意大利人偏爱奶油西红柿汤，德国人喜欢米汤，哥伦比亚人想要香料，而澳大利亚人则喜欢南瓜乳酪汤。于是，坎贝尔公司向不同国家的顾客提供不同的产品。

坎贝尔公司把它的 15 种汤作为真正的汤向阿根廷人做广告，强调汤的一系列新鲜成分。他们了解到平均每个波兰人每周要消费 5 碗汤——是美国平均数的 3 倍，而波兰人喝的汤有 98% 是在家里制作的，坎贝尔公司就推出 8 种浓缩的 Zupa 和 Flaki 汤，它们是辛辣杂碎汤。同时，在向波兰有工作的母亲做广告时强调其产品的方便性。坎贝尔公司在墨西哥销售 Cremade Chile Pablano 汤，因为墨西哥的家庭比较大，所以坎贝尔公司在墨西哥用大罐子装上足够 4~5 人食用的汤出售。

1991 年坎贝尔公司在中国香港地区开设分店，因为香港人每天要喝一碗汤，是世界人均喝汤最多的。坎贝尔公司努力为满足 20 亿名亚洲消费者的口味而调整汤谱。他们在中国推出的主要是豆瓣汤、鸭胗汤、扇贝肉汤、萝卜汤、猪肉汤、无花果汤、时令汤等。坎贝尔公司在东亚地区供应玉米汤和鸡汤等，但不提供狗肉汤和鱼翅汤。

（资料来源：郝比格.《跨文化市场营销》，芮建伟，等译，北京：机械工业出版社，2000。）

10.3.4 产品进入国际市场的策略

对于任何一个国际市场营销企业而言，在产品进入国际市场的策略方面，至少有三种可行的方案可供选择：一是销售目前在国内或其他国家（地区）正在销售的产品，实行产品延伸策略；二是通过改良，赋予产品以新的特征、特性，以适应不同国外市场的独特需求，实行产品改良策略；三是为国际市场开发全新的产品，实行产品创新策略。

1. 产品延伸策略

产品延伸策略是指将在本国销售的现有产品不加变化地直接投放国际市场，或者就是将现有产品只做地域上的延伸。在国际市场营销中采用直接延伸策略，是标准化营销策略的具体体现，这是一种最简单、投入也较少的国际市场投放策略，它对企业是非常有利的。尽管该策略对企业有很大好处，但并不是所有的企业都可采用，只有那些适应性强的产品才能采用这一策略。

一般来说，当企业发展到一定规模和较成熟的阶段，想继续做大做强，获得更多的市场份额，或是为了阻止、反击竞争对手时，才会采用产品延伸策略，即利用消费者对现有品牌的认知度和认可度，推出副品牌或新产品，以期通过较短的时间、较低的风险来快速盈利，迅速占领市场。

产品延伸的主要方式有三种。

第一种是向上延伸策略，企业以中低档产品的品牌向高档产品延伸，进入高档产品市场。一般来讲，向上延伸可以有效地提升品牌资产价值，改善品牌形象。一些国际著名品牌，特别是一些原来定位于中档的大众名牌，为了达到上述目的，不惜花费巨资，以向上延伸策略拓展市场。

第二种是向下延伸策略，即企业以高档品牌推出中低档产品，通过品牌向下延伸策略扩大市场占有率。一般来讲，采用向下延伸策略的企业可能是因为中低档产品市场存在空隙，销售和利润空间较为可观；也可能是在高档产品市场受到打击，企图通过拓展低档产品市场来反击竞争对手；或者是为了填补自身产品线的空档，防止竞争对手的攻击性行为。

第三种是双向延伸策略。双向延伸是指原定位于中档产品市场的企业掌握了市场优势以后，决定向产品大类的上下两个方向延伸，一方面增加高档产品，另一方面增加低档产品，从而扩大市场阵地。

选择采用产品延伸策略的产品应具有以下特点：

（1）产品在国际市场上具有通用性。通用性产品是指那些用途、规格、使用方法等在各国基本相同，市场对其的需求也相似的产品，如瑞士手表、派克金笔、吉列刀片等，或是一些通用机械、标准件、工具、矿产品、农产品等基础原料。

（2）产品具有独特性。产品具有独特性主要是指依据特殊的生产条件、技术工艺和原材料生产的产品，如中国的茅台酒、清凉油、景泰蓝，法国的香水、白兰地、葡萄酒，美国的香烟、可口可乐、百事可乐，瑞士的雀巢咖啡等。

（3）目标市场国的产品需求与本国有较大的相似性。例如，我国与东南亚相邻国家在很多产品需求上相似,我国家电企业、纺织企业、机电企业等对东南亚市场相邻国家或地区的出口,就是把国内正在销售的现有产品直接销往目标市场国。

(4)产品的生命周期比较短。在这种情况下,由于产品改良需要支出的费用较大,投资回收期较长,其他企业也不可能投资生产差异产品,便可采用产品延伸策略。

(5)产品需要提供高度的售后服务。售后服务需要提供标准化的零部件和服务工作。对产品售后服务的要求越高,需要企业提供的服务量就越大。在这种情况下,企业开展国际市场营销就必须采用产品延伸策略。

(6)产品商标、包装适用于世界各国。由于各国法律、宗教信仰、风俗习惯的差异,对产品的商标、包装等有不同的要求,只有那些商标、包装适合于所有国家的产品,才适合采用产品延伸策略。

(7)产品制造技术复杂,适宜大规模生产。由于这种产品在小批量生产时的价格太高,消费者无法承受,因此只能采用大批量生产,利用规模效应,直接销售到国外。

2. 产品改良策略

产品改良策略是指把在本国销售的产品,根据目标市场国家的要求或者适应目标市场国家变化做些改良后再投放国际市场。这是适应国际市场上消费者对商品的需求差异所运用的策略,是产品的差异化营销策略的具体体现。

采用该策略时,企业需要同时生产多种产品投放到不同国家和地区的市场。产品改良的方面很多,其工作也有简有繁。不同的影响因素决定不同的产品改良内容或方面,常见的影响因素及产品相应的改良内容如下:

1)技术水平差异,需要产品在简化和复杂之间做出相应的调整。

2)人工费用水平差异,需要产品在自动化和手工操作程度上做出相应的调整。

3)所需维修保养的程度不同,需要对产品的耐用性进行调整。

4)气候差异,需要对产品的适用性进行改进。

5)收入水平差异,需要对产品的质量、性能以及价格方面做出适当的调整。例如,中国消费者对雨伞的要求是使用时间长,因而产品的质量要求较高;但在有些国家雨伞是一次性的,这就要对产品质量做相应的改变。

6)使用条件差异,如不同的电压制度、交通规则等,就需要在产品设计和使用条件上进行相应改良和变化。

7)文化程度差异,需要对产品说明的方式、简化与复杂等方面做出相应的调整。例如,中国消费者对落地电风扇大都要求豪华,要求安装定时器;而外国的许多消费者则认为定时器无用,安上它却增加了成本。

以上提出的这些改变,主要是从产品物理的、机械的性质和价格等方面出发考虑的,是有关产品实体上的一些适应性变化。除此之外,企业还应对产品进行文化上的适应性改变,包括对产品的外观、造型、款式、颜色、图案、商标、品牌等各方面的更改,以便突出产品的特色,增强吸引力,更符合当地消费者的偏好、风俗习惯、宗教信仰等。

总之,产品方面的改良主要包括实体上的适应性变化和文化上的适应性变化两个方面。深入调查并仔细观察产品的使用方式、经济、文化和其他有关的因素,尤其是针对预期目标市场进行研究和分析,就能为企业产品的改良提供科学依据。

产品改良需要付出成本,而这个成本需要同未来的利润相匹配,也就是说,对于产品改良的投资要求必须带来相应的收益。但是,经验证明,为了真正赢得消费者,即使多花费一些成本也值得,特别是当这种投资能够使企业区别于竞争对手的时候。

追求产品改良的过程应当是持续进行、永不间断的。在这方面,日本的一些企业可以说是典范。日本对产品的审查从产品投放市场就开始了,并且连续不断地对产品进行改良。

3. 产品创新策略

(1) 新产品含义和分类。市场营销意义上的新产品是一个广义的新产品概念,它具体可以包括新发明产品,改进的产品,改型的产品和新的品牌。整体产品概念中任何一部分的创新、变革和改良,都可视为新产品。对于消费者而言,当地市场首次出现的产品,或者较之当地市场现有产品具有明显不同或差异的产品,均为当地市场的新产品。据此,新产品可划分为以下几类:

1) 全新产品。全新产品是指应用科技新成果、运用新原理、新技术、新工艺和新材料制造的市场上前所未有的产品。全新产品一般是由于科技进步或为满足市场上出现的新的需求而发明的产品,它具有明显的新特征和新性能,甚至能改变用户的生产方式或消费者的消费方式。但全新产品的开发难度大,开发时间长,需要大量投入,成功率低。一旦成功,用户和消费者也还需要一个适应接受和普及推广的过程。

2) 换代新产品。换代新产品是指在原有产品的基础上部分采用新结构、新材料、新技术制造的,使其性能有显著提高的产品。它使原有产品的性能得到改善和提高,具有较大的可见价值。对于此类产品,使用者也需要接受和普及的过程,但时间比较短。

3) 改进新产品。在原有产品的基础上进行改进,从而在花色、款式、结构、功能、品质及包装上具有新的特点、新的突破的产品称为改进新产品。这类产品与原有产品差别不大,易于为使用者接受。市场上销售的大部分新产品均属于这种类型。

4) 新品牌产品。新品牌产品是指对现有产品稍做改变,突出某一方面的特点,使用新品牌后提供给市场的产品。有时这种新产品是仿制市场上某种畅销的产品,新品牌的使用是出于竞争的考虑。

(2) 国际营销新产品开发的意义和作用。随着科学技术的发展,市场竞争日益激烈,产品的市场生命周期越来越短,一个企业如果不及时地推出新产品,就可能被市场所淘汰。因此,开发新产品,其意义是十分重大的。早在20世纪80年代,西方就有人提出"Innovation or die(非创新,即死亡)"。创新的目的就是为企业创造市场、创造需求、创造顾客。特别是随着企业转入差异很大的营销市场或营销地区,并对这些市场、地区进行较大的经济渗透时,现有产品往往不能适应国外某些市场的需要,实现企业国际市场开拓的预期目标。新产品开发的推动力有以下原因:

1) 适应消费者需求的变化。企业只有不断地开发出新产品去满足市场需求的变化,才能在消费者心里树立起良好的形象。国际市场消费者的需求偏好总是在发生变化,呈现出个性化和多样化的特征，在产品购买上要求得到更多的利益和具有特色的服务，企业只有保持对产品的持续开发和不断创新，才能更好地满足消费者的需求或偏好。

2) 面对市场竞争的压力。只有不断地开发新产品，才能提高企业的竞争能力。国际市场的竞争日趋激烈，新产品的成功往往会带动模仿产品的出现，只有持续创新，才能减少被竞争对手超越的风险，保持企业在国际市场上的竞争优势。

3) 降低技术进步的风险。开发新产品，推出新产品，能有效地降低和分散经营风险。当今世界，科学技术高速发展，新技术、新工艺或新材料不断涌现，产品生命周期趋于缩短，只有持续创新，才能减少因技术进步或产品换代而落后的风险。

产品创新策略是一种致力于开发新产品，力求在国际市场上占据主动权的抢先策略。在当今世界，谁能在某一行业或某一产品领域中，率先推出新产品，开发出新的技术，谁就能领导世界的新潮流，抢占世界市场。日本各大电器公司，为了在国际彩电市场上占据强有力的竞争地位，纷纷投入巨资开发新技术，研制新产品，使其始终处于世界同行的领先地位。例如，彩电的"单枪电子束技术"是由索尼公司率先推出的，"黑色条纹技术"则是由东芝公司研制出来的，"平面直角技术"是由松下公司开发的，夏普公司生产了"钛磁鼓录像机"。此外，遥控、液晶彩色显示、多画面显示功能等新技术，也都是由日本各大电器公司研制开发出来的。

(3) 产品创新途径。企业采用产品创新策略，需要投入大量的资金，并要冒一定的风险，因此企业在采用该策略时，必须从自身的实力和特点出发，全面权衡利弊得失。产品创新的途径主要有四种：

1) 企业投资独立研制。企业投资独立研制即完全由本企业投资，利用自身的科研力量发明新产品。采用这一途径的优点是容易掌握产品发明的主动权，但企业需要具有雄厚的科研力量和开发能力。

2) 企业投资购买专利。企业投资购买专利，即企业通过购买别人的发明专利开发新产品。购买的发明专利既可以来自国内，也可以来自国外。采用该途径，优点是不需要花费很大的力量发展科研队伍，减少了开发新产品中的风险；缺点是购买专利花费的支出大。

3) 研制与购买相结合。研制与购买相结合，即在产品发明上"两条腿走路"，既自己研制，又购买专利。该途径的优点是二者能相互促进，缺点是很难找到二者的最佳结合点。

4) 办合资企业引进。办合资企业引进，即通过与发明新产品的企业合资，引进新产品投放国际市场。采用该途径的优点是风险小，收益大，缺点是寻找合作者很难。

一般而言，企业可以通过以下两种方式来获得新产品：

1) 兼并收买式，即通过购并某个企业或购买对方的专利及许可证，达到生产新产品的目的。

2) 依靠自身的力量来研究开发新产品，这有利于提升企业的核心竞争力。这种方式需要企业必须具备以下三个基本条件：

① 企业必须具有很强的市场调研和预见、预测能力，能够准确地分析世界经济、科

学等方面的发展规律，科学地把握本行业未来的发展趋势，及时了解消费者新的以及未来的、不断变化的需求特点，以此作为确定企业研究开发方向的科学依据。

② 企业还必须有雄厚的资金实力。任何一个企业在开发新产品时都会或多或少地遇到高投入、高风险的问题，因此，企业必须有雄厚的资金实力。这种实力既能够为新产品的研发提供充足的资金支持，又能够承担新产品研发失败的各种风险。世界著名跨国公司成功的一个共性因素就是通过巨额的研发费用投入，推动技术创新，获取核心技术，不断提高产品的技术含量，达到稳固占领世界市场的目的。

③ 企业必须拥有自己的科研机构和一大批科技人才。经济竞争取决于科技竞争，科技竞争的关键在于人才竞争。在国际商战的大潮中，企业间的竞争归根到底还是人才的竞争，所以人才争夺始终是竞争的核心。例如，1989年荷兰一家电子公司就出200万美元年薪，企图挖走美国"硅谷"一位集成电路专家。在协商不成的情况下，该公司竟出资3000万美元，索性把这位人才所在的企业整个吞下。30多年过去了这种情形越来越常见。

(4) 创新产品投放市场的策略。新产品经市场试销取得成功后，就开始批量生产，并择机投放市场。一般来说，为了慎重地投放新产品，企业通常要做出以下四个方面的决策：

1) 投放时间。通常要考虑以下几个因素：对企业同类产品的影响；新产品是否还有可改进之处（若有，则应推迟）；是否需要广告先行。

2) 投放地区。新产品应先在主要市场上投放，再扩大到其他地区。

3) 目标市场。企业要根据新产品的特点，选择最有潜力的消费者群体，作为自己的新产品销售的目标市场，以求一鸣惊人。

4) 投放时的营销策略。因为新产品投放市场成功与否对企业今后的工作关系极大，故企业一定要有严密的营销方案，不可贸然行事。

(5) 新产品开发失败的原因及对策。新产品开发失败存在着两种不同情况：一种是彻底性失败，即企业的新产品开发、销售、生产等所有成本费用都无法收回；另一种是企业能够从新开发的产品中获取一定的利润，但没能达到预期的目标或市场份额目标的有限性失败。

导致新产品开发失败的原因是多方面的，就产品而言，主要是由于新产品的性能与消费者需求之间存在差距；就企业而言，则是没能很好地运用促销、包装等手段，没能掌握好新产品的推出时机，定价过高或过低，缺少配件，售后服务跟不上等。归根到底，是企业没能充分认识到开发新产品对于满足消费者需求的重要性。

此外，企业在开发新产品时，还会遇到其他一些风险，如：成本继续上升；竞争加剧，尤其是来自国际市场上竞争对手的竞争进一步加剧；新产品开发步伐赶不上新技术的开发速度；市场趋于分散，从而迫使企业面向范围更小的目标市场有针对性地推出新产品；利率、汇率变动使得投资风险进一步增加等。虽然在开发新产品时，企业要面对各种不利因素及风险，但为了继续生存下去，企业必须不断推出新的产品，这是企业维系其生存的唯一途径。

降低新产品失败的风险,最重要的一条是保证新产品的开发能够弥补市场需求的不足。具体地说,无论哪个企业,开发新产品时,都应注意做到以下几点:①向市场推出质优、独特的新产品,避免开发没有竞争优势的高价格产品;②企业应了解国际市场并能熟练地运用销售技巧;③了解并熟练地应用技术与生产的协同作用;④立足于范围大、需求增长快的市场;⑤避免开拓消费者已达到较高满意度的产品市场;⑥避免开发企业所不熟悉的新产品。

10.4 国际市场产品品牌策略、商标策略与包装策略

10.4.1 国际市场产品品牌策略

1. 品牌的含义

品牌是用以识别某个销售者或某群销售者的产品或服务,并使之与竞争对手的产品或服务区别开来的商业名称及其标志,通常由文字、标记、符号、图案和颜色等要素或这些要素的组合构成。品牌是一个集合概念,它包括品牌名称(Brand Name)和品牌标志(Brand Mark)两部分。品牌名称是指品牌中可以用语言称谓表达的部分,如宝马、三星、麦当劳等。品牌标志是指品牌可以被识别、认识,但不能用语言称谓表达的部分,如一些符号、线条、与众不同的字体和颜色。

2. 品牌的作用

品牌的作用可从多个方面来透视。以下就品牌对消费者、对企业的不同作用分别加以阐述:

(1)品牌对企业的重要作用。

1)品牌化可使企业的产品特色得到法律保护,防止被竞争者仿制、假冒。

2)简单明了,便于记忆。好的品牌瞬间便可以给人留下深刻的印象,并经久难忘,增加重复购买的消费者。

3)品牌化有助于企业细分市场和控制市场,有利于产品组合的扩展。

4)好的品牌与企业产品的形象是统一的,并且能够在市场中展示企业或产品的形象,获得经销商和消费者的信任,从而更容易推出新产品。

5)易于翻译,不会有文化冲突。对一个参与国际市场竞争的企业和产品而言,品牌易于翻译、在当地不会引起文化冲突是非常重要的。

(2)品牌给消费者带来的益处。

1)显示产品的功能和优点。好的品牌名称或品牌标志可显示一个产品所具有的显著的功能或特点。所以,有了品牌,消费者即可借助品牌辨别和选择所需商品或服务。

2)品牌有利于维护消费者利益。有了品牌,企业以品牌作为促销基础,消费者认牌购物。

3)品牌有利于促进产品改良,有益于消费者。由于品牌实质上代表着销售者(卖者)对交付给买者的产品特征和利益的承诺,因此企业为了适应消费者需求变化,适应

市场竞争的客观要求，必然会不断更新或创造新产品，以变更或增加承诺。这是厂商的选择，也是消费者的期望。

3. 品牌策略

（1）无品牌策略。无品牌并非"三无"产品，一些国家的法律要求无品牌产品也要标明厂家名称和地址及产品名称，只是不使用品牌。没有了品牌化的成本，其价格优势就显现出来了。其目标市场是一部分低收入群体和品牌不敏感者。

一般认为，在下列几种情况下可以考虑不使用品牌：①大多数未经加工的原料产品，如棉花、大豆、矿砂等；②不会因生产商不同而形成不同特色的商品，如钢材、大米等；③某些生产比较简单、选择性不大的小商品；④临时性或一次性生产的商品。

无品牌营销的目的是节省广告和包装费用，以降低成本和售价，加强竞争力，扩大销售。近年来，美国的一些日用消费品和药品也出现了"无品牌"倾向，据估计其超市中提供的无品牌商品的售价大约低于同类品牌产品的30%~50%，很受低收入消费者的欢迎，但无品牌商品一般质量不高。在外贸实务中，中性包装就是无品牌策略的具体体现。

（2）中间商品牌策略。所谓中间商品牌策略，就是企业制造出产品后用批发商或零售商所注册的品牌来命名和展示产品。对制造商而言，选择中间商品牌策略是想借用中间商著名的声誉和庞大的销售网络，扩大自己产品的销售。对中间商而言，是想更好地控制价格、控制供应商、增强竞争力。另外，中间商品牌还有利于形成品牌偏爱，争取更多的消费者。

（3）品牌管理。新的时代带来商业领域的新问题，品牌管理因而呈现新局面。新的动向由具有全球影响力的企业所引导。这些企业在品牌管理方面的作为，直接决定品牌价值的升降。这在由美国《商业周刊》与国际知名品牌评估机构 Interbrand 联合发布的"全球100最有价值品牌榜"中得到了直观呈现。由于这一排行榜在品牌价值评估领域影响力最大，权威性也最高，因此一定程度上可以被视为全球企业品牌管理的风向标。"全球100最有价值品牌榜"从2001年开始发布，入围企业名次屡有变化，而这种变化又与企业品牌管理息息相关。成功者价值自然飙升，失败者必然身价大跌。上榜企业的整体表现颇能显出品牌管理的重要态势。

国际市场产品品牌化策略中的品牌名称命名和品牌标志设计也并非易事。企业在为销往国际市场的产品命名时，必须认真考察该产品的核心利益、目标市场和所要采取的策略等，注意突出以下几个特点：立意高、本意好、顺口、响亮、气派、具有现代意识和时代感，并能吸引消费者，让人们产生具体的印象，留下难忘的回味和值得记忆的好感。同时，还要避免与国外产品品牌重复，注意当地市场某些文化、宗教、习俗等方面的禁忌。品牌标志设计需要遵循统一的原理和规则。具体包括以下三点：一是要富有个性，即与众不同；二是要突出创意，即要新颖、含蓄；三是简练明朗。因为标志是一种视觉语言，所以要求产生瞬间效应，因此，品牌标志设计须简练、醒目，切忌图案过分复杂。此外，要使其设计应用统一化、标准化，以便在消费者的心目中留下具有视觉冲击力的形象标志，让企业的产品能够从众多的竞争性品牌中脱颖而出，自我凸显。

日本和韩国的产品最初也被认为是低级的模仿。但是日本品牌最终变成一个世界级的高端品牌，很大程度上与它们在质量上、技术上和设计上的突破有关。韩国品牌在打造的过程当中增加了很多感性的因素，如新颖、酷等方式，让消费者觉得这是一个有实力、有技术含量的企业，同时韩国的文化也很大程度上帮助韩国品牌改变了其在中国的形象，产品的设计速度相对也比其他国家的企业快。

目前，国内一些企业为了迎合某些消费者的心理，给国产商品取个洋名。国家工商局统计资料显示，全国新登记的注册商标取洋名的呈逐渐上升的趋势。与之相反的是，进入中国市场的国外强势品牌，为迎合中国人的文化心理，在品牌命名时，却要起一些中国味很浓的名字，如潘婷、高露洁、宝马、雪碧等。国货品牌日益"洋化"与洋货品牌日益"汉化"已形成了鲜明的对比。美国从事社会调查的格洛斯曼公司的一项关于"品牌名称与销售效果相关研究"的结果表明：有36%的品牌名称生硬、枯燥，对销售构成严重伤害；有52%的品牌名称平平淡淡，对销售没有多大帮助；只有12%的品牌名称令人一见倾心，大大促进了销售。中国企业要创造世界名牌，首先应该获得国人的认同，扩大国内市场份额，奠定一个坚实的基础。

总之，品牌不是一个简单的名称或标记，而是代表着一种档次、一种潮流。企业应该有意识地通过一切设计来传达新品牌的优点和特性，要将整个设计系统建立在企业长期经营战略的基础上，力争将企业的经营理念、企业文化甚至民族文化等深刻内涵融入品牌名称和品牌标志中。品牌的一半是文化，只有赋予品牌一定的文化内涵与灵魂，才能提高品牌的品位，建立起长久的竞争优势。品牌一经确定，应马上注册予以保护。

(4) 品牌归属策略。企业在决定使用品牌后，应对使用谁的品牌问题做出决策，企业有三种可供选择的策略：制造商品牌（又称全国性品牌），经销商品牌（又称专用品牌或私人品牌），特许品牌。企业也可以部分产品用制造商品牌，部分产品用经销商品牌。

1) 制造商品牌。在以往的品牌运营实践中，由于产品的设计、产品的质量水平和产品特色等都取决于制造者，加之市场供求关系对生产企业的压力还不太大，因此品牌几乎都为生产商或制造商所有。可以说，品牌是由制造商设计的制造标记。

2) 经销商品牌。近年来，经销商的品牌日益增多。美国著名的零售连锁店西尔斯（Sears）销售的产品中90%以上都用自己的品牌，如"顽强"电池、"工匠"工具、"肯摩尔"燃具，这些品牌用户忠诚度较高。近几年我国的一些中间商也开始使用自有品牌，如超市发连锁有限公司的"超市发"品牌。为什么中间商要煞费苦心地开发自己的品牌呢？这是因为使用自己的品牌可以带来多种利益。①可以保证和控制货源。中间商可以找到能提供质量稳定的产品的供应商并对其加以控制（中间商可以用更换供应商来威胁供应商）。②可以控制进货价格，因而能以较低的售价提高产品竞争力，获得较高的利润。

在制造商品牌和中间商品牌的竞争对抗中，中间商具有诸多有利条件。例如，由于零售店的货架空间有限，很多超市以收取货架费作为接受新品牌的条件，以分摊商品的陈列和储藏成本，中间商却可以把显著的陈列位置留给自己的品牌并保证有更充足的备货。中间商特别注意宣传自己的品牌以赢得消费者的信任等。

企业选择制造商品牌或中间商品牌，即品牌归属制造商还是中间商，要全面考虑各相关因素，综合分析利益得失，关键要看生产商和中间商谁在这个产品分销链上居主导地位、拥有更好的市场信誉和拓展市场的潜能。一般来讲，在生产商或制造商的市场信誉良好、企业实力较强、产品市场占有率较高的情况下，宜采用生产商品牌；相反，在生产商或制造商资金拮据、市场营销薄弱的情况下，尤其是新进入市场的中小企业，无力用自己的品牌将产品推向市场，不宜选用生产商品牌，而应以中间商品牌为主，或全部采用中间商品牌。必须指出，若中间商在某目标市场拥有较好的品牌忠诚度及庞大而完善的销售网络，即使生产商或制造商有自营品牌的能力，也应考虑采用中间商品牌。这是在进占海外市场的实践中常用的品牌策略。

3) 特许品牌。对于实力较弱、产品的市场占有率较低和企业声誉尚待建立的生产企业来说，可以考虑利用特许形式使用其他制造商的品牌，以促进企业的产品销售，提高市场占有率。生产商同其他品牌制造商签订品牌使用许可协议，在一定期限内支付给对方使用许可费，在自己生产的产品上使用对方已经创立的品牌名称或符号。例如，华纳兄弟娱乐公司将唐老鸭等角色变成世界上最受人喜爱的卡通品牌之一。

(5) 品牌统分策略。这是企业确定品牌数量的决策，即企业所生产的不同种类、规格、质量的产品分别使用不同的品牌，还是全部使用一个品牌。

1) 个别品牌策略。个别品牌策略是指企业对不同产品分别使用不同的品牌名称。这种品牌策略的好处是：它没有将企业的声誉系在某一产品品牌的成败之上，企业不会因某一品牌信誉下降而承担较大的风险；它可以使企业为每一新产品寻求最佳的品牌，而不必把高档优质产品的品牌引进较低质量的产品线；每个新的品牌都可以造成新的刺激，建立新信念，有利于企业产品向多个细节市场渗透。个别品牌策略最大的缺点是加大了产品的促销费用，使企业在竞争中处于不利地位。此外，品牌过多，不利于企业创立名牌。

2) 统一品牌策略。统一品牌也称家族品牌，是指企业对所生产的多种产品使用同一品牌，例如"郁美净"系列化妆品。这种品牌策略的主要优点是：企业可以运用多种媒体来集中宣传一个品牌，借助品牌的知名度来显示企业实力，塑造企业形象；有助于新产品进入目标市场，不需要为建立新品牌的认识和偏好而花费大量的广告费。这种品牌策略的主要缺点是：若某一种产品因某种原因（如质量）出现问题，就可能因其他种类产品受牵连而影响全部产品和整个企业的信誉；产品易混淆，难以区分产品档次等。因此，采用统一品牌的各种产品应具有相同的质量水平，否则就会影响品牌信誉，特别是有损于较高质量产品的信誉。

3) 统一品牌和个别品牌并列。一个拥有多条产品线或者具有多种类型产品的企业可考虑采用此策略，一般是在每一种个别品牌前冠以公司的商号名称。采用这种策略的出发点是企图兼收以上两种策略的优点，即既可以使新产品享受企业的声誉，节省广告费用，又可以使各品牌保持自己的特点和相对独立性。例如，美国通用汽车公司生产多种类型的汽车，所有产品都采用由 GM 两个字母所组成的总商标，而对各类产品又分别使用凯迪拉克（Cadillac）、别克（Buick）、奥斯莫比（Oldsmobile）和雪佛兰（Chevrolet）等不同的品牌。每个个别品牌都表示一种具体特点的产品，如雪佛兰表示普及型轿车，凯迪拉克表示豪华型轿车。

（6）品牌扩展策略。品牌扩展也称品牌延伸，品牌扩展是指企业利用其成功品牌的声誉来推出改良产品或新产品。例如：以雀巢咖啡成名的"雀巢"商标，被扩展使用到奶粉、巧克力、饼干等产品上；中国海尔集团成功地推出了海尔（Haier）冰箱之后，又利用这个品牌及其图样特征，成功地推出了洗衣机、电视机等新产品。

采用品牌扩展策略具有的显著优点是：一个受人关注的好品牌能使新产品立刻被市场认识和较容易地被接受，如果品牌扩展获得成功，还可进一步扩大原品牌的影响和企业声誉。

值得注意的是，品牌扩展策略是一把"双刃剑"。若利用已成功的品牌开发并投放市场的新产品不尽如人意，消费者不认可，也会影响该品牌的市场信誉。

（7）多品牌策略。多品牌策略是指企业在同一类产品中建立两种或几种品牌的策略，目的是建立不同的产品特色以迎合不同的购买动机。这样，企业可以使产品向各个不同的市场部分渗透，促进企业销售总额的增长。例如，在中国市场上，宝洁公司为自己生产的洗发液产品设计了多个品牌：飘柔、海飞丝、潘婷等，宝洁公司洗发液产品的多品牌策略在中国市场上获得了令人瞩目的市场业绩。有时，企业在收购某一竞争企业的过程中继承了不同的品牌名称，因为原竞争对手的品牌有一大批忠实的使用者，所以企业不想失去这些用户或消费者。例如：惠普收购了康柏公司，但继续生产和销售康柏笔记本式计算机；宝马公司兼并了劳斯莱斯公司，同样保留了劳斯莱斯这一品牌。

采用多品牌策略的优点主要有以下几点：

1）多种不同的品牌可以在零售商的货架上占用更大的陈列面积，既吸引了消费者更多的注意，同时也增加了零售商对生产企业产品的依赖性。

2）提供几种品牌不同的同类产品，可以吸引那些求新好奇的品牌转换者。

3）多种品牌可使产品深入多个不同的细分市场，占领更广大的市场。

4）有助于企业内部多个产品部门之间的竞争，提高效率，增加总销售额。

采用多品牌策略的主要风险是：使用的品牌数量过多，使企业资源分散消耗于众多的品牌，而不能集中到少数几个获利水平较高的品牌上。另外，多种不同的品牌同时并存必然使企业的促销费用升高且存在自身竞争的风险，所以在运用多品牌策略时，要注意各品牌市场份额的大小及变化趋势，适时撤销市场占有率过低的品牌，以免造成自身品牌过度竞争。

（8）品牌重新定位策略。品牌重新定位策略也称再定位策略，是指全部或部分调整或改变品牌原有市场定位的做法。当企业在现有品牌影响力逐渐丧失的情况下，可以创立一种新的品牌，进行重新定位。虽然品牌没有市场生命周期，但这决不意味着品牌设计出来就一定能使品牌持续到永远。为使品牌能持续到永远，在品牌运营实践中还必须适时、适势地做好品牌重新定位工作。"七喜"的"非可乐"定位是品牌重新定位的成功范例。

受竞争者品牌逼近（竞争者品牌定位于本企业品牌附近，侵占了本企业的品牌市场份额）和部分消费者偏好的变化（消费者降低对本企业品牌的信任，转购竞争者品牌的商品，使本企业品牌的市场占有率下降）等原因的影响，即使某一品牌在市场上的最初定位很好，随着时间的推移也需要重新定位。品牌重新定位的目的是使现有产品具有与竞争者产品不同的特点，与竞争产品拉开距离。

企业在进行品牌重新定位时，要综合考虑两方面影响因素。一方面，要考虑再定位成本，即把企业自己的品牌从一个市场定位点转移到另一个市场定位点所支付的成本费用，包括改变产品品质费用、包装费用和广告费用等。一般认为，重新定位距离原来市场定位点越远，其再定位成本就越高。另一方面，要考虑再定位收入，即把企业品牌定在新位置上所增加的收入。

阅读材料 10-3

品牌创新制胜案例

高露洁是品牌创新制胜的典型。2001 年，由于经济不景气，大多数品牌都遭遇贬值，而高露洁的品牌价值则上升 3%。在很多市场，高露洁已占据 80% 的销售份额，无疑成为牙膏的同义词。此前，高露洁在美国本土市场的业绩长期屈居于老对手佳洁士之下。佳洁士在 20 世纪 60 年代获得美国牙医协会的认证："如果周期性地刷牙和做牙齿检查，佳洁士就能够有效地防止蛀牙。"此举使其迅速攀升至产业领导者的位置。到 80 年代，由于城市用水的氟化，防蛀对于消费者已不那么重要，佳洁士率先推出了防牙斑产品。接下来的新一波竞争焦点是困扰老年人的牙龈疾病，但佳洁士却错失了这一新的市场增长点。时至今日，佳洁士仍没有主攻牙龈疾病的产品，这一失误让高露洁赢得了商机。为打破不利局面，高露洁针对佳洁士发起了全效攻势，于 1997 年力劝美国食品与药品管理局同意将其"全效"视为减少牙龈疾病的唯一牙膏产品，这使其成为全美牙科医生首推产品。"全效"攻势让高露洁成功地从佳洁士处"篡夺王位"。高露洁始终铭记佳洁士的教训，不忘因时而变的法则。当它还在用"全效"主攻牙医时，已经开始紧跟最新趋势，开发针对过敏性牙齿的产品以及二合一的液态凝胶产品，主攻年轻人口腔问题。

不只是高露洁这些成名已久的国际品牌，品牌创新甚至也会给名不见经传的企业带来意想不到的市场奇迹。2003 年，韩国品牌三星的身价暴涨 33%，风头直追在国际市场已风光近半个世纪的日本品牌索尼，被视为该年度表现最出色的一个品牌。然而，这一切在之前五六年几乎无人可以想象。那时候三星电子还被视为处境艰难的电子产业中的低端品牌，而韩国公司大都被丑闻的阴霾所笼罩，整个亚洲正身陷金融危机的泥潭。

三星通过重新塑造品牌，成功地改变了在消费者心中长久以来形成的低档、便宜货的品牌印象。它一方面通过生产吸引人的优质产品改变消费者认知，另一方面通过多种沟通渠道开展一致、曝光度高的营销与公关活动。与此同时，三星电子相应地改变销售渠道，将其产品由沃尔玛这样的平价大卖场转移到 Best Buy、Circuit City 和 CompUSA 等专业零售店，使其终端展示更显气派。如今，消费者将其视为电视机领域的优质品牌；在手机领域，人们视其可与苹果等全球品牌比肩。

当然，最让人惊艳的无疑当属苹果。以往，苹果仅仅是在设计师这个特殊的群落里享有崇高声誉，也因此制约了品牌的进一步发展。2003年，苹果推出了带40GB或20GB移动硬盘，而价格在3000元左右的iPod播放器。该产品推出之后，市场哗然，不仅苹果迷们为之倾倒，甚至对苹果很不屑的人，也开始购买苹果iPod。苹果自此开始迅猛发展。

10.4.2 国际市场产品商标策略

1. 商标的含义

商标（Trade Mark）是向政府有关部门注册登记后的品牌名称或品牌标志。由于已经在政府有关部门注册，拥有商标的企业就享有某一商标的专有权，保证了企业和产品的单一排他性。所以，商标通常被认为是一个法律用语。企业的商标可在多个国家注册并受到各国法律的保护。商标是企业产权的组成部分，随着商品生产和市场经济的发展，商标将得到越来越普遍的应用，企业必须增强商标意识，妥善运用这一有价值的无形资产，使之更好地为企业经营发挥作用。

品牌与商标都是用以识别不同生产经营者的不同种类、不同品质产品的商业名称及其标志。但在企业的营销实践中，品牌和商标并不完全等同。商标是受法律保护的品牌，是获得专用权的品牌，是品牌的一部分。

2. 互联网域名商标策略

域名作为互联网的单位名称和在互联网上使用的网页所有者的身份标识，它不仅能给人传达很多重要信息（如单位属性、业务特征等），还具有商标属性。域名之所以具有商标属性，是因为域名的所有权属于注册者。若某企业的域名由另一不同行业的企业抢先注册，那么该企业就可能永远失去了注册与自己产品的商标名称相一致的域名了。域名的传播和使用范围是全社会的。一个域名用久了，人们对它就有了特殊的感觉与记忆。企业一旦有了域名，就表明企业在互联网上拥有自己的门牌号码，有了通往网络世界、把握商机的一把钥匙。正因如此，许多企业都把知名商标注册成域名。许多人所知道的著名商标几乎都成了互联网上的域名。例如，麦当劳的"巨无霸"商标就被注册成了域名。

由于域名系统（DNS）是国际共有资源，可较好地实现信息传播，这就决定了它有巨大的商业价值。后来，随着互联网的广泛普及和大量应用，注册域名的企业越来越多，致使原有的三个国际通用顶级域名——.com（公司）、.org（事业单位）、.net（网络单位）已不够用，于是由国际互联网协会（ISOC）、互联网数字分配机构（IANA）、互联网结构委员会（IAB）、国际电信联盟（ITU）、国际商标协会（INTA）和世界知识产权组织（WIPO）共同发起成立的11人委员会（简称IAHC）发表了"通用顶级域名管理操作最终方案"。由此，使得顶级域名增加了7个，即.firm（企业或公司域名）、.store（销售货物的企业域名）、.web（与WWW活动有关单位的域名）、.arts（文化和娱乐单位的域名)、.rec(康乐活动单位的域名)、.info(提供信息服务的单位的域名)、.nom(个体或个人域名)。

需要说明的是,办理域名注册获得域名使用权的规则与一般商品商标注册相同,仍然采用注册在先的原则,谁先注册,谁就拥有了域名的使用权。从目前来看,注册域名有两种做法:其一是在国内注册二级域名;其二是在国际上注册一级域名。随着世界经济一体化进程的加快,拟进占海外市场的发达国家企业争先恐后地注册国际域名。例如,美国99%以上的企业都在互联网上注册一级域名。一级域不是美国域,而是国际域。企业进占国际市场就应注册国际域。此外,还应注意相关法规对此的禁用规定。例如,《中国互联网络域名注册暂行管理办法》规定,未经国家有关部门正式批准,不得使用含有"CHINA""CHINESE""CN"和"NATIONAL"等字样的域名;不得使用公众知晓的其他国家或者地区名称、外国地名、国际组织名称;未经各级地方政府批准,不得使用县级以上(含县级)行政区划名称的全称或者缩写;不得使用对国家、社会或者公共利益有损害的名称,如此等等。这些都是企业在注册互联网域名时应注意的。

10.4.3 国际市场产品包装策略

1. 包装的含义

所谓包装,就是采用适当的包装材料或包装容器,施以一定的科技手段,将产品包封,并加适当的装潢和标志。一般来说,商品包装应该包括商标或品牌、形状、颜色、图案和材料等要素。

商标或品牌是包装中最主要的构成要素,应在包装整体上占据突出的位置。

适宜的包装形状有利于储运和陈列,也有利于产品销售,因此,形状是包装中不可缺少的组合要素。

颜色是包装中最具刺激销售作用的构成要素。突出商品特性的色调组合,不仅能够加强品牌特征,还对顾客有强烈的感召力。

图案在包装中如同广告中的画面,其重要性、不可或缺性不言而喻。

包装材料的选择,不仅影响包装成本,还影响商品的市场竞争力。开发和选用新型材料是包装设计中的一项重要工作。

此外,在产品包装上还有标签。在标签上一般印有包装内容和产品所包含的主要成分、品牌标志、产品质量等级、生产厂家、生产日期和有效期、使用方法等。有些标签上还印有彩色图案或实物照片,以促进销售。

2. 包装的种类

包装按其在流通过程中的作用不同可分为运输包装和销售包装两大类。

(1) 运输包装。运输包装又称外包装或大包装,其作用是保护产品,方便运输、储存和搬运。运输包装可细分为单件运输包装和集合运输包装。

1) 单件运输包装。单件运输包装是指商品在运输过程中以箱、桶、袋、包、坛、罐、篓、笼、筐等单件容器对商品进行的包装。按其使用的包装材料,单件运输包装又可分为纸、木、金属、塑料、化学纤维、棉麻织物等制成的容器和绳索;按其包装造型,单件运输包装又可细分为箱、桶、袋、包、捆、瓶、罐、篓等。

2)集合运输包装。集合运输包装是指将一定数量的单件包装组合在一件大包装容器内而合成的大包装。这种包装方法适应了运输、装卸现代化的要求,可以实现货物整批包装,有利于降低成本,提高工作效率。目前常用的集合运输包装有集装包(或集装袋)、托盘和集装箱等。

(2)销售包装。销售包装又称内包装或小包装,其作用是促进销售。销售包装要保护产品,更重要的是要美化和宣传商品,便于陈列展销,吸引顾客,方便消费者认识、选购、携带和使用。

3. 包装的作用

作为整体产品的组成部分,包装的意义已经远远超越了作为容器保护商品的作用,而逐步成为树立企业形象、促进商品销售的重要因素之一。其作用主要体现在以下几个方面:

(1)保护产品。适当的包装可防止商品在流通过程中遭受各种可能的损害,起到保护商品的使用价值的作用。

(2)提供便利。良好的包装既便于卖方对产品的运输、储存和管理,也便于消费者对产品的识别、购买、携带和使用,为整个交易活动提供了便利。

(3)促进销售。产品经过包装美化以后,自然区别于同类竞争商品,能引起消费者对产品的关注和喜爱,促成更多的购买行为。

(4)增加利润。除了通过促进销售提高企业的利润之外,包装不仅降低了产品在流通中的损耗率,其本身也能够提高产品的附加值,顾客因此而愿意支付的价格高于包装的附加成本,从而增加企业的利润。

对包装的认识,我国企业在国际市场营销实践中有深刻的教训和经验。改革开放初期,我国企业初涉国际市场,由于对商品包装重视不够,陷入"一流的材料,二流的包装,三流的价格"的境地。近年来,随着零售业的发展和变革,开架售货、超级市场等形式蓬勃兴起,商品包装的重要性日益突出。商品能否引起消费者的兴趣,诱发其购买动机,在很大程度上取决于商品的包装,因为包装是"商品的脸",它在零售环节取代了售货员而成为"无声的推销员"。一般来说,商品的内在质量是市场竞争能力的基础;而如果优质的产品没有优质的包装相匹配,其竞争能力就会削弱,"身价"降低。这在国际市场上尤其明显。例如:苏州的檀香扇由于改用锦盒包装,售价提高了且销售量大增;东北的名贵药材人参,过去用木箱成捆包装出口,改用精致的小包装后,售价提高。

4. 包装的设计原则

从营销的角度来研究商品的包装,主要是指销售包装,其设计应符合下列要求:

1)包装的大小和形状,应适宜于商品运输、储存和陈列以及消费者的购买习惯,应尽可能缩小包装体积,以利于节省包装材料和运输、储存费用。

2)包装的结构造型不仅要符合新颖、美观等艺术性要求,还要便于消费者安全地携带、使用和储存。包装材料的使用上要注意减少污染,避免资源浪费,保护生态环境。此外,还应注意满足不同运输商、不同分销商的特殊要求。

3)包装应与商品价值或质量水平相匹配,尽量体现商品的特点或独特风格。经验数字告诉我们,包装不宜超过商品本身价值的 13%~15%。包装是产品的组成部分,追求不同产品之间的差异化是市场竞争的客观要求,而包装则是实现产品差异化的重要手段。

4) 包装上的文字说明必须完全与商品的性质相一致,能增强消费者的信任感并能指导消费。包装装潢上所采用的图案、色彩等既要符合目标市场消费者的心理要求,又不能与其民族习惯、宗教信仰相抵触。

5. 包装策略

在国际市场营销中,可供企业选择的包装策略主要有以下几种:

(1) 中性包装策略。中性包装策略是指企业在商品包装上不注明商品的原产地、国别、厂名、原品牌或商标等基本信息的一种包装。它主要适用于一些初涉国际市场、知名度不高,为外商定牌加工生产的国内中小企业。

(2) 类似包装策略。类似包装策略是指企业所有出口的产品都采用相同或相似的包装。这既有利于节省包装费用,又有利于在国际市场上树立企业的整体形象。

(3) 等级包装策略。等级包装策略是指企业将产品分为几个等级,对高档优质产品采取华丽、精美的高档包装;对普通产品采取一般包装,使包装装潢与产品内在质量相符,便于不同阶层消费者的选购。

(4) 配套包装策略。配套包装策略是指企业将多种相互关联的产品组合在一起装入一个容器内一起销售。这适用于具有连带性的商品,可以方便顾客购买,扩大销售。

(5) 多用途包装策略。多用途包装策略即产品的包装容器可以多次使用,或可以另作他用。它包括企业回收仍作包装材料重复使用和空的包装容器可另作他用两种。这样的包装除了商品本身的价值之外,又增加了附加值。这样既吸引了消费者购买,又宣传了商品。

(6) 附赠品包装策略。附赠品包装策略是指包装内附有奖券、实物等赠品,以诱使顾客购买。

(7) 错觉包装策略。错觉包装策略即利用人的视觉错觉进行的产品包装设计。例如,对沉重的物品采用浅色包装,会使人们觉得轻巧一些;在粗笨的物体上使用曲线设计,则会使人觉得秀气一些。

总之,企业应考虑不同产品、不同销售渠道、不同目标市场国等方面的具体特点,从满足消费者的要求、方便消费者的购买出发,运用现代科学技术,选择合理、恰当的包装策略,以最终实现在国际市场上树立良好形象、扩大市场占有率的目标。

思 考 题

1. 什么是整体产品概念?
2. 什么是产品生命周期?它对企业的国际市场营销有何作用?
3. 什么是国际产品技术生命周期?它对企业的产品策略决策有何影响?
4. 国际市场营销中的产品的标准化营销策略和差异化营销策略的含义是什么?
5. 企业产品进入国际市场的策略有哪些?
6. 国际市场产品品牌策略、商标策略与包装策略的含义、作用分别是什么?

案 例 题

宝洁的国际产品战略

宝洁（Procter & Gamble），简称P&G，是一家美国消费日用品生产商，也是目前全球最大的日用品公司之一，最初由蜡烛生产商威廉·普罗克特（William Procter）和肥皂商詹姆斯·甘布尔（James Gamble）在1837年合伙成立，总部位于美国俄亥俄州辛辛那提。宝洁在全球所经营的300多个品牌的产品畅销160多个国家和地区，产品类别包括美容美发、居家护理、家庭健康用品、食品及饮料等。

当众多商家挖空心思寻找卖点挤入市场时，宝洁在市场调研方面投入的精力却鲜为人知。事实上，宝洁在消费者市场研究方面始终处于领先地位。被广泛运用的市场调研技术很多都是宝洁首创的，早在1924年，宝洁就在美国成立了消费者研究中心，成为美国工业界率先运用科学分析方法了解消费者需求的公司之一。宝洁每年要通过各种市场调研工具和技术与全球多达700万名消费者进行交流，通过入户访问、举办消费者座谈会、问卷调查、采用跟踪调查系统、向消费者发送信件及接听消费者电话等措施，建立起庞大的消费者信息库，及时捕捉消费者的意见。

同时，宝洁是积极的产品革新和按利益进行市场细分的热心者。它不是用大量广告投入推出相同品牌的产品，而是推出新的品牌。宝洁历时数年研制并推出了第一种有效去头皮屑的洗发水——海飞丝。通过收集和分析消费者反馈，只有当消费者表示出对该品牌产品真正的喜爱时，宝洁才将新产品推销到全国市场上。宝洁的这种务实和谨慎的态度是其成功的基础。

宝洁对每个品牌都赋予知识，打造概念，从而赋予每个品牌个性。通过准确的市场细分与定位，有效地阻击了竞争对手的进入。宝洁实施知识营销，则使品牌具有了鲜明的个性，增强了品牌的核心价值。例如，佳洁士与全国牙防组推广"根部防蛀"的防牙、护牙理念，舒肤佳与中华医学会推广"健康、杀菌、护肤"的理念，宝洁一系列洗发水的"去屑、健康、柔顺"理念等。

宝洁采用差异化营销战略，即追求同类产品不同品牌之间的差异，包括功能、包装、宣传等方面，从而形成每个品牌的鲜明个性。这样，每个品牌有自己的发展空间，市场就不会重合。洗发水，品牌中海飞丝宣扬的是去屑，"头屑去无踪，秀发更出众"；飘柔突出"飘逸柔顺"；潘婷则强调"营养头发，更健康、更亮泽"；沙宣强调"专业美发"；伊卡露则注重草本精华。

宝洁在全球率先推出品牌经理制，即"一个人负责一个品牌"，确保该产品引起公司的注意并得到相应的资源，从而确保该品牌的成功。该品牌被推向市场后，品牌经理的责任是：制订产品开发计划并组织实施；确定产品的经营和竞争战略；编制年度营销计划，进行营销预测；与广告代理商和经销代理商一起研究促销方案；激励推销人员和经销商对该品牌产品的支持；不断收集有关该品牌的资讯，改进产品，以适应不断变化的市场需求等。品牌经理的职责是全方位的，伴随品牌成长始终。

（资料来源：由作者整理而成。）

国际市场营销学 第4版

第 11 章
国际市场定价策略

本章要点

国际营销企业尽管有时已经生产了合适的产品，选择了恰当的销售渠道，并采取了对路的促销方式，但如果在国际营销中定价不当，所有的努力就会前功尽弃，其中包括遭遇进口国发起的反倾销调查等。因此，企业必须认真研究国际市场定价策略。本章在阐述国际市场价格基本概念的基础上，讨论影响定价决策的几个要素，并分析这些要素在国际营销环境下的特殊意义；然后讨论国际营销中最常用的定价方法与定价实践；最后述及企业在国际营销中进行价格决策时所面临的一些实际问题和可能的解决办法。

关键词

国际市场价格　企业定价目标　基本定价方法　定价策略　国际市场定价策略

11.1　国际市场价格的形成

1. 国际市场价格的概念和种类

国际价格也称国际市场价格或世界市场价格。国际价格是商品国际价值的货币表现，商品的国际价值是商品国际价格变动的基础和中心。人们常说的国际价格，是指国际市场上在一定时期内客观形成的具有代表性的成交价格。

具有代表性的成交价格通常是指：
1）某些国家市场集散中心的成交价格。
2）某些商品主要出口国（或地区）具有代表性的出口价格。
3）某些商品主要进口国（或地区）具有代表性的进口价格。

4）某些重要商品的拍卖价格、开标价格等。

国际价格基本上是自发形成的，是由国际价值、货币价值或汇价、供求关系决定的。

在国际市场上，有许多大宗商品（主要是初级产品）都已形成了具有一定代表性的国际市场价格。例如，以输出国为中心的集散地销售价格有纽约交易所的棉花价格、芝加哥交易所的小麦和大豆价格、沙特阿拉伯的原油价格、新加坡的橡胶价格、加拿大铝的出口价格、瑞士木材的出口价格等；以进口国为中心的集散地价格有伦敦市场的有色金属价格、鹿特丹的桐油价格、伦敦市场的茶叶价格等。它们是国际市场中应用最广泛、成交额最大的主要价格形式，具有广泛的代表性和参考价值。实际成交价格可分为现货价格和期货价格两种，具体包括交易所价格、拍卖价格、开标价格、协定价格、合同价格等。

（1）交易所价格。交易所价格是通过公开的价格竞争所形成的，能够反映市场供求变动趋势的一种具有代表性的国际市场价格，是企业制定初级产品国际市场价格的主要依据。各类商品交易所是历史上形成的国际贸易中心。一般在交易所经营的商品主要是品质单一、规格标准的工业原料、矿产品和农产品。交易所价格在一天之内有开盘价、最高价、最低价、收盘价之分，在进出口贸易中习惯按收盘价成交。

（2）拍卖价格。拍卖是国际上出售商品的一种方式。拍卖价格一般是通过公开竞争形成的。世界性的产地拍卖市场有印度及东非的茶叶拍卖市场、澳大利亚的羊毛拍卖市场等，世界性的销地拍卖市场有伦敦的茶叶和猪鬃等拍卖市场。

（3）开标价格。开标价格是以招标方式进行交易的成交价格。某些国家或大企业在购进大批物资，或购进价值较高的商品和机械设备时，以及拟建某些大型工程时，往往以公告方式向世界承包商招标。由于参加竞标者众多，竞争性强，因此开标价格往往低于一般成交价格。

（4）协定价格。协定价格是政府间供应一定商品和劳务所签订的协定中确定的价格。一般情况下，由于协定中规定了特殊的交货条件和支付条件，因此协定中所规定的价格不同于国际市场价格。

（5）合同价格。合同价格是根据交易双方签订的购销合同所确定的价格。由于交易方式和支付手段不同，合同价格和种类也不同。合同价格一般不对外公布，它可以反映一定条件下的市场供求情况，但还与具体的成交商品的质量优劣、成交额的大小、支付条件、买主与卖主间的业务关系等因素直接有关，即具体的成交价格高低通常与商品质量的好坏成正比，与成交额的大小、业务关系的长短成反比。因此，合同价格不能作为世界市场价格信息或情报的重要来源。

这些具有一定代表性的国际市场价格，是国际市场营销人员了解国际市场价格变化的重要依据，也可成为国际市场营销人员在定价的参考坐标。

2. 国际市场价格的构成

国际市场价格仍然是由生产成本、流通费用、利润和税金构成的。但是，由国际商品或劳务的交换特点所决定，其构成相对要复杂一些。除包括国内市场价格的各个要素外，还包括运费、装卸费用及储存费用、保险费、关税、中间商的加成等。因此，流通费用、利润、税金这三个要素在价格构成中所占的比重远远大于生产成本。这是国际市场价格在构成方面的一个特点。

（1）生产成本。生产成本不仅是国际市场价格的首要组成部分，还是出口商商定价的最低数量界限。在一般情况下，商品的售价总是要收回其全部成本。这些成本包括全部固定成本和变动成本。由于许多商品的国际市场竞争异常激烈，因此一些企业在国际市场定价中仅仅考虑销往海外市场产品的边际成本（或称增量成本），运用变动成本定价，以利于在国际市场上进行最有潜力的竞争。但是，由于产品是不完全成本定价，很可能受到倾销的指控，被征收反倾销税，使产品的竞争优势完全丧失。

（2）流通费用。由于国际市场营销中的买卖双方一般相距遥远，进出口货物自卖方所在地运交买方所在地，往往需要经过长途运输和多次装卸及储存，期间需要办理洽租运输工具、装货、卸货、货运保险、申请进口或出口许可证、报关纳税等手续，相应地需要支付运费、装卸费、仓储费、保险费、银行手续费及其他各项费用。因此，与国内销售相比，其各项费用的支出明显增加，流通费用所占的比重相应地要大一些。

（3）利润。一般消费品的国际销售往往需要经过出口中间商、进口中间商、国外批发商和零售商等多个流转环节，才能最终到达国外消费者手中。由于国际产品销售的时间长、环节多、风险大，因此中间商的加成比重相对较大。此外，在国际市场上，各进口国营销渠道的长短与营销方式差异很大，中间商的加成没有统一标准，从而使出口商品价格构成中，中间商的毛利常常超过了制造商的毛利。另外，利润大小与企业的期望和承担的风险程度有关。

（4）税金。国际市场价格中的税金主要由关税及一般流转税组成。关税是一种特殊形式的税，是对从一国进入另一国的商品所收的税费，其作用是保护进口国市场或增加政府收入。关税的征收分为从量税、从价税或综合税。从量税是对进口货物按实际单位量收税，从价税是对进口货物按其价值的一定百分比征税，综合税既包括从量税又包括从价税。一般流转税除了包括国内的增值税、消费税外，还包括出口商品在目标市场国缴纳的进货税、消费税、增值税、零售税、营业税等，这些税收使得商品价格大幅提高。

总之，国际市场商品的最终价格虽然还是由生产成本、流通费用、利润、税金等要素构成，但是由于受运输距离远、营销渠道长、中间人活动范围大以及税收和外汇变动等因素的影响，其价格变化高于其国内价格变化，使国际市场营销人员在定价过程中遭遇很大障碍。

11.2　国际市场产品价格的影响因素

企业产品在国际市场上的价格策略直接决定着企业的收益水平，同时也影响产品在国际市场上的竞争力。企业产品一旦进入国际市场，就会受到运费、关税、进出口条件、政治形势、进出口法规等多方面因素随时变化的影响，这就增加了国际定价的难度。由于世界商品要素在国际市场不能充分流动，世界市场是垄断竞争性市场，具有强大经济实力的垄断企业往往具有操纵价格的长期优势，加上各国政府对外贸政策的干预和汇率、税率等金融、财政调控措施，使国际市场商品价格的形成受诸多因素的影响。

企业进行国际市场定价是一个复杂的决策过程，受多种因素影响。一般而言，国际市场的定价主要受到以下几大因素的影响：

11.2.1 企业定价目标

定价目标是企业在对其生产或经营的产品制定价格时，有意识地要求达到的目的和标准。

从事国际市场经营活动的企业，在制定其产品价格之前，必须首先确定企业的定价目标。定价目标是影响企业价格行为的一个极其重要的内在因素，是企业确定定价策略和方法的依据。在国际营销实务中，不同企业，甚至同一企业在不同时期或面对不同目标市场时，往往会选择不同的定价目标。归纳而言，企业的定价目标主要有以下几种：

1. 争取最大利润目标

最大利润定价目标是指企业追求在一定时期内获得最高利润额的一种定价目标。追求利润最大化是多数企业的目标，这里的利润指的是企业的长期利润。利润的基本公式为

$$利润 = 价格 \times 销售量 - 总成本 \quad (11-1)$$

利润最大化取决于合理价格所推动的销售规模，因而追求最大利润的定价目标并不意味着企业要制定最高单价。最大利润既有长期和短期之分，又有企业全部产品和单个产品之别。有远见的企业经营者，都着眼于追求长期利润的最大化。当然并不排除在某种特定时期及情况下，对其产品制定高价以获取短期最大利润。还有一些多品种经营的企业，经常使用组合定价策略，即有些产品的价格定得比较低，有时甚至低于成本，以招徕顾客，借以带动其他产品的销售，从而使企业整体利润最大化。

一般而言，企业在开拓国际市场的初期或新产品上市的时候，可能出现亏损，或者出现不同国别市场之间盈亏不等的情况。有时，企业还可能宁愿牺牲一些眼前利益，通过适度的低价来争取顾客，抢占市场，以最终获取长期利润的最大化。日本企业打入美国市场时，采取的就是这种战术。世界上的游戏机生产厂家一般也是采取这种方式，它们宁愿在游戏机销售中少赚些钱，以吸引消费者购买，随后在游戏卡带上挽回损失并且获利，从而达到总体利润最大化的目标。

有时，最大化利润指的是最大化预期利润，而不是最大化可能利润，因为高利润意味着高投入和高风险。由于投资条件的限制，或者是为了避免过高的风险，越来越多的企业倾向于以适当的预期利润作为定价目标。例如，实现一定的投资收益就是一种注意预期利润的定价目标。收益指标大体可分为三种：

第一，目标销售收益，如企业可以在几年内以占销售额的15%的利润为目标。

第二，投资预期收益，如企业以占投资额的20%的利润作为目标。

第三，定额收益。如果一个企业一年收益需要达到500万元才能收支平衡，那么就

可以 500 万元的收益作为定价目标。

2. 以提高市场占有率为目标

市场占有率目标也称市场份额目标,即把保持和提高企业的市场占有率(或市场份额)作为一定时期的定价目标。市场占有率是一个企业经营状况和企业产品在市场上竞争能力的直接反映,关系到企业的兴衰存亡。较高的市场占有率可以保证企业产品的销路、巩固企业的市场地位,从而使企业的利润稳步增长。

以提高市场占有率为目标定价,企业通常有以下两种定价方式:

(1) 定价由低到高。在保证产品质量和降低成本的前提下,企业入市产品的定价低于市场上主要竞争者的价格,以低价争取消费者,打开产品销路,挤占市场,从而提高企业产品的市场占有率。待占领市场后,企业再通过增加产品的某些功能或提高产品的质量等措施,逐步提高产品的价格,旨在维持一定市场占有率的同时获取更多的利润。

(2) 定价由高到低。企业对一些竞争尚不激烈的产品,入市时定价可高于竞争者的价格,利用消费者的求新心理,在短期内获取较高利润。待竞争激烈时,企业可适当调低价格,赢得主动,扩大销量,提高市场占有率。

选择扩大市场份额的定价目标,主要考虑的是企业在市场上要不断提高竞争优势。在某些经济发展水平相对较低、对价格比较敏感的国家(地区),较低的价格可以吸引更多的购买者。从短期看,可能损失一些利润,但从长期看,最终因扩大了市场份额而使企业的总利润有所增加。我国大部分企业产品在国际市场上的份额普遍较低。通过出口商品国际市场价格的合理制定,配合其他营销策略或手段,提高商品在国际市场上的竞争力,扩大市场份额,已是我国企业的当务之急。

3. 打击竞争者或应付竞争,以应付和防止竞争为目标

企业对竞争者的行为都十分敏感,尤其对竞争者的价格变动更加关注。价格竞争是企业间竞争的一种传统手段,也是现代企业打击竞争者的重要方法。有时企业为了抢占市场,不惜压低价格来增强产品在市场上的竞争力,以实现打击同行竞争者、扩大市场份额的目标。实现这一定价目标的策略有主动的进攻型定价,该方式一般适用于具有较强的经济实力或产品优势明显的企业,它们制定的竞争型价格往往具有较强的攻击性,以龙头价格面目出现。但此种策略往往会造成单纯价格竞争的不利局面,当价格降得过低甚至低于成本时,更会招致反倾销、反不正当竞争等法律、法规的制裁。故一般应谨慎使用此策略。有时企业为了在竞争中占有主动权,不被竞争者挤垮,常常以应付或避免竞争作为定价目标之一。实现这一定价目标的策略有被动的跟随型定价,一般适用于中小企业。企业可以采用比竞争对手的价格稍低的定价方法,也可以比竞争对手的价格定得稍高或持平,但在销售方面却施展多种手法,完善周到,以避免与其他同业者进行针锋相对的竞争。

4. 以稳定价格为目标

这即保持价格相对稳定,避免正面价格竞争为目标的定价。当企业准备在一个行业中长期经营时,或某行业经常发生市场供求变化与价格波动需要有一个稳定的价格来稳定市场时，该行业中的大企业或占主导地位的企业率先制定一个较长期的稳定价格，其他企业的价格与之保持一定的比例。这样，对大企业是稳妥的，中小企业也避免由于大企业随意提价而遭受打击。

5. 提高出口销售量，增加出口创汇

许多企业往往有一个逐年提高外销量、增加出口创汇的计划。扩大外销量，可以确保本国产品在国际市场中所占的份额；增加出口创汇，可以为企业引进国外的先进技术、先进设备，或者为企业在国际市场上购进国内短缺的原材料等提供外汇资金。针对此目标，企业必须确保产品质量，努力发展适销对路的产品，同时实行薄利多销的定价策略，以吸引国际市场客户，并与之建立起良好的长期合作伙伴关系。

此外，还有提高企业和产品形象、保持同渠道成员的良好关系等定价目标。总之，企业的定价目标是多种多样的。定价目标选定得合理与否，关系到能否给企业带来最大的效益。由于企业经营效益受多种因素的影响，因此实践中许多企业都选择两个或多个定价目标。

11.2.2 企业产品成本

产品成本是企业在正常国际市场环境中为生产的产品正确定价的基本依据。一般而言，企业在收回产品成本的同时只有产生一定的盈利，才能保证进一步的再生产，并实现国际竞争力。因此，在市场竞争中，企业所生产的产品如享有低成本的优势，则在制定价格时就具有较大的自由度，从而在国际市场竞争中占据有利地位，容易获得较高的利润；反之，在竞争中会处于不利的地位。

当然，有时企业为了一定的目的（比如占领市场的目的），低于成本价出售，但要注意是否会引发反倾销诉讼等。企业制定既国际市场价格时要考虑生产成本，又要全面考虑仓储运输成本、分销成本、税收与关税成本、金融风险成本等因素对价格的影响。

1. 产品生产成本

产品生产成本是指生产活动的成本，主要包括产品的制造成本和期间费用两部分。其中，产品的制造成本包括原材料、辅助材料、备品备件、外购半成品、燃料、动力、包装物、管理人员的工资及职工福利等，期间费用包括管理费用、财务费用和销售费用。值得注意的是，不应把国内发生的某些费用计入国际营销成本，如国内宣传广告费用、市场调研费用等应排除在国际营销成本之外。此外，还应注意的是，国际产品的质量要求往往较高，为了满足这种高要求，生产成本就会提高，特别是精美、坚固的包装等会造成额外费用，这其中的某些费用是国内市场产品所没有的。

2. 仓储运输成本

国际货物从出口地运送到进口地，往往要经过长距离的运输、多次的装卸和相应的仓储过程，运输成本常常高于国内营销。运输距离远近、运输方式选择等因素所决定的不同储运成本，会影响商品价格，通常可占货物价值的 10%~15%。按照国际贸易惯例，我国企业进出口产品使用较多的是 FOB（船上交货价、离岸价）、CFR（成本加运费）和 CIF（成本加运费和保险费，列岸价）这三种方法。对于出口来说，使用较多的是后两种，通常由卖方负责支付运输费用。当运费看涨时，大宗商品的出口卖方应力争按 FOB 价格成交，因为在 FOB 价格条件下，卖方只承担产品成本费。当然，如果双方磋商不成，需要使用 CIF 或 CFR 价格条件时应把运费上涨的因素考虑进去，适当提高售价。因此，在国际营销定价过程中，要将仓储运输费用列入考虑范围。

3. 分销成本

国际市场商品交换距离较远，流通渠道长度与销售模式复杂多样，中间商发挥着较大的作用。因为各国市场分销结构的发展程度相差悬殊，各国的渠道长短和营销方式各不相同，所以没有统一的中间商加成标准，造成中间商的毛利差距很大，从而给企业选择中间商带来困难。就可能涉及的中间商而言，不仅有批发商与零售商，还可能包括出口商、进口商、经销商或代理商等。以分销的层次来说，许多国家或地区存在多级分销体系，如日本冗长复杂的分销系统。渠道越长，中间环节越多，必然导致流通费用的增加，与此相对应，产品最终售价也会有所提高。因此，国际营销人员在中间商种类、数量的选择，以及中间商资信情况的调查方面必须权衡得失，谨慎行事。

4. 税收与关税成本

国际市场产品的关税，是指商品从一国进入另一国时所征收的费用，其目的在于保护本国市场或增加政府收入。税收与关税会影响国际市场产品的最终消费价格，从而影响消费者的购买行为。除关税外，各国可能还有其他形式的进口税，如交易税、增值税和零售税等。这些税收往往会给出口商造成沉重的成本负担，并导致商品价格升高，从而会影响产品在当地市场的竞争力。

5. 金融风险成本

从事国际经营的企业通常会遇到汇率波动、通货膨胀、融资等风险，进而影响企业产品的国际定价。

（1）货币与汇率。币值的变动，无论是升值还是贬值，对国际市场的经营效益都有重要影响。本国货币的贬值对出口商来说提供了一个增加利润的机会，可以使商品在国际市场的售价降低，扩大销售额，获得更多的利润，可以在不增加费用的情况下增大边际利润。本国货币的升值对出口商带来的影响恰好相反。由于货币升值，即以外币表示的商品价格会上涨，在这种情况下出口商可以采取的措施，或是降低国内价格，或是降低营销费用，减少利润水平，以抵销价格上涨部分，或者将价格上涨转移到国外消费者身上。

汇率就是以本国货币表示的外币价格。现今的汇率制度大致分为两种：固定汇率制和浮动汇率制。现在，所有重要的外币都实行了自由浮动，即各国对汇率不加固定，也不规定其波幅的上下限，而是听任外汇市场根据外汇供求情况上下浮动。因此，从事国际市场营销的企业都应该重视外汇汇率变动的影响，以免造成额外损失。

（2）通货膨胀。通货膨胀是商品价格总水平的持续上涨现象，对企业营销人员确定商品价格有重要影响。企业确定国际市场商品价格时，必须考虑产品成本和重置成本，以避免商品售价不能弥补费用支出，甚至造成亏损。如果企业销售合同规定延期付款，或者是按长期合同计算，则应将通货膨胀变动因素计算到价格中。

11.2.3 市场供求状况

商品的供给指的是一定的价格水平上,商品的生产者或所有者在市场上提供或能够提供的商品的数量。商品的需求则是指在一定价格水平上,消费者同时具有购买意愿及购买力的商品。

一般而言,在供求平衡条件下,国际市场价格制定的中心是国际价值或国际生产价格,但实际上由于垄断、经济周期性、销售手段等因素的影响,供求往往是不一致的,有时供大于求,有时供不应求,因此商品的价格也通常会随着供求状况的变化而上下起落。价值规律告诉我们,当商品供不应求(短缺)时,价格会背离价值而上升;当商品供过于求(过剩)时,价格则下降;当供给量与需求量相等时,商品价格也相对稳定。

1. 市场需求

影响国际市场对产品需求的因素很多,主要有当地市场的收入水平、消费者的习惯偏好和产品需求的价格弹性等。但在不同的国家或地区,这些因素影响的时间与作用的程度往往并不一样。

市场需求决定了产品价格的最高限,超过了这个界限,产品价格就不会被消费者所认同,销售量就会受到限制。所以,国际营销企业必须认真研究市场需求。国际营销企业首先要清楚所售产品的市场需求与价格之间的关系,将需求弹性作为定价的基本依据。需求弹性大的产品,价格的微小变动会引起需求的大幅变动,如国际市场上汽车、计算机、空调、机械设备等一些耐用消费品,这样的产品通常可降价促销,以扩大市场占有率,增加收益。相反,需求弹性小的产品,如日用品,就不宜降价出售,可以适当提高价格,增加收入。而有些产品是不符合需求规律的,如钻石,价格越低销售量越小,价格越高销售量反而越大。还要注意,同一种产品在不同时期、不同国家,其需求弹性也是不一样的,如手机在有些国家需求弹性大,而在有些国家需求弹性却很小。需求程度与收入水平也应作为国际营销企业制定价格的依据。

2. 市场供给

首先,国际营销企业要分析本企业生产产品的自身条件,包括产品在成本、质量、品牌等方面是否有优势,企业在管理、资金、技术、生产及营销的投入能力。其次,企业还要研究目标国市场上,东道国的产品及国外产品在市场上的供应能力。最后,企业要考虑在市场上是否有替代品及替代品的数量,如果有替代品,企业产品价格则不能定得过高。

企业在进行国际市场营销过程中,要对国际市场的供求关系进行认真的判断和运用,充分考虑供求规律的作用与影响。总的来说,产品供不应求,价格可以定得相对较高;产品供过于求,价格可以定得相对较低。企业在国际营销过程中需要灵活把握市场供求规律,调节生产与消费的矛盾,取得企业利益与消费者利益的平衡。在运用供求关系对价格的影响和调节作用的过程中,要注意不同产品的供求价格弹性,对弹性不同的产品进行具体分析,灵活对待。

11.2.4 市场竞争状况

企业在定价时必须考虑企业产品在国际市场上的价格竞争力，可选择低于、高于或等同于竞争者的价格策略，合理定价，发挥本企业产品的竞争优势。竞争因素对国际营销定价的影响取决于目标市场的竞争形式。当今国际市场的竞争状况主要表现为完全竞争、完全垄断和不完全竞争三种不同的类型，企业的定价行为相应表现出不同的特征。

在完全竞争条件下，产品的市场价格是由整个行业的供求关系自发决定的，个别企业只能是市场价格的接受者，并无定价的自由。在完全垄断市场上，独家垄断企业控制与操纵产品的市场价格。这两种竞争形式在国际市场上并不多见。

不完全竞争市场介于完全竞争和完全垄断两种竞争形式之间，既有垄断因素又有竞争存在，这种形式最为常见。根据竞争与垄断的对比程度，不完全竞争市场又可进一步划分为垄断竞争和寡头垄断两种类型。垄断竞争市场具有两个方面的特点：一方面，由于众多生产厂家的存在，市场竞争激烈；另一方面，由于产品差异的存在，生产厂家对自己产品的定价拥有自主权，具有垄断性。例如，轻工、零售和服务等行业在许多国家属于垄断竞争市场。寡头垄断市场形式表现为：少数几家大企业控制了某种产品的生产与销售，彼此之间相互约束与制衡，一家企业产品价格的变动往往直接引起其他几家企业的直接反应，因而市场价格相对稳定。许多国家的钢铁、汽车或石化等行业属于寡头垄断市场。在这种不完全竞争情况下，既存在着垄断制约因素，又存在着众多的复杂竞争关系。一般而言，卖主之间的激烈竞争会导致买方市场的形成及价格的下降，而买主之间的竞争则会带来卖方市场的形成及价格的上升。

另外，国际市场竞争手段也很多，如低价倾销、暗佣金、暗折扣等手法也是国际市场激烈竞争的表现，这些竞争既可制约商品价格，又会受制于商品价格的变化。

11.2.5 政府干预

国际市场营销中，政府干预对商品价格水平有重要影响。政府干预通常是指单个国家政府颁布价格管制法律法规或以其他形式进行的干预，或多个国家政府通过国际协定或利用国际组织，对某些产品的国际市场价格进行的干预。

单个国家政府对市场价格的干预主要有三种形式：

1. 价格控制

制定最高、最低价格限制。有的国家可能采取临时性的价格冻结来限制通货膨胀；有的国家规定商品价格变动要接受管制措施，不能随意变动。对于进口商品，政府通过反倾销法规，对低价进口商品征收反倾销税，以保护国内市场价格和国内厂商利益；对于出口商品，则设置最低限价或协调价格，防止恶性降价争夺客户。例如，美国政府对公共设施的定价有严格限制，日本政府对制造商、批发商、零售商获取的毛利范围进行了规定，而我国政府对某些产品的定价也有所控制。近年来，愈演愈烈的反倾销案件是政府实施价格控制的典型例证。

2. 价格补贴

实行政府补贴，使出口商品在世界竞争中处于有利地位。政府补贴有直接补贴和间接补贴两种。直接补贴是政府对出口的制成品的补贴，间接补贴是对出口的制成品中的零部件、原材料等的补贴。世界贸易组织倾向于取缔出口补贴，但在一般情况下，并不禁止间接补贴。一般政府多采用间接补贴方式，其主要表现形式有减免税收、出口退税、给予优惠信贷、配额制度等。这些政府行为无疑会对国际产品定价产生重大影响。

3. 参与市场买卖

参与市场买卖是指政府直接出面或者通过代理机构，在国际市场上大量购进或抛售某种产品，以达到控制或影响该产品国际市场价格的目的。例如，西方工业国家在短期内对石油等重要原料和战略物资大量购买或抛售的行为。

多个国家政府对国际市场价格的干预主要发生在农副产品或工业原料市场。由于农副产品或工业原料的供给弹性和需求弹性均很小，市场价格波动频繁且剧烈，为了稳定市场价格和维护共同利益，主要生产国或出口国组成国际卡特尔，或者与主要进口国签订国际协议，共同对国际市场进行干预。例如，中东主要产油国组成石油输出国组织（OPEC），在成员国之间分配石油产量和出口限额，影响国际市场油价的走势。可可、咖啡、小麦、糖、铜、锡等大宗农副产品或工业原料，也有类似的生产国组织或者出口协定，但对国际市场价格变动的影响程度远不如石油输出国组织那么大。

总之，影响国际市场价格的因素复杂多样，既有经济的，又有政治的，而且变动频繁，难以及时、准确地进行调查、分析和预测。因此，国际市场定价成为各国国际经营企业面对的最复杂的决策问题之一。

11.3 国际营销中的基本定价方法

在影响产品价格的诸要素中，比较重要的是成本、需求和竞争三个要素，相应的企业定价策略主要有三种导向，即成本导向、需求导向和竞争导向，而各种导向又有不同的定价方法。企业在确定了定价目标以后，就要进一步选择产品进入国际市场的定价方法。

11.3.1 成本导向定价法

成本导向定价法从成本方面出发考虑问题，其基本模式就是以成本为基础，加上适当的期望利润。在实际操作中，由于用这种定价方法所定的价格经常是企业一厢情愿的产物，企业应适当考虑企业的阶段性目标、市场需求的突变、竞争格局的变化以及政府法规的调整等影响因素，对这种定价方法做相应修正。

1. 成本加成定价法

成本加成定价法是指以产品成本为基础，加上预期利润，结合销售量等有关情况，确定产品的价格水平。成本加成定价法是企业最基本、最普遍采用的方法，其基本公

式为

$$P = C(1 + R) \tag{11-2}$$

式中　P——单位产品价格；

　　　C——单位产品成本；

　　　R——成本加成率。

C 除了指产品的制造成本外，还应考虑许多国际营销所特有的成本项目，如关税、保险费、运费、外销中间商的毛利、融资和风险成本等。根据这些费用是由生产厂家负担还是由出口商或进口商负担，决定制定价格时是否要将这些成本计算在内。

这一定价方法的关键是加成率的确定。一般来说，加成率的大小与商品的需求弹性和企业的预期盈利有关。需求弹性大的商品，加成率宜低，以求薄利多销；需求弹性小的商品，加成率可以稍高。在实践中，同行业往往形成一个为大多数商店所接受的加成率。例如，美国香烟的加成率为 20%，照相机的加成率为 28% 等。这一定价方法的优点是计算简单，资料容易取得。企业定价人员只需要根据企业内部的会计记录就能定价。

成本加成定价法的优点有：相对于需求的不确定而言，成本的不确定性一般比较少，根据成本决定价格可以大大简化企业定价的过程。即使企业对国外市场上的需求、竞争等因素不太了解，产品只要能够卖出去，根据成本加成定价法定出的价格就能保证企业的正常经营。另外，如果同行业中所有企业都采用这种定价方法，则价格在成本与加成相似的情况下也大致相似，价格竞争也会因此减至最低程度。成本加成定价法对买方和卖方都比较公平，但买方需求强烈时，卖方也不会乘机谋取额外利益，同时又能获得公平的投资回报。

成本加成定价法的缺点有：忽略了市场供求关系的变化及影响产品销售的其他因素，当市场出现供过于求时，因企业定高价而未及时改变，使产品难以销售出去。当市场出现供不应求时，产品定了低价，一方面未能及时提高利润率以加快收回投资，另一方面使购买者认为企业产品质量低劣，影响企业和产品的形象。

2. 损益平衡定价法

损益平衡定价法又称保本定价法，它是按照生产某种产品的总收入与总支出维持平衡的原则来制定产品价格的方法。在企业定价实务中，可利用此方法进行定价方案的比较与选择。其基本计算公式为

$$保本价格 = \frac{固定成本 + 变动成本 \times 保本产量}{保本产量} \tag{11-3}$$

$$保本产量 = \frac{固定成本}{保本价格 - 变动成本} \tag{11-4}$$

这种定价方法通常是在国际市场不景气、企业经营困难时采用，保本经营总比停业损失要少得多，并且企业有较大的回旋余地。另外，国际营销企业通常生产多种产品，有些产品可能是高利，有些产品可能是无利甚至亏损。所以，在某一种产品暂时无法实现利润时，可相应提高其他产品的产量或售价，从而实现企业总体产品的盈利。

3. 边际成本定价法

边际成本定价法又称变动成本定价法，它是以变动成本为基础，不计算固定成本的定价方法。这种方法是在产品供过于求、卖方竞争异常激烈等情况下采取的一种临时性办法。同时，它也适用于企业将价格作为主要市场竞争手段，打击或排斥竞争对手的情况。由于是不计固定成本的不完全成本定价，故售价较低，一时可以增强产品的市场竞争能力。在企业产品出口销售时，出口商经常采用这种方法定价，待产品打入目标市场国并占有一定的市场份额后，再逐步提高价格以期获得更多的利润。其基本计算公式为

$$价格 = 边际成本 + 边际贡献 \tag{11-5}$$

式中　边际成本——每增加或减少 1 单位产品所产生的成本变化量；

　　　边际贡献——每增加或减少 1 单位产品销售所带来的收益。

利用边际成本定价法的基本出发点是，只要边际贡献大于零，企业就有利可图，此时的产品定价临界点是变动成本。此外，边际贡献是对固定成本的补偿和利润的增加所做出的贡献，当所有产品销售后所得的贡献总和超过了企业的固定成本总额时，超出的部分就是利润。

某种产品在国际市场上供过于求且竞争非常激烈的情况下，可以采用此方法占领市场，在竞争中取胜。但这种方法确定的价格通常低于国内市场价格，企业易受到倾销的指控，所以这种方法不可长期使用。在企业生产能力过剩时，可以适当采用此方法。产品售价只要超出变动成本，就可以弥补一部分固定成本，增加企业总利润。

4. 目标利润定价法

目标利润定价法也叫作投资收益率定价法。将产品价格和企业的投资活动联系起来，一方面强化了企业管理的计划性，另一方面能较好地实现投资回收计划。其计算公式为

$$单位产品销售价格 = \frac{总成本 + 目标利润额}{总销量} \tag{11-6}$$

$$总成本 = 固定成本 + 可变成本 \tag{11-7}$$

目标利润定价法的不足之处在于价格是根据估计的销售量计算的，而实际工作中，价格的高低反过来对销售量有很大的影响。销售量的预计是否准确，对最终市场状况有很大的影响。企业必须在价格与销售量之间寻求平衡，从而确保用所定价格来实现预期销售量的目标。

11.3.2　需求导向定价法

需求导向定价法是一种根据消费者对商品价值的认识和需求的强度（即消费者的价值观）来决定价格的方法。这种定价方法的基础是市场可以接受的销售价格水平，具体包括反向定价法、认知价值定价法和差别定价法三种。

1. 反向定价法

这种定价方法的主要依据是国外市场的需求，即顾客可以接受的价格，而不是产品的成本。即使产品成本一样，只要需求强度不一样，就可以制定不同的价格。反向

定价法主要是为了兼顾企业应获得的收益以及产品在国际市场上的竞争力。按照这种定价法，企业要先分析国外市场上的供求关系，估算出企业产品在目标市场上的销售价格，然后从这一估算价格中减去中间商的利润、关税、运费等，反推出产品的出厂价格，即 FOB 价。假设企业估计了国际市场零售价为 33.6 美元，从中扣除零售商、批发商的加成，再扣除关税、运费、保险费等后，就是企业该产品的出厂价格，见表 11-1。

表 11-1 反向定价法 （单位：美元）

1		国际市场零售价	33.6
2		减零售商加成 40%	-9.6
3		零售商成本	24.00
4		减批发商加成 15%	-3.13
5		批发商成本	20.87
6		减增值税 12%	-2.24
7		CIF 加关税	18.63
8		减关税 9%	-1.54
9		CIF 价	17.09
10		减运费、保险费	-2.09
11		FOB 价	15.00

在反推出了企业的 FOB 价后，企业可以对出口机会进行评估。如上述假设中的 FOB 价为 15 美元，如果高于在国内的售价，则出口对企业有利；如果低于国内售价，企业就要综合分析各种因素，决定是否出口。面临这种情况，企业一般有以下几种选择：

1）国内市场尚有较好的销售机会时，可以放弃这一出口机会。

2）如果除供应国内市场外，企业还有剩余的生产能力，就可以考虑按边际成本定价法为出口产品定价，即企业仍然可以出口。

3）企业设法缩短营销渠道，以减少中间商加成，降低营销费用。

4）对出口产品进行修正，使产品成本有所降低。

5）改变进入国际市场的方式，如可将国内生产、国外销售，改为国外就地生产、就地销售，以减少运费、关税等费用支出。

2. 认知价值定价法

认知价值定价法也称"感受价值定价法""理解价值定价法"。这种定价方法认为，某一产品的性能、质量、服务、品牌、包装和价格等，在消费者心目中都有一定的认识和评价。消费者往往根据他们对产品的认识、感受或理解的价值水平，综合购物经验、对市场行情和同类产品的了解而对价格做出评判。当商品价格水平与消费者对商品价值的理解水平大体一致时，消费者就会接受这种价格；反之，消费者就不会接受这个价格，商品就卖不出去。

也就是说，企业按照消费者主观上对该产品所理解的价值，而不是产品的成本费用水平来定价。企业利用市场营销组合中的非价格变数来影响购买者，在他们的头脑中形成认知价值，然后据此来定价。企业在运用此方法时，需要正确估计购买者所承认的价值。这是一种顾客导向的定价方法。

掌握认知价值定价法也要把握两个关键：

第一，企业应通过市场营销研究，探测消费者对本企业所生产的产品的市场上同类品牌的认知价值。

第二，企业还应估计和测量本企业营销组合中的非价格变量在目标市场中将要建立起来的认知期望值，并比较产品差异和认知价值差异（与市场上同类产品其他品牌进行产品的性能、用途、质量、外观的认知比较和认知价值比较），然后为产品制定价格。这种价值要能反映消费者对产品的评价，而不是企业成本，更不是企业的主观价值判断。

认知价值定价是从现代市场定位观念出发，将目标市场需求和消费者心理价位有效统一起来的具体表现。在实践中，企业针对某一特定的目标市场开发出一个产品概念，并计划好产品的质量和价格，然后管理部门要估计该价格下所能销售的产品数量。根据这一销量再决定企业的生产能力、投资额和单位成本。接着，管理部门要计算出在此价值和成本下能够获得的利润。如能获得满意利润，就继续开发该新产品；否则，企业就要放弃这一产品。

3. 差别定价法

所谓差别定价，是指企业以两种或两种以上反映成本费用的比例差异的价格来销售一种产品或服务，即价格的不同并不是基于成本的不同，而是企业为满足不同消费层次的要求而构建的价格结构。

差别定价法有如下几种形式：

（1）顾客细分定价。顾客细分定价是指企业以不同的价格把同种产品卖给需求迫切程度、内行程度不同的顾客。一般而言，对于那种需求较为迫切、内行程度低的行业、用户，应制定较高的价格；相反情况下，则可适当降低价格。例如，铁路公司对学生、军人售票的价格往往低于一般乘客；自来水公司根据需要把用水分为生活用水、生产用水，并收取不同的费用。

（2）产品形式差别定价。企业按产品的不同型号、不同式样制定不同的价格，但不同型号或式样的产品其价格之间的差额和成本之间的差额是不成比例的。例如，一件衣服价格120元，成本90元，在衣服上绣花，成本追加10元，但价格却可定到150元。

（3）形象差别定价。有些企业根据形象差别，对同一产品制定不同的价格。企业可以对同一产品采取不同的包装或商标，塑造不同的形象，以此来消除或缩小消费者认识到不同细分市场上的商品实质上是同一商品的信息来源。例如，某商品在廉价商店低价销售，但同样的商品在豪华的精品店可高价销售。

（4）地点差别定价。即使向每一地点提供成本相同的产品，也可以根据地点不同而制定不同的价格。例如，影院、体育场等根据观众对不同位置的偏好制定不同的座位价格。

（5）时间差别定价。由于时间、季节的不同，消费者对同一产品的需求程度产生差异，因此，价格要随季节、日期甚至钟点的变化而变化。比如，旺季来临时，可将价格定得相对高一些；而进入淡季后，则应适当调低价格。

采取差别定价法，必须具备以下条件：①市场必须是可以细分的，各个细分市场表现出不同的需求程度；②以较低价格购买某种产品的顾客不会以较高价格倒卖给他人；③竞争对手不可能在企业以较高价格销售商品的市场上以低价竞销；④细分市场和控制市场的成本不得超过实行差别定价所得的额外收入；⑤差别价格不会引起顾客的厌恶和不满。

首先，运用产品差别定价法的企业必须具备一定的实力，在某一行业或某一区域市场占有较大的市场份额，消费者能够将企业产品与企业本身联系起来。其次，在质量大体相同的条件下实行差别定价是有限的，尤其对于定位为"质优价高"形象的企业来说，必须支付较高的广告、包装和售后服务方面的费用。因此，从长远来看，企业只有通过提高产品质量，才能真正赢得消费者的信任，才能在竞争中立于不败之地。

11.3.3 竞争导向定价法

竞争导向定价法是企业通过研究竞争对手的生产条件、服务状况、价格水平等因素，依据自身的竞争实力，参考成本和供求状况来确定商品价格，以市场上竞争者的类似产品的价格作为本企业产品定价的参照系的一种定价方法。竞争导向定价法主要包括以下几种：

1. 通行价格定价法（随行就市）

在垄断竞争和完全竞争的市场结构条件下，任何一家企业都无法凭借自己的实力在市场上取得绝对的优势，为了避免竞争特别是价格竞争带来的损失，大多数企业都采用随行就市定价法，即将本企业某产品价格保持在市场平均价格水平上，利用这样的价格来获得平均报酬。这是竞争导向定价法中广为流行的一种，定价原则是使本企业产品的价格与竞争产品的平均价格保持一致。采用这种定价方法的主要理由如下：

1）平均价格水平在人们观念中常被认为是"合理价格"，消费者易接受。

2）企业初涉某一市场，对需求、渠道等因素知之甚少，试图与竞争者和平相处，避免激烈竞争产生的风险，此时一个简便的定价方法就是模仿竞争产品的价格。

3）某些大宗商品，如小麦、茶叶、咖啡、石油等，其世界市场价格是众所周知的，基本上是流行价格。这类价格是众多买主和卖主通过多次交易达成的，企业在一般情况下只需随行就市，没有必要使自己的价格高于或低于这种流行价格。

4）可适用于任何市场结构。采用通行价格定价法时，企业一般十分注重市场领导者和主要竞争对手的价格变化，而不太注重自己产品的成本和需求，企业的定价可以等于、高于或低于主要竞争对手的价格。在钢材、造纸、化肥等寡头垄断的行业中，企业通常制定相同的价格，小企业追随市场领导者。当市场领导者变动价格时，它们会随之变动。

阅读材料 11-1

一次纯牛奶的定价过程

一、事情背景

新疆 A 企业在进入乳品行业初期，由于产品单一，无品牌影响力，主推纯牛奶产品上市初期，采取的是 243mL/袋，百利包包装形式，产品规格 20 袋/件，产品供货价 19 元/件，终端零售价 20 元/件，产品销售量每日不足 12t，企业处于无利甚至亏损状态。新上任的总经理急于改变这种状况，对产品品种进行了调整，容量改为 200mL/袋，规格 24 袋/件。然而在制定产品供货价时遇到了难题，由于各方面意见不一致，有的主张仍采取每件 19 元/件就可以了，有些主张产品价格定在 24 元/件，有些则主张定在 20~21 元/件，有的则主张定在 22 元/件，新上任的总经理陷于矛盾之中。采取原先的 19 元/件价位产品上市，则利润率极低；若定价在 20~24 元/件，产品价格越高，利润率越高，固然好，但当时企业面临生存的问题和销售急需上量的问题。于是，营销人员开始了对这次产品定价的分析和确定工作。

二、定价过程的分析阶段

（1）对产品进行定性分析。乳制行业中纯牛奶产品一直是市场上走货量较大的产品，同时该产品肩负着企业品牌和形象传播的任务，是一个走量产品和形象产品。

（2）目标消费人群分析。纯牛奶产品作为乳品行业中的一个普通品种，其消费人群涵盖上至老人下至小孩的所有人群，属于家庭消费占主导的普通消费品。

（3）销售渠道状况的分析。牛奶产品面对广大家庭，A 企业产品的销售渠道主要是街边超市和社区周围的杂食店，是食品行业的传统销售渠道。

（4）产品策略的分析。该纯奶品项是企业的长线产品，承担着企业的战略任务，产品价格一旦定下来，将是长期和稳定的。

（5）产品特性的分析。该产品采用百利包包装，包装形式与市面产品大同小异，其功能、概念无特殊和独到之处，产品是普通产品。

（6）产品的价格需求弹性分析。纯牛奶产品是一个价格需求弹性大的产品，产品价格与产品销售量关系很大，特别是该地区消费者尚无品牌消费概念，对牛奶的认知水平较低，对品牌尚无建立的 A 企业而言，价格与需求的弹性表现更为明显。

三、定价过程的市场调研阶段

1. 行业发展情况调查

乳制品行业作为一个朝阳行业，液态奶产品处于一个高速发展阶段，市场容量较大，行业兴盛。同时从网上查看了全国各地区牛奶产品的价位，百利包产品的销售单袋价格均在 1 元，而整件出售由于包装规格不同，产品价格有所不同，但折合每袋价格仍在 0.9~1 元。

2. 市场环境的调查

1) 对整个市场竞争产品进行分析，发现产品规格、包装趋于一致，同一规格的售价一致，供货价也一致，但因促销买赠差别较大，低的折算下来只有18元/件，而高的在22元/件，并且是市场上的主流。

2) 通过对消费者调查得出：A企业产品，口味非常好，比该市场的第一品牌的口味都要好，很受消费者欢迎，但终端铺货量较少，价格对消费者影响尚不大。

3) 通过对销售渠道调查得出：A企业原先规格产品供货价19元，零售与整箱购买对渠道而言利润一致，虽然整箱利润与竞品一致，但零售与竞品相比价差1元，终端有微异，从而也影响终端零售店主的零售推荐力。

3. 企业自身环境的调查

1) 企业对奶业发展充满信心，企业的目标是让新疆人民喝上一杯放心奶，后期会对于乳业在推广、品牌、宣传上进行大的投入，因而产品定价需要留出此部分空间利润。

2) 企业母公司规模较大，财务状况良好，并拥有几个千头牛场，奶源质量高，奶源的优势产品明显质量好，但对产品价格定位是白金品质白银价格，是追求市场份额的企业。

3) 企业的乳业处于市场发展初期，尚无品牌优势，而且纯奶产品的市场地位属于跟随者地位。

4) 从企业处的市场环境来看，牛奶产品正处于销售势头的上升期，销售量会大幅提升。

四、定价的最终结论

根据对各因素的综合考虑，结合市场的调查结果，通过分析，采取竞争导向定价法的随行就市定价法，将该产品的价格定位在中档价位，售价定在22元/件，建议零售价23~24元/件，考虑市场后期发展的不可预见性，建议企业在产品推广中预提2元用于产品的推广费和促销费用。

此方案得到公司总经理的认可，并执行该价格定位，最终结果：企业产品顺利上市，并形成大的销售量，取得定价的成功。

2. 主动竞争定价法

与通行价格定价法相反，主动竞争定价法不是追随竞争者的价格，而是根据本企业产品的实际情况及与竞争对手的产品差异状况来确定价格。一些实力雄厚或产品独具特色的企业，在一定时期的某一市场上，以击败某一或某些竞争对手为主要目标时，可采用这种定价方法。企业采用这种定价方法定价时，首先，将市场上竞争产品价格与企业估算价格进行比较，分为高于、等于及低于三个价格层次。其次，将本企业产品的性能、质量、成本、款式、产量等与竞争企业进行比较，分析造成价格差异的原因。再次，根据以上综合指标确定本企业产品的特色、优势及市场定位，在此基础上，按定价所要达到的目标，确定产品价格。最后，跟踪竞争产品的价格变化，及时分析原因，相应调整本企业产品价格，直到击败竞争对手为止。

3. 密封投标定价法

密封投标定价法主要用于投标交易方式。这种方法是指企业与众多同行竞争者组成一个卖方集团，对同一买主的公开招标进行竞争投标，密封报价，再由买方从中选择价格低、质量高、信誉好的投标者签订合同。这种方法一般适用于基建工程或成套设备的购置及政府等集团的采购。在确定投标报价时，企业必须充分预测竞争对手的报价，并根据竞争者可能的报价，制定一套既能中标又有利可图的最佳报价方案。这里关键是要掌握好中标概率与报价的关系，必须在报价与中标概率的大小之间确定最优报价。最优报价一般是依据预期利润的计算来进行的，预期利润是报价的实际利润与报价的中标概率的乘积。由表 11-2 可知，报价 11000 万元时，预期利润最高，11000 万元为最佳报价。报价 9700 万元时，虽中标概率高，但实现利润较低。其余两种报价中标概率均过低，极有可能招致败标而使实际利润为零，显然不可取。

表 11-2 最佳报价分析

报价（万元）	成本（万元）	目标利润（万元）	中标概率（%）	预期利润（万元）
①	②	③=①-②	④	⑤=③×④
9700	9500	200	60	120
11000	9500	1500	30	450
12000	9500	2500	9	225
13000	9500	3500	1	35

在招标投标方式下，投标价格是企业能否中标的关键性因素。高价格固然能带来较高的利润，但中标机会相对减少；反之，低价格虽然中标机会大，但其机会成本高，利润少。那么，企业应该怎样确定投标价格呢？

1）企业根据自身的成本，确定几个备选的投标价格方案，并依据成本利润率计算出企业可能盈利的各个价格水平。

2）分析竞争对手的实力和可能报价，确定本企业各个备选方案的中标机会。竞争对手的实力包括产销量、市场占有率、信誉、声望、质量、服务水平等项目，其可能报价则在分析历史资料的基础上得出。

3）根据每个方案可能的盈利水平和中标机会，计算每个方案的期望利润。然后根据企业的投标目的来选择投标方案。

运用这种方法，最大的困难在于估计中标概率。这涉及对竞争者投标情况的掌握，只能通过市场调查及对过去投标资料的分析大致估计。

11.4 国际市场的定价策略

国际营销定价策略是指企业在营销活动中，根据自身条件变化及所处的国际市场环境的具体情况，运用价格策略来获取竞争中的优势地位的一种手段。

在国际市场上，供求关系变幻莫测，企业的定价策略也应根据竞争形势随时调整。

11.4.1 新产品定价策略

有专利保护的新产品的定价可采用撇脂定价策略和市场渗透定价策略。

1. 撇脂定价策略

所谓撇脂定价,是指新产品上市之初,将价格定得较高,在短期内获取厚利,尽快收回投资。就像从牛奶中撇取所含的奶油一样,取其精华。从市场营销实践看,在以下条件下,企业可以采取撇脂定价策略:

1) 高新产品,或是专利保护的产品,或是独家经营的别无竞争者。

2) 市场有足够的购买者,他们的需求缺乏弹性,即使把价格定得很高,市场需求也不会大量减少;或高价带来的利益必须高于高价造成的需求量下降而带来的损失。

3) 商品的价格与其质量应该相符,即高价推出的新产品在消费者心中应该是优质产品、高档产品。

4) 企业的生产能力有限,通过高价限制消费者的需求量。

这种方法适合需求弹性较小的细分市场,其优点是:①新产品上市,顾客对其无理性认识,利用较高价格可以提高身价,适应顾客求新心理,有助于开拓市场;②主动性大,产品进入成熟期后,价格可分阶段逐步下降,有利于吸引新的购买者;③价格高,限制需求量过于迅速增加,使其与生产能力相适应。其缺点是:获利大,不利于扩大市场,并很快招来竞争者,会迫使价格下降,好景不长。

2. 市场渗透定价策略

市场渗透定价策略与撇脂定价策略正相反,它是指企业在新产品打入市场之初将价格定得很低,这样做的目的是迅速打开销路,争取到更多的购买者,提高市场占有率。采取这一策略的优点是:新产品能迅速进入并占领新的国际市场,可以拥有价格方面的竞争优势,薄利多销可扩大产量、降低成本等。但也应看到此种策略有其不足,例如不利于投资尽快地收回,不利于在消费者心目中塑造优质优价的产品形象。

从市场营销实践看,在以下条件下,企业可以采用市场渗透定价策略:

1) 市场价格需求弹性大,消费者对产品价格较为敏感,降低价格确实可以起到刺激消费需求的作用。

2) 低价出售仍使企业有盈利的可能,且不致引起竞争者的报复和倾销指控。

3) 采用这种策略会使企业在短期内很难实现预期的收益目标,因而一定要对目标市场(国家或地区)的政治稳定、政策制定、汇率变动等问题有一个总体与长期的把握。

当新产品没有显著特色、竞争激烈、需求弹性较大时,宜采用市场渗透定价策略。其优点是:①产品能迅速为市场所接受,打开销路,增加产量,使成本随生产发展而下降;②低价薄利,使竞争者望而却步、减缓竞争,获得一定市场优势。

对于企业来说,采取撇脂定价策略还是市场渗透定价策略,需要综合考虑市场需求、竞争、供给、市场潜力、价格弹性、产品特性、企业发展战略等因素。

11.4.2 心理定价策略

企业在定价时可以利用消费者心理因素,有意识地将产品价格定得高些或低些,以满足消费者生理的和心理的、物质的和精神的多方面需求,通过消费者对企业产品的偏爱或忠诚,扩大市场销售,获得最大效益。心理定价策略的形式有以下几种:

1. 声望定价策略

声望定价即针对消费者"便宜无好货、价高质必优"的心理,对在消费者心目中享有一定声望、具有较高信誉的产品制定高价。不少高级名牌产品和稀缺产品,如豪华轿车、高档手表、名牌时装、名人字画、珠宝古董等,在消费者心目中享有极高的声望价值。购买这些产品的人,往往不在于产品价格,而最关心的是产品能否显示其身份和地位,价格越高,心理上越满足。

一般质量不易鉴别的商品的定价最适宜采用此方法,因为消费者有崇尚名牌的心理,往往以价格判断质量,认为高价代表高质量。但价格也不能高得离谱,使消费者不能接受。有报道称,在美国市场上,手工做的布鞋很受欢迎。但质量好、价格低的手工布鞋却竞争不过质量相对差、价格却高的手工布鞋,其原因是在美国人眼里,低价就意味着低档次。

2. 尾数定价策略

尾数定价策略就是利用消费者数字认知的某种心理,尽可能在价格数字上不进位,而保留零头。例如,一件商品标价 299.30 元一定比标价 300 元给顾客带来的吸引力大得多。一方面尾数定价会使消费者感觉价格较低,另一方面消费者会认为产品价格是经过严格核算而制定的。现在这种尾数定价法已被相当普遍地应用。

3. 促销定价策略

促销定价策略主要是利用消费者"求廉"的心理,运用价格、信贷等手段进行促销,例如,在国际市场上常见的一种价格策略是向长期、经常性购买的消费者提供一定数额的低息贷款,以此确保彼此之间较为稳定的供销关系,例如美国福特公司的汽车销售信贷。

4. 习惯定价策略

有些产品在长期的市场交换过程中已经形成了为消费者所适应的价格,成为习惯价格。企业对这类产品定价时要充分考虑消费者的习惯倾向,采用"习惯成自然"的定价策略。对消费者已经习惯了的价格,不宜轻易变动。降低价格会使消费者怀疑产品质量有问题;提高价格会使消费者产生不满情绪,导致购买行为发生转移。在不得不需要提价时,应采取改换包装等措施减少消费者抵触心理,并引导消费者逐步习惯新的价格。

5. 招徕定价策略

这是适应消费者"求廉"的心理,将产品价格定得低于一般市价,个别甚至低于成本,以吸引顾客、扩大销售的一种定价策略。采用这种策略,虽然几种低价产品不赚钱,甚至亏本,但从总的经济效益看,由于低价产品带动了其他产品的销售,企业还是有利可图的。

采用招徕定价策略应注意以下几点：

1）降价的商品应是消费者常用的物品，最好是适合每一个家庭应用的物品，否则没有吸引力。

2）实行招徕定价的商品，经营的品种要多，以便使顾客有较多的选购机会。

3）降价商品的降低幅度要大，一般应接近成本或者低于成本。只有这样，才能引起消费者的注意，才能激起消费者的购买兴趣。

4）降价商品的数量要适当，数量太多商店亏损太大，数量太少容易引起消费者的反感。

5）降价商品应与削价的残次品明显区别开来。

阅读材料 11-2

一 元 拍 卖

某商场每逢节假日都要举办"一元拍卖活动"，所有拍卖商品均以 1 元起价，报价每次增加 5 元，直至最后定夺。但这种由该商场举办的拍卖活动由于基价定得过低，最后的成交价就比市场价低得多，因此会给人们产生一种卖得越多、赔得越多的感觉。殊不知，该商场用的是招徕定价策略，它以低廉的拍卖品活跃商场气氛，增大客流量，带动了整个商场的销售额上升。这里需要说明的是，应用此方法所选的降价商品，必须是顾客都需要而且市场价为人们所熟知的。

11.4.3 差别定价策略

企业往往根据不同顾客、不同时间和场所来调整产品价格，实行差别定价，即对同一产品或劳务定出两种或多种价格。但这种差别不反映成本的变化。相关情况见第 11.3.2 小节。

11.4.4 折扣定价策略

折扣定价是指对基本价格做出一定的让步，直接或间接降低价格，以争取顾客，扩大销量。其中，直接折扣的形式有现金折扣、数量折扣、季节折扣、职能折扣等。间接折扣的形式有回扣和津贴等。

1. 现金折扣

现金折扣是对在规定的时间内提前付款或用现金付款者所给予的一种价格折扣，其目的是鼓励顾客尽早付款，加速资金周转，降低销售费用，减少财务风险。采用现金折扣一般要考虑三个因素：折扣比例、给予折扣的时间限制、付清全部货款的期限。

提供现金折扣等于降低价格，所以企业在运用这种手段时要考虑商品有否足够的需求弹性，保证通过需求量的增加使企业获得足够利润。此外，运用这种手段的企业要结合宣传手段，使买者更清楚自己将得到的好处。

2. 数量折扣

这是一种最为常见的折扣方式，即对大量购买的顾客给予低价，一般可分为一次性数量折扣和累计性数量折扣。所谓一次性数量折扣，是指买方一次购买的数量越多，单价越低；而累计性数量折扣是指在一定时期内，买方累计购买量越大，单价越低。

运用数量折扣策略的难点是如何确定合适的折扣标准和折扣比例。如果享受折扣的数量标准定得太高，比例太低，则只有很少的顾客能获得优待，绝大多数顾客将感到失望；购买数量标准定得过低，比例不合理，又起不到鼓励顾客购买和促进企业销售的作用。因此，企业应结合产品特点、销售目标、成本水平、企业资金利润率、需求规模、购买频率、竞争者手段以及传统的商业惯例等因素来制定科学的折扣标准和比例。

3. 季节折扣

有些商品的生产是连续的，而其消费却具有明显的季节性。为了调节供需矛盾，这些商品的生产企业便采用季节折扣的方式，对在淡季购买商品的顾客给予一定的优惠，使企业的生产和销售在一年四季能保持相对稳定。

季节折扣比例的确定，应考虑成本、储存费用、基价和资金利息等因素。季节折扣有利于减轻库存，加速商品流通，迅速收回资金，促进企业均衡生产，充分发挥生产和销售潜力，避免因季节需求变化所带来的市场风险。

4. 职能折扣

有时卖方会需要买方承担一定的业务功能，如商品装卸、运输、存储、包装、加工等，买方在不同环节上承担的责任不同，折扣当然也不同。如果经销商能主动为产品进行一系列的促销活动，如广告宣传、设置专柜、橱窗展览、加派现场促销员等，那么可获得更低的进价。

采用职能折扣的目的是鼓励中间商大批量订货，扩大销售，争取顾客，并与生产企业建立长期、稳定、良好的合作关系。同时，对中间商经营的有关产品的成本和费用进行补偿，并让中间商有一定的盈利空间。

5. 回扣和津贴

回扣是间接折扣的一种形式，它是指购买者在按价格目录将货款全部付给销售者以后，销售者再按一定比例将货款的一部分返还给购买者。津贴是企业为特殊目的，对特殊顾客以特定形式所给予的价格补贴或其他补贴。例如，当中间商为企业产品提供了包括刊登地方性广告、设置样品陈列窗等在内的各种促销活动时，生产企业给予中间商一定数额的资助或补贴。又如，对于进入成熟期的消费者，开展以旧换新业务，将旧货折算成一定的价格，在新产品的价格中扣除，顾客只支付余额，以刺激消费需求，促进产品的更新换代，扩大新一代产品的销售。这也是一种津贴的形式。

11.4.5 国际转移定价策略

这种定价技巧只存在于国际营销之中。国际转移定价是指跨国经营企业的母子公司之间、各子公司之间相互交易商品与劳务时使用的一种内部交易价格，其实质是跨国公司实现全球利益最大化的一种手段，因而，这种价格很少受供求关系的影响。

跨国公司为了合理地利用资源，建立全球性一体化生产经营系统，将其生产、销售和金融等机构分别设在不同的国家或地区，以充分利用各个国家或地区的资源优势，并在公司内部开展生产设备、零部件、原材料、专利技术等交易活动，以实现跨国公司整体利益最大化。由于转移价格只是反映在账面的销售价格，记账手续健全，因此不易被母国及其东道国所发现，具有一定的隐蔽性。

国际转移定价的目的有以下几点：

1. 规避关税

关税是国际商品转移的重要成本。为了增加收益，许多跨国经营的企业都会采用转移价格的方法来规避关税。从关税方面来看，世界各国的关税也有很大的不同。由于关税多是从价计征的比例税率，即产品价格越高，应缴的关税越多，若一国某类产品的关税税率高时，则母公司在将产品出售给该国的子公司时，易采取较低的价格，以降低关税。另外，跨国公司还可以利用区域性经济同盟的优惠规定，以达到降低关税的目的。例如，欧盟成立了自由贸易区，规定产品若是在欧盟自由贸易区外生产的，由贸易区一成员国运往另一成员国时需要缴纳关税。跨国公司的母公司就可将半成品的售价定得低一些，使半成品生产成成品后的价值一半以上是在欧盟区内的子公司增值，这样该商品在欧盟区不同成员国内销售就可免缴关税。

2. 规避所得税

世界各国各地区的所得税征收办法不同，税率也相差较大，这就给跨国公司提供了减少整个税额的办法。

例如，A国的所得税高于B国，某跨国企业在两地设有子公司，当该企业的商品和劳务由A国转移到B国时，价格低于正常水平；当由B国转移到A国时，价格高于正常水平。这样，B国子公司的利润额增加，A国子公司的利润额减少，总公司税额下降。

有些国家为了吸引外资，甚至设立了避税港，在避税港内外国公司税率很低，甚至完全免税，或提供大量税收代票政策。这时，跨国公司往往先在避税港设立子公司，然后要求位于其他高税率国家的子公司低价出售产品给位于避税港的子公司，避税港子公司再以高价将产品卖给高税率国家的子公司，这样就将大部分利润转移到了位于避税港的子公司，使跨国公司的整体利润增加。

3. 规避风险

跨国经营的风险要远远大于国内经营。除了自然风险和市场需求上的风险之外，还有政治军事风险、汇率波动风险、外汇管制风险等。

当某国政局不稳或有可能发生军事冲突时，跨国公司可利用转移定价抽走该国资金。其做法是增加该子公司的成本，减少其利润。例如，对该子公司收取高额专利使用费、技术指导费、劳务费；以高价向该子公司销售商品或劳务，以低价购买其产品或劳务。这样一来，实际就等于抽掉了该国的资金。

当汇率贬值风险和外汇管制风险同时存在时，跨国公司都可以采用大体一致的转移价格。例如，当一国货币汇率下浮很大时，跨国公司为减少在该国的子公司的损失，可以采取向该国子公司高价出售产品或以低价买进产品的方式，使其在该国的子公司的利润调回母公司，从而避免造成更大的损失。

4. 转移资金

跨国公司出于早日收回投资的目的，需要将子公司的资金转移出来。但许多国家为了长期利用外资发展经济，一方面鼓励外资进入本国，另一方面又对资本的收回做出时间和金额上的限制规定。对这种限制，跨国公司可以利用转移定价策略将资金收回。通常采取向子公司低价购买产品和高价卖给子公司产品的措施，达到转移子公司资金的目的。另外，还可根据各国对贷款和利息的汇出一般无限制条件，对子公司减少直接资金投入，采取向国外子公司提供高息贷款的方法，通过向子公司收取高额利息使资金从子公司收回。

跨国公司在运用转移定价策略时，需要考虑以下两方面因素的影响：

1. 跨国公司内部的矛盾

跨国公司利用转移定价的目的是使公司整体利益最优化，但它却以转移部分子公司的经营业绩为前提，这也必然会受到子公司不同程度的抵制，而且会造成子公司之间的矛盾。为解决跨国公司的集中管理和分散经营的矛盾，跨国公司要从总体上协调好各种关系，这也会加大公司的管理成本。所以，跨国公司要权衡利弊得失，采取适当的转移定价策略。

2. 各国政府的政策

各国政府都非常关注跨国公司的转移定价问题，都加强了税收、审计、海关等方面的监督和检查，并出台了许多针对转移定价的政策和法规，以消除转移定价的不良影响。国际上普遍采用的是"比较定价"原则，又称"一臂长"定价原则，就是将同一行业中某些产品的一系列交易价格和利润率进行比较，若发现有哪些跨国公司子公司的进口货价过高，不能达到该行业的平均利润率时，东道国税务部门可以要求按"正常价格"进行营业补税。另外，很多国家还通过调整征税办法，建立严格的审计制度，加强海关的监督和管理，防止并限制跨国公司滥用转移价格。

11.4.6 国际市场产品调价策略

国际营销企业处在一个不断变化的市场环境之中，在竞争激烈的国际市场上要想生存和发展，就必须适时地进行价格调整，争取市场销售的主动地位。企业进行价格调整的措施主要有提价策略和降价策略。

1. 国际市场产品提价策略

一个成功的提价策略可以使企业的利润大大增加。产品价格提高，除了追求更高利润外，另外一些因素有：

（1）成本上涨。企业开展生产活动所需要的原材料、能源、零部件、人工等各种要素价格上涨时，为了保持生产的持续进行，企业不得不采取提价策略。

（2）通货膨胀。世界范围内持续的通货膨胀，使得企业的成本费用不断提高。与生产率增长不相称的成本增长速度，压低了出口企业的创汇幅度，使得许多企业不得不定期提高产品价格。企业提高产品价格后，应该使用各种沟通渠道，向客户说明提价原因并听取客户反映，帮助客户解决因提价而带来的各种问题。

（3）供不应求。企业的产品供不应求，不能满足所有顾客的需要。在这种情况下，企业可以通过提价来限制部分需求，或者对客户限额供应，或者两种措施共同采用。

（4）市场竞争。当同行业的主导企业提价时，为了避免与其抵触而造成损失，必须考虑随之提价。当企业产品在与竞争产品的抗衡过程中，已在顾客心理上确立了某种差别优势时，企业可以考虑利用自己的独特优势提价。此时，提价幅度必须是顾客能够承受，且能够维系顾客忠诚度的。

（5）避免被外国指控为倾销。若企业长期将产品以较低的价格在国外目标市场出售，且市场占有率又很高，很容易招致对方的倾销指控，此时提价便成为企业采取的比较稳妥的价格调整策略。

2. 国际市场产品降价策略

由于诸多因素的交织作用，企业不仅会提高产品价格，还会降低产品价格。如下情况可能会导致企业降低价格：

（1）供过于求。当企业产品在国际目标市场上供过于求时，为了增加销售额，可能会千方百计地改进产品，增加促销手段或者采用其他措施。这些均不能奏效时，就要考虑降低售价。

（2）竞争加剧。当国际市场上出现了强有力的竞争者时，往往会导致企业市场占有率的下降。例如，美国的汽车、消费电子产品、照相机、钟表等行业，由于日本竞争者的产品具有质量高、价格较低的竞争优势，丧失了一些市场份额。在这种情况下，美国一些公司不得不降低价格。

（3）成本优势。当企业进入国际市场的成本费用比竞争者低时，一般会考虑通过降低价格来扩大市场或提高市场占有率，从而扩大生产和销售量来排挤竞争者。但消费者常常有"低质低价"和"买涨不买降"的心理，所以要努力向消费者解释降价的原因以获得消费者的理解。另外，降价也极易引发"价格战"，对此企业要有足够的应对能力并制定周全的应对策略。

11.5 国际市场定价应注意的问题

1. 统一价格与差别价格

许多企业在国际市场营销活动中，在价格方面常常会遇到这样一个问题：究竟同一种产品的价格应该在世界各国市场上保持一致，还是针对各国的不同情况分别制定不同的价格？从众多企业的营销实践上看，大多数都采用差别定价策略。因为受历史、文化、经济发展水平、国内资源、政府政策等因素的影响，各国的生产成本、竞争价格、营销渠道及其营销成本、产品生命周期以及税收等都不一样，企业应根据这些方面的差别制定不同的价格。但是，也有少数企业认为，在国际市场上保持统一的价格，有利于公司和产品在各国市场上形成一致的形象，而且统一的市场定价策略有利于节约营销成本，同时便于公司总部对整个营销活动的控制。由此可见，不同的企业有不同的选择。

2. 总部定价与子公司定价

许多规模较大的企业在国际营销的价格管理方面，面临这样一个问题：由总公司统一制定商品在世界各地的价格，还是由在各国的子公司独立地定价？对这个问题的回答有三个：一是由公司总部定价；二是由子公司单独定价；三是由公司总部与子公司共同定价。由于各国的生产、市场和竞争等条件都有所不同，因此由总公司为各国的子公司统一定价的情况还不多见。比较常见的方法是由总公司和子公司联合定价，其具体做法是：由总公司确定一个基价和浮动幅度，子公司可以根据所在国的具体情况，在总公司规定的浮动范围以内，灵活地制定本地区的商品价格。这样，既能使总公司对子公司的定价保持一定的控制，又能使子公司有一定的自主权，使价格适应当地市场的具体情况。

3. 本国货币与外国货币

企业在出口商品时，是使用本国货币还是使用外国货币？这是摆在每一个企业面前的又一个重要问题。商品在国际市场上的成交价格，一般都选择可兑换的货币和较为稳定的货币。可兑换货币一般是指在国际外汇市场上可自由进行买卖的货币。目前，国际货币基金组织承认为可兑换的货币有很多种，主要有美元、欧元、英镑、加拿大元、日元等。由于各国汇率不同，而且汇率波动很大，因此出口商品价格选择什么样的货币就显得十分重要。用本国货币报价的优点是易于管理，便于计算。但是，对于本国货币不能自由兑换的国家的企业来说，就只能采用外币报价。无论使用何种货币报价，都难以避免货币币值波动的风险。因为自实行浮动汇率制以来，世界主要货币的币值经常处于波动之中。

企业选择进出口商品报价货币时，要特别考虑外汇汇率波动的情况，以采用对自己有利的货币来报价。为此，企业应及时了解影响外币汇率变动的因素，如相对汇率、相对通货膨胀率、国际贸易状况等，从而把握外币汇率的变动趋势，正确地选择商品报价货币。一般来说，企业在进口时，应选择汇价有下浮趋势的货币，即所谓"软货币"；在出口时，应选择汇价有上升趋势的货币，即所谓"硬货币"。在我国，60%以上的商品采用美元计价结算，同时，有些商品也采用欧元、日元、英镑等其他货币结算。美元是国际贸易中的"硬货币"，近些年来，国际金融市场动荡不定，因此，我国企业在出口时，货币的选择应实行全方位化，即应选择多种货币，以便将风险分摊到各种货币上，最大限度地减少损失。

计价货币的最终选择，主要依靠买卖双方共同协商。企业应从实际出发，在不影响出口或急需物资进口的前提下，从购买意图、市场竞争状况等诸因素出发，全盘考虑，灵活掌握。每个企业受自身条件的限制，一般很难准确、及时地把握国际金融市场的动态，因此，在选择计价货币时，尤其在选择出口报价的货币时，应及时向国内外的有关机构如金融等部门进行咨询。

4. 倾销与反倾销

倾销是指一个国家或地区的出口经营者以低于国内市场正常或平均价格甚至低于成本价格向另一国市场销售其产品的行为，目的在于击败竞争对手，夺取市场。倾销是一种价格歧视，对进口国的某些工业造成重大损害或重大威胁，是一种不正当的贸易行为。倾销可分为以下几种：

（1）偶然性倾销。这种倾销往往是将适时的产品或在本国市场上已无销路的商品以低于生产成本的价格向国外抛售。这类倾销对进口国的同类生产企业在短时间内会有不利影响，但对进口国消费者来说，带来了价廉物美的商品，所以进口国政府通常对此类倾销不予干预。

（2）间歇性倾销。这种倾销的主要做法是以低于国内价格甚至低于成本的价格，向国外大量抛售商品，其目的就是打垮国外竞争对手，垄断市场，然后再提高商品的价格，以获取更丰厚的利润。这种倾销的危害极大，它打击了进口国的民族工业，阻碍了进口国同类企业的生存与发展，同时也将最终损害进口国消费者的利益。许多国家对此类倾销通过征收反倾销税等办法进行抵制。

（3）持续性倾销。这类倾销是指长期以低于国内市场的价格向国外市场出售商品，它最显著的特点就是具有长期性，其出口价格至少要高于边际成本，因为只有这样才能避免长期亏损。为此，倾销者常采用规模经济的做法扩大生产以降低单位成本。当然，在打垮竞争对手、完全占领市场以后，倾销者会再抬高价格以赚取超额利润。

反倾销是指对外国商品在本国市场上的倾销所采取的抵制措施。一般是对倾销的外国商品除征收一般进口税外，再增收附加税，使其不能廉价出售。此种附加税称为"反倾销税"。虽然WTO对反倾销问题做了明确规定，但实际上各国各行其是，仍把反倾销作为"贸易战"的主要手段之一。例如，美国在20世纪80年代末针对日本大量倾销小汽车所制定的"超级301条款"在很大程度上遏制了日本汽车出口，使美国的汽车工业走出低谷，进入了良性发展的轨道。但是我们也应看到，一些国家政府，尤其是一些发达国家政府，以反倾销为幌子，行贸易保护主义之实，阻碍了正常国际贸易的发展。

从1995年起，来自美国、加拿大、韩国的新闻纸大量、低价向我国出口，使我国的新闻纸产业受到严重冲击。由于当时我国尚未出台反倾销条例，利用反倾销法律武器维护产业合法权益无明确的法律规定，因此不能采取行之有效的法律行动。1997年3月25日，我国正式颁布实施《中华人民共和国反倾销和反补贴条例》。该条例填补了我国反倾销专门立法的空白，对倾销和损害等做了明确规定，使我国反倾销工作有法可依。1997年12月，我国外经贸部决定对来自美国、加拿大和韩国的新闻纸倾销正式立案调查，自此拉开了运用中国的反倾销法律手段、主张维护自己权利的帷幕。

阅读材料 11-3

反倾销应诉：民营企业争当排头兵

加入WTO后，中国已经成为出口产品遭受反倾销调查最多的国家之一。

中国企业应诉国外反倾销具代表性的四大案例：一是打火机应诉欧盟；二是彩电重返欧盟；三是福耀玻璃胜诉加拿大；四是节能灯应诉欧盟反倾销。

以上四大案例中，除了彩电一案国有企业、民营企业都有之外，其他案例中出面应诉的均为民营企业,从中我们能够看出中国企业尤其是民营企业所表现出的成熟与活力。

谈到反倾销,不可不提及 2002 年闹得沸沸扬扬的温州打火机应诉欧盟反倾销调查一案。温州是中国打火机主要生产基地,产品年外贸销售量 6 亿只,占全球金属打火机市场总量的 70%,其中 1/3 出口欧盟。

2001 年 9 月,欧盟以保护儿童为由对温州打火机启动技术壁垒的 CR⊖ 程序;2002 年 5 月,开始对温州打火机进行反倾销立案调查;同年 7 月,温州烟具行业协会组织打火机相关行业 15 家龙头企业积极应诉,并聘请了欧洲有经验的律师事务所,进行"产业无损害抗辩",另有 1 家企业申请"市场经济地位"。

经过一年多的艰难抗辩,2003 年 9 月 13 日,温州烟具行业协会接到代理律师转来的欧盟正式终止对中国打火机反倾销调查的官方公报,这意味着中国打火机行业应对欧盟反倾销一案已取得彻底胜利。

此案还有一层更深的意义,即这是中国加入 WTO 后,中国民营企业打赢欧盟反倾销的第一案,标志着中国中小民营企业开始懂得运用国际贸易规则保护自身利益。

阅读材料 11-4

新车定价经典案例剖析:奥迪、宝马的"计中计"

第一个回合,先是奥迪诱敌深入,然后是宝马坚守危城。

2004 年 10 月,奥迪率先发难,在新 A6 上市以前,一汽大众决心用自己在国产化率和成本控制上的优势先发制人,把老 A4 的价格降到 30 万元以内。

这一招奥迪预谋了很久,首先在条件上,奥迪的国产化率已经达到 60%,市场份额近 70%,无论是厂家还是经销商,都积累了充足的实力,广东一些经销商甚至已经把库存产品降到了 30 万元以下,市场反应还不错;其次在时机上,宝马刚刚进入中国不久,其 CKD⊖ 指标告罄,而海关将在翌年 4 月 1 日实施《构成整车特征的汽车零部件管理办法》,宝马再想大量使用进口整车,装上轮子就卖,就必须缴纳 30% 的关税。要想在短短三个多月的时间内提高国产化,并以此追上奥迪的价位,几无可能。在市场上,宝马如果能拿到几张大订单,还可以拉回销量,但是在公务车领域,没有人敢用比奥迪更高级的宝马,市场上的奇迹可能性也不大。

另外,奥迪自己在 2004 年的市场价格战中受到很大冲击,一批日本新车的出现开始影响到奥迪 A4 的低端产品,而新改款奥迪已经在当年的日内瓦车展中亮相,很快就将在一汽大众投产,旧款车也必须尽快清库,并减少产量腾出生产线。通常新车上市前两三个月,是旧款车降价的最佳时机。因此,奥迪决定马上降价。

敌军攻到前沿,宝马经销商有点心慌。在进口宝马比国产宝马卖得多的前提下,宝马经销商有一定的财力来灭火。但是四川等地的突然降价却打乱了宝马的布局,经销商

⊖ CR 即 Chilcl Resistance,这里指的是儿童防护法规。
⊖ CKD 即 Completely Knock Down,贸易专用术语,译为全散装件。

多米诺骨牌很快要被推倒了。关键时候，宝马出面制止了经销商的渠道混乱。

但是下一步如何走仍然很困难，奥迪的降价的确难以应对。宝马决定死守城池，暂不做安排。宝马知道奥迪在等待新A6上马，此时的促销与清库有一定关系，况且自己这边的销售情况也不太好，成本又无法很快降下来，因此静观待变是最好的办法。如果自己全面跟进，很可能会中了对手的计。但经销商们耐不住压力，还是悄悄地把价格降了一大块儿。

果然，奥迪在进行了优惠之后，迅速杀了个"回马枪"，三个月后把价格又调了回来。此举一方面有一汽大众新奥迪要上马，必须留好比较小的消费者心理价差的原因，也有一汽大众利润下滑，必须拿回更多现金流的无奈；另一方面，在客观上的确"坐"了宝马一下，宝马的价格与奥迪突然历史性地接近，其品牌价值也受到怀疑。幸亏宝马的降价也是阶段性的，新车还有翻盘的可能，否则这一役足可以打掉宝马进入中国后刚刚鼓起的勇气和信心。

奥迪在这次战役中以一连串精妙的组合战术取得了胜利。当宝马以强势进入市场时，奥迪知道最好的防守是进攻。然而宝马并没有死拼价格，降到奥迪之下，因此保存了元气。坚持守住的既定方针帮助它渡过难关，宝马仍然维持着和奥迪之间虽然微小但却关键的价格空间。

第二个回合，先是宝马出其不意，然后是奥迪将计就计。

2005年7月，宝马出其不意，攻其不备，乘一汽大众为完成一汽和大众的双重指标而降成本、保利润的时候，宣布九折优惠降价。这是华晨宝马销售主管方智勇最大胆，同时也最成功的一次行动。

借口和当年的奥迪一样，"因为我的新款3系马上就要上市"，其结果是大量库存车被销售一空，国产宝马销量终于突破了1万辆，和进口车平起平坐。这一次，宝马也抓住了时机。

首先，一汽大众的盈利出现下降，按照一汽集团的分析，一季度集团亏损的5.7亿元主要是一汽大众带来的，而二季度盈亏相抵，不亏不赚，也是因为解放、一汽轿车赚的钱又被一汽大众亏了回去。在这种情况下，盈利点最高的产品——奥迪必须为拿回利润做贡献，而此前一个月奥迪刚刚安排了1万多元的降价，再次降价的可能性不大。同时，新A6即将上市，以新A6配装进口FSI①发动机和全新MMI②多媒体行车电脑的成本，加上在原有基础上加大轴距的改装，宝马知道其最高配置的价格不会太低。因此，宝马一旦在新A6之前降价，就能够利用消费市场对新A6不太清楚这一盲点，形成性价比在短时间内的最强优势。降吧！

宝马一降，"以其人之道还其人之身"，奥迪跟不跟？

和宝马不同的是，奥迪拥有更强的本土化支持，拥有更多的款型，它可以在部分产品上安排降价。但是时机有点不巧，新产品马上要投放了，此时给老款再降价意义不大。因此，奥迪决定将计就计，把新款车区间拉大，降不下来的挂在高处，降得下来的

---

① FSI 即 Fuel Stratified Injection，直译为燃油分层喷射。
② MMI 即 Multi-Media Interface，直译为多媒体交互系统。

利用二厂的先进设备进行更多配置包的个性化生产，低配的采用更低的定价。

宝马估计奥迪要做两头儿拉价位的准备，于是主动透出信息。华晨宝马总裁施润博在沈阳明确表示："我们的新3系不会是一个便宜的价格。"并且让记者们参观它的生产线，大家一看连音响、喇叭和保险杠都是进口的，马上回去宣传"宝马不会便宜"。奥迪此时更加放心，决定用低价定义新A4型号，彻底拉开距离。

形势相对明朗：新宝马价格整体向高处爬，只留40万元的320型号看守阵地；新奥迪价格高端不走量，中低端A4型号留有后手，向低处探。与第一回合相比，双方的距离明显拉大了。

从销量增长形势上看，奥迪A4 2.4型号增长比较快，其他逐月下降；而宝马的几个车型都卖得不错，特别是新3系。加上进口车，宝马的势头略占上风，终于报了一箭之仇。

宝马在这次战役中是通过果断的决策和保品牌的决心，赢得了市场。宝马明白最好的进攻是防守，因此它在老车降价后，给新车定了一个保守的价格，此举反而赢得了客户的信赖，双方的差距使中国的国产豪华车价格呈现出合理的一面。以后北京奔驰高价面世，三者的定位恰恰回归到了BBA[⊖]的传统认知上。

然而，奥迪并没有输，其强大的市场号召力和应变能力足以使其在三大国产豪华车中坐稳老大的位置，特别是它拉开的价位和所谓个性化的多配置组合。

思 考 题

1. 什么是国际市场价格？其有哪几类？
2. 试述国际市场价格的构成及其特点。
3. 分析决定和影响国际市场价格的主要因素。
4. 企业国际市场定价的一般目标有哪些？
5. 国际市场定价的基本方法有哪些？
6. 试述国际市场定价中应注意的特殊问题种类。

案 例 题

【案例题1】

"最酷的小车"——奇瑞QQ的销售奇迹

1. 案例背景

奇瑞汽车公司作为中国地方汽车企业，曾经成功推出奇瑞"旗云""东方之子"等性价比较高的轿车，并且凭借其自主品牌的优势与合理的价格优势向国外出口轿车产

⊖ BBA 即 Benz（奔驰）、BMW（宝马）和 Audi（奥迪）。

品，已经在全国乃至国际市场形成相当高的知名度。

微型客车曾在20世纪90年代初持续高速增长，但是自90年代中期以来，各大城市纷纷取消"面的"，限制微型客车，微型客车至今仍然被大城市列在"另册"。同时，由于各大城市在安全环保方面的要求不断提高，成本的抬升使微型客车的价格优势越来越小，因此主要微型客车厂家已经把主要精力转向轿车生产，微型客车产量的增幅迅速下降。从2001年到2003年，微型客车产量的年增长幅度分别为20.41%、33.00%、5.84%。

在这种情况下，奇瑞汽车公司经过认真的市场调查，精心选择微型轿车打入市场；它的新产品不同于一般的微型客车，而是微型客车的尺寸、轿车的配置。奇瑞QQ微型轿车在2003年5月推出，6月就获得良好的市场反应，到2003年12月，已经售出2.8万多台，同时获得多个奖项。

2. 奇瑞QQ 2003年营销事件回放

2003年4月初，奇瑞汽车公司开始对奇瑞QQ的上市做预热。在这个阶段，通过软性宣传，传播奇瑞汽车公司的新产品信息，引发媒体对奇瑞QQ的关注。由于这款车的强烈个性特征和最优的性价比，媒体自发掀起第一轮的宣传，吸引了消费者的广泛关注。

2003年4月中下旬，蜚声海内外的上海国际车展开幕了。也是通过媒体，奇瑞汽车公司向公众告知奇瑞QQ将亮相于上海国际车展，与消费者见面，引起消费者更进一步的关注。就在消费者争相去上海车展关注奇瑞QQ的时候，奇瑞QQ以未做好生产准备为由没有在车展上亮相，只是以宣传资料的形式与媒体和消费者见面，极大地激发了媒体与公众的好奇心，引发媒体第二轮颇有想象力的宣传。在这个阶段，厂家提供大量精美的图片资料给媒体供宣传，引导消费者对奇瑞QQ的关注度走向高潮。

2003年5月，上市预热阶段，就在消费者和媒体对奇瑞QQ充满了好奇时，公司适时推出了奇瑞QQ的网络价格竞猜活动，在更进一步引发消费者对产品关注的同时，让消费者给出自己心目中理想的奇瑞QQ的价格预期。网上的竞猜活动有20多万人参与，当时人们普遍认为奇瑞QQ的价格应该在6万~9万元。

2003年5月底，奇瑞QQ的价格揭晓了——4.98万元，比消费者期望的价格更吸引人。这个价格与同等规格的微型客车差不多，但是从外观到内饰都是与国际同步的轿车配置。此时媒体和消费者沸腾了，媒体开始了第三轮自发的奇瑞QQ现象讨论，消费者中也产生了"奇瑞QQ热"，此时人们的心情就是尽快购买。

这时奇瑞汽车公司宣布：奇瑞QQ是该公司独立开发的一款微型轿车，因此，消费者在购车时不必多支付技术转让费用。这为奇瑞QQ树立了良好的技术形象，给消费者吃了一颗"定心丸"。

2003年6月初，上市阶段，消费者对奇瑞QQ的购买欲望已经具备，媒体对奇瑞QQ的关注已经形成，奇瑞QQ自身的产能也已具备，开始在全国同时供货，消费者势如潮涌。此阶段，一边大批量供货，一边借助平面媒体，大面积刊出定位诉求广告，将奇瑞QQ年轻时尚的产品诉求植根于消费者的脑海。除了平面广告外，同时邀请专业的汽车杂志进行实车试驾，对奇瑞QQ的品质进行更深入的真实报道，在具备了强知名度后进一步加深消费者的认知度，促进消费者理性购买。

2003年6月中下旬，奇瑞QQ在全国近20个城市同时开展上市期的宣传活动，邀请各地媒体对奇瑞QQ进行全面深入的报道，保持对奇瑞QQ现象持续不断的传播。

2003年7—9月，奇瑞QQ开始了热卖阶段，这阶段的重点是持续不断地刊登全方位的产品诉求广告，同时针对奇瑞QQ的目标用户年轻时尚的个性特点，结合互联网的特性，联合新浪网，推出奇瑞QQ网络Flash设计大赛，吸引目标消费者参与。

2003年10月，奇瑞QQ已经热卖了三个多月，在全国各地都有相对的市场保有量。这时，厂家针对已经购车的消费者开展了"奇瑞QQ冬季暖心服务大行动"，为已经购车的用户进行全方位服务，以不断提高消费者对奇瑞QQ产品的认知度，以及对奇瑞品牌的忠诚度。

2003年11月下旬，厂家更进一步地针对奇瑞QQ消费者时尚、个性的心理特征，组织开展了"QQ秀个性装饰大赛"。由于奇瑞QQ始终倡导"具有亲和力的个性"的生活理念，因此在当今社会的年轻一代中深获共鸣。从这次车贴设计大赛中不难看出，奇瑞QQ已逐渐成为年轻一代时尚生活理念的新代言者。

3. 奇瑞QQ营销策略解析

令人惊喜的外观、内饰、配置和价格是奇瑞公司成功占领微型轿车这个细分市场的关键。

(1) 明确的市场细分，锁定时尚男女。奇瑞QQ的目标客户是收入并不高但有知识、有品位的年轻人，同时也兼顾有一定事业基础、心态年轻、追求时尚的中年人。一般大学毕业两三年的白领都是奇瑞QQ的潜在客户。

许多时尚男女都因为奇瑞QQ的靓丽、高配置和高性价比就把这个可爱的小精灵领回家了，从此与奇瑞QQ成了快乐的伙伴。

奇瑞汽车公司有关负责人介绍说，为了吸引年轻人，奇瑞QQ除了轿车应有的配置以外，还装载了独有的"I-say"数码听系统，成为"会说话的QQ"，堪称小型车时尚配置之最。据介绍，"I-say"数码听是奇瑞汽车公司为用户专门开发的一款车载数码装备，集文本朗读、MP3[⊖]播放、U盘存储多种时尚数码功能于一身，让奇瑞QQ与计算机和互联网紧密相连，完全迎合了离开网络就像鱼儿离开水一样的年轻一代的需求。

(2) 独特的品牌策略诠释"年轻人的第一辆车"。奇瑞QQ的目标客户群体对新生事物感兴趣，富于想象力，崇尚个性，思维活跃，追求时尚。由于资金的原因，他们虽然崇尚实际，对品牌的忠诚度较低，但是对汽车的性价比、外观和配置十分关注，是容易互相影响的消费群体；从整体的需求来看，他们对微型轿车的使用范围要求较多。奇瑞汽车公司把奇瑞QQ定位于"年轻人的第一辆车"，从性价比上满足他们通过驾驶奇瑞QQ实现工作、娱乐、休闲、社交的需求。

奇瑞汽车公司根据对奇瑞QQ的营销理念推出符合目标消费群体特征的品牌策略。

1) 在产品名称方面：奇瑞QQ在网络语言中有"我找到你"之意，奇瑞QQ突破

⊖ MP3是一种音频压缩技术，这里指的是采用这种技术的音频。

了传统品牌名称非洋即古的窠臼，充满时代感的张力与亲和力，同时简洁明快，朗朗上口，富有冲击力。

2) 在品牌个性方面：奇瑞QQ被赋予了"时尚、价值、自我"的品牌个性，将消费群体的心理情感注入品牌内涵。

3) 在品牌语言方面：富有判断性的广告标语"年轻人的第一辆车"及"秀我本色"等流行时尚语言配合创意的广告形象，将追求自我、张扬个性的目标消费群体的心理感受描绘得淋漓尽致，与目标消费群体产生情感共鸣。

（3）整合营销传播，形成市场互动。奇瑞QQ作为一个崭新的品牌，在进行完市场细分与品牌定位后，投入了立体化的整合传播，以大型互动活动为主线，具体的活动包括奇瑞QQ价格网络竞猜、奇瑞QQ秀个性装饰大赛、奇瑞QQ网络Flash大赛等，为奇瑞QQ 2003年的营销传播大造声势。

1) 相关信息的立体传播：选择目标群体关注的报刊媒体、电视、网络、户外、活动等，将奇瑞QQ的品牌形象、品牌诉求等信息迅速传达给目标消费群体和广大受众。

2) 各种活动"点""面"结合：从新闻发布会和传媒的评选活动出发，形成全国市场的互动，并为市场形成了良好的营销氛围。在所有的营销传播活动中，特别是网络竞猜、Flash和装饰大赛，都让目标消费群体参与进来，在体验中将品牌潜移默化地融入消费群体的内心，与消费者产生情感共鸣，起到了良好的营销效果。

据奇瑞汽车销售有限公司总经理金弋波介绍："因为广大用户的厚爱，奇瑞QQ供不应求。作为独立自主的企业，奇瑞汽车公司什么时候推出什么样的产品完全取决于市场需求。对于一个受到市场热烈欢迎的产品，奇瑞汽车公司的使命就是多生产出质量过硬的产品，让广大用户能早一天开上自己中意的时尚个性小车QQ。"

总结：

奇瑞QQ之所以取得成功，在于以下几方面的原因：

（1）明确的市场细分，定位于时尚男女。奇瑞QQ的目标客户定位在收入不高但有知识、有品位的年轻人，以及有一定的事业基础、心态年轻和追求时尚的中年人。奇瑞QQ的高配置和高性价比让消费者心动。

（2）以市场为导向。奇瑞汽车公司经过认真的市场调查，生产符合消费者的市场需求和心理诉求的微型轿车，其优良的性价比吸引了消费者。

（3）独特的品牌策略。奇瑞QQ轿车拥有QQ这个名称，它代表时代感的张力和亲和力，同时简洁便于记忆；奇瑞QQ代表"时尚、价值、自我"，张扬个性符合目标消费群体的心理感受。

（4）营销策略。奇瑞汽车公司投入了立体化的整合传播，以大型互动为主线。信息的立体的传播选择不同的媒介组合把奇瑞QQ的品牌形象、品牌诉求等信息传达给消费者；各种活动"点""面"结合。做了很多成功的公关策划，如新闻发布会和传媒的评选活动等让品牌融入消费群体的内心，产生了良好的营销效果。

总之，成功的目标市场定位和目标市场策略是奇瑞QQ取得成功的基础。

（资料来源：由作者整理而成。）

【案例题2】

比亚迪：国产骄傲的海外冒险之旅

比亚迪的海外征程是其在全球范围内拓展市场、提升品牌影响力的重要战略部署。比亚迪以其卓越的技术创新、丰富的产品矩阵以及前瞻性的市场布局，正引领着中国新能源汽车品牌走向世界舞台的中央。从亚洲到欧洲，从非洲到美洲，比亚迪的足迹遍布全球，其海外征程不仅是中国汽车工业崛起的缩影，还是中国智造在全球市场绽放光彩的生动实践。

一、海外市场布局

全球布局：比亚迪自2021年5月正式宣布"乘用车出海"计划以来，已逐步将新能源的触角延伸至全球。这一战略决策不仅体现了比亚迪对全球新能源汽车市场潜力的信心，还展现了其作为行业领军者的前瞻视野和战略定力。

重点市场突破：比亚迪在多个海外市场取得了显著成绩。例如：在泰国，比亚迪建立了首个全资的海外乘用车工厂，并发布了多款定制化车型；在挪威，比亚迪作为海外乘用车业务的第一个试点市场，取得了良好的市场反响。此外，比亚迪还在巴西、匈牙利等地积极推进工厂建设和市场拓展。

二、海外销量与市场份额

销量激增：截至2024年8月，比亚迪海外市场销量已突破26.3万辆大关，同比增长高达125%。这一成绩不仅彰显了比亚迪在全球市场的强劲竞争力，还预示着其新能源战略正步入全面收获期。

市场份额提升：在全球新能源汽车市场中，比亚迪的市场份额持续扩大。特别是在一些新兴市场和发展中国家，比亚迪凭借其高性价比的产品和优质的服务赢得了消费者的青睐。

三、技术创新与产品优势

技术创新：比亚迪在新能源技术领域的深厚积累是其海外征程的重要支撑。比亚迪的DM-i超级混动技术、刀片电池和e平台3.0等创新技术大大提升了车辆性能和安全性，成为其主要助力。此外，比亚迪还不断推出新技术、新产品以满足全球消费者的多样化需求。

产品优势：比亚迪的新能源汽车产品线丰富多样，包括纯电动轿车、SUV以及插电式混合动力车型等。这些产品不仅具有出色的性能表现和良好的续航能力，还注重智能化和网联化的发展趋势。这些优势使得比亚迪在全球市场上具有较强的竞争力。

四、本土化战略与品牌建设

本土化战略：比亚迪在海外市场积极推进本土化战略，包括产品的本土化设计、营销策略的本土化以及售后服务的本土化等。这些举措有助于比亚迪更好地了解当地消费者的需求和市场环境，提供更符合市场需求的产品和服务。

品牌建设：比亚迪在海外市场注重品牌建设和推广。比亚迪通过参加国际车展、举办新品发布会等活动提升品牌知名度和影响力,同时加强与当地经销商和合作伙伴的合作关系,共同推动品牌在海外市场的发展。

五、未来展望

展望未来,比亚迪将继续秉承"技术为王、创新为本"的发展理念,不断加大在新能源领域的研发投入和市场拓展力度。随着全球新能源汽车市场的持续升温,以及比亚迪在技术研发、产品创新、市场拓展等方面的不断努力和积累,比亚迪有望在全球市场上取得更加辉煌的成就,并引领整个行业向更加绿色、智能、可持续的方向发展。

(资料来源:https://news.yiche.com/hao/wenzhang/94676029/。)

国际市场营销学 第4版

第 12 章 国际市场营销渠道策略

本章要点

国际市场营销渠道是指产品由一个国家的生产者流向国外最终消费者和用户所经历的路径,是企业国际市场营销整体策略的一个重要组成部分,它涉及的范围很广,不仅包括母国的营销渠道,还包括目标市场国的营销渠道,是由所有参与企业国际市场营销的各类中间机构和各种组织构成的。虽然营销渠道系统是一项重要的外部资源,但它和其他营销组合策略等因素有着密切的联系。因此,国际市场营销渠道的选择要考虑国内外的社会制度、经济法律、政治文化等各方面因素的影响,在明确国际中间商的种类和特点的基础上,掌握中间商管理方面的系统知识,了解国际市场营销中渠道管理的问题,目的在于帮助企业科学谨慎地选择好国际中间商,排除国际市场营销渠道建设中的各种障碍。

关键词

国际市场营销渠道　渠道成员　营销渠道决策　国际营销渠道管理

12.1　国际市场营销渠道

12.1.1　国际市场营销渠道基本结构

由于社会分工的存在,产品在由国内生产者向国外最终消费者或用户转移的过程中,要经过各种各样的中间环节。产品的特性、企业的指导思想等方面的差异,决定了产品的国际市场营销渠道不同。如图 12-1 所示,产品的国际市场营销渠道可分为两个部分:一部分是产品在出口国市场的营销渠道;另一部分是产品在进口国市场的营销渠道。产品在出口国市场的营销渠道主要有两种形式,而在进口国市场的营销渠道主要有四种形式,这样,产品在国际市场上的营销渠道共有六种形式。

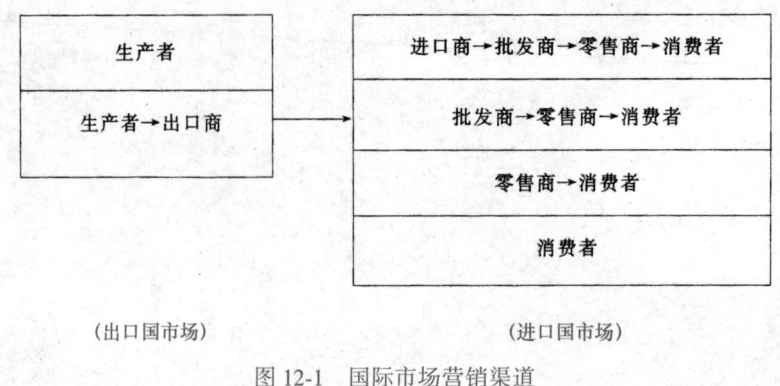

图 12-1　国际市场营销渠道

12.1.2　影响国际市场营销渠道设计与选择的基本因素

国际市场营销渠道的设计是企业国际市场营销的一项重要活动,是站在生产者的角度规划企业跨越国界的营销网络,它的中心问题是产品或服务确定到达国际目标市场的最佳途径。选择国际市场营销渠道,要求企业对各种不同的环境因素进行综合分析,包括顾客因素、产品性质、中间商因素、竞争因素、企业因素、环境因素和渠道成员彼此的权利和义务等方面。

影响渠道设计与选择的因素是多方面的,国际市场营销渠道的设计要遵循一定的目标,国际市场营销渠道的选择也要为实现这些目标而服务,这些目标与企业的总体战略目标相联系,即营销渠道的目标要与企业国际市场营销的内外环境相结合,要与企业的盈利前景相一致。要达到这样的目标,企业在进行国际市场营销渠道设计与选择时应考虑以下具体的因素:

1. 产品特点

在国际市场上,大部分产业用品和高技术产品宜采取直接分销的方式;产品标准化、普遍化、通用化水平越高,其营销面越广,营销渠道相对较长,可设计长营销渠道;鲜活、易腐产品,市场生命周期较短的产品,多采用较短的营销渠道,如水果的进出口,一般是果园主或出口商直接同外商交易出口,且多是通过海运;安装和维修服务要求较高的产品,如耐用消费品、计算机、汽车、机电产品等,宜选择少数适宜的中间商销售或直接售予用户,以避免转手太多,无人负责维修服务;新颖、时髦、流行、奢侈品等,如时装、新奇玩具等,最好通过较短的营销渠道营销,以避免错过国际市场销售机会。新产品刚进入国际市场时,中间商有时因怕担风险而不愿营销,生产企业不得不直接面对消费者,而且企业有时有必要直接销售,以了解新产品在国际市场的营销状况。相关情况见表 12-1。

表 12-1 产品特点影响营销渠道的选择比较

相关因素	产品特点：高或低（大或小）	渠道特点：长或短
单价	高	短
	低	长
易腐易毁性	高	短
	低	长
重量	大	短
	小	长
技术复杂性	高	短
	低	长
时尚性	高	短
	低	长

2. 市场特点

市场潜量越大，越需要利用中间商；如果市场潜量小，企业可考虑直接使用推销员推销。个人消费者市场分散，购买频繁，数量少，要求就近方便地买到，如果采用生产者—零售商—消费者的短渠道，势必因订货频繁、运输储存工作量大而加大流通费用，所以生产厂家和零售企业，特别是中小企业，会在批发企业的协助下组成长渠道，或采取批零合一的连锁店模式。顾客购买商品的频率高，则宜选用较多的中间商；顾客集中，大批购买，可少用中间商而直接销售。例如，产业用户因其购买批量大而集中，更希望与供货厂家直接交易，以节约流通费用。出于同样目的，大型零售商力图绕过批发商，寻找最短的进货渠道。对高新技术产品、特种制品，因用户需要复杂的、系列化的服务，不宜广泛使用中间商。

3. 中间商特点

一般来说，不同的中间商在促销、谈判、储存、交际和信用等方面所具有的能力是不同的。例如，专业进口商经验丰富，熟悉本国市场的渠道，了解各种进口法律法规，特别适用于不熟悉东道国的外国企业；直接经营进口的零售商，有自己的进口部门，掌握市场行情；批发商则可以大批量进货。因此，企业在建立渠道时必须考虑不同类型的中间商在执行各种任务时的优势和劣势。

4. 区域特征

下面分区域介绍营销渠道。

（1）北美与西欧各国。对于消费品，主要有以下几种营销渠道：

1）生产者→消费者（厂家直销）。
2）生产者→零售商→消费者。
3）生产者→批发商→零售商→消费者。
4）生产者→代理商→批发商→零售商→消费者。

对于生产资料，主要有以下几种营销渠道：

1）生产者→工业用户。
2）生产者→代理商→工业用户。

3）生产者→经销商→工业用户。
4）生产者→代理商→经销商→工业用户。

(2) 日本。日本的营销渠道是世界上最长、最复杂的，其基本特点是流通机构层次多、流通过程长、密度高，表现在以下两个方面：

1）日本的流通批发业多，不同功能的中间商具有多层次的特点。
2）零售业的规模小，零散，分布密度高。

在日本，基本的营销渠道模式为：生产者→总批发商→行业批发商→专业批发商→区域性批发商→地方批发商→零售商→消费者或用户。

(3) 中东。

1）中东国家的营销渠道主要有两种主要形式：进口商→批发商→零售商→消费者或用户；代理商或进口分销商→佣金代理商→批发商→零售商→消费者。
2）普遍采用代理商或进口分销商。
3）佣金代理商有时起到进口代理商的作用，但并不完全执行进口商的全部职能。
4）批发商绝大多数是只有几个人的小批发商。
5）零售商规模一般都比较小。

5. 企业的特点

企业的特点涉及企业规模、财务状况、产品组合、营销政策等。一般来说，企业的规模越大，越容易取得中间商的合作，因此可选择的方案也越多。生产企业若有足够的财力，有自己的营销机构、营销人员和丰富的国际营销经验和能力，而营销规模又较大的话，就可以考虑少用中间商，或自派推销员进行营销工作。例如，美国和日本一些大公司，在向发展中国家推销产品时，多与进口国的进口商洽谈生意，或在进口国开办分公司（办事处）等，直接负责该公司与进口国零售商和用户之间的进口业务。没有力量自己出口的企业，只能依靠中间商，但最好能找一家进货量大的大型零售商进货，使营销渠道尽可能短些。如果企业经营的品种较多，差异大，宜使用较多的中间商；企业的产品组合中如果产品线少而深，则使用独家分销比较适宜，产品组合中关联性越强，越应该考虑使用性质相同或相似的营销渠道。出口单一品种或出口批量较小，自行营销费用太高，最好使用中间商。经营大宗原料或初级产品的企业，应找专业中间商或用户，争取订立保持长期供货的固定关系的协议。如果营销政策是快速交货的客户政策，就需要选择尽可能短的营销渠道。

6. 一些政府禁止或限制某些营销渠道的安排

例如，一些发展中国家规定一些进口业务必须由国有企业经办。有些地区规定抽取代销税，因此该地区代理商愿意采用表面买断而实际上代理抽取佣金的办法处理业务，面对一些经济衰退的国家和地区，厂商就被迫使用较短的渠道，取消一些非根本性的服务，以降低产品的最终价格。

7. 渠道成员彼此的权利和义务

选择了国际营销渠道的模式和具体的中间商之后，还要明确渠道中各成员彼此间的权利和义务，这样才能更好地处理利益关系，加强渠道成员的合作。渠道成员彼此间的权利和义务是围绕着利益这个核心确定的，具体包括价格政策、买卖条件、中间商的地区权利、各方提供的特定服务内容等。

在价格政策上，制造商要制定一个价格目录，明确规定对不同类型的中间商或对不同的购货数量所给予的不同折扣或价格优惠。

在买卖条件上，对于提早付款或按时付款的中间商，企业应该根据其付款的时间给予不同的折扣，这样既可以刺激中间商的积极性，同时又有利于生产商的货款回收，加快资金的周转速度。

在中间商的地区权利上，生产商对中间商在地区划分、覆盖范围、权利和责任方面应该进行明确的规定。例如，特许经营权的发放范围、管辖区域及其责任和报酬都应该在特许经营协议中明确地予以规定。这样做一方面可以努力减少不必要的争执和冲突；另一方面可以最大限度地调动中间商的积极性。

在双方应提供的特定服务上，生产商和中间商在广告宣传、资金投入、人员培训等方面可能存在利益上的争执，因而最好的形式就是用协议或合同的方式加以明确规定。例如，订立一个协议，规定如果中间商为产品提供广告宣传，生产商可以让利5%，并在货源紧俏的时候优先供应提供广告服务的中间商，这样就起到了鼓励中间商承担其他职能的作用。

8. 渠道连续性

保持渠道的连续性是营销者的一项重要任务，一个良好的营销渠道系统，不仅是企业重要的外部资源，还是企业在国际市场中建立差异优势的基础。企业必须维护营销渠道的连续性。一是要慎重地选择中间商，并采取有效的措施提供支持和服务，同时在用户或消费者中树立品牌信誉，培养中间商的忠诚度；二是对已加入本企业营销系统的中间商，只要它们愿意继续经营本企业的产品，并且符合本企业要求，则不宜轻易更换，应努力与之建立良好的长期关系；三是对那些可能不再经营本企业产品的中间商，企业应预先做出估计，提前安排好潜在的接替者，以保持营销渠道的连续性；四是时刻关注竞争者渠道策略、现代技术以及消费者购买习惯与购买模式的变化，以保证对营销渠道的不断优化。

12.2 国际市场营销渠道成员

国际市场营销渠道成员是指含进口商在内的参与商品或服务流通过程的成员。国际中间商可分为国内中间商和国外中间商两大类。由于国际中间商在企业的国际市场营销中起着关键的桥梁和连接作用，因此企业既要将中间商看作顾客，又要将其看作战略协作伙伴。企业上下要形成一个共识，即中间商是服务于企业最终顾客的执行者，可以帮助企业建立起顾客对企业的信任和忠诚。

12.2.1 国际市场营销渠道成员的基本类型

在企业的国际市场营销过程中，国际中间商承担了重要的中介和桥梁作用，因而需要进一步将中间商进行分类,以便掌握不同类型中间商的特点,充分发挥各类中间商在国际市场营销渠道中的作用。

1. 出口中间商

出口中间商一般是在生产企业由于资源不足或缺乏国际市场营销经验,或认为没有必要直接进入某个或某些国际市场时采用。出口中间商根据其是否拥有出口商品的所有权可以分为两大类,即出口经销商和出口代理商。凡对出口商品拥有所有权的,称为出口经销商;凡接受委托,以委托人的名义买卖货物、收取佣金、不拥有商品所有权的,称为出口代理商。

(1) 出口经销商。大多数出口商一般都长期从事一个行业的出口业务,因此比较了解该行业的情况,能向需要商品出口的生产企业提供一定的专业服务。出口商经营出口业务有两种形式:一种是"先买后卖",即先在国内市场采购商品,然后再转售给国外买主;另一种是"先卖后买",即先接受外国买主的订货,然后根据订货向国内企业购买。出口经销商主要包括出口公司、出口直运批发商、出口转卖商、外国进口商和采购/订购行五种类型。

1) 出口公司。出口公司也称为"国际贸易公司",有的国家称之为"综合商社"(如日本、韩国),我国则一般称之为"对外贸易公司"或"进出口公司"。出口公司实质上是在国外市场上从事经营活动的国内批发商,它们一般在国外有自己的销售人员、代理商,并往往设有分公司。由于出口公司熟悉出口业务,与国外的客户联系广泛,拥有较多的国际市场信息,一般在国际市场上享有较高的声誉,并且拥有大批精通国际商务、外语和法律的专业人才,因此对一些初次进入国际市场的企业来说,使用出口公司往往是比较理想的选择。对国外买主来说,由于出口公司能提供花色品种齐全的商品,它们也愿意与出口公司打交道。出口公司有专业化的发展趋势,一般来说,它们都趋向于专门在一个方面经营,并能向国内生产企业提供大量的、与本行业有关的国际市场信息。

从生产企业的角度来看,利用出口公司可以获得以下几个方面的好处:一是可以及时地回收货款,提高资金的利用效率;二是可以利用出口公司的对外销售专业知识、经验及海外关系网络,扩大企业的国外市场范围。总之,利用出口公司的销售渠道,可以节省营销费用,降低经营的风险,迅速扩大企业的市场范围。但这也存在生产企业对出口公司过分依赖的缺点。生产企业往往长期处于被动地位,国际市场信息反馈滞后甚至失真,对国外市场难以进行有效控制。

2) 出口直运批发商。出口直运批发商主要经营大宗商品和原材料,与出口公司在业务方式上有所不同,它们一般只根据国外客户订单所指定的商品品种、规格和数量向国内生产企业采购。当采购数量达到订单数量时,就直接运给国外客户,自己并不保有存货。

3) 出口转卖商。出口转卖商是一种专门经营低价低档商品的中间商。它们努力寻找降价求售的商品、生产过剩的商品、过时商品或其他廉价商品,然后转卖到需要这些产品的国外市场上去。

4）外国进口商。外国进口商是国外购买者设在出口国的常驻采购商，它们所采购的货物一般都是该进口国所需的。对于出口国的生产企业来说，只需要在本国与外国进口商联系、洽谈和成交，整个销售过程实质上是在出口国国内进行的。商品的运输和在国外市场上的销售由外国进口商全面负责。对于那些希望涉足国际市场但又缺乏在国外实际销售经验与能力的生产企业来说，利用国外进口商也是一种可行的营销途径。

5）采购/订购行。采购/订购行代表国外买主，主要根据收到的订单向国内生产企业进行购买，或者向国外买主指定的生产企业订货。它们拥有商品所有权，但自己并不保有存货，在收购数量达到订单数量后，就直接运交国外买主。由于这种形式无须大量储备货物，所以风险低、资金周转快、成本低。

（2）出口代理商。出口代理商并不拥有货物所有权，不以自己的名义向国外买主出口商品，而是接受国内卖主的委托，按照委托协议向国外客商销售商品，收取佣金，风险由委托人承担。利用出口代理商可使生产企业获得几种好处：①出口代理商可随时向生产企业提供外国市场信息和国际市场营销技术；②由于同时经营几种互补产品，出口代理商在远洋运输和海外市场代理方面可以取得规模经济；③利用出口代理商可节省为建立自己的出口部门所耗费的时间和费用；④出口代理商也可使生产企业对海外购买者具有较大的控制权。在国际市场上，出口代理商常见的类型有以下几种：

1）销售代理商。销售代理商与生产企业之间虽然也是委托代理关系，不取得所销售的商品所有权，但它们通常能够影响甚至决定出口商品的价格、营销渠道和促销方式，因此它们实际上相当于生产企业的营销部门，负责生产企业全部产品的销售。销售代理商为出口企业提供更多的服务，如国际市场广告的策划、国际市场营销渠道的评价与优化、开展人员推销、召开订货会、进行国际市场的调研、提供国际营销咨询等。

销售代理商接受生产企业的委托经营出口业务，生产企业一般按销售额付给销售代理商一定比例的佣金作为报酬。这些报酬一般是在销售代理商向生产企业汇付货款时从中扣除。在国际市场上，纺织品、煤炭等竞争性的行业中使用营销代理较为普遍。出口企业刚刚开始涉足国际市场时，缺乏经验和营销力量，可以采用销售代理的方式在国际市场上销售产品。

2）制造商出口代理商。制造商出口代理商是接受生产企业的委托，从事商品出口经营业务的代理商，相当于执行生产企业出口部的职能。在国际市场上，中小企业多使用制造商出口代理商。此外，大企业在开拓新市场、推销新产品或面对的市场潜力不大时，也通常使用制造商出口代理商。使用制造商出口代理商的缺点是市场活动范围有限，影响了生产企业开发国际市场的进度。

它的服务内容与销售代理商相似，不同之处在于：制造商出口代理商与企业只存在短期合同关系，代理的市场范围也有限，一般只涉及一两个市场。

3）出口国国际经纪人。这种代理商只负责给买卖双方牵线搭桥，既不拥有商品所有权，又不实际持有商品和代办货物运输工作，在双方达成交易后收取佣金。出口国国际经纪人与买卖双方一般没有长期、固定的关系，出口国国际经纪人一般专营一种或几种产品，多数经纪人经营的对象是笨重货物或季节性产品，如机械、大宗农产品等。

适合采用出口国国际经纪人的条件可以归纳为以下几点：缺乏国际市场营销经验；经营的产品季节性强；需要开拓国外新市场，而自己又不能设立国外销售机构；不值得设立销售机构；目标市场遥远、市场分散、人口稀少等。

4）出口佣金商。出口佣金商是指接受生产企业委托，代办出口业务，从中收取佣金的代理商。出口佣金商的业务，主要是代国外买主采购佣金商所在国的商品出口，有时也代国内厂商向国外销售产品。

出口佣金商代国外买主办理委托业务时，是根据买主的订单或委托购货书（代购订单）进行的，一旦达成协议，买主不能变更其委托，佣金商也必须按照购货书内规定的条件进行采购，运送到指定地点，由买主付给佣金，并且一切风险和费用由买主承担。

出口佣金商代国内厂商办理委托出口业务，主要用两种方式：一是寄售，厂商先将商品交给佣金商，委托寄售，由佣金商在国际市场上寻找买主；二是佣金商先在国际市场上寻找顾客订货，然后由厂商供应货物，在这种情况下，出口佣金商的地位和职能相当于厂商出口代理商。出口佣金商不拥有商品所有权，但在委托方授权范围内，可与对方就价格、支付手段和其他交易条件进行谈判。另外，出口佣金商一般事先需要垫付一部分资金，用于商品的实体交接，有的还备有仓库。但出口过程中的一切费用和垫付资金的利息，均由委托方负担。

2. 进口中间商

进口中间商是指从事进口业务的中间商和销售进口商品的中间商，主要有进口经销商和进口代理商两种。

（1）进口经销商。凡是对商品拥有所有权的，称为进口经销商。进口经销商的职能与国内批发商相似，不同之处在于进口经销商的进货对象是国外企业。

它是以自己的名义从国外进口货物向国内市场销售，获取商业利润的贸易企业。它拥有货物所有权，因而须承担买卖风险。进口经销商既可以"先买后卖"（先从国外买进商品，然后卖给国内工业用户、批发商、零售商或其他用户），也可以"先卖后买"（先根据样品与买主成交，然后再从国外买进商品）。进口经销商的经营方式主要有两种：一种是根据国内市场要求先进口商品，然后再转售给国内的批发商、零售商或工业用户；另一种是先根据样品与国内买主成交，然后再向国外进货，负责办理一切运输、保险及报关等事务。进口经销商经营的商品多种多样，但往往倾向于经营利润大、周转快的商品。不少进口经销商除了自己经营进口以外，也附带接受国外出口商的委托作为它们在当地市场上的代理商。

1）进口商。凡从国外进口商品，然后再转售给国内批发商、零售商和消费者的，都可以称为进口商。进口商熟悉所经营的产品和目标国市场，并掌握专门的商品挑选、分级、包装等技术和销售技巧。进口商一般没有商品独家经营权。

2）经销商。这是一种与出口国的供应商建立长期合作关系，并享有一定价格优惠和货源保证的从事进口业务的企业。它们从国外购买商品，再转售给批发商、零售商等中间商，或直接出售给最终消费者。经销商是在特定的地区或市场上，在购买及转售产品方面获得独家权或优先权的进口商。通过经销合同与出口国生产企业、出口商建立经常性的合作关系,并拥有独家销售特权。出口企业可以同经销商建立密切的伙伴关系,对价格、促销、存货、服务等进行适当的控制。还有一类经销商,专门从事工业品或耐用消费品的独家经销,它们所经营的商品主要来自单独的供应商或出口企业。

3) 进口批发商。进口批发商是一种既拥有商品所有权,又持有实际商品的独立批发商。按照其经营的商品范围来划分,进口批发商一般分为普通商品批发商、单一种类商品批发商和专业批发商。普通商品批发商经营普通商品,如食品、化妆品、药品、家具、电器等,品种繁多,范围广泛。单一种类商品批发商经营的商品仅限于某一类商品,且品种、规格、花色齐全。在消费品市场,单一种类商品批发商的客户主要是食品杂货、药品、小五金等行业的独立零售商;在工业品市场,这种批发商的客户包括大、中、小工业用户。专业批发商的专业化程度较高,专门经营某一类商品中的某种商品,如食品行业中专门经营罐头食品的专业批发商,这种批发商的主要客户是专业商店。

4) 国外零售商。国外零售商是国际营销渠道中直接面对用户或消费者的环节。国外零售商形式多种多样,如专业商店、百货商店、超级市场、廉价商店、连锁商店、特许经营商店等。从国际营销渠道的角度来说,小型零售商较多地从进口商、批发商那里进货。现代大型零售商如百货公司、超级市场、邮购商店、连锁商店、购物中心等,则较多地从国外制造商那里直接进货。

(2) 进口代理商。进口代理商一般是接受本国以外卖主的委托代办进口,在规定的条件下负责在本国市场安排销售,提供服务,收取佣金,但不承担信用、汇兑和市场风险,不拥有对商品的所有权。其职能主要有三个方面:一是代国内买主办理进口;二是代国外出口商销售寄售的商品;三是以代表身份代理国外制造商或出口商销售商品。进口代理商的主要类型有国外进口代理商、进口佣金商、进口国国际经纪人、融资经纪商等。

1) 国外进口代理商。凡进口国的企业接受出口国制造商的委托,双方签订代理合同,为出口国制造商推销商品,收取佣金的,称为国外进口代理商。这种代理商因身居当地市场,熟悉当地市场情况,能利用各种机会,针对不同对象进行销售,同时能向生产企业提供市场信息,提出改进产品、提高质量等方面的有益建议,使产品不断适应进口国市场的需要。

国外进口代理商可以对一个城市、一个地区、一个国家或相邻几个国家出口企业的产品负责。它们不承担信用、汇兑和市场风险,也不负责安排运输、装卸,不实际占有货物。它们忠实履行销售代理人的责任,为委托人提供市场信息,为出口企业开拓市场提供良好的服务。当出口企业无力向进口国派驻自己的销售机构,但希望对出口业务予以控制时,利用适当的国外进口代理商是一种明智的选择。

2) 进口佣金商。进口佣金商的主要任务是代国内买主办理进口,收取佣金。进口佣金商可以同时接受多个委托人的委托,它还可以同时兼作互有竞争的委托人的代理,有时也可以代国外卖主销售商品,但主要是代表国内买主办理进口,这是进口佣金商与国外进口代理商的区别所在。进口佣金商的业务,有不少是由进口经销商兼营的。它们利用与国内商户的联系和熟悉国外市场的优势,也从事一部分代理业务。因此,进口经销商与进口佣金商之间存在矛盾与竞争。

3) 进口国国际经纪人。进口国国际经纪人的职能与出口国国际经纪人相同，多数经纪人从事大宗货物的经营。它们主要经营大宗商品和粮食制品的交易，在大多数国家，经纪人为数不多。但由于其主要经营大宗商品，再加上在某些国家，经纪人组建了联营公司，它们熟悉当地市场，往往与客户建立良好持久的关系，常常是初级产品市场上最重要的中间商。

4) 融资经纪商。融资经纪商突出国际市场营销中信用的重要地位，这种代理商除具有一般经纪商的全部职能外，还为销售交易筹措资金，在产品制造、再加工或组装的各个阶段承担筹措资金的责任，可以使交易双方免遭信用风险，承担特殊的融资保障功能。

从国际市场营销的角度来分析，国际营销渠道中的中间商，不仅包括以上所述的出口中间商和进口中间商，还包括一些其他类型的中间商。此外，出口国制造商自设出口机构和设在国外的销售机构，也应属于国际市场营销渠道的一部分。

12.2.2　国际市场营销渠道成员的选择

选择渠道成员的核心环节即选择中间商，就是从众多的相同类型的分销成员中，选出适合公司渠道结构的、能有效帮助完成公司分销目标的分销伙伴的过程。营销渠道设计的最后一步是着手选择营销渠道成员。如果渠道设计结果是采用直销的营销方式，就不存在对分销成员的需求，也就无所谓对分销成员进行选择了。

如果企业确定了其产品营销策略，选择间接渠道进入市场，下一步即应做出选择中间商的决策，包括批发中间商和零售中间商。中间商选择是否得当，直接关系着生产企业的市场营销效果。选择中间商先要广泛搜集有关中间商的业务经营、资信、市场范围、服务、水平等方面的信息，确定审核和比较的标准。一般情况下，选择具体的中间商必须考虑以下条件：

1. 市场

市场是选择中间商最关键的原因。第一，要考虑中间商的经营范围所包括的地区与产品的预计销售地区是否一致。例如，产品在新加坡，中间商的经营范围就必须包括这个地区。第二，中间商的销售对象是否为生产商所希望的潜在顾客，这是最根本的条件。因为生产商都希望中间商能打入自己已确定的目标市场，并最终说服消费者购买自己的产品。

所以，中间商应对自己的实力和特长有清醒的了解，有固定的服务对象，应与目标市场的顾客建立起良好的关系，中间商的销售对象应该与生产商的目标市场相一致，这样生产商才能够利用中间商的这一优势，建立高效的营销服务网络。

2. 中间商的地理区位优势

中间商要有地理区位优势，所处的地理位置应该与生产商的产品、服务和覆盖地区一致。具体地说，如果是批发商，它所处的地理位置应该交通便利，便于产品的仓储、运输；如果是零售商，它所处的地理位置则应该具有较大的客流量、消费者比较集中、道路交通网络完备、交通工具快捷等特点。

3. 经营条件

中间商应具备良好的经营条件,包括营业场所、营业设备等。例如,零售商营业场所的灯光设施、柜台等设施应齐全,才能有效地支撑零售商的业务经营。

4. 经营能力与业务性质

中间商的经营能力,指的是中间商的管理能力、推销能力和客户服务能力。中间商的经营能力是决定销售成功与否的关键因素。中间商的业务性质,指的是中间商的经营范围以及对目标市场的覆盖层面和渗透程度。需要对中间商的业务性质进行全面考察。一般来说,专业性的连锁销售公司对于那些价值高、技术性强、品牌吸引力大、售后服务较多的商品具有较强的营销能力。各种中小百货商店、杂货商店在经营便利品、中低档次的选购品方面力量很强。只有那些在经营方向和专业能力方面符合所建营销渠道要求的中间商,才能承担相应的营销功能,组成一条完整的营销渠道。在考察中间商的经营能力时,有以下几个方面的具体指标:

(1) 经营历史。中间商应有较长的经营历史,在顾客心中树立了良好的形象。

(2) 员工素质。中间商的员工应具备较高的素质,具有运用各种促销方式和促销手段的能力,并愿意积极地直接促进产品的销售。员工要具备丰富的产品知识,对销售相关产品有丰富的经验和技巧;要具备较高的服务技能,随时解答顾客的疑问,并为顾客提供诸如安装、维修等服务。

(3) 经营业绩。中间商要有良好的经营业绩,在经营收入、回款速度、利润水平等方面都有完善的规章制度和良好的效果。

(4) 中间商的产品知识。许多中间商被规模巨大而且有名牌产品的生产商选中,往往是因为它们对营销某种产品有专门的经验。选择对产品营销有专门经验的中间商就会很快地打开销路。因此,生产商应根据产品的特征选择有经验的中间商。

5. 中间商的资信条件

中间商的资信条件,是指中间商的财务状况、经营作风和商业信誉等。对那些资信状况不甚了解的新中间商应慎重对待,避免上当受骗。中间商如果在顾客心目中有较高的声望和良好的信誉,能够赢得顾客的信任,能与顾客建立长期稳定的业务关系。具有较高声望和信誉的中间商,往往是目标消费者或二级营销商愿意光顾甚至愿意在那里出较高价格购买商品的中间商,这样的中间商不仅在顾客的心目中具有较好的形象,还能够烘托并帮助生产商树立品牌形象。

6. 预期合作程度

中间商如果与生产商合作得好,就会积极主动地推销企业的产品,这对双方都有益处。有些中间商希望生产商也参与促销,扩大市场需求,并相信这样会获得更高的利润。只有所有成员具有共同愿望、共同抱负,具有合作精神,才有可能真正建立一个有效运转的营销渠道。因此,生产商所选择的中间商应当在经营方向和专业能力方面符合所建立的营销渠道功能的要求,并且愿意与生产商合作,共同担负一些营销职能,如共同促销等。生产商与中间商良好的合作关系,不但对生产商、消费者有利,而且对中间商也有利。

7. 中间商的促销政策和技术

采用何种方式推销商品及运用选定促销手段的能力直接影响营销规模。有些产品用广告促销比较合适，而有些产品则适合通过销售人员进行推销。要考虑到中间商是否愿意承担一定的促销费用，以及有没有必要的技术基础和相应的人才。生产商在选择中间商时，必须对其能完成某种产品销售任务的市场营销政策和技术的实现可能程度做全面评价。

12.3 国际市场营销渠道决策

国际市场营销渠道决策是指企业根据自己的目标、能力条件、产品特性以及目标市场营销渠道的结构特点等因素，对不同方案进行分析评判，选择本企业在目标市场的营销渠道模式的活动。国际市场营销渠道的决策主要涉及下列三方面内容：一是营销渠道的长度和宽度决策；二是营销渠道的标准化和差异化决策；三是新建渠道与利用现有渠道的决策。

12.3.1 营销渠道的长度和宽度决策

营销渠道的长度是指产品从生产领域流转到消费领域所经过的买卖次数，即中间商层次的多少。营销渠道的宽度是指企业在某一市场上的某一个销售环节同时使用中间商的多少。一个有效的国际产品营销网络涉及渠道的长度和宽度，长度由中间商的层次数目决定，宽度由渠道中每一层次所使用的中间商数量来决定。

1. 营销渠道的长度决策

具体来说，营销渠道的长度是指产品或服务从生产者到最终用户或消费者所经过的渠道层次数。每个在推动产品及其所有权向最终购买者转移的过程中承担一定职能的中间商是一个渠道层次。商品从本国生产者流转到国外最终消费者手中，可能要经过本国的营销渠道，还要经过东道国的营销渠道。通常来说，这包括三个环节：一是出口国的营销渠道；二是国与国之间的营销渠道，即国际市场中间商；三是东道国国内的营销渠道。因此，国际市场营销渠道一般要长于国内市场营销渠道。生产企业在选择营销渠道时，应树立整体渠道的观念，即要考虑商品从生产者流转到消费者的全过程，而不能仅仅只关注其中的一个环节。国际营销渠道又可分为国际市场直接营销渠道与间接营销渠道。

（1）国际市场直接营销渠道。国际市场直接营销渠道是指产品在从生产者流向国外最终消费者或用户的过程中，不经过任何中间商，而由生产者将其产品直接销售给国外消费者或用户。直接营销渠道是两个层次的营销渠道，也是最短的营销渠道。

直接营销是工业品营销的主要方式，因为工业品技术性较强，有的是按用户的特殊要求生产的，售后服务非常重要。另外，这类产品的用户较少，购买批量较大，购买频率低，直接营销方便，有利于节省费用，保证企业信誉，更可以获得较高的利润。

在国际市场上，直接营销主要有以下几种方式：

1）生产企业直接接受国外用户订货，按购货合同或协议书销售。

2）生产企业派推销员到国际市场做个别访问，上门推销。这种方式既可以推销产品，又可以解答用户的疑问，提供咨询服务，开展市场调研。

3）生产企业在本国开设出口部，或在国外设立分支机构，现货销售，或接受国外客户的订货。

4）生产企业参加国内外商品博览会、展销会、交易会、订货会等，在会议期间直接与国外客户签订合同。

5）采取邮购方式，直接将产品销售给国外最终用户或消费者。

6）生产企业通过电视、电话、计算机网络等，将产品直接销售给最终用户或消费者。

7）生产企业直接将产品销售给国内出口商，再由国内出口商将产品销售到国外，企业初次从事国际市场营销可采取这种方式。

（2）国际市场间接营销渠道。国际市场间接营销渠道是指生产者通过流通领域的中间环节把商品销售给消费者的渠道。基本模式为：生产者→中间商→消费者。中间商的介入，分担了生产者的经营风险；借助于中间环节，可增加商品销售的覆盖面，有利于扩大商品市场占有率。但中间环节太多，会增加商品的经营成本。

间接营销渠道的优点如下：

1）企业可以利用国内其他组织机构在国外的营销渠道和营销经验，迅速将产品推向国外市场，取得良好的时间效益。

2）减少了企业所承担的外汇风险及各种出口信贷的风险，对资金的使用有一定的安全性。

3）企业不必设置从事进出口业务的专门机构或专门人员，可以节省人力、物力和财力，集中精力搞好生产。

间接营销渠道的不足是：限制了企业在国外市场上营销能力的扩大。

间接营销渠道主要针对缺乏出口经验、没有海外营销渠道和信息网络的中小企业，或潜力不大、风险较大的市场，一般适用于消费品。

2. 营销渠道的宽度决策

营销渠道的宽度决策要解决营销渠道中有关层次所需中间商数量的问题，企业在进行渠道宽度决策时会面临以下三种选择：

（1）密集型营销渠道。密集型营销渠道也称为广泛型营销渠道，是指制造商在同一渠道层级上选用尽可能多的渠道中间商来经销自己的产品的一种渠道类型。在国际市场上，对价格低廉、购买频率高、一次性购买数量较少的产品，如日用品、食品等，以及高度标准化的产品，如小五金、润滑油等，多采用这种策略。这种策略的主要目的是使国际市场消费者和用户能有更多的机会、方便地购买其产品或服务。

（2）选择性营销渠道。选择性营销渠道是指企业在一定时期、特定的市场区域内选择少数中间商来经销自己的产品。这种渠道策略适用于消费品中的选购品、特殊品及工业品中专业性强、用户较固定的设备和零配件（如妇女服装、衣料、鞋帽等）和特殊品（如冰箱、照相机、手表等）等。有些产品为了能迅速进入国际市场，在开始时往往采用广泛型营销渠道，但经过一段时间之后，为了减少费用、保持产品声誉，转而采用选择型营销渠道，逐步淘汰那些作用小、效率低的中间商。与广泛型营销渠道相比，这种方式的渗透力有所减弱，但由于选择了高水平的中间商，因此提高了效率，降低了费用，从而增加了销量，增强了企业的知名度。

(3) 独家营销渠道。独家营销渠道是指企业在特定的市场区域内，只选择一家中间商来分销其产品。通常双方签订独家经营合同，规定这家中间商不能经营其他竞争性产品，而制造商也不能在该地区内直销自己的产品或使用其他中间商分销其产品。消费品中的特殊品，尤其是名优产品，多采用这种策略。

对营销渠道宽度的选择，通常受到产品特性、消费者行为、企业控制要求和竞争对手策略等因素的影响。根据产品的特性，消费品可分为便利品、选购品和特制品三类。便利品通常采用广泛型营销渠道，为消费者提供购买地点和时间上的便利。而选购品或特制品，消费者在做出购买决策之前往往要进行比较，选择型营销渠道更为适宜。如果消费者对产品的购买频率低但购买风险大，或者消费者的品牌忠诚度高，则宜使用选择型营销渠道；相反，对于购买频率高且购买风险小的产品，或者消费者品牌忠诚度低的产品，广泛型营销渠道更为适用。竞争对手的营销策略也直接影响企业对营销渠道宽度的选择，企业既可能采取与竞争对手针锋相对的营销策略来抗衡，又可能为避免直接冲突另辟蹊径。

在国际营销活动中，企业对营销渠道宽度的选择与确定，受到不同国家或地区营销环境的影响。例如，以小型零售商为主的国家或地区，具有一定规模和实力的中间商不多并且难寻，企业可能不得不选用广泛型营销渠道。又如，有些国家贫富悬殊，对产品的需求主要来自高收入消费者，企业宜采取选择型营销渠道。有些目标市场国家的法律法规可能限制企业对营销渠道宽度的选择，例如，独家营销的做法在美国被认为有碍公平竞争而受到限制。

阅读材料 12-1

可口可乐新渠道营销宝典

我们都说营销是要发现与满足消费者的需求。但消费者的需求总要落地，在消费场所得到满足，而从企业到消费场所的途径就构成了营销渠道。消费者的需求绝大部分是本身就存在的，营销人员要能够通过一定的营销工具或途径来把握住，进行挖掘与发现。但消费者的这种需求有可能在不同的地方实现，如将喜欢在餐饮场所喝啤酒的习惯带到家里，从而形成另外一个消费场所，进而形成一条新的营销渠道。所以，消费者需求在不同环境、不同场所上获得满足，将使企业的营销渠道构建越来越复杂化。

竞争的激烈，销售指标的提高，也是销售人员都得面对的事情，所以，现实中开发新渠道成了销售人员抵抗竞争、提高销量的主要方式。新渠道开发越来越难，又不得不去开发新渠道，这二者之间的矛盾使营销人员焦头烂额，叫苦连天，却又了无办法！

百年品牌的成功最主要的是品牌的成功，但百年品牌在全球范围内仍在不止步地增长，这与渠道构建和开发有很大的关系。可口可乐公司做了非常好的证明：公司主张的产品"无处不在"，实际上就是除了渠道深挖之外，不断开发新渠道的结果。

案例一：可口可乐健怡——Esprit 专卖店

我们不但把将可口可乐健怡产品放在 Esprit 专卖店叫作一条营销渠道，还称之为一条很好的推广渠道，虽然更多同仁更喜欢称之为一种推广方法。但无论如何，它真实地告诉了我们营销人员开发新渠道的思路与方法。

很多营销人员特别喜欢将"定位"一词挂在嘴边，可口可乐公司却能将"定位"从嘴边放到市场上去应用。定位应该是唯一的，会给消费者独到、清晰、过目不忘的感觉与记忆。实际上，新渠道的选择有利于定位的清晰化。可口可乐健怡产品放到了 Esprit 专卖店里，将健怡产品的定位呈现得清晰透彻：收入较高、新潮、有品位、注重健康与个性的年轻白领。事实证明，绝大部分在 Esprit 专卖店里看到健怡产品展示的人都成了健怡的忠实消费者。

这种新渠道开发实际上是对产品与消费者市场细分进行对应，市场定位极具针对性。

现在许多企业开发新渠道，要么招商去"套"渠道，要么只要进货就是经销商，要么贪大贪全，"只找大的，不找对的"……如果渠道不适合企业的产品定位与市场定位，则开发的新渠道不仅不能为企业带来利益，可能还会使企业受损。

启示：
新渠道开发，能体现企业市场定位的渠道就是好渠道。

案例二：可口可乐酷儿——小学商店

可口可乐酷儿产品上市，承载着可口可乐公司全方位饮料公司"头一炮"的重要使命。由于它的目标消费者是与可口可乐公司以前产品不同的消费者群体——5～12 岁的孩子，所以，新渠道建设摆在了市场人员的面前。可口可乐公司这次要在学校下功夫，而学校是不能有商业行为的。

怎么办？可口可乐公司将小学周围几百米当作"渠道圈"或者"终端圈"，那么，整个学校的学生——也就是酷儿的目标消费群体都被渠道囊括进去了，这也就打破了学校不能进行商品推广与销售的封锁，成就了一条新渠道。于是，可口可乐公司便称这方圆几百米的"渠道圈"为新渠道，从而就可以进行有针对性的营销推广与销售了。

启示：
新渠道建设可以以"渠道圈""终端圈"的"泛渠道"概念进行延伸。打破渠道封锁，先找到切入点。

案例三：可口可乐冰露——小卖部

可口可乐冰露本身并不是"可口可乐公司——全方位饮料公司"的直接产物，它包含战略目的。当竞争需要时，新渠道建设喷薄欲出。

可口可乐公司卖纯净水，看上去是产品多元化的目标，实际上是为了竞争。当竞争对手是以水为主业，但也想在可乐型饮料上分一杯羹时，可口可乐公司不是采取直接打压竞争对手可乐产品的方法，而是采用"杀人不见血"的高招。这一高招就是：低价在竞争对手的主要渠道推出竞争对手的主力产品，从而乱其军心，在应付主力产品的慌乱过程中，将竞争对手的主力产品与可乐产品都予以痛击，达到一箭双雕的效果。

2001年年末，可口可乐公司就已经在冰露上开始筹划了。为了打击竞争对手，可口可乐公司采取的都是一些非常规手法，如冬季上市、包装颜色设计不同、销售队伍任务设计与安排重点、故意断货销售、特价审批、考核新方式等。而在这里要讲到的渠道，就是可口可乐公司在新渠道设计上，砍掉所有其他渠道，集中在竞争对手的主力渠道——传统型终端上，不但集中火力，还紧贴对手渠道的陈列、位置等。

启示：

新渠道构建，以竞争对手为参照，针尖对麦芒。在定位上有比附定位，那么，在新渠道建设上，也有"比附渠道"促进新渠道的产生。

案例四：可口可乐冰露——冷藏品批发商

可口可乐冰露不仅专门针对竞争对手开辟小卖部渠道，还为了短时间内突破销量，在很多城市开辟了"冷藏品批发商"渠道。这些批发商主要销售冰品冰饮等，一般有自己的冷库。

在夏天，我们都有这样的印象：很多非室内工作者都喜欢购买或自备内含"冰柱"的水瓶，这样可在烈日酷暑下仍能长时间保持冰凉。可口可乐公司的业务系统在讨论渠道计划时发现这是一种值得关注的现象，从而开展了与许多冷藏品批发商的合作，使冰露的销量在夏天急剧上升，在有些区域取得了高于原计划四五倍的可喜成绩。

启示：

很多新渠道的开发由新消费习惯或者未被发现的消费习惯而来，善于发现不同的消费习惯，就能发掘不同的新渠道。

案例五：可口可乐全品类——网吧

在可口可乐公司原有的渠道体系里，网吧是作为直营的一部分，到现在已经成为可口可乐新兴渠道中的"主力军"。从一般的直营渠道之一变成新兴的专门渠道，得益于可口可乐公司对合作共建新渠道的认识。

放眼可口可乐公司许多营销手段、政策与行为，确实是"一流企业建标准"的高度体现：在品牌上，"可口可乐与雀巢"的BPW雀巢茶成为跨界标准；在明星代言上，互助相长，相得益彰；渠道系统的客户服务系统成为行业标准；酷儿产品成为新儿童饮料标杆。而渠道共建也成了企业与企业共建渠道、与渠道共同发展的新的标准。

除了现代渠道商如国际标准超市、大卖场与便利店，其他渠道商在企业面前更像一个弱者，这源于它们很多不是规范化运作与管理的组织，而大部分是个体组织。所以，在开发新渠道的过程中，一是新渠道很难自己"冒出来"让企业选择与利用；二是在竞争社会能用的渠道基本上都已被用到了，很难再发现；三是企业没有耐心去自己创建新渠道，而宁愿给现有渠道更多的政策去打"价格战"……企业的浮躁与短视使新渠道开发很难。

可口可乐公司先是看到了网络的发展速度与未来，继而看到了网吧聚集了大量的目标消费者，从而才将网吧在原来的直营渠道中分拨出来，并且破天荒地与国内相对而言的小企业"九城"进行了合作，开发网吧渠道。在共同培育这个渠道的过程中，可口可乐公司取得了成功的经验，从而大胆地将网吧渠道深入下去……

启示：

企业如果已经分析到了某种消费趋势，而渠道尚未成熟，那么就要大胆地与渠道共建，从而取得竞争对手没有的优势与渠道资源。

案例六：可口可乐全品类——"iCoke"网络渠道

尝到了与渠道共建的甜头，可口可乐公司又更深了一步，按照公司的传播主题，开辟 iCoke 网站，这里已经突破了网吧渠道的局限性，而将目标消费群体一"网"打尽。

上网的网民越来越多，而网络承载的是各门各类的消费者，所以任何一个企业都不要忽视网络这个新兴渠道的存在，在没办法取得渠道营销突破的时候，网络的多种功能或许能帮助企业找到新的出路。

网络渠道，这个没有时空限制，没有现实中渠道的长度、宽度与深度的约束，没有现实渠道中各层级成员的不同操作手法与思维的复杂，成为企业的新渠道。

启示：

当人类智慧已经为商业开辟了一个全新的、与现实已经多角度接轨的网络渠道时，我们要抓住这个机会。将这个投入少、见效快的公共渠道资源用足。

12.3.2 营销渠道的标准化和差异化决策

如果说营销渠道的长度和宽度决策构架了企业在某个特定市场的营销模式，那么营销渠道的标准化和差异化决策就是要解决企业在多个国家使用统一的营销模式，还是针对不同国家设计不同的营销模式的问题。企业在国外市场上是采用标准化营销模式还是采用差异化营销模式，要根据各国市场的营销特点、消费特点、市场竞争特点和企业自身及产品特点来决策。

1. 营销渠道的标准化

营销渠道的标准化是指企业在国外市场上直接采用统一的营销模式。企业采用标准化营销模式的主要理由是需求趋同，并且这种需求趋同的倾向随着全球经济一体化表现得越来越明显。尽管受到诸多条件的限制，不少工业品或某些消费品的营销模式在许多国家或地区已呈现出统一化和标准化的趋势。

采用标准化营销模式，可以给企业带来益处，可以帮助企业实现规模经济效益。采用标准化营销模式，对于跨国流动的消费者来说，最大的吸引力在于他们能够通过固定的购买模式与营销渠道，在不同国家或地区买到他们所熟悉的产品或服务。但是，由于各国的市场环境各不相同，采用同样的营销模式可能无法在东道国市场上开展有效的产品营销活动。因此，有些企业往往倾向于营销渠道的差异化。

2. 营销渠道的差异化

营销渠道的差异化也称多样化，是指企业根据不同国家的具体情况，分别采用不同的营销模式。在国际营销实践中，大多数企业采用了差异化营销设计，这主要是因为：

（1）不同国家或地区营销环境的差异。不同国家或地区，批发商和零售商的数量、规模及其可能提供的服务不一样，商品储存和运输的条件也相差甚多，势必造成企业营销模式的不同。例如，百事可乐公司的营销模式是在目标市场国家设厂装瓶，再用货车运往各个零售点。但在人口稀少、交通不便的边远地区，使用货车送货的成本太高，公司不得不改用其他营销方法。

（2）各国的消费特点不同和消费者购买模式的差异。对于同类产品，不同国家的消费者有各自的消费习惯和购买模式，往往通过自己熟悉的特定渠道购买，企业对不同国家或地区营销模式的选择不得不考虑消费者购买模式的差异。

（3）企业对不同国家或地区进入方式的差异。企业的市场进入方式限制了企业对目标市场国家营销渠道的选择。例如，产品出口方式，不管是间接出口还是直接出口，企业对于进口国家国内营销渠道基本上没有控制权，只能接受中间商安排的营销渠道。又如，许可贸易或合资经营等方式，企业对营销渠道的选择则要受到受许方或合资方影响与限制。退一步来说，即使企业是以同样的方式进入不同的目标市场，但由于当地市场营销潜力和竞争条件的不同，企业采取的营销策略往往不一样，选择的营销模式也就难以一致了。

12.3.3　新建渠道与利用现有渠道的决策

1. 新建渠道的利弊

所谓新建渠道，也就是企业在进入一国市场后，为产品营销建立专门的渠道或网络。新建渠道与利用国外的现有渠道相比有以下优点：

（1）有利于建立市场知名度，扩大产品销量。因为通过企业在国外自设的营销机构，有利于专注本企业产品的营销，对于产品打开市场、提高知名度都是十分有益的。而国外的一般营销商，同时承销许多产品，并不会对某一产品特别关注，这对于产品，尤其是新进入一国市场的产品打开销路、扩大影响是不利的。

（2）有利于加强控制。首先，企业新建自己的营销渠道，可以建立相应的较为完整合理的产品线，加强产品销售计划，实施控制，丰富产品花色和价格层次。因为国外营销商往往出于其自身的目的，倾向于推销热销或高利产品，这对于企业全线产品的销售是不利的。而企业自己建立营销渠道，就可以销售企业全部产品，市场涉及面也较广。其次，企业通过自己新建营销渠道，还可以切实抓好产品质量反馈工作，控制产品质量，保证产品质量在营销过程中不受影响。最后，企业通过自己新建营销渠道，有利于加强产品价格控制。通过自设营销机构，可减少中间环节，克服由于中间环节增多、出口厂商难以控制产品最终售价的问题，有利于价格控制。

（3）有利于提供完善的售后服务。通过企业在国外设立的营销机构，不仅可以加强特定产品的营销，还有利于提供完善的售后服务。因为国外的中间商承销的产品繁多，无力专心拓展某一特定产品的市场，也无法对其所承销的产品提供完善的售后服务。

（4）有利于企业积累国际营销经验。对于刚刚进入国外市场的企业来说，通过自设营销机构，有利于企业更加接近目标市场，了解目标市场的情况，开展有针对性的营销活动。同时,有利于企业熟悉国外市场开拓的整个过程,积累丰富的国际营销经验,为进一步拓展国际市场奠定良好的基础。

但是企业在国外市场上自设营销机构、重建营销网络的投入大、成本高,风险也大。这种策略往往适用于规模大、实力强的企业。

2. 利用现有渠道的利弊

利用现有的营销渠道是指企业在目标国家市场上委托该国原有的中间商营销产品。在国际市场上,由于资金限制或其他原因,大部分产品都是委托当地中间商营销的。因为它有以下优点:

(1) 成本低。因为通过国外原有的中间商营销产品,企业就不需要投资建立相应的营销子公司,虽然企业需要增加代理费等支出,但相对于重建营销机构的成本来说,产品营销成本要低得多。

(2) 进入市场快。因为国外原有的中间商了解当地市场,且已拥有一定的营销网络,企业产品通过它们可以迅速进入市场。而自设营销机构,不仅需要投入大量的人力和物力,还需要相当长的时间才能运行,因此进入时间长。

(3) 风险小。一是企业在国外自设营销机构,可能不了解当地市场的特点,难以打开市场;二是企业自设营销机构,需要大量投入,一旦市场有变,退出困难,风险大。

当然,利用国外现有的中间商也会面临企业对市场的控制弱、服务无法跟上等问题。但是当企业存在下列情况时,还是可以考虑利用中间商营销产品:①厂商无足够的资金、人力在海外直接营销;②资金虽有,但机会成本过大;③缺乏在当地营销和市场管理的经验;④产品线单一,无法获得足够的销售量和利润;⑤顾客分散;⑥订单规模大小不一。

3. 新老渠道的选择

究竟是采用新渠道还是老渠道,需要根据以下因素来决定:

(1) 市场营销条件。如果目标国家原有的市场体系完善,分销网络健全,分销商的条件较好,企业就没有必要自己重新建立相应的分销体系。反之,若目标国家市场上,市场体系不完善,无法找到合适的分销商,企业就得自己建立分销网络,否则无法打开市场。

(2) 政策或社会文化环境特点。在某些国家,政府强行规定,或由于文化习俗,要求产品必须通过本国的中间商进行分销,企业在进入这些国家时,就不可能自己建立相应的分销渠道和网络。

(3) 市场竞争特点。在目标国家市场上,由于竞争者较多,且大多占据了有利的分销商,企业为了与竞争者抗衡,可考虑建立自己的营销渠道。如果市场竞争不激烈,企业可选择合适的当地分销商。

(4) 企业的条件。因为重建渠道需要大量的投入,资金实力充裕的企业才有可能考虑自设分销机构;反之,则可利用当地现有的分销网络。

(5) 产品特点。新建渠道对于那些产品线多、产品的技术性较强的企业是有利的;反之,若企业生产的产品品种较少、技术性不强,则没有必要自设分销机构。

(6) 成本-利益比较。利用现有渠道和重建新渠道各有利弊,企业在进行抉择时,必须通过成本和利益比较,认真权衡两者的利弊,慎重决策。

12.4 国际营销渠道管理

国际营销渠道的管理是支持国际中间商、评估国际中间商、调整国际营销渠道和消除渠道冲突等的过程。由于国际营销渠道管理涉及的因素复杂，各国的营销体系及政治、经济、文化差异巨大，不存在通用的办法，因此，国际营销者应该对营销渠道进行认真研究，慎重决策，选择切实有效的营销渠道，并能适应环境的变化予以调整，保持营销渠道的高效率。

12.4.1 支持国际中间商

企业往往在国际市场的营销目标、产品组合、促销活动、销售报酬以及服务顾客等方面与国际中间商存在意见和分歧，抱怨中间商不能很好地与生产企业保持一致，不能积极主动地配合生产企业的统一发展战略。为了建立通畅的国际营销渠道，生产企业要认真分析分歧产生的原因，并采取有效的措施激发国际中间商的积极性。

对国际中间商予以支持、调动国际中间商的积极性是国际营销渠道管理的一个重要方面。对国际中间商的主要支持措施如下：

1. 激励国际中间商

资信良好的国际中间商往往是国际企业争夺的对象。对国际中间商给予适当的激励，目的是促使双方友好合作，互利互惠，融洽感情，增强国际中间商的忠诚度。

（1）奖金奖励。要给国际中间商尽可能丰厚的利益或佣金，设立商品促销奖，并应随销售量和所提供的服务水准的变化而变动。

（2）心理奖赏。心理奖赏包括赠送礼品或纪念品、在制造商媒体和地方报纸上亮相、地位提升以及邀请出国观光等。

（3）沟通。制造商应该用举办联谊会、访谈、信函和期刊等形式和国际中间商时刻保持联系。接触越多，联系越密切，自然而然地可以减少冲突，工作关系就越顺畅。

2. 促销服务支持

企业可通过合作广告、商品陈列、产品展览和操作表演、新产品信息发布会等形式，协助国际中间商进行促销活动，调动国际中间商的积极性，促进国际营销渠道的顺利运转。在开展促销支持方面，苹果公司做得非常成功。

阅读材料 12-2

苹果公司的营销渠道策略

苹果公司的营销渠道与营销战略在进入专业人员和企业用户市场中起了重要作用。苹果公司与750~800家独立零售商建立了密切的联系，并通过向用户提供免费软件热线、月报杂志等，向用户介绍计算机的应用。此外，苹果公司还与经销商开展合作广告活动，根据经销商购买金额的多少，给予其购买金额 30% 的广告补贴。苹果公司还规定，计算机的销售必须借助经过严格训练的直接推销队伍，只有这样才能牢牢地抓住用户。

依靠这种分销方式，苹果公司得以保持较高的利润收入和较低的直接销售成本。苹果公司还通过自己的区域辅助中心，直接向零售商销售，从而减少了中间环节，其目标是实施更有效的存货控制，使公司产品更接近最终用户。苹果公司通过举办题为"苹果意味着经营"的销售研讨班，对经销商进行直接培训，向它们提供结构说明，便于服务最终用户。此外，公司还向经销商提供必要的条件，使之能及时向用户提供维修和免费换件服务。

跨国经营的企业还可为国际中间商提供的服务，包括零配件供应、人员培训、商业咨询和融资支持等方面。例如，可将市场情报及时传递给国际中间商，将生产与营销的规划及时向国际中间商通报，为它们合理安排营销计划提供依据。

3. 资金待遇支持

企业可以给予国际中间商在付款上的优惠措施，以弥补其资金的不足，如允许国际中间商分期付款、延期付款等。但是，国际市场风云变幻，采用分期付款、延期付款的支持措施，虽然可以提高国际中间商的积极性，达到激励的目的，但也加大了生产商的风险。因此，生产商应该对国际中间商的信用情况有详细的了解，只有确保可以收回贷款时，才可以采用资金支持的方式。

企业还通过提高佣金率、增加折扣或者利用特殊津贴等措施，解决国际中间商经营成本过高的困难，或者增加国际中间商经销利润，以调动国际中间商的经销积极性。

另外，企业可以给予国际中间商特殊待遇。例如，给予国际中间商在一定市场区域内的独家经销权或独家代理权，或者向国际中间商保证长期供货，或协助国际中间商在一定市场区域内取得竞争优势。

4. 制造商支持

生产厂商可以经常向国际中间商提供培训销售和维修、商业咨询服务和帮助；指导经营管理，为国际中间商建立人事劳动管理、库存管理、计划管理、经营诊断制度等；协助巩固"商圈"，避免同一企业的国际中间商之间相互超越"商圈"进行竞争；提供咨询服务，即利用企业的专业技能在税务、会计、法律、信息等方面提供及时的服务；辅导推销工作，包括顾客管理、推销实务培训、广告促销技巧、区域性公共关系活动、市场需求调查等。

12.4.2 评估国际中间商

企业定期对国际中间商的考核与评价，了解它们的活动是否符合企业的分销目标，是否符合企业的利润计划，这是保证企业的分销体系畅通、高效的前提。

1. 评估步骤

（1）制订计划。制订计划即确定企业的分销规划，包括分销政策、中间商的选择标准、目标市场战略等，还要制定对国际中间商业绩评估的标准、评估的方法等。

(2) 签订营销协议。与国际中间商签订营销协议，明确它们的权利与义务，明确对国际中间商评估的程序、评估的标准和评估的方法。

(3) 实施评估。根据评估的标准和方法对国际中间商实施评估，归纳出销售渠道中存在的问题，并做出这些问题对企业影响程度的准确判断等。

(4) 奖惩措施。对执行协议好的国际中间商予以奖励，对不能完成销售任务的国际中间商给予惩罚，并对个别业绩差的国际中间商做出放弃或更换的决定。

2. 评估标准

企业应根据分销目标和自身条件制定选择国际中间商的适应标准。这些标准中有一些是容易定量化的，对各国际中间商可以进行分析与比较，有些标准则只能定性。同时，还必须仔细分析信息来源的可靠性。企业选择国际中间商的主要标准有以下几个方面：

(1) 财力和绩效。国际中间商能否按时结算，包括在必要时预付货款，取决于国际中间商的经济实力和财务状况。了解国际中间商的财务状况方式之一是审查其财务报表，尤其是中间商的注册资本、流动资金、负债情况。销售额是一个重要的指标，国际中间商目前的业绩在一定程度上预示着其将来的表现。

(2) 市场覆盖率。市场覆盖率的分析不仅包括覆盖的地区大小、销售点数目、所服务市场的质量、销售人员的特点和销售代理人的数目也是主要参考指标。

(3) 目前正在经营的业务。国际市场的经营者经常会发现，某个市场中最合适的分销商已经在经营竞争性的产品，因而不能再争取其帮助。在这种情况下，可寻找另一个具有同样资历的经营相关产品的国际中间商。产品的互补性可能对双方均有好处。

(4) 信誉。国际中间商的信誉必须审查。这是一种抽象的衡量方法，应通过国际中间商的顾客、供应商、联系机构、主要竞争对手和其他当地商业伙伴进行分析研究。

(5) 促销。促销方面主要包括对生产商促销活动的合作程度、主动开展促销活动的热情与能力。

(6) 合作态度。有的国际中间商尽管有健全的分销网络，但如果对制造商的产品分销不能给予足够的重视，国际中间商所提供的货架空间、商品陈列位置等难以达到理想水平，制造商也应考虑其他的选择。

3. 评估方法

明确了评估的标准之后，就需要采用一定的方法对国际中间商进行评估。对国际中间商评估的方法通常有横向比较法和纵向比较法两种。

(1) 横向比较法。横向比较法是指以整体的绩效上升比例为标准，比较每个国际中间商是高于平均水平还是低于平均水平的方法。对销售绩效高于平均水平的国际中间商，要采取奖励措施，鼓励它们继续提高业绩；对销售绩效低于平均水平的国际中间商，要全面分析主客观原因，提出改进和努力的方向；对个别不负责任的国际中间商，要采取适当的惩罚手段。

(2) 纵向比较法。纵向比较法是指将每一个国际中间商的销售绩效与上一期的绩效相比较，看各个国际中间商完成的销售绩效的升降情况的方法。对于绩效上升幅度居于领先地位的国际中间商，要进行奖励；对于销售上升比例低甚至下降的国际中间商，分析原因，甚至进行惩罚。

12.4.3 调整国际营销渠道

渠道管理的一项重要内容是根据评估结果对渠道进行调整。当消费者购买模式发生改变、市场逐步扩大或者新竞争者加入而出现新营销渠道和企业内部条件等发生变化时，对营销渠道的适时调整是必要的。日本的企业诸如索尼、雅马哈、东芝等初进入美国市场时，几乎都聘请美国的中间商或制造商代销，使用美国公司的商标。一段时间后，开始尝试使用自己的商标，自己开设门市部或直接找连锁商店和百货公司销售。到完全熟悉市场后，自己独立经营，甚至开设美国分公司。

对营销渠道的调整，可能仅限于渠道宽度的调整只是增加或减少渠道某一层次的中间商数量，也可能是在渠道的长度上进行调整，增设或取消渠道的某一层次。国际中间商的调整涉及以下三个方面：

1. 增减渠道中的个别国际中间商

增减渠道中的个别国际中间商是指根据企业的整体战略规划和对国际中间商的评估指标，对那些不能完成生产商的分销定额、不积极合作、影响生产企业市场形象的个别国际中间商，终止与它们的购销关系；通过认真的评估，吸纳有积极性、业绩良好、形象信誉卓著的国际中间商。有时，生产商在对营销渠道进行评估的基础上，要将那些低于一定控制线的国际中间商从渠道中剔除，从而提高销售渠道的业绩水平。例如，水泥的体积大、重量高、产品的单位价值比较低，生产企业对所有年营销量低于一定规模的国际中间商不再提供货源，原因是如果保留它们，国际中间商的销售批量达不到经济规模，就意味着生产企业会提高供货的成本。一般而言，像水泥这种单位价值低、体积大的产品，只有采用铁路或货轮运输才经济合理，而如果国际中间商的年销售量不能达到一定规模，就必须采用货车运输。货车运输的成本高，从而削弱了市场竞争力。因此，生产商必须将这样的国际中间商从渠道中剔除，以提高生产商的总体经销水平。

2. 提高渠道结构层次

随着企业国际市场卷入程度的加深，分销模式也要做相应的调整，以适应这种发展。例如，从间接出口到直接出口，从产品出口到海外投资，从许可贸易到独资经营，企业对国际市场卷入程度的加深要求企业提高渠道结构层次。

3. 改变渠道结构和分销模式

国内外营销环境的变化也要求企业营销渠道做相应的调整。例如，零售行业大型化与国际化趋势，导致许多制造商改变原来的间接分销模式，采取跨越批发商而向大型零售商直接分销的策略。又如，发达国家人员推销成本费用的大幅攀升，促使许多制造商改变直接派员推销模式而转向间接分销方式。日产汽车公司原先的分销模式是由推销人员挨家挨户上门推销，但随着日本经济的发展，人员推销成本费用大幅增加，加上国内合格推销员的短缺，而不得不改用由经销商设置陈列室推销的方式。

营销渠道的调整，可能涉及某些渠道成员的更换，或者整个渠道模式的改变。例如，汽车的制造商为了加强对渠道的控制，将原来的独立代理商制度变更为自己直接设立销售分支机构。在这些调整或改变过程中，往往会遭到渠道成员的反对与抵制，因而是一个困难和复杂的过程，可能需要付出较高的经济代价。特别是许多国家对本国中间商的利益常常以法律法规的形式加以保护，制造商要终止与国际中间商的经销或代理关系可能要经过复杂的法律程序，可能还得给国际中间商补偿。因此，对营销渠道的调整，不管是渠道结构的部分调整还是渠道整体的重新构建，应从经济效益、渠道控制和环境适应诸方面进行利弊权衡，既着眼于当前又前瞻未来，既比较局部又考虑全局，慎重决策。

阅读材料 12-3

从宝洁分销新政看渠道整合

宝洁对分销商体系进行了重大调整，针对大批发商、二级批发商的价格进行了严格的限制性规定，违反规定的分销商轻者处罚，重者取消分销资格。

此举推行以来，在业内引起了轩然大波，认为宝洁此次调整不仅没有解决渠道窜货和假货等调整初衷，还激化了原有营销渠道和大量连锁超市零售渠道之间的矛盾。但是，客观来看，这些所谓的轩然大波都是在本次政策调整中利益受到影响的分销商意见。

1. 矛盾原因

1）限价只针对分销商，而宝洁对直供的大零售终端却没有什么要求。以前有大的零售终端搞团购，分销商们还可以给 4~5 个点的优惠来对抗，可现在新政规定了最高、最低限价，只留 3 个点的上下浮动空间，造成了大零售终端出来的货的价格比分销商给批发商的价格还低，导致货物直接流到批发市场，冲击了分销商的生意。

2）大的零售终端以低价高品质策略吸引消费者，所以常拿大品牌"开刀"，宝洁对其"不作为、不约束"，也使它们有恃无恐。这说明在大的零售终端与厂家的对弈中，厂家处于劣势。

3）违背了公平竞争原则，宝洁新政对于分销商来说是不公正的，这相当于一辆自行车和一辆汽车赛跑。笔者很奇怪，这样的不公正政策难道宝洁内部没有人提出异议吗？

2. 窜货——渠道顽疾

在分销体系当中，窜货是个始终难以根除的顽疾。大体上，各个厂商的分销体系都是以区域来划分分销商的覆盖范围，但当厂商的价格政策过于灵活导致不同地区分销商进货价格不一致的时候，窜货就会发生，这与金融市场的无风险套利如出一辙。除了价格政策上的影响之外，导致窜货发生的另外一个原因是厂商的返利政策。很多情况下，厂商为了鼓励分销商的积极性设定返利政策，规定分销商完成一定量的销售后拿到一定比例的返点。这种政策会导致分销商在接近返利销售量的时候为了拿到返点而不惜平价甚至是亏本营销，这种做法不仅骗取到了厂商的返点，还会因为低价出货引起窜货而扰乱了整个分销体系，给分销商之间带来了矛盾，并最终影响厂商与分销商的利益协调。

因此，窜货的根源通常来自厂商的价格政策和返利政策的不合理，导致邻近地区在扣除交通运输费用后仍然存在利差。另外，分销商的本性都是逐利的。

宝洁此举对价格体系加以严格限制，正是为了有效避免分销商利用较大的利润空间向利益范围外的用户供货。分销商之所以对此怨声载道，正是自己的这种违规操作被断了后路，原本可以拿到的额外利润现在被宝洁所取缔，当然会有不满情绪。至于说新政策导致零售终端侵占批发商的地盘，则说明宝洁在政策调整上可能仍然存在漏洞，原本用于规范两级批发商的政策调整却为零售终端带来了违规逐利的机会，这的确需要在今后的工作中加以解决。

3. 店大欺客与客大欺店

店大欺客常常被用来指责那些实力雄厚的分销商和零售商忽视顾客利益的现象，实际上不仅存在店大欺客的现象，还存在客大欺店的现象，而这只不过是厂商在发展的不同阶段与分销商的关系罢了。

通常在厂商刚刚进入一个市场的初级阶段，因为发展前景的不确定而导致分销商的不重视，常常会对厂商提出各种苛刻的要求，甚至拒绝合作。在这种情况下，厂商为了迅速打开局面，往往会采取两种策略：一种策略是和大的分销商签订城下之盟；另一种策略是选择更多的分销商合作，以实现"东方不亮西方亮"。这就是所谓的"店大欺客"。

那么，在厂商的产品逐渐站稳脚跟后，以逐利为目的的分销商渐渐会对厂商另眼相看，重视自不用说，当年的屈辱条约也会自动取消。而对于厂商来说，当然也需要有实力更雄厚的大分销商来合作，毕竟这是对成本的节约。在这种情况下，厂商在博弈中逐渐占据上风，往往拥有更足的底气和实力对渠道进行整合。这就转变成了客大欺店。

以家电分销体系为例，原来国美主动寻求家电厂商的合作，很多厂商抱定百货商场渠道和自有渠道拒不合作，但是随着国美的实力不断加强，不仅实现了与厂商的合作，还越来越多地影响家电厂商的研发和生产，这就是分销商和厂商在博弈中的变化。

对于宝洁来说，拥有足够的实力和底气进行渠道整合已不在话下，进行渠道整合已经不是第一次了，此前宝洁就曾经对一些小的分销商进行了整合，对于那些实力不强、贡献不大的分销商逐步取缔。由于实力雄厚的大分销商更倾向于遵守规则，因为分销规模越大，与厂商的合作对于该分销商就越重要，守信合作带来的利益就越大，违规带来的损失就越大。因此，宝洁此次调整虽然从局部来看引起争议，但真正不满意的只是一些规模较小的批发商，不必为此进行再次调整。

宝洁此次调整也正是为了更进一步地推动大批发商的合作，因此，对于那些不满调整和违规操作的分销商，不遗余力地取缔也是很自然的事情，正好可以趁此发展与有更大范围覆盖能力的大批发商合作，推进渠道整合的进度。

4. 大家好才是真的好

分销商和厂商是唇齿相依的关系，分处在价值链的上下游。两者只有结成共赢的利益共同体才能生存，自建分销体系是个庞大的工程，巨额成本和人力投入不说，其中的风险更是无法估量，而分销商则很好地帮助厂商解决了这一难题。因此，如果厂商不能保障分销商的利益而被分销商所抛弃，在竞争如此激烈的时代只能是死路一条，而分销商如果不能守信合作，依靠厂商政策漏洞窜货，也只能是谋取蝇头小利，而失去了厂商的支持，自然也不能获取长期利益。

因此，对于分销商来说，眼光放得更长远一些，不要在旁门左道上花费太多心思，守信合作才是最重要的。如果说因为厂商政策调整而失去了做小动作的机会，那么就该收收心，规规矩矩分销，实现与厂商的共赢。

12.4.4 消除渠道冲突

渠道冲突指的是渠道成员发现其他渠道成员从事的活动阻碍或者不利于本组织实现自身的目标。国际营销渠道成员往往由各种类型的中间商组成，这些中间商作为独立的经营者，有着自己的经营目标、利益追求和营销策略，再加上跨越国界，客观上存在社会文化、政治法律等方面的差异，因而，渠道成员之间的矛盾和冲突在所难免。

1. 渠道冲突的原因

（1）渠道冲突的直接原因。

1) 争占对方资金。制造商希望分销商先付款、再发货，而分销商则希望能先发货、后付款。尤其是在市场需求不确定的情况下，分销商希望采用代销等方式，即货卖出去后再付款。这种方式增加了制造商的资金占用，加大了其财务费用支出。

2) 价格原因。各级批发价的价差常是渠道冲突的诱因。制造者常抱怨分销商的销售价格过高或过低，进而影响其产品形象与定位。而分销商则抱怨给它的折扣过低而无利可图。

3) 存货水平。制造商和分销商为了自身的经济效益，都希望把存货水平控制在最低。存货水平过低又会导致分销商无法及时向用户提供产品而引起销售损失，甚至使用户转向竞争者。同时，分销商存货水平低往往会导致制造商存货水平高，从而影响制造商的经济效益。

4) 分销商经营竞争对手的产品。制造商显然不希望分销商同时经营竞争对手的产品。尤其在当前的工业品市场上，用户对品牌的忠诚度不高，经营第二产品线会给制造商带来较大的竞争压力。另外，分销商常常希望经营第二甚至第三产品线，以扩大其经营规模，并免受制造商的控制。

5) 技术咨询与服务问题。分销商不能提供良好的技术咨询和服务，常被制造商作为采用直接销售方式的重要理由。对某些用户来说，甚至一些技术标准比较固定的产品，仍需要通过技术咨询来选择最适合其产品性能的产品，以满足生产需要。

（2）渠道冲突的根本原因。

1) 渠道成员的任务和权利不明确。有些公司由自己的营销队伍向大客户供货，同时它的授权经销商也努力向大客户推销。地区边界、销售信贷等方面任务和权利的模糊和混乱会导致诸多冲突。

2) 购销业务中本身存在的矛盾。矛盾产生的一个主要原因是生产企业与中间商有不同的目标：生产企业希望占有更大的市场，获得更多的销售增长额及利润，而大多数零售商，尤其是小型零售商，当销售额及利润达到满意的水平时，就满足于安逸的状况；生产企业希望中间商为它的品牌做广告，中间商则要求生产企业负担广告费用。

3）中间商对生产企业的依赖过高。例如，汽车制造商的独家经销商的利益及发展前途直接受制造商产品设计和定价决策的影响，这也是冲突产生的隐患。

2. 渠道冲突的类型

1）水平渠道冲突。水平渠道冲突是指同一渠道模式中，同一层次中间商之间的冲突。产生水平渠道冲突的原因大多是生产企业没有对目标市场的中间商数量、分管区域做出合理的规划，使中间商为各自的利益互相倾轧。这是因为在生产企业开拓了一定的目标市场后，中间商为了获取更多的利益必然要争取更多的市场份额，在目标市场上展开"圈地运动"。

2）垂直渠道冲突。垂直渠道冲突是指在同一渠道中不同层次企业之间的冲突，这种冲突较之水平渠道冲突更常见。垂直渠道冲突也称作渠道上下游冲突。一方面，分销商从自身利益出发，采取直销与分销相结合的方式销售商品，这就不可避免地要同下游经销商争夺客户，大大挫伤了下游经销商的积极性；另一方面，当下游经销商的实力增强以后，希望在渠道系统中有更大的权力，向上游经销商发起了挑战。

3）不同渠道间的冲突。不同渠道间的冲突是指生产企业建立多渠道营销系统后，不同渠道服务于同一目标市场时所产生的冲突。

3. 渠道冲突的解决途径

只有保证营销渠道和谐畅通，才能为所有渠道成员带来好处。因此，企业要及时解决营销渠道存在的矛盾。

首先，从思想观念上充分认识合作对各方的重要战略意义。生产企业和国际中间商都必须认识到渠道是一个体系，只有共同努力，保持渠道体系流畅，才能给每一个渠道成员都带来利益。但同时也必须认识到，营销渠道成员之间一定程度的矛盾或冲突，在某种意义上反而可能促使渠道竞争和创新。

其次，渠道成员还要分析冲突产生的原因，充分认清渠道成员的角色作用，避免角色冲突，及时并准确地传递有关信息，强化服务意识，改善供应或服务的方式与方法。

最后，通过协商的方式建立一套渠道运行的制度，使各方在今后的活动中有章可循。例如，通过经销协议或代理合同的形式，明确约定中间商的责任和义务，以约束中间商完成渠道功能达到分销目标。这些经销协议或代理合同确定了对经销商或代理商工作的评估标准或者必须达到的指标限额，如最低包销数量或金额、对目标市场渗透程度、用于广告促销的比例、对市场信息反馈的要求、顾客服务水平等。

思 考 题

1. 简述国际市场营销渠道的基本概念。
2. 国际市场营销渠道的基本结构有哪些？
3. 简述国际中间商的分类、基本特性和作用。
4. 如何激励国际中间商？
5. 营销渠道发生冲突应如何解决？

案 例 题

【案例题1】

美国金霸王电池的渠道营销策略

1993年，美国金霸王电池进入中国市场，从进入重庆市场到占领重庆市场，仅仅只花了6个月的时间。一种新产品在6个月内就占领那么大的新市场，真可谓闪电式的"速战速决"。那么，它闪电式的"速战速决"秘诀是什么？质量固然是金霸王电池开拓市场成功的一个重要因素，但人们赞许更多的是它独特的营销渠道策略策划：第一步代销，第二步铺货，第三步终端促销。

1. 代销

所谓代销，就是指生产厂家或代理商家把产品让批发商或零售商销售，在规定时间或者在批发商、零售商销售产品后才收取货款的销售方式。它实际上是厂家把产品让给商家的"试用"过程，若"试用"成功，商家就会经销该产品。代销是有风险的，弄不好厂家代销出去的产品既收不到货款也取不回货。为了有效地发挥代销的作用，金霸王电池在各区（县）找的代理商都是当地信誉比较好、效益好的大零售商。在两个半月的以点带面的代销后，金霸王电池在重庆已有一定的市场。这时，重庆凯丽贸易公司紧紧抓住机会，把营销策略进到第二阶段——铺货。

2. 铺货

所谓铺货，就是厂家（或代理商）送货给零售商，并尽力说服其经销产品的一种营销策略。由于金霸王电池质量、性能确实过硬，故代销给它带来了一定的市场，但仅仅依靠几个大商家，其占领市场的进程将极其缓慢。为了加快步伐，金霸王电池想到了铺货。铺货的重点是重庆各区（县）的零售店。在零售店的铺货中，该公司注意到其他电池厂家都忽视了电话亭的铺货。这一特别关注使得"铺货策略比原来想象的还要有效"。因为一个普通电池，BP机[①]只能用7~8天，而一对金霸王电池，BP机却可以用40多天，这大大方便了BP机使用者，并且BP机使用者往往在电话亭购买电池。铺货需要很多业务员。为了解决这一问题，金霸王电池在重庆工业管理学院（现为重庆理工大学）招聘了一些市场营销专业的学生作为兼职业务员。这些学生曾为多家厂家做过市场调查、产品促销、广告宣传等实践活动，在促销方面很有经验。这为他们能成功地说服零售商经销金霸王电池打下了基础，从而使得铺货面尽可能大。这样，在重庆的各处都布满金霸王电池。从而，把营销策略推向了第三阶段——终端促销。

3. 终端促销

所谓终端促销，是指厂家为了提高产品的知名度，扩大或巩固产品的市场占有率，

[①] 寻呼机，20世纪八九十年代使用的通信工具，只能接收无线电信号，不能发送信号，是单向的移动通信工具，后被手机取代。

在零售店处张贴广告或悬挂横幅,以刺激消费者购买产品的营销活动。为了进一步提高金霸王电池的知名度和销售量,金霸王电池在零售店处张贴了许多广告画,并且每隔一段时间就检查一次,广告画若被其他产品广告画所覆盖,就立刻补上。这样,在很短的时间内,金霸王就进入了重庆人的脑海里,并留下了深刻的印象,进而促进了人们的购买行为。

金霸王电池的销售渠道另有一个特点,即它直接由生产厂家转到零售商手上,而不像其他同类产品中间要经过批发商。这一销售渠道有利于该公司和零售商良好合作关系的形成。这种良好合作关系的形成必然促进金霸王电池在重庆市场上的开拓。

(资料来源:http://www.tem.com.cn/marketing/practice/20090503/124136191513300.shtl。)

分析:金霸王电池的营销渠道设计具有什么特点?

【案例题2】

宝马公司该如何选择销售渠道

德国宝马公司生产的高级小汽车有一半销往国外,但公司在重新考虑它的分销系统时,认为原有的销售体系存在一定问题,因而没能达到应有的效率。

首先,从宝马公司在国内的销售体系方面来分析。宝马公司在国内市场上有两种销售渠道:通过国内的大批发商销售其产品,同时也通过大的经销商直接销售给汽车用户。尽管宝马公司的市场份额一直都有一定程度的提高,但采取两重销售渠道却导致一个问题,即市场竞争的严重不公平。因为大批发商可以兼营零售,同时又可获得其他经销商更为优惠的批发价格,所以有时经销商的销售量尽管比批发商多,但它却不能获得较低的进价。

再看宝马公司的海外市场。宝马公司原先通过外国进口商购进本公司小汽车后再由海外经销商出售给消费者,进口商与经销商的差价达10%之多。宝马公司认为销售环节的增多使流通费用增加,因此考虑在海外市场设立自己的销售分公司以取代进口商。

宝马公司在海外的两个主要市场为法国和美国。宝马公司首先在法国开始实施了它的改革计划,即在法国成立宝马进口分公司,部分地取代了以前的法国进口商,直接向法国汽车经销商供货。同时,法国的进口商也继续通过它在国内的各个零售网点销售宝马公司的小汽车。

另一个重要的海外市场是美国,由于美国是小汽车的销售大国,因此宝马公司在该国一向有较多的销售业务。美国有250个经销商在直接销售宝马公司的小汽车,同时也拥有通过进口商的进口分销系统。宝马公司面临两个选择:一是接管美国原有的双重销售体系;二是建立一个如法国一样的全新而独立的销售分公司。

(资料来源:《国际营销案例精选》,潘洪萱,郭羽诞,北京:中国财政经济出版社,1994年。)

分析:

1. 为宝马公司国际分销方式(驻外销售分公司、进口商)的决策提出你的建议和理由。
2. 结合宝马公司国内分销方式,举例说明多重营销渠道的做法,并分析其优缺点。

国际市场营销学 第4版

第 13 章
国际市场促销策略

本章要点

国际市场促销是国际市场营销组合的一个重要因素,其作用在于通过向国际市场上的个人、群体或机构宣传公司的产品,并使他们接受这些产品,以便直接或间接地促进产品的销售。但由于国际市场营销环境的多变性和复杂性,国际市场营销管理人员还必须因时、因地制宜,细心地规划、执行和协调各种促销沟通手段,以更好地达到促销目的。

国际市场促销策略是国际市场营销的一个重要组成部分,同时它又自成体系,需要促销的各个方面有机配合和协调。本章首先介绍国际市场促销的基本概念,之后紧密结合国际市场营销环境的巨大差异,分别详细地阐述国际市场营销中的人员推销、广告促销、营业推广以及公共关系策略等重要内容。

关键词

国际市场促销　人员推销　广告促销　营业推广　公共关系　促销组合策略

13.1 国际市场促销策略概述

13.1.1 国际市场促销的含义、分类和目标

1. 国际市场促销的含义

促销是指企业利用各种有效的方法和手段,使消费者了解和注意企业的产品,激发消费者的购买欲望,并促使其实现最终的购买行为,即刺激消费者购买欲望,改进零售商或中间商工作的有效性,加强相互之间的合作的营销活动。例如,发送样品、赠购物

券、送小礼物、搭卖商品、竞赛、抽奖、设置直接秒杀、赞助音乐会和交易会以及销售点展示，都是形形色色的促销手段。

国际市场竞争激烈，这种竞争不仅表现为产品的质量竞争、价格竞争、服务竞争，还表现为信息传播的竞争，当商品在性能、价格、服务等方面相仿时，加强信息传播就显得格外重要。某种商品信息传播先为人知、广为人知、深为人知，该商品就能占有有利的销售地位。

2. 国际市场促销的分类

根据促销手段的出发点与作用的不同，可将国际市场促销分为以下两类：

（1）直接方式。直接方式即运用人员推销手段，把产品推向销售渠道，其作用过程为：企业的推销员把产品或劳务推荐给批发商，再由批发商推荐给零售商，最后由零售商推荐给最终消费者。该策略适用于以下几种情况：

1）企业经营规模小，或无足够资金用以执行完善的广告计划。
2）市场较集中，营销渠道短，销售队伍大。
3）产品具有较高的单位价值，如特殊品、选购品等。
4）产品的使用、维修、保养方法需要进行示范。

（2）间接方式。间接方式即通过广告和公共宣传等措施吸引最终消费者，使消费者对企业的产品或劳务产生兴趣，从而引起需求，主动购买商品。其作用路线为：企业将消费者引向零售商，将零售商引向批发商，将批发商引向生产企业。这种策略适用于以下几种情况：

1）市场广大，产品多属便利品。
2）商品信息必须以最快的速度告知广大消费者。
3）对产品的初始需求已呈现出有利的趋势，市场需求日渐上升。
4）产品具有独特性能，与其他产品的区别显而易见。
5）能引起消费者某种特殊情感的产品。
6）有充分资金用于广告。

3. 国际市场促销的目标

（1）告知。这是导入期和成长早期的目标，主要表现为：

1）提高认知度。
2）说明产品工作原理。
3）建议新用途。
4）建立公司形象。

该目标就是告知顾客和市场中介：产品（公司）的存在、功能、用途、如何获取及价格。

（2）劝说。这是成长期和成熟期的目标，主要表现为：

1）鼓励品牌转换。
2）改变顾客对产品性质的认知。
3）影响购买决策。

4）劝说顾客来访。

（3）提醒。这是成熟期的目标，主要表现为：

1）提醒顾客可能需要该产品。

2）提醒顾客在哪里可以购买产品。

3）维持顾客认知度。

不可否认的是，很多促销都是用来与竞争者的营销努力相抵。

13.1.2 国际市场促销的重要性和复杂性

1. 国际市场促销的重要性

国际市场促销的重要性是由国际市场促销的实质所决定的。促销的实质是企业与客户之间进行的信息传递过程，是企业与客户之间的营销沟通过程。在国际营销活动中，由于各国之间的环境存在差异，沟通就显得尤为重要。促销活动并不是简单地向消费者推销产品，而是应该以消费者为中心，加强企业与中间商和最终消费者之间的联系，掌握消费者不同层次的需求，尤其是消费者的潜在需求，激发其购买的欲望与兴趣，进而满足消费者需要，实现其购买行为，最终达到扩大销售的目的。

无论是人员推销还是非人员推销，所有的促销活动都有以下作用：

（1）传递产品销售信息。在产品正式进入市场以前，企业必须及时向中间商和消费者传递有关的产品销售情报。通过信息的传递，使社会各方了解产品销售的情况，建立起企业的良好声誉，引起他们的注意和好感，从而为企业产品销售的成功创造前提条件。

（2）创造需求，扩大销售。企业只有针对消费者的心理动机，通过采取灵活有效的促销活动，诱导或激发消费者某一方面的需求，才能扩大产品的销售力。同时，通过企业的促销活动来创造需求，发现新的销售市场，从而使市场需求朝着有利于企业销售的方向发展。

（3）突出产品特色，增强市场竞争力。企业通过促销活动，宣传本企业的产品较竞争对手产品的不同特点，以及给消费者带来的特殊利益，使消费者充分了解本企业产品的特色，引起他们的注意和购买欲望，进而扩大产品的销售，提高企业的市场竞争能力。

（4）反馈信息，提高经济效益。通过有效的促销活动，使更多的消费者或用户了解、熟悉和信任本企业的产品，并通过消费者对促销活动的反馈，及时调整促销决策，使企业生产经营的产品适销对路，扩大企业的市场份额，巩固企业的市场地位，从而提高企业营销的经济效益。

2. 国际市场促销的复杂性

国际市场营销活动中的促销手段与国内市场营销活动中的促销手段基本相同，它也包括广告促销、营业推广、人员推销、公共关系等主要形式。但国际市场营销活动中存在的以下差别，使企业的国际促销决策更为复杂，促销策略的具体运用也会发生变化：

（1）促销对象的不同。在国际市场上，企业面对的是来自不同社会文化背景的、具有不同的价值取向及消费习惯的消费者，因此，促销活动的内容、方式应有所差别，这样才能取得相应的促销效果。

（2）促销环境的不同。由于各国的政治、经济、文化等环境因素存在差异，企业开展促销活动的环境有着巨大的差别，在一个国家可以使用的促销手段，在另一个国家可能不被允许使用。

（3）促销策略的不同。在国际市场营销活动中，由于促销的制约因素不同，促销策略面临着不同的选择。

（4）促销效果的不同。由于上述的原因，在一个国家能取得良好促销效果的促销策略，在另一个国家则可能无法实现其促销目标。

13.2 国际市场促销的方法

国际市场商品信息既可以通过销售人员面对面地向目标顾客直接传播，又可以通过运用一定的物体向目标顾客进行广泛的间接传播。通过人员传送商品信息，引导顾客购买的营销活动称为人员促销，也叫作人员推销。通过物体传送商品信息，引导顾客购买的营销活动称为非人员促销，这类促销主要有三种形式，即广告促销、营业推广和公共关系。

阅读材料 13-1

宝洁公司环球促销趣闻

久负盛名的美国宝洁公司历史悠久，以生产日常洗涤用品与清洁用品为主业，它在中国市场销售的海飞丝和潘婷等洗发水几乎家喻户晓，由此可见其广告推销力度之大，到了铺天盖地的程度。尤其是近几年来，宝洁公司的中国分部以其不俗的销售业绩和屡屡参加慈善捐款的举动，在中国广大民众中享有甚佳的口碑。不过，由于宝洁公司在世界各地的分支机构发展进程各不相同，也由于世界各国之间巨大的文化差异，宝洁公司在全球许多国家分别经历了一些意想不到的失败和胜利。

首先是在日本，这是一个曾经被跨国公司看作世界第二大消费市场的国度，宝洁公司在这里投入了巨资，但最终却尝到了失败的苦果。起初宝洁公司将其在美国旺销的纸尿裤投放到日本，在各大医院的产房留下了免费试用的样品；还派人到居民区巡视，一看到哪家居民阳台上有晾晒的婴儿尿布，便免费送上纸尿裤样品。一开始，这一招还真灵验：其产品的市场占有率一下子从2%上升到10%，但其间的隐患却没有被高层管理人员觉察，那就是每个日本婴儿每月花在尿布上的钱高达50美元。为什么呢？这里有一个文化差异：美国母亲平均每天只给婴儿换6次尿布，而日本母亲则平均每天要给婴儿换14次尿布，难怪要花费这么多钱。此时，一家日本本地的公司便乘虚而入，生产出一种轻薄型的纸尿裤，其使用和储存更加方便，且成本更低，母亲们更愿意购买，这种名为"月牙"的纸尿裤很快便把宝洁公司的产品挤出了日本市场。另一家生产洗发水的公司又趁宝洁公司遭受重创的机会，生产出"花王"洗发水投放到日本，使得宝洁公司更是雪上加霜，难以立足。

不过，宝洁公司在波兰却因为深谙当地居民的心理而取得了意想不到的成功。波兰本地产品的特点是质量低劣，并有许多假冒的外国品牌，居民想买外国公司的产品但又怕买到假货。宝洁公司便在自己产品的外包装上贴上一些错误百出的波兰文字写成的标签，不是拼写有错误便是语法乱七八糟，波兰当地居民们看到这些洋相百出的商品标签，马上意识到这是真正的外国公司的产品，只是还没来得及学会用正确的波兰文字进行包装而已。一时间，这些标签文字错误百出的商品卖得十分红火。

在韩国和中国，宝洁公司学会了使用不符合美国标准的颜色。例如，纸尿裤在美国分为浅蓝色和粉红色，浅蓝色是男婴的，粉红色是女婴的。而在韩国和中国，纸尿裤的颜色便都换成了统一的中性色——白色。

宝洁公司生产的香皂曾经在日本做过电视广告。为了说明其香皂能使女人对男人更有吸引力，电视画面上显示出一个男人闻到香皂的气味便径直闯入其妻子正在洗澡的浴室。这个广告一经播出，效果与广告制作人的预期相反，日本女人看了怒不可遏，由此产生了极大反感。因为与美国相反，在日本，男人看自己的老婆洗澡是无耻之举，是不能容忍的行为。这种广告真是"搬起石头砸自己的脚"。

居住于南美洲的秘鲁人则没有日本人这么敏感。当宝洁公司在当地的电视台做洗发水广告时，选用了一个秃顶的秘鲁中年男子声称其洗发水能帮助头发生长，并鼓励消费者买这种洗发水作为送给爸爸的圣诞礼物。广告一经播出，该洗发水销量立即翻了三番。

同样是洗发水，同样在波兰，宝洁公司却"栽了个跟头"。开头一切都顺利，宝洁公司在居民的信箱里逐个投放了免费的试用样品。居民们都欢呼起来，非常高兴得到平时要排队才能买到的外国货，一位在邮局工作的工人甚至专程给宝洁公司送去一篮感激的鲜花。可是忽然间风云突变：贪婪而肆无忌惮的小偷全面扫荡了所有居民的信箱以窃取免费样品，而负有间接责任的宝洁公司则不得不马上承担起修理信箱的巨额开支。

13.2.1　国际市场人员推销

1. 国际市场人员推销的含义及其特点

人员推销是指通过推销人员深入中间商或消费者进行直接的宣传介绍活动，使中间商或消费者采取购买行为的促销方式。在商品经济高度发达的现代社会，人员推销这种古老的形式更焕发了青春，成为现代社会最重要的一种促销形式。在国际市场上，人员推销与国际广告、营业推广、公共关系等其他促销手段相比，所受到国际环境的限制相对较少。此外，就产品类别的特性来看，工业品由于其品质及操作方式，不容易在大众传播媒体上充分表现；顾客对于工业品有其专业知识和较高的判别能力，不易受到国际广告宣传的影响。因此，工业品的促销易采用人员推销的策略。

人员推销的基本形式有上门推销、柜台推销、会议推销。

（1）上门推销。它是指由推销人员携带产品样品、说明书和订单等走访顾客，推销产品。这种推销形式可以针对顾客的需要提供有效的服务，方便顾客。

（2）柜台推销。它是指企业在适当地点设置固定门市，由营业员接待进入门市的顾客，推销产品。与上门推销正好相反，它是等客上门式的推销方式。由于门市里的产品种类齐全，能满足顾客多方面的购买要求，为顾客提供较多的购买方便，并且可以保证产品完好无损，故顾客比较乐于接受这种方式。

（3）会议推销。它是指利用各种会议向与会人员宣传和介绍产品的推销活动。例如，在交易会、展览会和物资交流会等会议上推销产品。这种推销形式接触面广、推销集中，可以同时向多个推销对象推销产品，成交额较大，推销效果较好。

国际市场人员推销具有如下特点：

（1）销售的针对性。与顾客的直接沟通是人员推销的主要特征。由于是双方直接接触，在态度、气氛、情感等方面相互间都能捕捉和把握，有利于销售人员有针对性地做好沟通工作，解除各种疑虑，引导购买欲望。一般来说，顾客对外国公司了解较少，人员推销可以通过与顾客良好的商业交往，培养顾客与推销人员的感情，帮助顾客建立对公司的信任，从而建立起顾客与公司的长期联系。

（2）推销人员可以为国际用户提供多样性的服务。推销人员可以通过展示样品，详细地向顾客介绍商品的性能、结构、特点，突出本公司商品的特点，提供价格方面的参考消息，就如何使用、保养等问题做详尽的说明，并对公司在该国、该地区的维修服务水平情况加以介绍。成交后，推销人员还可以帮助顾客办理交货，进行安装、调试等售后服务。在推销工业品时，更能显示这一特点。

（3）人员推销活动可以收集到较为详实的商业情报。推销人员直接与顾客联系，可以了解产品在使用中的情况、出现的问题及顾客对产品的意见，其他公司产品情况的变化和竞争对手的推销策略，市场目标国政治、经济、文化和社会习俗等方面的变化及对消费趋势的影响。这将给公司提供第一手的国际市场信息。

（4）人员推销的开支大、费用高，是最昂贵的一种接触和沟通形式。国际市场推销人员的素质要求高，不仅要有必要的社会文化、政治、经济、贸易、外语、社交等方面的知识和能力，还要能对产品技术、推销技巧等驾轻就熟，所以培养一个出色的推销员需要一个较长的过程。

2. 国际市场推销人员的管理

（1）国际市场推销人员的选拔。国际市场推销人员的选拔主要包括制定选拔标准、确定来源和培训等内容。

1）国际市场推销人员的选拔标准。由于工作性质、市场结构和营销环境的差异，对于推销人员的选拔标准也难以有一个统一的界定。一般来说，国际市场的推销人员除了要具备推销员的基本素质之外，还应当具备以下能力：①独立工作的能力。国际市场推销人员远在海外，面临的风险与机遇通常比在国内大，难以及时地得到国内领导或专家的指导与帮助，往往需要独立做出决策并处理各种问题。②推销产品的能力。推销人员的基本任务是向顾客推销产品、提供服务并收集信息等，所以国际市场推销人员应当擅长处理顾客关系，说服顾客订购产品。③文化适应的能力。国际市场推销人员要在陌生的社会文化环境中开展推销工作,应当适应不同民族的社会心理与文化特征,其中,国际市场推销人员的语言掌握能力要求较高。④积极主动的态度。海外推销是挑战性很强的工作,不喜欢推销工作或者不积极迎接挑战的人是难以获得成功的。⑤对推销事业的忠诚。海外推销工作的独立性强,监督与管理难度大,工作努力与否在很大程度上取决于推销人员对事业的追求和对公司的忠诚。

当招聘条件确定后,公司可采取多种方式进行招聘,其中包括推荐、利用人才市场及吸收学校毕业生等。国际市场推销人员的招聘多数是在目标市场国进行。因为当地人对本国的风俗习惯、消费行为和商业惯例更加了解,并与当地政府及工商界人士,或者与消费者或潜在客户有着各种各样的联系。企业也可以从国内选派人员出国担任推销工作。企业选派的外销人员,要能适应海外目标市场的社会文化环境。

2) 国际市场推销人员的来源。国际市场的推销人员主要来自三个方面:①企业派国内的业务员到产品进口国去推销。自派业务员的优点是他们了解公司和产品,能及时收集国外市场的信息,可以对用户进行技术服务等;缺点是成本较高,并存在文化障碍,很难找到足够的合格者。②雇用进口国的人员。雇用进口国的人员的优点是费用低和没有文化上的障碍,因而越来越多的企业开始雇用当地人员;缺点是由于这些国家与生产国在文化上的差异,对这些人员的管理要比对国内人员的管理难得多。③使用第三国的人员。优点是这类人员主要是营销方面的专家,有较高的推销艺术和能力;缺点是费用较高。

3) 国际市场推销人员的培训。在国际市场上开展人员推销活动,难度非常大,为了保证人员推销活动能够实现促销目标,推销人员在上岗之前往往要进行相应的业务培训,国际企业往往要对其选拔的推销人员进行全面的培训。培训的内容可根据推销人员的来源确定,主要包括产品知识、企业情况和推销技巧等。随着知识经济时代的到来,产品创新和更新换代步伐加快。为此,需要对推销人员进行临时性的短期培训。对于这种类型的培训,企业既可采取巡回培训组到各地现场培训的方法,也可将推销人员集中到地区培训中心进行短期培训。企业还需要有针对性地为海外经销商培训推销人员。

对于多国公司来说,国际市场推销人员培训的安排往往由各国子公司负责,公司总部只向子公司提供培训资料和组织各子公司进行培训交流,并监督各子公司的培训效果。但有时,培训工作也由总部统一组织。例如,当产品价格较高,或产品在各地市场上的差异性较小时,也可由总部统一加以培训。

(2) 国际市场推销人员的考核。考核包括评价和激励两个方面。

1) 国际市场推销人员的评价。为了保证企业产品销售任务的完成,企业需要对推销人员进行相应的评价。国际企业对推销人员的评价标准很多,主要有:①每百万美元销售额所雇用的推销人员数;②推销费用在总营业额中所占的百分比;③每百次访问平均收到的订单数;④每次销售访问的平均费用;⑤每一时期新顾客的增加数;⑥每一时期失去的客户数;⑦每个推销员每天的平均销售访问次数等。

由于不同国家或地区存在市场潜力、市场结构、竞争强度、推销成本或费用等方面的差异,对于人员推销效果的评估标准或考核方法应当依据评估国别或地区的差异做相应的调整，使得评估结果具有相应的可比性。例如，根据市场特征对海外市场分组考核，比较在相似市场条件下不同国家或地区的人员推销绩效。又如，根据市场推销的难度或费用水平，相应降低某些市场的推销限额，或者相应调高某些市场的推销费用比例等。

2）国际市场推销人员的激励。由于国际销售人员工作环境的艰难性及工作的艰辛性，更需要高度的激励来引发他们的工作热情。在国际市场人员推销的管理中，最普遍使用的激励措施是根据推销人员的业绩给予丰厚的报酬，如高薪金、佣金或奖金等直接报酬形式，并辅之以精神奖励，如晋升职位、进修培训或特权授予等，以调动他们的积极性。对于国际市场推销人员的激励，应当综合运用不同的激励方法，以求达到最佳的激励效果。国际市场推销人员可能来自不同的国家或地区，具有不同的文化背景、行为规则和价值观念，同样的激励措施可能激起他们不同的反应，产生不同的激励效果。例如，美国的文化价值观认为，人们能够影响未来并掌握自己的命运，雇员挑选、提拔或解雇的依据应当是其工作绩效；努力奋斗，创造业绩，就能得到奖赏；而工作马虎应付，给公司带来损失，应当受到惩罚。据此，对于来自北美的推销人员，直接的金钱奖励或晋升机会等个人激励措施可能更为有效。但这种个人激励方法对于来自日本的推销员可能就难以奏效，他们强调的是集体主义、论资排辈和终身雇佣等价值观念，不愿因过于突出或与众不同而招来麻烦。对于在发展中国家招聘的推销员，提供免费的海外旅游或度假机会是一种重要的激励措施。此外，有些国家的文化价值观还认为友情与家庭关系是社会发展的基石，远比企业的发达更为重要，对雇员的挑选或提升是以人际关系与友情为基础的，而非个人工作绩效。

总之，适当的激励手段和报酬形式的选择，主要取决于当地人员的价值观和态度，以及当地的竞争规则。因此，分公司将主要负责激励和报酬形式的选择问题。在这方面，分公司也可吸收总公司的国际经验，以便提高设计和评估各种报酬和激励形式的能力，这样就可使分公司比当地的竞争对手更具优势。

3. 人员推销的策略与技巧

（1）推销策略。

1）试探性策略。试探性策略即在不了解客户需要的情况下，事先准备好要说的话，对客户进行试探。同时密切注意对方的反应，然后根据反应进行说明或宣传。

2）针对性策略。这种策略的特点是事先基本了解了客户的某方面需要，然后有针对性地进行"说服"，引起客户的共鸣，以利于促成交易。

3）诱导性策略。诱导性策略即首先设法引起客户需要，再说明所推销的这种产品能较好地满足这种需要。这要求推销人员有较高的推销技术，在"不知不觉"中成交。

（2）推销技巧。

1）上门推销技巧。首先找好上门对象，可以通过商业性资料手册或公共广告媒体寻找重要线索，也可以到商场、门市部等商业网点寻找客户名称、地址、电话、产品和商标。

2）做好上门推销前的准备工作，尤其要对企业的发展状况和产品、服务的内容材料十分熟悉、充分了解并牢记，以便推销时有问必答，同时对客户的基本情况和要求有一定的了解。

3）掌握"开门"的方法。要选好上门时间，以免吃"闭门羹"。推销人员可以采用电话、传真、电子邮件等手段事先交谈或传送文字资料给对方并预约面谈的时间、地点，也可以采用请熟人引见、名片开道、与对方有关人员交朋友等策略，赢得客户的欢迎。

4）把握适当的成交时机。推销人员应善于体察顾客的情绪，在给客户留下好感和信任时，抓住时机发起"进攻"，争取签约成交。

（3）洽谈艺术。推销人员要注意自己的仪表和服饰打扮，给客户留下一个良好的印象。同时，言行举止要文明、懂礼貌、有修养，做到稳重而不呆板、活泼而不轻浮、谦逊而不自卑、直率而不鲁莽、敏捷而不冒失。

在开始洽谈时，推销人员应巧妙地把谈话转入正题，做到自然、轻松、适时，可采取以关心、赞誉、请教、炫耀、探讨等方式入题，顺利地提出洽谈的内容，以引起客户的注意和兴趣。在洽谈过程中，推销人员应谦虚谨言，注意让客户多说，认真倾听，表示关注与感兴趣，并做出积极的反应。遇到障碍时，推销人员要细心分析，耐心说服，排除疑虑，争取推销成功。在交谈中，语言要客观、全面，既要说明优点所在，又要如实反映缺点，切忌高谈阔论。

洽谈成功后，推销人员切忌匆忙离去，以免让客户以为自己上当受骗了，进而反悔违约。推销人员应该用友好的态度和巧妙的方法祝贺客户做了笔好生意，并指导注意合约中的重要细节。

（4）排除推销障碍的技巧。

1）排除客户异议障碍。若发现客户欲言又止，推销人员应主动少说话，直截了当地请对方充分发表意见，以自由问答的方式真诚地与客户交换意见。对于一时难以纠正的偏见，可将话题转移。

2）排除价格障碍。当客户认为价格偏高时，推销人员应充分介绍和展示产品、服务的特色和价值，使客户感到物有所值；当客户认为价格偏低时，应介绍定价低的原因，让客户感到物美价廉。

3）排除习惯势力障碍。推销人员应实事求是地介绍客户不熟悉的产品或服务，并将其与他们已熟悉的产品或服务相比较，让客户乐于接受新的产品或服务。

13.2.2 国际广告促销

1. 国际广告概述

在国际市场上做广告或进行推销活动，其基本活动规律与国内市场是相同的，有些做法也是通用的。但由于国际市场的环境比较复杂，各个国家的经济发展水平不同和民族文化习惯不同，它们对广告所持的态度也各不相同。例如，在美国，各个公司都把广告作为市场经营活动的一项重要决策，而有的国家则把广告当作一种经济上的浪费。所以，在制订国际广告计划时，就要了解各国的具体情况和对广告的不同态度，并采取相应的做法和策略。

（1）国际广告的含义。国际广告是国际企业以支持国际广告费用的形式，通过电视、广播、报纸、杂志、互联网等各种媒体，向国外消费者传播商品与劳务等信息的一种常用的促销活动。国际广告是国际市场促销的重要手段之一，它与其他促销方式相比，具有市场覆盖面广、渗透性强等特点，是国际市场的主要促销方式。

国际广告在商品经济发达的工业化国家几乎随处可见，成为消费者购买商品的主要信息来源。

（2）国际广告的作用。国际广告是国际市场营销活动中应用最广泛的促销手段。发展中国家如中国、印度的广告费用也显示出增长态势，且随着这些国家工业化进程的继续，增长将更加迅猛。广告在消费品市场沟通中所扮演的角色比在工业品市场中更重要些。购买率较高的、低成本的产品通常需要较强的广告支持。因此，不难理解消费品公司多处于高额广告支出费用者的前列。国际广告是广告需求、信息、艺术、图片、故事、电视和电影片段从一个国家向另一个国家的转移。在世界范围内成功转移一项广告运动的能力是跨国公司的一个重要竞争优势。

国际广告促销在国际营销活动中的重要作用也逐步为企业所认识。首先，在现代通信工具和新闻媒体已相当普及的条件下，国际广告是一种十分有效的信息传播方式，可以通过多种多样的工具或媒体形式，自然而然地进入人们的家庭，成为参与家庭购买决策的重要影响力量。其次，国际广告促销往往是海外消费者了解企业及其产品的主要途径。成功的国际广告将给消费者留下良好的企业及其产品形象，为企业进一步在国际市场开拓活动中打好基础。再次，国际广告费用支出通常是一笔巨额的资金投入。成功的国际广告将成为企业的优势资源与宝贵资产，而失败的国际广告不仅意味着企业资源的浪费，还可能危及企业形象与营销目标的实现。再次，国际广告是企业与海外潜在顾客信息沟通的有效手段。特别是随着电子商务时代的来临，电子国际广告的公众性与渗透力更加突出。最后，国际广告还是企业对国际营销活动实施控制的有力工具，国际广告的促销效果将直接影响企业国际营销的业绩。

2. 国际广告促销策略决策

国际广告是国际市场产品促销的重要手段之一。但是在国际市场上通过国际广告进行促销宣传，会比国内广告受到更多因素的制约和影响，并且国际广告代理商和国际广告媒介的选择更为复杂，国际广告信息的传递也更为困难，因此，国际广告决策要比国内广告决策困难和复杂得多。国际营销企业必须认真分析影响国际广告决策的因素，做好国际广告策略决策。

影响国际广告策略决策的因素如下：

（1）国际广告的文化环境。受教育程度不同，对广告的欣赏与理解水平也不同。如果不按照广告地区的实际情况设计广告，广告制作再好，也不能引起共鸣。例如，在教育水平高的国家可以多用报刊做广告，而在教育水平低的国家则不行。教育水平较高的国家对广告的创意要求也高，而对不够水准的广告是不会重视的，当然也会影响购买行为。广告语言的翻译要得当，要了解双方的习惯语言和方言。否则，不但不能有效地表达原意,甚至还可能会闹出笑话。在某个国家是赞扬的语言,在另一个国家则可能是一种讽刺。尤其是习惯语、成语、暗示语、俚语、笑话、双关语,在翻译时更应特别注意,尽可能符合当地的民情风俗。例如,"芳芳"化妆品商标,拼音是"Fang",英文的意思是"毒蛇的牙齿""狼牙""狗牙"等。所以,对外广告的用语一定要谨慎,要尊重对方的语言习惯。

(2) 国际广告主题。不同国家的人民由于社会经济文化的差异形成的沟通障碍,对国际广告主题的理解形成巨大的反差。由于不同国家有不同的语言文字,国民的受教育水平也有较大差距,文化习俗等方面的差异更是突出,因此,同一则国际广告可能在不同国家会产生不同的影响。例如,戴·比尔斯(DeBeers)公司在全球许多国家都使用同一个国际广告版本:一对西方夫妇身着晚礼服,丈夫将钻石送给妻子,妻子微笑接受并亲吻丈夫。这则国际广告在西方国家播放时取得了巨大成功,但在日本收效甚微,因为在日本人看来这是不现实的。在日本,妇女在接受钻石时往往会落下几滴眼泪,假装对丈夫花费一大笔钱而感到恼怒。于是戴·比尔斯公司对国际广告进行了修改,设计了这样的场景:一位疲惫的工薪者和他努力工作的妻子待在他们的小屋里,在接受礼物时,妻子愤怒地对奢侈浪费的丈夫大声咆哮。这个国际广告在日本获得了巨大成功。

另外,同一种产品有不同的用途,因而要采用不同的国际广告主题。例如,自行车国际广告在美国可以用娱乐做主题,在一些发展中国家则应以实用安全为主题,因为美国人把自行车当作娱乐和锻炼身体的工具,发展中国家的人们则把自行车作为代步工具和运输工具。对于那些用途单一的产品,可采用单一的主题,在所有的国家做统一的标准国际广告。

(3) 国际广告内容。世界上许多国家对国际广告宣传的内容有严格的限制,大多数国家不允许香烟、药品、烈性酒、私密生活用品等产品在大众媒体上进行国际广告宣传。例如:国际广告协会的《国际广告从业准则》规定"在发行国际广告国家法律规定内,不应鼓励或提倡滥用酒精饮料,也不应以少年为国际广告对象""不应鼓励或提倡滥吸香烟及烟蒂,也不应以少年为国际广告对象";美国的国际广告法规定"用蒸馏法酿造而成的烈酒,其国际广告不得接受""香烟国际广告,禁止播映""暗含不良引诱用意的商品国际广告,应避免接受""国际广告措辞应高雅,避免使人厌恶拒听";英国国际广告法规定"禁止使用未经证实或无法证实的国际广告叙述";在德国,禁止做与竞争者相比较的国际广告。不仅如此,各国文化差异决定了消费者对国际广告内容的接受程度,各国的习俗和禁忌又使各国国际广告的图案、色彩等各不相同。例如,在美国已经出现了整个画面上没有汽车的汽车广告,在有些国家就必须展示产品。在国际广告的图案、色彩上,不能触犯当地的禁忌,即使标准化国际广告也必须适合当地的要求。对国际广告宣传方式的限制主要表现为对国际广告所运用的语言、场景等的限制。

(4) 国际广告媒体。世界各国国际广告媒体的发展程度和管理方式等均存在一定差别,企业在刊播国际广告时必须对媒体进行选择。有些国家禁止大众传媒进行商业国际广告宣传。例如,比利时、挪威、丹麦、瑞典等国家禁止电视、电台做国际广告,禁止电台做国际广告的国家还有瑞士、法国、葡萄牙(国营电台)等国家。而大多数国家限制电视、电台做广告,主要是限制国际广告的投放时间。例如,荷兰法律规定每个电视台、电台每天的国际广告节目时间在 15min 内,瑞士的电视台每天的国际广告时间也限制在 15min 内。另外,在有些国家,立国际广告牌也要经过政府审批。

(5) 国际广告成本限制。当广告预算小或者制作条件有限、印刷质量差和缺少高质量的纸张时,创造性就显得特别重要。例如,在东欧,由于流通量大的杂志和其他高质量出版物的纸张和印刷质量差,高露洁公司不得不放弃西方传统的大量使用印刷媒体的做法,改用其他媒体。在中国,新闻纸不适用于柯达的彩色广告,柯达的措施是印刷一张彩色插页作为报纸的副刊。在埃及,电视机饱受静电干扰和广告牌质量低使得诸如可口可乐和雀巢之类的公司把广告印刷在沿尼罗河航行的三桅小帆船的帆上,成为一种非常有效的广告选择。

(6) 法律因素。在欧洲,控制比较广告的法律因国而异。在德国,使用比较词语为非法行为。比利时和卢森堡公开禁止比较广告,而英国、爱尔兰、西班牙和葡萄牙则明确赋予广告人员这项权利。有关比较广告的规定允许不指名道姓的比较,禁止指名道姓的比较。欧盟颁布多项规定用于协调有关广告的法律。但是成员国有很大的自由度,各自决定法律所涵盖的内容。很多人担心如果法律不协调,成员国可能会禁止不符合本国法律的广告入境。在世界的其他地区,比较广告也受到严格控制。在亚洲,大猩猩选择百事可乐而不选可口可乐的这则广告在大多数卫星电视中禁止播放,"头号可乐"这样的词语只有在菲律宾才被接受。

在很多国家,电视广告受到严格管制。在科威特,政府控制的电视网每天只允许播放 32min 的广告,而且是在晚上。商业广告不允许使用形容词最高级,不允许使用粗俗的词语、恐怖或者让人震惊的画面,不允许衣着不整或跳不雅舞蹈,不允许出现打斗、仇恨或复仇的画面,不允许攻击对手。另外,还不允许做香烟、打火机、药品、酒、航空公司和巧克力或其他糖果广告。除了极少数例外,马来西亚的电视广告必须在马来西亚制作。

3. 国际广告代理商决策

国际广告代理商决策的核心内容就是国际市场广告代理商的聘用。我国企业的国际市场广告促销活动在多数情况下需要依赖国内或国外的广告代理商,即使企业拥有自己的广告部或相应的广告职能机构,往往还得借助外部的广告代理商来进行全球性广告促销活动的策划、制作和实施。因为许多国家都实行国际广告代理制,即国际广告必须通过国际广告代理商才能进入媒体对外发布。同时,多数厂商对东道国媒体是不熟悉的,且对国际广告的创意和制作缺乏专门的经验和技术,因此,它们需要国际广告代理商提供相应的服务。

国际市场广告代理商种类很多,根据其业务活动范围,基本上可分为三大类。

(1) 国际性广告代理商。这类代理商分支机构遍布世界各主要国家,易于协调企业全球广告促销活动,以获得最佳的整体促销效果;选择一个国际性广告代理商,可避免在多国市场选择多个广告代理商的困难与麻烦;若由同一个广告代理商承接多国广告业务,作为"一揽子"生意,不仅可以得到广告代理商的重视,而且其收取的佣金也相对较低;国际性广告代理商熟悉国际广告的业务,有丰富的国际广告策划的经验,并且通过国际知名的国际性广告代理商来宣传产品往往会提高产品的声誉。但是国际性广告代理商可能在与国际广告主和国际广告媒体的沟通方面都存在障碍,有时既不了解国际广告主的产品内涵,也不了解东道国的市场。此外,国际性广告代理商的收费相对较高,国际广告成本会有所提高。

(2) 东道国广告代理商。这类公司通常以承接国内业务为主,以承接国外企业业务为辅。虽然它们的营业规模不及国际性广告代理商那么大,但在国内拥有较为完整的分支机构网络,对当地社会文化环境更加了解,能够提供更为深入的市场渗透和更为优质的服务。东道国广告代理商在当地市场拥有众多的社会联系和更好的民族形象,更易于为当地消费者所接受,能根据东道国市场的具体特点进行国际广告策划,国际广告创意更易合乎当地受众的心理。东道国广告代理商与当地媒体关系密切,便于与媒体进行沟通。但东道国广告代理商与国际广告主之间可能存在沟通障碍,东道国广告代理商往往不能准确理解国际广告主的意图和产品的理念,在国际广告策划中易出现偏差,有时在东道国往往很难找到合适的国际广告代理商。例如,在非洲的某些国家,甚至没有当地的国际广告代理机构。

(3) 本国有国际业务的广告公司。这类公司通常也以承接国内业务为主,以承接国外企业业务为辅。它们与企业往往容易沟通,能更准确理解企业的意图和产品的理念,有利于互相合作。但本国的广告公司在承接国际广告业务时往往对东道国市场了解有限,不能根据东道国市场的具体特点进行国际广告策划,对东道国的媒体不熟悉。

对于具体国际广告代理商的选择,主要从国际广告代理商本身的特点和企业广告促销的要求这两个方面来权衡。一方面,对国际广告代理商的选择,应当比较不同国际广告代理商的实力与信誉、市场覆盖范围与业务能力、提供服务的种类与质量以及收取的费用水平等。另一方面,对国际广告代理商的选择,还应考虑企业广告促销的目标与策略、对广告促销活动控制的要求与能力以及企业国际营销活动的规模与方式等。

4. 国际广告媒体决策

这一决策主要涉及在不同国家做广告应选择哪些媒体的问题。虽然当今几乎每个大国都有相同种类的媒体,但各国媒体的可供性、成本与覆盖面还是各有差异,应该调查分析,权衡难易得失,加以应用。

(1) 影响国际广告媒体选择的因素。这些因素如下:

1) 可供性。在多国内做广告,往往会碰到各国广告媒体可供性差异悬殊的问题。有的国家广告媒体过少,而其他国家则广告媒体过多,这都将影响媒体决策。例如,以报纸发行数字来说,人均发行量就差幅很大。日本的读者人数最高,平均每两人便订有一份报纸;美国每天发行的报纸近6500万份,平均每4人订有一份报纸;拉丁美洲则为平均10~20人订有一份报纸;在尼日利亚和瑞典,则为平均每200人订有一份报纸。甚至有些媒体可供性很高的国家,这些媒体可用作广告载体的却可能很有限。例如,在丹麦、瑞典和挪威,电视广告或没有,或非常有限。电视节目分配给广告的时间各国也不相同，芬兰每天每个电视频道只可做 12min 广告，意大利可做 80min 广告，法国则每个频道每小时可做 12min 广告，瑞士、德国和澳大利亚每小时却可做 20min 广告。这样由于各国各种广告媒体的可供性不同，各种媒体的受众数量不同，往往影响广告的数量和效果。各家国际营销公司都应对此采取适当的应对措施，以获得更大的广告效果。

2）成本。在大多数国家里，广告媒体的收费可以讨价还价，广告机构往往给广告主折扣，以便降低广告主的媒体成本，获得它们的惠顾。另外，由于各国广告代理商的议价能力及经营费用不同，每份广告代理合约所需付出的成本也不相同。有一项研究表明，在 11 个不同的欧洲国家里，广告接触到每千名受众的成本，从比利时的 1.58 美元到意大利的 5.91 美元，高低不等。在妇女杂志中，发行量每 1000 份的每页广告费，从丹麦的 2.51 美元到德国的 10.87 美元。在做国别广告预算计划时，上述这些都应充分估计到，以尽量选择一些成本效应大的媒体。为取得更大的广告成本效应，还可采取与东道国市场代理商联合做广告的办法，按国际惯例，联合广告的费用一般在当地企业和国际企业之间分摊。如果为了取得高效率的广告，或者经销商不能或不愿支付 50% 费用的话，国际企业有时支付大半部分费用也值得，因为这样可通过联合广告计划多做一些广告。另外，这种联合广告方式还有另外一个优点，便是当地合作伙伴可能比外国企业得到更优惠的广告价格。

3）覆盖面。扩大广告覆盖面与降低成本存在矛盾。在许多世界市场里，由于各种媒体各自为政，发展过快过多，为谋出路，各媒体的受众市场越分越细，从而所选择的目标市场越来越小，于是有些经营大众消费品的公司，为获得较大的广告覆盖面，进军较大的市场，就必须使用许多不同的媒体。另外还有一种情况，虽然有些国家总有一些覆盖面很广的媒体，如有许多全国性电视频道，但在各地的有线电视台转播时，这些地方有线电视台往往把原频道的广告节目换为自己所承接的广告节目，为此广告主就必须在许许多多的有线电视台分别做同一内容的广告，才能达到自己所欲达到的广告覆盖面，这样必然会大大增加广告的成本。

要注意核实广告覆盖面与市场数据不足的矛盾。一个有效的广告，不仅要达到一个理想的预期覆盖面，还要使其所传播的广告信息真正为其目标受众所接收。但大多数国际市场都存在市场数据不足的问题。一是许多媒体的覆盖数据很难核实，如墨西哥全国广告主协会主席就曾控诉报纸发行数字"极为夸大"，他认为"通常政府机构将这些数字除以二，其结果也未必全可信"。二是即使广告覆盖面能够核算得相当正确，但广告所覆盖到的市场构成情况如何，如受众的收入、年龄、职业、受教育程度等广告主所必须拥有的市场资料往往缺乏。这样广告主既不能根据不同国别的市场特点来制作或修正自己的广告，也不能精确核实自己的广告效果，同样也不利于有效广告的制作或修正。

4）广告信息的特点。企业在选择广告媒体时还应注意广告信息的时效性和覆盖面。如果广告信息的时效性较强，企业应选择电视、报纸、网络等时效性较强的广告媒体，而不应选择户外、杂志等广告媒体。如果广告信息需要覆盖的面较广，就应选择覆盖面较广的媒体。如果广告信息是针对某一地区的，则只需要选择地区性的广告媒体，以节省广告费用。

(2) 选择国际广告媒体应注意的问题。

1) 选择国际市场广告媒体时应注意目标市场国家或地区广告媒体发展的不平衡问题。以报纸、杂志为例，报纸、杂志作为广告媒体在不少国家和地区的差异，不仅表现在种类的多少上，还反映在相应的发行量上。这些差异在其他广告媒体上同样大量存在。国际市场广告媒体发展不平衡的直接后果则是不同国家和地区广告媒体使用模式的差异。例如，在美国可大量运用电视媒体做广告，在印度可能就只能更多地采用报纸、杂志。

2) 选择国际市场广告媒体时还应注意目标市场国家和地区广告媒体资料完整性与可信度的差异。在许多国家和地区，尤其是欠发达国家，有关广告媒体的资料，如报刊发行量、广播收听人数、电视收视率以及目标受众特征等数据，往往很难获得，或者残缺不全。在某些国家和地区，这些资料或数据主要由广告媒体自行提供，其真实性和可信度常常受到怀疑。特别是在欠发达国家和地区，许多消费者常常挤在一起收看电视或收听广播，同一份报刊或杂志往往被相当多的读者相互传阅，媒体公布的居民电视收视率或者报纸、杂志的发行量通常无法真实反映目标受众的数量及其特征。例如，某种法国杂志公布的发行量是150万份，可据调查实际读者数量超过830万人。广告媒体资料的缺乏或失真，就要给企业的广告媒体决策带来情况不明或信息不准的风险，对此，许多企业则依赖营销人员的实践经验和判断能力来纠正可能的信息偏差。

3) 媒体的覆盖范围与目标市场范围应该一致，倘若出口商品的目标市场只是某一国家的局部地区，就不必选择覆盖全国的广告媒体。国际营销人员在进行全球化广告活动以前需要考虑媒体的可用性。媒体可用性通常来自政府政策或法律方面的限制，同时也受到一些国家文化、经济、社会等因素的制约。文化对于沟通和信息的反应方式是不同的。理解这些差异的广告制作人将会取得成功，而忽视它们的将会失败。南欧地区的居民对电视广告反感，而喜欢看杂志，故商业广告多刊登在杂志上。在沙特阿拉伯，所有的广告都要经过严格审查。

(3) 国际广告文化风险规避。文化风险是国际广告的主要风险之一。规避文化风险应做好如下工作：

1) 牢固树立以受众为中心的广告沟通观。国际广告的沟通是以跨文化为特点的，广告主体只有树立以受众为中心的广告沟通观，才能从思想上规避国际广告的文化风险。国际广告的受众对广告主体而言是异文化受众。以异文化受众为中心的观念就要求广告策划、创意和发布要充分考虑并尊重异文化受众的需要、价值、情感和习惯特点。树立正确的国际广告沟通观，要求放弃广告"请消费者注意"的倾向，转为"注意消费者"，使国际广告沟通以异文化受众为出发点和归属点，以他们受尊重和满足为中心。坚持正确的广告沟通观，广告主体必须从根本上肃清广告主体中心观念、由内向外的观念、产品中心观念和以创意为中心的观念。所以，坚持和落实以受众为中心的广告沟通观是规避国际广告文化风险的根本措施。

2) 加强对异文化和国别文化差异的研究。营销的全球化是现代国际营销的重要特点，国际文化的趋同倾向虽然是一种潮流，但国别文化差异仍然是文化主流。国际广告沟通是以对异文化的尊重和认同为前提的，是以异文化和国别文化差异研究为基础的。国际广告文化风险的产生直接表现为对异文化和国别文化差异缺乏认识或认识不深刻，所以，加强对异文化和国别文化差异的研究是从知识上和认识水平上规避国际广告文化风险的重要措施。深入研究异文化和国别文化差异，应从如下几方面入手：①根据不同文化差异的特点和对文化刺激反应的不同敏感与激烈程度，建立全球国别文化差异分类体系，以便广告主体更好地策划和实施跨文化广告，减少文化风险。②建立全球国别文化禁忌和文化风险核对表，为减少和消除国际广告文化风险提供方便。③建立全球国别文化风险评价体系和确立国别文化风险等级，为规避国际广告文化风险打造预警系统。

3) 建立风险作业和实施上的规避机制。国际广告文化风险在作业上的规避机制，是指国际广告在主题和创意表现领域必须设立文化风险的检查环节。检查者按照异文化的风俗、习惯、价值观、禁忌和民族情感等具体指标进行专项的反思与评估，以便查出可能存在的问题。另外，在国际广告制作完成后，必须组织各方代表观看并进行文化风险查找，清查潜在的文化风险；在正式发布之前，还可以在一定范围试验广告，对观众进行文化风险的专项检测，在更大的范围查找隐藏的文化风险，把它消除在发布之前。广告正式发布后，建立风险的适时监控机制，随时检测风险，一旦发现异常情况就及时处理。

5. 国际广告信息决策

（1）国际广告信息决策的含义。在国际市场营销活动中，广告信息决策涉及标准化和差异化的决策，即要解决国际市场广告促销主题与信息内容的标准化和本地化问题，具体包括国内市场使用的或者在某个国家或地区成功的广告创意及其信息内容，能否在其他国家或地区市场推广运用等问题。

（2）广告促销信息的标准化的含义和优缺点。广告促销信息的标准化是指在不同的国家或地区使用统一的广告促销主题和信息内容。广告促销信息的标准化强调的是消费者需求的趋同性，在实际操作时是在国际市场上（包括不同时间和地点）使用某个广告，除了必要的翻译工作外，其广告主题、副本和描述均没有实质性变化。

广告促销信息的标准化主要有以下优点：①广告促销信息的标准化可以避免文案撰写、美术设计与广告制作等方面的重复劳动和费用支出，降低选择代理商等广告促销方面的成本；②广告促销信息的标准化有利于对广告人员与设施的统一管理和集中使用，实现规模经济效应；③广告促销信息的标准化有助于在各国消费者心目中树立企业及其产品的统一形象，促进企业品牌的全球化；④广告促销信息的标准化有利于企业对整体促销计划的制订、实施和控制，易于与总公司的营销目标保持一致，保证促销目标的实现。根据美国学者对《财富》杂志所列 500 家大公司的调查，90%的公司在某种程度上曾在国外市场上使用过国内广告促销主题和信息内容。可口可乐、百事可乐、万宝路、皇家壳牌等跨国公司更是采取广告促销信息标准化策略，在世界各地保持同一的广告促销主题，传递相同的广告促销信息。

但广告促销信息的标准化可能会因为其不适应当地文化而导致失败。例如百事可乐的广告语"Come alive with Pepsi"在西班牙被译为"百事可乐使你的祖先从坟墓中爬出来"，而不能被当地所接受。因此，广告促销信息的标准化主要在使用者相同、广告诉求无歧义时采用。

(3) 广告促销信息差异化的含义和优缺点。广告促销信息的差异化（或本地化）指的是根据不同国家或地区促销环境的差异选用不同的广告促销主题和信息内容。这种策略强调的是各国市场的差异性，在具体操作时企业针对目标国家市场的特点，对广告主题和副本进行适应性更改，以适应当地的文化特点。例如，可口可乐公司的广告主题词是"Can't beat the feeling"（无法抓住的感觉），在日本被改为"I feel Cola"（我感受可乐），在意大利被改为"Unique sensation"（独一无二的感觉），在智利则成了"The feeling of life"（生活的感受）。

广告促销信息的差异化主要有以下优点：①适应性强，各国社会文化环境不同，消费者需求偏好和消费习惯相差悬殊，只有与之相适应的广告诉求与信息内容才能打动消费者，达到广告促销目标。例如，宝洁公司在巴西推销其汰渍洗衣粉时，并不强调其"洁白"功效，因为巴西人较少穿白衣服。②可进入性强，有利于克服当地市场的进入障碍。许多国家的政府对广告宣传有诸多限制，外国企业通过选择当地代理商，设计符合当地要求的广告，可以越过障碍，顺利进入该国市场，同时，本地化的广告有利于融入当地文化，赢得当地公众的好感。③针对性强，广告促销信息的本地化具有更强的针对性和更高的适应度，因而可能产生更好的促销效果。例如，日本不少企业的产品进入中国市场后，往往采取广告本地化策略，针对中国的特点，结合中国传统文化，制定了相应的广告方案。例如，丰田公司的"车到山前必有路，有路必有丰田车"、夏普打印机的"不打不相识"都是经典的广告语。

广告促销信息的差异化的缺点是使国际企业及其产品的整体形象受到影响。例如，某航空公司采用国际广告本地化策略后，在一国的广告中宣传该公司的高级服务和机内豪华的设施，而在另一国的广告中则宣传该公司机票的经济实惠，结果损害了该公司的整体形象。

(4) 影响国际广告信息决策的因素。广告促销信息的标准化和本地化这两种策略各有其理论依据，在国际营销实践中也各有其成功的范例和失败的教训。对这两种策略的选择并非简单的取舍问题，而应根据其特点认真分析可能影响策略选择的因素，谨慎做出相应的选择。影响广告促销信息确定的因素主要有以下几个方面：

1) 广告促销的环境。东道国与母国之间的广告促销环境越是相似，广告促销信息标准化的促销效果就越好；反之，若两国之间的促销环境差异越大，选择广告促销信息本地化的理由也就越充分。影响广告促销信息确定的环境因素还因产品性质或市场类别的不同而在因素构成和影响程度上有所区别。例如，影响消费品广告促销的环境因素与工业品的不同，影响发达国家广告促销的环境因素也与发展中国家的不同。

2) 广告促销的目标。由于不同国家或地区的消费者可能处于购买决策过程的不同阶段，企业广告促销的目标在不同的国家或地区往往并不相同，因此，在某个国家或地区倍受欢迎的广告促销主题或信息内容可能就不适用于另一个国家或地区。例如，彩色电视机在美国与墨西哥这两个市场处于生命周期的不同阶段，广告促销的目标不一样，广告促销主题和信息内容也不相同。

3) 目标消费者的特征。不同国别市场消费者的特征越是相似,广告促销信息标准化的促销效果越好;反之,则广告信息本地化更为合适。美国学者赖恩斯(Ryans)从广告促销的角度将消费者分为三类群体:第一类属于上层社会,家庭富有、事业成功,并拥有丰富的国际旅游或工作经历;第二类属于社会中上阶层,拥有大量的可支配收入;第三类眼界狭窄,属于民族中心主义者。他认为,第一类消费者最易于接受标准化广告促销信息,第三类消费者则喜欢本地化的广告促销信息,而第二类消费者是否接受标准化广告促销信息则取决于促销产品的性质。

4) 促销产品的特性。一般来说,广告促销信息标准化多适用于工业品的促销,而消费品促销更适宜采用本地化广告促销信息。美国学者布里特(Britt)将促销产品的特性表述为产品的购买与使用模式、产品所体现的心理特点以及产品评估的文化标准三个方面,若对这三个方面问题的回答是肯定的,则应采用标准化广告策略,否则,就应选择本地化广告策略。

5) 广告媒体的可获性。同一广告媒体在不同国家或地区存在不同程度的可获得性,进而直接影响广告促销信息的标准化程度。例如,在美国成功的电视广告并不适用于印度市场,因为商业电视广告在印度受到严格的限制。

6) 广告信息本地化的成本-效益关系。对于广告促销信息标准化还是本地化的选择还取决于相应的成本-效益:如果广告信息本地化的成本超过可能带来的效益,就应考虑采用标准化策略;反之,则应选择本地化策略。广告促销信息本地化带来的效益不仅是指短期的利润或销量增长,还应考虑新的市场机会发现或者本地市场的深层次开拓等可能的长期利益。

6. 国际广告效果评价

与国内广告相比,对国际广告的效果评价更为困难和复杂。这一方面是因为企业与各国的空间距离远,另一方面是因为各国的市场环境差异较大。国际广告的效果评价也有两个方面:一是对广告信息传递效果的评价;二是对产品销售效果的评价。

从信息传递效果的评价来看,由于各国沟通媒介的差异,信息传递本身也存在差异,效果的评价难度大;从产品的销售效果来看,在一个国家能收到良好促销效果的广告也许在另一个国家难以收到预期的效果,加上各国统计工作的差别,企业需要对每个市场上的广告销售效果都进行评价,工作量大。

13.2.3 国际营业推广决策

营业推广是一种适宜于短期推销的促销方法,是企业为鼓励购买、销售商品和劳务而采取的除广告、公关和人员推销之外的所有企业营销活动的总称。

依据促销目标与对象不同,营业推广活动可分为三大类:第一类是针对消费者的营业推广活动,如赠送样品、发放折价券、降价促销、现金兑换、有奖销售、交易印花、现场示范等;第二类是针对中间商的营业推广活动,如交易折扣、推广津贴、合作广告、特许经销、经销竞赛、产品展销等;第三类是针对推销人员的营业推广活动,如推销竞赛、红利分成、推销津贴等。

1. 国际营业推广的特点

国际营业推广与其他的促销手段相比，有它的独到之处，例如，国际广告给广大消费者提供了信息，国际营业推广有时却能将消费者的感知强化为购买欲望并给予激励，广告能建立长期的消费者忠诚，营业推广具有明显的短期促销效益。一般来说，国际营业推广具有以下特点：

（1）直接性。与其他促销方式相比，营业推广现场感最强，国际营业推广鼓励零售商在橱窗内陈列本企业产品以扩大影响，它往往能直观地展示产品，可以使广大观众更直接地接近企业的产品，使他们了解产品，吸引他们购买产品。

（2）刺激性。营业推广方式往往比其他促销方式具有较强的刺激性，诱使直接消费者、中间商和零售商订货。营业推广有诸如请名人现场签名销售、请歌星乐队现场演出等方式，期望产生更大的轰动效应；其他如免费试用、赠品、有奖销售等方式，带给潜在顾客更多的实惠。但必须注意的是，营业推广的某些方式不仅在有些国家达不到刺激购买的效果，还可能带来负面效果。

（3）灵活性。营业推广的方式多种多样，企业既可灵活选择已有的营业推广方式，也可根据市场特点和产品特点以及消费者喜好，创造一些有效的营业推广方式。

（4）整体性。营业推广必须与其他促销手段综合加以运用才能达到预期的效果。例如，开展营业推广活动时，要培训相应的推销人员，进行广告宣传。企业还可以将营业推广与公共关系活动结合起来。

2. 国际营业推广的作用

（1）可以吸引消费者购买。这是营业推广的首要目的，尤其是在推出新产品或吸引新顾客方面。由于营业推广的刺激比较强，较易吸引顾客的注意力，使顾客在了解产品的基础上采取购买行为，也可能使顾客追求某些方面的优惠而使用产品。

（2）可以奖励品牌忠实者。因为营业推广的很多手段，如销售奖励、赠券等通常都附带价格上的让步，其直接受惠者大多是经常使用本品牌产品的顾客，从而使他们更乐于购买和使用本企业产品，以巩固企业的市场占有率。

（3）可以实现企业的营销目标。营业推广实际上是企业让利于购买者，它可以使广告宣传的效果得到有力增强，破坏消费者对其他企业产品的品牌忠实度，从而达到销售本企业产品的目的。

3. 影响国际市场营业推广的因素

影响国际市场营业推广活动的因素主要有以下几个方面：

（1）法律因素的限制。由于各国的法律规定不同，世界各地对促销方式的限制有很大的不同，跨国使用竞赛和彩票促销方式的情形是很复杂的。一些国家的法律也许会限制样品、奖品或奖金的性质和数量，免费赠送的商品价值常常被限定为不能超过所购买商品价值的一定百分比。

国际广告协会于20世纪80年代末曾对价格折让、礼品赠送与有奖销售三种常用的营业推广方式，在不同国家或地区运用时所受的限制进行调查，发现礼品赠送受到的限制最少，对有奖销售的限制最多。对营业推广形式与规模以及营业推广活动的审批程序等方面,很多国家有不同的做法和限制。对营业推广活动实施严格限制的国家有奥地利、比利时、丹麦、德国、意大利、日本、韩国、墨西哥、荷兰、瑞士和委内瑞拉等。例如,法国规定赠送礼品的金额不得超过促销商品价值的一定百分比,必须与促销的商品有关,如购买咖啡赠送杯子或者购买洗衣机赠送洗衣粉等。

(2) 社会文化环境的差异。经验表明,为营业推广方式制定国际标准通常是困难的,许多在本国可用的策略在国外却是不可行的。例如,法国消费者偏爱优惠券和买一送一的促销方式,而英国消费者却对"减价 $x\%$"反应更好;在大众媒体覆盖面较低的地方,营业推广效果往往不佳;营业推广的运用需要借助于目标国零售商的经验;在价格由讨价还价决定和贸易存在不当定价的环境中,降价促销将是无效的;赠品交换券在不愿接受延后优惠的目标市场是无效的,而且赠品交换券的操作和兑换都需要稳定和成熟的销售渠道,因而在不稳定的经济形势中它也是不可行的。

(3) 经销商的合作态度与促销能力。国际市场营业推广活动需要得到当地经销商的配合与支持。例如,由经销商发放折价券或样品、进行现场示范或演示等。如果当地经销商不愿配合,或者无法提供必要的场地与设施,或者缺乏相应的营业推广经验等,均可能影响营业推广活动在当地市场的开展和预期促销目标的实现。

(4) 竞争对手的可能反应。国际市场营业推广活动还受到目标市场竞争结构以及竞争对手可能反应等因素的影响。例如,当竞争对手推出有奖销售来吸引顾客时,企业可能不得不采取相应的促销对策,否则就有失去顾客丧失市场的危险;同样,当企业利用降价销售来扩大市场份额时,竞争对手也可能采取各种措施来抵消企业降价销售活动的影响,甚至可能不惜以"价格战"相威胁。

4. 常用国际营业推广策略

(1) 国际性的交易会和展览。国际性的交易会和展览又称博览会,它聚集了众多的出口商,提供了推销产品的机会,参加博览会是国际营业推广策略中常用和影响力较大的一种。

通过博览会,不仅可以获得销售订单,还可以测试产品的市场接受情况,研究消费者的态度,寻求分销商和代理商,分发促销材料,获得领导地位并与同行建立网络,并保持竞争中的领先地位。所以,博览会既是一种宣传形式,又是一种传播媒介。它是通过实物并辅之以文字和图表或示范性的表演等来展现企业成果的一种宣传方式。因为它常常包括销售活动,所以又常称为展销会。展销会的方式有很多,按产品划分有综合性展销会和专业性展销会,按参展者国别划分有一国展销会和国际展销会(或国际博览会),按时间划分有临时性展销会和永久性展销会,按参观对象划分有对商界开放的展销会和对社会开放的展览会等。例如,德国的汉诺威工业博览会是世界上规模最大的国际工业盛会之一,汇集了20多个行业的产品。巴黎-布尔歇国际航空航天博览会是一个世界上规模最大的航空业专业博览会之一。在德国每年大约要举办100个重要的国际性博览会,大约有87000家企业参加,其中有40%的企业来自德国以外的150多个国家和地区。在我国,著名的广交会为我国企业向国外客户展示和推销产品提供了难得的机会,在国内外享有很高的声誉。

参加国际博览会需要注意以下事项：

1）参展信息的收集，包括准备参加哪些博览会，是否要将资料翻译成交易会所在国的语言，最佳运输路线、运输方式的调查和参展商品的价格信息调查等。

2）要充分了解各国博览会的规则。亚洲的博览会有许多不成文的规则，为了防止被竞争者仿制，许多最好的产品并没有被展示出来，而是保存在附近客房的后备房间中，想看到令人感兴趣的产品的唯一方法是同高级销售人员交谈。美国的绝大多数博览会只持续3~5天，中国的中国进出口商品交易会（广交会）每年春秋两季在广州举办，绝大多数美国博览会的开放时间从早9点或10点至下午4点或5点。而墨西哥的博览会通常到下午2点或3点才开门并在晚上8点或9点结束，墨西哥的博览会的参观高峰时间是下午6点或8点。在拉丁美洲的绝大部分地区，情况都是类似的。巴西的博览会通常在下午开始，有时甚至到下午4点，博览会一直开放到晚上，偶尔会在晚上12点才结束。欧洲和美国博览会参观者的主要差异是：几乎所有的欧洲参观者都购买博览会中的商品，而美国参观者中只有60%的人会在不久的将来购买。在美国，博览会的参观者有许多来自普通大众，而在美国以外绝大多数博览会的参观者不是商人就是决策者。因此，博览会在美国并不像在欧洲和亚洲那样是企业的主要营销工具。德国前100位的商品交易会平均有77000名参观者，而美国前100位的商品交易会平均参观者只有22000人。

3）参加国际展览的展品选择。由于外国的博览会的大多数参观者也是博览会所在国的当地人，因此参展商在展览期间最好能适应当地的文化传统，接受当地实际存在的限制。另外，要考虑博览会所在国对产品包装、运输的要求。

4）要做好参展商品的物流管理工作。由于参展交易的商品视同一般的进出口贸易对待，因此企业可选择不同的贸易条件和运输方式。同时，要选择有利的报税方式。

5）要做好博览会费用预算。在英国，制造业的公司将其几乎1/4的促销预算用在博览会上。许多欧洲公司常常会为博览会花费最高达50%的促销预算。欧洲方式的博览会被描述为"聆听和学习"，而美国则是"展示和销售"。

博览会为来自世界各地的企业提供了一个交流信息、达成交易的机会。参加博览会，企业之间可以买卖商品，洽谈合同，因此，在企业的国际市场营销中，将它看作一个基本的市场营销战略。通过博览会的方式，企业可以广泛结识较理想的代理商、经销商，并通过它们打入其所在国的市场。若企业有好的产品，在博览会上获奖更是可以大大提高企业和产品的信誉，扩大企业在国际上的影响，促进产品的出口。此外，博览会的方式还可以帮助企业了解本企业产品的国际市场行情，如产品质量、价格、包装及销售情况，竞争对手的产品情况，收集国际市场技术、经济等方面的信息，以便于及时调整或正确选择企业的国际市场营销策略。

例如，中国上海与国际众多城市激烈竞争后，获得了2010年世界博览会的主办权，为中国更多企业开展国际市场营销活动，提供了极好的机会和场所。

（2）国际产品目录。国际产品目录是一种可以长期保存的、能够准确介绍和宣传企业和产品的国际促销途径。这种方式适用于国外消费者居住十分分散或不会经常光顾商店的情况，它给消费者提供了一个仔细研究和选择商品的机会。企业在制作国际产品目录时,应该着重突出以下几个方面的特点:①能够引起顾客的兴趣,激发其阅读的热情。要运用颜色的感染力和精美的印刷让消费者产生非读不可的欲望。②体现厂商的特性。要介绍厂商的历史、荣誉、相关的产品系列,给顾客以信赖感。当然,这种介绍也要突出吸引力,进行精心的设计和安排。③要提供购买的信息,便于购买。要在目录中明确产品的规格、联系方式等具体事项,保证顾客一旦产生购买的要求,就能够方便地实现购买。④要让顾客产生拥有的欲望。要突出产品的价值,安排应用的场合和使用的程序,让顾客产生拥有的欲望。⑤明确联络的方式,以便于顾客与企业之间的沟通,让顾客有提建议、提意见的便利渠道。

此外,国际产品目录在产品名称和制作上要考虑适合各国市场的文化和风俗习惯等问题,特别是一些专有名词、新词汇,要考虑当地顾客的接受能力、理解力和思维模式等。

(3)奖券和优惠券。通过使用各种奖券和优惠券对商品打折,生产商可以吸引那些本来更倾向购买竞争对手的产品的消费者。分发优惠券可以使销售人员能根据消费者对品牌的不同忠诚度来分隔市场组成。当优惠券的成本足够低时,这种价格差异对销售商是有利的;当人们对某种产品的价格相当敏感时或人们常常更换品牌时,生产商应当使用发放优惠券的促销方式;当两种产品基本相同时,优惠券就成为人们选择一个品牌的"催化剂"。优惠券的使用常常是一种为某一品牌寻求新用户并刺激重复购买的有效方式。国际市场营销中采用奖券和优惠券的方式开展营业推广,要视不同国家的消费者对这一方式的接受程度而定,采用的方式也要有所差别。例如,在美国,奖券可以独立发放;而在加拿大则要夹在给零售商的广告中散发;在英国,奖券最常见的发放方式是随报纸和杂志赠送;而许多欧洲国家,较多地采用挨家挨户赠送的方式。

(4)机构或公司的出版物。这些出版物的散发对象很广泛,可以是消费者,也可以是分销商或其他代理机构。公司的出版物可以宣传产品,还可以宣传企业并发布有关企业的最新信息。公司出版物可以在公司所在国出版;但对于大型的跨国公司而言,业务和市场范围涉及许多国家时,结合当地的具体环境,也可以在目标市场国出版和发行,这样能够提高出版物被目标顾客接受的水平。

(5)样品。样品宣传带给人们的是有关产品的真实感觉,这是任何其他方式所无法达到的。赠送样品已经成为一些国际知名公司开拓海外市场的重要方式。通过赠送样品,能有效地宣传新产品,加快新产品被国际市场接受的速度。

5. 国际市场营业推广决策应注意的问题

进行国际市场营业推广决策时,通常应该考虑以下因素:

(1)确定推广目标。营业推广目标的确定,就是要明确推广的对象是谁,要达到的目的是什么。企业在各国市场上的营销目的不同,其营业推广目标也有所不同,如扩大市场份额、争取新的顾客、推出新产品、阻止销量下降或抵消竞争对手的促销影响等。企业的营业推广目标可能因促销对象不同而进行相应调整:当促销对象为最终消费者时,营业推广目标可能是提高新产品试用比率、吸引新顾客、增加原有顾客购买数量或购买频率等;若以推销人员为促销对象,其目标可能就是推销新产品、开发新客户或获取更多订单等；针对经销商的促销目标则为经营新的产品项目、增加货架空间、鼓励批量购买与提前订货、建立经销商品牌忠诚或者争取经销商支持与配合等。另外，产品在东道国市场所处的生命周期阶段不同，其推广目标也不同。为了扩大新产品的影响，企业往往采取免费试用的方式。例如，宝洁公司在中国市场推出新产品之前，往往先将小包装试用品免费提供给潜在顾客，使大家了解该产品，并尽快接受该产品。而为了推销积压产品，企业则采取削价处理的方式。

（2）确定营业推广的范围、规模和费用。营业推广活动的范围与规模要适应营业推广目标的要求。范围过小，促销效果有限，无法达到预定的目标；范围太大，虽能增加产品销量，但成本费用过高，促销效率反而下降。因此，为了保证推广活动的正常进行，国际企业必须确定推广总预算。在确定总预算时，一般要考虑各国的市场特点、企业的预期刺激强度、东道国对推广的幅度要求等，通过相应的成本-效益分析，确定相对应的营业推广范围与规模。

（3）选择推广工具。营业推广的方式方法很多，但如果使用不当，则适得其反。因此，选择合适的推广工具是取得营业推广效果的关键因素。企业一般要根据目标对象的接受习惯和产品特点、目标市场状况等进行综合分析，选择推广工具。例如，企业拟对某种商品降价促销，既可直接给顾客打折，或者向潜在顾客发放折价券，也可向购买该商品的顾客赠送礼品，或者利用有奖销售刺激顾客购买等。又如，折价券的发放可通过几种不同的途径，既可事先夹放在促销商品的包装中，又可在顾客购买商品时发放；既可刊登在报纸、杂志上，又可直接邮寄给潜在顾客。对营业推广形式与途径的选择，既要服从促销目标与对象，又要考虑促销的规模、促销产品的性质以及诱因的大小等方面的因素。

（4）掌握营业推广的时机与期限。营业推广是一项时间性很强的促销活动，应抓住有利的市场机遇，并与其他促销活动相互配合。例如，西方许多国家的圣诞节前后往往是营业推广活动开展的最佳时节。营业推广的期限长短要合适，西方国家的专家一般认为，营业推广的时间在一周以内为宜。但具体操作中，应根据市场特点和产品特点灵活掌握，以保证有一定数量的促销对象参加。

（5）推广的配合安排。营业推广要与营销沟通其他方式如广告、人员销售等整合起来，相互配合，共同使用，从而形成营销推广期间的更大声势，取得单项推广活动无法达到的效果。

国际市场营业推广方案在实施之前，如果条件允许，应进行事先测试，以确定营业推广方式是否恰当、途径是否合理、诱因是否合适、促销效果是否理想等。对营业推广方案的测试，既可邀请不同促销对象在特定环境下进行探测性实验，又可选择有限地域范围进行试用性测试。国际市场营业推广方案的实施，应当制订相应的实施进度与控制计划，明确规定相应的准备时间和实施时间，并根据实施进度进行控制与调整。对于营业推广活动过程要及时进行评估，分析与评价营业推广方案的促销效率和促销效果，纠正可能的偏差，以保证营业推广目标的实现。只有对营业推广活动进行周密的筹划，才能保证其取得有效的促销效果；否则无法实现促销目标，甚至会造成不必要的麻烦。

阅读材料 13-2

碧浪和可乐的营业推广

在一些欠发达国家,营业推广是在农村和不容易到达的市场所进行的促销活动的重要组成部分。

宝洁公司把碧浪牌洗衣粉引进埃及时,就曾利用"碧浪巡回演出"。宝洁公司到村子里的当地集市上表演木偶戏,因为一半以上的埃及人仍然居住在村子里。演出吸引了大量的观众,告诉他们不用添加剂,碧浪可以洗得更好,并在大篷车上以微小的折扣销售该品牌产品。除了提高碧浪品牌的知名度,巡回演出还克服了农村零售商不愿销售定价较高的碧浪产品的问题。

在拉丁美洲的一些国家,百事可乐和可口可乐的部分广告预算被用于"游艺巡回车",这种车经常到偏远的乡村促销其产品。当巡回车在某个村落停下来时,也许会放一场电影,或者提供一些其他的娱乐活动,只要在当地零售商那里购买一瓶可乐就可入场观看。这项促销活动旨在刺激销售,鼓励当地的零售商。零售商在巡回车到来之前,事先得到通知,可以多进货。这种促销活动几乎覆盖了100%的乡村零售商。在另外一些情况下,乡村商店可以得到免费样品,在其外墙上刷上广告。

13.2.4 国际公共关系

1. 国际公共关系的含义

随着跨国经营活动的发展,国际公共关系也迅速发展起来。国际公共关系是指企业通过一系列活动与国际市场上的公众进行信息沟通,使企业与公众相互了解,消除公众与企业之间的隔阂,并在公众中树立良好的企业及其产品的形象,以促进企业产品销售的活动。有人说,"公共关系是塑造企业形象的艺术",是现代企业进行促销活动的重要形式。许多国际公司都非常重视国际公共关系活动,例如,日本雅马哈公司在世界上称雄的产品,除了摩托车外,还有钢琴。该公司在钢琴项目上开展了一系列国际公共关系活动,在有悠久音乐历史的欧洲设立了专门的琴房,每年还出资资助五名世界优秀的青年钢琴家等,由于这些活动和顶尖艺术家相联系,使雅马哈的钢琴也列入世界顶尖产品系列,随着产品的国际声誉大大提高,雅马哈公司的国际声誉也越来越高。

2. 国际公共关系的作用

公共关系在国际营销活动中的作用主要表现在收集信息、协调关系和塑造形象三个方面。

(1) 收集信息。企业每时每刻都会遇到大量的问题,市场所需产品质量、产品开发、新技术方向、竞争者动向、潜在危险、企业形象等方面的信息,不断传递给企业领导,要求领导者及时而有效地做出决策。因此,现代企业把公共关系信息的获取划入企划之中,成为企业活动不可缺少的组成部分。公共关系部门就是要利用各种渠道和网络收集与企业发展有关的一切信息,为企业决策科学化提供强有力的保证。

（2）协调关系。任何组织都处于复杂的关系网络之中，而且这种关系处于动态的发展之中。由于企业与公众存在具体利益的差别，在公共关系中必然会充满各种矛盾。企业在生产经营运行过程中，也难免会因自身的过失而与消费者发生冲撞。一旦发生，必然导致消费者对企业的不满，使企业面对一个充满敌意和冷漠的舆论环境。如果对这种状况缺乏正确的认识，对问题处理不当，就产生公共关系纠纷，甚至导致严重的公共信任危机，给企业、公众、社会都会带来极大的危害。事实证明，企业与公众的许多矛盾和摩擦都起源于误解和不了解，缺乏信息交流是造成不了解的根本原因。通过建立良好的公共关系机制，增加企业与公众之间的相互了解，企业就有可能避免与公众的纠纷，并可通过公关手段将已经发生的信任危机所造成的组织信誉、形象损失降到最低限度。这种功能是广告、人员推销、营业推广所不具有的。

（3）塑造形象。企业良好的形象和声誉是无形的宝贵财富。按照公共关系学的观点，商品信誉是较低层次的，只是部分公众或消费者在多次的商品交换过程中形成的对生产者和经营者的信赖程度，它只是企业技术经营素质的综合反映。公众对企业社会价值的评估标准发生了变化，评价范围由对产品质量和服务扩大到企业生产经营和社会活动的各个方面，这使公众舆论对企业产生更大的影响力。争取舆论支持，争取公众信任，成为企业生存发展的重要条件之一。公共关系的根本目的是通过深入细致、持之以恒的具体工作树立组织的良好形象和信誉，以取得公众理解、支持、信任。

阅读材料 13-3

案例1：海尔和鄂尔多斯相互帮助对方提高市场份额和品牌形象

海尔是国内家电行业巨头，洗衣机是其支柱产品，背靠集团强大的综合实力，稳坐"大哥大"的宝座，在企业和品牌形象上与鄂尔多斯较为吻合。海尔自动挡数字变频滚筒洗衣机是一款极为适合洗涤鄂尔多斯手洗羊绒衫的高新科技洗衣机，将有效解决羊绒衫的"机洗"洗涤问题。双方一拍即合，开始了一次优势互补的嫁接营销。

海尔自动挡数字变频滚筒洗衣机确保鄂尔多斯羊绒衫机洗的安全性，避免洗涤过程中可能产生的羊绒衣料损伤。海尔公司甚至向消费者承诺：在正确使用海尔自动挡数字变频滚筒洗衣机洗涤鄂尔多斯羊绒衫的情况下，如果衣物产生损伤，海尔将承担赔偿责任。

鄂尔多斯的手洗羊绒系列有效地利用了海尔洗衣机家电市场的优势，在全国范围推广，为消费者留下先入为主的印象，印证了鄂尔多斯在羊绒领域的技术"领头羊"地位；而海尔洗衣机也借助羊绒衫洗衣机的个性形象，向洗衣用户展示了其出众的技术与完善的服务。鄂尔多斯高档、轻薄、保暖、舒适的产品特性与海尔自动挡数字变频滚筒洗衣机"羊绒洗"的卖点相结合，优势互补，在嫁接营销中找到各自新的销售增长空间。

案例2：联想嫁接可口可乐提升品牌影响力

可口可乐是世界软饮料第一品牌，联想是国内IT（互联网技术）第一品牌。联想和可口可乐在2006年开展了先后两次嫁接营销合作，从战术合作已经上升到战略合作层面。

2006年"五一"期间,联想就与可口可乐合作进行了这样一个活动:5月1日至5月31日期间,每天前25名顾客便可以免费享受355mL的可口可乐一听;通过可口可乐瓶盖、拉环或易拉罐罐底的13位字符,即有机会获得联想旭日125C笔记本式计算机、联想锋行K5031AS643000+25680sD(D)(A)台式计算机、联想3300c喷墨打印机可口可乐特供珍藏版等精美礼品。其中,联想旭日125C笔记本式计算机共有1000台,台式计算机有1000台,打印机有10000台,另外还有赠饮90000000份。同时,本次送出的奖品上都印有可口可乐的标志。

和可口可乐的牵手,对于急需打开国际市场的联想来说,是利用可口可乐的全球渠道进行市场营销的大好时机。时任联想集团副总裁对此曾表示,由于两种产品的消费性质和消费者存在很大的差异,联想并不是要利用可口可乐的渠道去销售产品,而是要利用此机会让联想的品牌形象深入全球市场。

案例3:微软公司和苹果公司因竞合而双赢

苹果公司和微软公司多年来一直争夺市场占有率,但它们不仅是竞争者,还是伙伴。为什么呢?因为微软也生产用于Mac计算机上的文书处理和试算表软件。没有微软公司的软件,较少有人愿意购买Mac计算机;没有Mac计算机,微软公司也损失部分利润丰厚的应用软件市场。这两家公司是竞合关系——某个领域内合作,某个领域内竞争。如果微软公司和苹果公司都视对方为死敌,这样的关系便无法存在。只有双方领导人都抛弃狭隘的军事心态,不再沉溺于毁灭竞争者的念头里,进行动机良好的竞争,甚至与竞争者合作以炒热市场,才能获得更丰富的利润。

3. 常见国际公共关系活动类型

(1)市场进入公关。企业初次进入国外市场,首先要解决市场准入的问题。目标市场国的政府机构或政治力量就相当于是该国市场上的"守门员",必须先得到他们的认可才能进入,因此与东道国政府机构或政府官员加强沟通和联系,是企业开展市场进入公关活动的重要内容。这时,公共关系的侧重点在于对外宣传和交际活动,向目标市场公众介绍企业及其产品,结交各方朋友,让尽可能多的公众知道、了解并信任企业及其产品,提高企业在当地市场的知名度。此时公共关系活动的形式有开业广告或庆典、新产品展销或介绍、宣传品或资料赠送等。

(2)关系维持公关。为了赢得东道国政府和民众的好感,维持与当地公众之间业已建立的良好关系,是国际市场关系维持公关活动的主要任务之一。这时公共关系的侧重点是通过组织各项公关活动,利用各种传播媒体,持续向目标公众传递企业信息,在企业与公众之间保持一种良好的氛围与关系,使得企业及其产品的良好形象在潜移默化中得到维持与提高。具体形式有通过定期广告保持一定的见报率或上视率。同时,国际企业往往需要开展大量的感情公关活动,这些活动一般包括为东道国的教育、基础设施建设等提供资助。例如,可口可乐公司进入中国市场后捐赠中国希望工程,帮助中国援建希望小学,通过支持中国的教育事业,使公众对其逐渐认可和接受。另外,给老客户或关系户提供免费服务或购物优惠等也是这时可以采取的活动。

（3）冲突解决公关。在国际营销活动中，信息沟通广度和难度的加大，容易产生一些沟通障碍，企业可能与当地公众发生摩擦乃至冲突。例如，消费者对企业产品或服务的抱怨，竞争对手的竞争压力或直接冲突，与某些社会群体之间的利益冲突，与政府部门之间的摩擦或者与政府政策的冲突等。冲突解决公关活动的侧重点，一是积极防范与公众发生冲突的可能，二是及时采取措施解决冲突消除危机。企业对于可能发生的矛盾与冲突，事先要有相应的报警系统和处理程序。一旦发生冲突或出现危机，企业应通过公共关系活动，采取积极主动的姿态，运用可利用的手段和关系，及时消除误解，摆脱被动局面，挽回企业形象。例如，做出自我批评，采取纠正行动，与对方加强联系和沟通，寻找有关方面的合作，借助外部的力量化解矛盾解决冲突等。

4. 国际公共关系活动的策划

（1）确定公共关系的目标。企业开展国际公共关系活动必须明确目标，一般来说，国际公共关系活动的目标主要有以下几种：

1）获得政府的认可，进入该国市场。此时企业公共关系活动的主要内容是迎合政府的需要，在提供税收、安排就业、提供先进技术、改善环境等方面做出努力。

2）获得当地民众的好感。此时国际企业的公关任务是赢得公众的接受。目前，不少进入中国市场的跨国公司都通过不同途径参与和支持中国的公益事业。例如，中国青少年发展基金会与可口可乐、宝洁等跨国公司建立了长期的合作关系。日本德山株式会社与中国国际民间组织合作促进会共同在河北丰宁县小坝子乡建立 1000 亩⊖综合防沙基地等。这些善举，其实也是跨国公司融入中国社会实现本土化，以获得中国民众认可的公共关系策略。

3）消除公众的误解。这主要是在企业的营销活动出现问题时的公共关系目标。

（2）确定公共关系活动的对象。国际营销公共关系的对象十分复杂。企业在开展国际营销公共关系前，先要确定企业的公关对象。企业在国际市场上公共关系的对象包括股东、顾客、供应商、国外进口商、国内出口商、经销商、代理商、竞争者、金融界、保险公司、信息公司、咨询公司、消费者组织、新闻界、当地政府、企业职工等。

企业在公共关系活动中，必须明确公共关系活动的对象，并且针对不同的对象采取不同的公共关系活动。例如，在政治风险较高的国家，企业应努力改善其与当地政府的关系；而在排外情绪较高的国家，应重点保持与公众的良好关系，努力塑造企业形象；在工会和消费者保护组织等社会团体势力强大的国家，在处理纠纷和冲突时，国际企业应在某些方面做出让步。

（3）确定公共关系的主题。

1）加强与传播媒介的关系。国际营销企业必须充分利用宣传媒介来为其服务，与传媒的编辑、记者保持经常的接触，主动提供信息，建立可靠信誉和相互合作关系。同时，企业的公共关系部门要创造具有新闻性的事件，吸引媒体主动报道。

2）改善与消费者的关系。在国际市场中，不同的文化、习俗、法律体系等常常将

⊖ 1 亩 = 667m²。

企业与消费者隔离开来，因此，有效的沟通十分重要。企业应积极收集和听取目标市场国的公众对本公司政策、产品等方面的意见和态度，及时处理，消除公众的抱怨情绪。同时，提出改进本公司政策和产品的方案，以消除抱怨情绪产生的根源。企业还可以运用公共关系手段开展市场教育，帮助顾客了解企业及其产品。在消费者权益日益受到重视的今天，国际上任何一家享有信誉的公司几乎都把同消费者的关系列为头等重要的事情来处理。

3）加强与政府的关系。国际市场营销活动会面临各国政府不同的要求或压力。所以，国际企业一方面必须经常调整自己的营销策略以适应各国政府政策的变化；另一方面要左右逢源，以协调可能发生的冲突与矛盾。企业要通过公共关系加强与东道国政府官员的联系，了解有关的法律、法规和政策导向。国际企业处于不同的成长阶段，其公共关系任务不一样。初始进入东道国阶段，公共关系任务繁重。进入"营运"阶段时，就要关注东道国政局与政策动向，以及公司利润汇回母国的风险问题。最后，在撤出阶段，也要注意与东道国保持良好关系以维护其他方面的利益。为了达到这一目标，企业可以搞些公益活动，如为公用事业捐款，扶持残疾人事业，赞助文化、教育、卫生、环保事业等，树立为目标市场国家社会与经济发展积极做贡献的形象。

(4) 确定公共关系活动的形式。企业开展公共关系活动的形式是多种多样的，企业可根据公关目标、公关对象、公关主题等来选择相应的公关形式。一般来说，公关活动的主要形式有以下三种：

1）编写和制作各种宣传材料，利用和创造新闻，以扩大企业影响。企业可编写和制作有关企业及其产品的介绍或企业营销活动的新闻，吸引公众的关注，借机扩大企业影响。

2）开展各种社会公益活动。企业通过开展公益活动，如对东道国的文化和体育事业进行赞助，向当地教育、卫生、福利等公共事业捐款，以赢得人们的信任和好感。

3）扩大社会交往，加强社会联系。企业可通过举办新产品、新技术介绍会、研讨会和展览会，或举办各种各样的纪念活动或庆典，加强与社会各方面的联系，扩大企业影响。

13.3 促销组合策略

所谓促销组合，是一种组织促销活动的策略思路，主张企业运用广告促销、人员推销、公共关系、营业推广四种基本促销方式组合成一个策略系统，使企业的全部促销活动互相配合、协调一致，最大限度地发挥整体效果，从而顺利实现企业目标。

1. 产品特征与促销组合

在营销过程中，产品的概念不仅是指产品本身，还是产品整体概念。因此，就产品整体营销而言，对不同的产品组合，企业使用各种促销手段向购买者传递信息的作用力度也不相同。一般而言，广告促销只适用于比较简单的产品组合。而对于复杂的产品组合而言，如结构和使用程序复杂的设备，短短十几秒钟或一定版面的广告难以描述全部营销产品，广告的作用有限。相对而言，如果应用营业推广，则可以把整个产品组合陈列于营业场所之内，给消费者一个直观而形象的感觉，再结合人员推销，则效果更好。就组合关系复杂程度不同的消费品而言，各种促销手段的作用程度如图 13-1 所示。

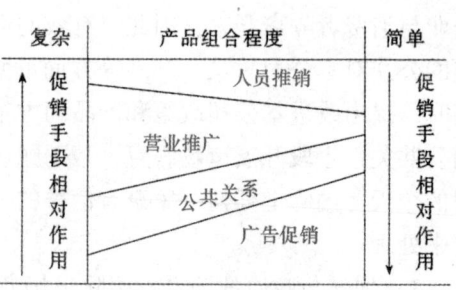

图 13-1　各种促销手段作用程度

2. 产品市场类型与促销组合

对于消费品市场和工业品市场，各种促销手段的重要性是不同的。一般来讲，工业品的购买，除了标准化产品的重复购买外，是一个远较于消费品购买复杂的过程。消费品，尤其是那些购买人数众多且分散、产品技术性不高且价格较低的日用消费品，广告促销的作用较大，营业推广次之，人员推销和公共关系则往往是辅助性手段；对于工业品而言，人员推销的作用较明显，营业推广也有较强的适应性，广告促销和公共关系常作为辅助性手段。应该看到，四种促销手段对消费者和工业品实现促销目标的作用程度是不同的，某一种促销手段适合某一类产品的情况也不是绝对的。营销实践告诉我们，广告促销在工业市场上的重要性同样不容忽视，在工业品营销方面，广告促销和人员推销的结合使用比没有广告促销的情况要好得多；同样，在消费品营销中，人员推销有时也能够发挥较大的推动作用。

3. 产品市场生命周期与促销组合

产品在其市场生命周期不同阶段的市场特征是不相同的，消费者对不同促销手段的反应也是有大有小的。营销实践表明，不同市场生命周期阶段促销手段的成本效应是不同的，如图 13-2 所示。当产品处于介绍期时，广告促销与公共关系由于辐射面广，对提高产品的市场知名度具有较强的推广作用和较高的成本效应，其次是营业推广，因此，促销手段应以广告促销与公共关系为主，以迅速为广大消费者所认知。在成长期，产品的市场占有率呈现一种快速增长的势头，这时仍应保持广告促销与公共关系的相对优势，辅之以其他促销手段，而在广告促销与公共关系的内容和形式上以增强顾客兴趣和取得中间商的信任为

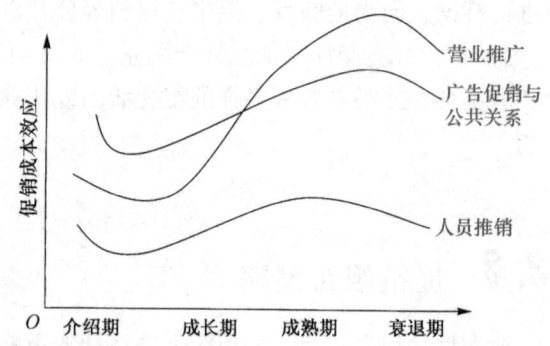

图 13-2　不同市场生命周期阶段促销手段的成本效应

重点。在成熟期阶段，促销的重点应强调与竞争对手的产品差异，此时营业推广比广告促销与公共关系的成本效应更大，广告促销与公共关系的成本效应又比人员推销大，所以应以营业推广为主，广告促销与公共关系和人员推销为辅。产品进入衰退期后，营业推广的成本效应还会有所加强，但广告促销与公共关系及人员推销的成本效应却在下降，尤其是人员推销的成本效应极低，因而应通过强化营业推广手段来维持日益衰退的

销售。因此，企业运用不同促销手段的重点也应随产品市场生命周期促销成本效应的演变而转移。

4. 促销组合的决策

（1）确认促销对象。通过企业目标市场的研究与市场调研，界定其产品的销售对象是现实购买者还是潜在购买者，是消费者个人、家庭还是社会团体。明确了产品的销售对象，也就确认了促销的目标对象。

（2）确定促销目标。不同时期和不同的市场环境下，企业开展的促销活动都有着特定的促销目标。短期促销目标，宜采用广告促销和营业推广相结合的方式。长期促销目标，公共关系促销具有决定性意义。值得注意的是，企业促销目标的选择必须服从企业营销的总体目标。

（3）促销信息的设计。企业促销要掌握对目标对象所要表达的诉求，并以此刺激其反应。诉求一般分为理性诉求、感性诉求和道德诉求三种方式。

（4）选择沟通渠道。传递促销信息的沟通渠道主要有人员沟通渠道与非人员沟通渠道。人员沟通渠道向目标购买者当面推荐，能得到反馈，可利用良好的"口碑"来扩大企业及产品的知名度与美誉度。非人员沟通渠道主要是指大众媒体沟通。大众媒体沟通与人员沟通有机结合才能发挥更好的效果。

（5）确定促销的具体组合。根据不同的情况，将人员推销、广告促销、营业推广和公共关系四种促销方式进行适当搭配，使其发挥整体的促销效果。企业应考虑的因素有产品的属性、价格、生命周期、目标市场特点、"推"式或"拉"式策略。

（6）确定促销预算。企业应从自己的经济实力和宣传期内受干扰程度大小的状况决定促销组合方式。如果企业促销费用宽裕，则可几种促销方式同时使用；反之，则要考虑选择耗资较少的促销方式。

国际营销人员在制定促销组合策略时，应认清各种促销手段的特点，综合考虑各方面的因素，因地制宜，灵活选择组合使用。

思 考 题

1. 国际市场营销中促销的含义是什么？
2. 简述国际广告促销中涉及的国际广告促销过程。
3. 简述国际市场推销人员的选拔标准、来源、培训。
4. 如何正确处理和协调国际市场营销中广告标准化和差异化的关系？
5. 简述国际市场营销中营业推广策略的主要内容。
6. 如何在国际市场营销中运用公共关系策略？

案 例 题

广交会重启线下办展焕发活力

在全球需求不振、外贸下行压力加大的背景下，作为全球货物贸易第一大国，中国的一举一动全球瞩目。2023年5月1日，第133届广交会第三期在线下如期举办，这对于加快中国经济恢复增长、促进世界经济复苏，具有重要意义。

据统计，截至2023年4月3日，已有203个国家和地区的采购商预登记参加线下展会，而预登记的参会人数每天也在快速增加中。届时，万商云集的盛况将重现本届广交会，让这个已有66年历史的老牌展会重焕活力，也充分彰显了中国制造、中国产品和中国品牌的魅力。2022年在以习近平同志为核心的党中央坚强领导下，各地区各部门紧密配合，沉着应对各种超预期因素带来的冲击，坚决落实稳外贸"一揽子"政策举措，支持外贸企业保生产、保履约、抓订单，全年进出口总额超过42万亿元，规模创历史新高。2023年，世界经济复苏总体乏力，外贸形势更为严峻复杂，外贸企业面对的风险挑战有所增加，继续用好对外开放平台及各类贸易规则，对于稳住外贸基本盘至关重要。也要看到，中国外贸是一路风雨从市场摔打中成长起来的，先天具有较强的韧性，同时，经过多年创新积累，在一些新领域形成了新优势，比如在绿色新能源产业上，中国企业和产品呈现出较强的竞争力。此外，中国经济的加快恢复，为外贸增长提供了有力支撑。中国制造业采购经理指数（PMI）已连续3个月位于荣枯线之上，物流指数连续2个月回暖上升，表明当前中国出口有推动力、进口有牵引力，贸易规模仍将保持高位运行。

制度型开放水平的提高，也为中国外贸增长持续加码。《区域全面经济伙伴关系协定》（RCEP）自2022年1月1日正式生效以来，释放出巨大发展红利，成为亚洲区域经济发展的新动能。2022年，中国与14个RCEP成员国的贸易额达到12.9万亿元，增长7.5%，占中国外贸总额的30.8%。2023年6月2日，菲律宾正式批准RCEP，至此15个成员国均已批准RCEP，将给各方带来更大的市场准入机会。作为一个开放的体系，RCEP未来将有更多经济体加入，带来更多的贸易合作商机。

推动外贸高质量发展，既要稳住存量，也要积极做大增量。2024年全国外贸工作会议提出，推动加快培育外贸新动能。作为国际贸易发展的一个新业态，跨境电商呈现出蓬勃发展生机，同时也对全球国际贸易产生了深远影响。从无到有，从"买全球"到"卖全球"，跨境电商不仅成为外贸发展的新动能之一，还是中国推动外贸高质量发展的新抓手。截至2022年年底，国务院已经设立了165个跨境电商综合试验区，覆盖31个省区市。整体来看，随着我国贸易数字化进程不断提升，未来还将催生更多新业态新模式，构筑起中国外贸发展新优势。

推动外贸高质量发展，要加快推进内外贸一体化。要通过内外贸融合发展，推动内外循环双向互促、供给需求协同发力。近年来，从中央到地方，相继出台了内外贸一体化支持政策，应该说内外贸融合发展取得了一定成效，但也要看到，阻碍内外贸一体化的制度藩篱还没有彻底拆除，内外贸"两张皮"的系统性问题尚未得到有效解决，外贸一体化发展能力建设有待进一步提高。当前，要着力完善内外贸制度体系，推进内外贸一体化试点，实施内外贸一体化领跑行动，更好地服务贸易强国建设。

（资料来源：由作者整理而成。）

国际营销管理篇

美国管理学界泰斗、营销理论大师彼得·德鲁克（Peter Drucker）有句名言："营销的真正内涵是使销售成为多余。"营销管理的工作方向，诚如斯言。

国际营销管理是对企业与国际市场营销有关的各种活动进行计划、组织、指挥、协调和控制的过程。国际营销管理的对象就是企业与国际市场有关的一切活动，国际营销管理是国际营销活动得以顺利开展和有效进行的保证。

从管理职能的角度看，市场营销管理是一个过程，包括分析、计划、执行和控制四个方面活动，通常也称之为营销调研（市场机会分析）、营销计划、营销实施和营销控制。营销调研起提供信息的作用，是市场营销管理工作的起点；营销计划是根据企业总的战略要求制定行动方案；营销实施是将营销计划付诸行动；营销控制是衡量和评价营销计划的实施结果。国际营销管理同样具有调研分析、计划、组织、指挥、协调、控制等职能。

本篇将阐述国际营销管理中的市场调研与信息系统、营销组织、营销计划、营销控制等内容。

国际市场营销学 第4版

第 14 章
国际营销调研与信息系统

本章要点

"调研（Research）"来源于法语"Sercher"，又源于拉丁语"Circare"（四处走走之意）。调研绝不是与国际业务相关的学术实验，而是在营销业务活动之前实际进行的且往往耗费甚巨的非常重要的一个过程。企业与国际市场有关的活动，始自生产与销售之前，因此营销调研是市场营销管理工作的起点，企业要想顺利进入国际市场并取得成功，必须以国际市场营销调研为先导。

市场营销的中心任务是以消费者为中心，通过开展整体营销活动，在满足顾客需求的过程中实现企业利润，因此，企业必须通过营销调研来收集有关顾客需求和营销决策方面的信息。在企业进行市场营销分析、计划、实施和控制的每一阶段，都需要关于消费者、用户、竞争者、中间商及有关营销决策的其他因素方面的信息。营销调研是帮助营销管理者获取准确信息、减少营销决策中不确定性因素的最重要的途径。

国际环境与国内环境差异巨大，国际营销调研工作变得更为复杂而困难，而且国际市场变化多端，从事国际营销的企业对信息的需求无论在数量上、质量上、范围上都比国内营销所需更大、更高、更广，因此，国际营销调研人员除应具备国内调研人员必须具备的素质外，还应掌握一些特殊的知识和技能。

本章首先简要介绍有关营销调研的基本概念和国际营销调研的范围，然后重点讨论国际营销调研的程序、方法、常见问题及其解决办法、国际营销调研组织、市场预测技术，最后初步探讨企业国际营销信息系统。

关键词

营销调研 调研范围 案头调研 实地调研 国际市场预测 营销信息系统

14.1 国际营销调研的基本概念

14.1.1 市场调研与营销调研

市场调研与营销调研是两个不同的概念。市场调研（Market Research）是指企业为了获取有关顾客的信息所开展的调查研究活动。市场调研要解决的问题主要有：企业现有顾客和潜在顾客由哪些人或组织构成，他们在哪里，这些顾客需要本企业提供哪些产品或服务，他们为什么购买，他们何时何地以及如何购买。

营销调研（Marketing Research）是比市场调研含义更广的概念，除研究顾客外，还要调查研究竞争者、中间商和有关各营销因素（产品、定价、促销、渠道、营销组合等）的数据资料，作为企业营销决策的依据。

国际营销调研（International Marketing Research）是指运用科学的方法，有目的地、系统地收集一切与国际市场营销活动相关的信息，对所收集到的信息进行整理和分析，从而把握目标市场的变化规律，为国际市场上的营销决策提供可靠的依据。

国际营销调研的内容主要有：①国际市场环境调查；②国外市场需求调查，包括市场容量、消费者行为和销售趋势的调查；③产品调查；④产品价格调查；⑤产品销售渠道调查；⑥促销方式的调查。

一个调研项目有五种可能的目标，因而决定了五种不同性质的国际营销调研任务：①探测性调研，即用试探的方式了解市场行情；②描述性调研，就所要了解的问题做出如实的反映和具体的回答；③因果关系调研，就是通过了解一种因素的变化对另一种因素产生作用的大小，掌握事物的因果关系或相关性；④抽样调查或全面调查；⑤预测性调研，即不仅描述具体事务现状，还要求分析其未来发展趋势。

14.1.2 国际营销调研与国内营销调研的异同

国际营销调研是从事国际营销的企业所进行的营销调研活动。与国内营销调研相比，两者的程序是一样的，使用的一些原理和分析工具也相同。无论是国际营销调研还是国内营销调研，都要首先确定营销中存在的问题和调研目标，制订调研计划，然后再执行调研计划，收集信息，整理、分析有关数据，最后解释并报告调研结果，撰写调研报告供营销决策者使用。

国际营销调研与国内营销调研的差异性表现在以下几个方面：

（1）国际决策比国内决策更需要充分、及时、准确的信息。这是因为各国的文化、法律、政治、经济等方面存在巨大的差异性，国际营销决策者可能并不熟悉营销环境，稍有不慎，就有可能决策失误。

（2）国际营销决策所需要的信息不同于国内营销决策。这是由国际营销决策不同于国内营销决策所致。例如，国际营销决策首先要选择进入国外市场的方式。为此，企业需要了解目标市场国的外汇和外资政策，了解目标市场国的劳动力、原材料、管理经验等资源条件,了解目标市场国的竞争状况以及渠道模式等营销环境——所有这些,在国内营销调研中一般不是必要的。

(3) 国际营销调研比国内营销调研更困难、更复杂。这种困难性和复杂性主要表现在:①有些信息在国内很容易得到,在国外很难得到或根本得不到;②从不同国家得到的信息,由于各国统计方法、统计时间等因素不同,需要经过复杂的整理、换算后,才能进行相互比较,加以应用;③同样的调研方法,在 A 国有效,在 B 国则可能无效;④国外营销调研的成本要比国内营销调研高得多;⑤国际营销调研的组织工作要比国内营销调研更复杂。例如,如何处理好跨国公司的母公司调研与子公司调研的关系,如何利用国内调研公司和国外调研公司,这些问题显然比国内营销调研中所遇到的问题复杂得多。

国际营销调研的特殊性,值得企业营销人员和调研人员给予充分的注意,以避免他人在国际营销调研中常犯的错误,有效地为国际营销决策提供依据。

14.1.3 国际市场营销调研的必要性

调研是国际营销活动中非常重要并且不可或缺的一部分,是保证营销决策准确、及时的不可缺少的前提。

对国际市场的调查、研究是企业信息化的一项最基本的前期工作,而且随着信息革命的不断推进,只要企业重视国际营销调研,是可以及时掌握足够的、必要的营销信息的。企业国际营销调研的必要性具体表现在如下几个方面:

1) 有助于企业发现国际营销机会,开拓潜在国际市场。通常企业营销决策人员对其他国家的地理、文化、经济和政治等方面的情况了解有限,对于正确估计产品在国外市场销售状况所需的资料和信息相对缺乏;而世界市场瞬息万变、市场环境复杂多样,难以准确预测,激烈的竞争更使世界市场难于把握与进入。企业要想选择、捕捉和把握国际市场机会,关键是要对国际市场有详细的了解。通过国际市场营销调研,可使企业了解哪些市场存在未满足需求,哪些市场已经饱和,从中寻找在未满足的市场中的营销机会。

2) 为企业进行营销组合决策提供依据。营销调研信息是无形的财富,是制定营销战略与策略、开发新产品、调整销售渠道、选择促销方案、制定合理价格等企业活动的工作基础。首先,通过国际市场调研,可以了解和把握国际市场的现实与潜在需求的变化,即具体了解国际市场消费者对产品品种、规格、型号、功能以及交货期、产品售后服务等的需求,使企业的产品策略更具有针对性。其次,通过国际市场调研,可以了解目标顾客对产品价值的需求及同行业竞争者的价格策略,以便企业进行科学的定价决策。再次,通过国际市场调研,可以了解目标市场存在哪些销售渠道、哪些商业机构,顾客对何种分销方式及分销机构有兴趣,这将有利于企业做好营销渠道的决策。此外,通过国际市场调研,能够了解目标市场国存在哪些促销方式,采用哪些形式进行广告宣传更能适应目标市场国的要求,消费者有哪些习惯和偏好等,从而有利于企业对促销方式的选择。

3) 国际市场调研能够及时反映国际市场的变化,可以监测和评价企业国际营销活动的实施效果,因而可以促使企业适应性地调整营销方案。在多数情况下,国际市场调研的目的是描述国际市场上发生的情况。国际企业的营销决策者经常需要了解购买企业产品的对象，掌握企业在国际市场上所占市场份额的大小及其变化情况，摸清影响企业销售的竞争者行为，以及衡量企业国际市场营销活动是否按营销计划认真执行。只有仔细地研究当前的市场信息，企业的决策人员才能了解国际营销计划实施的状况，并根据调研所得的信息，对企业的国际营销策略进行必要的评估和修正，以保证企业国际营销活动的正常运转。因此，通过国际市场调研能够了解国际市场供需的变化、消费需求的变化、竞争者策略的变化以及各国营销环境的变化，并同时能够了解营销活动的效果，从而促进企业适时地调整相应的营销策略。

4）有助于企业分析和预测国际市场未来的发展趋势，从而掌握国际市场营销活动的规律。国际市场调研可以寻找出那些标志着国际营销环境异常变化的预兆和非正常现象，从而可对未来市场的变化发展趋势进行预测和估计，这有助于企业营销决策人员及时调整和制订合理的国际营销计划，应付可能出现的市场变化，使企业在国际市场的竞争中掌握主动权，立于不败之地。

企业要开展国际营销，必须大力进行国际营销调研，在调研的基础上，认真解决好外销产品的适销性、供求关系的稳定性、营销市场的时效性等问题。需要注意的是，小企业和企业家经常犯的一个错误是把国际营销调研和度假旅游结合起来，希望达到"一箭双雕"的效果。但事实上，度假仅对于领略非正式的外国文化氛围有帮助，而纯粹的营销调研却需要全神贯注。

14.2 国际营销调研的范围

营销调研是为营销决策提供信息服务的，因此，国际营销调研的范围取决于国际营销决策对信息的需要。不同的决策需要不同的信息，对应的营销调研的范围也就不同。

14.2.1 国际市场机会调研

进入国际市场的决策，即企业决定是否进入国际市场从事国际营销。一家企业是从事国际营销还是继续做国内营销，要做出这项决策，就需要将国内外的市场机会和潜在困难、企业资源条件进行比较，因此需要收集如下数据资料：

1）国际市场和国内市场的价格。
2）产品的世界市场总需求量。
3）企业潜在的世界市场份额。
4）影响企业市场份额的竞争因素。这些竞争因素主要包括：主要竞争对手有哪些，它们来自哪些国家，它们的主要营销组合策略如何，它们的市场份额是多少。
5）企业产品进入世界市场能否带来企业产品单位成本的降低，降低幅度如何。
6）企业的人、财、物等资源条件。

企业可以主要根据上述资料来进行国际市场机会分析，看看国际市场机会是否足够大。如果信息表明国际市场潜力很大，值得开拓，并且企业也具备足够的实力，那么企业就要下决心进入国际市场;相反,企业应集中力量做国内营销。

14.2.2 目标市场选择调研

目标市场选择决策,即企业决定在世界100多个国家的市场中,进入哪个或哪些市场。企业在进入国际市场时,不可能一举进入所有国家的市场,而是要选择某个或某些国家作为目标市场,这就需要将各国市场根据市场潜力的大小予以排序。市场潜力越大、次序越靠前的国家,企业越要优先进入。在评价一国或一个地区市场潜力大小时,需要收集的资料包括市场潜量、市场竞争情况和市场国的政治、法律状况。

1. 市场潜量

市场潜量(Market Potential)是指理想状态下的市场总需求量。在一般条件下,计算某国的市场潜量是比较困难的,所以往往在计算该国国内市场销售量的基础上对市场潜量进行估算。但是某国市场销售量并不能真正代表其市场潜量。例如,某国政府限制消费品的进口,该国的消费品实际上处于短缺状态。如果外国企业在当地建厂生产消费品,避开进口限制,实际销售量有可能比原有销售量高出若干倍。

需要强调的是,在对国际目标市场进行选择时,不可主观地事先排除任何国家、市场和目标人群,企业只有在真实可信的数据收集基础上,进行科学严格的分析后,并且确有明显的客观障碍因素难以克服,才能做出放弃某一市场的决定。

2. 市场竞争情况

在研究某国市场竞争情况时,调研人员需要的信息主要包括:该国主要竞争者是哪些公司,它们分别来自哪些国家,这些竞争对手在该国市场各占多大份额,发展趋势如何,主要竞争者的营销策略如何,各自有何优势或劣势。

3. 市场国的政治、法律状况

这主要包括市场国的国内政局是否稳定,市场国的国体、政体、各项有关经济的法律法规及其政策如何,政策和法规是否具有连续性,政府对外来产品和外来投资的一般态度和政策倾向性如何。

企业要根据上述资料,对各国市场进行比较,选择那些潜力最大、最有发展前途的市场作为目标市场。

14.2.3 进入目标市场方式的调研

进入目标市场方式决策,即决定以何种方式(如出口、许可贸易、合资企业、独资企业等)进入国外市场。企业一旦选定了目标市场,下一步就要考虑进入目标市场方式的问题:是出口产品、劳务输出,还是许可证贸易;是开展国外组装业务,还是国外生产;是国外合资经营,还是独资生产。在选择进入国际市场的方式时,一般需要收集的资料包括:目标国家的政治、法律情况;目标国家的对外贸易政策,如关税、外汇、进口限制等关税和非关税壁垒情况,以及政府给予外来企业的优惠条件和施加的限制;目标国家的市场潜量;目标国家的基础设施情况,如交通、运输、能源、通信、商业发达程度等;目标国家的市场竞争情况;目标国家的资源条件,如原材料供应、劳动力价格、物质技术水平等；本企业的人才、技术、管理经验、资金等资源条件。

上述资料是企业选择进入目标市场方式极为重要的依据。例如，目标市场的规模很大，但当地政府为鼓励外商投资，实行进口成品高关税而进口零部件免税，那么企业可以考虑在当地设立组装厂，把零部件运到当地组装，就地销售。又如，目标市场的规模很大，但贸易壁垒高、运输费用昂贵，那么企业可以考虑在当地投资办厂，就地生产，就地销售；也可以考虑许可证贸易方式，以技术出口代替产品出口，获得外汇收益。如果目标市场的政局不稳，企业应采用比较间接的方式以降低风险。

14.2.4 营销组合策略调研

营销组合策略决策，即企业决定如何最佳组织和配用产品、定价、渠道和促销这四个企业可控制因素。当企业确定了目标市场进入方式之后，如何最佳组合和配用产品、定价、渠道和促销这四个因素是国际营销企业的产品能否成功进入目标市场国的关键。国际企业必须尊重客观现实，不能凭主观臆测行事，这就要求调研人员首先了解市场国中有关顾客的情况，然后再就产品、定价、渠道和促销这四个营销因素分别进行调查研究。

1. 有关目标顾客的信息

对出口企业来说，它的产品不可能适合整个进口国全部顾客的各种需求，只能满足进口国中某一部分顾客（目标市场）的需求。所以目标顾客群的具体特征、经济状况以及他们的变化情况和发展趋势等是企业必须掌握的主要信息之一。这些信息有助于企业成功地制定营销组合策略。

如果这个目标市场是中间商或工业用户，则要了解其数目、地理分布、规模大小、资信状况、发展前景等有关情况；如果这个目标市场是最终用户，则要了解他们的购买动机、购买习惯和偏好等。例如：顾客为什么购买牌号 A，而不买牌号 B；他们购买产品后如何使用，他们在选择产品时最注重产品的哪些特性，对什么因素最反感。如果这个目标市场是最终消费者，则他们的收入、年龄、受教育程度、职业、道德准则、价值观念、审美观点、消费习惯等情况是企业必须了解的基本内容。

2. 有关产品的信息

产品适销对路是海外营销成功的基础。为了促使产品适销对路，必须对有关产品的信息有足够的了解。在这方面需要掌握的信息主要包括：国际市场和每个细分市场产品的总供求量、供求结构、供求特点及其变化趋势；消费者对产品的各种信息反馈资料；国际市场产品生命周期和产品发展趋势；国际市场上该产品的替代品和互补品的情况；国际市场产品的相关需求情况；本企业现有产品满足目标顾客的程度。

3. 有关营销渠道的信息

除了要掌握企业自身现有销售力量在结构上、数量上适应目标市场需求的程度以及如何控制和调配销售力量的信息外，企业还必须掌握目标市场国内部的营销渠道方面的信息。这些信息通常包括：国际市场产品销售渠道和中间商的种类及各国的市场惯例；国际市场直接销售、间接销售的种类和特点；国际市场上各类中间商的背景资料；国际市场营销渠道和中间商的发展趋势。

4. 有关定价方面的信息

价格是产品进入国外市场最敏感的因素之一，企业需要掌握的信息较多，主要有：国际市场上不同企业同类产品的定价目标和定价方法，国际市场及各细分市场上的价格总水平，国际市场上产品的价格弹性或消费者对产品价格的敏感度，国际市场上替代品和互补品价格走向，不同细分市场上消费者在价格上的反应，产品不同生命周期竞争者的价格策略，国际市场上中间商对价格的调整幅度，国际市场定价的法律法规和惯例。

5. 有关促销方面的信息

促销的主要方式包括广告促销、人员推销、营业推广和公共关系。为了正确地制定促销组合策略，企业需要掌握大量信息，主要包括：国际市场上促销的各种具体形式、种类及可利用程度；国际市场促销成本、优势、障碍及利弊分析；国际市场营销推广的方式、特点和要求，以及中间商、消费者对此的反应；国际市场上广告方式以及各种促销方式的效果；国际市场促销的法律法规及惯例。

6. 有关公共关系方面的信息

企业产品要打入目标市场国，企业形象十分重要。企业形象包括其声誉、知名度、售后服务等。开展公共关系是树立企业形象的有力举措，因此，收集关于公共关系的信息是十分重要的。公共关系方面的信息包括以下两个方面：

1) 媒介关系信息，包括报纸、杂志、广播、电视、互联网等重要媒介的情况，企业要与它们保持融洽关系，使其成为企业传播有关信息的喉舌。

2) 了解企业与目标市场公众保持密切联系的方法等。与目标市场公众保持密切联系是企业的生命线。

14.2.5 资源配置决策调研

资源配置决策，即企业决定如何把各种资源（如人、财、物）在世界各国市场、各子公司、各产品系列之间进行分配。企业的人、财、物等资源是有限的，应把它们投放到最能产生效益的市场上和产品上、最有利的营销手段中，以获得最优经济效益。假设企业在 A 国的投资占国外总投资的 50%，但在 A 国的利润只占企业国外总利润的 20%；而企业在 B 国的投资只占 10%，利润却占 30%。在这种情况下，如果 A 国的营销前景不再特别具有吸引力，企业就应考虑减少在 A 国的投资，追加在 B 国的投资。这就是一种企业资源的重新配置。企业要想制定合理的资源配置决策，需要了解的信息包括以下几个方面：

1) 企业在各个东道国市场上的销售潜力如何，如总销量、销售增长率、市场占有率等。

2) 企业在各东道国市场上的经营状况。例如，在该国获取的利润在企业总利润中所占比例是多少，在目标市场推销手段的效果如何，广告效果如何，经营效果变化的原因，渠道成员努力程度如何，销售服务方式如何等。

3) 企业各种产品在各东道国市场上的生命周期状况。企业要了解以下各方面信息：关于产品功能用途改进、品牌、商标、设计改进、包装、外观改进、售前、售后服务改进，老产品寻找新用途、开拓新市场等，以便企业通过产品、市场、营销因素改革延长产品生命周期。

4）企业在各东道国市场上各种经营方式的经营现状及前景。

应该指出，国际企业的资源配置决策是一个非常重要且复杂的决策，需要的信息量极大。上述几条只是一个纲目，每一条都包含着大量的、具体的信息。企业只有在充分掌握了这些信息之后，才能不断地调整企业资源在各国市场、各种产品、各种经营方式之间的分配，使其产生最佳的经济效益。

14.3 国际营销调研的程序

尽管国际营销调研比国内营销调研更复杂、更困难，但二者的程序是一致的。国际营销调研的过程一般包括明确调研问题并研究调研目标、列出所需信息并制订调研计划、执行调研计划并分析整理数据、解释调研结果并写出调研报告四个步骤，如图14-1所示。

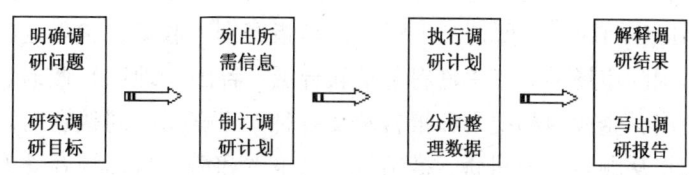

图 14-1　国际营销调研程序

14.3.1 明确调研问题并研究调研目标

国际营销调研的第一个步骤是明确营销中存在的问题，确定调研目标。由于企业的生产经营过程相对稳定，而目标市场却千变万化，因此企业营销与市场需求往往不相适应，这种不适应性在营销过程中反映出来后，营销人员必须找出造成这种不适应性的原因，这就是要调研的问题。问题明确了，调研的目标也就可以确定了。

这一步看似简单，实际上是调研过程中最困难的一个步骤，对整个国际营销调研乃至营销决策至关重要。例如，一个时期内企业在某国的销售额直线下降，原因可能有许多，如产品质量下降、服务水平降低、国外代理商责任心下降、出现了强有力的竞争对手、广告媒介选择失当等，这些因素都可能引起企业在该国的销售额下降。如果导致该企业销售额下降的真实原因是出现了强有力的竞争对手，而调研人员却误以为是代理商的责任心下降，就会将后面步骤的调研工作引入歧途，并可能导致错误的营销决策（如更换代理商），给企业带来严重的损失。

14.3.2 列出所需信息并制订调研计划

国际营销调研过程的第二个步骤是列出解决问题所需要的信息，制订收集这些信息的营销调研计划。一个完善的调研计划能够提高调研活动的效率和有效性。一般来说，调研计划主要涉及以下四个方面的内容：

1. 确定营销决策需要哪些信息

国际营销决策既包括具体的、战术性的决策，又包括重大的、战略性的决策（如进入国际市场的决策、市场选择决策等）。决策不同，需要的信息也不同。例如，一个时期内企业在某国的销售额直线下降，企业已发现导致销售额下降的原因是出现了强有力的竞争对手，于是企业打算采取一些新措施，以增强竞争力。究竟应采取哪些措施呢？为了制定这一决策，必须进行下一步调研程序，即确定决策所需要的信息并收集信息。

国际营销调研所需信息的范围一般包括以下几个方面：①关于国别、地区或某一市场的一般信息，如行业调研、环境扫描、企业形象调研等；②消费者的一般信息和特殊信息；③产品信息；④促销状况信息；⑤销售渠道信息；⑥通过分析某国家或地区的社会、经济和消费趋势来预测未来的市场需求等。

2. 确定信息的来源

在确定了国际营销决策所需要的信息之后，还要进一步确定信息的来源，即取得信息的途径。营销调研人员取得信息的来源一般有两个方面：二手资料（Secondary Data）和原始资料（Primary Data）。所谓二手资料，是指经别人收集、整理过的资料，通常是已经发表过的。国际市场上的二手资料包括联合国、各国（地区）政府、贸易协会及其他组织公布的资料，企业内部记录和报告及从各种渠道获得的间接资料。原始资料则是市场营销人员直接从顾客、中间商、推销员、竞争者和潜在目标顾客等方面收集得来的一手资料。营销人员收集二手资料的过程叫作案头调研（Desk Research），收集一手资料的过程叫作实地调研（Field Research）。

3. 选择收集资料的方法

无论是案头调研还是实地调研，都有许多具体的方法。案头调研有多种不同的资料来源渠道和信息检索方式，实地调研也有询问调查法、观察法、实验法等多种方法。企业在具体选择某种调研方法时，要根据调研目标、资料来源情况、时间限制、调研预算等因素来决定。

4. 设计抽样方案

由于绝大多数的营销调研都是抽样调研，调研方法确定之后，调研人员就应着手设计抽样方案。设计抽样方案通常包括以下四项内容：

1）确定抽样总体，即抽样对象的总和。

2）确定样本单位。通常被选作样本单位的有个人、家庭、企业或组织等。

3）确定抽样规模，即样本大小。

4）确定抽样技术。根据是否遵循随机抽样的原则，具体的抽样方法可分为概率抽样和非概率抽样。

14.3.3 执行调研计划并分析整理数据

1. 选拔和培训调研人员

调研人员是调研方案的具体执行者，他们的素质及工作实效将直接影响调研的质量。因此，在调研活动正式开始之前，通常要根据调研目标及调研方案的要求，对调研人员进行选拔和培训，使他们具备相关的背景知识、调研技巧和职业道德。

2. 执行调研计划，开展资料收集

严格按计划收集资料的工作，可由企业内部的营销调研人员完成，也可委托企业外部的专业调研机构来完成。在委托专业调研机构时，既可委托国内的机构，又可委托国外的机构。如果是委托企业之外的机构进行，则需要在整个调研过程中注意对调研质量的控制和监督。

3. 对收集的资料进行检查、核实和校订

没有经过处理的资料往往杂乱无章，是零星的、分散的、片面的。有时，从不同来源得到的资料是按照不同的统计方法计算的，其时效性、准确性和适用范围也可能不同，甚至彼此矛盾。例如，在北欧诸国，啤酒被列为酒精性饮料；而在地中海沿岸国家，啤酒被算作软饮料。这样会导致各国酒类统计口径大小不同，数据可比性差。又如，人均收入一般以美元计算，但由于不同国家的汇率往往不能反映实际情况，得出的结果就不具有可比性。因此，必须对收集到的资料进行加工、分析和处理，才能使其具有可比性并作为决策依据。这种信息分析处理过程一般包括分类、编校、统计、推断和鉴定等程序。

4. 对资料进行分类和编码

对资料进行分类和编码，使定性的材料定量化，以便随后对这些信息进行计算机处理和分析。

5. 数据的综合分析和处理

资料经加工处理后，调研人员还要用回归分析、相关分析、时间序列分析等多种统计技术对经过处理的信息进行分析，以得出结论，进一步为营销决策提供依据。

14.3.4 解释调研结果并写出调研报告

国际营销调研的最后一步是由熟悉数据收集和处理过程的调研人员，与了解企业面临的营销问题的管理人员一起，对调查结果做出解释和说明，得出结论，撰写并提交调研报告。调研报告是国际营销调研的落脚点，报告的内容一般根据所呈报的对象来确定，但不管何种报告，在撰写过程中都应遵守共同的规则：简明、具体、清晰、逻辑性强和有理有据。调研报告应当是简明扼要的结论及说明，并且这些结果和说明应与营销决策具有直接关系。报告不能只是罗列一系列的统计数据和高深的统计公式，一般以汇总表和图表的形式提供简明扼要的结论及依据。报告的内容、质量，决定着调研结果的有效程度。

调研报告通常由三部分组成：前言、报告的主体、附录。前言部分必须指出调研的目的和范围，简要叙述所采用的方法，必要时也可将调研结论和结论的摘要放在前言。报告的主体部分是说明调研所用的假设，论证所用的方法，叙述调查的详细内容，分析所收集资料的过程以及可能的结论与建议。附录由两部分组成：一是全部调查所用的工具、数据、参考资料等；二是计算处理结果。

14.4　国际营销调研的基本方法

14.4.1　案头调研

1. 案头调研的概念和作用

案头调研（Desk Research）又称二手资料调研（Secondary Data Research）或文献调研（Literature Research），是指查寻并研究与调研项目有关资料的过程。二手资料是经他人收集、整理的，通常是已经发表过的。

在国际营销中，案头调研的作用主要表现在以下两个方面：

1) 案头调研是重要的信息来源，为某些营销决策的制定奠定基础。例如，企业在制定市场选择决策时，可以通过案头调研收集到各国人口、收入、政法环境等方面的资料，初步筛选出市场潜力大、经营环境好的国家作为目标市场。

2) 为国外实地调研打下基础。到国外进行实地调研的成本是很高的，调研人员在进行实地调研之前，一般先进行案头调研，这是因为案头调研可以为实地调研提供必要的背景资料，使实地调研的目标更加明确，从而节省时间和调研成本。

2. 二手资料的来源

成功地进行案头调研的关键是发现并确定二手资料的来源，同时，还要会正确认识和评价这些资料的背景材料和合理成分。二手资料的来源有很多，一是内部资料，二是外部资料。这些资料一般都可以以较低的费用和较快的速度获得。下面仅介绍最常用的二手资料来源。

二手资料的来源和收集渠道主要包括以下几个方面：

1) 调研者的案卷。有经验的调研人员往往把以前每一次调研中收集到的各种资料储存起来，以备日后使用。经过一定时期后，这些积累的案卷便成了一个非常有用的小资料库。这是最重要的二手资料来源之一。

2) 本企业的营销信息系统。许多企业都建立了营销信息系统，其中储存了大量有关市场营销的数据资料，如企业每种产品在各目标市场上的销售额、客户名录（客户名称、客户性质、客户规模、市场覆盖面、历次成交数量、金额、支付方式、交货方式等）、利润状况、主要竞争对手及其销售额、企业利润状况及市场的各种有关数据、公司与各客户的来往函电等。这种营销信息系统是营销调研人员重要的二手资料来源。

3) 企业内部资料，如订货记录、销售记录、运输记录、财务报表、库存记录、售货员日报表、顾客意见记录及预算报告等。

4) 一些公共图书馆、大学、科研机构、银行、企事业职能部门有关国外市场情况的调查资料、考察报告。

5) 外国使团组织和商会、消费者组织所能提供的贸易统计资料、税制、海关规定、进口商、零售商和厂商名单，以及编制的各种统计资料。

6) 国际组织刊印发行的可供市场调研参考的资料等。

7）联机检索系统所提供的数据库终端检索功能。

此外，从归国留学人员、外国来华参观访问的学者、友好人士和回国观光的华人华侨等海外同胞那里都可获得一部分国际市场信息。

随着信息技术的飞速发展，各种信息来源提供的信息越来越系统、深入、准确，信息的手段也越来越简单、方便、及时。

3. 案头调研中应注意的问题

案头调研的优点是省时间、省费用，可迅速和便宜地得到大量有用信息。但要做好案头调研，必须注意以下几个方面：

1）企业必须有专门机构或专职人员负责二手资料的收集，并建立科学的管理制度和资料档案；对收集来的资料要经常地进行归纳、整理、分类，以便及时提供给有关单位使用。

2）由于二手资料是他人收集、整理的，因此，在许多市场上得来的二手资料可能存在缺陷。调研人员需要特别注意其可获性、时效性、可靠性、可比性。

3）中小企业由于实力有限，外销市场利润有限，其市场调研通常需要注意以下内容：

① 平时加强客户往来、销售记录、交易档案等内部资料的收集、归档工作。

② 从其他业务往来单位获取二手资料，如银行、广告公司、运输公司、政府机关以及贸易促进会、国际商会等。

③ 采取比较分析法，即通过掌握的已知资料，比较已知和未知的两个市场在结构上的异同。

④ 采取委托法，又称为购买法，即通过委托有关国际市场调研机构为之进行资料收集、分析。

⑤ 向调研市场进行试探性出口，以了解信息。

在我国举办的各类交易会、展览会、交流会等都是合适的信息渠道，中小企业国际市场调研尤其要掌握好信息渠道，做到调研成本与质量的兼顾。

14.4.2 实地调研

根据国际市场营销调研的目的和要求，二手资料可能无法满足调研分析的需要，或者说二手资料明显不足，这就需要着手收集原始资料，进行实地调研。

实地调研是指由调研人员亲自收集原始资料（即一手资料）的过程。相对案头调研而言，实地调研的成本很高，而且费时较长。因此，企业在采用这种方法收集信息时应谨慎行事。例如，当企业打算在某国选择一个代理商时，就没有必要花很多资金和时间对该国长期市场潜量进行一手资料调研。然而，如果企业打算在该国建厂生产，那么取得该国有关市场潜量的一手资料就很必要。

1. 实地调研的方法

实地调研中，调研人员可以真正到达现场进行调查，也可能并没有亲自到达现场，而以其他方式使其得到的信息直接来自现场。实地调研有询问法、观察法和实验法可供选择。

（1）询问法。询问法是采取调研人员向被调查者提问，被调查者做出回答的形式取得所需调研资料的方法。询问法可以通过电话、信函、面谈、传真、互联网等途径进行，是营销调研中最基本、最常用的实地调研方法。按照调研组织方式的不同，常用的询问法可分为人员访谈法、问卷自填法和计算机辅助访谈法三种。

1) 人员访谈法。人员访谈法就是由执行实际数据收集任务的访员（Interviewer）执问卷向被访人（Interviewee）或应答者（Respondent）询问，并记录他们的回答的方法。依据所进行访谈的方式和场所不同，常用的人员访谈法有入户访谈法、拦截访谈法和电话访谈法等。

入户访谈时，由访员按照抽样设计方案到指定的被访人家中访问，就预先设计好的问题向被访人当面提问，并记录被访人的回答。

拦截访谈一般都在购物中心、街道等交通流量较大的公共场所进行。访员在指定的公共场所拦截被访人，就预先设计好的问题向被访人当面提问，并记录被访人的回答。

电话访谈是访员通过电话与被访人取得联系，通过电话向被访人提问，并记录被访人的回答。

2) 问卷自填法。与人员访谈法不同，问卷自填法是被访人在访员不在场的情况下，自行完成问卷的方法。常见的问卷自填法有邮寄问卷法、留置问卷法、报载问卷法等。

3) 计算机辅助访谈法。随着互联网技术的成熟和普及，国内外许多企业的调研部门和专业调研公司在实践中采用了先进的计算机和互联网技术辅助访谈，如计算机辅助电话访谈、计算机辅助面访、网上调查等。

计算机辅助电话访谈时，所有访员都集中在配备了计算机终端的房间内，计算机中已经预置了设计好的问卷。当计算机自动拨号系统在预先确定的样本框中开始操作并与一位被访人联系上了之后，坐在计算机终端前的访员就开始依次将出现在屏幕上的问题读出，待被访人做出回答后，将其回答直接录入计算机。

计算机辅助面访时，访员在入户访谈时随身携带一台预置了调查问卷的笔记本式计算机，调查开始后，访员逐一读出计算机屏幕上显示的问题，并将被访人的回答直接录入计算机。

网上调查是指通过电子信箱向被访人发送和收回问卷，或者制作一个问卷调查的网页，请被访人点击该网页并完成问卷。由于网上调查的便捷性、低费用、无时空地域限制等特点，网上调查成为21世纪应用范围最广泛的主流调查方法之一。

在营销调研实践中，需要根据当时、当地的具体情况及调研的目的和要求，结合以上询问调查方法的特点，选择最适宜的一种方法或几种方法的组合。

(2) 观察法。观察法是调查人员根据调查目的、调查提纲或观察表，直接或通过辅助工具在现场观察调查对象的行为动态并加以记录而获得信息的一种方法。这种方法最显著的特点是，调查者同被调查者之间通常没有直接交流。因此，在运用观察法的大多数情况下，被调查者并没有意识到自己正在接受调查，往往就表现得比较真实、自然。观察法适用于观察被观察者的行为、表情、姿势、物体的形状、位置、相互之间的距离，还可以用于记录声音和图形等。例如，日本一家皮鞋企业的经营者为了解各国流行的皮鞋款式，来到国际机场的候机厅，长时间观察外国旅客的皮鞋样式，从而获得国外皮鞋市场的最新信息。这种方法不适合调研人们的内心感受，如购买动机、意向等，也不适合调研那些历时较长的事件，如耐用品的再购买周期等。

（3）实验法。实验法是最正式的一种调研方法，是一种定量的因果分析调研技术，它首先根据调查目的选定调查对象，然后人为地改变或操纵某些因素，并记录这些因素的变化对所选定的调查对象的影响，从而获得市场变量之间存在或不存在因果关系的调查结果。实验法在营销调研实践中最常用的形式之一是试销。试销一般是在准备推行一种新产品或一项新的营销举措之前，在小范围内（如一两个选定的城市中）进行的实验，目的是证明这种新产品或新举措的有效性或推广价值。

实验法观察常用仪器有电流计、速示器、收视器等。

2. 实地调研中的问题

对调研方法、联系方法、抽样设计、调研工具等方面的选择，国内营销调研与国际营销调研没有多大区别。但由于各国在经济、社会、文化诸方面环境差异很大，故使用这些方法和技术时会出现很多特殊情况，在调研过程中必须认真对待，并采用相应方法加以解决。

（1）问卷调查中的问题。问卷调查是使用问卷的形式收集一手资料的一种实地调研方法。在国外使用问卷（Questionnaire）方式进行调查，最重要的问题就是问卷设计和语音翻译。

设计问卷时要注意：①所问的问题应是被调查者可能回答的问题；②问题的提法应设法避免、减少被调查者的抵触情绪或思想顾虑，否则被调查者会回避这类问题，或做不真实的回答，从而影响调查效果；③项目的提法和含义必须明确具体，不能模棱两可，如果问卷的措辞不当或含糊不清，答案会有很大差异，甚至得到相反结论或错误结果；④问题的提法不能带有倾向性或某种暗示。另外，无论多好的原则和技巧，编写好的问卷一定要进行预先测试，也就是在正式付印以前，打出样稿，物色若干合格的测试对象，预先进行问卷访问，及时发现问题并修正。这一步在问卷调查中极其重要，不可省却。

在国内设计的问卷在目标市场国需要翻译成目标市场国的语言文字，如果翻译不当就会引起误解，致使调查失败。在同一国家有几种语言的情况下，问卷的翻译就更为困难，必须把问卷翻译成多种语言，所以难度较大。例如，印度在不同的地区共有 14 种官方语言。加拿大主要是英语和法语两种语言。在刚果，官方语言是法语，但人口中只有少数人能讲流利的法语，大多数人能用本国四种混合方言中的一种流利地交谈。在这种情况下，问卷调查是极其困难的，因为一种语言中的成语、谚语和一些特殊表达方法很难被译成另一种语言。

问卷调查中的另一个问题是，问卷的邮寄在许多发展中国家十分困难。例如，有些国家的邮电系统效率低，国内信函收到率极低，邮寄问卷的调查法也就行不通。

（2）电话调查中的问题。电话调查法可迅速得到所需要的信息，灵活性高，成本较低。但是在不发达地区，电话拥有量很少，采用电话调查法并不足取。

（3）访问调查中的问题。访问调查法是以个人访问的方式派调研人员向被调查者提出问题进行调查的方法。访问调查法虽然费用高，但它是获取可靠数据的重要方法之一。用访问调查法进行调查,是企业进行消费者调研的一种好办法,使用相当广泛;可以采用登门拜访、邀约面谈或开座谈会等方式进行。但采用这一方法也有困难,被访问者或者拒绝访问,或者拒绝回答问题,还可能故意提供假情报等。主要原因在于:①在许多文化背景中,人们不愿意与陌生人交谈,妇女与陌生人谈话更是忌讳;②在许多场合,被访问者不愿意与来访者交流真实情况,担心谈出真实情况有可能造成不利后果,如增加赋税等;③来自中等收入阶层的被访者往往虚报自己的消费水平,以满足其虚荣心;④被访者受教育程度太低,以至连口头交流都有困难,用外语交流几乎不可能;⑤在许多欠发达国家,少有或根本没有专业市场调研机构,使得在当地居民中进行访问调查变得更为困难和复杂。

(4) 抽样调查中的问题。抽样调查法是从全体调查对象(总体或母体)中按一定的规则抽取一部分具有代表性的对象(样本)进行观察和调查,然后根据样本分析结果推断总体特征的调查方法。

一项抽样调查要取得成功,样本必须有代表性。其关键在于科学的抽样设计,这种设计包括三项内容,即抽样对象、样本大小、抽样程序。样本要具有总体的特征,抽取的对象必须有代表性。大样本比小样本提供的结果更可靠,但样本越大成本就越高,为了避免不必要的浪费,应根据需要确定样本的大小。抽样程序有随机抽样和非随机抽样两种。随机抽样又可分为简单随机抽样、分层随机抽样和分群随机抽样三种,非随机抽样又可分为任意抽样、判断抽样、配额抽样三种。在许多欠发达国家,人口统计信息不完全,有的地区根本没有街道图,房屋未编号,抽样调查很困难,样本往往具有很大偏倚性,难以得到可靠的概率样本。国际调研人员通常只能采用简单随机抽样和任意抽样,这样获得的样本特性难以反映总体的特性,当然也就存在调查所得数据不准确的可能性。

3. 如何解决国际实地调研中较常见的这些问题

应该说尚无"放之四海而皆准"的通用方法,但企业要想解决前面提到的这些问题,应该做到以下几个方面:

(1) 加强对调研人员的培训。不管使用哪种调研方法,调研人员熟练地掌握各种调研技巧是关键的。调研基本上是调查人和被调查人之间的沟通,调查人知道自己需要收集哪些信息,而被调查人则是信息来源。被调查人要把自己的信息提供给调研人员,必须得到引导。因此,调查者必须培训调研人员,使其熟练掌握各种调研技巧,具备较强的引导能力和技巧。这样,当在某国不能使用某一种或某几种调研方法时,还可以使用其他方法。调研人员也需要重视借鉴书本知识,从中学习一些专门的调研技能。

(2) 营销调研应尽量取得当地人的帮助。尽管各国之间存在文化差异,但在许多国家中都可找到一些人充当跨越文化障碍的桥梁。这些人应精通两国语言和两种文化,最好系统地接受过营销学和营销调研方面的训练。他们在帮助企业做好在当地调研项目的过程中可以起到很大作用。

(3) 问卷翻译采用两次翻译即回译(Back Translation)的做法。所谓问卷翻译采用两次翻译的做法,即首先用中文起草问卷,并请翻译译成外文,然后到东道国请当地的翻译译成中文,调研人员再将两份中文问卷进行对比,观察其中的差别。如果在含义上无差别，说明外文翻译正确，可在市场国使用；否则，还需要进一步找出差异所在，对两次翻译进行推敲。实践证明，这种两次翻译的做法是解决问卷翻译问题的有效方法。

(4) 通过实践积累经验。经验是最好的老师，只有通过营销实践，才能真正了解一个市场。营销调研费用昂贵，有些市场在近期内规模不会太大，搞调研不值得，这时企业可以不搞正式的营销调研，而是采用直接向市场进行试探性出口的方法，借此了解市场。这实际上是一种低成本的调研方法。日本许多公司在中国设立办事处和子公司，其业务量很小，甚至是亏本经营，但这些日本公司并不撤回这些办事处和子公司，因为可以通过这些办事处和子公司了解许多中国市场的情况。这实际上也是一种低成本的营销调研活动。日本公司的着眼点在于中国的未来市场。

(5) 关于访问调查要十分注意访问安排、访问做法和访问后的联系。关于访问安排最好通过目标市场所在国已有的客户帮助做出安排。如果没有这样的客户，就只能向可能的访问人派发访问要求书。访问要求书一般包括：①简述访问目的；②简要介绍本公司情况；③说明公司由谁出访；④说明访问大致需要多少时间；⑤保证访问不泄露双方商业秘密；⑥说明出访时间、地点。访问要求书要以商量口吻书写，要谦虚谨慎。

访问的做法一般分三个阶段。一是介绍阶段。正式访问交谈之前，访问者首先应说明自己的姓名、代表什么公司、收集什么情报信息、这些情报信息有什么用处、对公司有何好处等，不仅要表明调查人对这次来访及访问结果十分关切，还要使被调查人感兴趣，引起其关注。二是问卷阶段。介绍阶段结束之后，即转入问卷阶段。这一阶段是否成功，取决于交谈方式。问卷一般应按事先准备好的问卷，要注意以下几点：①每个问题应照本宣科；②不要解释问题的含义，更不要暗示自己所希望的答案；③每个问题都必须提出来，绝不能认为"不用问你，我已基本知晓答案"，以免影响回答人的情绪；④严格按问卷顺序提问。三是非正式讨论。问卷中正式问题提完后，应以一个很短的非正式讨论结束这次交谈，争取通过这次访问，相互建立一种良好的关系。

访问结束，回国以后，一定要给所有被访问者寄感谢信或打电话表示感谢。另外，访问期间许下的诺言应注意兑现。

14.5 国际营销调研的组织

国际营销调研的组织工作主要包括两个方面的问题：一是调研工作由公司总部做，还是各国子公司做；二是调研工作由企业自己做，还是委托企业外部的市场调研公司或咨询公司做。

14.5.1 母公司调研与子公司调研

国际企业的营销调研工作既可以由本国的公司总部进行，也可以由国外的子公司负责。一些大型跨国公司往往在两个层次上都设有营销调研部门。然而，在不同层次上的营销调研部门所调研的内容有所不同，因为不同层次的管理者面临着不同的决策，需要不同的信息。

公司总部所进行的调研一般都是为了制定公司长期发展战略和公司总体规划。例如，公司应进入哪国市场，应撤出哪国市场，应在哪国市场上追加投资。要制定这些战略决策，应由公司总部负责进行营销调研，了解与这些决策有关的信息，如公司在各国市场上的经营状况，各主要产品系列在各国所处的生命周期，各国宏观经济环境、政治环境和法律环境的变化以及各国营销环境的相互比较，主要竞争对手的营销策略及其对世界市场形势的影响等。

各国子公司所进行的营销调研主要是为了制定日常经营决策和短期经营计划服务的。例如：导致本子公司上一季度销售额下降的原因有哪些；公司是否应辞掉经销商 A，聘任经销商 B；公司打算在专业杂志上刊登广告，应在杂志第几期上登载。要做出这些日常经营决策，就要由子公司负责进行调研工作。

14.5.2 委托其他组织调研与公司自己调研

营销调研工作是十分重要的，因此许多公司都设有专门的调研部门。以美国 NCR 为例，该公司在总部由国际营销副总裁领导下的一位专职人员负责公司总部的国际营销调研工作，在日本、英国和德国的子公司都设有营销调研部，可以说，NCR 公司的调研力量是很强的。但是，NCR 公司并不是所有的调研项目都由自己完成，在印度市场上的调研项目就是委托其他调研组织来完成的。许多小公司没有专门的营销调研机构和人员，所以也将调研项目委托给外部机构进行。一些大规模的市场调研机构通常都是一些独立的咨询公司、广告公司、市场调查公司，或政府机构设立的调研部门等，它们往往拥有数千员工，分工极为精细，能承担全国性或全球性的大规模市场调查研究任务。究竟是由企业自己进行调研还是委托外部机构调研，必须考虑多种因素，这些因素主要有以下几个方面：

(1) 专业知识因素。不管进行哪一项调研，营销人员都需要具备一定的专业知识。如果本企业调研人员的专业知识水平达不到完成该项目调研任务的要求，那么就应该委托企业外部调研代理公司进行调研。如果企业调研人员具备了一般调研知识，对市场所在地的社会文化、贸易做法、语言风俗都很熟悉，那么就应由企业调研机构直接进行调研。

(2) 经济因素。本企业虽然具备完成某项调研任务的力量，但调研成本较高，那么也应该委托调研代理公司完成。

(3) 设备条件因素。有些调研项目，需要一定的设备条件。例如，为了记录使用收音机或电视机收看广告所用时间，需要用电子测录器。若企业为了做一次性调研而购买这些设备，当然不合算，这些项目的调研不如交给调研代理公司完成。

(4) 项目的重要程度因素。如果某一调研项目非常重要，而企业的调研人员虽有专业知识，但经验不足，专业化程度不高，在这种情况下，往往也把项目交给调研代理公司完成。

(5) 调研项目价值的因素。如果一个调研项目完成以后，所获得的信息给企业决策带来了极大作用，创造了较高效益，企业认为值得花力量亲自派人员开展调查，以获得更可靠的信息和积累调研经验，该调查则应由企业调研机构完成为好。

(6) 项目性质因素。工业营销调研一般由企业自己完成，消费品有关调研由调研代理公司完成；保密要求高的项目应该由企业自行调研，反之，则可委托调研代理公司调研；定量调研一般委托调研代理公司完成较好。

在国际营销调研中，很多项目可以分为若干小项目，其中一部分项目企业自行调研，其余部分则交调研代理公司完成。

在决定由企业自行开展调研之后，该项目既可以由企业调研机构独立完成，也可以由各职能部门分工共同完成。例如，销售和分销成本调研可由企业会计部门负责，广告调研可由广告部门负责，销售效果、推销员的销售定额、营销渠道效率、价格政策等有关调研则由企业调研机构负责。

14.5.3 营销调研代理实务

国际营销企业始终追求用最少的经费和最短的时间获取最理想的市场营销调研报告。只要条件允许，精心选用国外调研代理来提供有关的市场信息可以收到事半功倍的效果。当然，并不是所有的国际市场调研代理机构都能完成企业所要求的营销调研任务，这就要求国际营销企业注意如何选择调研代理及相关事宜。

1. 调研代理的选择

国际市场上的市场营销调研代理基本上分为精通消费品市场调研代理和精通工业品市场调研代理，也有属于多面手的调研代理。选择时，要在认真审查有关调研代理的业务能力、经验和资信水平、营业方式、工作方式和实地调研技术等方面后，再做出最后的比较和选择。一般来说，应该先选择一定数目的调研代理公司，并要求它们各自递交一份关于指定调研项目的大纲，同时说明对此项目感兴趣的程度，必要时了解这些公司以前调研代理的工作成果等。

2. 调研代理合同的签订

一份内容充实和条款详细的合同应该包括以下几个基本内容：①市场调研范围和方法条款；②费用支付条款；③预算条款；④人员条款；⑤期限条款；⑥调研报告条款。

3. 如何与调研代理合作并进行监督

选定调研代理以后，双方必须共同合作。各方都必须在平等互惠、相互信任的原则下相互协商，共同制定调研活动方案。作为委托方应尽量将本企业各种详尽的情况告诉受托方，不应欺骗或隐瞒有关内容，以免调研活动偏离方向。在调研过程中，委托方有必要进行一定的监督和控制，如向代理机构定期索取工作进展报告，索取有关中间成果资料，以便及时调整与调研目的之间的差距。

14.6 国际市场预测

14.6.1 国际市场预测的概念和内容

1. 国际市场预测的概念

所谓国际市场预测，就是运用科学的方法，对影响国际市场供求变化的诸因素进行调查研究，分析和预见其发展趋势，掌握市场供求变化的规律，为国际市场营销决策提供可靠的依据。市场预测的主要目的是了解对未来的营销活动与决策有重要意义的影响因素和未知事件，为决策提供可靠的依据。

国际市场预测的步骤主要包括：①确定预测目标；②整理收集有关资料；③选择预测方法；④实际进行预测，得出结论；⑤分析预测误差，检查预测效果。

2. 国际市场预测的内容

国际市场预测的内容有经济发展预测、销售预测、市场潜量预测、资源预测、成本预测、价格预测和生产预测等。

在营销学中，市场需要量的预测也称市场预测，市场占有率的预测也称销售预测。市场预测是估计市场需求，但它不是最大的市场需求。最大的市场需求是指对应于最大的市场营销费用的市场需求。市场潜量是指在一定的市场营销环境条件下，当行业市场营销费用逐渐增高时，市场需求达到的极限值。

某个产品的市场需求是指一定的顾客，在一定的地理区域、一定的时间、一定的市场营销环境和一定的市场营销方案下购买该产品的总量。市场需求包括产品、总量、购买能力、顾客数量、地理范围、时期、市场营销环境和市场营销方案八个方面。

一般情况下，国际营销企业首先需要测量的是特定时期内目标市场的"市场总需求""市场潜量""选择性需求""企业销售潜量""行业实际销售总额""市场占有率"等指标。

14.6.2 市场潜量的预测方法

市场潜量的预测方法很多，有粗略的估计，有比较精确的预测；有定性分析方法，也有定量分析方法。这些方法各有特点，互有短长，也都有一定的适用场合，应用时应根据企业本身的具体条件、已经掌握的信息资料以及对预测所要求的准确度等来加以选择。常用的市场潜量预测方法主要有三类。

1. 直观法

直观法是指主要依靠预测人员的经验、综合分析和判断能力，直接进行判断预测的方法，包括购买者意向调查法、销售人员综合意见法、德尔菲法、市场试验法、订货法等。直观法属于经验判断预测模式，企业收集到的各种意见的价值，不管是购买者、销售人员的意见，还是专家的意见，都取决于获得各种意见的成本、意见可行性和可靠性。

（1）购买者意向调查法。市场总是由潜在的购买者构成的，预测就是预先估计在给定条件下潜在购买者的可能行为，即要调查购买者。购买者意向调查法应满足以下三个条件：①购买者的购买意向是明确清晰的；②这种意向会转化为顾客购买行为；③购买者愿意把意向告诉调查者。

一般来说，用这种方法预测非耐用消费品需求的可靠性较低，用在耐用消费品方面可靠性稍高，用在工业用品方面可靠性更高。

（2）销售人员综合意见法。在不能与顾客直接见面时，企业可以通过听取销售人员的意见估计市场需求。这种方法的优点是：①销售人员对购买者意向的了解比较全面、深刻；②销售人员有信心完成上级下达的销售配额；③可以获得各种销售预测。但这种方法也存在缺点：①销售人员的判断总有偏差；②销售人员可能对经济发展形势或公司的市场营销总体规划不了解；③销售人员可能故意压低预测数字；④销售人员也可能对这种预测没有足够的知识、能力或兴趣。

（3）德尔菲法（Delphi Method）。德尔菲法也称专家调查法。德尔菲法的基本过程是：先由各个专家对所预测事物的未来发展趋势独立提出自己的估计和假设，经公司分析人员（调查主持者）审查、修改、提出意见，再回到各位专家手中；这时专家根据综合的预测结果，参考他人意见修改自己的预测，再开始下一轮估计。如此反复，直到公司分析人员对未来的预测基本满意为止。

这种方法进行预测的准确性主要取决于专家的专业知识和与此相关的科学知识基础，以及专家对市场变化情况的洞悉程度，因此要求专家必须具备较高的水平。

（4）市场试验法。市场试验法是指设定特殊的试验场所、状况来进行调查的方法，其目的是查明原因和结果之间的关系。因此，市场试验法将对象一分为二，即一部分为附加若干实验因子的实验群，另一部分为未附加实验因子的对象群，然后再分类实施调查和对比分析。例如，对同一商品的销售数量进行调查，在列为试验群的地区插入新闻广告，而在其他地区则不做新闻广告，以观察各自的销售数量在结果上有何不同等。在预测一种新产品的销售情况和现有产品在新的地区或通过新的营销渠道的销售情况时，利用这种方法效果最好。

（5）订货法。订货法是一些企业通过散发订货单或召开订货会等办法广泛预订货，来预测市场对某种产品需求情况的一种预测方法。在汇总订货结果时，企业应当根据自己以往的销售情况，对订货量进行必要的修正。为了获得较好的订单返还率，通常对于预订货的客户给予一定的优惠。

2. 外推法

外推法即根据过去的销售实绩，预测未来的销售发展趋势的方法，又称时间序列法。在时间序列模型中，自变量就是观察值的时间序列 $X_1, X_2, \cdots, X_t$，因变量为预测值 Y_t，其一般模型为：$Y_t = f(X_1, X_2, \cdots, X_t)$。

经济变量的时间序列一般包括长期趋势（Trend）、循环变动（Cycle）、季节变动（Season）和随机变动（Erratic Event）四个主要因素。时间序列法需要在收集、整理历史资料，编制时间序列的基础上，将这四个因素分解出来，并建立适当的模型来反映各种变动。

依据通常用来分解因素和建立模型的方法，时间序列法又可划分为简单平均数法、加权移动平均法、指数平滑法等。

（1）简单平均数法。其计算公式为

$$\bar{X} = \frac{X_1 + X_2 + \cdots + X_n}{N} = \frac{\sum X}{N} \tag{14-1}$$

式中　　　　$\bar{X}$——$n+1$ 时的预测销售量；

$X_1, X_2, \cdots, X_n$——各时期（年、季、月）销售量；

N——时期数。

【例 14-1】 某超市 2016 年 1—6 月的销售额分别为 30 万元、34 万元、32 万元、29 万元、26 万元、28 万元,利用简单平均数法预测下个月的销售额。

解 预测值 $\overline{X} = \dfrac{30\text{ 万元}+34\text{ 万元}+32\text{ 万元}+29\text{ 万元}+26\text{ 万元}+28\text{ 万元}}{6} = 29.83\text{ 万元}$

(2) 加权移动平均法。其计算公式为

$$\text{加权移动平均数} = \frac{\text{资料期各期销售量之和} \times \text{各期的权数}}{\text{各期的权数之和}} \tag{14-2}$$

即

$$\overline{X} = \frac{\sum f_i X_i}{\sum f_i} \tag{14-3}$$

式中 f_i——权数。

【例 14-2】 以例 14-1 为例,可观察到 2016 年 1—6 月的销售额数据变化不稳定,最大值与最小值差别较大,使用加权移动平均法(相应的权数分别为 1,2,3,4,5,6)可以体现出不同数据对平均数的影响。

解 $\overline{X} = \dfrac{1 \times 30\text{ 万元} + 2 \times 34\text{ 万元} + 3 \times 32\text{ 万元} + 4 \times 29\text{ 万元} + 5 \times 26\text{ 万元} + 6 \times 28\text{ 万元}}{1+2+3+4+5+6}$

= 28.95 万元

(3) 指数平滑法。假设有无穷时间序列 $X_1, X_2, \cdots, X_t, \cdots$,它的加权平均数为:$\alpha_0 X_t + \alpha_1 X_{t-1} + \alpha_2 X_{t-2} + \cdots + \alpha_i X_{t-i} + \cdots$。其中:$1 \geq \alpha_i \geq 0$, $i = 0, 1, 2, \cdots$,且 $\sum \alpha_i = 1$。如果令 $\alpha_i = \alpha(1-\alpha)^i$, $i = 0, 1, 2, \cdots$;且 $0 < \alpha < 1$,则 $\sum\limits_{i=0}^{+\infty} \alpha_i = \sum\limits_{t=0}^{+\infty} \alpha(1-\alpha)^i = \alpha + \alpha(1-\alpha) + \alpha(1-\alpha)^2 + \cdots = 1$。

故而可用这样的 α_i 作为权数,对整个时间序列进行加权平均。由于 α_i 具有指数的形式,因此该方法叫作指数加权平均数法或指数平滑法。指数平滑法的基本公式为

$$Y_t = \alpha X_t + \alpha(1-\alpha) X_{t-1} + \alpha(1-\alpha)^2 X_{t-2} + \cdots = \alpha X_t + (1-\alpha) Y_{t-1} \tag{14-4}$$

式中 Y_t——在 t 时刻的指数平滑值,即在 t 时刻做出的对 $t+1$ 时刻的预测值;

Y_{t-1}——$t-1$ 时刻做出的对 t 时刻的预测值;

X_t——t 时刻实际值;

α——加权因子或平滑系数,取值范围为 $0 < \alpha < 1$。

3. 因果分析法

因果分析法是从事物之间相互制约的关系来预测未来,包括回归分析法、计量经济学法等。这里简单介绍回归分析法。

回归分析法是一种数据统计方法,是建立在大量实际数据基础上,寻求随机性现象的统计规律的一种方法。通过对预测对象的数据分析,可以找出变量之间的相互依存关系,这种关系叫相关关系。回归分析法划分为一元回归法、二元回归法、多元回归法等,又可以划分为线性回归法和非线性回归法等分析方法。下面介绍一元线性回归法。

一元线性回归公式为

$$y = a + bx \tag{14-5}$$

式中 y——因变量；
  x——自变量；
  a——系数（截距）；
  b——回归系数。

x 与 y 的变化关系，将在回归系数的制约下呈现出规律性的变化。

依据最小二乘法，可以推导出系数 a、b 的估计值为

$$\hat{a} = \bar{y} - \hat{b}\bar{x} \tag{14-6}$$

$$\hat{b} = \frac{\sum x_i y_i - \bar{x}\sum y_i}{\sum x_i^2 - \bar{x}\sum x_i} = \frac{\sum(x_i - \bar{x})(y_i - \bar{y})}{\sum(x_i - \bar{x})^2} \tag{14-7}$$

其中 $\bar{x} = \frac{1}{n}\sum x_i$，$\bar{y} = \frac{1}{n}\sum y_i$，求得回归方程为

$$\hat{y} = \hat{a} + \hat{b}x = \bar{y} + \frac{\sum x_i y_i - \bar{x}\sum y_i}{\sum x_i^2 - \bar{x}\sum x_i}(x - \bar{x}) \tag{14-8}$$

相关系数 R 为

$$R = \frac{n\sum x_i y_i - \sum x_i \sum y_i}{\sqrt{[n\sum x_i^2 - (\sum x_i)^2][n\sum y_i^2 - (\sum y_i)^2]}} \tag{14-9}$$

当 R 值接近 ± 1 时，表明 x 与 y 之间的线性关系强；当 R 值接近 0 时，表明 x 与 y 之间的线性关系弱。一般当 $|R|$ 小于 0.6 时，就不能用线性回归方程进行预测。

14.7 国际营销信息系统

国际营销信息系统（International Marketing Information System）就是为收集、整理、储存、检索和分析信息并据以制定国际营销决策而设计的一个持续的系统。这个系统的功能是：①向各业务部门提供准确的营销业务信息，以寻求国际市场机会；②向业务职能管理部门按时、按地点提供管理信息，以监督企业在世界各地、各产品项目的销售状况；③综合衡量企业，尤其是跨国公司在国际市场上的营销战略和效果，为企业决策部门识别、选择和解决营销问题或机会并进行决策提供容易理解和使用的信息；④监测国际市场环境及其动向，加强企业的竞争能力，保持或扩大国际市场份额；⑤综合衡量企业在世界各地和各产品细分市场的营销战略及其效果，决定是否对公司的资源进行重新分配。

14.7.1 营销信息系统

1. 营销信息系统概述

营销信息系统（Marketing Information System，MIS）是指由人、机器和程序构成的，系统地收集、整理、储存、检索、分析和说明市场营销数据资料的一个持续的过程和方

法。营销调研是针对某一具体决策问题而进行的，有始有终，不是一个持续的过程。MIS 不是针对某一项具体的营销决策而设立的，而是为各种营销决策提供信息服务的。

2. 营销信息系统的组成要素

营销管理者为了实现营销的计划、分析、实施和控制，就需要将营销环境中的有关信息通过营销信息系统进行加工处理。营销信息系统的组成要素包括对所需信息的确定、信息开发及信息传送。

（1）确定所需信息。营销决策者需要什么样的信息，取决于他们需要做出什么营销决策。对所需信息的确定，通常始于对所面临的营销问题的回答。完善、合理的营销信息系统能够在决策者的信息需求、他们确定需要的信息和可能提供的信息三者之间进行权衡。

（2）开发信息。营销信息系统根据所确定的信息需求，从营销环境中收集有关数据，并通过内部报告、营销情报、营销调研和营销决策支持四个子系统，对这些数据进行分类、储存、分析、处理、评估，使之变成能辅助决策的有用信息，最后传送给营销管理者使用。

信息的开发是通过内部报告系统（Internal Recording System）、营销情报系统（Marketing Intelligence System）、营销调研系统（Marketing Research System）及营销决策支持系统（Marketing Decision Support Analysis）四个子系统实现的。营销信息系统结构如图 14-2 所示。

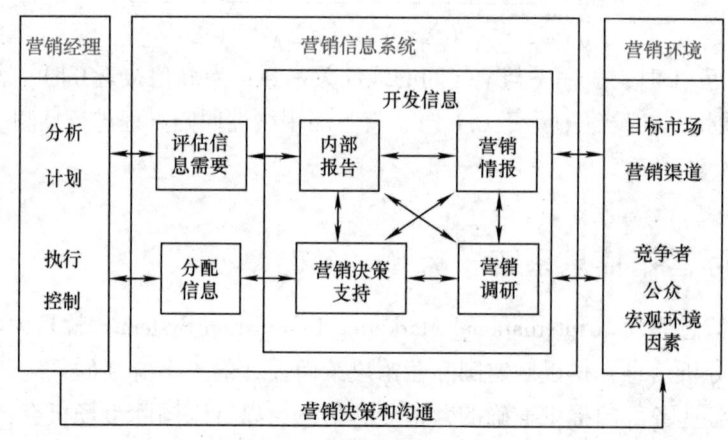

图 14-2　营销信息系统结构

（3）传送信息。营销信息反映了千变万化的市场状况，其时效性非常强，因此，信息开发系统输出的结果，必须及时地传送到有关人士手中。借助网络和数据库技术的发展，营销信息系统能够高速、有效、合理、安全地传送相关数据。

3. 营销信息系统的子系统

（1）内部报告系统。内部报告系统是营销经理使用的最基本的信息系统。企业内部有大量的由各部门收集和储存的各类信息，如会计账目、生产进度、原材料库存、销售记录、客户名单、年度计划等。决策者可以方便、快捷地从企业内部各职能部门获得现成的信息。营销管理者根据报告系统的数据和信息，采用对比分析、跟踪分析等方法，分析营销各环节存在的问题和提出改进措施，提高营销系统的整体效率，增进企业营销的客户价值。内部报告系统至少包括订单-收款循环和销售报告系统。

订单-收款循环是内部报告系统的核心：销售代表、经销商和顾客将订单送交公司；订货部门准备多份发票副本，分送各有关部门；存货不足的项目留待以后交付；需要装运的项目则附上运单和账单，同时还要复印多份分送各有关部门。许多公司为了更快、更准确和更有效地处理订单-收款循环，已经采用了电子数据交换（EDI）软件。

销售报告系统则向营销经理提供当前销售的最新报告，信息来源于企业营销队伍。

（2）营销情报系统。内部报告系统为管理人员提供结果数据，而营销情报系统则为管理人员提供正在发生的数据，供其了解企业外部的市场状况。该系统是整个信息系统的核心，其信息主要包括国际市场的营销环境、产品、价格、分销、促销和竞争信息等。这个系统通过出版物、公共机构、商会、银行、保险公司、消费者组织等，了解有关国际市场企业的资料；通过向市场调研机构、市场咨询公司等购买情报，把握市场动态；通过销售人员对供应商、中间商、消费者进行调查研究来获取信息，得到一手资料。目前，利用互联网可以建立全球数据链路获取全球的金融市场、产品市场、各国政策等原始信息，以及从各种研究和媒体站点获取研究报告、市场评价等更有价值的知识信息，而且这些信息大多是免费的。信息技术的发展，使信息的获取手段已经数字化和网络化，信息传播和生产不再是信息系统的瓶颈，因此，国际市场营销情报系统的关键是建立有效的信息化的计算机系统，提高获取信息的速度。只有及时、有效地提供准确的国际市场信息，才有可能获得竞争优势，否则机会稍纵即逝。

营销经理大多数自行收集情报。他们常通过阅读书籍、报刊和同业公会的出版物，与顾客、供应商、分销商或其他外界人员交谈，同公司内部的其他经理和人员谈话来收集情报。但这种方法带有相当的偶然性，一些有价值的信息可能没有被抓住或抓得太迟。

经营灵活的公司会采取进一步的步骤改进其营销情报的质量和数量：

1）他们训练和鼓励销售人员去发现和报告新发展的情况。

2）公司鼓励分销商、零售商和其他中间商把重要的情报报告给公司。

3）公司向外界的情报供应商和信息研究公司购买信息。这些调研公司收集事例与消费者数据的成本比公司自己收集信息的成本要小得多。

4）一些公司已建立了内部营销信息中心，以收集和传送营销情报。

（3）营销调研系统。营销调研系统的主要作用是为解决企业面临的某项具体的营销问题，而对有关信息进行系统的收集、分析及评价。例如，通过特定的渠道和方式开展消费者动机和购买行为调查、产品偏好测验、销售预测、市场占有率分析、市场发展趋势分析、广告效果研究、市场潜力测量、竞争产品分析、新产品试销等。该系统主要收集反映国际市场营销客观结果的信息。传统的国际市场调研成本较高，现在利用互联网可以低成本调查，这种调查由于及时、准确和具有广泛性，因而信息具有很高的可靠性。

（4）营销决策支持系统。营销决策支持系统就是对内部报告系统、营销情报系统、营销调研系统三者提供的大量数据和信息进行统计处理、分析，最终形成有意义的、能为决策者所接受和理解的结果的一种机制。它由统计工具和决策模型库构成，采用先进技术对市场营销信息进行分析,并对相关问题做出决策方案,如图 14-3 所示。

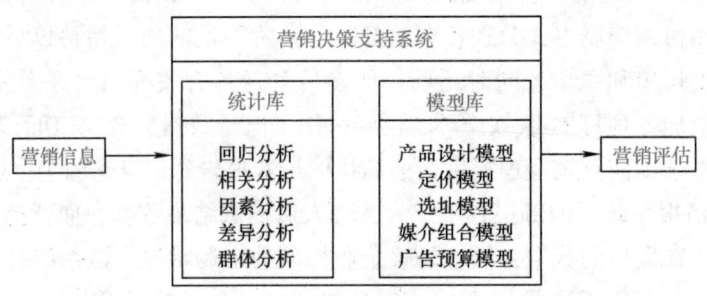

图 14-3　营销决策支持系统

该系统由一组用来分析市场营销资料和市场营销问题的经济方法和技术手段组成。它主要根据研究内容建立各种数据库和市场营销分析模型,如回归分析法、相关分析法、因素分析法、最佳产品功能模型、国际市场广告模型、价格模型、消费者行为模型、营销决策模型等,通过这些方法和模型来说明、分析、预测和解决市场营销问题。通过该系统处理信息,比依靠直觉和原始的方法更科学、更翔实、更可靠。

上述四个子系统相互依赖,企业内部报告系统是整个系统的基础,它记录企业交易的原始数据和资料,是其他子系统分析对比的基础;营销情报系统可以独立于其他系统运转,该系统是营销调研系统和营销决策支持系统的基础;营销调研系统和营销决策支持系统作为高层次系统,是营销管理决策层根据外部环境变化考虑企业采取的营销策略和改进管理手段所必需的工具,它依赖于内部报告系统和营销情报系统。

国际营销信息系统的建立,要坚持三个原则:①坚持系统优化原则,即该系统的建立必须要同企业国际市场营销结构和营销管理体系相互联系、相互协调、相互配套;②坚持开放原则,信息的最大效益在于共享,只有开放式系统才能与外界信息系统保持同步,才能凭借网络获取日益丰富的市场信息;③坚持标准化原则,信息系统的建立离不开计算机,只有遵循计算机标准建立的信息系统才可能具有开放性,才能充分利用外界资源与外界进行信息交换。同时,国际营销信息系统应具有较强的适应性和可靠性,以便能更好地适应企业内部条件和国际市场环境。

14.7.2　国际营销信息系统的构成要素

从事国际营销的跨国公司或国际企业,由于经营产品、经营地区、经营方式及其组合的决策都需要大量的信息,因此更需要有国际营销信息系统,以便从公司内外收集信息,对信息进行整理、储存、检索和分析,供公司作决策依据。

国际营销信息系统与国内营销信息系统在原理上是相同的,即把人、机、程序相联系形成有关信息的有序传输,从而把所有记录资料统一成一个整体,供决策需要。但跨国公司的国际营销信息系统与国内营销信息系统不同之处在于:①范围不同,它包括一个及一个以上国家;②信息层次不同,如按国家或地区建立子系统。

公司的总系统在全球层次上包括了每一个国家分公司的营销信息分系统。尽管各个国家或各个市场的情况有很大差异，各分系统有不同的信息需求，但各分系统建立起来以后，就可建立公司的总系统。每个国家分公司的子系统提供公司在该国营销所需信息，用于在该国的日常经营活动，同时也为制定公司总体控制和长期战略规划服务。各国分公司还可以从母公司的总系统中获取信息，帮助其做出各种日常业务决策。总公司层次的总系统提供的面向国际的高层管理需要的信息，可作为战略决策和控制决策的依据。总系统与子系统的关系如图14-4所示。

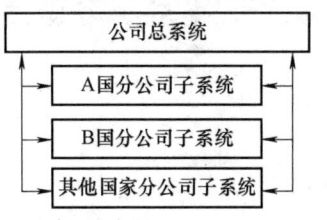

图 14-4　总系统与子系统的关系

确定信息系统的构成要素是非常重要的问题，它决定了系统中的信息内容与决策的相关程度，因此也就决定了所设计的信息系统作用的大小。每个国际企业向国际市场提供的产品不同，进入国际市场的方式不同，公司内部的资源条件不同，因而面临的国际营销决策及其所需要的信息不同。这就决定了每个公司所建立的信息系统的构成要素不同。但是无论什么性质的国际企业，在其国际营销信息系统中，一般都要包括市场信息、惯例和法令方面的信息、资源信息、一般情况、公司经营信息等。这五个方面的信息及其所包含的内容见表14-1。

表 14-1　国际营销信息系统的一般构成要素

类　别	内　容
一、市场信息	
市场潜量	有关产品潜在需求方面的信息，包括公司现有产品在市场上的地位和前景、有关互补品和替代品的产销信息
消费者态度和行为	消费者或用户对公司现有产品的态度和需求、购买阶层、购买时间、购买频率等
营销渠道	有关公司分销系统、竞争对手分销系统、独立经销商、批发商、零售商等分销系统的信息，包括可获性、态度、偏好、效率等
信息传递媒介	媒介的可获性、效果和成本方面的信息
新产品	有关新产品（包括已在其他国家营销过的产品）、新设想及其市场潜力的非技术性信息
竞争对手的销售	竞争对手的销售额、历史、现状及趋势
对手的市场经营规划	竞争对手现有产品和新产品的市场经营规划（如营业推广、广告、销售区域等）
竞争产品	竞争对手现有产品和在研制产品的特性及价格
对手的管理	竞争对手的员工士气、员工调离调入频繁程度、生产频率等信息
对手的投资	竞争对手的投资、扩建计划、迁移计划等
二、惯例和法令方面的信息	
外汇	外汇管制当局所操纵的外汇汇率变化及趋势，外汇制度和外汇市场；外汇银行及其他有关贸易机构的信息
税收	外国当局对所得股息和利润、利息的课税规定，所持意向和态度，关税
其他	影响经营、资产和公司投资的其他信息，包括地方机构和国家机构的条文、规定和法律等

(续)

类 别	内 容
三、资源信息	
人力	劳动力来源、失业、罢工等情况
资金	公司所用资金的来源及成本
原料	原料来源及成本
四、一般情况	
宏观经济因素	诸如国民生产总值、人均国民收入、经济增长速度、经济结构、经济地理一类的宏观经济数据
社会文化因素	社会结构和习俗、生活方式、教育水平、宗教信仰等
政治因素	"投资气候"、政体、政治安定性、选举、政局变动、国际关系、战争等因素
科技因素	重大科技成果、技术发展趋势等
管理做法	员工做法、对员工的招聘和解雇、会计体系及报表程序等方面的管理做法和程序
五、公司经营信息	
	公司性质不同，衡量标准也不同，一般可包括如下一些数据：投资收益、市场份额和变动趋势、营销支出占销售额的比率、各产品系列销售额增长等

注：本表来自张景智主编的《国际营销学教程》。

14.7.3 国际市场信息的收集和处理问题

1. 国际市场信息的来源问题

国际市场信息来源可以有两种划分方法。第一种划分方法是将信息来源分为一手资料（实地调研）和二手资料（案头调研），第二种划分方法是将信息来源分为企业外部来源和企业内部来源。

在此需要强调的是企业内部来源，企业内部的信息传递是企业顺利运行的必要条件。在国际营销中，建立一个有效的内部信息传递系统是至关重要的，这是由国际企业的经营范围广、母公司与各子公司之间的距离相对遥远这一特点所决定的。

2. 数据收集方式问题

数据收集方式可根据企业投入力量的大小分为以下四种：

（1）一般观察。对各种信息进行一般性了解，并不特别注意某一问题。这种方式投入力量最小。

（2）监视。无实际搜寻行动，只是集中观察某一方面的信息。

（3）简单调查。对某一方面的信息进行有限的和非正式的搜寻。

（4）调研。为某一目的、某一信息进行正式的、有组织的调查和研究。

3. 科学收集信息方法的注意事项

（1）系统性。信息之间要有连续性，研究问题要从其发展趋势上着眼，还要注意其构想和假设，配合信息程序，给予系统的处理。

（2）准确性。信息要真实、准确、定义严格、项目详细，以不失其准确性。

（3）客观性。信息收集切忌主观主义，要重事实，注意客观性。

（4）完整性。信息收集要力求完整性，以免分散而不适用。

（5）可比性。从各国得来的数据能否进行相互比较，能否按照统一标准而输入企业的信息系统，从而帮助管理部门做出正确的决策，是建立国际营销信息系统必然遇到的一个重要问题。企业必须有一套完备的程序和机制，对这些数据进行调整、换算和加工，使其在具备可比性的基础上输入信息系统，这样才能使信息成为决策基础。

（6）计划性。为了使繁杂的信息收集工作做到以上五个方面，收集信息必须有计划。信息收集计划的内容包括：①研究问题或目标；②决定所需信息；③决定信息的来源；④收集现有信息；⑤收集原始信息；⑥处理和分析信息；⑦得出结论，提出建议，分配使用。

国际营销信息系统一般可分为三种：①分散型国际市场营销信息系统，即由企业的各个职能部门分别承担营销信息系统的功能，企业不专门设立综合的营销信息系统，这种类型一般适用于中小企业；②集中或统一型的国际市场营销信息系统，即企业设立综合型营销信息系统，统一进行信息处理和反馈；③混合型的国际营销信息系统，即以上二者的结合，一般适用于大型企业。

企业国际营销信息系统的组织和业务内容，根据自身的条件可简可繁。最简单的系统只提供信息来源，只有一个资料室。复杂的系统可以给各业务部门和决策层（甚至紧密层贸易伙伴）提供准确信息，并提供具体的决策模型。我国的国际营销企业可根据自身的条件建立国际营销信息系统，为企业经营决策提供科学依据。另外，企业不仅要重视自身国际营销信息系统的建立、组织与管理，还要重视与企业外部各种信息系统的联网，如国际组织、政府机构、外贸部门、社会信息中心等各类信息中心或系统，以发挥企业营销信息系统的强大作用。

思 考 题

1. 试比较市场调研与营销调研的异同。
2. 试比较国际营销调研与国内营销调研的异同。
3. 依据国际营销决策的不同，国际营销调研的信息范围是怎样的？
4. 国际营销调研的程序是怎样的？
5. 什么是二手资料？案头调研的信息来源包括哪几个方面？
6. 国际营销实地调研的方法有哪些？
7. 简述实地调研中常见的问题及其解决办法。
8. 企业应如何选择是委托外部机构还是自己完成调研项目？
9. 市场预测的内容是什么？
10. 市场潜量的常用预测方法有哪些？
11. 试述营销信息系统的含义和功能。
12. 国际营销信息系统的构成要素有哪些？
13. 国际市场信息的常用来源有哪些？

案 例 题

百事可乐：消费者并不知道自己想喝什么，但 AI 可能知道

你认为饮料公司是如何创造新口味产品的？当你在脑内模拟饮料开发场景时，画面可能是身穿白大褂的疯狂科学家，用烧瓶勾兑各种颜色的液体。然而，真正的饮料研发场景要比这科幻得多。你正在喝的可乐、正在吃的薯片，可能都来自AI（人工智能）开发研制的配方。越来越多的食品饮料公司正在利用人工智能进行产品研发，并将AI渗透到产品生命周期中的每个环节。

作为全球最大的食品和饮料品牌之一，百事可乐一直走在人工智能创新应用的前沿。在百事公司，每个团队都以自己的方式将人工智能和数据分析应用到产品创新实践中。在饮料开发过程中，首先使用人工智能收集有关潜在产品类别和口味的信息，研发团队会收集消费者未在用户信息反馈报告中提到的信息类型。然后使用人工智能来分析这些数据，并由此驱动饮料口味研发的最终决策。

百事公司消费者洞察分析总监Stephan Gans表示，从创新到开展营销活动，再到决定将新产品摆上货架的整个流程，并不像推个广告促销那么简单。

说到消费者研究，Gans喜欢说"'观察'是新的问题"。从历史上看，新产品开发的设计阶段一直在问的问题是：你喜欢吗？你为什么不喜欢这个？你想要什么？但参与者的反应并不像我们想象的那么有启发性。受访者可能真的不在乎，因为他们只是在接受一项付费调研，或者他们只是想表现得友好。当然，他们也可能反馈了真实想法，但这些想法很难在产品发布后长期保持热度和新鲜感。

Gans说："在产品调研过程中，人们会给你各种各样的答案。但这些答案与最终驱动他们完成购买行为的真正原因往往并不一样。"

为了探究更有洞察力的消费者行为数据，百事可乐引入了AI食品分析公司Taste to Taste的分析工具Tastewise。该工具利用AI算法来分析人们吃什么、为什么吃，以有效洞察消费者行为。目前雀巢、通用磨坊、都乐，以及很多包装消费商品（CPG）公司都在使用这款人工智能工具，在线分析大量食品数据。

这些数据来自人们日常生活中的谈论、搜索和购买记录，Gans表示，"我和我的团队可以更好地了解人们对什么感兴趣"。基于Tastewise的分析结果，百事公司产生了将海藻融入咸味零食的创新想法，并推出了"Off The Eaten Path"品牌，此后的很长一段时间里，这款产品一直十分畅销。

就像乔布斯说的那样，消费者并不知道自己真正想要什么。Gans认为，"如果你只是问消费者，你最喜欢的口味是什么，你认为这个品牌有哪些很棒的味道，没有人会发现海藻口味。人们通常不会将它与特色品牌零食联系起来。但我们将社会调查和人工智能分析相结合，得出让人意想不到的结果。"

另外，百事公司还与黑天鹅数据（Black Swan Data）合作开发了一款名为Trendscope的应用软件。它并不分析菜单和食谱，而是专注于Twitter（推特）、Reddit、博客、论坛等网络社交平台中关于食物的对话。

Trendscope可以结合上下文以及对话是否与业务相关，衡量特定对话的数量，以及对话次数如何随着时间的推移而增加。这为品牌的社会预测（Social Prediction）提供了技术支持。

Gans说："通过反复分析社交平台中的信息，我们可以预测哪些主题将持续存在，哪些主题会逐渐消失。"

例如，通过使用 Trendscope，百事公司确定，人们对增强免疫力的饮料将会长期保持兴趣。基于这个分析结果，百事公司推出了添加提高免疫力的新系列运动饮料 Propel。

产品开发结束后，人工智能和机器学习（ML）还有很多事情要做。百事公司需求加速器（DX）项目负责人 Jeff Swearingen 表示，该公司在农业和制造业中使用了 AI/ML 技术，以达到节水的目的。此外，销售和营销领域也严重依赖人工智能。他表示，百事公司在 2015 年开始"快速行动"，创建大型内部数据集。

美国拥有约 1.06 亿个家庭，其中大约一半的家庭数据被用于分析。此外，还有涵盖 50 万个美国零售店的庞大商店数据集，以及丰富的零售生产数据集。这些宝贵的数据集正在助力企业优化营销流程，包括从打造个性化的零售环境到精准投放在线广告。

Swearingen 的团队和 Gans 的团队都充分利用这些数据，以独特的个性化方式吸引核心消费者。以百事公司旗下品牌"激浪"（Mountain Dew Rise）的发布会为例，百事公司通过 AI 技术精准判断哪些消费者比普通人更喜欢某款饮料，并进一步缩小范围，锁定主要目标客群。随后，利用商店数据，百事公司能够确切了解这些目标消费者可能光顾的零售商，并对这些消费者进行有针对性的营销推广。这些推广内容包括精心设计的数字媒体内容和活动，以及独具特色的商品分类、展示和演示。

在营销领域，百事公司还运用 AI 对大量个性化数字广告进行质量检查。它与创意行动（Creative Action）合作，开发了能够检查每个广告元素的算法，确保广告遵循一套不断发展的"黄金规则"。Gans 指出，当需要为 1000 个不同消费者定制 1000 个不同广告时，AI 是实现这一目标的唯一途径。目前，百事公司已在 AI 领域投入大量资源，并计划在未来几年继续加大投资力度。

几年前百事公司还主要依赖传统的电视广告。然而，Gans 补充说，相比传统广告模式，AI 对广告投放的支持要有效得多。传统广告不仅浪费了大量资源，还无法为真正关心广告内容的用户提供个性化信息，而 AI 正在帮助百事公司解决这一问题。

在客户关系管理方面，百事公司也紧跟时代步伐，利用自然语言处理（NLP）技术提高电话客服效率。Gans 解释说，通过一个由 NLP 驱动的简单系统，他们能够确保最终为用户服务的人工客服掌握用户所需的相关知识和信息。然而，他也指出，目前 AI 技术在与用户交谈约 45min 后可能会出现严重错误。

此外，Gans 还强调了在商业决策中融合数据和人类情感的重要性。他认为，过于依赖数据可能会导致决策偏离实际目标。因此，Gans 表示，在做出商业决策时，他总是确保有数据决策和情感决策，这对他的团队来说至关重要。

（资料来源：https://baijiahao.baidu.com/s?id=1703920172814522824&wfr=spider&for=pc&qq-pf-to=pcqq.c2c，有改动。）

国际市场营销学 第4版

第 15 章
国际营销组织与控制

本章要点

国际营销企业为了迎接挑战,赢得机会,往往要制定相应的战略,而这些战略能否顺利得到实施,在很大程度上取决于企业的组织结构是否适应国际营销战略以及企业是否有得力的手段来控制战略的实施过程。事实上,国际营销者所面临的许多严重问题都是由公司总部与国外子公司之间的摩擦造成的。

国际营销组织策略的目标就是要避免企业组织机构的重复设置,使企业的资源达到最佳配置,发挥最佳效能。国际化经营的企业必须尽可能地适应各子公司所在地不同的社会、政治、经济和文化环境,同时又必须建立强有力的公司总部,对全公司的经营活动进行统一的协调和控制,以最大限度地利用企业的资源。

营销控制是对营销计划执行过程进行的监督和评估,以纠正计划执行过程中的偏差,保证既定营销目标的实现。营销控制是营销计划的自然产物,而营销计划是营销控制的起点,二者紧密联系。

本章首先简要介绍企业国际营销组织策略及选择,然后探讨各种可供选择的国际营销组织结构,介绍国际营销计划的概念及内容,然后阐述国际营销控制的概念、步骤,并分析影响国际营销控制的因素,最后介绍营销控制的内容。

关键词

组织　营销组织策略　营销组织结构　营销计划　战略计划　经营计划　营销控制

15.1 国际营销组织策略

15.1.1 组织的本质

组织，作为管理的重要职能，是指根据一定的目标、原则和要求，把人、财、物、事有效地加以协调、统合的过程。统合的结果常以一定的形式表现出来，习惯上称这些统合形式为机构或者部门。企业组织工作的根本目的就是疏通行政职能结构性障碍，理顺业务流程，达到最佳的周转效率，保证企业各项战略的实施。

出色的企业本身就要允许并鼓励员工进行各种非正式的沟通与交流，非正式组织在国际组织管理中很重要。但本书中所有的"组织"都是指经过有计划的设计，将组织业务分配给各层次，做出系统的综合并由规则来支持职责，强烈地反映出管理者的思想和信念的"正式组织"。

15.1.2 企业国际营销组织策略

企业组织国际营销活动会面临是否将国际营销业务和国内业务分开区别对待的问题。企业在处理这个问题时，往往可采取两种策略来进行组织设计。

1. 一体化组织策略

一体化组织策略是指企业采用不加区别地对待所有的营销业务活动，企业部门都同时从事国内和国际业务的管理工作的组织形式。这种策略有两种情况。一种是企业对一切产品制造、营销和财务活动进行全球性统一规划，不论是国内市场还是国外市场，哪里有机会，就向哪里投放资源。这是一种国际导向型的企业，又称为世界性企业或全球性企业的做法。另一种是由于国际业务量少且企业认为其重要性没有达到为此专门设立国际营销部门的程度而将国际业务合并到国内业务中，由国内业务部门兼做国际业务工作。

2. 差异化组织策略

它是采用将企业的国内和国际业务分开经营，区别对待，专门设置独立的部门负责企业的国际营销活动的做法。那些初涉国际市场的企业，开始只会设立功能较为单一的出口部；随着业务量的加大，出口部的功能会由原来单一的接单、办理货物出口手续的功能，慢慢发展为包括国外市场调研、广告促销、销售等功能较为齐全的国际营销部门。当企业的国际营销业务发展到开展技术转让，在国外建立合资合作企业时，国际营销组织的出口部形式将会被国外子公司所代替。而一旦海外子公司的发展达到了相当的规模，使企业总经理没法直接管理国外子公司时，企业就有必要设立国际部来负责有关业务。

企业在决定国际营销组织策略时，所有权、外部环境、生产经营、控制和市场营销是五个基础制约因素，企业可视其业务经营的规模、内外环境条件以及企业的营销目标，做出合乎实际的选择。

1）企业的所有权取决于投资额，投资者往往有权决定企业的组织形式。此外，外国政府也会影响企业市场营销组织。

2）一般来说，企业规模越大，分权程度越高，市场营销组织越复杂。例如，大型跨国公司的组织结构随着其经营的地理范围的增大和业务的多样化而显现出复杂的网络结构。

3）经营的业务是贸易还是生产，产品的性质、技术的复杂程度等对企业组织形式会产生影响，企业根据它所从事的产业特点来设置组织形式。间接出口、直接销售、与国外市场相结合、全球经营等战略需要相应的组织结构才能实现其经营目标。企业经营的产品性质在很大程度上决定了市场营销组织的形式。例如，原材料工业市场营销的主要职能是存储和运输，而银行的市场营销重点是广告和市场研究。

4）多国公司是集中化控制、地区化控制还是分散化控制，不同的控制就有不同的企业组织。企业组织在国际营销中受到东道国的社会、经济、文化、政治、法律和技术等环境因素，以及供应商、中间商、消费者、竞争者和公众等微观因素的影响。例如，工业产品的保护、审判权及外国政府的反垄断法等，对企业的组织结构有很大影响。在同质市场上，国际营销组织机构的复杂性较低，一般按地理区域来建立组织机构（可口可乐公司就是如此），而存在很多差异性的细分市场时，一些产品和地区多样化的跨国公司的组织结构就采用了矩阵型。

5）国际营销的战略和目标等。企业可针对主要市场考虑设立国际分公司，而对次要市场采用当地代理商方式即可。欲开发的新市场销售额不大，也可以直接设立分公司。

15.2 国际营销的组织结构类型和选择

企业的国际营销组织是根据其国际市场营销战略规划、国际市场业务的比重、所经营的产品和业务的类型与特点以及海外市场的环境等多种因素而组建的。其结构可以归纳为六种：出口部、国际部、地区性组织、产品组织、矩阵组织和全球性组织。

15.2.1 国际营销的组织结构类型

1. 出口部

有些企业初涉国际市场，只有一部分出口业务，但企业已经认识到了出口工作的特殊性质，便组成了一个统一处理其国际业务的出口部（Export Division）。有的企业只有少量出口业务，出口部可能只有三五个人：经理、秘书和一两个专职人员而已；有些企业的出口业务较大，其出口部的规模也应与之相适应，出口部本身又下设推销处、调研处、运输处、单证处和广告宣传处等。出口部的组织形式适用于那些只有出口业务的企业。如果企业在更深程度上参与国际营销，如在国外进行技术转让、建立合资企业或独资企业，则出口部的形式显然已不能胜任，应该采用其他组织形式来管理国际营销业务。

当企业的国际营销业务由单纯的产品出口发展到国外生产和销售之后，原来的出口部就可能被海外子公司所取代。海外子公司直接受总公司领导，总经理独立负责海外子公司的生产和经营活动，公司总部的管理职能部门，如生产、营销、财务、人事等不参与国外子公司的经营决策。这种组织形式通常是企业在国际化经营初期所采取的组织结构。

出口部与国内销售部同级，它负责与所有海外市场和海外顾客保持联系，解决出口中的问题，履行国际营销业务的管理和财务职能，聘任并监督代理商。图 15-1 反映了一种典型的以出口部为基础的职能性国际营销组织结构。

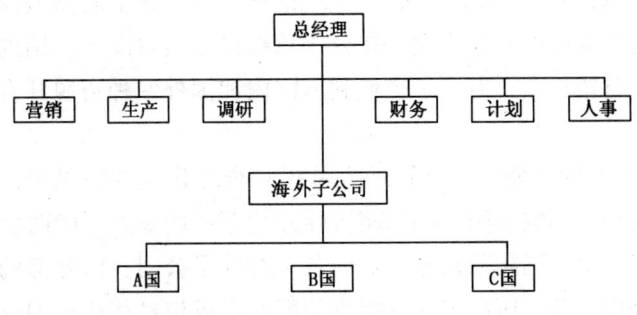

图 15-1 出口部组织结构

2. 国际部

随着企业国际业务的不断增加，出口形成专业化生产线或在国外独立开展业务时，企业已变成多国公司时，企业对海外子公司的协调和指挥越来越复杂。这时，单凭公司总经理负责国际业务已经难以适应，需要成立一个由总经理直接领导的国际部（International Division），全面负责企业不断发展的国际化生产和经营活动的协调和指挥。国际部的组织结构分为职能性和部门性两类，图 15-2 显示了国际部组织结构的一种形式。

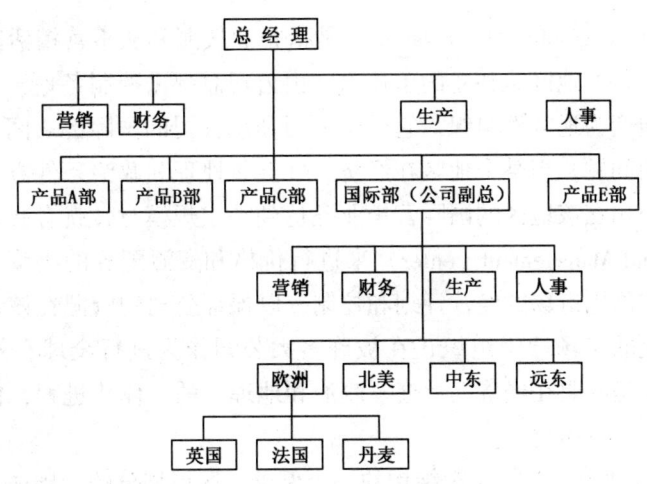

图 15-2 国际部组织结构

国际部是一个"利润中心"（利润中心不等于是法人实体），与公司其他部门平级。它与国外的客户保持直接关系，其职能包括制订和实施促销计划，向生产部门提供产品信息，为确定财务政策出谋划策。在国际部这种组织结构下，公司总部的职能部门可以参与也可以不参与国外子公司的国际营销管理活动。一般来说，在国际部力量较大、管理职能健全的情况下，公司总部的职能部门较少参与国外子公司的营销管理；在国际部力量较为薄弱的情况下，公司总部往往向国际部提供诸如市场调研、广告宣传等服务。

国际部这种组织形式有以下优点：

1）国际营销活动需要专门的知识和技术，企业采取国际部的形式，可以集中专门人才于一个部门。如果企业的国际营销人才都分散在各个部门，那就不能高效率地集中力量进行国际营销。

2）国际部经理拥有更大权力，能在更大的范围内引导企业拓展国际市场活动。对于具有大量国内营销业务的企业来说，在公司总部设立负责海外营销的国际部有利于避免失掉有利的国际营销机会，有利于企业利用国内和国外两种资源开发国内和国外两个市场。

3）成立国际部有助于公司上层管理人员树立全球化经营的思想，了解公司决策对于海外营销经营活动的影响。国际部通晓国际经营业务的专家可随时协助公司上层管理人员进行战略决策。由于国际部领导企业的各个海外子公司，国际部的专职人员能从全局的角度观察和分析问题，所以国际部提供的国际市场信息往往比国外子公司单独提供的更全面、更客观。

国际部这种组织形式的主要缺点是在组织资源的配置方面存在协调困难的缺陷：当企业的国际业务增长迅速而且潜力很大时，国际部并不一定能得到应有的重视。因为尽管国际部是企业诸部门中一个独立的部门，但企业最高领导人有可能不把它放在与其他部门同等重要的位置上，这样就会出现贻误国际营销机会的可能。另外，当企业的国际市场机会被看好时，其他部门都想争抢国际业务，从而造成自相竞争、渔翁得利的不利局面。

3. 地区性组织

地区性组织（Geographic Organization）是指企业按照其从事营销活动的地区来设计其营销组织结构，每一地区是独立的事业部，由公司总部来控制各地区事业部。国际营销组织由国际部演变为地区性组织，它介于公司和总公司的国际部之间，可以克服国际部组织结构存在的问题。当某个地区在经济、社会、地理和政治条件方面具有一定程度的相似性，而且公司在该地区的国际营销业务达到一定规模时，就有必要建立一个地区管理中心（Regional Management Center）来进行价格和资源配置的决策，在地区的利益基础上，参与每个国别市场的经营计划和控制，以保证公司的资源在该地区内达到最佳利用。目前区域化的市场营销组织正在被许多大公司作为进行全球有效竞争的重要保证。最典型的例子是欧盟在经济、社会、政治和地理上的一体化进程，促使欧盟国家的许多营销活动也趋于一体化。

图15-3是地区性国际营销组织结构的一个例子。区域划分的基础往往以世界上的主

要区域为准。地区性组织结构适用于高度市场导向和生产技术较为平稳的产业。

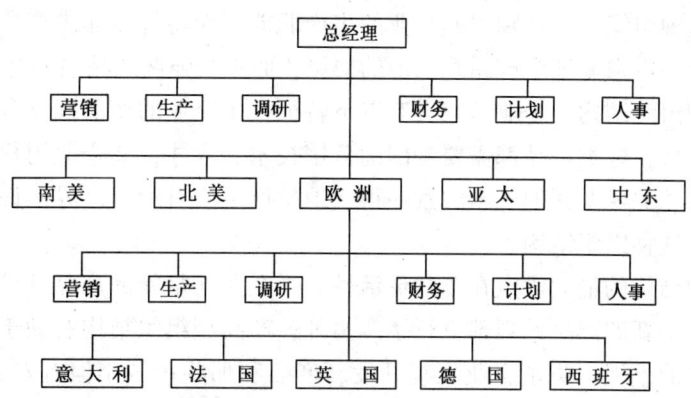

图 15-3　地区性国际营销组织结构

1）企业从事营销的国际市场地域范围较广，主要地区之间差别较大，而每个地区内各国之间的差异较小。随着地区内各国经济一体程度的加深，企业可以采用地区性组织结构，在同一地区之内使用大致相同的营销技术和管理方法。

2）在企业经营的产品系列较少、产品的技术性能和营销方法比较接近时，企业应采用地区性组织结构。其主要优点在于便于企业有针对性地开发区域市场，如生物医药、汽车、农业工具和非耐用消费品等。

3）地区内的市场应由几个规模较大、具有历史依赖性的国别子公司组建。

尽管许多国际企业采用地区性组织结构，但这种结构存在重大缺陷，主要是可能导致管理职能的重叠，从而造成企业资源的浪费。各地区管理机构为了获得必要的产品和管理职能知识，就各自设立营销、生产、财务等职能部门，这样就必然会导致机构重叠和效率低下。另外，地区性组织结构也可能导致各地区各自为政，从而整体利益次优。

4. 产品组织

产品组织（Product Organization）将从事国际化经营的责任赋予生产线管理层的产品经理，要求企业根据所经营产品系列来组织经营活动，各产品系列部都要担负国际和国内营销的责任。事实上，图 15-4 显示的是产品型公司的国际营销组织结构，各产品系

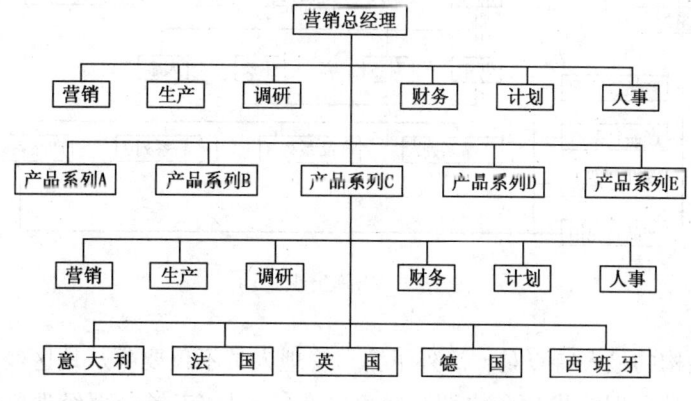

图 15-4　产品型公司的国际营销组织结构

列部同时从事国内和国际的营销业务,对产品生产、市场营销和资金流转等进行全球性的统一规划。这种组织形式特别强调企业的生产职能,而将许多非生产职能如营销、财务等加以分散化,以强调某个产品系列内的协调,而不是强调产品系列之间的协调。

采取产品型组织结构的企业一般具有以下特征:①企业的产品线分散,产品系列彼此之间相关程度低,各类产品都需要专门的营销技术和人才;②企业用户的类型多种多样;③运输成本、关税及其他成本因素使得当地生产更为有利。世界上许多多元化经营的公司大多采用这种组织结构。

产品型组织结构的最大优点在于其灵活性。当企业涉足新的产品领域时,只要在组织结构上增加一个新的产品系列部就行了。另外,产品型组织结构有助于企业对各个产品系列给予足够的重视,防止企业忽视开发新产品和那些销量小但有发展潜力的产品。然而,产品型组织结构也有一些潜在的局限性。第一,当国内市场销量较大时,如果某产品系列部又缺乏开拓国际市场的技能和人才,那么很可能失掉许多本来有利可图的国际市场营销机会。第二,产品型组织结构一个普遍存在的缺点是缺乏地区知识,因为每个产品系列部不可能全部配备熟悉各地区市场的专门人才。第三,由于各产品系列部各自开展国际营销活动,因此各产品系列部之间不可避免地会发生矛盾和冲突,并且全公司范围内的协调和统一指挥难以实现。

5. 矩阵组织

20世纪60年代开始出现矩阵组织(Matrix Organization)。一些大型的国际企业对传统的组织结构(如职能型结构、产品型结构、地区型结构等)只能在某一方面进行协调所带来的种种缺陷感到不满,于是开始着力研究和设计一种新的结构形式,使其既能对产品、地区因素加以协调,又能发挥分权管理的优越性,这就使矩阵组织结构应运而生。图15-5是产品/地区矩阵组织结构的简单模型。当然,企业还可以采用地区/功能矩阵、产品/功能矩阵或其他形式的矩阵组织。

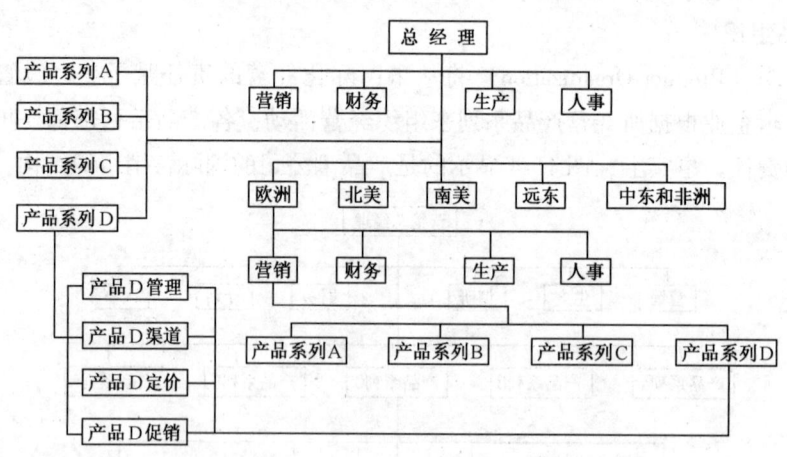

图15-5 矩阵组织结构

矩阵组织结构的最大特点是:海外子公司管理人员不仅要听从地区经理的指挥和协调,还要听从产品经理的指挥和协调。换言之,各产品/市场分部经理要向两个上级负责，而非传统直线职能制下的一个。从公司角度看，矩阵组织结构存在着两条"命令通路"（Chain of Command），而不是通常的单一命令通路。产品经理要负责本产品系列在世界各地区的经营和销售；地区经理则负责各种产品系列在本地区的经营和销售。对于某一产品系列在某地区的重大营销决策，要由产品经理和地区经理共同参与制定。

矩阵组织结构最适用于那些产品经营范围高度多样化、产品线分散复杂、地区经营范围高度多样化、分销国家众多的庞大企业，因为矩阵组织结构兼顾了产品和地区两大变量在营销决策中的重要性。总的来说，矩阵组织对于那些需要快速适应环境变化的跨国企业具有很大的优越性。企业倾向于随着国际业务的发展逐步过渡到矩阵组织，而非一开始就采用。这种结构的主要缺点在于管理困难。产品系统和地区系统都有自己的目标和规划，在具体的营销决策过程中很容易产生冲突，使海外管理人员无所适从。要克服矩阵组织结构内在的矛盾和冲突，经理人员必须有很强的领导才能和出色的协调工作能力，企业必须有健全的计划和控制系统。此外，许多决策是产品经理和地区经理协调与折中的结果，因此企业难免会丧失一些营销机会。

6. 全球性组织

随着企业国际业务的日益扩展，公司总部需要从全球角度来组织营销及协调整个公司的生产、财务、计划、人事和营销工作，统一安排资金和利润，使国内经营与国外经营融为一体，强调各个部门都必须服从于全球营销的目标和任务。全球性组织结构（Global Organization）具有两个显著特点：一是在这种组织结构中，全球范围的经营决策权都集中在总部，分为国内业务和国际业务；二是公司总部的所有部门都是从全球利益的角度按公司在世界范围内的需要而设置的，这样就为国际企业实施全球战略提供了组织保障。

全球性组织结构往往是大公司，尤其是跨国公司采用的。企业最高领导阶层的经营思想是国际导向型的，企业各部门都同时从事国内业务和国际业务的管理工作，企业对产品的制造、市场营销和资金流动等进行全球性统一规划。全球性公司的真正特色是其组织的"多国性"，公司的所在地和管理人员的国籍分布于多个国家，最根本的还在于公司领导层的管理思想，不是本国和本民族导向，而是多国导向或全球导向。

这种组织形式的目标在于充分发挥国际化经营的优势，既重视国内市场，又重视国际市场；哪里机会更好，就向哪里投放更多资源。这种组织形式的潜在缺陷在于企业各部门的人员不一定都具备从事国际营销业务的经验和技能，世界性公司难以摆脱母公司所在国政治、经济、社会、文化和法律制度等方面的烙印，从而难免造成经营中的失误，使企业难以发挥预期的国际化经营的优势、实现企业资源的全球性最佳配置的目标。

全球性组织结构可分为产品、地区、职能、混合四种分部结构。

（1）全球产品型组织结构。采用这一组织形式的国际企业按产品系列划分部门，各产品部的经理负责该产品在全球范围内的各种职能。国际企业在总部一级，还另设有地区专职人员负责协调该地区内的各种产品的业务活动。这种组织结构能适用于产品种类繁多、市场分布广泛、技术要求较高的国际企业。其特点是国际企业总部首先确定企业的总目标和发展战略，然后由各产品部据以制订各自的业务发展计划。

（2）全球地区型组织结构。采用这种组织形式的国际企业，按地区业务划分部门，其主要经营责任由地区总部负责。总部及其所属的职能部门则从事全球性发展战略的设计和控制，地区业务部控制和协调该地区的所有职能。这种组织形式一般适用于产品种类较少，并且市场销售条件、技术基础、生产方式较为接近的国际企业。食品加工、医药和石油国际企业大多具有上述特点。

（3）全球职能型组织结构。采用这种组织形式的国际企业按管理职能来分部，如营销部、生产部、市场调研部、财务部、计划部、研究与开发部等，各部门均负责企业的国际业务。图 15-6 所示为全球职能型组织结构，它是在营销副总经理下的按照营销管理、广告和促销功能分别设置相应营销部门的职能型组织结构，所有地区和产品都包括在每一职能之中。在营销副总经理领导下，各部门均负责企业的国际业务，由营销副总经理负责协调各营销职能部门之间的关系。

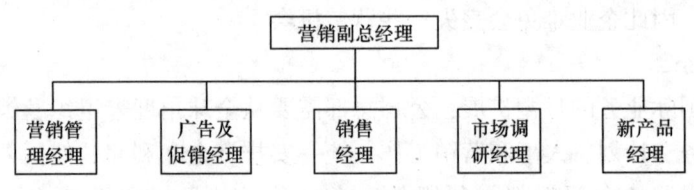

图 15-6　全球职能型组织结构

这种结构设计的重点是发挥企业管理职能方面的知识，具备管理简单容易、专业化程度高的优点。其不足之处是对某一市场或产品的责任难以分清，各职能部门从其功能特点出发，不易彼此沟通和协调。如果企业产品系列不多，或属于同质产品系列，针对不同的国际市场所需的产品的改变不大，同时，企业的经营和销售活动在各国之间的差异不大，即地区差异较小、地区知识不太重要时，可采用全球职能型组织结构。由于全球职能型组织结构中，企业对其所属各子公司实行多头控制，因此那些具有较大国际营销业务的企业很少采用。不过，这并不等于说管理职能知识对于国际营销无足轻重。事实上，在其他组织结构的企业中都离不开管理职能知识。

（4）全球混合型组织结构。当公司规模庞大、产品线众多，或包括不同行业时，由于不同业务有不同的全球性需求、供给和竞争形态，因此必须根据不同业务需要而采取不同的国际结构。随着产品市场的多元化，混合型结构可能会越来越完善。因为这种结构既弥补了按单项划分的组织结构的不足，又照顾了不同经营活动的特点。

15.2.2　国际营销组织结构的选择

不同的设计原则及用意会产生不同的组织结构，而不同的组织结构具有不同的影响作用，并适用于不同的情况。国际企业的经营决策通常需要三方面的专门知识——地区知识、产品知识和管理职能知识，因而尽管各类企业的国际营销组织结构的设计都不尽相同，但通常的国际营销组织结构大致都要体现对地区、产品和管理职能三种专门知识的偏向性。对于国际营销活动来说，没有任何一种组织形式是完美的。恰当的组织形式只能是折中的产物。企业无论怎样设计其营销组织结构，其根本目标是要保证企业各项营销决策的顺利实施，使企业组织结构做到两方面的适应，即一方面要适应国际市场环境，另一方面要适应企业内部产品、技术、资源等条件。具体地说，企业在设计国际营销组织结构时，应重点考虑产品和地区的多样化程度、国际营销业务的比重，以一种模式为主，适当变通。

1. 产品和地区的多样化程度

许多产品高度多样化的大型国际企业都是以产品系列为基础进行分权管理的，即采用以全球产品型结构为主的组织设计。这是因为，产品不同则市场不同，需要的营销技术和人才也不同。在这种情况下，采用全球产品型组织结构便于对营销工作进行有效的管理；反之，如果企业产品系列很少，或各产品系列之间的相关程度很高（基本上属于同质产品），企业就可以在产品方面进行相对集中的管理，而在其他方面（如地区）进行相对分散的管理。

有些企业经营的地区范围很广，各地区之间在经济、文化、政治、法律诸方面表现出很大的差异，需要不同的营销技术和人才，这时企业不宜对各地区的营销活动进行集权管理，而比较适合采用以地区为基础进行分权管理的组织结构。相反，如果企业从事营销活动的各个地区之间的差别很小（例如美国市场与加拿大市场就比较相似），就可以在地区方面进行较为集中的营销管理，而在其他方面进行分权管理。

假如一个企业在产品和地区两方面的多样化程度都很高，往往比较适合采用矩阵型组织结构。因为此时只在产品方面进行分权管理，就容易忽视各地的特性；只在地区方面进行分权管理就可能忽视各产品系列的特性，而在这两方面都高度多样化的企业营销管理中，两方面中的任何一个方面都是不容忽视的。矩阵型组织结构正是能够兼顾这两方面特性的一种组织设计。

2. 国际营销业务的比重

如果企业的国际营销业务占企业总业务量的比重很小，就可以采用全球职能型组织结构，对整个企业的国际营销活动进行较为集中的管理；反之，如果企业的国际营销业务占企业总业务量的比重很大，就应该采用全球产品型组织结构、全球地区型组织结构或全球混合型组织结构。

例如，IBM在许多国家和地区从事营销活动，因此采取了全球地区型组织结构。

如前所述，对于那些国际营销业务比重较大的企业来说，产品因素和地区因素最为重要。有些企业认为产品因素重要，因而采用了全球产品型结构；但又认为地区因素也不能完全忽视，于是采用了一种补救措施，即在全球产品型结构基础上进行地区分组。同样，有些采用全球地区型结构的企业也在此结构基础上考虑了产品因素。图15-7给出的是在全球产品型组织结构基础上进行地区分组的例子。

理论上说，当企业的国际营销比重达到或超过50%时，企业应采用全球地区型组织结构；当企业的产品多样化程度增加时，理想的组织结构是全球产品型组织结构；当企业的产品多样化程度和国际营销比重同时增加时，企业应考虑采用全球混合型组织结构；如果企业的产品多样化程度较小（小于10%），而且国际营销比重也有限，那么企业应采取全球职能型组织结构。

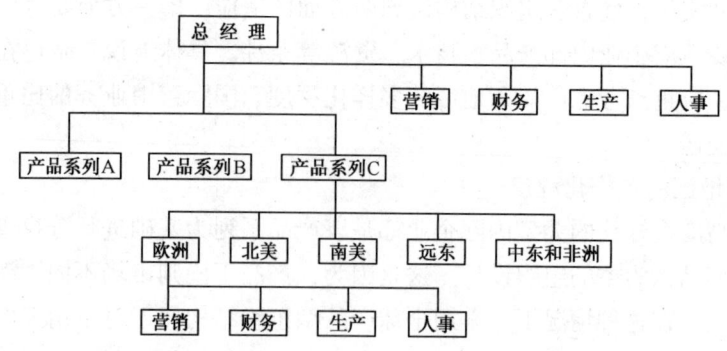

图 15-7　在全球产品型组织结构基础上考虑地区因素

15.3　国际营销计划

　　计划就是对未来的打算，企业欲在竞争激烈的国际市场上求得生存与发展，必须不断地为自己明确前进的目标以及为实现目标而采取的策略。通过制订营销计划，企业可以明确前进的方向，各级营销人员能够明确自己的目标和责任，做到心中有数，避免在营销活动中出现大的失误。

　　复杂多变的国际市场，对企业开展国际营销计划是个挑战。有些国际营销人员，常以适应国际市场变化为由，过分强调行为的灵活性而忽视其计划性。有些企业看上去似乎有国际营销计划，但此计划用于应付纷繁复杂的国际市场，却变成苍白无力的"贫血"计划。众多表现优秀的企业证明了国际营销计划在国际市场上有着举足轻重的地位和作用，问题的焦点在于企业如何制订国际营销计划。

15.3.1　国际营销计划的概念

1. 企业计划与营销计划的关系

　　营销计划规定了企业一定时期内营销活动的目标以及达到目标的策略和步骤。有时营销计划被人们认为就是企业计划，其实不然。营销计划只是企业计划的一个非常重要的组成部分，各层次的企业计划里几乎都包含着与营销相关的计划。

　　任何计划都需要对营销计划做出分析，所以整个企业计划体系中包含着营销计划。当制订完营销计划后，非营销经理才能开始制订其制造、开发、财务和人事计划，以支持营销计划的顺利展开。因此，营销计划是企业其他行动计划工作的起点。

2. 国际营销计划与国内营销计划

　　国际营销计划（International Marketing Plan）是指由企业制订的一定时期内该企业开展国际营销活动的目标及达到目标的策略和步骤。它规定了预期的经营要求，减少了在市场活动中的盲目性；预先测算了成本和费用开支，有利于充分利用企业的资源；明确了各个部门的目标和工作方法，使市场营销人员工作有方向；协调和沟通了企业内部各部门的联系，使其能正常运转。

大多数企业的国际市场营销是从国内营销发展起来的，因此国内营销计划是国际营销计划的基础。事实上，二者的基本思路非常相似，只是由于外部环境不同，而造成了许多内容的不同，见表15-1。

表15-1 国内营销计划与国际营销计划的区别

国内营销计划	国际营销计划
（1）单一国家和语言	（1）多国籍、多种语言和多种文化
（2）相同类型市场	（2）各种不同类型的市场
（3）资料收集容易	（3）资料分散且不易收集，花费大
（4）政府干涉较少	（4）政府干涉和贸易保护主义限制较多
（5）政治因素不重要	（5）政治因素重要
（6）企业环境相对稳定	（6）环境多种多样且不稳定
（7）单一货币	（7）多种货币
（8）经营业务规划已成熟	（8）规则复杂且难以掌握
（9）运输方便	（9）运输时间长，需要种种保险
（10）在平等的条件下竞争	（10）受各国爱国主义和排外的压抑
（11）价格稳定	（11）价格升降幅度大
（12）经营管理者熟悉有关的预算和控制制度	（12）管理者往往不熟悉有关的预算和控制制度

3. 国际营销计划的任务

1）在科学预测的基础上，为企业的发展方向（扩大或进入新市场）做出战略决策。在此基础上编制企业的长期发展规划，并通过编制短期（年、季）计划来组织实施。

2）搞好综合平衡，保持各方面、各环节之间的比例关系。国际市场营销工作面对多国、多种文化和迅速变化的市场，计划工作要应对跨国经营、时间滞差、文化差异、通信不便等因素引致的营销管理工作的复杂性，因此要研究不平衡现象，并采取有效措施。

3）通过综合分析，为企业选择取得最佳经济效益的方案。最优化的计划是在许多设想相互比较中产生的。计划工作就是要在多个方案中分出优劣和主次，选出最佳方案。

4）实现全盘考虑和安排，减少企业风险。国际市场竞争性强，消费习惯不断改变，计划能够减少甚至避免依据经理个人意见错误决策带来的风险。对于意料中的风险，计划也能保证有对策可循，不至于因一事影响导致全盘皆输。

4. 国际营销计划工作的科学性

国际营销计划绝不是简单的数字罗列，也不是单纯完成任务的时间表，而是为达到某一具体目标采取的总体战略和协调措施。提高计划工作的科学性，要在相关经济理论的指导下，联系实际做多方面的努力，尤其是以下几项：

1）正确处理国际和国内、全局和局部、长远和当前的关系，以寻求整体最优化。

2）确定企业发展的战略方针，制定长远规划，明确营销目标。

3）加强市场调研，密切注意国内外动态，使企业发展与环境变化相适应。

4）建立与健全一套科学完整的计划指标体系和考核办法。

5）改进计划机构，提高计划人员素质，使计划人员有随时检查作业和继续受教育的机会。

6）积极采用现代化信息工具和计算技术，提高计划工作的效率。

15.3.2 国际营销计划的内容

国际营销计划分为战略计划（Strategic Plan）和经营计划（Operational Plan）。经营计划又称短期计划，一般是年度计划。战略计划又叫作长期计划，其期限因公司而异，有五年计划、七年计划、十年计划，甚至还有二十年以上的计划。

1. 国际营销战略计划的内容

国际营销战略计划（International Marketing Strategic Plan）是指系统地评估公司本身的独特资源、基本经营状况、目标和变化着的国外环境，采取必要的政策和行动，制定较长时期内企业开展国际营销的基本目标，达到目标的主要策略和实施的重大步骤的一项工作。战略计划也是一种寻找机会、对付风险的系统方法。

与国际营销经营计划相比较，国际营销战略计划有以下几个特点：

（1）长期性。如前所述，国际营销战略计划的期限一般为五年，更长的则有七年、十年，甚至二十年以上。

（2）战略性。国际营销战略计划所关心的不是日常经营中的问题，如某国市场上的媒介选择、其产品保修期的长短等，而是一些重大的战略问题，如公司将向哪些产业发展、公司将进入哪些国家的市场、公司在今后若干年内在市场份额和销售额等方面要达到什么目标等。

（3）复杂性。它需要对世界贸易、生产、技术、竞争等重大问题做出判断和预测，所需要的信息量更大，有时不得不委托外部力量进行调研和预测。

（4）灵活性。尽管要花大力气进行调研和预测，但世界贸易环境是多变的，不可能预测得十分准确，这就要求对企业的战略计划进行应变性调整。实际上，大多数企业战略计划都是"滚动式"计划。这样做既能使企业保持长期的战略观念，又不致使长期战略计划成为僵化的教条。

战略计划由公司的高层及主要部门制订，其内容通常包括：

（1）期限。它属于长期计划，通常是5~20年的，也有3~5年的。

（2）环境竞争分析。其目的是寻找扩大业务的机会和分析竞争的威胁，包括世界贸易的发展趋势、国际关系、技术及出口地区的政治、法律、竞争者等内容。

（3）对公司本身的分析。这包括人才管理、产品、财务、营销等内容。

（4）拟订目标。目标的确定要以国际市场为导向，具有必要的方针措施，并富有鼓动性。

（5）制定战略。具体的战略有公司增长战略、产品战略、市场战略等。

2. 国际营销经营计划的内容

经营计划是由公司战略计划或长期计划衍生而来的。它是公司战略的实施方案，期限通常不超过 1 年；也有 3~5 年的，但属于"滚动式"计划，且每年修订一次。

经营计划是企业在计划期内的具体行动纲领，一般都明确规定应该做什么、由谁做、如何做、何时做等，它规定着企业在计划期内的销售数量、品种、质量和生产日期等具体数字。

国际企业的经营计划通常包括下列具体作业计划：①产品管理计划。产品管理计划主要规定一个特定的产品或产品种类的销售目标和指标，由产品经理编制。②品牌管理计划。品牌管理计划规定一个产品类别中某个品牌的销售目标和手段，由品牌经理编制。③细分市场计划。这是为某一地区或细分市场制订的经营销售计划，说明在这一市场中，公司应采取的战略和战术，它由市场经理编制。④营销渠道计划。它确定公司在某一市场对销售渠道的选择及扩展方案、渠道的长度、宽度、经销或代理或设立销售公司，包括对中间商的选择、训练与激励计划。⑤国际定价计划，即根据公司的竞争战略和市场战略，确定每个市场是采用高价或低价、价格的调整和变化、每个市场价格制定的基础和方法。⑥国际促销计划，即规定广告的预算、广告计划、营业推广计划、人员推销计划、公共关系计划等。⑦营销预算，即对预期的产品成本、销售费用、制定营销活动的各种规章的成本、广告费用、促销费用、分销成本、审计成本等以及预期的收入与损益等进行预算。

一些公司的国际营销经营计划中，还要对竞争状况进行分析，对目标市场进行估计和预测，对物流及存货做出安排，对收益和利润提出目标，对财务、人事提出预算要求等。不同的企业，由于组织体制不同、经营的内容不同，以及营销战略的不同，营销计划的内容也各不相同。有些高度贯彻市场导向观念的企业，营销计划就是企业的全面计划；在另一些企业，营销计划可能只是企业计划的一个组成部分。

15.3.3 国际营销计划的制订

企业制订计划的方法有三种：

（1）自上而下（Top-down Planning）。由最高管理部门为较低层次的部门制订目标和计划，即主要由公司总部下达计划，子公司基本上没有发言权。

（2）自下而上（Bottom-up Planning）。由各部门制订他们认为可以达到的最佳目标和计划，然后送交最高层领导批准，即公司总部完全下放权力，由子公司自己制订计划。

（3）目标下达-计划上报的方法。由企业最高层领导纵览企业的机会和需求，建立公司目标，各个部门负责制订帮助达到这些目标的计划，当这些计划被高层领导批准后，便成为正式的计划。这一方法又称为合作制订计划（Interactive Planning）。一般来讲，合作制订计划的方法比较优越，因为这种方法兼顾了母公司和子公司双方的利益、目标和环境。

1. 短期计划的制订

许多国际企业制订短期营销计划时，首先由各国的子公司制订出其短期计划，然后由母公司修正和协调。

（1）子公司短期计划的制订。可操作性的短期经营计划是子公司的主要营销计划，国际企业的子公司一般都要制订短期营销计划。当然，各子公司在这方面所花力量不同，计划的内容不同，制订计划的程序也不同。一般来说，子公司短期计划的制订要经过下列步骤：

1）总部规定的原则。许多国际企业的公司总部要事先规定出子公司制订其营销计划的一般性的指导原则，如计划的程序、内容等。

2）形势分析（Situation Analysis）。形势分析一般包括下述几个方面的内容：一是上期计划的执行情况，如目标完成情况，超额完成或尚未完成的原因等；二是现状分析，主要是指企业目前的资源状况、市场需求状况、竞争对手现状、本公司的市场份额、优劣势分析以及本子公司当前的主要机会和问题等。应该指出，在制订计划的过程中，形势分析是最重要的一个步骤，是其他步骤的基础。如果不能正确评估自己的起点和环境，就可能会导致整个计划的失败。

3）前景预测。其内容如子公司资源条件的变化趋势、市场需求的变动趋势、竞争对手今后的竞争策略、子公司销售额的前景等。预测的方法可采用定量方法，也可采用定性方法，还可将两种方法结合使用。预测人员可以是本子公司的人员，也可以委托外部专业机构，应视子公司的条件而定。

4）确定营销目标。确定下一计划期子公司营销目标，如销售额增长目标、市场份额增长目标、投资收益率目标、公司声誉目标及开拓新市场、新产品目标等。这些目标的确定当然要以前两个步骤（形势分析和前景预测）为基础。此外，还要受到两方面的制约：其一是子公司总体目标；其二是母公司的营销目标。因为子公司的营销目标既是子公司总体目标的一部分，又是母公司整个营销目标的一部分，所以要受到它们的制约。当然，子公司的整体目标和母公司的营销目标又要受到母公司总体目标的制约。

5）确定营销策略。有了目标还不够，还要确定达到这些目标的具体措施，也即营销策略。为了实现上述目标，子公司应在产品、渠道、促销、定价诸方面进行哪些改进，如何将责任落实到各个部门甚至人员，这些都是营销策略中所要规定的内容。

6）编制营销计划。编制计划是整个计划制订过程的一个重要环节，它以书面文件的形式规定了下一阶段营销工作的目标以及为实现这些目标而采取的策略和步骤。现在，许多企业已经认识到，不能光靠专业计划人员为营销人员制订计划，正确的做法应该是让计划人员协助营销人员自己制订计划。

7）修正和获准。子公司应将编制出的书面计划上交母公司，由母公司负责审核，并根据公司的总体目标对子公司的计划提出修改意见。子公司可根据母公司的意见和本子公司的具体情况对计划进行适当修改，然后送交母公司批准。一经批准，子公司便完成了短期营销计划的制订。

应该指出，上面所讨论的只是一个简化过程，并不一定适应各公司的具体情况。例如，有些大型的多国公司在各国设有子公司，而且还在世界几个主要地区设有区域性总部（Regional or Area Headquarters）。这样，子公司的计划过程就要经历更多环节，受到更多的制约。又如，有些企业介入国际营销的程度还没有这样深，只在少数几个国家有出口业务，这些企业的计划制订过程可能会更简单一些。

（2）母公司短期计划的制订。母公司的短期计划一般是在各子公司短期计划基础上制订的，但这并不意味着在各子公司计划完成之后才开始制订母公司的计划。母公司的计划制订过程早在子公司制订计划之前就已开始了，这就是说，母公司向子公司提供的制订子公司计划的指导原则，就是母公司计划制订过程的开端。在子公司计划制订过程中，母公司不断地提出自己的意见，也是母公司本身计划制订的必要过程之一。母公司在提出意见之前，必须经过充分的调查和研究，掌握大量的和决策有关的信息。经过与子公司反复协商和对子公司计划的反复修改，帮助子公司完成其短期营销计划。这时，公司总部的计划人员面临的任务，就是将各国子公司的计划进行比较分析，然后制定母公司的总体营销目标及其策略。

母公司的总体营销目标基本上由各国子公司的营销目标构成。除此之外，总体目标中一般还包括开辟新市场的目标。例如，公司在某些国家尚无营销业务，或者介入的层次较浅，如果这些国家需求上涨很快，很有发展潜力，而且从政治、法律、文化、经济诸方面的环境因素来看进入这些国家很有利，那么公司的总体营销目标中就应包括这些新目标。

在制订公司总体计划时，应注意两个重要问题：一是注意公司资源在各国之间的合理分配；二是注意对竞争对手的分析。各国子公司的经营现状、经营前景各不相同，母公司应逐步地把资源撤出那些没有前途的市场，对于那些潜力很大的市场追加投资。此外，许多大型国际企业都把主要技术力量（如研究与开发部门）保留在公司总部，因此母公司还应合理安排资源在母公司和各子公司之间的分配。

20世纪80年代以来，许多大型公司都更加重视对竞争对手的分析。这种分析可以从四个方面进行：①它们未来的目标是什么，包括今后一定时期的财务目标和市场目标；②它们的资源如何，优势何在，劣势何在；③它们目前的策略是什么；④它们的前景如何，能否实现它们的目标。这种分析对于公司制订营销计划很有帮助，无论是形势分析，还是确定目标和策略，都需要对竞争对手进行详细的分析。

2. 长期计划的制订

近年来，跨国企业越来越重视长期计划的制订，主要原因有二：一是对于那些国际业务量和利润占整个公司较大份额，并将国际市场作为主要的业务扩展方向的企业来说，必须利用成功的国际营销战略计划来达成其营销目标；二是20世纪70年代以来，国际市场的竞争日益激烈，环境更加复杂多变，战略计划已成为国际企业在海外市场上维持竞争力和战略优势的关键手段。

（1）母公司的长期计划与子公司的长期计划。从各国企业的实践来看，目前在子公司层次上还很少制订长期战略计划。原因在于：①企业制订长期计划只是近些年来的事情，虽然在企业界普遍受到重视，但大多数企业还只是在母公司层次上进行尝试；②制订长期计划需要专门的人才，而子公司层次上一般还比较缺乏这种人才；③制订长期计划需要对整个国际市场具有较深入的了解，需要掌握大量有关世界各国政治、经济、文化、法律等方面的信息，子公司往往还不具备这样的能力。

尽管大部分子公司尚未独立地制订自己的长期计划，但越来越多的事实表明，各国市场的差异很大，子公司有必要根据当地情况，参与本单位相关的战略计划的制订。许多母公司在制订其长期计划时，或请子公司派人参加，或者向子公司征询意见。因为子公司对所在国的营销环境更为熟悉。

（2）制订长期计划的程序。长期计划的制订程序与短期计划的制订程序基本一致：①计划人员应检查过去若干年期间企业的经营效果和计划完成情况，总结经验，找出存在的问题；②分析企业的经营现状，如企业在世界各国子公司的经营现状，所占的市场份额，竞争对手的状况，世界各国政治、经济、文化、法律等环境因素的现状等；③预测前景，预测未来若干年中世界经济、技术、贸易和竞争格局将发生哪些重大变化，对本企业产品的需求将产生什么影响等；④确定目标，计划人员应根据对前景的预测，为本企业今后的发展确定目标，如企业应向哪些产业发展，企业应进入哪些国家、应撤出哪些国家，企业应发展哪些新技术、新产品等；⑤制定战略与战术，即制定为实现这些目标而应采取的行动方案和步骤；⑥落实监督和控制手段，即如何保证上述战略和战术得以实施；⑦决定计划调整措施，即当环境发生重大变化，计划已不符合实际时，决定由哪些人负责以及怎样来调整现有计划；⑧编制计划，计划人员将上述诸方面的内容形成一个正式的文件，从而完成计划制订过程。当然，各类企业的条件不同，环境不同，计划制订的程序也各异，这里所讨论的只是一个基本程序和方法。

15.4　国际营销控制及其效果评价

15.4.1　国际营销控制及其必要性

国际营销控制（International Marketing Control）是指对营销计划执行过程进行监督和评估，纠正计划执行过程中的偏差，以保证既定营销目标实现的措施。

控制的一般性原理既适用于国内营销也适用于国际营销，不过因为二者的营销环境不同，控制策略和过程有一些差别。国际营销控制困难得多，要求也更高。其中，国际公司在国外市场经营要遇到一系列语言、民族和文化障碍，沟通困难是主要的原因。控制过程中也存在着人员之间的摩擦问题。研究表明，公司国内有关部门对当地经营加以不适当的干预、委派不合适的权力代理人、要求做烦琐的汇报以及缺乏正确的判断力等，导致许多国外管理人员对公司国内管理部门怀有抵触情绪。当公司国内主管经理只通过纸上指令影响国外子公司的经营时，常常遭到抵触。

在国际营销中，控制的必要性取决于企业分权管理的程度。如果企业采取了高度分权化的管理方法，那么公司总部对各国子公司进行严格控制的必要性就不大，但各子公司本身对其下属的控制就变得比较重要了。反之，如果企业采取高度集权化的管理方法，则公司总部就有必要且有可能对各国子公司的营销活动进行严密的控制。当然，这并不意味着子公司本身应放松对下属营销活动的控制。

15.4.2 国际营销控制的程序和影响因素

1. 国际营销控制的程序

国际营销控制的程序（Marketing Control Program）是指通过建立目标、选择控制方法、设定评估标准、决定各部门责任、建立沟通系统、评估结果、修正差异等，以达到控制营销目标的过程和步骤。

国际营销控制过程主要分为三个步骤：

（1）明确标准。要向所有执行计划的人员明确对其工作进行衡量和评估的标准。一般来说，评价营销工作好坏的标准是营销目标的完成情况，而这些目标和完成目标的总的策略一般都在企业营销计划中有所规定。企业营销控制人员应向所有执行计划的人员明确他们所担负的责任和应该达到的目标。

（2）绩效评估。根据已明确的控制标准对计划执行人员的工作进行检查和评估。在国际营销中，公司总部对子公司的检查是通过建立报告制度来进行的，即总部要求各子公司定期提交经营结果报告或在制定重大决策时向总部报告。报告的形式可以是电话、电报、电传，也可以是正式的书面报告或会议报告。除报告制度外，公司总部的控制人员还可定期对子公司的营销工作进行巡回检查，通过实地考察了解各子公司的经营状况。

在通过各种方式了解了各子公司的营销现状之后，公司总部需要对各子公司的营销绩效进行评估，即分析和判断哪些子公司在哪些方面完成了预定目标，哪些子公司在哪些方面背离了预定目标或出现了偏差。

（3）纠正偏差。对那些背离了预定目标的子公司提出纠正意见，要求子公司迅速采取措施，保证计划的完成。当然，有时会出现这种情况：子公司背离了公司计划中的目标，不是因为子公司的营销措施不当，而是因为计划欠妥，目标定得过高或不当。在这种情况下，应该纠正的不是子公司的营销措施，而是公司总部的计划本身。

2. 影响国际营销控制的因素

国际营销控制的方法多种多样，不同的企业由于各自的条件和所处的环境不同，所采取的国际营销控制手段也不完全相同，有时甚至可能截然不同。一般来说，影响国际营销控制的因素包括下列几个：

（1）国际营销控制方法。大多数跨国经营的企业都是首先在国内市场上取得成功后开始开拓国际市场的，在国际营销控制中，这些企业便继续沿用那些在国内市场营销中已被证明行之有效的控制方法。这种策略之所以可取，是因为国内营销控制方法已被实践证明行之有效，而且企业上上下下都熟悉并习惯于这种传统的营销控制方法。企业的营销控制方法只有被全体员工所了解和接受，才能得到彻底的实施，发挥积极的作用。事实上，许多国际企业已经在传统的国内营销控制方法的基础上建立起了一整套标准化的控制制度，用以控制企业在全球范围内的经营和销售。国际企业的公司总部要求国外子公司定期提交标准格式的有关经营状况的报告。如果国外子公司的规模较小，则定期报告的内容可以简略，报告的周期可以缩短。这种标准化的报告控制制度有利于国际企业在全球范围内比较各个子公司的经营状况，有利于国际企业人才和信息在全公司内的流动。

（2）交通和通信系统。影响国际营销控制的另一个主要因素是交通和通信设施的发展水平。一个世纪以前，由于交通和通信设施很不发达，企业不得不采取高度分权化的管理。今天，交通和通信手段已经得到了飞跃的发展，除了陆上交通和海上交通外，飞机已经成为世界上主要的远距离交通手段。这使得国际企业总部的管理人员能定期和国外子公司管理人员进行面对面的商谈。电话、电传和传真等电子通信手段使公司总部和国外子公司能保持不间断的接触，发达的现代交通和通信系统使国际企业加强国际营销控制成为可能。

（3）母公司和子公司间的距离。在其他条件都一样的情况下，母公司和子公司间的距离越大，母公司对子公司的控制就越小，子公司享受的自主权也就越大。这是因为遥远的距离不仅增加了差旅费用和使用电话、电传和其他通信设备的费用，还可能延误决策的时间。因此，随着子公司与母公司距离的增大，母公司对子公司的授权范围也将增加。

（4）产品的性质。产品的性质直接影响国际营销控制的方法。技术复杂的产品由于在世界各地的用途很接近，所以可以由公司总部集中制定统一的控制标准和绩效评估方法。计算机和许多工业产品都是属于对文化环境不敏感的产品，所以可以采取统一的国际营销控制方法。药品和食品以及许多日用商品如衣服等是属于对文化环境敏感的产品，所以对这些产品的控制不能"一刀切"，而要对具体情况做出具体分析，采取分权式的控制方法。

（5）环境差异。母公司和子公司所处的政治、经济、社会、文化、技术、法律等环境相差越大，母公司对子公司的授权范围就越大，子公司所受的控制也就越小。例如，由于加拿大和美国在政治、经济、社会、文化等方面很相近，所以许多美国跨国公司对设在加拿大的子公司进行高度集权化的控制。许多国际企业为了加强对国外子公司的控制，采用了地区型的组织结构，成立若干个地区总部。各地区之间环境差别较大，而每个地区内各国之间环境差异较小。

（6）环境的稳定性。子公司所在国环境（尤其是政治和经济环境）越不稳定，母公司对子公司的营销控制就越小。在子公司所在国环境动荡不定时，对母公司来说，比较明智的办法是放手让处在第一线的子公司独立决策，自主经营。

（7）子公司的绩效。当国外子公司能圆满完成母公司制订的营销计划，绩效卓著时，母公司对其控制将放松，国外子公司的自主权将加大。相反，当国外子公司完不成计划，屡遭败绩时，母公司对其控制将加强，国外子公司享受的自主权不可避免地要被削弱。

（8）国际营销业务的比重。国际营销业务的比重越大，公司总部的职能管理人员也就越多，对子公司的控制相应地就越广泛。反之，国际营销业务的比重越小，公司总部所能雇用的职能管理人员就越少，对子公司的营销控制也就越狭窄。大型的国际企业不仅在公司本部设置诸如营销、财务、生产、人事等管理职能部门，还在地区总部、产品系列部和国家子公司一级设立管理职能部门。可以想象，在这样的国际企业中，对国际营销的控制是相当严格的。

15.4.3 国际营销控制的范围和内容

1. 国际营销控制的范围

国际营销控制的范围和国内营销控制的范围相同，但控制体系和控制对象有所区别。为便于分析，国际营销人员可从以下几方面来评价控制活动：

（1）销售额控制。销售额控制是最便利的国际营销控制方式，是指通过对产品每周、每月或每季度的销售报表与预定目标进行比较，简单了解市场的销售情况；通过将各个市场的销售数量、每单位产品的获利率及市场占有率进行比较，更深入地了解各个市场的销售情况或销售潜能，从而达到预定指标的一种管理方法。

（2）价格控制。价格控制是指企业通过建立各项价格报表，按周或按月详细报告零售价、批发价及其各项折扣的办法，以控制海外中间商、合伙人及当地的分支机构，防止它们为了达到销售目的而乱用价格手段，从而破坏公司整体市场地位的情况发生的一种管理方法。

（3）产品控制。产品控制是指企业通过确定目标市场销售的最合适产品、加强产品的质量控制、建立产品印象等手段，达到产品控制目标的一种管理方法。产品控制意在保证企业在国外市场上适销对路。

（4）促销控制。促销控制是指通过对人员推销、广告、营业推广等促销活动的评价分析，明确影响上述活动的因素，并采取措施以提高活动效率的一种管理方法。促销控制使国际营销广告及推销人员受到与国内同等程度的控制。

（5）渠道控制。渠道控制是指对中间商的控制和管理。它是通过销售额、顾客意见调查、售后服务能力及购买频率等方面的评价分析，采取措施纠正偏差的一种管理方法。国际营销中监督与控制销售渠道需要使用不同于国内的方式。

（6）营销人员控制。营销人员控制是指公司不仅关心营销人员素质的提高及其报酬，还关心各国子公司的高级营销管理人员的素质，经常积累经营报告及各国子公司管理人员的档案，定期进行比较，以发现营销管理问题。尽管对营销人员实行严格控制会给子公司管理人员施加很大压力，但实践证明这是切实可行的有效方法。

（7）文化控制。文化控制是指通过一个广泛的社会化过程，其中心是非正式的、个人间的交流，从而形成一种符合管理者所要求的公司价值和文化，以达到团结员工、促进国际营销工作目标的一种管理方法。

2. 国际营销控制的内容及效果评价方法

国际营销控制的内容随着企业结构的复杂化和业务的发展而日益深化。公司营销工作存在差异，控制的内容也不尽相同。一般来讲，国际营销控制包括预先控制和调节性控制。世界上有些大企业通过对外部环境施加影响，控制事态向有利于自己的方向发展，这就是预先控制（Previous Control）。调节性控制（Adjustable Control）是指国际营销企业在经营实绩和计划指标之间进行调节，以达到对实际的经营业务控制的一种管理方法，包括年度计划控制、盈利能力控制、效率控制、营销策略控制四类常用方法，见表 15-2。

表 15-2 调节性控制常用方法

控制类型	主要负责人	控制目的	方　　法
年度计划控制	高层管理部门，中层管理部门	检查计划目标是否实现	销售分析、市场份额分析、费用-销售额比率、财务分析、市场基础的评分卡分析
盈利能力控制	营销审计人员	检查公司在哪些地方赚钱，哪些地方亏损	盈利情况：产品、地区、顾客群、细分片、销售渠道、订单大小
效率控制	直线和职能管理部门，营销审计人员	评价和提高经费开支效率以及营销开支的效果	效率：销售队伍、广告、促销、分销
营销策略控制	高层管理部门，营销审计人员	检查公司是否在市场、产品和渠道等方面正在寻求最佳机会	营销效益等级评核、营销审计，营销杰出表现、公司道德与社会责任评价

（1）国际营销中的预先控制。预先控制是指企业在市场调研的基础上运用科学的方法和先进的技术，对影响市场需求变化的各种因素进行分析来预测市场的发展趋势，并在正确预测外部环境的基础上对其施加影响，引导企业的外部局势和内部条件朝着有利于企业的方向发展的一种管理方法。国际市场营销预先控制的基础是市场预测。国际市场预测需要在市场调研的基础上运用科学的方法和先进技术，对影响市场需求变化的各种因素进行分析，以预见其发展趋势。

日本丰田汽车公司开展市场调查，准确地预测到未来的能源，特别是石油将会短缺，为此开发小型的省油汽车。随着 20 世纪 70 年代第一次石油危机的爆发，小型、高效、省油和价廉的日本汽车成了美国市场的抢手货，大批的丰田汽车在美国的街道上行驶。日本汽车风行美国的关键有两点：一是它预测到了世界石油将短缺；二是它在进入美国市场之前，就通过广告预先宣传，使人人知道日本汽车省油价廉的特点。这就是预先控制战略制胜的典型案例。

（2）年度计划控制（Annual-plan Control）。年度计划控制是指把年度指标分解成季度指标和月度指标，每月和每季检查销售实绩，或者通过销售分析、市场份额分析和经济效益分析等方法，明确影响计划的因素，解决存在的问题，以保证实现该计划的预定指标的一种管理方法。

年度计划控制的目的在于保证公司实现它在年度计划中所制定的销售、利润以及其他目标，所以年度计划控制的中心是目标管理。它包括四个步骤：①管理部门必须在年度计划中建立月份或者季度目标，作为水准基点；②管理部门必须监视在市场上的执行成绩；③管理部门必须对任何严重的偏离行为的原因做出判断；④管理部门必须采取改正行动，以便弥合其目标和执行实绩之间的缺口。

年度计划控制的方法很多，基本原理是通过对销售额、市场份额、营销费用-销售额、利润、顾客满意度等企业营销数据分析研究，针对营销绩效进行修正或控制，目的在于保证实现该计划中预定的指标。例如，公司销售额增长速度超过计划期望值，就要分析外部环境中是否存在有利于企业销售的因素而企业尚未觉察或利用。如果查出绩效不佳，企业可采用各种修正方法，包括减少生产、改变价格、增加销售力和减少杂项支出等。

年度计划控制的主要分析方法有以下几种：

1) 简易分析法，即直接根据报表和其他资料提供的数据进行简单分析的方法。

2) 对比分析法，又称为比较分析法，是对企业的营销活动及其成果进行客观的比较分析的方法。可以根据分析的不同要求，进行不同形式的对比。

3) 因素分析法，即计算几个相互联系的因素对某一综合经济指标的影响程度的方法。该方法用于衡量企业营销活动中各因素影响程度的大小。

4) 比率分析法，又称为相对数对比分析法，是通过一定的计算方法，用企业有关的营销数据求出某种比率（如相关比率、组合比率、动态比率等），再用比率来评估比较企业营销变化情况的方法。

5) 统计控制图法，是通过观察连续时间上的一系列比率或其他数值，看看这些数值是否构成任何显著趋势的方法。数值或比率的波动在规定上限或下限的范围内不必介意，但如果超过上限或下限，就要采取行动修正不合理的活动。

(3) 盈利能力控制（Profit Control）。盈利能力控制是指通过按期检查和衡量不同产品、不同销售地区、不同销售渠道、订单大小、顾客类别和各相对独立的业务部门的实际盈利率，来确定最佳改正措施的一种管理方法。盈利能力控制的目的在于找出妨碍获利的因素，以便采取相应措施排除或削弱这些不利因素的影响。盈利能力控制能够揭露较差的营销实体，但是它无法指出较差单位的存在是否合理或是否舍弃。盈利能力控制通常包括营销成本控制、市场获利能力控制、利润控制等绩效评估方法。

营销盈利率分析的程序是：①确定功能性费用；②将功能性费用分配给各个营销实体；③为每个营销渠道编制一张损益表；④决定最佳改正行动。其中，直接成本与全部成本问题需要注意。

要实行盈利能力控制，首先要分析销售部门的损益表。损益表中的销售收入减去成本获得毛利，毛利减去营销费用获得净利。国际营销管理者根据利润这一尺度，便可决定选择何种方案以进一步增加利润贡献。

1) 营销成本控制（Marketing Cost Control）。企业在控制销售额、市场占有率的同时，要控制营销成本。营销成本是指与营销活动有关的各项费用支出，它直接影响企业营销的利润。营销成本可以按销售地区、产品系列类型分别进行控制。其中，变动费用按地区与产品的不同，控制直接超出数量；间接费用按照一定的标准，在地区与产品类别之间进行分摊以后进行控制。

2) 市场获利能力控制。按照地理区域，如按省、市等进行营销成本及获得能力的分析，旨在对各销售地区因营销活动而发生的成本及利润进行有效的控制，并据以作为制定营销策略的重要依据。其主要方法是根据会计资料编制各地区市场的损益表。

3) 获利能力控制的相对指标。营销获利能力除可用利润绝对数进行分析控制外，为了在同行业各企业间进行评估分析，还可以用利润指标的相对数来进行分析。利润指标的相对数是指企业赚取的利润与有关项目的比率，用以对企业获利能力进行考察和控制，主要有销售利润率、资产报酬率、净资产报酬率、资产管理效率（资产周转率或存货周转率）等。

(4) 效率控制。假设利润分析揭示了公司在若干产品、地区或者市场方面的盈利情况不佳，要解决的问题就是，是否存在更有效的方法来管理销售队伍、广告、促销。效率控制的目的就在于提高人员推销、广告、销售促进和分销等市场营销活动的效率。

1) 销售队伍效率，主要包括：每个销售人员平均每天进行销售访问的次数；每次销售人员访问平均所需要的时间；每次销售人员访问的平均收入；每次销售人员访问的平均成本；每次销售人员访问的招待费；每一期新的顾客数目；每一期丧失的顾客数目；销售队伍成本占总成本的百分比。

2) 广告效率，主要包括：每一种媒体类型、每一个媒介工具触及每千人的广告成本；注意、看到/联想和阅读广告的人在其受众中所占的百分比；消费者对于广告内容和有效性的意见；对于产品态度的事前、事后衡量；由广告所激发的询问次数；每次调查的成本。

3) 促销效率，主要包括：有奖销售所占的百分比；单位销售额中所包含的商品陈列成本；赠券的回收率；一次示范表演所引起的询问次数。

4) 分销效率，主要是对企业存货水准、仓库位置及运输方式进行分析和改进，以达到最佳配置并寻找最佳运输方式和途径。

(5) 营销策略控制。所谓营销策略控制，就是营销管理者采取一系列行动，使实际营销工作与原计划尽可能一致，在控制过程中通过不断评审和信息反馈，对策略不断修正。策略控制主要是控制未来，是还没有发生的事件。它从单纯关注利润发展到全面检查和控制其经营战略、计划和组织工作，以利于改善经营管理和更有效地提高经济效益。

企业在进行策略控制时，通常使用营销效益等级评定、营销审计等工具。营销效益等级评定试图以营销组织、营销信息、战略规划和作业效率来描述企业或部门的全部营销效率。营销审计是对国际营销企业的营销环境、目标、战略、策略和活动做全面性、独立性和定期性的检查，它是主要的营销策略控制工具。

营销策略控制必须根据最新情况重新评估计划，这很重要，但难以准确，随着现代信息技术的发展，许多大型的零售商已经能够实时追踪销售状况。这使企业能够精确地控制其存货并获取消费者的信息反馈。在国外，越来越多的企业，特别是跨国公司，运用营销审计进行策略控制。

思 考 题

1. 国际营销组织策略有什么？
2. 国际营销的组织结构形式有哪些？
3. 影响企业国际营销组织结构选择的因素是什么？
4. 营销计划与企业计划的关系是怎样的？
5. 国际营销计划的任务是什么？

6. 如何使国际营销计划工作更科学？
7. 国际营销战略计划的内容是什么？
8. 国际营销控制的范围是什么？
9. 国际营销控制的内容是什么？
10. 国际营销控制的程序是怎样的？
11. 影响国际营销控制的因素有哪些？

案 例 题

【案例题1】

福雷姆斯食品公司的故事

福雷姆斯-麦克森公司是一家美国大公司，1976年财政年度的销售额达25亿美元。福雷姆斯食品公司是其一家分公司，1976年的销售额占总公司销售额的20%。福雷姆斯食品公司也是世界上最大的一家乳制品加工公司之一，其产品行销世界16个国家，其中包括印度尼西亚、萨尔瓦多、危地马拉、沙特阿拉伯、伊朗等。公司的长期目标是建立一个具有开拓精神、盈利的跨国公司，并能提供广泛的系列产品给消费者。

1956年，福雷姆斯食品公司和泰国的3个合作者开办了第一家乳制品加工厂。当时，牛奶和冰淇淋在泰国还是鲜为人知的产品，因此首要的问题是使顾客了解乳制品，了解乳制品的用途及必要的保鲜卫生措施。在泰国政府的合作下，福雷姆斯食品公司派代表到学校宣讲有关乳制品卫生及营养方面的知识，同时供应学生乳制品，这一行动获得了巨大的成功，创造了需求。

另一个接踵而来的问题是冷藏，小杂货店如何能使牛乳不变质，使冰激凌不融化？办法是对零售店中的小杂货店和餐馆或通过租用的形式，或在一定的销售合同条件上给每家小店提供一个冰箱。刚实行此办法时，费用支出很大，约在10万美元。此种办法遇到的问题也是多种多样的。例如，劝说店主们不要为了节约电费而在夜间关掉冰箱，或者用冰箱冷藏其他食品等就是一项艰苦的任务，但是努力最终还是奏效的。

开始的时候，福雷姆斯食品公司尽量使自己的经营适应当地的情况，产品通过水上运输或用福雷姆斯食品公司的彩绘车运到目的地。营销渠道是多种多样的，如通过批发商销售，或者通过零售商甚至手推车售卖等。

手推车按照当地的风格，用鲜艳的颜色绘上图案，它们有的由公司提供，有的是零售商自己的。这些沿街叫卖者每天早晨到福雷姆斯食品公司所属的库房领取当日的牛奶和冰激凌，晚上他们回来上交他们的收入并领取他们自己的所得——一般占销售额的20%。这些沿街叫卖者可以自己定价销售。

福雷姆斯食品公司拥有的零售店都是一些现代化的小食品店，他们调制原本是美国人喜欢的食品，如巧克力、圣代冰激凌和香草泡沫奶。福雷姆斯食品公司成立食品店，提供设备，雇用当地人来进行经营管理。绝大部分的销售额（几乎占曼谷地区销售额的80%）是通过以下途径实现的：批发商、小商店、餐厅、旅馆、学校。每一个泰国销售商（福雷姆斯食品公司通常派驻曼谷的只有一个美国人即总经理）都被指派给一个特定的领域，可能是所有街头杂货店，也可能是所有的学校，他们要对经营的领域负全部责任。

为了培训销售人员，福雷姆斯食品公司首先教他们英语，同时驻泰指导人员也学习泰语，这样双向交流渠道就建立起来了；然后，销售人员被教授有关乳制品的知识；最后是教授销售技巧。主要的泰国销售人员到美国接受培训，其他销售人员则由美国派来的指导人员培训。

（资料来源：由编者整理而成。）

分析：试列出福雷姆斯食品公司在泰国的营销计划，并针对计划的每一个方面指出泰国的环境因素和与之相适应的营销方法。

【案例题2】

斯凯尔斯联合工业公司的故事

斯凯尔斯联合工业公司是一家经营电器、计算机和商用机器的企业，业务遍布世界上60个国家，雇员超过5万人，其中白领工人和管理人员有6000人。

该公司的组织结构是伞式结构，大多数营销决策是由地方公司自己决定的，每个国家的分公司都自己制订计划、决策并予以执行。

这个公司雇用了大量的技术专家，因此具有强烈的产品导向特点。通常是产品先被开发并制造，然后销售部门就不得不买进这些产品，随之而来的是销售困难。几次被认为大有希望的产品，销售状况令人失望，公司遭受了巨大的损失。

总经理决定改变公司传统的产品导向为市场导向，使全公司的人员都具有营销意识。他认识到这项任务的艰巨性，知道要想在这样一个高度分权的公司内改变管理人员的观念，必然要制订一个庞大的计划。

该公司的管理发展顾问对一个地方公司经理在公司内传播营销概念的能力表示怀疑。总经理认为公司中大约有3000人需要进行经营培训，如果做不到这一点就很难在全球范围改变公司组织中的经营导向。总部的一位经理则声称，任何一项每年培训300人以上的计划都将对公司造成损害。

尽管如此，总经理却没有受上述不同意见的影响。他认为，假如在市场环境的引导下改变企业的经营导向是合理的，就应当找出一个非传统的、有想象力而又现实的方法来。

（资料来源：由编者整理而成。）

分析：试为该公司总经理找出这个方法。

参 考 文 献

[1] 孙关宏,胡雨春. 政治学 [M]. 上海:复旦大学出版社,2002.
[2] 罗斯金,等. 政治科学 [M]. 林震,等译. 北京:华夏出版社,2001.
[3] 宋玉波. 比较政治制度 [M]. 北京:法律出版社,2001.
[4] 拉西特,斯塔尔. 世界政治 [M]. 王玉珍,等译. 北京:华夏出版社,2001.
[5] 李少军. 国际政治学概论 [M]. 上海:上海人民出版社,2002.
[6] 沈宗灵. 比较法研究 [M]. 北京:北京大学出版社,1998.
[7] 杨亚非. 比较法总论 [M]. 长春:吉林大学出版社,2001.
[8] 邹建华,等. 国际商法 [M]. 4版. 北京:中国金融出版社,2000.
[9] 王铁崖. 国际法 [M]. 北京:法律出版社,1995.
[10] 高智华,于泓. 国际法学 [M]. 北京:工商出版社,2002.
[11] 赵忠秀,张竹生,郑爱青. 国际经济组织与国际经济法 [M]. 成都:成都科技大学出版社,1993.
[12] 吴焕宁,等. 重要的国际经济条约 [M]. 贵阳:贵州人民出版社,1995.
[13] 王志乐. 2002—2003 跨国公司在中国投资报告 [M]. 北京:中国经济出版社,2003.
[14] 中华人民共和国国家统计局. 中国统计年鉴:2002 总第21期 [M]. 北京:中国统计出版社,2002.
[15] 陈家勤. 国际贸易论 [M]. 北京:经济科学出版社,1999.
[16] 阿普尔亚德,菲尔德. 国际经济学 [M]. 龚敏,等译. 北京:机械工业出版社,2003.
[17] 陈宪,等. 国际贸易:原理·政策·实务 [M]. 2版. 上海:立信会计出版社,2002.
[18] 布兰查德. 宏观经济学 [M]. 钟笑寒,等译. 北京:清华大学出版社,2003.
[19] 史忠良. 产业经济学 [M]. 北京:经济管理出版社,1998.
[20] 朱宝宪. 金融市场 [M]. 沈阳:辽宁教育出版社,2001.
[21] 于立新,王军. 国际金融学 [M]. 北京:经济管理出版社,1999.
[22] 孙杰. 汇率与国际收支:现代西方国际金融 [M]. 北京:经济科学出版社,1999.
[23] 刘易斯. 文化的冲突与共融 [M]. 关世杰,等译. 北京:新华出版社,2002.
[24] 泰勒. 原始文化 [M]. 连树声,译. 上海:上海文艺出版社,1992.
[25] 罗伯逊. 社会学 [M]. 黄育馥,译. 北京:商务印书馆,1991.
[26] 吴增基,等. 现代社会学 [M]. 上海:上海人民出版社,1997.
[27] 比尔斯. 文化人类学 [M]. 骆继光,等译. 石家庄:河北教育出版社,1993.
[28] 马凌诺斯基. 文化论 [M]. 费孝通,译. 北京:华夏出版社,2001.
[29] 帕切特,等. 国际商务礼仪 [M]. 李家正,等译. 北京:中国对外翻译出版公司,1998.
[30] 吕大吉. 宗教学通论新编 [M]. 北京:中国社会科学出版社,1998.
[31] 陈信康,邓永成. 国际市场营销教程 [M]. 上海:上海财经大学出版社,1998.
[32] 科特勒. 营销管理 [M]. 梅汝和,等译. 北京:中国人民大学出版社,2001.
[33] 詹颂生. 现代科学技术导论 [M]. 广州:广东人民出版社,1999.
[34] 《世界经济年鉴》编辑委员会. 世界经济年鉴:2001 总第17卷 [M]. 北京:经济出版社,2001.
[35] 尼夫. 知识经济 [M]. 樊春良,等译. 珠海:珠海出版社,1998.
[36] 梁幸平,任君庆,等. 知识营销 [M]. 北京:经济管理出版社,2002.
[37] 波隆斯基,威蒙萨特. 环境营销 [M]. 王嗣俊,等译. 北京:机械工业出版社,2000.

[38] 俞正梁，等．全球化时代的国际关系［M］．上海：复旦大学出版社，2000．
[39] 徐二明．国际企业管理概论［M］．北京：中国人民大学出版社，1995．
[40] 张纪康．企业经营风险管理［M］．上海：立信会计出版社，1999．
[41] 赵曙明，杨忠．国际企业：风险管理［M］．南京：南京大学出版社，1998．
[42] 夏正荣，等．跨国营销概论［M］．上海：上海世界图书出版公司，1998．
[43] 薛求知，沈伟家．国际市场营销管理［M］．上海：复旦大学出版社，1999．
[44] 潘洪萱，郭羽诞．国际营销案例精选［M］．北京：中国财政经济出版社，1994．
[45] 殷勤凡．跨国市场战略营销学［M］．上海：立信会计出版社，2000．
[46] 甘碧群．国际市场营销学［M］．北京：高等教育出版社，2001．
[47] 周文彰．应对WTO与全球化：国际通行规则与国际惯例全书［M］．海口：海南出版社，2000．
[48] 董炳和，李振瑞．国际商务法律与惯例［M］．济南：山东人民出版社，1996．
[49] 宋云，陈超．企业战略管理［M］．北京：首都经济贸易大学出版社，2000．
[50] 逯宇铎，侯铁珊．国际贸易实务［M］．5版．大连：大连理工大学出版社，2006．
[51] 高鸿业．西方经济学［M］．北京：中国人民大学出版社，2000．
[52] 曹刚，等．国内外市场营销案例集［M］．武汉：武汉大学出版社，2002．
[53] 凯特奥拉，格雷厄姆．国际市场营销学［M］．周祖城，等译．北京：机械工业出版社，2000．
[54] 霍金斯，等．消费者行为学［M］．符国群，等译．北京：机械工业出版社，2000．
[55] 特普斯特拉．国际市场营销［M］．桑秀国，译．北京：商务印书馆，1996．
[56] 萨缪尔森，诺德豪斯．经济学［M］．萧琛，等译．北京：华夏出版社，1999．
[57] 基坎．全球营销管理［M］．段志蓉，译．北京：清华大学出版社，1997．
[58] 鲁格曼，霍杰茨．国际商务［M］．李克宁，译．北京：经济科学出版社，1999．
[59] 诺顿．战略营销［M］．逯宇铎，王海涛，译．北京：机械工业出版社，2001．
[60] 希尔．国际商务：全球市场竞争［M］．周健临，等译．北京：中国人民大学出版社，2002．
[61] 袁晓莉．国际市场营销学［M］．北京：清华大学出版社，2007．
[62] 李亚雄．国际市场营销学［M］．杭州：浙江大学出版社，2007．
[63] 津科特．国际市场营销学［M］．曾伏娥，刘颖斐，译．北京：电子工业出版社，2007．
[64] 梅洛思．国际市场营销学［M］．影印版．北京：机械工业出版社，1998．
[65] 凯特奥拉，吉利，格雷厄姆，等．国际市场营销学：原书第17版［M］．赵银德，沈辉，钱晨，译．北京：机械工业出版社，2017．
[66] 霍伦森．国际市场营销学：英文版　原书第7版［M］．北京：机械工业出版社，2019．
[67] 闫国庆．国际市场营销学［M］．4版．北京：清华大学出版社，2021．
[68] 甘碧群，曾伏娥．国际市场营销学［M］．4版．北京：高等教育出版社，2021．
[69] 朱雪芹，丁华，李冰．国际市场营销学［M］．2版．北京：机械工业出版社，2023．
[70] 甘胜军，肖祥鸿．国际市场营销学教程［M］．广州：中山大学出版社，2016．
[71] 寇小萱，王永萍．国际市场营销学［M］．6版．北京：首都经济贸易大学出版社，2022．
[72] 袁晓玲．国际市场营销学［M］．2版．西安：西安交通大学出版社，2023．
[73] 李威，王大超．国际市场营销学［M］．4版．北京：机械工业出版社，2020．
[74] 王朝辉．国际市场营销学：原理与案例［M］．3版．大连：东北财经大学出版社，2021．
[75] 刘永芝，季克华．国际市场营销学［M］．北京：中国铁道出版社，2021．
[76] 王虹．国际市场营销学［M］．北京：电子工业出版社，2021．
[77] 汤定娜．国际市场营销学［M］．2版．武汉：华中科技大学出版社，2020．
[78] 安静．国际营销学［M］．3版．北京：中国人民大学出版社，2022．
[79] 逯宇铎．跨境电子商务理论与实务：微课版［M］．北京：人民邮电出版社，2021．